DIE EINHEIT DER GESELLSCHAFTSWISSENSCHAFTEN

Studien in den Grenzbereichen der Wirtschafts- und Sozialwissenschaften

Band 18

Unter Mitwirkung von

Hans Albert · Gerd Fleischmann · Hans K. Schneider
Christian Watrin · Rudolf Wildenmann · Eberhard Witte

herausgegeben

von

Erik Boettcher

Die beiden Grundprobleme der Erkenntnistheorie

von

KARL R. POPPER

Aufgrund von Manuskripten aus den Jahren
1930–1933

herausgegeben von
TROELS EGGERS HANSEN

1979

J. C. B. MOHR (PAUL SIEBECK) TÜBINGEN

CIP-Kurztitelaufnahme der Deutschen Bibliothek
Popper, Karl R.:
Die beiden Grundprobleme der Erkenntnistheorie: aufgrund von
Ms. aus d. Jahren 1930–1933 / von Karl R. Popper. Hrsg. von
Troels Eggers Hansen. – Tübingen: Mohr, 1979.
  (Die Einheit der Gesellschaftswissenschaften; Bd. 18)
  ISBN 3-16-838211-6 kart.
  ISBN 3-16-838212-4 Lw.
  ISSN 0424-6985

© Karl R. Popper / J. C. B. Mohr (Paul Siebeck) Tübingen 1979
Alle Rechte vorbehalten. Ohne ausdrückliche Genehmigung des Verlags ist es auch nicht gestattet, das Buch oder Teile daraus auf photomechanischem Wege (Photokopie, Mikrokopie) zu vervielfältigen.
Printed in Germany. Satz und Druck: Gulde-Druck, Tübingen.
Einband: Großbuchbinderei Heinr. Koch, Tübingen.

ICH WIDME DIESES BUCH MEINER FRAU

Sie hat große Opfer für das Buch
gebracht, und auch für die
Logik der Forschung
und für meine späteren Bücher;
größere Opfer als ich hätte annehmen
sollen, und als sie bessere Bücher
gerechtfertigt hätten.
November 1978

REDAKTIONELLE VORBEMERKUNG

Text

Worte oder Wortgruppen in *eckigen Klammern* sind Zusätze, die nicht in den ursprünglichen Manuskriptkopien (K_1, K_2, K_3 und K_4) standen. Einige wenige dieser Zusätze wurden vom Herausgeber gemacht, die anderen vom Verfasser, anläßlich der Durchsicht (1975) des vom Herausgeber redigierten Manuskripts (MS).

Die Abschnitte *27* bis *29* (einschließlich) und *31* sind in kleinerem Druck gesetzt worden: damit will sich der Verfasser deutlich von diesen Abschnitten distanzieren (siehe die *Einleitung 1978*).

Anmerkungen

Anmerkungen mit Nummern: diese stammen entweder aus den ursprünglichen Manuskriptkopien oder vom Herausgeber. Zusätze mit einem Sternchen (*) zu den Anmerkungen wurden vom Verfasser (1975) eingeführt.

Anmerkungen mit einem Sternchen (*) vor der Nummer: diese stammen vom Verfasser (1975).

Anmerkungen mit kleinen Buchstaben ($^{a,\ b,\ c,\ \ldots}$): diese beziehen sich durchweg auf die ursprünglichen Manuskriptkopien (K_1, K_2, K_3 und K_4) und auf die Durchsicht (1975) des vom Herausgeber redigierten Manuskripts (MS). Sie wurden nicht als Fußnoten gedruckt, sondern folgen dem *Nachwort des Herausgebers*.

Alle Anmerkungen und alle Zusätze zu den Anmerkungen, die vom *Herausgeber* stammen, sind durch eckige Klammern gekennzeichnet und in der Regel auch durch „Hrsg.".

INHALTSVERZEICHNIS

Vorwort 1978 XIII

Einleitung 1978 XV
    1. Eine kurze historische Bemerkung über das wissenschaftliche Wissen als ein sokratisches Nichtwissen – 2. Einige kritische Bemerkungen zum Text des Buches, insbesondere zur Wahrheitstheorie.

Exposé [1933] XXXV
    [1.] Bemerkungen zum Inhalt – [2.] Bemerkungen über das Verhältnis des Buches zur zeitgenössischen Erkenntnistheorie.

I. Buch:
Das Induktionsproblem (Erfahrung und Hypothese)

Die beiden Grundprobleme der Erkenntnistheorie
Band I

I. Kapitel: Problemstellung 3
    1. Induktionsproblem und Abgrenzungsproblem.

II. Kapitel: Deduktivismus und Induktivismus 6
    2. Bemerkungen über den Lösungsweg und vorläufige Angabe der Lösungen – 3. Rationalismus und Empirismus – Deduktivismus und Induktivismus – 4. Die Möglichkeit einer deduktivistischen Erkenntnispsychologie.

III. Kapitel: Das Induktionsproblem 33
    5. Der unendliche Regreß (Humes Argument) – 6. Induktivistische Positionen.

IV. Kapitel: Die Normalsatzpositionen 42
    7. Die Normalsatzpositionen: Naiver Induktivismus, strenger Positivismus und Apriorismus – 8. Kritik des strengen Positivismus. – Zweifache Transzendenz der Naturgesetze – 9. Die transzendentale Methode. – Darstellung des Apriorismus – 10. Kritik des Apriorismus.

Inhaltsverzeichnis

V. Kapitel: Kant und Fries 81
 11. Zur Ergänzung der Kritik des Apriorismus. (Psychologismus und Transzendentalismus bei Kant und bei Fries. – Zur Frage der empirischen Basis.)

VI. Kapitel: Die Wahrscheinlichkeitspositionen 137
 12. Die Wahrscheinlichkeitspositionen. – Subjektiver Wahrscheinlichkeitsglaube – 13. Aussagen über die objektive Wahrscheinlichkeit von Ereignissen – 14. Wahrscheinlichkeit als objektiver Geltungswert allgemeiner Wirklichkeitsaussagen – 15. Eine Möglichkeit, den Begriff der Wahrscheinlichkeit einer Hypothese näher zu bestimmen. (Primäre und sekundäre Hypothesenwahrscheinlichkeit.) Der Einfachheitsbegriff – 16. Der Begriff der Bewährung einer Hypothese. – Positivistische, pragmatistische und wahrscheinlichkeitslogische Deutung des Bewährungsbegriffes – 17. Der unendliche Regreß der Wahrscheinlichkeitsaussagen.

VII. Kapitel: Die Scheinsatzpositionen 159
 18. Die Scheinsatzpositionen: neue Fragestellung – 19. Die Naturgesetze als „Anweisungen zur Bildung von Aussagen" – 20. „Wahr – falsch" oder „brauchbar – unbrauchbar"? Der konsequente Pragmatismus – 21. Schwierigkeiten des konsequenten Pragmatismus – 22. Werkzeug und Schema als rein pragmatische Gebilde – 23. Die Naturgesetze als Aussagefunktionen.

VIII. Kapitel: Der Konventionalismus 175
 24. Die Scheinsatzpositionen werden vorläufig verlassen: Der Konventionalismus – 25. Die drei Interpretationen der axiomatischen Systeme. (Der Problemkreis des Konventionalismus.) – 26. Die konventionalistische implizite und die explizite Definition. Aussagefunktion und Aussagegleichung – 27. Die konventionalistischen Aussagegleichungen als tautologische generelle Implikationen – 28. Können die axiomatisch-deduktiven Systeme auch als Folgerungssysteme von reinen Aussagefunktionen (von Scheinsätzen) aufgefaßt werden? – 29. Die Zuordnungsdefinitionen des Empirismus: synthetische generelle Implikationen – 30. Konventionalistische und empiristische Deutung, erläutert am Beispiel der angewandten Geometrie.

IX. Kapitel: Streng allgemeine und besondere Sätze 220
 31. Die Implikation und die generelle Implikation – 32. Die generelle Implikation und die Unterscheidung von streng allgemeinen und besonderen Sätzen – 33. Allgemeinbegriff und Individualbegriff – Klasse und Element – 34. Der streng allgemeine Satz – Induktionsproblem und Universalienproblem – 35. Bemerkungen zum Universalienproblem.

Inhaltsverzeichnis IX

X. Kapitel: Zurück zu den Scheinsatzpositionen 251

    36. Rückkehr zur Diskussion der Scheinsatzpositionen – 37. Symmetrie oder Asymmetrie in den Bewertungen der Naturgesetze? – 38. Die negative Wertung allgemeiner Sätze. Kritik der streng symmetrischen Interpretation der Scheinsätze – 39. Ein unendlicher Regreß von Scheinsätzen – 40. Eine aprioristische Scheinsatzposition – 41. Deutung der bisherigen Kritik; Bemerkungen über die Einheit von Theorie und Praxis – 42. Ein letzter Ausweg für die Scheinsatzpositionen.

XI. Kapitel: Scheinsatzpositionen und Sinnbegriff 276

    43. Der Sinnbegriff des logischen Positivismus – 44. Sinnbegriff und Abgrenzungsproblem. – Die Grundthese des Induktivismus – 45. Kritik des induktivistischen Sinndogmas – 46. Vollentscheidbare und teilentscheidbare Wirklichkeitsaussagen. – Die Antinomie von der Erkennbarkeit der Welt. (Abschluß der Kritik der Scheinsatzpositionen.)

XII. Kapitel: Schluß 316

    47. Die dialektische und die transzendentale Bewährung der Lösung – 48. Ist das Induktionsproblem gelöst?

Anhang: Die Kritik des Induktionsproblems in schematischen Darstellungen 330

II. Buch:
Das Abgrenzungsproblem (Erfahrung und Metaphysik)

Die beiden Grundprobleme der Erkenntnistheorie
Band II (Fragmente)

Erster Teil: Fragmente 1932

Entwurf einer Einführung 341

    Gibt es eine philosophische Wissenschaft? (Einführende Überlegungen zum Abgrenzungsproblem.)

    I. Problemstellung 347

        1. Das Abgrenzungsproblem – 2. Tragweite des Abgrenzungsproblems – 3. Das Induktionsproblem – 4. Tragweite des Induktionsproblems.

    [II.] Zur Frage der Ausschaltung des subjektivistischen Psychologismus 350

[III.] Übergang zur Methodentheorie 353
1. Ein Einwand gegen das Kriterium der Falsifizierbarkeit – 2. Kritik nicht-methodologischer Erkenntnistheorien – 3. Bemerkungen zur Frage: Konventionalismus oder Empirismus? – 4. Der empiristische Charakter der Umgangssprache. – Die logische Auffassung als Voraussetzung der methodologischen – 5. Zur Kritik nicht-deduktiver und nicht-transzendentaler Erkenntnistheorien – 6. Gibt es eine Methodologie? – 7. Universal- und Individualbegriff – Klasse und Element – 8. Über den sprachkritischen Einwand gegen die Möglichkeit einer Methodologie.

[IV.] Die Exhaustionsmethode. – „Sachverhalt" und „Tatsache". – Die Allverschiedenheit. 375

[V.] Grundriß einer Theorie der empirisch-wissenschaftlichen Methoden (Theorie der Erfahrung) 378
Grundsatz der Falsifizierbarkeit – 1. Kontinuitätsprinzip – 2. These gegen den strengen Positivismus – 3. Erste These gegen den Konventionalismus: Satz von der Abgeschlossenheit des Systems – 4. Zweite These gegen den Konventionalismus: Satz von der Beschränkung der singulären Hilfsannahmen (Ad-hoc-Hypothesen).

Zweiter Teil: Fragmente 1933

Orientierung 383

[VI.] Philosophie 385
[Einleitung] – 1. Induktionsproblem und Abgrenzungsproblem.

[VII.] Das Problem der Methodenlehre 389
1. Methodenlehre und Möglichkeit einer Falsifikation – 2. Abgrenzungs-Kriterium und Methoden-Theorie.

[VIII.] Bemerkungen zum sogenannten Problem der Willensfreiheit 396
[1. Einleitung] – 2. Das „Ereignis" und das „Stück Wirklichkeit".

[IX. Das Problem der Willensfreiheit] 399
5. Individualien und Universalien – 6. Zweiweltenlehre – 7. Änderung der Problemlage durch die Quantenphysik?

[X.] Das Regellosigkeitsproblem der Wahrscheinlichkeitsaussagen 407
[Einleitung] – 6. Kollektive erster Art für unbegrenzt verlängerbare Reihen – 7. Bedingungen für unbegrenzt verlängerbare Kollektive erster Art – 8. Das Problem der regellosen Folgen.

Anhang

Zusammenfassender Auszug (1932) aus Die beiden Grundprobleme der
Erkenntnistheorie 419

        Vorbemerkung – I. Problemstellung: Induktionsproblem und
        Abgrenzungsproblem – II. Die transzendentale Methode der
        Erkenntnistheorie – III. Deduktivismus und Induktivismus –
        IV. Der Theoretismus. Die wissenschaftliche Objektivität –
        V. Kurze Angabe der Lösungen der beiden erkenntnistheo-
        retischen Grundprobleme – VI. Voraussetzungen der Falsifi-
        zierbarkeit. Bau der Theorien – VII. Transzendentale und
        psychologische Methode. Die Ausschaltung der subjektiv-
        psychologischen Basis – VIII. Die Methode der empirischen
        Falsifikation – IX. Die methodischen Prinzipien der kon-
        ventionellen Festsetzung gewisser Basissätze als „wahr" oder
        „falsch" – X. Berechtigung des Psychologismus – Schluß-
        bemerkung.

Nachwort des Herausgebers 441

        1. Einleitung – 2. Die ursprünglichen Manuskriptkopien und
        die Redigierung des Manuskripts – 3. Poppers Durchsicht
        vom MS im Jahre 1975 – 4. Titel und Inhaltsverzeichnis –
        5. Die Mottos – 6. Band II: Das Abgrenzungsproblem.

Textkritische Anmerkungen 454

Personenregister 463

Sachregister 468

Zwar ist die Beantwortung jener Fragen gar nicht so ausgefallen, als dogmatisch schwärmende Wißbegierde erwarten mochte; denn die könnte nicht anders als durch Zauberkünste, darauf ich mich nicht verstehe, befriedigt werden. Allein, ... die Pflicht der Philosophie war: das Blendwerk, das aus Mißdeutung entsprang, aufzuheben, sollte auch noch so viel gepriesener und beliebter Wahn dabei zu nichte gehen. In dieser Beschäftigung habe ich Ausführlichkeit mein großes Augenmerk sein lassen ...

KANT (1781)

VORWORT 1978

Das vorliegende Buch, Die beiden Grundprobleme der Erkenntnistheorie, kann als eine Sammlung von Entwürfen und Vorarbeiten aus den Jahren 1930 bis 1933 zu meinem ersten veröffentlichten Buch, Logik der Forschung, betrachtet werden, dessen erste Auflage im Herbst 1934 erschien. Der Titel ist eine Anspielung auf Schopenhauers Die beiden Grundprobleme der Ethik[1]. Frühere Vorarbeiten und auch ein Teil der Vorarbeiten aus den Jahren 1930 bis 1933 sind verlorengegangen.

Bei jenen früheren Arbeiten hatte ich an eine Veröffentlichung nicht gedacht. Wie ich es im Abschnitt *16* meiner Autobiographie[2] beschrieben habe, war es Herbert Feigl, der mich in 1929 oder 1930 ermutigte, ein zur Veröffentlichung bestimmtes Buch zu schreiben, und der mich später mit Rudolf Carnap zusammenbrachte. Carnap las das Manuskript der beiden Grundprobleme im Sommer 1932, und nach ihm lasen es mehrere Mitglieder des Wiener Kreises. Carnap berichtete über das Manuskript in der Zeitschrift „*Erkenntnis*"[3], und Heinrich Gomperz schrieb zwei ausführliche Briefe darüber, einen an mich und einen an Oskar Siebeck vom Verlag J. C. B. Mohr, der nunmehr nach 46 Jahren das Buch veröffentlicht.

Außer Herbert Feigl hat mein alter Freund Robert Lammer viel für das Buch getan. Er kritisierte die Darstellung eines jeden neuen Abschnittes, und ich lernte durch ihn viel darüber, wie schwierig es ist, ein Buch klar zu schreiben. Meine unerreichbaren Vorbilder waren und blieben Schopenhauer und Russell.

Die Darstellung ist in diesem Buch viel ausführlicher und breiter als die in der Logik der Forschung, die ja das Resultat einer drastischen Kürzung ist. Es wird natürlich von der etwas späteren Logik der Forschung teilweise überholt. Aber mein Freund Troels Eggers Hansen, der so gut war, die Her-

---

[1] ARTHUR SCHOPENHAUER, Die beiden Grundprobleme der Ethik, behandelt in zwei akademischen Preisschriften: I. Über die Freiheit des menschlichen Willens..., II. Über das Fundament der Moral... (1841; 2. Aufl., 1860).

[2] KARL POPPER, Intellectual Autobiography, The Philosophy of KARL POPPER I. (hrsg. von PAUL ARTHUR SCHILPP, 1974); Unended Quest: An Intellectual Autobiography (1976); Ausgangspunkte: Meine intellektuelle Entwicklung (deutsch von FRIEDRICH GRIESE und dem Autor, 1979).

[3] RUDOLF CARNAP, Über Protokollsätze, Erkenntnis 3 (1932), S. 223 ff.

ausgabe des Buches zu übernehmen, machte mich darauf aufmerksam, daß viele Ideen, die ich erst nach Jahren wiederfand und veröffentlichte, schon in den beiden Grundproblemen antizipiert sind.

Hansen hat auf der Suche nach verlorenen Manuskripten auch einige alte Briefe gefunden, und er hat vorgeschlagen, eine Stelle aus einem Brief vom 30. Juni 1932 hier zu zitieren, den ich an den Wiener Dichter und Kulturhistoriker Egon Friedell gerichtet hatte. In diesem Brief beschreibe ich das Buch, Die beiden Grundprobleme, als „... ein Kind der Krise, ... vor allem der Krise der *Physik*. Es behauptet die *Permanenz der Krise*; wenn es Recht hat, so ist die Krise der Normalzustand einer hochentwickelten rationalen Wissenschaft."

Ich bin Troels Eggers Hansen für seine jahrelange Arbeit an der Herausgabe dieses Buches zutiefst verpflichtet, und für die große Sorgfalt, mit der er diese Arbeit durchgeführt hat. Jeremy Shearmur, der dank der Nuffield Foundation und der London School of Economics and Political Science als mein Research Assistant wirkt, hat dem Herausgeber und mir viel geholfen. Alfred Schramm hat die Umbruchkorrekturen gelesen und die Register verfaßt. Axel Bühler und Erwin Tegtmeier haben die Fahnenkorrekturen gelesen. Hans Albert hat die ganze Arbeit ermutigt und unterstützt. Ihnen allen bin ich zu großem Dank verpflichtet.

Penn, Buckinghamshire, November 1978

EINLEITUNG 1978

1. Eine kurze historische Bemerkung über das wissenschaftliche Wissen als ein sokratisches Nichtwissen. In Platons *Apologie des Sokrates* – wohl das schönste philosophische Werk das ich kenne – berichtet Sokrates, wie sehr er sich darüber wunderte, daß das Delphische Orakel auf die Frage, ob jemand weiser sei als Sokrates, mit „nein" antwortete. Was meint der Gott? fragte sich Sokrates, der sehr wohl wußte, daß er nicht weise war. Und er kam zu dem Schluß: „Ich bin in der Tat ein wenig weiser als die andern; denn ich weiß, daß ich nichts weiß. Aber die andern wissen nicht einmal so viel; denn sie glauben, etwas zu wissen."

Sokrates' Einsicht in unser Nichtwissen, „Ich weiß, daß ich (fast) nichts weiß", ist von der allergrößten Bedeutung. Man hat diese Einsicht oft nicht sehr ernst genommen, man hat sie sogar für paradox gehalten; und sicher ist sie in der *Apologie* mit Absicht in einer etwas auffallenden und paradox klingenden Weise formuliert[1].

Sokrates' Schüler Platon gab die sokratische These von unserem Nichtwissen auf, und damit auch die sokratische Forderung nach intellektueller Bescheidenheit. Sokrates und Platon verlangten beide, daß der Staatsmann weise sein soll. Aber das bedeutet bei diesen beiden etwas grundverschiedenes. Für Sokrates bedeutet es, daß der Staatsmann sich seiner Unwissenheit bewußt sein soll; für Platon, daß er ein überaus gründlich unterrichteter, ein gelehrter Philosoph sein soll.

---

[1] „Ich weiß, daß ich nichts weiß" könnte man als eine Form des Lügnerparadoxons („Was ich jetzt sage ist falsch") betrachten. Die Einfügung des Wortes „fast" verhütet formal das Auftreten des Paradoxons. Daher ist „Skeptizismus" (wenigstens in diesem Sinn) sicher nicht „offenbar unsinnig", wie WITTGENSTEIN sagt (Tractatus Logico-Philosophicus, 1918/1922, Satz 6.51). Auch die klassische Formulierung des Skeptizismus „Es gibt kein allgemeines Kriterium der Wahrheit" ist weit davon entfernt, unsinnig zu sein: Skeptizismus in diesem Sinn ist sogar eine wahre Theorie. Daraus darf man aber sicher *nicht* schließen, daß es keinen Fortschritt in den Wissenschaften geben kann.

SOKRATES' These von unserem Nichtwissen ist nicht die älteste Form des Skeptizismus. Eine noch weit ältere Form findet sich in XENOPHANES; siehe HERMANN DIELS und WALTHER KRANZ, Die Fragmente der Vorsokratiker (hier später D-K abgekürzt), B 34. XENOPHANES' Skeptizismus ist deshalb besonders interessant, weil er einen Fortschritt unseres Wissens ausdrücklich zuläßt (D-K B 18). Siehe hier I. Buch: Abschnitt *11*, Anm. 28, sowie auch meine Logik der Forschung (3. Aufl., 1969; und spätere Auflagen), Vorwort zur 3. Auflage, besonders S. XXVI.

Die sokratische These von unserm Nichtwissen wurde in der Entwicklung der Erkenntnistheorie immer wieder erneuert, wie zum Beispiel in der mittleren Periode der von Platon begründeten Akademie.

Im wesentlichen gibt es drei Standpunkte in der Theorie der Erkenntnis. (1) Einen optimistischen Standpunkt: Wir können die Welt erkennen. (2) Einen pessimistischen Standpunkt: Dem Menschen ist Erkenntnis versagt. Das ist der Standpunkt, der heute gewöhnlich als Skeptizismus bezeichnet wird. (3) Der dritte Standpunkt ist der der Skepsis (*skeptomai* = überprüfen, überlegen, forschen) im ursprünglichen Sinn der „mittleren Akademie"; es ist auch der Standpunkt des Vorsokratikers Xenophanes: Wir haben kein Wahrheitskriterium, kein sicheres Wissen; aber wir können suchen und, im Laufe der Zeit, suchend, das Bessere finden[2]. Für diese Form der Skepsis ist also ein Fortschritt des Wissens möglich.

Die beiden Formen der Skepsis hatten jedenfalls die besseren Argumente für sich, bis zu Newton. Newtons Principia (1687)[3] aber schufen eine völlig neue Situation. Sie können als die Verwirklichung des ursprünglichen Forschungsprogrammes der Vorsokratiker und Platons angesehen werden; eine Verwirklichung, die weit über die kühnsten Träume der Antike hinausgeht. Die Voraussagen der Newtonschen Theorien wurden mit unglaublicher Genauigkeit bestätigt; und was zuerst wie eine Abweichung von den Voraussagen erschien, führte zur Entdeckung des Planeten Neptun. Hier war, zweifellos, Wissen; sicheres Wissen, *Epistēme*, im Sinne von Platon und von Aristoteles. Sicheres Wissen über den Kosmos; Wissen, wie es die Vorsokratiker und Platon kaum erträumt hatten.

Die Skeptiker waren geschlagen, so schien es; obwohl sie es nicht gleich bemerkten. Hume, einer der größten Skeptiker, schrieb seinen Traktat[4], 52 Jahre nach Newton, in der Hoffnung, eine Theorie ähnlich wie die Gravitationstheorie Newtons für die Sozialwissenschaften zu schaffen.

Es war Kant, der, von Hume zum Skeptizismus bekehrt, das fast Widersinnige des neuen Wissens am deutlichsten sah. Erstaunt über den Erfolg von Newtons Theorie, fragte Kant, unter dem Eindruck von Hume, 94 Jahre nach Newtons Principia[5]:

„*Wie ist reine Naturwissenschaft möglich?*"

Unter dem Ausdruck „reiner Naturwissenschaft" verstand er vor allem die Gesetze der Newtonschen Mechanik, und die von Kant selbst (und von Boscovic) begründete dynamisch-atomistische Theorie der Materie[6].

---

[2] Siehe D-K B 18; vgl. auch I. Buch: Abschnitt *11*, Anm. 28.
[3] ISAAC NEWTON, Philosophiae naturalis principia mathematica (1687).
[4] DAVID HUME, A Treatise of Human Nature (1739/40).
[5] IMMANUEL KANT, Kritik der reinen Vernunft (2. Aufl., 1787), Einleitung, S. 20.
[6] Siehe IMMANUEL KANT, Metaphysische Anfangsgründe der Naturwissenschaft (1786).

1. Wissenschaft und Nichtwissen

Kants Frage ist nur so zu verstehen, daß er, vom Humeschen Skeptizismus ausgehend, die Existenz der Newtonschen Physik als paradox empfand. Seine Frage führte ihn zu einer anderen, die er als noch fundamentaler empfand[7]:

„*Wie ist reine Mathematik möglich?*"

Und er schrieb[8]:

„Von diesen Wissenschaften [von der reinen Mathematik und der reinen Naturwissenschaft], da sie wirklich gegeben sind, läßt sich nun wohl geziemend fragen: *wie* sie möglich sind; denn daß sie möglich sein müssen, wird durch ihre Wirklichkeit bewiesen."

Kants Fragestellung wurde oft als merkwürdig indirekt empfunden; aber wenn man sich erinnert, daß er von Humes Skeptizismus herkam, so ist sie natürlich und ganz direkt: Die Existenz von Newtons Mechanik ist für einen Skeptiker paradox; und sie führt direkt zur Frage: Wie ist das möglich? Wie ist es möglich, daß eine solche Wirtschaft existiert?

Kants Antwort war[9]: „*Der Verstand schöpft seine Gesetze* [nämlich die Gesetze der reinen Naturwissenschaft] *... nicht aus der Natur, sondern schreibt sie dieser vor.*"

Mit anderen Worten, Newtons Theorie wurde nicht mit Hilfe unserer Sinne von der Natur empirisch abgelesen, sondern sie ist eine nichtempirische, eine „reine" Schöpfung unseres Verstandes; sie ist etwas, das unser Verstand der Natur vorschreibt.

Ich halte das für richtig und auch für sehr wichtig; aber im Gegensatz zu Kant würde ich sagen: Die Theorie ist etwas, das unser Verstand *versucht*, der Natur vorzuschreiben; etwas, das sich die Natur aber oft nicht vorschreiben läßt; eine von unserem Verstand geschaffene aber – hier ist der Gegensatz zu Kant – sicher *nicht notwendigerweise erfolgreiche Hypothese*; eine Hypothese, die wir der Natur aufzudrängen versuchen, die aber an der Natur scheitern kann.

---

[7] IMMANUEL KANT, Kritik der reinen Vernunft (2. Aufl., 1787), Einleitung, S. 20. KANT stellte die Frage nach der Möglichkeit der reinen Mathematik (vermutlich aus systematischen Gründen) *vor* die Frage nach der Möglichkeit der reinen Naturwissenschaft. Ich vermute aber, daß er, historisch, durch NEWTONS Theorie zuerst auf die zweite Frage stieß und erst später auf die Frage nach der Möglichkeit der Mathematik.

[8] IMMANUEL KANT, a.a.O. In einer Fußnote (S. 20 f.) zu der zitierten Stelle schreibt KANT: „Von der reinen Naturwissenschaft könnte mancher dieses letztere [das heißt, ihre Wirklichkeit] noch bezweifeln. Allein man darf nur die verschiedenen Sätze, die im Anfange der eigentlichen (empirischen [also nicht „reinen"]) Physik vorkommen, nachsehen, als den ... von der Trägheit [NEWTONS erstes Gesetz], der Gleichheit der Wirkung und Gegenwirkung [NEWTONS drittes Gesetz] u.s.w., so wird man bald überzeugt werden, daß sie eine physicam puram (oder rationalem) ausmachen..."

[9] IMMANUEL KANT, Prolegomena (1783), § 36, S. 113.

Diese Formulierungen von mir spielen auf ein Ereignis an, das erst viele Jahre nach Kant kommt: auf die Einsteinsche Revolution.

Einsteins Theorie der Gravitation, derzufolge sich Newtons Theorie als hypothetisch oder konjektural herausstellte, hat eine lange Vorgeschichte; ebenso wie auch Einsteins theoretische Ideen über den Status der wissenschaftlichen Erkenntnis. Zu den wichtigsten Namen dieser Vorgeschichte gehören Bernhard Riemann, Hermann Helmholtz, Ernst Mach, August Föppl und Henri Poincaré.

Es ist kein Zufall, daß diese Namen sowohl zur Vorgeschichte von Einsteins Gravitationstheorie gehören, wie auch zu der von Einsteins Erkenntnistheorie.

In den zwanziger Jahren wurde mir zuerst klar, was die Einsteinsche Revolution für die Erkenntnistheorie bedeutete. Wenn Newtons Theorie, die auf das strengste überprüft war, und die sich besser bewährt hatte, als ein Wissenschaftler je hätte träumen können, sich als eine unsichere und überholbare Hypothese entpuppte, dann war es hoffnungslos, von irgendeiner physikalischen Theorie je zu erwarten, daß sie mehr als hypothetischen Status erreichen könne.

Diese Einsicht war damals keineswegs allgemein anerkannt. Zwar gab es viele Erkenntnistheoretiker, die den hypothetischen Charakter unserer wissenschaftlichen Erkenntnisse betonten; aber fast alle nahmen an, daß eine Hypothese durch Bewährung mehr und mehr wahrscheinlich werden kann, bis sie schließlich einen von der Wahrscheinlichkeit 1 nicht unterscheidbaren Sicherheitsgrad erreicht. Wenn eine Hypothese diesen Sicherheitsgrad erreicht, dann braucht sie nicht länger als Hypothese bezeichnet zu werden, sondern sie kann den Ehrennamen einer *Theorie* erhalten. Erst dann, wenn sie *sicher* ist, und wenn ihre Sicherheit gerechtfertigt werden kann, geht sie in den wissenschaftlichen Korpus ein. Denn *Wissenschaft ist Wissen*; und Wissen impliziert *Sicherheit* und *Rechtfertigung*: eine empirische oder eine rationale *Begründbarkeit*.

In dieser Betrachtung des wissenschaftlichen Wissens änderte sich nichts Wesentliches zwischen Kants Kritik der reinen Vernunft und Carnaps Buch Der logische Aufbau der Welt[10]. Und sogar die beiden großen Gegner in der Beurteilung der induktiven Wissenschaften, John Stuart Mill und William Whewell, stimmten in diesem Punkt miteinander überein.

Gegenüber alle dem war mir nun klar geworden, daß, wenn irgendeine Theorie den denkbar höchsten Bewährungsgrad erreichen konnte, es Newtons Theorie sein mußte. Anderseits konnten alle die erfolgreichen wissen-

---

[10] RUDOLF CARNAP, Der logische Aufbau der Welt (1928); siehe zum Beispiel S. V, wo CARNAP die „Forderung zur Rechtfertigung und zwingenden Begründung einer jeden These" erhebt. (Die Stelle ist in der 2. Auflage, 1961, und in der 3. Auflage, 1966, auf S. XIX.)

schaftlichen Voraussagen, die mit Hilfe von Newtons Theorie abgeleitet wurden, auch mit Hilfe von Einsteins Theorie abgeleitet werden. Alle die sogenannten empirischen Gründe, die für Newton sprachen, sprachen also auch für Einstein. Daneben gab es auch mit Hilfe von Newtons Theorie ableitbare Voraussagen, die den Voraussagen der Einsteinschen Theorie widersprachen. Die beiden Theorien waren also logisch betrachtet *unvereinbar*, und es waren *entscheidende Experimente (experimenta crucis, crucial experiments)* zwischen ihnen möglich.

Die meisten dieser entscheidenden Experimente, die Einstein vorgeschlagen hat, waren damals noch nicht durchgeführt worden (mit Ausnahme der Lichtablenkung im Gravitationsfeld der Sonne und vielleicht auch der Perihelbewegung des Merkur; beides war aber vielleicht anders als durch Einsteins Theorie zu erklären). Heute sind die von Einstein vorgeschlagenen Experimente alle durchgeführt, und auch einige andere Experimente. Die Resultate scheinen für Einstein und gegen Newton zu sprechen; aber in allen Fällen sind die Messungen schwierig und die Ergebnisse nicht allzu sicher. Ich will also nicht behaupten, daß die Newtonsche Theorie widerlegt (falsifiziert) ist. Trotzdem ist die erkenntnislogische Situation, die durch die Einsteinsche Theorie klargemacht wurde, revolutionär. Denn es stellt sich heraus, daß es auch für die empirisch erfolgreichste Theorie T_1 (also für eine angeblich sichere und induktiv gerechtfertigte oder begründete Theorie) eine solche konkurrierende Theorie T_2 geben kann, die einerseits T_1 logisch *widerspricht* (so daß wenigstens eine von beiden falsch sein *muß*), die aber durch alle jene bisherigen Experimente bewährt wird, die T_1 bewähren. Anders ausgedrückt, obwohl T_1 und T_2 einander widersprechen können, so können sie doch innerhalb eines beliebig großen empirischen Bereiches zu empirisch nicht unterscheidbaren Voraussagen führen; und sie können sich beide innerhalb dieses Bereiches beliebig gut bewähren.

Da die beiden Theorien T_1 und T_2 einander widersprechen, können sie offenbar nicht beide „sicher" sein. Also kann auch die best bewährte Theorie nie sicher sein: *unsere Theorien sind fehlbar und bleiben fehlbar,* auch nachdem sie sich glänzend bewährt haben[11].

---

[11] Damals und für viele Jahre danach ging ich nicht wesentlich über die folgenden intuitiven Einsichten hinaus. (1) Newtons Theorie ist glänzend bewährt. (2) Einsteins Theorie ist wenigstens ebensogut bewährt. (3) Newtons und Einsteins Theorien stimmen weitgehend überein; dennoch widersprechen sie einander logisch, da sie zum Beispiel für stark exzentrische Planetenbahnen zu abweichenden Prognosen führen. (4) Die Bewährung kann also keine Wahrscheinlichkeit (im Sinne der Wahrscheinlichkeitsrechnung) sein.

Ich vernachlässigte es leider bis vor kurzem, den intuitiv sehr einleuchtenden Punkt (4) im Einzelnen durchzudenken und durch die Punkte (1), (2) und (3) zu beweisen. Aber der Beweis ist einfach. Wäre die Bewährung eine Wahrscheinlichkeit, so wäre die Bewährung von „Entweder Newton oder Einstein", da die beiden sich

Ich las damals Einstein daraufhin durch, um womöglich diese Konsequenz seiner Revolution in seinem Werk zu finden. Was ich fand, war sein Vortrag „Geometrie und Erfahrung", in dem er schrieb[12]:

„Insofern sich die Sätze der Mathematik auf die Wirklichkeit beziehen, sind sie nicht sicher, und insofern sie sicher sind, beziehen sie sich nicht auf die Wirklichkeit."

Ich verallgemeinerte das zunächst von der Mathematik auf die Wissenschaft überhaupt[13]:

„Insofern sich die Sätze der Wissenschaft auf die Wirklichkeit beziehen, sind sie nicht sicher, und insofern sie sicher sind, beziehen sie sich nicht auf die Wirklichkeit."

(Mit den sicheren Sätzen, die sich nicht auf die Wirklichkeit beziehen, spielte Einstein offenbar auf Poincaré und den Konventionalismus an, oder auf die Idee, daß das Trägheitsgesetz eine implizite Definition der kräftefreien Bewegung und damit des Begriffs der Kraft ist.)

---

logisch ausschließen, gleich der Summe der beiden Bewährungen. Aber da beide glänzend bewährt sind, so müßten beide wesentlich größere Wahrscheinlichkeiten haben als $\frac{1}{2}$. ($\frac{1}{2}$ würde bedeuten: keine Bewährung.) Ihre Summe wäre also größer als 1, was unmöglich ist. Also kann die Bewährung keine Wahrscheinlichkeit sein.

Diese Überlegungen lassen sich verallgemeinern: sie führen zu einem Beweis, daß die Wahrscheinlichkeit auch der best bewährten universellen Gesetze gleich Null ist. PETER HAVAS (Four-Dimensional Formulations of Newtonian Mechanics and Their Relation to the Special and the General Theory of Relativity, Reviews of Modern Physics 36, 1964, S. 938 ff.) hat gezeigt, daß NEWTONS Theorie in eine Form gebracht werden kann, die der EINSTEINS sehr ähnlich ist, mit einer Konstanten k, die im Fall EINSTEINS $k = c$ wird (c ist die Lichtgeschwindigkeit) und im Fall NEWTONS $k = \infty$. Dann gibt es aber mehr als abzählbar viele einander ausschließende Theorien mit $c \leq k \leq \infty$, die alle zumindest so gut bewährt sind wie NEWTONS. (Wir vermeiden willkürlich verteilte a priori Wahrscheinlichkeiten.)

Jedenfalls kann man aus dieser Menge von Theorien abzählbare Mengen herausgreifen; zum Beispiel die Theorien mit $k = c$; $k = 2c$; ...; $k = nc$; ...; $k = \infty$. Da je zwei verschiedene Theorien dieser unendlichen Reihe einander logisch widersprechen, kann die Summe ihrer Wahrscheinlichkeiten nicht größer sein als 1. Daraus folgt, daß die glänzend bewährte Theorie NEWTONS mit $k = \infty$ die Wahrscheinlichkeit Null hat. (Der Bewährungsgrad kann also keine Wahrscheinlichkeit im Sinne der Wahrscheinlichkeitsrechnung sein.) Es wäre interessant, zu hören, was die Theoretiker der Induktion, die, wie zum Beispiel die BAYESIANER, den Grad der Bewährung (oder des „rationalen Fürwahrhaltens") mit einem Wahrscheinlichkeitsgrad identifizieren, zu dieser einfachen Widerlegung ihrer Theorie zu sagen haben.

[12] ALBERT EINSTEIN, Geometrie und Erfahrung (1921), S. 3 f.
[13] KARL POPPER, Ein Kriterium des empirischen Charakters theoretischer Systeme (Vorläufige Mitteilung), Erkenntnis 3 (1933), S. 427: *„Insofern sich die Sätze einer Wissenschaft auf die Wirklichkeit beziehen, müssen sie falsifizierbar sein, und insofern sie nicht falsifizierbar sind, beziehen sie sich nicht auf die Wirklichkeit."*
Diese „Vorläufige Mitteilung" wurde wieder veröffentlicht in Logik der Forschung (2. Aufl., 1966; und spätere Auflagen), Neuer Anhang *I (siehe den Text zu Anm. 4). Vgl. auch hier unten den Anhang: Abschnitt V, Text zu Anm. 4.

1. Wissenschaft und Nichtwissen XXI

Später habe ich diese Idee der Unsicherheit oder der Fehlbarkeit aller menschlicher Theorien, auch der am besten bewährten, „Fallibilismus" genannt. (Dieser Ausdruck kommt meines Wissens zuerst bei Charles Sanders Peirce vor.)

Aber natürlich ist der Fallibilismus kaum etwas anderes als das sokratische Nichtwissen. Wir haben also in Kürze:

(1) Sokrates: Ich weiß, daß ich nichts weiß. (Und niemand weiß mehr als das.)

(2) Kant: Newtons Theorie ist rechtfertigbare Wissenschaft, und daher sicheres Wissen. (Also ist Sokrates durch die Tatsache der Existenz der Wissenschaft widerlegt.) So kommt es zu der Frage: Wie ist Wissenschaft möglich?

(3) Einstein: Wissenschaftliches Wissen über die Wirklichkeit ist unsicher. (Wissenschaftliches Wissen ist also kein Wissen im üblichen Sinn des Wortes; weder im Sinne des allgemeinen Sprachgebrauchs, noch im Sinne des philosophischen Sprachgebrauchs, wenigstens bis einschließlich zu Carnaps „Aufbau"[14]). Sokrates' Fallibilismus behält also Recht, trotz Newtons großartiger Errungenschaft.

Ich möchte hier die Hoffnung aussprechen, daß die bescheidene sokratische Einsicht in unser Nichtwissen endlich wieder zum intellektuellen Gemeingut werden wird. Diese Einsicht wurde wohl von allen grossen Naturwissenschaftlern geteilt, von Galilei, der in seinem Dialog (Vierter Tag) über das „weise ... und bescheidene Wort ‚Ich weiß es nicht'"[15] spricht, über Kepler und Newton[16] bis zu Einstein, und über ihn hinaus. Die großen Naturwissenschaftler waren alle Gegner des dogmatischen Glaubens an die Autorität der Wissenschaft: Sie waren alle Gegner dessen, was man heute *Szientismus* nennt.

Aber die heutigen Anti-Szientisten haben das noch nicht begriffen. Sie haben auch nicht begriffen, daß der Fallibilismus den Szientismus vernichtet. Sie sind nicht so sehr Gegner des dogmatischen Glaubens an die Autorität der Wissenschaft: sie sind unkritische Gegner der Wissenschaft; sie sind Dogmatiker einer wissenschaftsfeindlichen Ideologie.

---

[14] RUDOLF CARNAP, a.a.O. (Siehe oben, Anm. 10.)

[15] GALILEO GALILEI, Dialogo ... Doue ne i congressi di quattro giornate si discorre sopra i due massimi sistemi del mondo Tolemaico, e Copernicano (1632), Giornata quarta, S. 439; Dialog über die beiden hauptsächlichsten Weltsysteme: Das Ptolemäische und das Kopernikanische (deutsch von EMIL STRAUSS, 1891), Vierter Tag, S. 465.

[16] Im Band II, Kapitel 27 von Sir DAVID BREWSTERS Memoirs of the Life, Writings, and Discoveries of Sir ISAAC NEWTON (1855), S. 407, findet sich das folgende berühmte Zitat von NEWTON: „Ich weiß nicht, wie ich der großen Welt erscheine; aber mir selbst erscheine ich nur wie ein Knabe, der am Meeresstrand spielt, und der sich damit amüsiert, hier und da ein glatteres Steinchen als gewöhnlich aufzu-

2. Einige kritische Bemerkungen zum Text des Buches, insbesondere zur Wahrheitstheorie. (1) Zur Zeit, als ich Die beiden Grundprobleme und auch die Logik der Forschung schrieb, war Alfred Tarskis große Arbeit über den Wahrheitsbegriff[1] noch nicht erschienen. Wie viele andere war ich mir über die Idee der Wahrheit nicht im klaren.

Die Idee der Wahrheit ist von grundlegender Bedeutung für die Theorie der Erkenntnis, und insbesondere der wissenschaftlichen Erkenntnis. *Wissenschaft ist Wahrheitssuche:* nicht der Besitz von Wissen, sondern das Suchen nach Wahrheit.

Diese Formulierung, die auch im vorletzten Absatz des Textes der Logik der Forschung zu finden ist, setzt die wichtigen Unterscheidungen zwischen Wahrheit und Gewißheit (Sicherheit), oder zwischen Wahrheit und Begründbarkeit und zwischen objektiver Wahrheit und subjektivem Glauben voraus. Aber in den beiden Grundproblemen habe ich diese Dinge manchmal nicht hinreichend auseinandergehalten.

Es ist keine Entschuldigung, daß diese Verwirrung durch den allgemeinen Sprachgebrauch nahegelegt wird; daß sie bis zu Xenophanes und sogar bis zu Homer zurück verfolgt werden kann; daß die Idee, die Wahrheit sei *offenbar,* weitverbreitet ist[2]; und daß diese Verwirrung auch heute noch in vielen philosophischen Büchern zu finden ist.

(2) Meiner Meinung nach ist nur *eine* Theorie der Wahrheit ernst zu nehmen: die *Korrespondenztheorie.* Diese besagt, daß ein Satz wahr ist, wenn er mit den Tatsachen, oder mit der Wirklichkeit, übereinstimmt, oder korrespondiert. In dieser Theorie zeigt sich sofort eine Schwierigkeit: es sieht aus, als ob es sehr schwierig wäre zu erklären, was man mit der „Übereinstimmung" oder „Korrespondenz" zwischen einem Satz und einer Tat-

---

lesen, oder eine hübschere Muschel, während der große Ozean der Wahrheit unentdeckt vor mir lag."
(Englischer Text: „I do not know what I may appear to the world, but to myself I seem to have been only like a boy playing on the seashore, and diverting myself in now and then finding a smoother pepple or a prettier shell than ordinary, whilst the great ocean of truth lay all undiscovered before me.")

[1] ALFRED TARSKI, Der Wahrheitsbegriff in den Sprachen der deduktiven Disziplinen [Zusammenfassung], Anzeiger der Akademie der Wissenschaften in Wien: Mathematisch-naturwissenschaftliche Klasse 69 (1932), S. 23 ff.; Pojęcie prawdy w językach nauk dedukcyjnych, Travaux de la société des sciences et des lettres de Varsovie, Classe III: Sciences mathématiques et physiques 34 (1933); Der Wahrheitsbegriff in den formalisierten Sprachen, Studia Philosophica 1 (1935), S. 261 ff.; The Concept of Truth in Formalized Languages (englisch von JOSEPH HENRY WOODGER), in: A. TARSKI, Logic, Semantics, Metamathematics (1956), S. 152 ff.

[2] Siehe für XENOPHANES (D-K B 34) meine Übersetzung („sichere Wahrheit") in I. Buch: Abschnitt *11,* Anm. 28; auch in Logik der Forschung (3. Aufl., 1969; und spätere Auflagen), Vorwort zur 3. Auflage. In HOMER ist die Wahrheit oft der Gegensatz zur Lüge; sie ist also die geglaubte Wahrheit. Für die historisch wichtige Theorie, daß die Wahrheit offenbar ist, siehe meine Conjectures and Refutations (1963), Introduction.

sache meint. Diese Schwierigkeit hat Alfred Tarski vollständig gelöst, und in einer verblüffend einfachen und intuitiv befriedigenden Weise.

Wir verwenden unsere Sprache gewöhnlich um über Tatsachen zu sprechen; zum Beispiel über die Tatsache, daß hier eine Katze schläft. Wenn wir die Korrespondenz zwischen Sätzen und Tatsachen erklären wollen, so brauchen wir eine Sprache, in der wir sowohl über Sätze sprechen können – also über gewisse Sprachgebilde – als auch über Tatsachen. Eine Sprache, in der wir über Sprachgebilde sprechen können, wird seit Tarski eine „Metasprache" genannt. Die Sprache, über die und über deren Gebilde wir in der Metasprache sprechen, wird die „Objektsprache" genannt. Eine Metasprache, in der wir nicht nur über eine Objektsprache, sondern außerdem (wie in einer gewöhnlichen Sprache) auch über Tatsachen sprechen können, nennt Tarski eine „semantische Metasprache". Offenbar brauchen wir, um die Korrespondenz zwischen Sätzen und Tatsachen zu erklären, eine semantische Metasprache.

Wenn wir die deutsche Sprache als semantische Metasprache verwenden, so können wir zum Beispiel in ihr über einen Satz der englischen Sprache (Objektsprache) sprechen, wie etwa „A cat is here asleep". Wir können dann in unserer semantischen Metasprache sagen:

Der Satz in englischer Sprache (Objektsprache), „A cat is here asleep", korrespondiert mit den Tatsachen dann, und nur dann, wenn eine Katze hier schläft.

Wenn man also eine Metasprache hat, in der man nicht nur *über Sätze* reden kann, sondern in der man auch *Tatsachen* wie eine hier schlafende Katze beschreiben kann, so wird es geradezu trivial, daß und wie man von der Korrespondenz zwischen Sätzen und Tatsachen reden kann.

Daß man eine solche Metasprache braucht – oder daß man seine Sprache als eine Metasprache verwenden muß – um über die Korrespondenz zwischen einem Satz und einer Tatsache zu sprechen, ist sicher nicht trivial; aber es ist leicht genug einzusehen.

Mit dieser Aufklärung der Korrespondenz zwischen einem (objektsprachlichen) Satz und einer in der semantischen Metasprache beschriebenen Tatsache entfällt der Grundeinwand gegen die Korrespondenztheorie der Wahrheit, und wir können ganz allgemein sagen, daß ein Satz wahr ist, wenn er mit den Tatsachen korrespondiert, oder übereinstimmt.

(3) Zwei Punkte sollen hier noch kurz erwähnt werden.

(a) Wenn wir sagen

„Der Satz der Objektsprache, ‚A cat is here asleep' stimmt mit den Tatsachen überein"

so gehört dieser deutsche Satz über den englischen Satz zur (deutschen) Metasprache. Tarski hat gezeigt, daß, um Paradoxien zu vermeiden, die Metasprache von der Objektsprache streng unterschieden werden muß. Die Prädikate „stimmt mit den Tatsachen überein" und „ist wahr", gehören zur

Metasprache und beziehen sich auf Sätze einer bestimmten Objektsprache. Und wenn wir, ferner, über diese metasprachlichen Prädikate sprechen, so sprechen wir in der Meta-Metasprache. Es ergibt sich also eine Hierarchie von Metasprachen. Solange wir das im Auge behalten – solange wir uns dessen bewußt sind, daß die metasprachlichen Prädikate einen Schritt höher in der Hierarchie stehen als die objektsprachlichen Ausdrücke (zum Beispiel die Sätze), auf die sie sich beziehen – so macht es nichts, wenn wir dieselbe Umgangssprache (genauer: verschiedene Teile derselben Umgangssprache), zum Beispiel deutsch, als Metasprache *und* als Objektsprache verwenden.

(b) Das Wort „wahr" gehört *nicht in jeder Verwendung* zur Metasprache: das Prädikat

„... ist wahr"

gehört immer zur Metasprache, wobei „..." von einem Namen (oder einer Kennzeichnung) eines Satzes der Objektsprache ausgefüllt werden kann. Aber der Ausdruck

„Es ist wahr, daß..."

ist kein Ausdruck der Metasprache, sondern ein Ausdruck derselben Objektsprache, zu der der Ausdruck gehört, der für „..." einzusetzen ist. Der Satz, zum Beispiel,

„Es ist wahr, daß hier eine Katze schläft"

gehört zur selben Sprache wie

„Eine Katze schläft hier."

Und keiner dieser beiden Sätze hat metasprachlichen Charakter: Beide sprechen über eine Katze, keiner über sprachliche Ausdrücke. Und logisch betrachtet haben beide Sätze denselben Wahrheitswert: sie sind entweder beide wahr (wenn eine Katze hier schläft) oder sie sind beide falsch (wenn keine Katze hier schläft). Logisch betrachtet sind die beiden Sätze equivalente Sätze ein und derselben Sprache.

Dagegen gehört der Satz

„Der Satz ‚Hier schläft eine Katze' ist wahr"

oder kürzer

„‚Hier schläft eine Katze' ist wahr"

zur Metasprache jener Objektsprache, zu der der Satz „Hier schläft eine Katze" gehört.

In dem soeben betrachteten Beispiel scheint das Prädikat „... ist wahr" zunächst kaum eine Funktion zu haben – kaum mehr als der Ausdruck „Es ist wahr, daß...". Aber wir können wichtige metasprachliche Regeln aufstellen, wie zum Beispiel:

„Aus einer Klasse (oder einem System) von Sätzen, die alle wahr sind, kann kein falscher Satz logisch abgeleitet werden."

Hier sieht man, daß der metasprachliche Ausdruck „wahr" eine wichtige Rolle spielen kann. Das wird noch deutlicher, wenn man diese Regel entsprechend der Korrespondenztheorie übersetzt:

„Von Theorien (Systemen von Sätzen), die mit den Tatsachen übereinstimmen, kann man keine Sätze logisch ableiten, die nicht mit den Tatsachen übereinstimmen."

Diese Regel erklärt, zum Teil, warum wir in der Wissenschaft nach Wahrheit suchen; das heißt nach Theorien, die wahr sind.

(4) Die Korrespondenztheorie der Wahrheit kann folgendermaßen erweitert werden: Wenn ein Satz der deutschen Sprache ein wahrer Satz ist, so ist offenbar seine sinngemäße Übersetzung ins Englische, Französische, Griechische usw. gleichfalls wahr: zusammen mit einem Satz ist die Klasse seiner sinngemäßen Übersetzungen wahr oder falsch. Man kann daher die Wahrheit oder die Falschheit als eine Eigenschaft nicht so sehr des einzelnen Satzes betrachten, sondern als eine Eigenschaft seines Sinnes; und man kann als den Sinn eines Satzes die Klasse seiner sinngemäßen Übersetzungen ansehen, oder was alle sinngemäßen Übersetzungen gemeinsam haben. Es ist also ein Satz dann wahr, wenn sein Sinn wahr ist; das heißt aber, wenn er und alle sinngleichen Sätze mit den Tatsachen übereinstimmen.

Ähnlich kann man eine Überzeugung oder einen Gedanken wahr nennen, wenn ein Satz, der diese Überzeugung oder diesen Gedanken formuliert, wahr ist.

Alle diese Erweiterungen der Tarskischen Korrespondenztheorie ändern offenbar nichts wesentliches. Allen ist gemeinsam, daß die Wahrheit und Falschheit fundamental eine Eigenschaft von sprachlich formulierten, beschreibenden Sätzen ist.

Die weitverbreitete Idee, die auch Bertrand Russell vertritt[3], daß die Korrespondenz in der Ähnlichkeit zwischen unseren geistigen Bildern oder Vorstellungen und den Tatsachen besteht – gewissermaßen in der Ähnlichkeit zwischen einer geistigen Photographie und ihrem Objekt – scheint mir ganz verfehlt zu sein. Das, was an dieser Idee richtig ist, das ist die Korrespondenztheorie als solche. Aber es wird übersehen, daß auch jemand, der blind *und* taubstumm ist, die Idee der Wahrheit erfassen kann, wenn er, wie Helen Keller, eine Sprache zu beherrschen lernt; aber nicht ein Mensch, der nicht sprechen gelernt hat.

(5) Wenn man die Korrespondenztheorie akzeptiert – die These, daß die Wahrheit eines Satzes seine Übereinstimmung mit den Tatsachen ist – dann wird es klar, daß wir die Wahrheit von der Gewißheit oder Sicherheit, oder von der Begründbarkeit oder Entscheidbarkeit oder Erweisbarkeit klar unterscheiden müssen.

Wir können mehr oder weniger gewiß oder sicher sein, daß ein Satz wahr ist, oder daß ein Satz falsch ist. Das zeigt klar den Unterschied zwischen Gewißheit oder Sicherheit einerseits und Wahrheit andererseits.

---

[3] BERTRAND RUSSELL, Human Knowledge: Its Scope and Limits (1948), S. 170 (Das menschliche Wissen, deutsch von WERNER BLOCH, 1952, S. 156 f.).

Die Beweisbarkeit oder Begründbarkeit eines Satzes hat seine Wahrheit zur Folge; aber nicht umgekehrt: ein Satz kann mit den Tatsachen übereinstimmen (wahr sein), ohne daß er beweisbar oder anderswie begründbar ist.

(6) Besonders wichtig für die kritische Beurteilung gewisser schlechter Formulierungen in den beiden Grundproblemen ist, daß wir die Frage, ob ein Satz *entscheidbar* ist – die Frage, ob wir ihn als wahr oder als falsch erweisen können –, von der Frage nach seiner Wahrheit scharf unterscheiden müssen. Über diese Unterscheidung war ich mir damals nicht immer klar. Ich sprach manchmal von „Geltungsart" und meinte damit Entscheidbarkeit (Verifizierbarkeit, Falsifizierbarkeit); also die Möglichkeit, einen Satz als wahr oder vielleicht als falsch *nachzuweisen*. Es ist klar, daß ich nicht immer die *entscheidbare* Wahrheit oder Falschheit von dem „Wahrheitswert" (also von wahr und falsch) unterschied[4]: Ich verwandte „wahr" manchmal im Sinne von „als wahr entscheidbar".

(7) Universelle Theorien sind grundsätzlich hypothetisch oder konjektural, weil sie nicht als wahr entscheidbar sind. Das bedeutet aber nicht, daß sie nicht wahr sein können. Wir können nur nicht ihrer Wahrheit sicher sein. Aber wenn man „wahr" nicht hinreichend klar von „entscheidbar wahr" oder von „sicher wahr" unterscheidet, so kommt man leicht dahin, Hypothesen als „Fiktionen" (im Sinne Vaihingers) zu bezeichnen. Das ist ein anderer Fehler, den ich manchmal in den beiden Grundproblemen mache; ein arger Fehler[5].

Trotz dieser Fehler, die sich auch bei anderen finden (und sogar noch viele Jahre später), sind andere Stellen des Buches von eben diesen Fehlern frei; und in der Logik der Forschung treten solche Fehler meines Wissens nicht mehr auf.

(8) Ich komme nun zu meinem sogenannten *Abgrenzungskriterium*, dem Kriterium für den empirisch-wissenschaftlichen Charakter von Theorien (Satzsystemen).

Wie bekannt habe ich die empirische Widerlegbarkeit („Falsifizierbarkeit") als Abgrenzungskriterium vorgeschlagen. Unter der empirischen Widerlegbarkeit oder Falsifizierbarkeit einer Theorie verstehe ich die Existenz von Beobachtungssätzen („Basissätzen", „Prüfsätzen"), deren Wahrheit die Theorie widerlegen, also als falsch nachweisen würde. Statt die Existenz solcher Sätze zu verlangen, können wir ebensogut die Existenz möglicher beobachtbarer Vorgänge verlangen; Vorgänge, deren Auftreten von der betreffenden Theorie ausgeschlossen ist, „verboten" ist. Einen solchen möglichen Vorgang nenne ich manchmal eine „Falsifikationsmöglichkeit".

---

[4] Siehe insbesondere I. Buch: Abschnitt 6, Text zu Anm. *1 und den dort vorkommenden Ausdruck „endgültig entscheidbar" und, im nächsten Absatz, den Ausdruck „Wahrheitswert".

[5] Siehe I. Buch: Abschnitt *34*, Anm. *4 und *5 sowie den Text zu diesen Anmerkungen.

Um ein drastisches Beispiel zu geben: die Umkehrung der Richtung der (scheinbaren) Bewegung der Sonne für (sagen wir) sechs Stunden wäre eine Falsifikationsmöglichkeit für fast alle astronomischen Theorien, von Anaximander und Ptolemäus bis Newton und Einstein. Daher sind also alle diese Theorien falsifizierbar: sie sind empirisch-wissenschaftliche Theorien. (Sie haben einen „empirischen Gehalt".)

(9) Mein Abgrenzungskriterium ist oft in phantastischer Weise mißverstanden worden. So wurde zum Beispiel der Ausdruck „Falsifizierbarkeit" statt durch „Widerlegbarkeit" durch „Fälschbarkeit" erläutert – offenbar von jemandem, der aus Gewissenhaftigkeit im Duden[6] oder in einem andern Wörterbuch nachschlug.

Oder es wurde das Ziel der Abgrenzung völlig mißverstanden und es wurde angenommen, daß ich die *gegenwärtig anerkannten* Theorien der empirischen Wissenschaften charakterisieren wollte; während es meine Absicht war, alle empirisch-wissenschaftlich diskutablen Theorien, einschließlich der überholten oder widerlegten, also aller wahren *und falschen* empirischen Theorien von den pseudo-wissenschaftlichen Theorien abzugrenzen, aber auch von der Logik, der reinen Mathematik, der Metaphysik, der Erkenntnistheorie, und überhaupt der Philosophie. Eine andere Annahme war, daß ich durch das Abgrenzungskriterium ausgeschlossene Sätze als „sinnlos", oder als „nicht-rational" oder als „unzulässig" betrachtet wissen wollte.

Fast jeder interessierte Student (und nicht selten ein Professor) reagierte zunächst auf mein Abgrenzungskriterium mit der Frage: „Ist denn dieses Abgrenzungskriterium seinerseits empirisch widerlegbar?" Es ist natürlich nicht empirisch widerlegbar, denn es ist ja keine empirisch-wissenschaftliche Hypothese, sondern eine philosophische These: eine These der Metawissenschaft. Und es ist übrigens kein Dogma, sondern ein Vorschlag: ein Vorschlag, der sich in ernsten Diskussionen gut bewährt hat.

Das Abgrenzungskriterium ist also nicht-empirisch. Es wurde nicht durch Beobachtungen des Tuns und Lassens von Wissenschaftlern gewonnen, weder durch das Studium der lebenden Wissenschaftler, noch durch das Studium der Wissenschaftsgeschichte. Aber es hilft uns in der Wissenschaftsgeschichte; denn es sagt uns, was wir zur Geschichte der empirischen Wissenschaft zählen sollen, und was nicht.

Wenn eine Falsifikationsmöglichkeit wirklich eintritt, und damit ein Beobachtungssatz, ein „Basissatz", der mit einer gewissen Theorie unvereinbar ist, wahr ist; oder, was dasselbe bedeutet, wenn ein von der Theorie verbotener Vorgang sich ereignet, dann ist die Theorie falsifiziert; sie ist falsch, widerlegt. Eine solche falsche, falsifizierte Theorie ist offenbar falsifizierbar, und hat daher empirisch-wissenschaftlichen Charakter, obwohl sie,

---

[6] Vgl. Duden: Das große Wörterbuch der deutschen Sprache II. (hrsg. von GÜNTHER DROSDOWSKI, 1976), S. 794.

durch ihre Widerlegung, aus den Hypothesen der jeweils anerkannten Wissenschaft als falsch (aber nicht als unwissenschaftlich) ausgeschlossen wird.

Wenn also die Sonne (scheinbar) stehen bleibt oder die Erde ohne Katastrophe plötzlich zu rotieren aufhört, dann ist die Newtonsche und die Einsteinsche Astronomie und Physik widerlegt. Sie sind auch widerlegt, wenn der Vorgang nach dem Untergang der Menschheit stattfindet und daher von niemandem beobachtet wird: ein „beobachtbarer Vorgang" ist ein Vorgang, der im Prinzip beobachtet werden könnte, wenn ein geeigneter Beobachter in einem geeigneten Platz zur Verfügung steht[7].

Theorien wie die Newtonsche und die Einsteinsche Gravitationstheorie haben unendlich viele Falsifikationsmöglichkeiten. Viele mögliche Bewegungsvorgänge der Planeten und der Monde sind von der Theorie schlechthin verboten.

Manche Bewegungsvorgänge scheinen auf den ersten Blick ausgeschlossen („verboten") zu sein, sind aber nur *unter gewissen Voraussetzungen* verboten; zum Beispiel, unter der Annahme, daß wir alle Planeten kennen, und in Rechnung gestellt haben.

So hat bekanntlich eine Abweichung von der berechneten Umlaufbahn des Planeten Uranus zur Entdeckung des Planeten Neptun geführt. Ein Vorgang, der zuerst wie eine Falsifikation der Newtonschen Theorie aussah, wurde zu einem überzeugenden Sieg der Theorie.

Ich habe darauf oft hingewiesen. Aber einige meiner ehemaligen Schüler haben dieses Beispiel mißverstanden. Sie glauben, daß jede mögliche Falsifikation der Newtonschen Theorie auf ähnliche Weise durch die Annahme einer unbekannten (und vielleicht unsichtbaren) Masse in einen Sieg der Theorie verwandelt werden kann.

Das ist aber einfach ein physikalischer (oder mathematischer) Fehler. Erstens gibt es viele im Prinzip beobachtbare Bewegungen, die durch keine solche Hilfshypothese erklärt werden können (zum Beispiel die plötzliche Umkehrung von Bewegungen). Zweitens können wir mit unseren Raumproben sehr wohl herausfinden, ob der errechnete unsichtbare Planet, beziehungsweise eine unsichtbare schwere Masse, in der errechneten Position existiert.

Es gibt also, wie gesagt, unendlich viele mögliche Planetenbewegungen, die von Newtons Theorie ausgeschlossen werden. Aber es gibt kein mögliches menschliches Verhalten, das von einer der psychoanalytischen Theorien (Freud, Adler, Jung) ausgeschlossen wird.

Hier liegt ein wichtiger Gegensatz vor, der, wie zu erwarten war, von vielen geleugnet wird.

(10) So weit habe ich von falsifizierenden tatsächlichen Vorgängen oder von wahren falsifizierenden Sätzen gesprochen.

---

[7] Siehe KARL POPPER, Logik der Forschung (1934; 2. Aufl., 1966; und spätere Auflagen), Abschnitt *28*, vorletzter Absatz.

Es ist eine ganz andere Frage, ob wir *sicher* sein können, daß ein solcher falsifizierender Vorgang tatsächlich stattgefunden hat, daß also ein entsprechender falsifizierender Satz wahr ist.

Diese Frage hat mit dem Abgrenzungskriterium als solchem nichts zu tun. Das Abgrenzungskriterium fragt nur nach im Prinzip möglichen Vorgängen und Basissätzen. Und hier gibt es ganz eindeutig eine Asymmetrie zwischen Verifizierbarkeit und Falsifizierbarkeit: Gewisse universelle Theorien können prinzipiell durch einen beobachtbaren Vorgang (oder durch einen entsprechenden deskriptiven Basissatz) widerlegt, falsifiziert werden; aber sie können nie durch einen solchen Vorgang oder durch einen solchen Satz begründet oder verifiziert werden.

Diese Asymmetrie ist eine fundamentale logische Tatsache, die von keiner der Schwierigkeiten, mit unseren Beobachtungen empirische Sicherheit zu erreichen, berührt wird.

(11) Diese Schwierigkeiten bestehen, und das wurde von mir in der Logik der Forschung[8] betont. Aber sie haben nichts mit der Falsifizierbarkeit als Abgrenzungskriterium zu tun.

Sie haben nur mit der Frage zu tun, ob eine Theorie von uns in der Tat durch Beobachtungen falsifiziert wurde. Die Frage, ob die Falsifikation wirklich stattgefunden hat, kann eine wichtige und schwierige Frage sein, aber sie ist von der prinzipiellen Frage nach der potentiellen Falsifizierbarkeit (also von der nach dem Abgrenzungskriterium) scharf zu trennen.

Der Ausdruck „Falsifikationismus", mit dem einige meiner Kritiker zu leicht herumwerfen, ist dazu angetan, diese beiden Fragen zu vermengen. Aber vielleicht ist meine Darstellung nicht immer hinreichend klar gewesen.

(12) Insbesondere habe ich in den beiden Grundproblemen von solchen Dingen wie „endgültige Falsifizierbarkeit" gesprochen[9]. Nun gibt es endgültige Falsifizierbarkeit, wie bereits angedeutet. Trotzdem gibt es, wie ich in der Logik der Forschung[10] nachdrücklich betonte, kaum so etwas wie eine Falsifikation durch Beobachtungen, die als unzweifelhaft (oder endgültig) bezeichnet werden kann. Hier kommt eben das sokratische Unwissen, der Fallibilismus, die Unsicherheit alles wissenschaftlichen Wissens herein. Es ist immer möglich – oder doch *fast* immer in allen nicht-trivialen Fällen – daß wir uns geirrt haben.

Daß es Fälle gibt – triviale Fälle – in denen wir uns kaum irren können, kann natürlich zugegeben werden[11]. Es gibt natürlich beliebig viele solche

---

[8] Siehe KARL POPPER, op. cit., Abschnitte *29* und *30*. Vgl. auch I. Buch: Abschnitt *11* gegen Ende; sowie Anhang: Abschnitte *VIII* (C, D) und *IX*.
[9] Siehe zum Beispiel I. Buch: Abschnitt *37*, Text zu Anm. *2.
[10] Siehe Anm. 8.
[11] RUSSELLS Beispiel ist: „Es ist jetzt kein [ausgewachsenes] Rhinozeros im Zimmer." Vgl. RONALD W. CLARK, The Life of BERTRAND RUSSELL (1975), S. 170 und 680; BERTRAND RUSSELL, LUDWIG WITTGENSTEIN, Mind, N.S., 60 (1951), S. 297.

Beispiele, aber sie sind wenig interessant. Wissenschaftliche Theorien können im allgemeinen gegenüber Falsifikationen *immunisiert* werden. (Der Ausdruck „Immunisierung" stammt von Hans Albert[12]; in der Logik der Forschung spreche ich stattdessen etwas schwerfällig von einer „konventionalistischen Wendung"[13].) Aber die sehr wichtige Immunisierbarkeit aller, oder jedenfalls der meisten, wissenschaftlichen Theorien beeinträchtigt nicht das, was ich ihre Falsifizierbarkeit nenne; das heißt, ihre Falsifizierbarkeit im Sinne des Abgrenzungskriteriums: die Existenz von Falsifikationsmöglichkeiten (von „potentiellen Falsifikatoren").

(13) Im Zusammenhang mit dem Ausdruck „Falsifikationismus" (den ich jetzt zu vermeiden geneigt bin) möchte ich noch bemerken, daß ich nie gesagt habe, daß die Falsifikation wichtig ist, und wichtiger als die Verifikation. Die Falsifizierbarkeit ist wichtig (und wichtiger als die Verifizierbarkeit, weil diese eben auf wissenschaftliche Theorien nicht anwendbar ist); und was besonders wichtig ist, ist die *kritische Einstellung*: das *kritische Verfahren*.

Die kritische Einstellung ist dadurch charakterisiert, daß wir unsere Theorien nicht zu verifizieren versuchen, sondern zu falsifizieren. Verifikationen sind billig: sie sind zu leicht zu haben, wenn man nach ihnen sucht. Die einzigen Verifikationen, die Gewicht haben, sind ernste Falsifikationsversuche, die nicht zu ihrem Ziel, zu einer Falsifikation, geführt haben, sondern zu einer Verifikation. Aber auch in einem solchen Fall ist es natürlich immer möglich, daß die nächste Prüfung derselben Theorie in einer Falsifikation endet.

Die kritische Einstellung ist – offenbar – die Einstellung, einen Fehler zu finden. Das gilt nicht nur für die Überprüfung von empirischen Theorien, sondern ganz allgemein; auch für die Kritik philosophischer Theorien. Aber Fehler, die man leicht reparieren kann, soll man natürlich nicht breittreten, sondern womöglich in Ordnung bringen, bevor man mit der ernsten Kritik beginnt.

Die Wichtigkeit der kritischen Einstellung, des Suchens nach Falsifikationen im Gegensatz zum fast immer erfolgreichen Suchen nach Verifikationen, hat schon der Induktivist Francis Bacon gesehen; aber nicht, daß Verifikationen kein Gewicht haben – außer, wenn sie fehlgeschlagene Falsifikationen sind.

(14) Ich spreche in den beiden Grundproblemen oft von einem *Induktionsprinzip*, also von einem Prinzip, das, wenn es wahr wäre, induktive Schlüsse gültig machen würde. Was ich als Beispiel für ein Induktionsprinzip angeführt habe[14], ist zwar für meine Argumentation nicht von Wichtigkeit, aber

---

[12] Siehe HANS ALBERT, Traktat über kritische Vernunft (1968; 3. Aufl., 1975).
[13] Siehe KARL POPPER, Logik der Forschung (1934; 2. Aufl., 1966; und spätere Auflagen), Abschnitt 20.
[14] Siehe I. Buch: Abschnitt 5, Anm. *3 und Text zu dieser Anm.

als Induktionsprinzip unzureichend. Ich zweifle, ob es möglich ist, ein auch nur dem ersten Anschein nach befriedigendes Induktionsprinzip zu formulieren. Ein mögliches Induktionsprinzip wäre vielleicht das folgende:

„Die Struktur der Welt ist derart, daß eine mögliche (hypothetische) Regel, die durch mindestens 1000 verifizierende Einzelfälle (‚Instanzen' im Sinne Bacons) unterstützt wird, eine allgemeingültige Regel ist."

Ein solches Prinzip könnte als Obersatz verwendet werden für einen induktiven Schluß von 1000 Prämissen, die Einzelfälle beschreiben, auf eine Konklusion, die ein universelles Gesetz ist.

Aber natürlich ist *jedes* derartige Prinzip falsch. Auch wenn wir die Zahl 1000 beliebig vergrößern, bleibt es falsch: Ein Uhrpendel ist beliebig oft auf der linken Seite zu finden; aber es ist nicht immer links. Das führt uns zu Bacons Forderung, nach negativen Fällen zu suchen, um uns so vor vorschnellen Verallgemeinerungen zu hüten.

Aber auch das genügt nicht. Eine beliebig lange Reihe von positiven Fällen zusammen mit der Abwesenheit von negativen Fällen reicht nicht hin, um eine Gesetzmäßigkeit zu begründen. Dafür gibt es unzählige Beispiele – Beispiele von für lange Zeit anscheinend gültigen induktiven Gesetzen (ich will sie in der Form von „Es-gibt-nicht-Sätzen"[15] formulieren), die sich auf eine beliebig lange Reihe von positiven Fällen und auf die objektive Abwesenheit von negativen Fällen stützen konnten, die aber schließlich durch einen ganz neuen negativen Fall widerlegt wurden. Beispiele: „Wolken, die länger als 1000 m und schmäler als 30 m sind, gibt es nicht." – „Vögel oder Flugapparate, die über 2 Tonnen wiegen, gibt es nicht." Man sieht sofort, daß mit jeder neuen Erfindung und ihren Folgen eine ganze Menge von möglichen Induktionen widerlegt werden, die bis dahin, für viele Jahrtausende oder noch viel länger, anscheinend gültig waren. Eine ernst zu nehmende Theorie der Induktion müßte solche Induktionen ausschließen. Mir ist eine solche Theorie nicht bekannt; nicht einmal eine Theorie, die so etwas anstrebt.

Es ist also nicht nur so, daß die Forderung nach einem gültigen induktiven Schluß zur Aufstellung eines Induktionsprinzips und damit zu einem unendlichen Regreß führt; sondern es ist anscheinend nicht einmal möglich, ein auch nur einigermaßen plausibles Induktionsprinzip aufzustellen.

(15) Worin liegt die fundamentale Schwäche des Induktivismus? Sie liegt nicht in der Zielsetzung: der Induktivismus und der Deduktivismus sind sich darüber einig, daß es das Ziel der Erkenntnis ist, Gesetzmäßigkeiten zu finden, mit deren Hilfe wir die Naturvorgänge erklären und verstehen

---

[15] Für Gesetze in der Form von „Es-gibt-nicht-Sätzen" siehe KARL POPPER, Logik der Forschung (1934; 2. Aufl., 1966; und spätere Auflagen), Abschnitt *15*; und KARL POPPER, The Poverty of Historicism II., Economica, N.S., 11 (1944), S. 121 f. (The Poverty of Historicism, 1. Aufl., 1957, und spätere Auflagen, S. 61 f.; Das Elend des Historizismus, deutsch von LEONHARD WALENTIK, 1965, S. 49 f.).

können. Die letzte Schwäche des Induktivismus liegt in einer überaus populären aber grundfalschen Theorie des menschlichen Intellekts, in der tabula rasa Theorie, die ich die „Kübeltheorie des menschlichen Geistes" genannt habe. Nach dieser Theorie ist der menschliche Intellekt im wesentlichen passiv. Die Sinne liefern die „Daten" („Sinnesdaten"), und unser Wissen ist, im wesentlichen, ein passiver Niederschlag dieser „Gegebenheiten".

Demgegenüber stelle ich die Theorie auf, daß uns nichts „gegeben" ist; daß schon unsere Sinnesorgane aktive Anpassungen sind, das Resultat von Mutationen, also von Vorläufern von Hypothesen; und daß alle Hypothesen aktive Anpassungsversuche sind.

Wir sind aktiv, schöpferisch, erfinderisch, wenn auch unsere Erfindungen durch die natürliche Auslese kontrolliert werden. Es wird also das Reiz-Reaktions-Schema durch eine Mutations(= neue Aktion)-Auslese-Schema ersetzt. Das Leben der höheren Tiere, und besonders des Menschen, ist keine Routine. Und insbesondere der Wissenserwerb, und die Wissenschaft, ist keine Routine.

Dieses ungewohnte Bild des Wissenserwerbs wird sich nicht leicht durchsetzen. Denn die tägliche Erfahrung scheint uns zu lehren, daß wir nur unsere Augen schließen müssen, um unser Wissen über die Außenwelt katastrophal herabzusetzen, und sie nur wieder öffnen müssen, um sofort wieder passiv von der Außenwelt belehrt zu werden. Aber diese Beschreibung ist irreführend: Unsere Wahrnehmung ist aktiv, ist aktive Hypothesenbildung, auch wenn wir uns dessen nicht bewußt sind.

Solange sich dieses neue Bild des Wissenserwerbs (und, in der Tat, des menschlichen Lebens) nicht durchgesetzt hat, werden die meisten Philosophen wohl damit fortfahren, an die Induktion zu glauben.

(16) Als letzten Punkt dieser Einleitung möchte ich noch bemerken, daß ich mit dem Herausgeber übereingekommen bin, gewisse Abschnitte[16] in kleinerem Druck zu setzen, weil ich mich speziell von diesen Abschnitten distanzieren möchte. Erstens sind sie nicht wichtig, da sie teilweise terminologischer Natur sind; und zweitens ist die Terminologie (die teilweise auf Carnaps überaus originellem Abriß der Logistik[17] beruhte) überholt. Zu den jetzt selten verwendeten Ausdrücken (oder selten in Carnaps damaligem Sinn verwendeten Ausdrücken) gehört der Ausdruck „Logistik", an Stelle dessen man jetzt von „symbolischer" oder „mathematischer Logik" spricht. Carnap verwendet ferner die Ausdrücke „generelle Implikation" (er verwendet diese manchmal, um ein Naturgesetz auszudrücken). Was auch überholt ist, ist die Analyse der zentralen logischen Idee der Deduktion. Nicht nur müssen wir Implikation (materiale wie auch formale) von logischer Ab-

---

[16] I. Buch: Abschnitte *27* bis *29* (einschließlich) und *31*.
[17] RUDOLF CARNAP, Abriß der Logistik (1929).

leitbarkeit oder Deduzierbarkeit unterscheiden, sondern auch logische Deduktion von logischem Beweis. Das wurde aber erst nach dem Abriß der Logistik wirklich klar; zumindest mir.

Penn, Buckinghamshire, November 1978

EXPOSÉ [1933][1]

[1.] Bemerkungen zum Inhalt. Das Buch ist eine Erkenntnistheorie. Es ist eine „Theorie der Erfahrung", und zwar der *wissenschaftlichen* Erfahrung. Es zeigt, daß alle wissenschaftlichen „Erfahrungen" *Hypothesen voraussetzen,* daß die *wissenschaftliche Erfahrung* als eine *Methode* charakterisiert werden kann, Theorien aufzustellen und zu überprüfen[a].

Das Buch versucht, die beiden Grundprobleme nachzuweisen, die (teils in ihren Zusammenhängen nicht erkannt, teils in ihrer Bedeutung nicht gewürdigt) den klassischen und den modernen erkenntnistheoretischen Problemen in gleicher Weise zugrundeliegen. Es versucht, diese Probleme schließlich[b] auf *eines* zu reduzieren. Es entwickelt in systematischer Reihe die wichtigsten erkenntnistheoretischen Lösungsversuche seit Hume und Kant, übt an jedem Versuch *immanente Kritik* und zeigt, wie die inneren Widersprüche jeder Position zwangsläufig zum nächsten Lösungsversuch führen. Vor allem aber gibt es selbst einen neuartigen *Lösungsversuch,* indem es die bisher unbemerkten und ungeprüften *Voraussetzungen aufhebt,* die die anscheinende Unlösbarkeit der Probleme zur Folge hatten[c].

[2.] Bemerkungen über das Verhältnis des Buches zur zeitgenössischen Erkenntnistheorie. Das Buch steht durch seine Problemstellung und durch seine an der Naturwissenschaft orientierte Methode dem modernen („logistisch" orientierten) *„Positivismus"* (Bertrand Russell, Moritz Schlick, Philipp Frank, Rudolf Carnap, Hans Reichenbach, Ludwig Wittgenstein[a]) nahe; aber es setzt sich gerade deshalb mit dieser Richtung am ausführlichsten *kritisch* auseinander und versucht den „Grundwiderspruch des Positivismus" aufzudecken[b], an dem die positivistische Philosophie *scheitert.* (Das Buch enthält die erste größere Auseinandersetzung mit Wittgensteins Tractatus Logico-Philosophicus[1], der geradezu als die Bibel des modernsten Positivismus zu bezeichnen ist.) – Von modernen Richtungen wird ferner insbesondere der Konventionalismus (Henri Poincaré, Hugo Dingler) kritisch berücksichtigt[c].

---

[1] [Siehe *Nachwort des Herausgebers,* Abschnitt 6: D). Hrsg.]
[1] [LUDWIG WITTGENSTEIN, Tractatus Logico-Philosophicus (1918/1922). Hrsg.]

I. Buch

DAS INDUKTIONSPROBLEM
Erfahrung und Hypothese

DIE BEIDEN GRUNDPROBLEME DER ERKENNTNISTHEORIE
Band I

I. Kapitel

PROBLEMSTELLUNG

1. Induktionsproblem und Abgrenzungsproblem. Zwei Fragen sind die Brennpunkte dieser Untersuchung: Das Induktionsproblem und das Abgrenzungsproblem.

Das *Induktionsproblem*:

Wir können immer nur bestimmte Ereignisse beobachten und immer nur eine beschränkte Anzahl von Ereignissen. Dennoch stellen die empirischen Wissenschaften *allgemeine Sätze* auf, zum Beispiel die Naturgesetze; Sätze also, die für eine unbeschränkte Anzahl von Ereignissen gelten sollen. Mit welchem Recht können solche Sätze aufgestellt werden? Was meint man eigentlich mit diesen Sätzen? Diese Fragen deuten die Umrisse des Induktionsproblems an: Als „Induktionsproblem" wird hier die Frage nach der Geltung oder nach der Begründung der allgemeinen Sätze der empirischen Wissenschaften bezeichnet. In anderer Ausdrucksweise: Können Wirklichkeitsaussagen, die sich auf Erfahrung gründen, allgemeingültig sein? (Oder beiläufig gesprochen: Kann man mehr wissen, als man weiß?)

Das *Abgrenzungsproblem*:

Die empirischen Wissenschaften sind, wie ihre Geschichte zeigt, fast durchwegs aus dem Schoße der Metaphysik hervorgegangen: Ihre letzte vorwissenschaftliche Form war eine spekulativ-philosophische. Selbst die am höchsten entwickelte unter ihnen, die Physik, ist von den letzten Schlacken ihrer metaphysischen Vergangenheit vielleicht auch heute noch nicht restlos befreit. Gerade in jüngster Zeit ist sie einem stürmischen Reinigungsprozeß unterzogen worden: Metaphysische Gedankengänge (zum Beispiel Newtons absoluter Raum und absolute Zeit, der Lorentzsche ruhende Äther) wurden rücksichtslos ausgemerzt. — Die weniger hoch entwickelten Wissenschaften (zum Beispiel Biologie, Psychologie, Soziologie) waren schon immer von metaphysischen Elementen ungleich stärker durchsetzt als die Physik und sind es auch jetzt. Ja, selbst die Ansicht, daß die Metaphysik als „unwissenschaftlich" ausgeschaltet werden muß, wird von manchen Vertretern jener Wissenschaften ausdrücklich bestritten.

Besteht die Ablehnung der Metaphysik zu Recht oder nicht? Was meint man eigentlich mit den Bezeichnungen „Metaphysik" und „empirische Wissenschaft"? Lassen sich hier überhaupt strenge Unterscheidungen treffen, lassen sich bestimmte Grenzen festlegen? Diese Fragen — sie deuten die Umrisse des Abgrenzungsproblems an — sind von allgemeiner und einschneidender Bedeutung. Jede Form des Empirismus muß von der Erkenntnistheorie vor allem anderen die Sicherung der empirischen Wissenschaft gegenüber den Ansprüchen der Metaphysik verlangen: Die Erkenntnistheorie muß ein strenges und allgemein verwendbares Kriterium aufstellen, das gestattet, Sätze der empirischen Wissenschaften von metaphysischen Behauptungen zu unterscheiden („Abgrenzungskriterium"). — „Abgrenzungsproblem" nenne ich die Frage nach dem Abgrenzungskriterium. Anders ausgedrückt: Wie kann man im Zweifelsfall entscheiden, ob man einen wissenschaftlichen Satz vor sich hat oder „nur" eine metaphysische Behauptung? (Oder beiläufig gesprochen: Wann ist eine Wissenschaft keine Wissenschaft?)

Daß diese beiden Fragen, das (Humesche) *Induktionsproblem* und das *Abgrenzungsproblem* (Kants Frage nach den Grenzen der wissenschaftlichen Erkenntnis) mit Recht als *die beiden Grundprobleme der Erkenntnistheorie* bezeichnet werden können, wird diese Untersuchung nachzuweisen haben. Das größere Interesse[a] verdient das Abgrenzungsproblem: Es ist keineswegs nur von theoretisch-philosophischer Bedeutung, sondern für die Einzelwissenschaft, insbesondere für die Forschungspraxis der weniger hoch entwickelten Wissenschaften, von größter Aktualität[b]. Aber auch vom philosophisch-erkenntnistheoretischen Standpunkt betrachtet, erweist es sich als das zentrale Problem, auf das wohl alle anderen Fragen der Erkenntnistheorie, auch das Induktionsproblem, zurückgeführt werden können.

Diese *erkenntnistheoretischen* Fragen sind von ganz anderer Art, als etwa die *psychologische* Frage, wie unsere Erkenntnisse tatsächlich zustande kommen. Nicht nach der Art und Weise, wie wissenschaftliche Aussagen aufgefunden werden, wie sie entstehen, wird gefragt, sondern nach ihrer *Begründung*, nach ihrer *Rechtfertigung*, nach ihrer *Geltung*: Die erkenntnistheoretischen Fragen müssen als *Begründungs-* oder *Geltungsfragen* (Kant: „quid juris?") von den erkenntnis*psychologischen* (und historisch-genetischen) *Tatsachenfragen* („quid facti?"), also von den Fragen der Erkenntnis*findung*, streng unterschieden werden.

(Auf das Gebiet psychologischer oder historisch-genetischer Tatsachenfragen des Erkennens wird in dieser Arbeit nur so weit eingegangen, als notwendig ist, um diese Fragen von der erkenntnistheoretischen Problemstellung loszulösen und aus der Untersuchung auszuschalten.)

Durch die Auffassung, daß sich die Erkenntnistheorie nur um Geltungsfragen zu kümmern hat, nicht aber um Tatsachenfragen, wird sie gewissermaßen zu einer allgemeinen Methodenlehre der empirischen Wissenschaft. Methode nämlich ist in der Wissenschaft nicht die Art und Weise, wie man etwas *entdeckt*[*1], sondern ein Verfahren, durch das man etwas *begründet*.

[*1] Die Methodenlehre wird hier also von der Heuristik unterschieden. Das bedeutet aber nicht, daß die Heuristik von der Methodenlehre nichts zu lernen hat.

II. Kapitel

DEDUKTIVISMUS UND INDUKTIVISMUS

2. *Bemerkungen über den Lösungsweg und vorläufige Angabe der Lösungen.* Ist es berechtigt, das Induktionsproblem, vor allem aber das Abgrenzungsproblem, als die erkenntnistheoretischen Grundprobleme zu bezeichnen?

Ist es berechtigt, die Erkenntnistheorie als Methodenlehre der empirischen Wissenschaften anzusehen?

Offenbar können diese Fragen nur durch eine Untersuchung beantwortet werden, die die *historischen* Verhältnisse *berücksichtigt.* Diese Untersuchung müßte aber deshalb *nicht historisch* interessiert sein: Sie wird nur zu zeigen haben, daß die typischen, von der Erkenntnistheorie immer wieder behandelten Probleme auf das Induktionsproblem, und weiter auf das Abgrenzungsproblem, zurückgeführt werden können; und sie wird auch zu zeigen haben, daß diese Probleme als methodologische Probleme aufgefaßt werden können, und daß diese Auffassung eine *fruchtbare* ist.

Schon aus diesen Gründen wird die Darstellung und die *Kritik* der wichtigsten erkenntnistheoretischen Versuche einen ziemlich breiten Raum einnehmen; immer aber wird versucht werden, diese Kritik fruchtbar zu gestalten, das heißt: die *positiven,* die methodologischen Fragen herauszuschälen, die den kritisierten Positionen zugrunde liegen.

Nach der hier vertretenen Auffassung können also die „erkenntnistheoretischen Probleme" in zwei Gruppen eingeteilt werden: Die erste Gruppe enthält die *methodologischen* Fragen; die zweite Gruppe die *spekulativphilosophischen,* die in den meisten Fällen als *Mißdeutungen* der methodologischen Fragen dargestellt werden können. Meist können für diese Mißdeutungen typische *erkenntnistheoretische Vorurteile* verantwortlich gemacht werden (zum Beispiel das psychologistische, das induktivistische, das logizistische oder sprachkritische Vorurteil). Wenn diese Auffassung berechtigt ist, so erweist sich die Fruchtbarkeit der erkenntnistheoretischen Methode und einer glücklichen erkenntnistheoretischen Fragestellung darin, daß es gelingt, *den Fragen der zweiten Gruppe solche der ersten Gruppe zu substituieren;* anders ausgedrückt: die erkenntnistheoretischen Mißdeutungen nicht einfach als Scheinfragen abzutun, sondern die ihnen zugrunde liegenden echten, konkreten methodologischen Fragen aufzuzeigen und zu beantworten.

Damit die später folgenden kritischen und positiven Untersuchungen unter einem einheitlichen Gesichtspunkt verstanden und beurteilt werden können, sollen an dieser Stelle die wichtigsten Punkte der in dieser Arbeit vertretenen erkenntnistheoretischen Position kurz und schlagwortartig zusammengefaßt werden. Auf eine Begründung wird dabei nicht eingegangen[a]; diese wird vielmehr die Untersuchung selbst zu liefern haben (vgl. Abschnitt 47).

a) Zur Methode der Erkenntnistheorie:

Mit dem Schlagwort *„Transzendentalismus"* kann die Auffassung bezeichnet werden, daß erkenntnistheoretische Behauptungen und Begriffsbildungen an dem tatsächlichen Begründungsverfahren der empirischen Wissenschaften — und nur an diesem — kritisch überprüft werden können und müssen. Diese „methodologische Methode" der Erkenntnistheorie kann man (aus Gründen, die im Abschnitt 9 angedeutet werden) als „transzendentale Methode" bezeichnen. Die Erkenntnistheorie ist Wissenschaftswissenschaft: Sie verhält sich zu den empirischen Einzelwissenschaften, wie diese zur Erfahrungswirklichkeit; die transzendentale Methode ist ein Analogon zur empirischen Methode. Die Erkenntnistheorie wäre demnach eine theoretische Wissenschaft, in der es zwar auch freie Festsetzungen (zum Beispiel Definitionen) gibt, die aber *nicht nur aus willkürlichen Konventionen* besteht, sondern auch aus Sätzen, die durch Vergleich mit den tatsächlichen und *erfolgreichen* Methoden der Einzelwissenschaften widerlegbar sind. — Alle anderen erkenntnistheoretischen Methoden (die psychologische, die sprachkritische usw.) *lehnt der Transzendentalismus durchweg ab,* — natürlich mit Ausnahme der logischen Kritik, des Aufzeigens von inneren Widersprüchen gegnerischer Positionen.

b) Grundgedanken des erkenntnistheoretischen Lösungsversuches:

Als radikaler *„Deduktivismus"* kann die hier vertretene Auffassung bezeichnet werden, daß alle wissenschaftlichen Begründungsmethoden ausnahmslos auf streng logischer Deduktion beruhen und daß es keine wie immer geartete *Induktion* als wissenschaftliche Methode gibt.

Erkenntnistheorien können nämlich *deduktivistisch* oder *induktivistisch* orientiert sein, je nachdem, wie sie die Bedeutung der Deduktion (logische Ableitung) und der Induktion (Verallgemeinerung) einschätzen. So ist zum Beispiel der klassische Rationalismus (Descartes, Spinoza) streng *deduktivistisch* orientiert (sein Vorbild ist die geometrische Deduktion [Euklid]), der klassische Empirismus hingegen *induktivistisch*. Radikal induktivistische Standpunkte (wie zum Beispiel der Millsche) sprechen der Deduktion überhaupt jede Bedeutung ab: sie könne ja nur das wieder ableiten, was ursprünglich durch die[b] Induktion in die Obersätze hineingelegt wurde; aber auch vermittelnde Standpunkte (wie etwa der von Jevons), die die empirisch-wissenschaftliche Methode als eine Verbindung von Induktion und Deduktion charakterisieren wollen, werden hier als „induktivistisch" abgelehnt: Die hier vertretene deduktivistische Auffassung spricht der Induktion jede Bedeutung ab.

Die einzigen zulässigen, in *induktiver Richtung,* das heißt: von den Untersätzen zu den Obersätzen einer Theorie fortschreitenden Schlüsse sind die *deduktiven* Schlüsse des *modus tollens,* die Falsifikation der Obersätze durch Falsifikation der aus ihnen deduzierten Folgerungen.

(Der Gedanke einer streng *deduktivistischen* Erkenntnistheorie führt, konsequent festgehalten, zu einfachen Lösungen der erkenntnistheoretischen Probleme. Er liegt *allen weiteren Überlegungen zugrunde.*)

Eine weitere Konsequenz des Deduktivismus, der Ablehnung der Induktion, kann mit dem Schlagwort „Hypothetismus" bezeichnet werden: Die Auffassung nämlich, daß die empirisch-wissenschaftlichen Theorien (die *allgemeinen* Wirklichkeitsaussagen) immer nur *vorläufige Annahmen,* unbegründete Antizipationen*[1] sein können, da eine *empirische Verifikation* der Theorien, ein Zurückführen der *allgemeinen* Wirklichkeitsaussagen auf *besondere* Erfahrungssätze (Induktion) logisch nicht zulässig ist.

Empiristisch ist der hier vertretene Standpunkt durch seinen Grundsatz (die *Grundthese des Empirismus*), daß nur *Erfahrung* über die Wahrheit oder Falschheit einer Wirklichkeitsaussage entscheiden kann.

Zwischen den Naturgesetzen, den Theorien, den *allgemeinen* Wirklichkeitsaussagen und den *besonderen Erfahrungssätzen* (der „empirischen Basis": vgl. Abschnitt *11*) gibt es nach der hier vertretenen *deduktivistisch-empiristischen Auffassung* nur *einen* Zusammenhang, den der logischen Deduktion: Mit Hilfe der Theorien werden *Prognosen* deduziert und an der Erfahrung überprüft.

Die Naturgesetze sind somit *Deduktionsgrundlagen* für die Prognosendeduktion: für die Deduktion *besonderer* Wirklichkeitsaussagen, über deren Wahrheit oder Falschheit durch Erfahrung entschieden werden kann. *Allgemeine* Wirklichkeitsaussagen, Naturgesetze, Theorien haben die logischen Eigenschaften — und *nur* diese —, die Deduktionsgrundlagen haben müssen, wenn sie nicht unmittelbar, sondern *nur auf dem Umweg über ihre Folgerungen überprüft* werden können: Sie sind (wie unter anderem im Abschnitt *31* näher ausgeführt wird) zwar empirisch *falsifizierbar,* aber nicht *verifizierbar.* Sie können zwar nicht auf induktivem Wege begründet werden, aber sie können (durch den modus tollens) jederzeit endgültig *an der Erfahrung scheitern.*

(Der Begriff der „Erfahrung" kann bei konsequenter Durchführung des deduktivistischen Grundgedankens als *methodologischer* Begriff präzisiert werden.)

---

*[1] Oder Vermutungen.

Der Gedanke der *einseitigen Falsifizierbarkeit* allgemeiner Wirklichkeitsaussagen (Theorien) könnte, neben dem des Deduktivismus, als der *zweite grundlegende Gedanke* dieser Untersuchung bezeichnet werden. Die meisten älteren erkenntnistheoretischen Versuche (eine Ausnahme bilden wohl nur die Wahrscheinlichkeitspositionen: vgl. die Abschnitte *12 ff*.) haben die unbegründete Voraussetzung gemeinsam, daß alle echten Wirklichkeitsaussagen voll entscheidbar (entweder verifizierbar oder falsifizierbar) sein müssen; genauer: daß *sowohl* eine empirische Verifikation *wie auch* eine empirische Falsifikation bei allen echten Wirklichkeitsaussagen *logisch möglich* sein muß. (Mit Rücksicht darauf, daß hier von der *logischen* Möglichkeit gesprochen wird, — nicht von der *empirischen Wirklichkeit*, — wäre es besser, anstatt von „verifizierbaren *oder* falsifizierbaren Sätzen" von „verifizierbaren *und* falsifizierbaren Sätzen" zu sprechen.) Diese unbegründete Voraussetzung, daß alle echten Wirklichkeitsaussagen *voll entscheidbar* sein müssen, führt zu großen erkenntnistheoretischen Schwierigkeiten. Hebt man diese Voraussetzung auf, läßt man also auch *teilentscheidbare* Wirklichkeitsaussagen zu (also Sätze, die *aus logischen Gründen* nicht verifizierbar *und* falsifizierbar sind, sondern entweder nur einseitig verifizierbar sind, — zum Beispiel „es gibt eine Seeschlange", — oder aber nur *einseitig falsifizierbar*, — nach dem oben Gesagten gehören alle Naturgesetze hierher), so können die erkenntnistheoretischen Probleme in einfacher Weise gelöst werden.

c) Zum Induktionsproblem:

Die Frage nach der Geltung allgemeiner Wirklichkeitsaussagen kann vorläufig dahin beantwortet werden, daß allgemeine Wirklichkeitsaussagen nicht verifizierbar, sondern *nur falsifizierbar* sind. Anders ausgedrückt: Allgemeinen" Wirklichkeitsaussagen kann, aufgrund wissenschaftlich zulässiger Begründungsmethoden, niemals ein positiver, wohl aber ein negativer Geltungswert zugeschrieben werden. Ihre methodische Überprüfung geschieht durch Falsifikationsversuche, also durch Deduktion vollentscheidbarer Prognosen.

d) Zum Abgrenzungsproblem:

Als Abgrenzungskriterium kann das *Kriterium der Falsifizierbarkeit* verwendet werden: Nur solche Sätze sagen etwas über die Erfahrungswirklichkeit aus, die an ihr scheitern können; das heißt, von denen man angeben kann, unter welchen Bedingungen sie als *empirisch widerlegt* zu betrachten sind.

Durch das Kriterium der Falsifizierbarkeit werden die vollentscheidbaren und die einseitig-falsifizierbaren Sätze als *empirisch-wissenschaftlich* erklärt, während die anderen Sätze (unter ihnen auch die einseitig-verifizierbaren Es-gibt-Sätze) — soweit sie nicht logische Tautologien (analytische Urteile, zum Beispiel mathematische Sätze) sind — als *metaphysische Sätze* von den empirisch-wissenschaftlichen abgegrenzt werden.

Ähnlich, wie Einstein die angewandte und die reine Mathematik gegeneinander abgrenzt, ähnlich grenzt das Kriterium der Falsifizierbarkeit die angewandte und die reine Theorie, die empirischen und die metaphysischen (beziehungsweise die tautologischen) Systeme gegeneinander ab. Einsteins[1] Satz: „Insofern sich die Sätze der Mathematik auf die Wirklichkeit beziehen, sind sie nicht sicher, und insofern sie sicher sind, beziehen sie sich nicht auf die Wirklichkeit", kann nämlich (wenn man „nicht sicher" durch „falsifizierbar" oder „widerlegbar" ersetzt) zu folgender Definition der Wirklichkeitswissenschaft verallgemeinert werden: Insofern sich die Sätze einer Wissenschaft auf die Wirklichkeit beziehen, müssen sie falsifizierbar sein, und insofern sie nicht falsifizierbar sind, beziehen sie sich nicht auf die Wirklichkeit.

Die einfachen Grundgedanken des vorgeschlagenen Lösungsversuches: („Deduktivismus" — „Empirismus" — „einseitige Falsifizierbarkeit") werden sich kritisch und positiv zu bewähren haben. *Kritisch:* es wird nachzuweisen sein, daß jeder erkenntnistheoretische Lösungsversuch gerade an jenen Punkten in (innere, immanente) Schwierigkeiten gerät (in der Erkenntnistheorie gilt nicht nur der Satz: simplicitas sigillum veri, sondern sogar: difficultas indicium falsi), an denen er von der vorgeschlagenen Lösung abweicht. *Positiv:* es wird gezeigt werden, daß eine konsequente Durchführung der Grundgedanken (insbesondere der Bedingung der Falsifizierbarkeit) eine Theorie der wissenschaftlichen Methoden zu deduzieren gestattet, die mit den von den Einzelwissenschaften mit Erfolg verwendeten Methoden in guter Übereinstimmung steht.

3. Rationalismus und Empirismus — Deduktivismus und Induktivismus.
Die hier vertretene deduktivistisch-empiristische Erkenntnistheorie kann als Synthese zweier klassischer Erkenntnistheorien dargestellt werden: Als Synthese von Elementen des *Rationalismus* und des *Empirismus*.

Der klassische Rationalismus vertritt die Auffassung, daß die Wahrheit oder Falschheit von Sätzen, die Aussagen über die Wirklichkeit machen, (unter Umständen) auch „aus Vernunftgründen" *entschieden* werden kann, also „a priori", das heißt: ohne die Erfahrung zu befragen. Aus dieser Grundannahme zieht der klassische Rationalismus (zum Beispiel Spinoza) *deduktivistische* Konsequenzen: Es sind vor allem allgemeine Grundgesetze der Naturwissenschaft, die rational erkannt werden; aus ihnen werden die übrigen Sätze deduktiv abgeleitet.

Der klassische Empirismus vertritt den entgegengesetzten Standpunkt. Seine Grundthese ist, daß die Wahrheit oder Falschheit einer Wirklichkeitsaussage einzig und allein „a posteriori", das heißt: durch Erfahrung *entschieden* werden kann. Aus dieser Grundthese zieht der klassische Empirismus

---

[1] ALBERT EINSTEIN, Geometrie und Erfahrung (1921), S. 3 f.

3. Rationalismus und Empirismus — Deduktivismus und Induktivismus

induktivistische Konsequenzen: Er glaubt aus ihr den Schluß ziehen zu können, daß die Naturgesetze aus der Erfahrung *abgeleitet,* das heißt aber: *induziert* werden müssen.

Die hier vertretene Auffassung verbindet die *empiristische* Grundthese mit dem *deduktivistischen* Verfahren des klassischen Rationalismus und lehnt damit die eigentlich *rationalistische* Grundannahme ebenso entschieden ab, wie den (empirischen) *Induktivismus.*

Der Gegensatz zwischen Rationalismus und Empirismus und die vorgeschlagene Synthese soll — unter Verwendung der klassischen Terminologie und Problemstellung Kants — noch etwas genauer dargestellt werden.

Der Streit zwischen Rationalismus und Empirismus geht um die Frage des Geltungsgrundes von Aussagen über die Wirklichkeit.

Wirklichkeitsaussagen sind hier den *rein logischen Aussagen* gegenüberzustellen: Die Falschheit eines in sich widerspruchsvollen Satzes (einer *Kontradiktion*) kann man *aus logischen Gründen* behaupten. Die Kontradiktion kann a priori (ohne die Erfahrung zu befragen) als falsch erwiesen werden: Darüber sind Rationalismus und Empirismus einer Meinung; und ebenso über die apriorische Wahrheit einer *Tautologie:* Die Tautologie ist ein Satz, dessen Negation widerspruchsvoll, eine Kontradiktion ist. (So ist zum Beispiel jeder Satz, der die Falschheit einer Kontradiktion behauptet, tautologisch.)

Der Streit zwischen Rationalimus und Empirismus geht also nicht um die (von beiden anerkannte) Geltung tautologischer oder *analytischer Urteile,* sondern lediglich um die Geltung der nichtlogischen Wirklichkeitsaussagen, die *synthetische Urteile* sind.

Die zwischen Rationalismus und Empirismus schwebende Streitfrage kann mit Hilfe des folgenden Schemas (das, wie ich erfahre, auch Leonard Nelson verwendete[1]) dargestellt werden.

		(Logische Unterscheidung)	
		analytische Urteile	*synthetische Urteile*
(Unterscheidung nach	*a priori*	+	?
dem Geltungsgrund)	*a posteriori*	−	+

(Das Schema wird im folgenden erläutert.)

Vorerst ist die Unterscheidung zwischen *analytischen* und *synthetischen Urteilen* zu besprechen.

Das (Kantsche) Kriterium für diese Unterscheidung ist ein rein logisches:

---

[1] [Vgl. Leonard Nelson, Fortschritte und Rückschritte der Philosophie von Hume und Kant bis Hegel und Fries: Vorlesungen (1919—1926) gehalten an der Universität Göttingen (aus dem Nachlaß herausgegeben von Julius Kraft, 1962), S. 195. Hrsg.]

Die analytischen Urteile sind (wie schon Kant bemerkt und Schopenhauer betont) *tautologisch,* sie „beruhen auf dem Satze des Widerspruchs"[2], das heißt, ihre Verneinung, ihr Negat ist eine Kontradiktion. Sie lassen sich durch logische Umformung rational beweisen.

Im Gegensatz dazu ist ein synthetisches Urteil dadurch definiert, daß man mit Logik allein über seine Wahrheit oder Falschheit nicht entscheiden kann: es ist kontradizierbar, das heißt, man kann ihm widersprechen, ohne zu einem in sich widerspruchsvollen Satz, einer Kontradiktion, zu gelangen; sein *Negat* ist logisch widerspruchsfrei, ist *logisch möglich.*

Danach ist zum Beispiel der Satz: „Heute feiert Methusalem bei bester Gesundheit seinen dreihundertsten Geburtstag" ein (falsches) *synthetisches* Urteil, während der Satz: „Wenn Methusalem heute seinen dreihundertsten Geburtstag feiert, so gibt es Menschen, die dreihundert Jahre alt werden" ein *analytisches* Urteil ist, denn es ist aus den Definitionen der beteiligten Begriffe durch logische Umformung beweisbar. Ein analytisches Urteil wäre auch der Satz: „Alle analytischen Urteile sind a priori gültig", denn er folgt aus der Definition des analytischen Urteils.

Um hier ein Beispiel zu bringen, das durch seinen Gegenstand (das *Kausalproblem*) *für die weitere Untersuchung von erheblicher Bedeutung* ist: Auch der folgende Satz ist ein analytisches Urteil (beziehungsweise eine Definition): „Einen Vorgang *kausal erklären* heißt, ihn auf Naturgesetze zurückführen, ihn aus Naturgesetzen *deduktiv ableiten.*"[*1] Ebenso wäre auch der Satz: „Alle Naturvorgänge lassen sich grundsätzlich kausal erklären" analytisch, denn es ist immer möglich, eine Hypothese ad hoc einzuführen, die einen gegebenen Naturvorgang (selbst ein „Wunder") zu deduzieren gestattet (man braucht bloß den betreffenden besonderen Satz verallgemeinern, was logisch immer möglich ist). In folgender Form ist jedoch der *Kausalsatz* ein *synthetisches* Urteil: „Alle Naturvorgänge müssen grundsätzlich durch Deduktion aus Naturgesetzen prognostizierbar sein"; denn da wir es immer wieder erleben, daß wissenschaftliche Prognosen mißglücken, so ist die Annahme sicher nicht *logisch widerspruchsvoll,* daß es Naturvorgänge gibt, die der deduktiven Voraussage unüberwindliche Schwierigkeiten in den Weg stellen. Ja sogar die viel bescheidenere Behauptung, daß es *überhaupt Naturgesetze gibt,* das heißt, ausnahmslos geltende allgemeine Regeln, die zur Prognosenbildung verwendbar sind, ist zweifellos ein *synthetisches* Urteil[*2]; denn es ist logisch nicht widerspruchsvoll, anzuneh-

---

[2] [Vgl. IMMANUEL KANT, Prolegomena (1783), § 2, S. 25, 30; I. KANT, Kritik der reinen Vernunft (2. Aufl., 1787), S. 16. Siehe auch ARTHUR SCHOPENHAUER, Die Welt als Wille und Vorstellung II. (2. Aufl., 1844), S. 36 f. Hrsg.]

[*1] Wie in Logik der Forschung (1934; 2. Aufl., 1966, und spätere Auflagen), Abschnitt *12,* betont wird, sollte das genauer heißen: „... aus Naturgesetzen und Anfangsbedingungen *deduktiv ableiten.*"

[*2] Siehe LUDWIG WITTGENSTEIN, Tractatus Logico-Philosophicus (1918/1922), Sätze 6.31 und 6.36.

3. Rationalismus und Empirismus — Deduktivismus und Induktivismus 13

men, daß es in diesem Sinn überhaupt keine Naturgesetze gibt, das heißt, daß *jede* anscheinend ausnahmslose Regelmäßigkeit doch irgendwie lückenhaft ist (vgl. dazu die Abschnitte *5* und *11*).

Diese Beispiele dürften den Unterschied zwischen analytischen und synthetischen Urteilen hinlänglich illustrieren. Sie zeigen auch, daß alle Aussagen über die Wirklichkeit (über die Erfahrungswelt, die Natur) synthetische Urteile sind. (Auf die Frage, ob umgekehrt auch alle synthetischen Urteile Wirklichkeitsaussagen sind, sowie auf eine *nähere Analyse des Begriffes der Wirklichkeitsaussage,* der Erfahrungswirklichkeit usw. soll erst später — anläßlich der Untersuchung des Abgrenzungsproblems[3] — eingegangen werden; Hinweise finden sich schon im Abschnitt *11,* bei der Besprechung der empirischen Basis. Vorläufig können „synthetische Urteile" und „Wirklichkeitsaussagen" als Synonyma gebraucht werden.)

Während die Unterscheidung zwischen analytischen und synthetischen Urteilen eine rein logische ist, ist die andere Unterscheidung des Schemas, die Unterscheidung der Sätze in *apriorische* und *aposteriorische* eine spezifisch *erkenntnistheoretische,* denn die Begriffe *a priori* und *a posteriori* beziehen sich auf die *Geltung* eines Urteiles, auf die Methode seiner Begründung, auf seinen „Geltungsgrund".

Aposteriorisch (oder *empirisch*) ist die Geltung eines Urteiles, dessen Geltungsgrund die *Erfahrung* ist: Ich kann zum Beispiel *vermuten,* daß es morgen regnen wird. Ob ich mit meiner Vermutung aber recht habe, darüber kann nur die Erfahrung (im nachhinein, a posteriori) entscheiden.

A priori (von vornherein, ohne die Erfahrung zu befragen) kann man aber behaupten, daß es morgen entweder regnen wird, oder nicht. Diese Behauptung läßt sich auch begründen: Ihr Geltungsgrund ist die Logik (der Satz vom ausgeschlossenen Dritten[*3]).

Die Bezeichnungen „a priori" und „a posteriori" sind nicht ganz gleichwertig. Während der Ausdruck „a posteriori" einen bestimmten Geltungsgrund angibt, nämlich die empirische Überprüfung, die Verifikation durch die Erfahrung, bedeutet „a priori" nur, daß der betreffende Satz unabhängig von der Erfahrung gültig ist. In welcher Weise seine Geltung zu begründen ist, das wird durch die Bezeichnung „a priori" noch nicht angegeben. *Ein* apriorischer Geltungsgrund ist jedenfalls die *Logik* (die logischen Grundsätze). Ob es außer der Logik noch andere Möglichkeiten gibt, Urteile a priori zu begründen, das wird durch die Gegenüberstellung a priori — a posteriori offengelassen, das bleibt Problem.

Alle *analytischen* Urteile gelten also jedenfalls *a priori* (im Schema durch „+" angedeutet). Sie gelten nämlich aufgrund der Logik: sie können ja ge-

---

[3] [Vgl. Abschnitt *11,* Text zu Anm. 55; siehe auch *Nachwort des Herausgebers.* Hrsg.]
[*3] Hier sagte der Text, fälschlich: „vom Widerspruch".

radezu als logische Sätze definiert werden. Erfahrung vermag über sie nicht zu entscheiden, sie sind mit jeder beliebigen Erfahrung vereinbar.

Daraus folgt, daß *alle* Sätze, die *a posteriori* gelten, *synthetische* Sätze sein müssen (im Schema durch „—" und „+" in der a-posteriori-Zeile angedeutet); aber damit ist noch nicht gesagt, daß es keine synthetischen Sätze geben kann, die a priori gelten.

Gibt es synthetische Urteile a priori? Das ist die Streitfrage zwischen [dem klassischen] Rationalismus*4 und [dem klassischen] Empirismus.

Man kann auch fragen: Gibt es für nichtlogische Sätze einen anderen Geltungsgrund als die Erfahrung? Denn wenn synthetische Urteile a priori gelten sollen, so müßte es neben der Methode der empirischen Überprüfung und der logischen Methode, die für synthetische Urteile nicht in Frage kommt, noch eine andere Methode geben, um die Wahrheit eines Satzes sicherzustellen. Denn die Logik kann als Geltungsgrund für synthetische Urteile nicht in Frage kommen, da ja ein synthetisches Urteil dadurch definiert ist, daß auch sein Negat logisch möglich ist.

Die Frage, ob es synthetische Urteile a priori gibt, wird vom Rationalismus bejaht.

Der Rationalismus nimmt somit an, daß wir, ohne die Erfahrung zu befragen (a priori), die Wahrheit von Sätzen feststellen können, deren Negation keineswegs widerspruchsvoll ist. Da er sich also nicht auf die Logik als Geltungsgrund berufen kann, muß er entweder überhaupt auf einen Geltungsgrund verzichten, oder er muß einen anderen a priorischen Geltungsgrund angeben: In der Tat glaubt er, einen solchen in der *„Evidenz"* zu finden: Der Satz „leuchtet dem Verstand unmittelbar ein", ist „aus Vernunftgründen wahr", wird „intuitiv erfaßt". (Alle derartigen Annahmen werden im folgenden unter der Bezeichnung *„Evidenzlehre"* zusammengefaßt.)

Der Empirismus wendet dagegen ein, daß sich auch sehr einleuchtende synthetische Urteile immer als falsch herausstellen *können* (das heißt, daß das immer logisch möglich ist) und daß solche Überraschungen auch tatsächlich schon eingetreten sind. Er läßt daher — neben der Logik als Geltungsgrund der analytischen Urteile — keinen anderen Geltungsgrund zu, als die „empirische Verifikation", die Überprüfung durch die Erfahrung. Die Annahme, daß synthetische Urteile a priori gelten können, lehnt er ab.

Wie auch Kant hervorhebt, ist das Vorbild des klassischen Rationalismus (Kant spricht von „Dogmatismus") die Geometrie Euklids. Auch die obersten Sätze der Geometrie (die „Axiome" oder „Postulate") charakterisierte man früher ja gern als „unmittelbar einleuchtend". Jedenfalls stehen sie

---

*4 Erst viele Jahre später bezeichnete ich meinen eigenen Standpunkt manchmal als den eines „kritischen Rationalismus".

ohne Beweis, auch ohne induktive Begründung an der Spitze des Systems und alle anderen Sätze werden aus ihnen rein logisch *deduziert* (axiomatisch-deduktive Methode).

Der Rationalismus, der die obersten Grundsätze seines Systems (nach Art der geometrischen Axiome) a priori aufstellt, gewinnt ebenfalls das ganze wissenschaftliche Gebäude axiomatisch-deduktiv, auf dem rein logischen Weg der Deduktion. Die axiomatisch-deduktive Methode ist für den klassischen Rationalismus die wichtigste Methode, um einen wissenschaftlichen Satz zu begründen.

Umgekehrt muß der klassische Empirismus verlangen, daß die allgemeinsten Sätze (die Axiome) erst selbst begründet werden, bevor sie zur Begründung anderer Sätze herangezogen werden. Er verlangt, daß sie auf Erfahrung gegründet werden. Die „Ableitung" allgemeiner Sätze aus Erfahrungssätzen, aus Sätzen, die unmittelbar durch Erfahrung überprüft werden können, also aus besonderen Sätzen, ist aber eben [die] „Induktion".

Ich glaube nun, daß der eigentlich *rationalistische* Grundgedanke — „es gibt synthetische Urteile a priori" — von dem mit ihm verbundenen Gedanken des *Deduktivismus* getrennt werden kann, daß diese beiden Gedanken keineswegs logisch aneinander gebunden sind; ebenso [kann] der Induktivismus von dem Grundgedanken (der Grundthese) des Empirismus [getrennt werden].

Die Kombinationen, die durch eine solche Trennung möglich werden, können wieder am besten an Hand eines einfachen Schemas erläutert werden.

	Induktivismus	Deduktivismus
Rationalismus	3	1
Empirismus	2	4

Vier Kombinationen sind möglich:
1. der klassische Rationalismus, der deduktivistisch und rationalistisch ist;
2. der klassische Empirismus: induktivistisch und empiristisch;
3. ein induktivistischer Rationalismus. Auch diese Kombination ist durch manche philosophische Systeme realisiert worden. Ein Beispiel wäre etwa die in der vorliegenden Untersuchung ausführlich kritisierte Auffassung Wittgensteins. Sie ist streng induktivistisch (vgl. Abschnitt *44*) und, wenn auch unbeabsichtigt, rationalistisch (vgl. die Abschnitte *45* und *46*).
4. Schließlich verbindet die hier vertretene Auffassung einen streng deduktivistischen mit einem streng empiristischen Standpunkt. Ähnlich wie der Rationalismus nimmt auch diese Auffassung an, daß die allgemeinsten Sätze (Axiome) der Naturwissenschaft (vorerst) ohne logische oder empiri-

sche Rechtfertigung aufgestellt werden. Aber im Gegensatz zum Rationalismus werden sie nicht a priori (aufgrund ihrer Evidenz) als *wahr* angenommen, sondern sie werden bloß *problematisch*, als unbegründete Antizipationen oder vorläufige Annahmen [Vermutungen] aufgestellt. Ihre Bewährung oder Widerlegung erfolgt, streng empiristisch, nur durch Erfahrung: Durch Deduktion von Sätzen (Prognosen), die unmittelbar empirisch überprüft werden können.

Man könnte zeigen, daß sich diese deduktivistisch-empiristische Erkenntnistheorie in ähnlicher Weise an der modernen Auffassung der Geometrie orientiert, wie der klassische Rationalismus an ihrer älteren Auffassung.

Vor der Auffindung der nichteuklidischen Geometrien konnten wohl die Axiome Euklids als die einzig möglichen, als „unmittelbar einleuchtend" und „a priori wahr" angesehen werden. Die moderne Entwicklung hat aber gezeigt, daß die Geometrie Euklids nur eine unter vielen Möglichkeiten darstellt und daß andere, a priori gleichberechtigte Systeme ebenso widerspruchsfrei und zwingend entwickelt werden können, wie das System Euklids. Die verschiedenen Systeme sind als *freie Setzungen* (frei gewählt innerhalb der durch die Logik gezogenen Grenzen) aufzufassen, von denen keines a priori bevorzugt werden darf.

Die Frage, welches dieser Systeme dem wirklichen Raum am besten entspricht, kann nur durch Erfahrung entschieden werden: Durch *Deduktion von Folgerungen,* die empirisch überprüft werden können („Prognosen"). Für praktische Zwecke, für irdische Dimensionen erweist sich das euklidische System empirisch als weitaus am besten entsprechend. Für die Zwecke der Bearbeitung gewisser Probleme der theoretischen Physik, für kosmische Dimensionen erweist sich dieses System jedoch als wenig geeignet (vgl. dazu den Abschnitt *30*).

Überträgt man diese Auffassung der Geometrie auf das Problem der naturwissenschaftlichen Theorienbildung überhaupt, so wird man auch in den Naturgesetzen (in den Axiomen der naturwissenschaftlichen Theorien) freie Setzungen (oder dergleichen) sehen; jedenfalls aber Annahmen, die nicht aus der Erfahrung abgeleitet werden, sondern als logische Konstruktionen probeweise aufgestellt werden, um sich durch ihre Folgerungen an der Erfahrung zu bewähren oder an ihr zu scheitern.

Auch bei naturwissenschaftlichen Systemen sind immer mehrere Systeme logisch zulässig. Zwischen den jeweils zur Diskussion stehenden konkurrierenden axiomatisch-deduktiven Theorien entscheidet die Erfahrung durch *empirische Verifikation* oder *Falsifikation* der deduzierten Prognosen.

So ungefähr könnte die deduktivistisch-empiristische Auffassung als Weiterbildung der rationalistischen Orientierung am axiomatisch-deduktiven Verfahren der Geometrie dargestellt werden, verbunden mit dem empirischen Grundsatz, daß auch über die axiomatisch-deduktiven Systeme — soweit sie auf die Wirklichkeit angewendet werden — nur (a posteriori)

3. Rationalismus und Empirismus — Deduktivismus und Induktivismus

durch die Erfahrung entschieden werden kann: Sie ist somit eine Synthese von Elementen des Rationalismus und des Empirismus.

Die Erkenntnislehre Kants ist (wenn man von den Vorarbeiten seines Freundes J. H. Lambert absieht) der erste Versuch einer kritischen Synthese des klassischen Gegensatzes von Rationalismus und Empirismus. Kant stellte sich die Aufgabe, durch diese Synthese die „formale" und die „materiale" Seite der Erkenntnis zu bestimmen: die formale durch Übernahme von Elementen des Rationalismus, die materiale durch Übernahme von empiristischen Elementen. (Diese Tendenz drückt sich vielleicht am reinsten in den beiden ersten „Postulaten des empirischen Denkens überhaupt"[4] aus, die hier im Abschnitt *11* zitiert werden, sowie in seiner berühmten Formulierung: „Gedanken ohne Inhalt sind leer, Anschauungen ohne Begriffe sind blind."[5])

Kants Kritik der reinen Vernunft sucht auf diesem Wege im wesentlichen dieselben Fragen zu lösen, die ich oben (Abschnitt *1*) als die erkenntnistheoretischen Grundprobleme bezeichnet habe:

Die „transzendentale Analytik" ist der Bearbeitung des Induktionsproblems (in der Form des Humeschen Problems) gewidmet, die „transzendentale Dialektik" dem Abgrenzungsproblem. Dieses scheint auch Kant für das wichtigere Problem zu halten (wenn auch das andere wohl das schwierigere ist): Die Beschränkung der wissenschaftlichen Erkenntnis auf das Gebiet des *Erfahrbaren* durch Kritik der Ansprüche des Rationalismus, der „Erkenntnis aus reiner Vernunft" (Evidenzlehre), gibt ja dem ganzen Werk den Namen.

Kants „transzendentale Analytik", seinen Lösungsversuch des Induktionsproblems, halte ich *nicht* für befriedigend. Die Synthese zwischen Rationalismus und Empirismus, die Kant dort versucht, beschränkt die erkenntnistheoretischen Ansprüche des klassischen Empirismus durch Konzessionen an den Rationalismus. Diese Konzessionen scheinen mir aber viel zu weit zu gehen. Um dem formalen Element der Erkenntnis (jede Erkenntnis ist rational geformt, hat die Form einer verständlichen oder sinnvollen Aussage) Rechnung zu tragen, gesteht Kant dem Rationalismus die *Möglichkeit synthetischer Urteile a priori* zu. Anderseits beschränkt er aber die zulässigen Urteile a priori auf rein *formale* Urteile (Beispiel: Kausalsatz) und lehnt die materialen synthetischen Urteile a priori des Rationalismus ab. Ferner verlangt er eine (apriorische) *Rechtfertigung* für alle formalen synthetischen Urteile a priori, die als gültig anerkannt werden sollen, und lehnt die bloße Berufung auf „Evidenz" und dergleichen ab. Durch diese Forderung nach Rechtfertigung synthetischer Urteile a priori (er findet eine Methode ihrer Rechtfertigung in der „transzendentalen Deduktion", vgl. Ab-

---

[4] IMMANUEL KANT, Kritik der reinen Vernunft (2. Aufl., 1787), S. 265 f.
[5] IMMANUEL KANT, op. cit., S. 75.

schnitt *9*) und die Beschränkung der synthetischen Urteile a priori auf *formale* Urteile (die materialen müssen empirisch gerechtfertigt werden) glaubt Kant sich vom „dogmatischen" Rationalismus genügend weit zu entfernen.

(Die deduktivistisch-empiristische Auffassung sieht auch in diesem formalen Apriorismus noch immer den [Einfluß des klassischen] Rationalismus: Sie vertritt ja die empiristische These, daß es synthetische Urteile mit apriorischer Geltung nicht gibt; vgl. die „Kritik des Apriorismus", Abschnitte *10* und *11*.)

Die „transzendentale Dialektik", die Kants Lösung des Abgrenzungsproblems enthält, beschränkt (umgekehrt wie die „Analytik") die erkenntnistheoretischen Ansprüche des Rationalismus durch Konzessionen an den Empirismus. Aber diese Konzessionen sind sehr radikal. Kant bildet hier eine Synthese zwischen Rationalismus und Empirismus, die mit der hier vertretenen (wie ich glaube, streng empiristischen Auffassung) weitgehend übereinstimmt: Er schränkt den wissenschaftlichen „Gebrauch der Ideen der reinen Vernunft" auf den Bereich des Erfahrbaren ein und erklärt diese „Ideen" als *problematisch*, den Bereich des Erfahrbaren aber als [den] *„Probierstein der Wahrheit* der Regeln"[6].

Kants Lösungen sind nicht[a] restlos befriedigend. Kants Standpunkt soll denn auch hier keineswegs zur Gänze verteidigt werden, sondern wird sogar in jenem Punkt kritisiert, der oft für den entscheidenden Punkt seiner Lehre gehalten wird. Aber gegenüber der modernen Geringschätzung Kants möchte ich schon hier betonen, daß Kants *Problemstellung*, seine *Methode* und auch sehr wesentliche Teile seiner *Lösungen* in dieser Arbeit vertreten werden sollen.

Den deduktivistischen Standpunkt werde ich vor allem gegen die modernen Positivisten (die Nachfolger des klassischen Empirismus) zu vertreten haben; insbesondere gegen den „logischen Positivismus" (Russell, Schlick, Wittgenstein, Carnap und andere). Den „logischen Positivismus" — diese Bezeichnung übernehme ich aus einem programmatischen Referat [von Blumberg und Feigl[7]] — halte[b] ich für einen der interessantesten Lösungsversuche der Kantschen Probleme seit Kant: Auch er versucht eine Synthese zwischen Rationalismus und Empirismus. Den „Formungskomponenten der Erkenntnis"[8] wird hervorragende Bedeutung zugeschrieben. Es sind logische Formen, insbesondere die Formen des logistischen Relationenkalküls, in denen das empirische Material der Erkenntnis auftritt; anderseits „ . . . geht

---

[6] IMMANUEL KANT, Kritik der reinen Vernunft (2. Aufl., 1787), S. 675; vgl. das längere Zitat im Abschnitt *47*.

[7] [ALBERT E. BLUMBERG und HERBERT FEIGL, Logical Positivism: A New Movement in European Philosophy, The Journal of Philosophy 28 (1931), S. 281 ff. Hrsg.]

[8] RUDOLF CARNAP, Der logische Aufbau der Welt (1928), S. 260.

jede inhaltliche (d. h. nicht rein formale) Erkenntnis auf Erfahrung zurück"[9]. Die Kritik des logischen Positivismus wird im folgenden den breitesten Raum einnehmen, insbesondere die Kritik Schlicks und Wittgensteins. Sie wird zeigen (vgl. die Abschnitte *44* bis *46*), daß auch der logische Positivismus an seinem typisch *induktivistischen Vorurteil* scheitert, das wohl in keiner Erkenntnistheorie eine so konsequente Ausbildung erfahren hat, wie in der Erkenntnistheorie Wittgensteins.

4. Die Möglichkeit einer deduktivistischen Erkenntnispsychologie. Die herrschende Erkenntnispsychologie ist *induktivistisch;* und wie jede induktivistische Psychologie ist sie auch mehr oder weniger ausgesprochen *sensualistisch.*

Sie nimmt an, daß wir, ausgehend von Einzelerlebnissen — insbesondere von Wahrnehmungserlebnissen — durch *Verallgemeinerung* zu unseren Erkenntnissen oder Erfahrungen gelangen; daß wir etwa unsere Erlebnisse nach Ähnlichkeiten ordnen (durch „Ähnlichkeitsassoziation") und so zu „Ähnlichkeitskreisen" und „Abstraktionsklassen" [Carnap] gelangen[1]. So steigen wir, immer in induktiver Richtung vom Besonderen zum Allgemeinen fortschreitend, schließlich bis zu den Begriffen und Erkenntnissen der Wissenschaft hinauf.

Nun zählt es keineswegs zu den Aufgaben der vorliegenden Untersuchung, zu bestreiten, daß es sich in der Tat so verhält, wie der *erkenntnispsychologische Induktivismus* behauptet. Darüber, ob dieser im Recht ist oder im Unrecht, soll hier nichts behauptet und nichts vorausgesetzt werden.

Gegenüber solchen Fragen wird hier ein *neutraler* Standpunkt eingenommen. Nur *eines* wird gefordert: Die strenge Trennung der Tatsachenfragen der Erkenntnisfindung von den Geltungsfragen der Erkenntnistheorie.

Aber gerade um diesen neutralen Standpunkt zu befestigen, um die Unabhängigkeit der Erkenntnistheorie gegenüber der Erkenntnispsychologie sicherzustellen, ist es unerläßlich, nachzuweisen, daß die induktivistische Erkenntnispsychologie nicht die einzig denkbare, nicht die einzig mögliche ist: Es muß gezeigt werden, *daß auch eine deduktivistische Erkenntnispsychologie möglich ist.*

Nicht gegen die induktivistische Erkenntnispsychologie als solche richten sich also die Ausführungen dieses Abschnittes, sondern gegen ein induktivistisches Vorurteil, das die Induktion als die einzig mögliche Form der Erkenntnisfindung auffaßt. Denn eine solche Auffassung würde die Unabhängigkeit der Erkenntnistheorie von der Erkenntnispsychologie auf das schwerste bedrohen: Die hier vertretene strenge Unterscheidung zwischen

---
[9] Rudolf Carnap, a.a.O.
[1] Vgl. etwa Rudolf Carnap, Der logische Aufbau der Welt (1928).

erkenntnispsychologischen Tatsachenfragen und erkenntnistheoretischen Geltungsfragen wäre undurchführbar, denn Tatsachen können nur dort entscheiden, wo es mehr als eine Möglichkeit gibt. (Synthetische Urteile müssen kontradizierbar sein, ohne zu logisch unmöglichen Kontradiktionen zu werden.)

Nimmt man also an, daß es sich in der Frage der Erkenntnisfindung gar nicht anders verhalten *kann*, als es der erkenntnispsychologische Induktivismus behauptet, so muß man konsequenterweise auch annehmen, daß nicht bloß die Tatsachen, sondern daß *logische* oder *erkenntnistheoretische* Gründe in dieser Frage entscheiden:

Ein induktivistisches Vorurteil in der Frage der Erkenntnisfindung führt konsequenterweise auch zu einem *induktivistischen Vorurteil auf erkenntnistheoretischem Gebiet*.

Nur *dieses* Vorurteil soll hier bekämpft werden. Dazu ist es aber notwendig, auch auf die erkenntnispsychologische Wurzel des Vorurteils zurückzugehen und zu zeigen, daß ein erkenntnispsychologischer Deduktivismus mit keinerlei ernsten Denkschwierigkeiten zu kämpfen hätte.

Dieser Exkurs auf psychologisches Gebiet darf also nicht etwa als Konzession an einen Psychologismus gedeutet werden. Es werden nicht psychologische Argumente in die erkenntnistheoretische Diskussion geworfen, sondern im Gegenteil: die Unabhängigkeit des erkenntnistheoretischen Standpunktes wird sichergestellt.

Neben dieser Hauptaufgabe verfolgt der vorliegende Abschnitt noch einen weiteren (wenn auch weniger wichtigen) Zweck: Er will darauf aufmerksam machen, daß der Gegensatz von Deduktivismus und Induktivismus auf allen Gebieten seine Bedeutung behält, die etwas mit unserem *Erkennen* zu tun haben: auf historisch-genetischem Gebiete ebenso wie auf (im engeren Sinne) psychologischem Gebiet, auf erkenntnislogischem ebenso wie auf erkenntnistheoretischem.

Bevor sich die Untersuchung auf das Gebiet der Erkenntnisfindung, auf historisch-genetisches und dann auf erkenntnispsychologisches Gebiet begibt, sollen deshalb hier einige kurze Bemerkungen zur *Erkenntnislogik* eingeschaltet werden.

Die eigentliche Domäne der Logik ist zweifellos die *Theorie der Deduktion*. So ist die klassische Logik denn auch rein deduktivistisch; induktivistische Gedankengänge spielen (trotz verschiedener Versuche, die, über Aristoteles, vielleicht auf die sokratische Methode zurückgehen) eine verschwindende Rolle.

Die Versuche, eine *Logik der Induktion* auszubilden, konnten (trotz Mill, der die Ansätze Bacons und Herschels weiterbildete) die Theorie der Deduktion aus ihrer beherrschenden Stellung in der Logik nicht verdrängen.

Auch in den modernen Richtungen der mathematischen oder symbolischen Logik, in der „*Logistik*" [Carnap] und in verwandten Bestrebungen kann man induktivistische Gedankengänge erkennen. So enthalten die Principia Mathematica von Whitehead und Russell (neben deduktivistischen) auch induktivistische Gedankengänge (zum Beispiel die Abstraktionstheorie). Diese treten besonders deutlich in der unter dem Einfluß Wittgensteins stehenden Einleitung zur 2. Auflage hervor, die die Logik auf die Lehre von den Wahrheitsfunktionen von Elementarsätzen — „atomic propositions" — gründet[2]. (Vgl. dazu auch meine Bemerkungen gegen Ende des Abschnittes *44*. — Die — wenn auch nur fiktive — Annahme, daß eine Bestandsliste sämtlicher wahrer Elementarsätze gegeben sein könnte, scheint mir die Aufgabe der Logik völlig zu verkennen. Die Einzelwissenschaften sind nämlich nichts weniger als logische Verarbeitungen von Elementarsätzen; diese sind vielmehr nur für die Verifikation von Belang. — Doch kann hier auf diese Fragen nicht näher eingegangen werden.) Im Gegensatz dazu sind die Untersuchungen der modernen *Axiomatik* (die vor allem an David Hilbert anknüpfen) rein deduktivistisch. Vom Standpunkt einer deduktivistischen Erkenntnistheorie aus verdienen sie das allergrößte Interesse.

Deduktivistische Gedankengänge auf dem Gebiet der *Erkenntnisfindung* können grundsätzlich sowohl mit einer induktivistischen als auch mit einer deduktivistischen Erkenntnistheorie vereinbar sein; und umgekehrt. (Grundsätzlich könnten hier alle denkbaren Kombinationen vertreten werden.)

Dabei sei zugegeben, daß es zu einem weit einheitlicheren Gesamtbild führt und überhaupt leichter ist, die hier vertretene deduktivistische Erkenntnistheorie mit einem Deduktivismus auf dem Gebiete der Erkenntnisfindung zu verbinden, als etwa mit einem erkenntnispsychologischen Induktivismus. Diese Erkenntnistheorie ist also zweifellos daran interessiert, (wenn möglich) zu zeigen, daß ein historisch-genetischer und ein erkenntnispsychologischer Deduktivismus nicht bloß denkbar ist, sondern daß sogar wichtige *Tatsachen* für ihn sprechen.

Eine induktivistische Erkenntnistheorie hätte offenbar ein analoges Interesse, auch dann, wenn sie vorurteilslos genug ist, um die Unabhängigkeit von Erkenntnistheorie und Erkenntnispsychologie zu behaupten: Wenn nicht schwerwiegende Tatsachen dagegen sprechen, wird sie jedenfalls der induktivistischen Theorie der Erkenntnisfindung den Vorzug geben.

Es spricht deshalb sehr für die hier behauptete Möglichkeit einer deduktivistischen Erkenntnispsychologie, wenn unter dem Eindruck der historisch-genetischen *Tatsachen* ein induktivistischer Erkenntnistheoretiker die Be-

---

[2] [ALFRED NORTH WHITEHEAD und BERTRAND RUSSELL, Principia Mathematica I. (2. Aufl., 1925), Introduction to the Second Edition, S. XV f.; deutsch von HANS MOKRE (Einführung in die mathematische Logik, 1932), S. 126 f. Hrsg.]

rechtigung des Deduktivismus für das Gebiet der Erkenntnisfindung anerkennt.

Einen solchen Standpunkt vertritt zum Beispiel Herbert Feigl (in seiner Schrift Theorie und Erfahrung in der Physik).

Als *Erkenntnistheoretiker* betont er[3]: „Geht man nun vom Bereich *aller* Tatsachen aus, die von einer Theorie erklärt werden — bei einer gut bestätigten Theorie sind diese Tatsachen eben nicht nur mögliche, gedachte Sachverhalte, sondern wirklich beobachtete —, so läßt sich die Theorie in diesem Falle dann tatsächlich durch induktive Verallgemeinerung aufstellen." (Ähnlich an vielen anderen Stellen.)

Aber Feigl unterscheidet streng zwischen Erkenntnistheorie und Erkenntnispsychologie[4]: „Wenn die Philosophie der Gegenwart überhaupt ein Verdienst aufzuweisen hat, so liegt es darin, daß sie gelernt hat, Historisches und Systematisches, Psychologisches und Logisches, Genesis und Gültigkeit klar zu unterscheiden."

Diese strenge Unterscheidung ermöglicht Feigl, sich auf dem Gebiet der Erkenntnisfindung mit einem deduktivistischen Standpunkt abzufinden[5]: „Manche Denker (insbesondere die Konventionalisten) haben sich nämlich bemüht, nachzuweisen, daß die physikalischen Theorien niemals einfache induktive Verallgemeinerungen sind, sie seien vielmehr begriffliche Konstruktionen, die den ... Zweck zu erfüllen hätten, die experimentellen Gesetze in *deduktiven Zusammenhang* zu bringen. Dabei stützen sie sich auf den historischen Tatbestand der Forschung und bringen eindrucksvolle Beispiele dafür."

Und schon früher heißt es in gleichem Sinn[6]: „Fast immer gehen Theorien der Erfahrung zeitlich voran, und diese Theorien sind es, die an der Beobachtung auf ihre Stichhaltigkeit geprüft werden. Auch im Falle von Untersuchungen, die einer Zufallsentdeckung genauer nachgehen sollen, liegt selbstverständlich ein Programm, eine leitende Idee in irgendeiner Form stets zugrunde.

„Alle diese gedanklichen Operationen, die *vor* der Beobachtung ihren Platz haben, sind zweifellos ungemein wichtig für die Entstehung und Entwicklung der wissenschaftlichen Erkenntnis. Sie sind überaus interessant vom Standpunkt des Wissenschafts*historikers* und des Erkenntnis*psychologen*. So finden wir auch in den Schriften von Mach und Duhem, die eine solche Betrachtungsweise hauptsächlich verfolgen, wertvolle Einsichten betreffend jene wissenschaftsgenetisch so belangvollen Gedankentätigkeiten."

Diesen deduktivistischen Gedankengängen gegenüber begnügt sich Feigl

---

[3] HERBERT FEIGL, Theorie und Erfahrung in der Physik (1929), zum Beispiel S. 116.
[4] HERBERT FEIGL, op. cit., S. 115.
[5] HERBERT FEIGL, op. cit., S. 114. Die Hervorhebung ist nicht im Original.
[6] HERBERT FEIGL, op. cit., S. 30 f.

damit, zu betonen, daß sein *erkenntnistheoretischer* Standpunkt durch diese Argumentation nicht getroffen wird[7]: „Was die vorhin angeführten Beispiele beweisen, ist allein für die Genesis physikalischer Theorien maßgebend. In der Tat ist die Idee der allgemeinen Gravitation etwas absolut Neues gegenüber den Keplerschen Gesetzen; und die Idee der Molekularbewegung gegenüber den Gasgesetzen. Diese Theorien sind also nicht einfach induktiv aus der Erfahrung *gewonnen*. Trotzdem ist aber die *Gültigkeit* der Theorien nur induktiv zu begründen."

So kann er ohne inneren Widerspruch seinen Standpunkt mit den Worten zusammenfassen[8]: „Die Theorien sind somit, wenn sie auch in der Forschung nicht durch Induktion gefunden werden, ihrer Gültigkeit nach dennoch als Induktionen zu bewerten."

Ich bin auf die Auffassung Feigls deshalb so ausführlich eingegangen, weil sie mir als eine klare Anerkennung des *genetischen Deduktivismus* aus gegnerischem, nämlich induktivistischem Lager besonders eindrucksvoll erscheint.

(Zur Ergänzung möchte ich jedoch bemerken, daß jene deduktivistischen Gedankengänge, auf die Feigl anspielt — insbesondere Pierre Duhems[9] Ziel und Struktur der physikalischen Theorien — meiner Meinung nach nicht nur genetisch, sondern auch erkenntnistheoretisch wichtig sind. Für die bedeutsamste Fortbildung des Duhemschen deduktivistischen Standpunktes halte ich Viktor Krafts[10] Die Grundformen der wissenschaftlichen Methoden. Vgl. dazu auch die Bemerkungen am Schluß des Abschnittes 24.)

In der eigentlichen *Erkenntnispsychologie* (oder „Denkpsychologie") sind deduktivistische Gedankengänge in erster Linie bei *biologisch* orientierten Psychologen zu finden.

Ich möchte meine Darstellung an eine Bemerkung Machs anknüpfen, der sich in seinen Prinzipien der Wärmelehre[11] mit der Frage nach der Entstehung des Denkens und der Begriffe in biologisch-psychologischem Sinn auseinandersetzt. (Ganz ähnliche Gedanken finden sich schon früher: bei Ernst Mach sowie bei Heinrich Gomperz[12].)

Mach zeigt, daß in (objektiv) *verschiedenen Situationen* unter Umstän-

---

[7] HERBERT FEIGL, op. cit., S. 115.
[8] HERBERT FEIGL, op. cit., S. 116.
[9] PIERRE DUHEM, Ziel und Struktur der physikalischen Theorien (deutsch von FRIEDRICH ADLER, 1908).
[10] VIKTOR KRAFT, Die Grundformen der wissenschaftlichen Methoden (1925).
[11] Vgl. ERNST MACH, Die Prinzipien der Wärmelehre (2. Aufl., 1900), S. 415, 422.
[12] ERNST MACH, Die Analyse der Empfindungen und das Verhältnis des Physischen zum Psychischen, Kapitel XIV., Abschnitte *8* ff. [6. verm. Aufl., 1911, S. 262 ff. Hrsg.]; HEINRICH GOMPERZ, Zur Psychologie der logischen Grundtatsachen (1897), S. 26; vgl. auch H. GOMPERZ, Weltanschauungslehre II. (1908), S. 117 f., 251.

den *gleichartige Reaktionen* (beschnüffeln, belecken, zerbeißen) auftreten können. Die an jenen Situationen vielleicht feststellbaren *gleichartigen Momente* werden oft nur durch Vermittlung solcher *Reaktionen* „erkannt"; denn diese haben wieder neue typische Sinneswahrnehmungen zur Folge (Geruch, Geschmack), Wahrnehmungen, die dann ihrerseits für die weiteren Reaktionen (verschlingen, wegwerfen) entscheidend sind. In dieser gegenseitigen Beziehung von Reaktion und Rezeption erblickt Mach die „psychologische Grundlage des Begriffes":

„Worauf in *gleicher* Weise reagiert wird, das fällt unter *einen* Begriff. So vielerlei Reaktionen, so vielerlei Begriffe."[13]

Dieser Ansatz Machs[*1] enthält die — übrigens auch gehirnphysiologisch fundierte — Auffassung, daß an unserem psychischen Apparat eine *Reaktionsseite* von einer *Rezeptionsseite* unterschieden werden muß und daß für die Vorgänge des Erkennens oder des Denkens die *Reaktionsseite* von entscheidender Bedeutung ist: Das Erkennen hängt mit *Zuordnungen* von *Reaktionen* zu *Rezeptionen* zusammen, ist also selbst eine bestimmte *Art des Reagierens* auf gewisse Situationen, auf gewisse (objektive) Reize.

Wie im folgenden gezeigt werden soll, kann dieser Gedanke [dazu] verwendet werden, um eine deduktivistische Erkenntnispsychologie auf ihm aufzubauen. Daß er dem (induktivistischen) *Sensualismus* widerspricht, sieht man ja auf den ersten Blick: Nicht als ein Kombinieren oder assoziatives Gruppieren von wahrnehmungsartigen Erlebnissen, von *Rezeptionen* wäre unser Erkennen und Denken aufzufassen, sondern unsere Gedanken müßten als *intellektuelle Reaktionen* charakterisiert werden.

Für *physiologische Reaktionen* im allgemeinen (nicht nur für die intellektuellen) gilt, daß sie zwar durch einen Reiz (eine Rezeption) *ausgelöst* werden, daß jedoch die spezifische Form des Reaktionsablaufes weitgehend von den subjektiven *Bedingungen des reagierenden Apparates selbst* abhängig ist. Der auslösende, objektive Reiz kann als *materiale* Bedingung der Reaktion betrachtet werden, denn er bedingt ihr tatsächliches Auftreten; der reagierende Apparat enthält die *formalen* Bedingungen ihres Ablaufes. Die Reaktionen können also als *„subjektiv präformiert"* bezeichnet werden.

Wie aber können solche subjektiv präformierten Reaktionen mit den (objektiven) Reizen zusammenpassen? Anders ausgedrückt: Wie ist es zu erklären, daß Reaktionen, die doch subjektiv präformiert, also nicht „aus der Erfahrung gewonnen" sind, sich in den objektiven Situationen der Umwelt bewähren, sich als biologisch wertvoll erweisen?

Auf diese Frage könnte zum Beispiel die *Theorie der Probierbewegungen*

---

[13] [ERNST MACH, Die Prinzipien der Wärmelehre (2. Aufl., 1900), S. 416. Hrsg.]
[*1] Man wird sehen, daß der Ansatz MACHS, den ich hier beschreibe, mit seinem sensualistischen Ansatz in der Analyse der Empfindungen in schärfstem Gegensatz steht.

von Jennings[14] eine Antwort geben: Jennings zeigt, daß der niedere, vor allem der einzellige Organismus auf gewisse (insbesondere auf schädliche) Reize hin *alle* Reaktionen, über die er verfügt[*2], so lange ausprobiert, bis eine von ihnen „zur Situation paßt", biologisch erfolgreich ist (das heißt ihn von dem schädlichen Reiz befreit). Tritt der Reiz nochmals auf, so beginnt das ganze Verfahren von neuem: Wieder werden alle jene Probierbewegungen der Reihe nach abgewandelt. Daran ändert sich auch nach mehrfachen Wiederholungen nichts, oder vielmehr: es ändert sich nur das *Tempo* des Ablaufes: Die „passende" Reaktion tritt immer prompter ein, aber nur deshalb, weil die Reihe der Probierbewegungen immer schneller abläuft. Die Wiederholung, die Übung, bewirkt eine *„Ablaufsverkürzung"*.

Subjektiv präformierte Reaktionen könnten sich somit durch „probierendes Verhalten" (Selz[15]), durch Versagen und schließliche Bewährung der objektiven Situation *anpassen.*

Diese hier nur flüchtig skizzierten Gedanken lassen sich nun vielleicht auch im Sinne einer induktivistischen Erkenntnispsychologie deuten. Aber sie können jedenfalls als Bausteine zu einer Auffassung verwendet werden, die [als] deduktivistisch zu bezeichnen wäre.

Wenn unsere subjektiven Gedanken und Erkenntnisse — unser Glaube an „Kausalität", das heißt, an Gesetzmäßigkeiten („Regelbewußtsein", Bühler[16]) usw. als *intellektuelle Reaktionen* aufzufassen sind, dann könnte wohl auch für sie gelten, was eben für die Reaktionen überhaupt entwickelt wurde.

Die intellektuellen Reaktionen wären *subjektiv präformiert;* objektive Reize, beziehungsweise Rezeptionen würden sie auslösen, wären ihre materialen Bedingungen, — aber die intellektuellen Reaktionen wären in keiner Weise aus den Rezeptionen gewonnen.

Wenn die *Zuordnung* der intellektuellen Reaktionen zur objektiven Situation durch probierendes Verhalten erfolgt, so geht die Zuordnung immer ihrer Bewährung zeitlich *voraus*. Die Zuordnung ist somit ihrer Bewährung gegenüber *antizipativ* (die Reaktion kann, solange sie sich nicht bewährt hat, als „unbegründetes Vorurteil" bezeichnet werden). Die Bewährung

---

[14] HERBERT SPENCER JENNINGS, Das Verhalten der niederen Organismen (deutsch von ERNST MANGOLD, 1910).

[*2] Später habe ich dafür den Ausdruck „Repertoire des Verhaltens" eingeführt. [Siehe KARL POPPER, The Rationality of Scientific Revolutions, in: Problems of Scientific Revolution: Progress and Obstacles to Progress in the Sciences (The HERBERT SPENCER Lectures 1973, hrsg. von ROM HARRÉ, 1975), S. 74 ff. Hrsg.]

[15] [OTTO SELZ, Über die Gesetze des geordneten Denkverlaufs II. (1922), S. 645 ff.; vgl. auch O. SELZ, Die Gesetze der produktiven und reproduktiven Geistestätigkeit (1924), S. 16 ff. Hrsg.]

[16] [KARL BÜHLER, Tatsachen und Probleme zu einer Psychologie der Denkvorgänge I., Archiv für die gesamte Psychologie 9 (1907), S. 334 ff. Hrsg.]

wird denn auch oft ausbleiben: Die antizipative Zuordnung der Reaktion zum Reiz ist eine *vorläufige*.

Ich bezeichne deshalb die subjektiv präformierten intellektuellen Reaktionen kurz als „*Antizipationen*"*³.

Nicht durch Abstraktion oder Verallgemeinerung aus den Sinneswahrnehmungen kommen wir nach deduktivistischer Auffassung zu unserem Erfahrungswissen, sondern durch Ausprobieren von Antizipationen, die dem „Material" der Rezeptionen vorläufig zugeordnet werden. Ob diese vorläufige Zuordnung wieder aufgegeben wird oder nicht, darüber entscheidet ihr biologischer Wert. Die Methode der Entscheidung ist eine *selektive:* Erweisen sich die Antizipationen als wertlos, so werden sie ausgemerzt; sie werden entweder durch andere Reaktionen ersetzt oder ihr „Träger", der reagierende Organismus, geht mit ihnen zugrunde.

Die Bewährung an der Umwelt entscheidet über das Schicksal der präformierten Antizipationen.

(Es ist die „Methode von Versuch und Irrtum", wie sie Bernard Shaw[17] in seinem „metabiologischen Pentateuch" nennt".)

Wie wäre nun — um das skizzierte Schema auch in einer Anwendung zu zeigen — etwa der Vorgang des *Wiedererkennens* zu deuten?

Der Induktivismus wird einfach annehmen, daß die spätere Rezeption mit der früheren durch eine Assoziation („Ähnlichkeitserinnerung", Carnap[18]) verknüpft ist und die frühere reproduziert. (Auf die großen Schwierigkeiten, die in dieser anscheinend so elementaren Auffassung verborgen sind, soll hier nicht eingegangen werden.)

Nach der deduktivistischen Auffassung hat sich eine Reaktion dem ersten Reiz angepaßt. Durch neues Ausprobieren bewährt sich dieselbe Reaktion auch gegenüber dem späteren Reiz. Insofern, als in beiden Fällen dieselbe Reaktion erfolgreich war, müssen die beiden Fälle etwas Gemeinsames haben, so verschieden sie in anderer Hinsicht auch sein können; so erklärt sich, daß das Bewußtwerden, das Erkennen des *Gemeinsamen* in objektiv *verschiedenen* Situationen (alle Situationen sind eben objektiv mehr oder weniger verschieden) immer auch von subjektiven Momenten abhängt („Ex-

---

*³ Der Ausdruck „anticipation" wird von BACON im wegwerfenden Sinn (als Synonym für „Vorurteil", „prejudice") gebraucht; ich verwende ihn im positiven Sinn, als Synonym für „Erwartung". Vgl. Logik der Forschung (1934; 2. Aufl., 1966), Abschnitt *85.*

[17] [BERNARD SHAW, Back to Methuselah: A Metabiological Pentateuch (1921), S. LV und 82: „the method of Trial and Error". (Zurück zu Methusalem: Ein metabiologischer Pentateuch; BERNARD SHAW, Dramatische Werke VI., deutsch von SIEGFRIED TREBITSCH, 1922, S. 77: „tastend und irrend"; S. 218: „[die] Methode von Versuch und Irrtum".) Hrsg.]

[18] [RUDOLF CARNAP, Der logische Aufbau der Welt (1928). Hrsg.]

haustionsmethode"). Wie eben Mach[19] sagt (vgl. oben): „Worauf in *gleicher* Weise reagiert wird, das fällt unter *einen* Begriff . . ."

Die Rezeptionen sind nach dieser Auffassung also einander nicht unmittelbar zugeordnet, sondern es werden ihnen vorerst Reaktionen zugeordnet und erst über dieses Bezugssystem kommen die (indirekten) Zuordnungen zwischen den Rezeptionen zustande.

Die große *Promptheit,* die auch die indirekten Zuordnungen erkennen lassen, können durch radikale Ablaufsverkürzung erklärt werden. (Durch das „Wunder der kondensierten Wiederholung", sagt Shaw[20].)

Etwas nun kann die deduktivistische Theorie nicht erklären: Wie neue Reaktionen entstehen, wie neue Antizipationen hervorgebracht, neue Erkenntnisse konzipiert werden.

Aber während der Induktivismus das zu erklären vorgibt, verzichtet der Deduktivismus darauf, das Hervorbringen des Neuen restlos zu erklären. Was er erklären will, ist nur die Methode, durch die über die Zuordnung der Reaktion zur Rezeption *entschieden* wird. In dieser *Entscheidung* liegt eben das *Erkennen.*

Diese Methode ist eine gesetzmäßige, eine rationale und unterliegt deshalb der Erklärung, das heißt, der Zurückführung auf eine Gesetzmäßigkeit: Es ist die „Methode von Versuch und Irrtum"[21], die Methode der *Selektion.*

Auf die Frage aber, wie es zur Konzeption von neuen Erkenntnissen kommt, würde der Deduktivismus nur *eine* Antwort geben (die wohl kaum eine ist): So, wie überhaupt etwas Neues biologisch entsteht; so, wie Mutationen eben[b] überhaupt hervorgebracht werden.

Denn nach Ansicht des Deduktivismus besteht *keine gesetzmäßige Abhängigkeit* zwischen neuen Rezeptionen, zwischen neuen objektiven Bedingungen und dem Neuentstehen von Reaktionen. (Oder vielmehr nur *eine* Abhängigkeit, eben die *selektive,* die nichtangepaßte Reaktionen wertlos machen und den Organismus vor die Alternative stellen kann, etwas Neues zu produzieren — oder zugrunde zu gehen; wodurch aber das unerklärte Moment keineswegs aufgeklärt werden kann.)

Aber während der Induktivismus nicht nur ableiten will, wie neue Erkenntnisse aus neuen Rezeptionen entstehen (nämlich durch Vergleich der Wahrnehmungen, usw.) sondern auch „erklärt", weshalb die neuentstandenen Erkenntnisse den Rezeptionen adäquat sind (weil sie aus ihnen entstanden sind) hat es der Deduktivismus nicht nötig, eine solche *Entsprechung* zwischen den neukonzipierten Erkenntnissen und den Rezeptionen anzunehmen. Im Gegenteil: Er nimmt an (natürlich nur schematisch), daß die neuen

---

[19] [Siehe Anm. 13 und Text zu dieser Anm. Hrsg.]
[20] [BERNARD SHAW, op. cit., S. XXIV ff. (Deutsch von SIEGFRIED TREBITSCH, 1922, S. 35 ff.) Hrsg.]
[21] [Siehe Anm. 17. Hrsg.]

Reaktionen — wenn sie erst überhaupt entstanden sind — in keiner Abhängigkeit von den Rezeptionen stehen. Sie werden ja auch in ihrer Mehrzahl verworfen: Die „Methode von Versuch und Irrtum", mit der die Natur arbeitet, setzt *Überproduktion* voraus.

Von neuen Rezeptionen führt (nach deduktivistischer Ansicht) kein gesetzmäßiger, kein rationaler Weg zu neuen Reaktionen, zu neuen „Einfällen"; man kann, wenn man will, ihr Entstehen *zufällig* nennen. Jedenfalls scheint es ein *irrationales,* ein schöpferisches Moment zu enthalten (vgl. dazu die Bemerkungen über den „Intuitionismus" im Abschnitt 47).

Die Frage nach der Entstehung von *neuen* Konzeptionen führt nochmals zu einer Gegenüberstellung der induktivistischen und der deduktivistischen Auffassung, die deren Gegensatz in aller Schärfe zeigt.

Das Erkennen einer *Gesetzmäßigkeit,* das Entstehen des Glaubens an eine Regelmäßigkeit, an ein Naturgesetz, führt der Induktivismus auf *Gewöhnung* zurück als eine Folge der regelmäßigen *Wiederholung* (Humes *Gewöhnungstheorie der Induktion*).

Der Deduktivismus sieht in der Wiederholung nichts, wodurch etwas Neues erzeugt werden kann; im Gegenteil: Die Wiederholung kann nur etwas zum *Verschwinden* bringen (*Ablaufsverkürzung*); Gewöhnung und Übung *beseitigen* nur die Umwege des Reaktionsablaufes, sie schleifen ihn ab. Durch Wiederholung entsteht also nichts. Die zunehmende Promptheit einer Reaktion darf nicht für ihr allmähliches Neuentstehen angesehen werden (natura *facit* saltus).

So kann die deduktivistische Auffassung auch im Suchen nach Regeln [und] im allgemeinen „Regelbewußtsein" nichts anderes sehen, als eine präformierte Antizipation — mit deren Hilfe wir „unsere Erfahrungen *machen*" (nicht aber von ihnen *gemacht werden*) —; wenn auch die vermutlich allgemeinste, Anpassungsleistungen überhaupt erst ermöglichende *Grundform allen intellektuellen Reagierens.*

(„... den *Verstand*... können wir... als das *Vermögen der Regeln* charakterisieren", sagt Kant — in der 1. Aufl. der Kritik der reinen Vernunft[22]; und weiter: „Dieser ist jederzeit geschäftig, die Erscheinungen in der Absicht durchzuspähen, um an ihnen irgend eine Regel aufzufinden.")

Ob diese schematische Skizze einer deduktivistischen Erkenntnispsychologie den Tatsachen auch nur einigermaßen entspricht oder ob sie vielleicht empirisch gänzlich verfehlt ist — das soll *hier* nicht zur Diskussion gestellt werden. (Ich vermute aber, nebenbei bemerkt, daß die Tatsachen wohl auf ihrer Seite stehen; doch soll näheres zu diesem Thema einer noch unveröffentlichten Arbeit, „Theorie des Intellekts"[23], vorbehalten bleiben.)

---

[22] IMMANUEL KANT, Kritik der reinen Vernunft (1. Aufl., 1781), S. 126.
[23] [Diese Arbeit ist nicht mehr auffindbar und muß als verloren angesehen werden. „Theorie des Intellekts" war der theoretische Teil von „Gewohnheit" und

4. Die Möglichkeit einer deduktivistischen Erkenntnispsychologie

Vielleicht ist nicht sofort ersichtlich, warum die dargestellte psychologische Auffassung „deduktivistisch" genannt wird. Man wird zwar zugeben, daß eine gewisse Analogie zu der (in den beiden vorangehenden Abschnitten umrissenen) deduktivistisch-empiristischen Erkenntnistheorie besteht; daß die „unbegründeten Antizipationen" den „vorläufigen Annahmen", daß die „Methode der Bewährung" der „empirischen Verifikation der Prognosen" ungefähr entspricht. Aber wo das eigentlich *deduktivistische* Moment liegt, ist hier wohl noch nicht recht ersichtlich.

Einem solchen Einwand gegenüber könnte ich nun des näheren auseinandersetzen, daß die Analogie zwischen jener zweifellos deduktivistischen Erkenntnistheorie (die zu diesem Zwecke erst genauer besprochen werden müßte) und der skizzierten deduktivistischen Erkenntnispsychologie tatsächlich eine vollkommene ist, da diese unmittelbar durch Übertragung*⁴ jener Erkenntnistheorie auf psychologische Fragen konstruiert wurde.

Aber für die hier verfolgten Zwecke ist es völlig belanglos, ob die Bezeichnung „deduktivistisch" anerkannt wird oder nicht. Nur auf *eines* kommt es hier an; darauf, daß die skizzierte Erkenntnispsychologie der herrschenden *induktivistischen* Auffassung *widerspricht*.

Mag der *erkenntnispsychologische Induktivismus* im Recht sein oder nicht, sicherlich ist er nicht die einzige Möglichkeit: er ist nicht *denknotwendig*.

Das aber ist alles, was hier zu zeigen war.

Die deduktivistische Erkenntnispsychologie berührt sich in wichtigen Punkten mit der (heute so wenig geschätzten) Erkenntnispsychologie Kants.

Die Gegenüberstellung der *Rezeptionen* und intellektuellen *Reaktionen*, die Auffassung des auslösenden Reizes — beziehungsweise der Rezeption — als materiale Bedingung der Reaktion, deren formale Bedingungen im reagierenden Apparat selbst gelegen sind (weshalb sie als „subjektiv präformiert" bezeichnet wurden), alles das entspricht weitgehend Kantschen Auf-

---

„Gesetzerlebnis" in der Erziehung: Eine pädagogisch- strukturpsychologische Monographie. Als „Hausarbeit" wurde ein Teil dieser „Monographie", nämlich *Vorbemerkung, Einleitung, I. Teil: Psychologie des Gesetzerlebnisses, 1. Abschnitt: Phänomenologie*, und *Literaturverzeichnis*, in 1927 dem *Pädagogischen Institut der Stadt Wien* eingereicht; nur diese „Hausarbeit" ist erhalten geblieben. Vgl. Karl Popper, Zur Methodenfrage der Denkpsychologie (Dissertation, Wien 1928), S. V; Karl Popper, Conjectures and Refutations (1963), S. 50; Karl Popper, Intellectual Autobiography, The Philosophy of Karl Popper I. (hrsg. von Paul Arthur Schilpp, 1974), S. 34 ff., 59 ff., 161: Anm. 55 (= Karl Popper, Unended Quest: An Intellectual Autobiography, 1976, S. 44 ff., 75 ff., 205: Anm. 55). Hrsg.]

*⁴ Ich habe diese Methode der Übertragung („Principle of transference") von der Logik oder der Erkenntnistheorie auf die Psychologie viele Jahre später in meinem Buch Objective Knowledge (1972; Objektive Erkenntnis, deutsch von Hermann Vetter, 1973) etwas genauer beschrieben.

fassungen: Kant[24] unterscheidet ganz analog die *„Rezeptivität der Sinnlichkeit"* von den Akten der *„Spontaneität des Verstandes"*, wobei der Ausdruck „spontan" keineswegs „aus sich selbst entstehend" oder „freisteigend" oder dergleichen bedeutet, sondern nur — in meiner Terminologie — das subjektiv-präformierte Moment des Reaktiven hervorheben soll. — Auch die Rezeptionen hält Kant mit Recht für subjektiv präformiert, wenn auch nicht in dem Grade, wie die intellektuellen Reaktionen des „Verstandes".

(Es ist deshalb nicht unberechtigt, mit Helmholtz[25] in Johannes Müllers Gesetz von den spezifischen Sinnesenergien eine empirische Bewährung der Kantschen Lehre zu sehen; aber freilich könnte das nur eine Bewährung der Kantschen *Psychologie* sein. — Auch einige denkpsychologische Arbeiten der Würzburger Schule Oswald Külpes könnten in diesem Sinne als experimentelle Bewährungen Kantscher Gedankengänge aufgefaßt werden, so Karl Bühlers Tatsachen und Probleme zu einer Theorie der Denkvorgänge[26] — in denen auch auf die entsprechenden Gedanken Kants Bezug genommen wird — und Otto Selz' Über die Gesetze des geordneten Denkverlaufs[27].)

Kant selbst hat zwischen Erkenntnistheorie und Erkenntnispsychologie oft nicht mit genügender Strenge unterschieden.

Sein Ausdruck „a priori" zum Beispiel hat zweifellos in erster Linie *erkenntnistheoretische* Bedeutung; er könnte übersetzt werden: „unabhängig von aller Erfahrung *gültig*", bezieht sich also nicht auf die Genese, sondern auf die Geltung. (In der vorliegenden Untersuchung wird er auch immer in dieser Bedeutung verwendet.)

Aber es ist natürlich auch möglich, dem Ausdruck „a priori" einen *erkenntnispsychologischen* Sinn zu geben, also etwa: „nicht auf Grund von Erfahrung *entstanden*". Obwohl nun Kant eine nativistische Interpretation des a priori („angeborene Begriffe" usw.) ausdrücklich zurückweist, spielen psychologisch-genetische Momente in seinem Gebrauch des Wortes eine recht erhebliche Rolle.

In dieser psychologischen Verwendung ist aber der Ausdruck „a priori" ziemlich gleichbedeutend mit dem, was hier als „antizipativ" bezeichnet wurde.

---

[24] [Vgl. IMMANUEL KANT, Kritik der reinen Vernunft (1. Aufl., 1781), S. 126. Hrsg.]

[25] [Vgl. HERMANN VON HELMHOLTZ, Über das Sehen des Menschen (1855), S. 19, 41 f. (Vorträge und Reden I., 3. Aufl., 1884, S. 379, 396; 4. Aufl., 1896, S. 99, 116); H. VON HELMHOLTZ, Handbuch der physiologischen Optik (1867), § 17, S. 208 (2. Aufl., 1896, S. 249); H. VON HELMHOLTZ, Die Tatsachen in der Wahrnehmung (1879), S. 8, 42 (Vorträge und Reden II., 3. Aufl., 1884, S. 222 f., 248; 4. Aufl., 1896, S. 218 f., 244). Hrsg.]

[26] KARL BÜHLER, Archiv für die gesamte Psychologie 9 (1907), S. 297 ff.; 12 (1908), S. 1 ff., 123.

[27] OTTO SELZ, Über die Gesetze des geordneten Denkverlaufs I. (1913); II. (1922).

Läßt man — nur für die gegenwärtige kurze Betrachtung — diese Verwendung des Ausdruckes „a priori" zu, so wären die *„Antizipationen"* als *„synthetische Urteile a priori"* zu bezeichnen. Die antizipative Reaktionsform des „Regelbewußtseins" (die Probiermethode des Suchens nach Gesetzmäßigkeiten) würde etwa einem apriorischen „Kausalsatz" entsprechen.

Aber *diese* „synthetischen Urteile a priori" wären nur *vorläufige Antizipationen,* sie wären nur a priori da, das heißt, vor ihrer empirischen Bewährung; a posteriori könnten sie noch immer verworfen werden, an der Erfahrung scheitern. So könnte sich zum Beispiel ergeben, daß es vergeblich ist, in gewissen empirischen Gebieten — etwa bei Glücksspielen — nach Regeln zu suchen.

Ob die erkenntnistheoretisch-psychologische Äquivokation des Ausdruckes „a priori" für Kants Lehre von größerer Bedeutung ist, das soll hier nicht untersucht werden (vgl. dazu aber den Abschnitt *11*). Kant selbst behauptet jedenfalls für alle synthetischen Urteile a priori immer Allgemeingültigkeit und Notwendigkeit.

Aber es ist von Interesse, daß Kant[28] eine *Deutung seines „Resultats"* in Erwägung zieht, die mit der hier dargestellten Auffassung völlig konform ist. Das zeigen besonders deutlich die beiden Argumente, die er *gegen* ein solches subjektives *„Präformationssystem* der reinen Vernunft" ins Treffen führt.

Erstens müßte, so meint er, ein solches Präformationssystem annehmen, daß unser Intellekt, daß unsere subjektiven „eingepflanzten Anlagen zum Denken" mit den objektiven „Gesetzen der Natur" übereinstimmen, ihnen entsprechen (ihnen angepaßt sind, würden wir heute sagen). Wenn man nicht annehmen will, daß diese Entsprechung eine zufällige ist, so wird man zu der Hypothese gedrängt, daß diese Entsprechung von unserem Urheber eingerichtet wurde (als eine Art von prästabilierter Harmonie). Mit Recht meint Kant, „daß bei einer solchen Hypothese kein Ende abzusehen ist". — Dieser Einwand bezieht sich unmittelbar auf die hier vertretene Auffassung (aber ebenso auf das Problem der Anpassung überhaupt). Wir haben uns oben mit der Frage beschäftigt („Methode von Versuch und Irrtum"[29], Selektionstheorie).

Kants zweiter Einwand ist, daß dieser Art von subjektiv präformierten synthetischen Urteilen a priori die (objektive) *„Notwendigkeit* mangeln würde, die ihrem Begriffe wesentlich angehört". Das stimmt wieder mit der hier vertretenen Auffassung überein, daß Antizipationen nicht *wahr* sein müssen, sondern daß sie sich als unbrauchbar erweisen, daß sie a posteriori *falsch* sein können.

Und so könnte man — unter Verwendung des Wortes „a priori" in der (genetischen) Bedeutung von „antizipativ" — die hier vertretene erkennt-

---

[28] IMMANUEL KANT, Kritik der reinen Vernunft (2. Aufl., 1787), § 27.
[29] [Siehe Anm. 17. Hrsg.]

nispsychologische (aber auch die erkenntnistheoretische) „Präformationstheorie", die deduktivistisch-empiristische Auffassung durch die Formulierung charakterisieren:

Es gibt wohl synthetische Urteile a priori, nur sind sie oft a posteriori falsch.

III. Kapitel

DAS INDUKTIONSPROBLEM

5. Der unendliche Regreß (Humes Argument). Die Schwierigkeiten des Problems der allgemeinen Wirklichkeitsaussagen, des Induktionsproblems („kann man mehr wissen, als man weiß?"), hat als erster Hume[1] mit vorbildlicher Klarheit dargelegt. Er wies nach, daß jeder Versuch einer *induktiven Verallgemeinerung* einem *Zirkelschluß* erliegen muß.

Dieses Argument soll hier ausführlich dargelegt werden: es ist der entscheidende Gedanke des ganzen Problemkreises. Die Darstellung weicht dabei in einigen für die Sache ziemlich belanglosen Punkten von Hume ab. (Insbesondere wird der Humesche Zirkelschluß durch einen sogenannten regressus in infinitum ersetzt[*1].) Das ändert aber nichts an dem Grundgedanken Humes, daß man bei der Analyse jeder induktiven Verallgemeinerung auf unerlaubte logische Operationen stoßen muß.

Es sei kurz erwähnt, daß der Begriff des Zirkelschlusses hier gewissen logischen Einwänden ausgesetzt wäre (und zwar von seiten der Russellschen „theory of types"; man vergleiche die — selbst widerspruchsvolle — Formulierung Wittgensteins[2]: „Kein Satz kann etwas über sich selbst aussagen"). Der Begriff des „unendlichen Regresses" ist diesen Einwänden nicht ausgesetzt, leistet aber im übrigen dasselbe, nämlich den Nachweis einer unerlaubten Operation.

Eine weitere Abweichung von Hume besteht darin, daß hier nicht so sehr der Kausalsatz, sondern in erster Linie eine allgemeinere Formulierung als „Induktionsprinzip" berücksichtigt wird; doch ist (durch Kant) eine solche „Verallgemeinerung des Humeschen Problems" längst üblich geworden.

Bis auf diese Änderungen, die für die Grundgedanken bedeutungslos sind,

---

[1] [David Hume, A Treatise of Human Nature (1739/1740), Buch I, Teil III, Abschnitt VI. Hrsg.]

[*1] Der unendliche Regreß findet sich schon ganz explizit bei Hume. Siehe Logik der Forschung (2. Aufl., 1966; und spätere Auflagen), Neuer Anhang *VII, Anmerkungen 4, 5 und 6, mit Verweisungen auf Hume, und den Text zu diesen Anmerkungen.

[2] [Ludwig Wittgenstein, Tractatus Logico-Philosophicus (1918/1922), Satz 3.332. Hrsg.] *Wittgensteins Satz ist widerspruchsvoll, weil er etwas über *alle* Sätze und daher „über sich selbst" aussagt — im Gegensatz zu seiner Behauptung.

ist die Darstellung lediglich bemüht, Humes Argument gegen die Zulässigkeit der Induktion in vollster Reinheit wiederzugeben.

Der Gedankengang ist folgender:

Wir machen eine Reihe von Beobachtungen und können feststellen, daß eine gewisse von uns aufgefundene Regelmäßigkeit bei allen unseren Beobachtungen ausnahmslos auftritt.

Wir sind dann aufgrund dieser Erfahrungen ohne weiteres berechtigt, einen Satz, eine Wirklichkeitsaussage, als gültig zu betrachten, die etwa folgendes besagt: „Bei allen diesen Beobachtungen ist immer diese gewisse Regelmäßigkeit aufgetreten."

Dieser Satz ist kein streng allgemeiner Satz, er spricht kein Naturgesetz aus, sondern er ist nichts als ein *zusammenfassender Bericht* über besondere Vorgänge.

Wenn wir die beobachtete Regelmäßigkeit aber als Naturgesetz formulieren wollen (weil sie doch ausnahmslos bei allen Beobachtungen feststellbar war), wenn wir also eine streng allgemeine Regel, eine *streng allgemeine Wirklichkeitsaussage* aufstellen wollen, so müssen wir *induzieren*, verallgemeinern.

Der verallgemeinerte Satz (das Induktum) würde dann etwa lauten: „Unter den und den Bedingungen tritt immer diese gewisse Regelmäßigkeit auf."

Läßt sich diese Verallgemeinerung rechtfertigen?

Jenes Beobachtungsmaterial, das uns die Grundlage zu dem zusammenfassenden Bericht gegeben hat, ist allein sicher nicht imstande, eine ausreichende Grundlage für diesen streng allgemeinen Satz abzugeben. Wir behaupten in diesem Satz eben *mehr,* als wir durch jene Erfahrungen rechtfertigen können.

Wir machen also bei jeder Induktion, logisch betrachtet, gewisse *Voraussetzungen* (stillschweigend oder ausdrücklich), die durch das Beobachtungsmaterial, das der Verallgemeinerung unmittelbar zugrunde liegt, nicht gerechtfertigt sind.

Vielleicht lassen sich aber diese Voraussetzungen durch andere, frühere und allgemeinere Erfahrungen rechtfertigen?

Um das festzustellen, müssen wir vor allem genau wissen, was für Voraussetzungen wir denn überhaupt machen, wenn wir induzieren wollen.

Ganz allgemein gesprochen (und vorerst auch nur sehr unbestimmt ausgedrückt), müssten die zu untersuchenden Voraussetzungen der Induktion etwa den Inhalt haben: „Man darf verallgemeinern." Dieser Satz darf aber sicher nicht dahin verstanden werden, daß jede Verallgemeinerung auch auf jeden Fall richtig sein muß: Wir wissen aus Erfahrung, daß wir oft ganz unrichtig verallgemeinern (wenn uns nämlich die Erfahrung nachträglich eines Besseren belehrt). Wir werden daher vielleicht lieber sagen: „Man *kann*

5. Der unendliche Regreß (Humes Argument)   35

verallgemeinern"*², um auszudrücken, daß unsere Voraussetzung nur darin besteht, daß es *möglich* ist, (mit Umsicht und Glück) zu richtigen Verallgemeinerungen zu kommen. Diese vorläufige Formulierung: „Man kann verallgemeinern" hätte also auszudrücken, daß es möglich ist, durch Verallgemeinerung zu einem Satz zu gelangen, der *wahr* ist.

Um die Formulierung der Voraussetzung zu verbessern, muß eine terminologische Überlegung eingeschaltet werden.

Das, was eine Wirklichkeitsaussage wiedergibt, was sie beschreibt, was sie *darstellt*, bezeichnen wir als „Sachverhalt". Jede Wirklichkeitsaussage kann somit als Darstellung eines Sachverhaltes angesehen werden. Wenn der Sachverhalt, den eine Aussage darstellt, tatsächlich *besteht* (wenn es einen solchen Sachverhalt tatsächlich *gibt*), so ist die Aussage *wahr*; besteht der dargestellte Sachverhalt nicht, dann ist die Aussage *falsch*.

Mit Hilfe dieser Terminologie kann man versuchen, die Voraussetzungen, die wir bei jeder Induktion machen, besser zu formulieren. Die Voraussetzung soll besagen, daß allgemeine Wirklichkeitsaussagen *wahr* sein können. Allgemeine Wirklichkeitsaussagen werden aber dann wahr sein können, wenn es *Sachverhalte* von dieser Art, wie sie durch allgemeine Wirklichkeitsaussagen, durch Naturgesetze, dargestellt werden, tatsächlich gibt. Wenn man solche Sachverhalte als „allgemeine Sachverhalte" oder als *„Gesetzmäßigkeiten"* bezeichnet, so kann man kurz sagen: Was wir bei jeder Induktion voraussetzen, ist, daß es allgemeine Sachverhalte, daß es Gesetzmäßigkeiten gibt.

Diese Voraussetzung würde nun in der Tat genügen, um das Verfahren der Induktion zu rechtfertigen*³. Denn wenn es Gesetzmäßigkeiten gibt, so müßte es auch grundsätzlich möglich sein, sie aus Einzelbeobachtungen zu erschließen. Denn wenn die Kenntnis eines wahren Naturgesetzes gestattet, deduktiv besondere Vorgänge zu deduzieren, so müßte es auch umgekehrt möglich sein (mit Umsicht und Glück) eine solche Beschreibung des Einzelvorganges aufzufinden, die sich zum Naturgesetz verallgemeinern läßt. (Man muß gewissermaßen aus Indizien auf das hinter den Ereignissen ver-

---

*² Also etwa: „Es gibt ein Verfahren, streng allgemeine Sätze zu begründen." Siehe auch die nächste Anmerkung (*3).

*³ Später, in Abschnitt 10 (gegen Ende), schreibe ich: *„Erkennen heißt: Gesetzmäßigkeiten suchen; genauer: Gesetze aufstellen und methodisch überprüfen* (ohne Rücksicht auf die Frage, ob es streng allgemeine Gesetzmäßigkeiten überhaupt gibt)." Im Gegensatz zu dem, was in meinem Text steht (hier wie auch im Abschnitt *10*), gilt das (so erscheint es mir jetzt) sowohl für einen induktivistischen wie auch für einen deduktivistischen Erkenntnisbegriff (siehe meine *Einleitung 1978*). Daß es Gesetzmäßigkeiten gibt, scheint mir (im Gegensatz zu dem, was mein Text hier zu sagen scheint) *nicht hinreichend* zu sein, um das *Verfahren der Induktion* zu rechtfertigen. Nötig wäre ein metatheoretisches Prinzip wie etwa: *Es gibt ein Verfahren, streng allgemeine synthetische Sätze als wahr zu erweisen.*

borgene Gesetz schließen können.) Das heißt aber eben, daß man „induzieren kann".

Die Voraussetzungen, die wir bei jeder Induktion machen (und ohne die dieses Verfahren gar keinen Zweck hätte) könnte demnach so formuliert werden:

„Es gibt Gesetzmäßigkeiten (allgemeine Sachverhalte), das heißt, Sachverhalte von der Art, wie sie durch streng allgemeine Wirklichkeitsaussagen — durch Naturgesetze — dargestellt werden."*4

Diesen Satz bezeichne ich als (erstes) *Induktionsprinzip*.

Dieses Induktionsprinzip ist so allgemein formuliert, daß es wohl ein Minimum von Voraussetzungen enthalten dürfte. Jedenfalls gibt es andere Sätze, die auch als „*Induktionsprinzipien*" angenommen werden könnten (da sie die für eine Induktion hinreichenden Voraussetzungen enthalten), die aber mehr Voraussetzungen enthalten, als unbedingt notwendig ist. Ein solches „Induktionsprinzip" wäre zum Beispiel der „Kausalsatz", der (nach der gebräuchlichen Auffassung) nicht nur behauptet, daß es Gesetzmäßigkeiten gibt, sondern, darüber hinaus, etwa formuliert werden kann: „Jede Veränderung in der Natur muß sich mit beliebiger Vollständigkeit (bis auf individuelle Zeit- und Ortsangaben) durch Deduktion aus Naturgesetzen prognostizieren lassen." (In direktem Gegensatz zur Ansicht Schlicks[3], läßt sich also der Kausalsatz so auffassen, daß er wohl eine „hinreichende Bedingung des induktiven Verfahrens" darstellt, aber keine „notwendige".)

Welchen Satz auch immer*5 man als Induktionsprinzip annehmen will: er muß jedenfalls eine Wirklichkeitsaussage (ein synthetisches Urteil) sein, muß etwas über die Gesetzmäßigkeit oder Gleichförmigkeit der „Natur" oder der „Erfahrungswelt" aussagen, über die Berechtigung, allgemeine Aussagen von der Art der Naturgesetze über die Wirklichkeit zu machen.

Wie läßt sich nun feststellen, welches Induktionsprinzip das Richtige ist und ob es überhaupt ein gültiges Induktionsprinzip gibt? Von der Geltung eines Induktionsprinzips hängt ja alles ab, denn jede Induktion eines Naturgesetzes setzt ein Induktionsprinzip voraus, ist also logisch unhaltbar, wenn das Induktionsprinzip ungültig ist.

Man könnte nun einfach erklären, eines der Induktionsprinzipien (zum Beispiel das von mir formulierte, oder der „Kausalsatz") sei denknotwendig, un-

---

*4 Vgl. dazu LUDWIG WITTGENSTEIN, Tractatus Logico-Philosophicus (1918/1922), Sätze 6.31 und 6.36. (Die Verweisung in Satz 6.361 bezieht sich auf HEINRICH HERTZS Prinzipien der Mechanik, 1894.) Offenbar war ich in diesem wichtigen Punkt von WITTGENSTEIN beeinflußt. Aber als Induktionsprinzip ist der Satz unzulänglich.

[3] MORITZ SCHLICK, Allgemeine Erkenntnislehre (2. Aufl., 1925), S. 362.

*5 Von hier an scheint mir das Argument dieses Abschnittes im wesentlichen einwandfrei zu sein; vorausgesetzt, daß man das „Induktionsprinzip zweiter Ordnung" entsprechend dem der ersten Ordnung korrigiert.

mittelbar einleuchtend, evident usw., mit einem Wort, es sei gültig, weil an seiner Richtigkeit nicht gezweifelt werden kann. Das Induktionsprinzip müßte dann als synthetisches Urteil a priori angenommen werden; ein Zugeständnis an den Rationalismus, das auf jeden Fall recht problematisch wäre[*6]. Dieser Schritt könnte vielleicht als ein letzter Ausweg in Erwägung gezogen werden (und wird in den Abschnitten *9—11* auch besprochen werden), soll aber einstweilen außer Betracht bleiben.

Hier wollen wir uns auf den Standpunkt stellen, synthetische Urteile a priori nicht gelten zu lassen und als letzte Instanz über synthetische Urteile nur die Erfahrung entscheiden zu lassen. Dann müssen wir verlangen, daß auch das Induktionsprinzip durch Erfahrung (a posteriori) begründet wird.

Das scheint auf den ersten Blick gar nicht so schwierig zu sein.

Es wurde ja oben nur festgestellt, daß *jene* Beobachtungsreihen, die unmittelbar zur Aufstellung eines bestimmten Naturgesetzes Anlaß geben, zu dessen Induktion nicht ausreichen. Das Induktionsprinzip ist nichts anderes, als eine Formulierung der Voraussetzungen, die außer diesen Beobachtungen zur Induktion notwendig sind.

Es könnte daher seinerseits vielleicht durch *andere* Beobachtungen gerechtfertigt werden.

Man müßte dann (ungefähr wie Mill) annehmen, daß das Induktionsprinzip durch eine Unzahl von Erfahrungen gerechtfertigt wird, und zwar durch eine unvergleichlich größere Zahl, als irgend ein bestimmtes Naturgesetz.

Diese Erfahrungen lehren uns, daß Induktionen in zahllosen Fällen des praktischen Lebens vollen, ja oft überraschenden Erfolg hatten. Daraus wollen wir schließen, daß man wirklich verallgemeinern kann, das heißt, daß das Induktionsprinzip gilt. Wir haben aber nicht nur dieses Argument der großen Zahl der Beobachtungen; wir könnten auch geltend machen: Jeder Fortschritt in der Naturerkenntnis eröffnet uns tiefere und erstaunlichere Einblicke in die Tatsache, daß die Welt von „ehernen Gesetzen" beherrscht ist.

Alle diese Argumente reichen aber doch nicht hin, um die Gültigkeit des Induktionsprinzips zu gewährleisten.

Der Schluß von unseren Beobachtungen auf die Gültigkeit des Induktionsprinzips ist ja wieder eine Verallgemeinerung, ein Induktionsschluß. Und *wieder* machen wir bei dieser Verallgemeinerung (stillschweigend oder ausgesprochen) eine *Voraussetzung,* analog der früheren Voraussetzung, die im Induktionsprinzip formuliert wurde. Nur daß es sich diesmal nicht um

---

[*6] Dieses Zugeständnis wurde von KANT gemacht, dem später BERTRAND RUSSELL unbewußt folgte, trotz WITTGENSTEINS Bemerkung im Tractatus Logico-Philosophicus (1918/1922), Satz 6.31. Vgl. BERTRAND RUSSELL, The Limits of Empiricism, Proceedings of the Aristotelian Society 36 (1936), S. 131 ff.

die Induktion eines Naturgesetzes handelt, sondern um die Induktion eines Induktionsprinzips.

Ein Naturgesetz kann als Aussage über besondere Wirklichkeitsaussagen aufgefaßt werden; ein Induktionsprinzip als Aussage über Naturgesetze.

Die neue Voraussetzung wird dementsprechend etwas anders lauten müssen, ungefähr folgendermaßen[*7]:

„Es gibt Gesetzmäßigkeiten, es gibt allgemeinen Sachverhalte von der Art, wie sie durch Sätze über Naturgesetze, also durch Sätze vom Typus eines Induktionsprinzips dargestellt werden."

Diesen Satz nenne ich „Induktionsprinzip zweiter Ordnung". (Die bisherigen „Induktionsprinzipien" können jetzt als „Induktionsprinzipien erster Ordnung" bezeichnet werden.)

Das Induktionsprinzip zweiter Ordnung ist den Induktionsprinzipien erster Ordnung durchaus analog: Können diese als Aussagen über Sätze vom Typus der Naturgesetze angesehen werden, so jenes als Aussage über Sätze vom Typus der Induktionsprinzipien.

Nimmt man ein solches Induktionsprinzip zweiter Ordnung als gegeben an, so läßt sich ein Induktionsprinzip erster Ordnung induzieren. Welches von den möglichen Induktionsprinzipien erster Ordnung anzunehmen ist, darüber würden dann die besprochenen Erfahrungen entscheiden; ebenso, wie die Entscheidung über den Inhalt eines bestimmten Naturgesetzes aufgrund von Erfahrungen geschieht. Deshalb können auch immer noch Korrekturen notwendig werden. (Auch dann, wenn ein Induktionsprinzip gegeben ist, ist das Induktum nicht als gegeben anzusehen, sondern als dem Erkennen „aufgegeben", wie die Neukantianer sagen.)

Tatsächlich waren die meisten Naturforscher bis vor kurzem[*8] der Ansicht, daß die Erfahrungen für ein Induktionsprinzip sprechen, wie es im „Kausalsatz" formuliert wurde, während man heute aufgrund neuerer Beobachtungen über atomare (vgl. auch Abschnitt *19*) Vorgänge mehr zu einer allgemeinen Formulierung (wie ich sie zum Beispiel als erstes Induktionsprinzip eingeführt habe) neigen dürfte.

Jetzt hängt alles von der Gültigkeit des Induktionsprinzips zweiter Ordnung ab.

Es muß" nicht näher ausgeführt werden, daß sich über die Gültigkeit des Induktionsprinzips zweiter Ordnung durchaus analoge Betrachtungen anstellen lassen, wie über die Gültigkeit eines Induktionsprinzips erster Ordnung: Soll es aufgrund einer Induktion gelten, so müßte man ein Induk-

---

[*7] Der hier folgende Satz sollte korrigiert werden, entsprechend der Korrektur des früheren Induktionsprinzips (erster Ordnung); etwa folgendermaßen: „Es gibt ein Verfahren, das Induktionsprinzip (erster Ordnung) als wahr zu erweisen."

[*8] Das wurde etwa 1930 geschrieben. Die Anspielung bezieht sich auf HEISENBERGS Unbestimmtheitsrelationen (1927).

tionsprinzip dritter Ordnung voraussetzen, das dann eine Aussage über Sätze vom Typus des Induktionsprinzips zweiter Ordnung wäre.

Es entsteht so eine Hierarchie von Typen:

Naturgesetze (die als Sätze über besondere Erfahrungssätze aufgefaßt werden können und von höherem Typus sind, als diese*9). Die Induktion eines Naturgesetzes erfordert ein

Induktionsprinzip erster Ordnung, das als Aussage über Naturgesetze von höherem Typus ist als diese; die Induktion eines Induktionsprinzips erster Ordnung erfordert wieder ein

Induktionsprinzip zweiter Ordnung, das als Aussage über Induktionsprinzipien erster Ordnung wieder von höherem Typus ist als diese; *und so weiter:*

Jede allgemeine Wirklichkeitsaussage braucht, um als Induktum überhaupt Geltungswert (sei er nun wahr oder falsch) a posteriori besitzen zu können*10, ein Induktionsprinzip, das von höherem Typus sein muß, als das Induktum.

Darin besteht der unendliche Regreß.

Dieser Gedankengang ist das Fundament für die Kritik des Induktivismus.

Der unendliche Regreß („Induktionsregreß") präzisiert Humes Argument gegen die Zulässigkeit der Induktion. Er besagt, daß der reine Induktionsschluß sich logisch nicht rechtfertigen läßt, daß aus besonderen Beobachtungen niemals allgemeine Sätze abgeleitet werden können, kurz, er besagt etwas (mindestens für jeden Empiristen) ganz Selbstverständliches: daß man nicht mehr wissen kann*11, als man weiß.

6. *Induktivistische Positionen.* Welche Konsequenzen müssen aus Humes Argument gezogen werden? Zeigt Humes Gedankengang keine Lücke? Wie sind nunmehr die Naturgesetze, die allgemeinen Wirklichkeitsaussagen, aufzufassen?

Es ist klar, daß mit Humes Argument das Induktionsproblem in seinem ganzen Umfang *gestellt* ist. Welche Lösungen gibt es?

Die verschiedenen Antworten, die auf diese Fragen möglich sind, sollen der Reihe nach besprochen werden. Es soll dabei versucht werden, zu zeigen, daß es keiner der induktivistischen Erkenntnistheorien gelingt, des Pro-

---

*9 Ich würde heute die Naturgesetze nicht als von höherem „Typus" (im Sinne einer Typentheorie) als die besonderen Erfahrungssätze (Basissätze) auffassen. Die hier im Text skizzierte Auffassung scheint aber im weiteren keine Rolle zu spielen.

*10 Sollte heißen: „... um als Induktum als wahr zu gelten" oder vielleicht „den Geltungswert wahr zugeschrieben zu bekommen..."

*11 Klarer formuliert: daß man nicht mehr weiß, als man weiß.

blems Herr zu werden. Nach dieser etwas langwierigen Untersuchung (und zum Teil schon während derselben) soll auch der deduktivistisch-empiristische Standpunkt diskutiert werden, um zu zeigen, daß er imstande ist, das Induktionsproblem (und die mit diesem zusammenhängenden Fragen) befriedigend zu beantworten.

Die große Anzahl der induktivistischen Versuche, das Induktionsproblem zu bewältigen, zwingt, — wenn die Kritik Vollständigkeit anstreben und womöglich alle Richtungen berücksichtigen soll — zu einer *Systematik*.
Die induktivistischen Lösungsversuche werden [hier] der Reihe nach in folgenden Gruppen behandelt:
1. *Normalsatzpositionen:* Diese Lösungsversuche nehmen an, daß alle Wirklichkeitsaussagen „normale" Geltungsart haben, das heißt, daß sie prinzipiell *endgültig entscheidbar*, daß sie entweder [als] wahr oder falsch [erweisbar*1] sind. *Wenn* es überhaupt *allgemeine* Wirklichkeitsaussagen gibt, so muß das auch für sie gelten. *Ob* es aber allgemeine Wirklichkeitsaussagen gibt — darüber gehen die Ansichten dieser Lösungsversuche auseinander.
2. *Wahrscheinlichkeitspositionen:* Diese Lösungsversuche nehmen an, daß Wirklichkeitsaussagen Allgemeingültigkeit mit einer anormalen Geltungsart erkaufen müssen, das heißt, allgemeinen Wirklichkeitssätzen kommt kein normaler Wahrheitswert zu, sondern nur ein (objektiver) *Wahrscheinlichkeitswert**2.
3. *Scheinsatzpositionen:* Diese nehmen an — ebenso wie die Normalsatzpositionen —, daß alle Wirklichkeitsaussagen normale Geltungsart haben. Daneben vertreten sie aber die Auffassung, daß den sogenannten „allgemeinen Wirklichkeitsaussagen" grundsätzlich *kein* normaler Geltungswert zugeschrieben werden kann, da sie ja nie endgültig als wahr erwiesen werden können. Daraus ziehen sie die Konsequenz, daß diese allgemeinen Wirklichkeitsaussagen überhaupt *keine echten Aussagen* sind. Sie werden nur oft für Aussagen gehalten, weil man sich leicht durch ihre grammatikalische Form (durch die *Satzform*) täuschen läßt. Aber die „Sätze" unserer Sprache sind nicht immer „Sätze" im Sinne der Logik. Vom logischen Standpunkt aus müssen nach dieser Auffassung die *allgemeinen* Wirklichkeitsaussagen als *Scheinsätze* angesehen werden. Sie sind also selbst keine Erkenntnisse, aber sie haben eine wichtige Funktion im Erkenntnisprozeß; zwar keine theoretische Funktion, aber eine *praktische*: Sie sind „*Anweisungen*" dafür, wie man echte (das heißt *besondere*) Wirklichkeitsaussagen zu bilden hat.

Zu dieser Einteilung wäre noch zu bemerken:
Sie berücksichtigt nur die Stellungnahme zum *erkenntnistheoretischen* In-

---
*1 Siehe meine *Einleitung 1978*.
*2 Das war HANS REICHENBACHS Position (im Jahre 1930).

duktionsproblem. Nicht berücksichtigt werden psychologische Momente, wie Wahrheits- oder Wahrscheinlichkeits*glaube*. Diese Momente werden auch bei der näheren Analyse der verschiedenen Positionen nur dann in die Untersuchung einbezogen, wenn sie für das Verständnis einer Position wichtig sind.

IV. Kapitel

DIE NORMALSATZPOSITIONEN

7. Die Normalsatzpositionen: Naiver Induktivismus, strenger Positivismus und Apriorismus. Die Normalsatzpositionen des Induktivismus nehmen an, daß alle Wirklichkeitsaussagen „normale" Sätze sind, daß sie *entscheidbar wahr oder falsch sind*[*1]. Es ist „für eine echte Aussage wesentlich", sagt Schlick[1], „... daß sie prinzipiell endgültig verifizierbar oder falsifizierbar ist". *Wenn* es überhaupt „streng allgemeine Wirklichkeitsaussagen" gibt, so gilt das auch für sie.

Aber gibt es allgemeine* Wirklichkeitsaussagen? (Im Sinne strenger Allgemeinheit.)

Der *naive Induktivismus* — vor Hume — bejaht die Existenz allgemeiner Wirklichkeitsaussagen ohne weiteres. Bacon glaubt an die *inductio vera*, an ein wissenschaftliches Verfahren, das prinzipiell imstande ist, wahre allgemeingültige Gesetze durch methodische Verallgemeinerung aufzustellen. (Irrtümer bleiben dabei natürlich immer möglich — aber auch bei der Deduktion.) Dieser Standpunkt ist es, gegen den sich Humes Argumentation eigentlich richtet. Er scheint mir durch Hume (trotz Mill) endgültig überwunden zu sein und wird deshalb in dieser Untersuchung auch nicht näher behandelt.

Durch Humes Argument sind innerhalb der Normalsatzpositionen nur mehr zwei Auffassungen logisch zulässig, da alle anderen Auffassungen dem unendlichen Regreß verfallen. Diese beiden noch zulässigen Auffassungen hat Kant in aller Schärfe folgendermaßen beschrieben:

„Erfahrung gibt niemals ihren Urteilen wahre oder strenge, sondern nur angenommene und komparative *Allgemeinheit* (durch Induktion), so daß es eigentlich heißen muß: *so viel wir bisher wahrgenommen haben*, findet sich von dieser oder jener Regel keine Ausnahme." (Die letzte Hervorhebung ist nicht im Original.) „Wird also ein Urteil in strenger Allgemeinheit ge-

---

[*1] Gemeint ist: „normale" Sätze sind von einer solchen logischen Form, daß, wenn sie wahr sind, ihre Wahrheit *entscheidbar* ist, und, wenn sie falsch sind, ihre Falschheit *entscheidbar* ist; und zwar durch *Erfahrung* entscheidbar.

[1] MORITZ SCHLICK, Die Kausalität in der gegenwärtigen Physik, Naturwissenschaften 19 (1931), S. 156.

dacht ... so ist es nicht von der Erfahrung abgeleitet, sondern schlechterdings a priori gültig."[2]

Diese beiden Sätze Kants formulieren klar die beiden innerhalb der „Normalsatzpositionen" allein noch zulässigen Standpunkte:

Entweder man steht auf einem konsequent empiristischen Standpunkt und lehnt jede Konzession an den Rationalismus ab — dann gibt es keine [als wahr erweisbare] allgemeinen Sätze, sondern nur *zusammenfassende Berichte* über Beobachtungen *(„so viel wir bisher wahrgenommen haben..."*). Die sprachliche Form der Allgemeinheit ist bei diesen Sätzen nur eine „façon de parler", eine bequeme Form des Berichtens. Den Standpunkt, der die „allgemeinen" Wirklichkeitsaussagen als zusammenfassende Berichte interpretiert, bezeichne ich als *„strengen Positivismus"*.

Oder man will die streng allgemeingültigen Wirklichkeitsaussagen retten — dann ist man gezwungen, dem Rationalismus die Existenz von *synthetischen Urteilen a priori* zu konzedieren; zum mindesten die apriorische Geltung eines Induktionsprinzips (zum Beispiel in der Form eines Kausalsatzes). Das ist der Standpunkt des *„Apriorismus"*.

Mit der klaren Formulierung dieser anscheinend so selbstverständlichen Alternative erweist sich Kant einer Anzahl seiner modernen Kritiker (insbesondere den Anhängern der Wahrscheinlichkeitspositionen) weit überlegen: nicht nur als ein besserer Logiker; wie sich zeigen wird, auch als ein besserer Schüler Humes.

Gelingt es einem dieser beiden Standpunkte, das Induktionsproblem befriedigend zu lösen? Die folgenden Abschnitte *(8—11)* sollen zeigen, daß beide Lösungen nicht befriedigen können und somit die Normalsatzposition überhaupt aufgegeben werden muß.

8. Kritik des strengen Positivismus. — Zweifache Transzendenz der Naturgesetze. Können Wirklichkeitsaussagen allein aufgrund von Erfahrung allgemeingültig [als allgemeingültig erweisbar] sein?

Der strenge Positivismus und der Apriorismus sind darin einig, daß diese Frage verneint werden muß: Eine andere Stellungnahme ist seit Hume nicht möglich.

Aber die beiden Richtungen ziehen aus Humes Argument sehr verschiedene Konsequenzen.

Der strenge Positivismus (nicht zu verwechseln mit der in dieser Arbeit als logischer Positivismus bezeichneten Richtung) gibt die strenge Allgemeinheit der Naturgesetze auf. Damit kann er an der empiristischen Grundthese festhalten. Er schließt: Wenn Wirklichkeitsaussagen aufgrund von Erfahrung allein nicht [als] streng allgemeingültig [erwiesen] sein können — dann sind die Naturgesetze eben keine streng allgemeinen Sätze (sondern sie

---

[2] [IMMANUEL KANT, Kritik der reinen Vernunft (2. Aufl., 1787), S. 3 f. Hrsg.]

sind nur zusammenfassende Berichte über die bisherigen Beobachtungen). Denn sie können (als Wirklichkeitsaussagen) nur allein aufgrund von Erfahrung gelten.

Umgekehrt schließt der Apriorismus: Können Wirklichkeitsaussagen aufgrund von Erfahrung allein nicht allgemeingültig sein — dann gelten die Naturgesetze eben nicht *allein* aufgrund von Erfahrung (sondern sie enthalten ein apriorisches Moment). Denn sie sind streng allgemeine Wirklichkeitsaussagen.

Beide Standpunkte anerkennen also das Argument Humes. Sie divergieren aber in der *Bewertung* der beiden Voraussetzungen — der *empiristischen Grundthese* einerseits, der *strengen Allgemeinheit* der Naturgesetze anderseits —, von denen eine aufgegeben werden muß, da beide mit Humes Argument nicht gleichzeitig vereinbar zu sein scheinen. Der strenge Positivismus hält die *empiristische Grundthese* für wertvoller und opfert die strenge Allgemeinheit. Der Apriorismus glaubt, die Naturgesetze nicht als zusammenfassende Berichte auffassen zu dürfen. Er rettet die *strenge Allgemeinheit* der Naturgesetze, muß dafür aber die empiristische Grundthese aufgeben und dem [klassischen] Rationalismus die apriorische Geltung eines Induktionsprinzips konzedieren.

(Eine schematische Darstellung dieser Verhältnisse findet sich im Anhang, Tafel II.)

Von den beiden Standpunkten scheint der strenge Positivismus den empirischen Wissenschaften näher zu stehen, denn er ist *radikal empiristisch*. Er scheint auch der vorsichtigere zu sein, scheint weniger Voraussetzungen zu machen.

Als radikal empiristisch kann man den strengen Positivismus deshalb bezeichnen, weil er nicht nur die empiristische Grundthese programmatisch voll anerkennt, sondern sogar noch weiter geht: Er lehrt nicht nur, daß allein Erfahrung über die Wahrheit oder Falschheit eines Satzes *entscheidet*, sondern er behauptet (die charakteristische Behauptung *jeder* Form des Positivismus), daß alle wissenschaftlich zulässigen (alle „legitimen") Sätze, jede empirisch-wissenschaftliche Erkenntnis sich *restlos auf Erfahrungen* (auf Wahrnehmungserlebnisse) *zurückführen* lassen muß.

Diese Behauptung: „Alle wissenschaftlichen Aussagen müssen sich grundsätzlich in Aussagen über das ‚Gegebene', über Erlebnisse umformen lassen" könnte man als die „positivistische Grundthese" bezeichnen. Ihre Tendenz ist klar: Die positiven Tatsachen unserer unmittelbaren Erlebnisse (insbesondere unserer Wahrnehmungserlebnisse) sind das einzige, was wir im empirischen Gebiet als „streng", als „vollkommen sicher" bezeichnen können. Deshalb darf eine exakte Tatsachenwissenschaft nicht mehr behaupten, als wir sicher wissen, und [sie] soll nicht mehr zu geben versuchen, als uns tatsächlich „gegeben" ist.

8. Kritik des strengen Positivismus

Positivistische Gedankengänge werden in späteren Abschnitten (vgl. insbesondere die Kritik des logischen Positivismus in den Abschnitten *44* bis *46*) noch eingehend zu besprechen sein. Auch an dieser Stelle soll auf allgemein-positivistische Gedankengänge kurz eingegangen werden, so weit es zum Verständnis der Normalsatzpositionen — des strengen Positivismus und des Apriorismus — notwendig ist.

Man hat die positivistische Erkenntnistheorie sehr richtig als „Immanenzlehre" bezeichnet, weil sie sich nicht mit der Entscheidung durch die Erfahrung begnügt, sondern (soweit als irgend möglich) ganz im Bereiche des unmittelbar Gegebenen, des unmittelbar Erfahrbaren verharren will: In seinen Grundtendenzen wendet sich der Positivismus gegen jede *„Transzendenz"*, das heißt, gegen jeden Versuch, über diesen Bereich des „Gegebenen" hinauszugehen; auch dann, wenn es eben nur versuchsweise geschieht, wenn eine Hypothese nur probeweise aufgestellt werden soll.

Schlick[1] charakterisiert diese „Immanenzphilosophie" sehr richtig, wenn er vom „positivistischen Wunsche" spricht, „... überhaupt bei dem schlechthin Tatsächlichen stehen zu bleiben, Denkzutaten ängstlich zu vermeiden und es einfach bewenden zu lassen bei der bloßen Beschreibung des Vorhandenen durch Urteile, ohne Hypothesen hinzuzufügen".

Freilich muß ein Versuch, den Immanenzgedanken in *vollster Reinheit* durchzuführen, daran scheitern, daß er jede Erkenntnis überhaupt unmöglich machen würde. Jedes Urteil, *jede Darstellung,* insbesondere aber jedes wissenschaftliche Urteil *transzendiert* über das unmittelbar Gegebene, ist mehr, als eine pedantisch genaue Beschreibung von reinen Erlebnissen.

Das gilt keineswegs nur für die allgemeinen, sondern für *alle,* also auch für die besonderen Wirklichkeitsaussagen. Wenn etwa ein Chemiker feststellt — anscheinend rein deskriptiv — daß diese (besondere) Flüssigkeit aufschäumte, nachdem dieses (besondere) Metallstück in sie hineingeworfen wurde, so gehen in diese Beschreibung eine große Zahl nicht „gegebener", also transzendenter Voraussetzungen ein; unter anderen zum Beispiel die, daß recht verschiedene Erlebnisse (etwa jene, die als „nichtschäumende Flüssigkeit" und als „schäumende Flüssigkeit" bezeichnet werden können) sich irgendwie auf *denselben* („genidentischen"[*1]) *Gegenstand* beziehen; ferner, daß nicht *alle* Erlebnisse (etwa ein gleichzeitiges „Durstgefühl") in die Beschreibung aufzunehmen sind, nicht einmal alle gleichzeitigen Wahrneh-

---

[1] Moritz Schlick, Allgemeine Erkenntnislehre (2. Aufl., 1925), S. 182.
[*1] Der Ausdruck „genidentisch" (von genetisch identisch) stammt von Kurt Lewin. [Siehe K. Lewin, Der Begriff der Genese in Physik, Biologie und Entwicklungsgeschichte: Eine Untersuchung zur vergleichenden Wissenschaftslehre (1922). Hrsg.]

mungserlebnisse (das Hören einer Autohupe), ja nicht einmal alle unmittelbar beteiligten Gesichtswahrnehmungen (das Glitzern der Proberöhre) usw.

Jede, auch die einfachste Darstellung, enthält also mehr (und weniger) als das unmittelbar „Gegebene". (Nebenbei bemerkt: ein Ergebnis, das von einer nicht-sensualistischen Denkpsychologie — von einer *Psychologie der intellektuellen Reaktionen* — gar nicht anders erwartet werden konnte.)

Die skizzierte, für *jede* Wirklichkeitserkenntnis, auch für die besonderen Wirklichkeitsaussagen unvermeidliche Form der Transzendenz (sie wird sich unter anderem in den Betrachtungen des nächsten Abschnittes und insbesondere auch des Abschnittes *11* als bedeutsam erweisen) bezeichne ich als „*Transzendenz der Darstellung überhaupt*".

Die radikale Forderung, sich auf *reine Immanenz* zu beschränken, muß also zurückgewiesen werden: Sie vermag die Wirklichkeitserkenntnis in keiner Weise aufzuklären, sie ist weit davon entfernt, die erkenntnistheoretischen Fragen in befriedigender Weise zu lösen. Ganz ähnlich faßt auch Schlick die Situation auf. Er schreibt (in unmittelbarem Anschluß an die oben zitierte Stelle)[2]:

„Es versteht sich aber leider von selbst, daß die pedantisch strenge Durchführung dieses Programms einen Verzicht auf Erkenntnis überhaupt bedeuten würde. Erkennen setzt eben Denken voraus, und dazu bedarf es der Begriffe, und sie können nur gewonnen werden durch eine Bearbeitung des Tatsachenmaterials, welche sofort die Möglichkeit von Fehlern und Widersprüchen schafft. Die wissenschaftliche Beschreibung, welche Erklärung ist, besteht ja darin, daß mit Hilfe von Wiedererkennungsakten die Tatsachen aufeinander bezogen und durcheinander gedeutet werden.

„So hebt sich also dieser extreme Standpunkt bei strenger Durchführung von selbst auf; man kann aber doch hoffen, seine Vorteile auch dann noch zu genießen, wenn man ein Minimum von Denkzutaten gestattet."

Jene erkenntnistheoretische Position, die *hier* als *strenger Positivismus* bezeichnet wird, vertritt nun die Ansicht, daß zu diesem „Minumum von Denkzutaten" die Annahme von streng allgemeinen Wirklichkeitsaussagen (oder gar die eines synthetisch-apriorischen Induktionsprinzips) sicher *nicht* gehört.

Im Gegensatz zu den besonderen Wirklichkeitsaussagen würden nämlich streng *allgemeine* Wirklichkeitsaussagen — wollte man solche als „legitim" anerkennen — in *zweifacher* Weise transzendieren. Nicht nur, daß sie über das unmittelbar Erlebte hinausgehen: sie gehen, wie Humes Argument beweist, auch über den Bereich dessen hinaus, was überhaupt empirisch verifizierbar ist. Ihre Transzendenz ist nicht nur die unvermeidbare, aber auch

---

[2] Moritz Schlick, op. cit., S. 182 f.

wenig bedenkliche *Transzendenz der Darstellung überhaupt,* sondern sie sind noch mit einer zweiten Form der Transzendenz belastet, mit der *Transzendenz der Verallgemeinerung.*

Diese zweite Form der Transzendenz ist nun zweifellos ein viel ernsteres Problem, als die erste.

Eine reine Immanenzlehre, die selbst die Transzendenz der Darstellung überhaupt vermeiden will und lieber auf Wirklichkeitserkenntnis gänzlich verzichtet, bevor sie sich mit einer Transzendenz abfindet, — eine solche Auffassung könnte überhaupt nicht als eine *erkenntnistheoretische Position* anerkannt werden. Ihre Argumentation ist auch stark psychologistisch gefärbt und hat für die Probleme der wissenschaftlichen Begründung keinerlei praktische Bedeutung: Es gibt keine methodischen Erfahrungen, die die Wissenschaft veranlassen, einfachen („elementaren") Erfahrungssätzen (soweit sie „Beobachtungen wiedergeben", ohne sie *theoretisch zu deuten*) besonders skeptisch gegenüberzustehen. Eine solche Skepsis wäre bloß eine Angelegenheit der Spekulation. (Über die Frage der „elementaren Erfahrungssätze", der „empirischen Basis" vgl. Abschnitt *11,* gegen Schluß.)

Im Gegensatz dazu kann der hier als strenger Positivismus bezeichnete Standpunkt als eine *streng erkenntnistheoretische Position* bezeichnet werden. Daß es möglich ist, einen elementaren Erfahrungssatz empirisch eindeutig zu verifizieren, das kann man [vorläufig*²] als unproblematisch hinnehmen. Aber daß wir uns der Wahrheit einer streng allgemeinen Wirklichkeitsaussage in keiner Weise empirisch versichern können, das hat für die wissenschaftlichen Methoden (und für unser Leben überhaupt) durchaus *praktische Konsequenzen:* Oft genug haben spätere Beobachtungen ein vermeintliches Gesetz als falsch, eine vermeintliche Gesetzmäßigkeit als nicht bestehend erwiesen (man denke etwa an die Tuberkulinbehandlung Kochs[3]).

Die Ablehnung der Transzendenz der Verallgemeinerung ist also durchaus ernst zu nehmen; sie kann keinesfalls damit bekämpft werden, daß man sich einfach auf die Transzendenz der Darstellung überhaupt beruft und etwa argumentiert, es sei willkürlich, die eine Form der Transzendenz zuzulassen, die andere jedoch auszuschließen: Vor solchen äußerlichen Einwänden schützt den strengen Positivismus Humes Argument gegen die Zulässigkeit der Induktion.

Der strenge Positivismus versucht also, ohne Verallgemeinerung, ohne Induktion auszukommen.

Er faßt die Naturgesetze als zusammenfassende Berichte auf, das heißt, er

---

*² In Band II wird das zum Problem. Siehe die *Einleitung 1978.*
[3] [ROBERT KOCH, Verhandlungen des 10. internationalen medizinischen Kongresses Berlin 1890 (1891), S. 45 ff.; Deutsche medizinische Wochenschrift 16 (1890), S. 757, 1029 ff.; 17 (1891), S. 101 f., 1189 ff.; 23 (1897), S. 209 ff. Siehe auch BERNHARD MÖLLERS, ROBERT KOCH: Persönlichkeit und Lebenswerk 1843—1910 (1950), S. 556 ff. Hrsg.]

bleibt einfach vor dem unerlaubten Schritt der Verallgemeinerung stehen. Daß die Naturgesetze sprachlich als streng allgemeine Sätze formuliert werden, ist kein Argument dafür, daß der (unerlaubte) Schritt der Induktion doch gemacht wird, sondern [es] geschieht nur aus Gründen der Ökonomie des sprachlichen Ausdrucks: Rückschlüsse auf den logischen Charakter der Naturgesetze sind gänzlich verfehlt.

So bemüht sich ja auch die theoretische Physik, ihre Sätze in der axiomatisch-deduktiven Form der Mathematik darzustellen. Aber jeder Physiker weiß, daß er trotzdem mathematische und physikalische Sätze wohl auseinanderhalten muß: er ist grundsätzlich bereit, sich bezüglich der *physikalischen* Sätze von neuen Erfahrungen jederzeit eines Besseren belehren zu lassen, sie jederzeit einer Korrektur zu unterziehen — aber keine Erfahrung wird ihn dazu bringen, einen rein mathematischen Satz abzuändern.

Der Physiker macht also — so schließt der „strenge Positivist" — bei allen „allgemeinen" Sätzen stillschweigend den Vorbehalt (in Kants[4] Formulierung; vgl. den vorigen Abschnitt): „so viel wir bisher wahrgenommen haben". Durch diese reservatio mentalis werden aber die Naturgesetze eben zu zusammenfassenden Berichten.

Nur durch Verkennung dieser einfachen Verhältnisse entsteht nach Ansicht des strengen Positivismus das Problem der Induktion.

Die Erkenntnistheorie des strengen Positivismus kann zweifellos auf rein logischem Wege nicht widerlegt werden. (Das gilt übrigens auch für den Apriorismus.) Sie ist vollkommen konsequent, ist frei von inneren Widersprüchen. Dennoch kann sie als erkenntnistheoretische Lösung nicht befriedigen: Sie scheitert am *positivistischen Grundwiderspruch*.

Dieser Widerspruch ist kein innerer, kein *logischer*, sondern ein *spezifisch erkenntnistheoretischer*: die *positivistische Deutung* der wissenschaftlichen Erkenntnis steht in Widerspruch zu dem *tatsächlichen Verfahren* der empirischen Wissenschaften, zu den Methoden der wissenschaftlichen Rechtfertigung.

Wenn die reine Immanenzlehre der Tatsache der wissenschaftlichen Erkenntnis überhaupt nicht gerecht wird und deshalb vom spezifisch erkenntnistheoretischen Standpunkt aus abgelehnt werden muß, so liegen die Verhältnisse auch für den strengen Positivismus ganz analog; auch er ist außerstande, der wissenschaftlichen Erkenntnis gerecht zu werden:

Die Auffassung, daß die Naturgesetze zusammenfassende Berichte sind, widerspricht der naturwissenschaftlichen Methode, die Naturgesetze zu überprüfen.

In Schlicks Arbeit: „Die Kausalität in der gegenwärtigen Physik"[5] findet sich eine Stelle, an der die hier angedeuteten Einwände gegen den strengen Positivismus überzeugend formuliert sind. Ich führe diese Stelle schon des-

---

[4] [IMMANUEL KANT, Kritik der reinen Vernunft (2. Aufl., 1787), S. 3 f. Hrsg.]
[5] MORITZ SCHLICK, Naturwissenschaften 19 (1931), S. 145 ff.

8. Kritik des strengen Positivismus

halb an, weil Schlick selbst (als logischer Positivist) Gedankengänge vertritt, die, wie unten noch (besonders im Abschnitt *41*) gezeigt werden wird, dem strengen Positivismus sehr nahe stehen. — Schlick schreibt[6]:

„Nachdem es uns gelungen ist, eine Funktion zu finden, welche eine Menge von Beobachtungsresultaten befriedigend miteinander verbindet, sind wir im allgemeinen noch keineswegs zufrieden, auch dann nicht, wenn die gefundene Funktion einen sehr einfachen Bau hat; sondern nun kommt erst die Hauptsache, die unsere bisherigen Betrachtungen noch nicht berührt hatten: wir sehen nämlich zu, ob die erhaltene Formel nun auch solche Beobachtungen richtig darstellt, die wir zur Gewinnung der Formel *noch nicht benutzt* hatten. Für den Physiker als Erforscher der Wirklichkeit ist es das einzig Wichtige, das schlechthin Entscheidende und Wesentliche, daß die aus irgendwelchen Daten abgeleiteten Gleichungen sich nun auch für *neue* Daten bewähren. Erst wenn dies der Fall ist, hält er seine Formel für ein Naturgesetz. Mit anderen Worten: Das wahre Kriterium der Gesetzmäßigkeit, das wesentliche Merkmal der Kausalität ist das *Eintreffen von Voraussagen*.

„Unter dem Eintreffen einer Voraussage ist nach dem Gesagten nichts anderes zu verstehen als die Bewährung einer Formel für solche Daten, die zu ihrer Aufstellung nicht verwendet wurden. Ob diese Daten schon vorher beobachtet worden waren oder erst nachträglich festgestellt werden, ist dabei vollständig gleichgültig. Dies ist eine Bemerkung von großer Wichtigkeit: Vergangene und zukünftige Daten sind in dieser Hinsicht vollständig gleichberechtigt, die Zukunft ist nicht ausgezeichnet; das Kriterium ... ist nicht Bewährung in der Zukunft, sondern Bewährung überhaupt."

Schlick faßt seine Ansicht dahin zusammen, „... daß Wirklichkeitserkenntnis zusammenfällt mit der Möglichkeit von Voraussagen"[7].

Mit dem von Schlick dargestellten methodologischen Tatsachen ist aber der strenge Positivismus unvereinbar:

Vorerst kann man aus einem zusammenfassenden Bericht niemals Schlüsse über unbekannte Vorgänge, über „neue Daten" ableiten: Das ist ja der Sinn des Humeschen Arguments, daß uns nichts berechtigt, von Bekanntem, Beobachtetem auf Unbekanntes, noch nicht Beobachtetes zu schließen.

Das Eintreffen von Voraussagen kann nur dann ein Kriterium der Gesetzmäßigkeit sein, wenn die Voraussagen in logischem Zusammenhang mit dem aufgestellten Gesetz stehen, wenn sie aus dem aufgestellten Gesetz *logisch folgen*. Um aber auf einen noch nicht beobachteten Fall logisch schließen zu können, kann das Naturgesetz kein zusammenfassender Bericht, sondern es muß ein *allgemeiner* Satz sein.

„Eine unmittelbare Übertragung dessen, was in einigen Einzelfällen gegolten hat, auf einen neuen, diesen ähnlichen Fall kann ... immer nur einen

---

[6] MORITZ SCHLICK, op. cit., S. 149 f.
[7] MORITZ SCHLICK, op. cit., S. 150.

psychologischen Vorgang bedeuten, nicht eine *logische* Verknüpfung" schreibt Viktor Kraft[8] und weiter: „*Mit Recht* kann man ... auf einen neuen Fall nur durch das Medium des *Allgemeinen* schließen. Nur wenn eine Allgemeinheit über den einzelnen Fällen besteht, hat man ... eine Berechtigung für die Übertragung eines Sachverhaltes von einzelnen bekannten Fällen auf einen neuen."

Wichtiger noch als dieses Argument — daß man auf unbeobachtete Fälle nur durch das „Medium des Allgemeinen" schließen kann — erscheint mir die Tatsache, daß die von Schlick dargestellte Methode eine Methode der (empirischen) *Überprüfung* von Naturgesetzen ist. Das allein genügt, um den strengen Positivismus zu widerlegen.

Diesem kommt es nämlich gerade auf die empirische Entscheidung über die Naturgesetze an. Er hält sie ja deshalb für zusammenfassende Berichte, weil nur diese sich an das halten, was wir wissen, weil nur diese streng empirisch endgültig verifiziert werden können. Aber gerade von diesen Beobachtungen, von denen nach Ansicht des strengen Positivismus die Anerkennung oder Verwerfung eines Naturgesetzes abhängen müßte, hängt die Entscheidung tatsächlich *niemals* allein ab: Andere Beobachtungen sind entscheidend, solche, die nicht zur Aufstellung des Gesetzes verwendet wurden. Die Naturgesetze sind also mehr (oder jedenfalls etwas anderes) als ein bloßer Bericht über das, was man schon weiß.

Neben diesem entscheidenden Argument ist ein anderes von geringerer Bedeutung, wenn es mir auch recht bemerkenswert erscheint: daß die Transzendenz der Verallgemeinerung gerade bei den wichtigsten Naturgesetzen eine besonders ausgeprägte Form annimmt, die mit der Auffassung des strengen Positivismus kaum vereinbar sein dürfte.

Der Gedankengang des strengen Positivismus stützt sich darauf, daß der [Kantsche] Zusatz „soviel wir bisher wahrgenommen haben" genügt, um jedes Naturgesetz in einen zusammenfassenden Bericht über Beobachtungsreihen zu verwandeln (oder genauer: um offenbar zu machen, daß es nichts anderes ist, als ein zusammenfassender Bericht). Dieser Gedanke ist aber nur dann durchführbar, wenn das Naturgesetz (als allgemeiner Satz aufgefaßt) seinem Inhalt nach nichts anderes ist, als eine einfache Verallgemeinerung, als eine bloße *Extrapolation einer Beobachtungsreihe*.

Aber gerade die bedeutsamsten, die typischen Naturgesetze sind (wie besonders Duhem[9] gezeigt hat) alles eher als einfache Extrapolationen: Sie enthalten stets einen Gedanken, der gegenüber den „Beobachtungsreihen" durchaus *neu* ist, einen Gedanken, der über den Bereich der Beobachtungs-

---

[8] VIKTOR KRAFT, Die Grundformen der wissenschaftlichen Methoden (1925), S. 220.

[9] [Vgl. PIERRE DUHEM, Ziel und Struktur der physikalischen Theorien (deutsch von FRIEDRICH ADLER, 1908). Hrsg.]

reihe weit hinausgreift, was sich darin zeigt, daß seine Konsequenzen auch auf ganz anderen Gebieten wissenschaftlicher Erfahrung verfolgt werden können.

Diese besondere, wenn man will, „höhere" Form der Transzendenz der Verallgemeinerung besteht also darin, daß solche typische Naturgesetze (Theorien) nicht bloß über noch nicht beobachtete Fälle einer wissenschaftlichen Beobachtungsreihe (einer beobachteten Regelmäßigkeit) etwas behaupten, sondern sogar über ganz fernliegende, oft noch gar nicht erschlossene Erfahrungsgebiete.

Wenn man zum Beispiel selbst die Keplerschen Gesetze als bloße Verallgemeinerungen, als einfache Extrapolationen auffassen wollte, so erscheint diese Auffassung für die Gravitationstheorie Newtons bestimmt nicht durchführbar. Das Gravitationsgesetz verallgemeinert zwar seinerseits wieder die Keplerschen Gesetze (und Newton selbst war sogar der irrigen Ansicht, seine Theorie auf diese logisch [induktiv] zurückführen zu können). Aber das Gravitationsgesetz ist etwas ganz anderes; [es] ist jedenfalls *viel mehr* als eine bloße Extrapolation der Keplerschen Gesetze oder der betreffenden Beobachtungsreihen (die von den Keplerschen Gesetzen restlos erfaßt wurden). Nach dem zweiten Keplerschen Gesetz (und einem Theorem Newtons) wäre nämlich die Planetenbewegung eine „Zentralbewegung", die dadurch zustande kommt, daß der Planet einer in der Richtung auf die Sonne hin wirkenden Kraft unterliegt. Die bei dieser Zentralbewegung wirkende Kraft würde *nur* auf den Planeten wirken, wäre *einseitig*. Die *gegenseitige* Massenanziehung zwischen Sonne und Planet, die das Gravitationsgesetz behauptet, kann daher aus diesem Ansatz durch bloße Extrapolation niemals abgeleitet werden. Die Gravitationstheorie kann auch schon deshalb keine einfache Verallgemeinerung der Keplerschen Gesetze sein, weil sie diesen geradezu widerspricht: Nach Kepler bewegt sich die Sonne nicht, während sie sich nach Newton um den gemeinsamen Schwerpunkt Sonne — Planet bewegt. Eine *Verallgemeinerung* der Keplerschen Gesetze müßte doch zumindest annehmen, daß sie in jedem Fall (wenn auch vielleicht nur als Annäherung) gelten. Nach der Gravitationstheorie gelten sie auch als Annäherung nur dann, wenn man voraussetzt, daß die Masse des Planeten im Vergleich zu der der Sonne sehr klein ist. Der Gedanke der allgemeinen Gravitation enthält also gegenüber den Keplerschen Gesetzen etwas Neues; das zeigt sich denn auch darin, daß er auf ganz andere Gebiete der Beobachtung anwendbar ist, nicht nur auf die Himmelsmechanik.

Womöglich noch schwieriger wäre es, moderne physikalische Theorien, etwa die Relativitätstheorie, als bloße Extrapolation von Beobachtungen aufzufassen.

Das Charakteristische dieser Theorien besteht darin, daß sie — entfernte Wissenschaftsgebiete verknüpfend — für gewisse besondere Bedingungen zwar *ähnliche* Ergebnisse liefern, wie die ältere Theorie, daß sie aber zu einer einfachen Verallgemeinerung der älteren Theorie sogar in offenem Widerspruch stehen. Die ältere Theorie ist eben kein *genauer* Sonderfall der neuen, sondern eine (mehr oder weniger grobe) *Annäherung*.

Das Übergreifen der Theorien auf *verschiedene* Gebiete der empirischen Forschung[*3] ist von hohem Interesse. Manche Forschungsgebiete[*4] wurden auf diese Weise erst erschlossen und immer werden neue und fruchtbare Probleme aufgeworfen. Auch für die Methode ihrer empirischen Überprüfung erweist sich diese Form der Transzendenz der Verallgemeinerung als bedeutungsvoll: Eine Bewährung auf Gebieten, die weitab liegen, hat in der Wissenschaft ganz besonderes Gewicht, gilt (vgl. dazu die Überlegungen der Abschnitte *15* und *16*) als eine besonders überzeugende Form ihrer Rechtfertigung.

Der strenge Positivismus — auf den ersten Blick durch seine radikal-empiristische Konsequenz bestechend — erweist sich bei näherem Zusehen gerade vom Standpunkt der empirischen Wissenschaft aus als unbefriedigend.

Die naturwissenschaftliche Theorienbildung strebt nach höchster Verallgemeinerung, nach größter Vereinheitlichung, nach äußerster Abstraktheit, kurz nach immer höherer Transzendenz; das alles (wie sich noch zeigen wird) ohne Verletzung der empiristischen Grundthese. Es ist unmöglich, auch nur gemilderte Immanenzgedanken zu verfolgen und sich gleichzeitig an der [Praxis der] Wissenschaft zu orientieren. Die Tendenzen der Wissenschaft sind andere, als die des Positivismus: das eben ist der *positivistische Grundwiderspruch*.

So wie die reine Immanenzlehre einen Verzicht auf Erkenntnis überhaupt bedeuten würde, so bedeutet die Erkenntnistheorie des strengen Positivismus einen Verzicht auf die Theorienbildung, auf die Methoden der theoretischen Naturwissenschaft.

Es steht aber nicht zu befürchten, daß die positivistische Philosophie den Bestand der theoretischen Naturwissenschaft gefährden könnte; vielmehr verhält es sich gerade umgekehrt:

Durch die bloße Tatsache der theoretisch-naturwissenschaftlichen Erkenntnis wird der strenge Positivismus zu einem logisch zwar einwandfreien, aber erkenntnistheoretisch bedeutungslosen Philosophem.

9. *Die transzendentale Methode.* — *Darstellung des Apriorismus.* Die *Methode* dieser Untersuchung wurde am Schluß des Abschnittes *(2)* — und

---

[*3] Was gemeint ist, ist, daß (zum Beispiel) NEWTONS Theorie die Theorien KEPLERS über die Planetenbewegung und die GALILEIS über den freien Fall auf der Erdoberfläche vereinigt (und gleichzeitig korrigiert).

[*4] Zum Beispiel Fixsternbeobachtungen am Sonnenrand wurden erst durch EINSTEINS Theorie angeregt.

zwar nur *vorläufig* — als die einer" *Kritik der erkenntnistheoretischen Lösungsversuche* charakterisiert.

Nun, nach praktischer Durchführung der ersten dieser Kritiken, kann versucht werden, jene kritische Methode etwas näher zu bestimmen; doch soll die Methodenfrage später (im Abschnitt 47) nochmals aufgegriffen und ihre Beantwortung präzisiert werden.

Jede wissenschaftliche Kritik besteht darin, daß ein *Widerspruch* aufgewiesen wird.

Dieser Widerspruch kann (das ist der einfachste Fall) ein *rein logischer* sein, ein „innerer Widerspruch" der Behauptung mit sich selbst. In diesem Fall kann man auch die Methode der Kritik, die Methode, diesen Widerspruch nachzuweisen, eine *logische Methode* nennen. Ein Beispiel für die logische Methode in der erkenntnistheoretischen Kritik ist Humes Argument: der logische Nachweis, daß der naive Induktivismus eine in sich widerspruchsvolle Position ist.

Bei der Kritik von *Wirklichkeitsaussagen,* etwa von physikalischen Behauptungen, ist vor allem die *empirische Methode der Kritik* von größter Bedeutung (neben der rein logischen Methode, denn auch eine solche Aussage könnte ja in sich widerspruchsvoll sein). Die empirische Methode der Kritik besteht darin, daß ein Widerspruch mit den Tatsachen, mit der Erfahrung nachgewiesen wird. Denn jede Wirklichkeitsaussage *behauptet* ja etwas Empirisches (das Bestehen eines Sachverhaltes) und kann dadurch in Widerspruch mit der Erfahrung geraten.

Die logische *und* die empirische Methode der Kritik kann man als Methoden einer *immanenten Kritik* bezeichnen (denn sie gehen nicht über den Bereich dessen hinaus, was die kritisierte These behauptet) und der ganz anders gearteten *transzendenten Kritik* gegenüberstellen. (Ob die logische und die empirische Methode die *einzigen* Methoden einer immanenten Kritik sind, mag einstweilen dahingestellt bleiben.)

Die *transzendente Kritik,* die als Methode der Kritik, der Argumentation in der erkenntnistheoretischen Diskussion niemals[*1] einen Platz finden sollte, besteht darin, mit der einen These, mit der einen Position die andere zu bekämpfen; genauer: einen Widerspruch zwischen einer Position, die als *wahr* vorausgesetzt wird, und einer anderen, die man kritisiert, als Beweismittel gegen diese auszuspielen. Eine solche Kritik, die eine Position durch Voraussetzungen bekämpft, die ihr fremd sind (weshalb man eben sagt, daß diese Kritik transzendiert), die einen theoretischen Bau an einem ganz anderen messen will, kann grundsätzlich immer ebenso gegen die eine Position gewendet werden, wie gegen die andere. Sie ist also für die Diskussion völlig *nichtssagend* (auch dann, wenn sie recht überzeugend klingt). Ihr gegen-

---

[*1] Darüber bin ich jetzt ganz anderer Ansicht: auch eine transzendente Kritik kann überaus aufschlußreich sein, obwohl sie zu einer klaren Widerlegung niemals hinreicht.

über muß nachdrücklich die Forderung erhoben werden, daß alle erkenntnistheoretische Kritik *immanente Kritik* sein muß.

Trotzdem begegnet man dieser unhaltbaren Methode der transzendenten Kritik in der erkenntnistheoretischen Diskussion immer wieder; vermutlich deshalb, weil sie nicht klar genug von dem folgenden (kritischen) Verfahren unterschieden wird; einem Verfahren, das auf die Methode der *immanenten Kritik* aufbaut und diese erst zu einer Methode der positiven *Bewährung* macht.

Dieses Verfahren, das auch in der vorliegenden Arbeit verwendet wird, kann vielleicht am besten durch einige Worte über deren Aufbau beschrieben werden.

Wenn die vorgeschlagene Lösung richtig ist — was ich *immer nur vorläufig* voraussetze — so müßten die anderen Lösungsversuche in *jenen* Punkten, in denen sie der vorgeschlagenen Lösung widersprechen, *falsch* sein. Der („transzendente") Widerspruch zwischen zwei Lösungsversuchen ist zwar an sich nichtssagend. Wenn es jedoch gelingt, auf *anderem* Wege, auf dem Wege *streng immanenter* Kritik nachzuweisen, daß alle jene anderen Lösungsversuche immer gerade in jenen Punkten unhaltbar sind, in denen sie auch der vorgeschlagenen Lösung widersprechen, so ist das nicht mehr ganz nichtssagend. Zwar, als *Beweisverfahren* für die Richtigkeit des vorgeschlagenen Lösungsversuches kann man ein solches Verfahren nicht ansehen; aber wenn dieser Lösungsversuch sich als ein Schlüssel, als Führer zu den *immanenten* Schwächen aller anderen Positionen *bewährt*, so kann das wohl als ein ernstes Argument für seine Berechtigung angesehen werden.

Bei diesem Verfahren hängt aber, wie man sieht, alles davon ab, daß das *Aufsuchen* der Schwäche der gegnerischen Position (durch transzendenten Vergleich mit der eigenen Position) nicht für ein *Argument* gehalten und daß diese vermutete Schwäche nur durch eine *streng immanente* Kritik *nachgewiesen* wird.

Nur die immanente Kritik ist also von objektiver Bedeutung und nur diese wird in den folgenden Untersuchungen dargestellt werden (vgl. auch den Abschnitt *37*). Erst *nach* Beendigung der (immanenten) kritischen Diskussion des Induktionsproblems werde ich (im Abschnitt *47*) auf das Verfahren der Bewährung der vorgeschlagenen Lösung zurückkommen.

An dieser Stelle muß jedoch — als Vorarbeit für die immanente Kritik der noch zu besprechenden Positionen — die Frage beantwortet werden:

Wie kann ein *erkenntnistheoretischer Lösungsversuch* immanent kritisiert werden? Welche *Methoden der immanenten Kritik* können auf ihn angewendet werden?

Wir haben bisher von zwei Methoden der immanenten Kritik gesprochen, von der *logischen* und von der *empirischen* Methode. Unsere Frage ist nun:

Sind beide Methoden für die erkenntnistheoretische Kritik verwendbar? Von der logischen Methode dürfte das jedenfalls feststehen; wie steht es je-

9. Die transzendentale Methode. Darstellung des Apriorismus

doch mit der empirischen? Und wenn diese nicht verwendbar ist: Genügt die logische Methode? Wenn nicht: *Gibt es noch andere zulässige Methoden*, Methoden der immanenten Kritik?

In schematischer Darstellung:

	immanente Kritik			*transzendente Kritik*
	rein *logische* Methode	*empirische* Methode	*andere* Methoden?	(Gegenüberstellung von verschiedenen Positionen)
(überhaupt zulässige Methoden)	(+)	(+)	(?)	(—)
verwendbar für die erkenntnistheoretische Kritik	+	?	?	—

Neben der *rein logischen* Methode, deren Zulässigkeit und Verwendbarkeit keiner weiteren Begründung bedarf, wird immer wieder die *empirische* Methode der *Erkenntnispsychologie* als Methode der Erkenntnistheorie empfohlen (besonders seit Locke). Diese Methode wird hier abgelehnt: Die Frage nach der *Geltung* der Naturgesetze kann durch Berufung auf psychologische Tatsachen — etwa durch Berufung auf unseren Glauben — nicht beantwortet werden (vgl. die Abschnitte *1, 2,* und *4,* später auch noch Abschnitt *11*).

Müssen wir also mit der rein logischen Methode das Auslangen finden? Wenn es außer der Logik keine zulässige Methode gibt, dann könnte eine logisch widerspruchsfreie Erkenntnistheorie niemals immanent kritisiert werden.

Gibt es also neben der logischen Methode (und der psychologisch-empirischen Methode, die abgelehnt wurde) eine Methode der erkenntnistheoretischen Kritik, die ihr die fehlende, die nicht verwendbare empirische Methode ersetzt? *Gibt es eine spezifisch erkenntnistheoretische Methode?*

Mit dieser Frage ist darüber noch gar nichts gesagt, wie eine solche Methode etwa des näheren verfahren würde. Der Ausdruck „spezifisch-erkenntnistheoretisch" enthält noch keinerlei Antwort, sondern nur ein *Problem*.

Dieses Problem hat als erster Kant gesehen. Was hier durch den Ausdruck „*spezifisch-erkenntnistheoretisch*" angedeutet ist, das wäre in Kants Terminologie durch den Ausdruck „*transzendental*" wiederzugeben. Und eine solche Methode, wie die, nach der hier gefragt ist — eine Methode, die weder rein *logisch* noch *empirisch* verfährt, die sich speziell auf *erkenntnistheoretische* Behauptungen bezieht und zwar auf die Frage, ob diese *berechtigt* sind oder nicht — wäre demnach in Kants Ausdrucksweise eine „*transzendentale Methode*".

Berücksichtigt man diesen Sprachgebrauch, so nimmt die schematische Darstellung unserer Frage folgende Gestalt an:

	immanente Kritik			*transzendente Kritik*
	rein *logische* Methode	*psychologisch-empirische* Methode	*transzendentale* Methode	
Methoden der erkenntnistheoretischen Kritik	+	—	?	—

In der Kantschen Terminologie, die auch hier im weiteren verwendet werden soll, wäre also unsere Frage zu formulieren:

Gibt es eine transzendentale, das heißt, eine spezifisch-erkenntnistheoretische Methode der immanenten Kritik?

Und worin könnte ein solches transzendentales Verfahren bestehen?

Daß es neben dem logischen und dem empirischen Verfahren der Überprüfung noch ein weiteres Verfahren der immanenten Kritik geben soll, hat oft genug Bedenken erregt; denn Kants Bestimmung der *Aufgabe* seiner „transzendentalen Methode" ist wohl eindeutig, aber seine *Lösung* dieser Aufgabe, die nähere Bestimmung des transzendentalen *Verfahrens selbst*, ist oft recht dunkel und widerspruchsvoll. So ist es denn sehr verständlich, daß selbst Fries[1] (sonst wohl einer der treuesten Bewahrer der Kantschen Tradition) von Kants „Vorurteil des Transzendentalen" spricht und die empirische Psychologie für die einzig zulässige Methode der Erkenntnistheorie erklärt („anthropologische Methode der Vernunftkritik"; vgl. Abschnitt *11*).

---

[1] [Jakob Friedrich Fries, Neue Kritik der Vernunft I. (1. Aufl., 1807), S. XXVII, XXXV ff.; 2. Aufl. (Neue oder anthropologische Kritik der Vernunft I.), 1828, S. 21, 28 ff. Hrsg.]

9. Die transzendentale Methode. Darstellung des Apriorismus

Trotz solcher Bedenken ist jedoch die Frage nach der Zulässigkeit einer transzendentalen Methode unbedingt zu bejahen.

Es gibt eine spezifisch erkenntnistheoretische Methode, also eine *transzendentale Methode* (im Sinne der einer solchen Methode von Kant gestellten Aufgabe); eine Methode, die, richtig gehandhabt, nicht nur völlig *unbedenklich* ist, sondern geradezu *unvermeidlich*; eine Methode, von der wohl *jeder* Erkenntnistheoretiker (seit Kant) mehr oder weniger bewußt Gebrauch gemacht hat.

So wurde ja auch in dieser Arbeit von einer solchen transzendentalen Methode — ohne diese Bezeichnung zu erwähnen — schon mehrfach Gebrauch gemacht.

Insbesondere die *Kritik des strengen Positivismus* war eine rein transzendentale. Ausdrücklich wurde dort hervorgehoben, daß jene Position *logisch* unanfechtbar ist, daß der Widerspruch, in den sie gerät, kein innerer, das heißt *rein logischer* Widerspruch ist, sondern ein Widerspruch zwischen der erkenntnistheoretischen Position und dem *tatsächlichen Verfahren der empirischen Wissenschaften.*

„Durch die bloße Tatsache der theoretisch-naturwissenschaftlichen Erkenntnis wird der strenge Positivismus zu einem logisch zwar einwandfreien, aber erkenntnistheoretisch bedeutungslosen Philosophem", hieß es am Schluß des vorigen Abschnittes.

Diese Kritik, die sich auf die *Tatsache des Bestehens der empirischen Wissenschaft* beruft, vor allem auf die von den empirischen Wissenschaften tatsächlich verwendeten *Methoden* der Überprüfung und Rechtfertigung ihrer Ergebnisse, verwendet nach der hier vertretenen Auffassung die spezifisch erkenntnistheoretische, die *transzendentale Methode.*

Daß eine solche Methode gerechtfertigt, daß eine solche Kritik eine immanente ist, das bedarf wohl keiner ausführlichen Begründung.

Erkenntnistheoretische Behauptungen sind ja keine willkürlichen (wenn auch logisch einwandfreien) Festsetzungen: Kein Erkenntnistheoretiker denkt daran, erkenntnistheoretische Probleme dadurch zu lösen, daß er etwa den Begriff „Naturgesetz" ohne jede Rücksicht auf die Naturwissenschaft willkürlich in der Art festsetzt, daß jene Probleme nicht mehr auftreten; sondern jeder Erkenntnistheoretiker versucht, dem tatsächlichen Verfahren der Naturwissenschaft Rechnung zu tragen: *Das ist seine Aufgabe*, ganz analog, wie es Aufgabe des Naturforschers ist, den Tatsachen der Erfahrungswelt gerecht zu werden. Nachzuprüfen, ob er diese Aufgabe auch gelöst hat, ist die geradezu selbstverständliche Methode einer immanenten Kritik.

Die „transzendentale Methode" ist somit ein Analogon zur empirischen Methode; und die Erkenntnistheorie verhält sich zur Naturwissenschaft ähnlich, wie diese zur Erfahrungswelt.

Der Ausdruck „transzendentale Methode" wird im weiteren Verlauf der

Arbeit immer in dem hier beschriebenen Sinn verwendet; durch die praktische Vorführung dieser Methode im vorigen Abschnitt und die Überlegungen dieses Abschnittes ist dieser Ausdruck wohl mit hinreichender Schärfe festgelegt.

Um aber an der hier vertretenen Auffassung keinen Zweifel zu lassen, formuliere ich sie — in Analogie zur Grundthese des Empirismus — in der folgenden transzendentalen Grundthese:

Erkenntnistheoretische Behauptungen und Begriffsbildungen müssen an dem tatsächlichen Begründungsverfahren der empirischen Wissenschaften kritisch geprüft werden; und nur diese — transzendentale — Prüfung kann über das Schicksal solcher Behauptungen entscheiden.

Die dargelegte Auffassung der „transzendentalen Methode" ist keineswegs neu. So hat zum Beispiel Külpe (der sich dabei unter anderem auf Natorp, Cohen, Riehl, Schuppe, Wundt und Rehmke beruft[2]) an mehreren Stellen die transzendentale Methode in dem Sinn beschrieben, daß sie nicht durch psychologische Analyse unser (subjektives) Erkennen untersucht, sondern die Erkenntnis, wie sie in den objektiv vorliegenden Wissenschaften tatsächlich auftritt. In diesem Sinne heißt es in seinen Vorlesungen über Logik[3] (die Stelle richtet sich gegen die phänomenologische Methode Husserls):

„Nun gibt es aber ... eine andere, von Kant zuerst empfohlene Methode, die *transzendentale*. Analyse ... der wissenschaftlichen Erkenntnis als objektiven Tatbestandes ist das Wesen dieser Methode."

Es würde natürlich viel zu weit führen, alle jene Erkenntnistheoretiker anzuführen, die sich der transzendentalen Methode bedienen, ohne sie jedoch so zu bezeichnen: Es wurde ja schon erwähnt, daß fast *jeder* Erkenntnistheoretiker mehr oder weniger Gebrauch von ihr macht.

Trotzdem ist die Methode selten mit hinreichender Konsequenz angewendet worden. Fast immer tritt sie zusammen mit psychologischen Überlegungen auf (etwa mit solchen über das menschliche „Erkenntnisvermögen"; so insbesondere bei Kant); oder aber es tritt „... an die Stelle von Untersuchungen des menschlichen ‚Erkenntnisvermögens' ... die Besinnung über das Wesen des Ausdrucks, der Darstellung, das heißt jeder möglichen ‚Sprache' im allgemeinsten Sinne des Worts" (so etwa bei Wittgenstein[4]). So interessant nun solche Untersuchungen auch sein mögen, so wenig sind derartige Methoden imstande, die transzendentale Methode zu ersetzen:

Wenn „Untersuchungen" und „Besinnungen" dieser Art zu Ergebnissen führen, die dem tatsächlichen Verfahren der Wissenschaften nicht gerecht

---

[2] Vgl. Oswald Külpe, Einleitung in die Philosophie (11. verbesserte Aufl., hrsg. von August Messer, 1923), § 5.

[3] Oswald Külpe, Vorlesungen über Logik (hrsg. von Otto Selz, 1923), S. 151.

[4] Zitiert nach Moritz Schlick, Die Wende der Philosophie, Erkenntnis 1 (1930), S. 7.

werden, so sind sie — ebenso wie der strenge Positivismus — erkenntnistheoretisch bedeutungslos; sie sind abzulehnen.

Insbesondere die verschiedenen Richtungen des modernen *Positivismus* bekennen sich immer wieder (meist mit den bereits traditionellen verächtlichen Seitenblicken auf die „traditionelle Philosophie", das heißt Kant) zur transzendentalen Methode; allerdings nicht unter Verwendung dieses Kantschen Ausdrucks. Aber da sie neben ihrem transzendentalen Programm noch ganz andere, nämlich *positivistische* Gedankengänge verfolgen — und diese in erster Linie — wenden sie entweder die logische oder aber die transzendentale Methode nicht mit Entschlossenheit an. (So wird gezeigt werden, daß selbst Schlick, dessen ausgezeichnete transzendentale Überlegungen im vorigen Abschnitt gegen den strengen Positivismus ausgespielt wurden, einen Standpunkt vertritt, der einer transzendentalen Kritik nicht standhält.) Die Kritik des logischen Positivismus, die unter den Kritiken dieser Arbeit die Hauptrolle spielt, wird die Unvereinbarkeit positivistischer und transzendentaler Tendenzen erweisen: den *positivistischen Grundwiderspruch.*

Diesen Grundwiderspruch hat schon Kant gesehen; und diese Einsicht ist es, die ihn über Humes Positivismus („Skeptizismus") hinausführt. Was Kant gegen Hume einwendet, ist ebendasselbe, was hier gegen den strengen Positivismus eingewendet wurde (der ja *ungefähr* den Konsequenzen entspricht, die Hume selbst aus seinem Argument ableitet): Es ist der transzendentale Einwand, daß ein solcher Standpunkt [dem Faktum] der *theoretisch*-wissenschaftlichen Naturerkenntnis nicht Rechnung trägt.

Kant sah — wie im Abschnitt (7) kurz gezeigt wurde — daß die Konsequenzen des Humeschen Arguments nur zwei Möglichkeiten offen lassen: jene Position, die hier als *strenger Positivismus* bezeichnet wurde[b] (ungefähr der Standpunkt Humes) und die Position des Apriorismus.

Vor die Wahl gestellt, die empiristische Grundthese oder die strenge Allgemeinheit aufzugeben — und mit dieser die theoretischen Wissenschaften überhaupt[*2] — gibt es für ihn nur *eine* Entscheidung; sie ist vorgezeichnet durch die transzendentale Aufgabe der Erkenntnistheorie.

Daß es theoretische Naturwissenschaften gibt, ist Tatsache. Diese Tatsache hat die Erkenntnistheorie nicht zu *bezweifeln,* sondern *aufzuklären.* [In den Worten Kants][5]:

„Von diesen Wissenschaften, da sie wirklich gegeben sind, läßt sich nun wohl geziemend fragen: *wie* sie möglich sind; denn *daß* sie möglich sein müssen, wird durch ihre Wirklichkeit bewiesen."

So wird aus Humes Argument das *„Humesche Problem",* das Grundproblem der „transzendentalen Analytik":

[*2] Insbesondere NEWTONS Gravitationstheorie: wenn KANT von „reiner Naturwissenschaft" spricht, so denkt er fast immer an NEWTONS Gravitationstheorie.

[5] IMMANUEL KANT, Kritik der reinen Vernunft (2. Aufl., 1787), S. 20.

Humes Argument — die Behauptung, daß ein Satz vom Typus des Kausalsatzes in keiner Weise begründet werden kann, daß ein Induktionsprinzip nicht zu rechtfertigen ist — dieses Argument *muß* eine Lücke haben; das wird dadurch bewiesen, daß es theoretische Naturerkenntnis gibt. Die Frage ist nur: wo steckt diese Lücke?

Diese Frage, anders ausgedrückt: die Aufgabe, einen Nachweis der *Berechtigung* für ein Induktionsprinzip (zum Beispiel für den Kausalsatz) und damit auch für die theoretisch-naturwissenschaftlichen Sätze zu erbringen, ist eben [für Kant] das *„Humesche Problem"*.

Aber Humes Argument beweist zwingend (und *hier* kann es keine Lücke geben), daß für streng allgemeine Sätze eine rein empirische, eine *aposteriorische* Geltung nicht in Frage kommt; wenn überhaupt, so können solche Sätze nur *a priori* gelten.

So muß Kant das „Humesche Problem" zu der Frage verallgemeinern:

„Wie sind synthetische Urteile a priori möglich?" Anders ausgedrückt: Wie kann für derartige Sätze ein *Berechtigungsnachweis* erbracht werden?

Schon an dieser Stelle kann man sehen, daß sich Kants *„kritischer"* Apriorismus in mehreren Punkten von jedem *„dogmatischen"* Rationalismus unterscheidet, der der Willkür der Spekulation keine Grenzen setzt.

Vorerst schon durch seinen transzendentalen Ausgangspunkt: Nur die tatsächlichen Voraussetzungen der empirischen Wissenschaften sollen aufgesucht und ihre Gültigkeit erhärtet werden.

Sodann aber durch Kants Forderung nach objektiver *Begründung*. Die rationalistische *Evidenzlehre* (vgl. Abschnitt 3) lehnt Kant auf das entschiedenste ab. Er fordert für synthetische Urteile, wenn sie a priori als gültig anerkannt werden sollen, eine objektiv überprüfbare Begründung von (mindestens) derselben Dignität und Objektivität, wie sie für besondere empirische Sätze durch Erfahrungen, durch Beobachtungen gewährleistet ist. (Wenn Kant in diesem Zusammenhang von *„Deduktion"* spricht, so meint er damit nicht speziell die *logisch-deduktive Form* der Begründung, sondern Begründung überhaupt.) So heißt es in der Kritik der reinen Vernunft (zum Beispiel kurz vor der „Allgemeinen Anmerkung zum System der Grundsätze" der 2. Aufl.[6]) über die Evidenzlehre, die „einen Satz für unmittelbar gewiß, ohne Rechtfertigung, oder Beweis ausgeben" will:

„... denn, wenn wir das bei synthetischen Sätzen, so evident sie auch sein mögen, einräumen sollten, daß man sie ohne Deduktion ... dem unbedingten Beifalle aufheften dürfe, so ist alle Kritik des Verstandes verloren".

Gegenüber den „dreisten Anmaßungen", die in dem „Tone der Zuversicht als wirkliche Axiomen eingelassen zu werden verlangen" fordert Kant[7] (an derselben Stelle) für synthetische Sätze a priori: „... so muß von einem sol-

---

[6] IMMANUEL KANT, op. cit., S. 285.
[7] IMMANUEL KANT, op. cit., S. 286.

chen Satze, wo nicht ein Beweis, doch wenigstens eine Deduktion der Rechtmäßigkeit seiner Behauptung unnachlaßlich hinzugefügt werden."

Wie aber ist eine solche Deduktion (die „*transzendentale Deduktion*") möglich?

Man könnte vielleicht daran denken, den gesuchten Berechtigungsnachweis mit Hilfe der transzendentalen Methode in folgender Form zu erbringen:

Wenn es theoretische Naturwissenschaften gibt, so muß es auch ein Induktionsprinzip geben; und daß dieses „möglich" sein muß, wird ja — nach Kant — durch die „Wirklichkeit" jener Wissenschaften bewiesen.

Eine solche Auffassung mißversteht die Kantsche Fragestellung (Kants Betonung des Unterschiedes von „*daß* sie möglich sind" und „*wie* sie möglich sind"); der eben skizzierte „Berechtigungsnachweis" wäre ein Mißbrauch der transzendentalen Methode: Diese kann verwendet werden, um *Kritik* zu üben; Humes Standpunkt kann (vgl. [den] „Übergang zur transzendentalen Deduktion der Kategorien"[8]), als unvereinbar „mit der Wirklichkeit der wissenschaftlichen Erkenntnisse" (nämlich der theoretischen Naturwissenschaft) „durch das Faktum *widerlegt*" werden; die transzendentale Berufung auf dieses Faktum kann *Probleme aufwerfen*. Wenn aber dieses Faktum (die Existenz theoretischer Wissenschaften) das *Problem* der Erkenntnistheorie bildet, so kann es nicht gleichzeitig dessen *Lösung* enthalten. Die Frage nach der *Berechtigung* der theoretischen Wissenschaften kann nicht durch Berufung auf ihre Existenz beantwortet werden; die Rechtsfrage („quid juris?") ist von der Tatsachenfrage („quid facti?") streng zu unterscheiden.

Damit ist nun zwar das Problem einer „transzendentalen Deduktion" in aller Schärfe gestellt; aber es scheint gleichzeitig auch jede Hoffnung geschwunden zu sein, das Problem zu lösen; es scheint, daß Kant sich selbst jeden Ausweg verrammt hat.

Denn *ein* Weg kommt vor allen anderen in Betracht, eine synthetische Aussage zu begründen; der nämlich, die Erfahrung über sie entscheiden zu lassen. Dieser *empirische Weg* ist durch Humes Argument versperrt. Dann könnte man vielleicht noch an einen analogen „*transzendentalen*" *Weg* denken, im Sinne einer Ableitung der Geltung aus dem Faktum; diesen Weg wieder läßt Kant selbst nicht zu; und ebensowenig den anscheinend letzten Ausweg, die *Evidenzlehre*. — Einen vierten Weg aber scheint es nicht zu geben.

Dennoch findet Kant einen Weg für die „transzendentale Deduktion"; einen Weg, um eine Geltung a priori für Sätze vom Typus eines Induktionsprinzips beanspruchen zu können und um diesen Anspruch zu begründen.

---

[8] [IMMANUEL KANT, op. cit., S. 127 f. Hrsg.]

Es sei vorerst der *Plan* dieses eigentümlichen Begründungsverfahrens, der *Plan der „transzendentalen Deduktion"*ᶜ skizziert; dieser beruht auf folgenden Überlegungen:

Humes Argument richtet sich gegen die Zulässigkeit streng *allgemeiner* Wirklichkeitsaussagen. Es besteht in dem logischen Nachweis, daß diese nicht auf *Erfahrung* gegründet werden können.

Hume setzt also hier (und auch sonst) als selbstverständlich voraus, daß *„Erfahrung" ein Geltungsgrund sein kann*; daß Erfahrung sehr wohl imstande ist, die Gültigkeit einer Erkenntnis sicherzustellen, — freilich nur die Gültigkeit von *besonderen* Wirklichkeitsaussagen.

Diese Voraussetzung, daß wir berechtigt sind, wenn auch nicht alle, so doch überhaupt irgendwelche Aussagen über die Wirklichkeit empirisch zu überprüfen und auf Erfahrung zu gründen, diese Voraussetzung, daß die Erfahrung als Geltungsgrund überhaupt zulässig ist, soll an und für sich nicht bezweifelt werden; jedenfalls beruht auf ihr alle Erfahrungswissenschaft, ja überhaupt jede Wirklichkeitserkenntnis. Diese Voraussetzung — Kant bezeichnet sie als die „Möglichkeit der Erfahrung"[9] — darf unbedenklich als ein letztes Datum hingenommen werden. Hume hatte sicher recht, dieses letzte Datum nicht mehr skeptisch zu betrachten; er hielt es jedenfalls auch nicht für weiter analysierbar — soweit er sich über diese Voraussetzung überhaupt klar geworden ist: Die *„Erfahrung"* war für Hume nur *Programm*, nie aber *Problem*.

Ohne also das Prinzip von der „Möglichkeit der Erfahrung" in Zweifel ziehen zu wollen, kann es dennoch wichtig sein, sich über seine Bedeutung klar zu werden.

Wenn man — analog zu Humes Analyse der *allgemeinen* Wirklichkeitsaussagen und ihrer Voraussetzungen — auch die *besonderen* Wirklichkeitsaussagen einer Analyse unterzieht, so wird man finden, daß jede aufgrund von Erfahrung als gültig angenommene *besondere* Wirklichkeitsaussage nur aufgrund dieser allgemeinen formalen Voraussetzung gelten kann, nur aufgrund des Prinzips der „Möglichkeit der Erfahrung"; und ganz ähnlich, wie es logisch nicht zulässig sein kann, ein Induktionsprinzip nur auf Erfahrung zu gründen, da das doch wieder ein Induktionsprinzip voraussetzen würde, ebenso ist es logisch unmöglich, das Prinzip der „Möglichkeit der Erfahrung" seinerseits wieder auf Erfahrung zu gründen; denn jeder Erfahrungssatz setzt es bereits voraus.

Das formale Prinzip der „Möglichkeit der Erfahrung" kann also kein Erfahrungssatz sein, kann nicht a posteriori gelten; es ist undenkbar, daß unter unseren einzelnen materialen Erfahrungen etwa eine Erfahrung aufgewiesen werden kann, die diesem Prinzip entsprechen würde, aufgrund deren es behauptet werden dürfte.

(Ob dieses nichtempirische Prinzip vielleicht ein logischer Satz, eine

---

[9] [IMMANUEL KANT, op. cit., S. 5, 126. Hrsg.]

Tautologie ist, soll hier noch nicht untersucht werden; vgl. aber die Abschnitte *10* und *11*.)

Diese Überlegungen sind nun zwar noch nicht imstande, Humes Argument zu erschüttern; aber sie können der „transzendentalen Deduktion" den Weg weisen.

Was Humes Argument unangreifbar beweist, das läßt sich auch so ausdrücken: Es ist vergeblich, unter unseren materialen Erfahrungssätzen nach einem (formalen) Induktionsprinzip zu suchen. — Das ist zweifellos richtig. Aber die eben angestellten Überlegungen drängen die Vermutung auf, daß es überhaupt der falsche Ort ist, um solche formale Prinzipien zu suchen; und es wäre durchaus möglich, daß man sie findet, wenn man nicht unter unseren einzelnen materialen Erfahrungen nach ihnen sucht, sondern nach deren formalen Voraussetzungen fragt. (Hier könnte also die gesuchte Lücke in Humes Argument sein.)

„Wie ist Erfahrung möglich?" müßte die Fragestellung einer solchen Untersuchung lauten.

Der [Kantsche] Plan der „transzendentalen Deduktion" besteht also darin, unter den allgemeinen formalen Voraussetzungen *aller* materialen Erfahrungen Sätze vom Typus eines Induktionsprinzips nachzuweisen. Ein solcher Nachweis würde auch den Anforderungen entsprechen, die oben erhoben wurden: er wäre, wenn er gelingt, von mindestens der gleichen Dignität und Objektivität wie irgend ein empirischer Nachweis. Denn in beiden Fällen beruht der Nachweis auf der Voraussetzung, daß Erfahrung ein zulässiger Geltungsgrund ist. Freilich wird in beiden Fällen von dieser Voraussetzung in sehr verschiedener Weise Gebrauch gemacht: Das eine Mal dadurch, daß angenommen wird, daß Erfahrung über *materiale* Sätze zu entscheiden vermag; das andere Mal dadurch, daß mit der Zulässigkeit (mit der „Möglichkeit") einer jeden solchen Entscheidung immer auch die Gültigkeit gewisser *formaler* Prinzipien vorausgesetzt wird.

Läßt sich die „transzendentale Deduktion" nach dem skizzierten Plan durchführen, läßt sich zeigen, daß *jede* Wirklichkeitserkenntnis Voraussetzungen von derselben Art macht, wie die Induktion, dann wäre allen skeptischen Folgerungen aus Humes Argument der Boden entzogen. Hume hätte mit seinen eigenen empiristischen Voraussetzungen unbemerkt eben jene Prinzipien vorausgesetzt, die er bezweifelt; ja, er hätte sie geradezu zu den Fundamenten aller Geltung gemacht, da sich die Gültigkeit aller Erfahrung zuletzt auf sie gründen würde, — jener Erfahrung, die für Hume höchste Instanz in Geltungsfragen ist. Humes Skepsis wäre als widerspruchsvoll erwiesen, das Humesche Problem wäre gelöst.

Das *Gelingen der „transzendentalen Deduktion"* hängt von dem Nachweis ab, daß *alle* Erfahrungen, auch die besonderen Erfahrungssätze und somit *alle* Wirklichkeitserkenntnisse erst durch gewisse Voraussetzungen ermöglich werden und daß diese Voraussetzungen mit Induktionsprinzipien vom gleichen Typus sind; das heißt aber, daß diese Voraussetzungen Aussagen über *Gesetzmäßigkeiten* sind.

Man kann das auch einfacher so ausdrücken: Es muß nachgewiesen werden, daß jede Naturerkenntnis, auch jede besondere Wirklichkeitsaussage, das Bestehen von *Gesetzmäßigkeiten* voraussetzt.

Die allgemeinsten Voraussetzungen *jeder Erfahrung* wären dann mit jenen allgemeinsten apriorischen Gesetzen, die wir als Induktionsprinzipien bezeichnen, identisch (oder zumindest von gleichem Typus, was ja genügen würde, um den unendlichen Regreß zu unterbrechen). Durch diese allgemeinsten apriorischen Prinzipien würde einerseits erst Erfahrung überhaupt möglich werden, andererseits könnten die verschiedenen Naturgesetze aufgrund jener allgemeinsten Gesetze *und* der Erfahrung aufgefunden werden und gültig sein. Das ist in der Tat auch Kants Ansicht[10] über die Funktion dieser allgemeinsten, „ursprünglichen" apriorischen Gesetze: „ ... die empirischen *[Gesetze]* können nur vermittelst der Erfahrung, und zwar zufolge jener ursprünglichen Gesetze, nach welchen selbst Erfahrung allererst möglich wird, stattfinden, und gefunden werden."

Der Gedanke, daß *jede* Wirklichkeitserkenntnis, auch jeder *besondere* (wissenschaftliche) Erfahrungssatz nur aufgrund gewisser Voraussetzungen möglich ist (die dann ihrerseits nicht a posteriori gelten können), der Gedanke also, daß Erfahrung ohne gewisse apriorische Voraussetzungen überhaupt *unmöglich* ist, — dieser Gedanke kann nach dem bisher gesagten nicht mehr befremden. Bereits bei der Darstellung des strengen Positivismus, bei der Besprechung der reinen Immanenzlehre wurde ja gezeigt, daß *jede* Erkenntnis über das unmittelbar „Gegebene" hinausgeht, transzendiert.

Diese Transzendenz der Darstellung überhaupt wurde dort nur recht oberflächlich untersucht. Die Aufgabe der transzendentalen Deduktion kann man nun direkt so formulieren, daß sie die Transzendenz der Darstellung überhaupt in ähnlicher Weise analysieren muß, wie Hume es mit der Transzendenz der Verallgemeinerung getan hat.

Wenn diese Analyse Erfolg hat, so wird sie vermutlich gewisse *formale* Voraussetzungen aufdecken, die jeder Beobachtung zugrundeliegen. Denn jede Erkenntnis ist geformt: Sie hat die logisch-grammatikalische Form eines Satzes, eines Urteils. Jedes Urteil ist wieder eine gegliederte (eine artikulierte) Verbindung von Zeichen (Begriffen). — Die „transzendentale Deduktion" wird also vor allem die formale Seite der Erkenntnis näher zu bestimmen suchen.

Kants *Durchführung der „transzendentalen Deduktion"* bedient sich zum Nachweis der formalen Komponente jeder Erkenntnis einerseits *psychologi-*

---

[10] IMMANUEL KANT, op. cit., nach der Besprechung der „Dritten Analogie", S. 263.

scher, anderseits auch in unserem Sinn *transzendentaler* (das heißt spezifisch methodologischer, wissenschaftstheoretischer) Überlegungen.

Die *psychologischen Überlegungen* liefern den Nachweis, daß schon in der „Apperzeption" (Wahrnehmung), auf die ja jede empirische Erkenntnis zurückgeht, Formmomente eine große Rolle spielen, die ihrerseits nicht auf Apperzeptionen zurückgeführt werden können.

Die allgemeinste, grundlegendste dieser psychologisch-apriorischen, formalen Voraussetzungen jeder Apperzeption ist die Tatsache, die man als *Einheit des Bewußtseins* bezeichnet. Ohne die „synthetische Einheit der Apperzeption" gäbe es überhaupt kein „Bewußtsein"; unverbundene Empfindungen würden „entweder unmöglich, oder wenigstens für mich nichts sein"[11], sie könnten kein Bewußtsein, kein „Ich" konstituieren.

Dieses „oberste Prinzip alles Verstandesgebrauchs" ist aber nicht die einzige Formkomponente. Unser Bewußtsein ist kein bloßes Bündel von Empfindungen, die *nur* dadurch, daß sie überhaupt zusammenhängen, einen „Knotenpunkt", ein „Ich" bilden (wie Hume und Mach meinen); sondern es weist ganz bestimmte Ordnungsformen auf. Vor allem ist es einem *Strom* vergleichbar (Erlebnisstrom), der in der „Zeit" dahinfließt. Aber auch dieser Erlebnisstrom ist kein *bloß zeitlich* geordnetes, im übrigen aber chaotisches Hintereinander einer „Mannigfaltigkeit von Empfindungen", er ist keine bloße „Rhapsodie von Wahrnehmungen", sondern er ist *gegliedert*. Unsere Erlebnisse sind zwar zusammenhängend und nie ganz scharf von einander zu trennen: aber die Tatsache ihrer Gliederung, ihrer Zusammenfassung in (komplexe und untereinander verbundene) *Einheiten*, ist ebenso eine Tatsache, wie die Tatsache des Erlebnisstromes selbst. Die Gliederung dieser Einheiten (etwa der einzelnen „Apperzeptionen") ist zum Teil von „uns selbst" abhängig, das heißt, von unserer Aufmerksamkeit, von unserem Interesse usw.: *Dieselben* Empfindungsgruppen können zu *verschiedenen* Einheiten zusammengefaßt werden, wobei wir uns *aktiv* beteiligt fühlen. Die Ordnungsmomente sind somit (wenigstens zum Teil) als „*Akte*" zu charakterisieren (als „Akte der Spontaneität unseres Verstandes"). — Das gilt insbesondere auch für den (psychologischen) Vorgang des *Erkennens*. Jedes „Erkennen" ist als ein „Wiedererkennen" („Rekognition") aufzufassen, und jede Apperzeption, die Grundlage einer (objektiven) Erkenntnis sein soll, muß ein solches Wiedererkennen enthalten; das setzt aber die Möglichkeit voraus, vergangene Erlebnisse zu *reproduzieren* und sie mit anderen zu *vergleichen*, in Beziehung zu setzen: weitere Formmomente der Erfahrung.

Neben diesen mehr psychologischen Überlegungen über die formalen Einheitsmomente des Bewußtseins und der Apperzeption (die auch zum Teil von logischen und transzendentalen Überlegungen mitbestimmt sind) treten, wie erwähnt, bei Kant auch methodologisch-transzendentale Betrachtungen

---

[11] [IMMANUEL KANT, op. cit., S. 132. Hrsg.]

auf, die vom Standpunkt der vorliegenden Arbeit aus noch von weit größerer Bedeutung sind. (Da Humes Argumente sich nicht nur gegen die Gültigkeit des Kausal*satzes* wenden, sondern vor allem auch gegen die Zulässigkeit des Kausal*begriffs*, liefert Kant zuerst die mehr psychologisch gefärbte Deduktion der „reinen Denkformen" — oder „Verstandesbegriffe", „Kategorien" — und dann erst die Deduktionen oder Beweise der synthetisch-apriorischen *„Grundsätze"*, die die wichtigsten transzendentalen Bemerkungen enthält.)

Schon in der „Exposition", die der „transzendentalen Deduktion" vorausgeht — bei der „Aufsuchung" der (später zu deduzierenden) apriorischen Formen der Erkenntnis — treten *transzendentale* Überlegungen auf. Da alle wissenschaftliche Erkenntnis die Form von Sätzen (Urteilen) hat, ging Kant, um ein Inventar der Erkenntnisformen aufzustellen, von einer Tafel der Urteilsformen aus: Jede Erkenntnis muß in einer dieser Formen auftreten; ihnen müssen auch die zu deduzierenden synthetisch-apriorischen *Grundsätze* entsprechen.

Transzendental in unserem Sinne sind aber vor allem die *Deduktionen der Grundsätze*, sind ihre Beweise „aus der Möglichkeit der Erfahrung". Diese transzendentalen Gedankengänge sind zweifellos die wichtigsten in der „transzendentalen Analytik", in der [Kantschen] Bearbeitung des „Humeschen Problems":

Kant beweist hier tatsächlich, daß *jede* wissenschaftliche Erfahrung, *jede* Erkenntnis, die Anspruch auf „*Objektivität*" macht, nur möglich ist, wenn es *Gesetzmäßigkeiten* gibt. Anders ausgedrückt: Er weist nach, daß alle wissenschaftliche Objektivität das Bestehen von *Gesetzmäßigkeiten voraussetzt*, gleichgültig, ob die betreffende Erkenntnis die Darstellung einer *besonderen* Beobachtung ist oder die Formulierung eines Naturgesetzes, einer streng allgemeinen Wirklichkeitsaussage.

Da Kants Beweisführung in ihrem Gedankengang zwar einfach ist, nicht aber in Kants Darstellung (und weil ferner insbesondere die Beispiele der Prolegomena[12], die den Begriff der *Objektivität* der Erfahrung erläutern sollen, recht unglücklich gewählt sind) entwickle ich Kants Gedankengang an Hand eines konkreten Beispieles; dieses Beispiel soll zeigen, was unter „Objektivität" im Sinne der Methoden der empirischen Wissenschaften zu verstehen ist (und daß wissenschaftliche Objektivität in der Tat das Bestehen von Gesetzmäßigkeiten voraussetzt, ohne Gesetzmäßigkeiten überhaupt nicht „möglich" ist).

Ein Naturforscher beobachtet einen bestimmten, einzelnen und bereits gut erforschten Vorgang; etwa den Ablauf einer chemischen Reaktion in einer Proberöhre. Er hat den ihm wohlbekannten Anblick einer blasentreibenden Flüssigkeit von lichtgrüner Farbe.

---

[12] [IMMANUEL KANT, Prolegomena (1783), § 19, S. 80 f.; § 20, S. 82 f. Hrsg.]

Plötzlich beobachtet er eine Änderung der Farbe der Flüssigkeit: Entgegen allen bisherigen Beobachtungen und Erwartungen beobachtet er an der Flüssigkeit eine Farbe, die er als violett erkennt. Aber unmittelbar darauf (kaum, daß sich der Chemiker seiner Überraschung recht bewußt geworden ist) hat die Flüssigkeit wieder ihre gewohnte Färbung angenommen. Rückschauend schätzt der Beobachter die Dauer des Farbwechsels auf etwa eine Viertelsekunde.

Das sei die Beobachtungsgrundlage. Wird der Chemiker nunmehr seine Beobachtung sofort als eine wissenschaftliche Entdeckung (oder auch nur als eine möglicherweise wichtige chemische Beobachtung) veröffentlichen? Gewiß nicht. Wenn der betreffende Vorgang, wie vorausgesetzt, gut erforscht ist, keinerlei aktuelle wissenschaftliche Probleme enthält, so wird der Chemiker jenem beobachteten Farbwechsel vermutlich überhaupt keine Bedeutung beimessen, sondern annehmen, daß er sich getäuscht hat.

Falls er seiner Beobachtung dennoch irgendwelche Bedeutung beimessen sollte, so wird er vor allem *nachprüfen,* ob er jene auffällige Beobachtung nicht nochmals herstellen kann. Er wird vielleicht vorerst überlegen, ob nicht ein Lichtreflex (etwa verursacht durch einen im Laboratorium befindlichen glänzenden Gegenstand usw.) jene Beobachtung erklärt und wird, um diese Vermutung zu überprüfen, die Proberöhre in möglichst derselben Lage vor sein Auge führen, die sie in jenem Momente einnahm; oder er wird vermuten, daß eine besondere Beimischung, eine Verunreinigung jene Beobachtung erklärt und wird den Versuch wiederholen, wobei er die verschiedenen in Betracht kommenden Verunreinigungen der Reihe nach überprüfen wird.

Gelingt es ihm auf diese Weise, jene Beobachtung zu wiederholen, — dann und nur dann wird er ihr *objektive Bedeutung* zuschreiben; gelingt es ihm aber *auf keine Weise,* jene Beobachtung zu wiederholen, so wird er eben annehmen, daß er sich getäuscht hat. Auch mit dieser Annahme braucht er sich nicht einfach zu beruhigen: Er kann versuchen, diese Sinnestäuschung als solche *psychologisch* näher zu untersuchen; wenn er dabei auf *objektiv* brauchbare Ergebnisse Wert legt, so muß er prinzipiell dasselbe Verfahren einschlagen, wie früher: Er muß versuchen, eine gleiche oder ähnliche Sinnestäuschung wieder zu erzeugen.

Objektivität im Sinne der empirischen Wissenschaft kommt grundsätzlich nur *überprüfbaren* (und zwar intersubjektiv nachprüfbaren) Beobachtungen zu. Ja, die Möglichkeit, eine Beobachtung nachzuprüfen, muß geradezu als die *Definition* der wissenschaftlichen Objektivität angesehen werden *(Objektivität = intersubjektive Nachprüfbarkeit).*

Aber jede solche *Nachprüfung* beruht auf *Wiederholungen* (genauer: auf Wiederholbarkeit) und damit auf Regelmäßigkeiten, auf *gesetzmäßigen Abhängigkeiten;* das, was das *Objekt* der Naturwissenschaft ist — *die „Natur"* — wird überhaupt nur durch diese Regelmäßigkeiten, nur durch gesetzmäßige Abhängigkeiten objektiv bestimmbar. Oder wie Kant[13] es ausdrückt:

„Unter Natur (im empirischen Verstande) verstehen wir den Zusammenhang der Erscheinungen ... nach Gesetzen."

Weder darstellend noch kritisch soll hier auf naturphilosophische Einzelheiten näher eingegangen werden: Nur das Induktionsproblem, das Problem der Gesetzmäßigkeiten steht zur Diskussion. Es sei deshalb nur kurz angemerkt, daß Kant vor allem drei Gruppen von gesetzmäßigen Zusammenhängen unterscheidet, die (je nach ihrem Verhältnis zur *Zeit*) dem „Substanzbegriff", dem „Kausalbegriff" und dem Begriff der „Wechselwirkung" untergeordnet werden. („Substanz" wäre — etwa mit Schlick[14] — als Zusammenhang gesetzmäßig wechselnder „Akzidenzien" oder „Qualitäten" aufzufassen; „Kausalität" als gesetzmäßiger Zusammenhang des Ablaufs, wodurch Prognosen im prägnanten Sinn *zeitlicher* Voraussage ermöglicht werden; ohne „Wechselwirkung" — zum Beispiel durch gegenseitige Lichtsignale oder gegenseitige Gravitation — kann niemals das gleichzeitige Nebeneinanderbestehen verschiedener Vorgänge empirisch festgestellt werden.)

Was für unser Problem von entscheidender[a] Bedeutung ist, das ist die Kantsche Entdeckung, daß *jede Wirklichkeitserkenntnis,* daß die „Möglichkeit der Erfahrung", daß die *Objektivität des Erkennens* auf dem *Bestehen von Gesetzmäßigkeiten beruht*; eine Entdeckung, die in dieser Form vielleicht *trivial* erscheint (wie viele große Entdeckungen), die aber, wie die weiteren Betrachtungen zeigen werden (insbesondere die Kritik des logischen Positivismus), in ihren Konsequenzen noch keineswegs anerkannt ist.

Kants Auflösung des Humeschen Problems (oft genug wurde über der weitläufigen „transzendentalen Analytik" vergessen, daß dieses ihr Grundproblem ist) kann man in folgender Formulierung zusammenfassen:

Allgemeine Wirklichkeitsaussagen können ebensogut wahr oder falsch sein, wie besondere; denn sie setzen so viel oder so wenig voraus, wie diese.

Oder unter Verwendung der Terminologie, die hier bei der Besprechung des strengen Positivismus eingeführt wurde:

Die Transzendenz der Verallgemeinerung kann zurückgeführt werden auf die Transzendenz der (wissenschaftlichen) Darstellung überhaupt.

Damit würde sich das Induktionsproblem erledigen.

10. Kritik des Apriorismus. In diesem Abschnitt soll die Beweisführung der „transzendentalen Deduktion" kritisiert, aber auch gewürdigt werden.

---

[13] IMMANUEL KANT, op. cit., nach der Besprechung der „Dritten Analogie", S. 263.
[14] MORITZ SCHLICK, Allgemeine Erkenntnislehre (2. Aufl., 1925), S. 346.

10. Kritik des Apriorismus

Die (immanente) Kritik ist eine grundsätzliche: Sie wendet sich nicht nur gegen die „transzendentale Deduktion" in der Kantschen Form, sondern gegen die Schlüssigkeit einer jeden Beweisführung, die die Geltung *synthetischer Urteile a priori* — insbesondere eines *Induktionsprinzips* — auf das Prinzip der „Möglichkeit der Erfahrung" zu gründen sucht.

Denn die Leistung, die von der „transzendentalen Deduktion" gefordert, um derentwillen die „transzendentale Deduktion" unternommen wird, ist die Begründung der *synthetisch-apriorischen* Behauptung, *daß es „Gesetzmäßigkeiten" gibt*.

Um etwa die *aposteriorische* Feststellung zu machen, daß es in unserer Welt — so viel wir bisher wahrgenommen haben — „Gesetzmäßigkeiten" zu geben *scheint*; daß sich in unserer Welt alles so verhält, *als ob* es „Gesetzmäßigkeiten" gäbe; um diese Feststellung zu machen brauchen wir keine „transzendentale Deduktion": das lehrt uns die Erfahrung.

Der entscheidende Punkt, um den es bei der „transzendentalen Deduktion" geht, ist also lediglich der *apriorische Charakter* des Satzes, daß es „Gesetzmäßigkeiten" gibt; es geht somit um den Nachweis, daß dieser Satz den Charakter der *Notwendigkeit* hat, oder anders ausgedrückt: daß es *unter allen Umständen* „Gesetzmäßigkeiten" geben muß.

Kann die „transzendentale Deduktion" einen solchen Nachweis erbringen?

Folgende Auffassung soll hier vertreten werden:

Wenn man ein synthetisches Urteil a priori nicht ohne Beweis zulassen will, wenn man, wie Kant[1], für jede synthetisch-apriorische Behauptung „unnachläßlich" einen Rechtsnachweis (quid juris?) verlangt, ohne den ihr Anspruch auf Geltung abgelehnt werden muß — dann muß man konsequenter Weise *alle synthetischen Urteile a priori als unbeweisbar ablehnen* und ihnen jede wissenschaftliche Geltung absprechen. Diese Auffassung stützt sich darauf, daß aus logischen Gründen ein synthetisches Urteil a priori nur dann *bewiesen* werden kann, wenn man ein anderes synthetisch-apriorisches Urteil als gültig voraussetzt. Da aber auch dieses wieder bewiesen werden muß, so muß *jeder Beweisversuch* eines synthetischen Urteils a priori schließlich auf einen unendlichen Regreß (oder auf einen Zirkel) führen.

Im folgenden soll die hier ausgesprochene Auffassung, daß *es logisch unmöglich ist, synthetisch-apriorische Urteile zu beweisen* (in ähnlicher Form schon von Fries und seiner Schule behauptet; vgl. den nächsten Abschnitt), an Hand des Gedankenganges der „transzendentalen Deduktion" eingehender dargestellt werden.

---

[1] [IMMANUEL KANT, Kritik der reinen Vernunft (2. Aufl., 1787), S. 286. Siehe Abschnitt 9, Text zu Anm. 7. Hrsg.]

Im Mittelpunkt der Schlußkette der „transzendentalen Deduktion" steht der Nachweis, daß es Wirklichkeitserkenntnis im Sinne der Naturwissenschaft nur dann geben kann (oder: daß Erfahrung nur dann möglich ist) *wenn es „Gesetzmäßigkeiten" gibt.*

Wie im vorigen Abschnitt gezeigt wurde, stützt sich dieser Nachweis auf den Charakter der *Objektivität* oder *Nachprüfbarkeit* wissenschaftlicher Erkenntnisse: Der Nachweis besteht somit in einer logischen Analyse des Begriffs der Wirklichkeitserkenntnis, oder der Erfahrung im Sinne der empirischen Wissenschaft. Das Ergebnis dieser Begriffsanalyse ist eben das *analytische Urteil,* daß es ohne „Gesetzmäßigkeiten" keine naturwissenschaftliche Erkenntnis geben kann, oder beiläufig gesprochen:

So weit[a] es überhaupt Erfahrung gibt, so weit[b] gibt es auch „Gesetzmäßigkeiten".

Dieses analytische Urteil ist seiner Form nach ein hypothetisches Urteil (oder eine „Implikation"; vgl. Abschnitt *31*). Es genügt allein noch nicht, um zu deduzieren, daß es „Gesetzmäßigkeiten" wirklich gibt; dazu ist vielmehr noch die weitere *Voraussetzung* nötig, daß es Erfahrung gibt (oder daß Erfahrung möglich ist).

Die ganze Deduktion lautet nun folgendermaßen:
(1) Es gibt Erfahrung (oder: Erfahrung ist möglich);
(2) wenn es Erfahrung gibt (Erfahrung möglich ist), so muß es auch „Gesetzmäßigkeiten" geben (analytisch-hypothetischer Satz);
(3) also gibt es „Gesetzmäßigkeiten".

Der Schlußsatz dieser Deduktion darf nur dann als erwiesen betrachtet werden, wenn die Voraussetzung: „Es gibt Erfahrung" (oder: „Erfahrung ist möglich") gültig ist. *Wenn diese Voraussetzung hinfällig wird, zerreißt die Schlußkette.*

Daraus folgt, daß aufgrund dieser Beweisführung der Schlußsatz nur dann als „unter allen Umständen" gültig behauptet werden darf, wenn die Voraussetzung ebenfalls „unter allen Umständen" (also a priori) gilt:

Um die *Apriorität* des Satzes „Es gibt Gesetzmäßigkeiten" zu erweisen, müßte erst die Apriorität des Satzes „Es gibt Erfahrung" („Erfahrung ist möglich") erwiesen werden.

Übersichtlich dargestellt:
Die Analyse des Begriffs der Erfahrung führt zu dem Satz:
(1) Nur wenn es „Gesetzmäßigkeiten" gibt — ist Erfahrung möglich.
Das ist ein *analytisches Urteil.*
Mit seiner Hilfe kann auch der Satz abgeleitet werden:
(2) Es gibt „Gesetzmäßigkeiten" — denn Erfahrung ist tatsächlich möglich.
Dieser Satz aber kann nur als ein *synthetisches* Urteil *a posteriori* behauptet werden; denn um das synthetische Urteil *a priori* zu beweisen:
(3a) Es muß unter allen Umständen „Gesetzmäßigkeiten" geben — müßte man voraussetzen dürfen:

(3b) — denn Erfahrung muß unter allen Umständen möglich sein.

Kant glaubte, daß es für die „transzendentale Deduktion" genügt, die Voraussetzung zu machen, daß Erfahrung möglich ist; da es in der Tat Erfahrung gibt, schien eine solche Voraussetzung nicht weiter bedenklich.

Es zeigt sich jedoch, daß man zur Deduktion eines synthetischen Urteils *a priori* weit mehr voraussetzen müßte, — nämlich, daß Erfahrung unter allen Umständen möglich sein muß.

Diese synthetisch-apriorische Wendung der „transzendentalen Deduktion" ist aber offenbar unzulässig. Denn die Voraussetzung, daß Erfahrung unter allen Umständen möglich sein muß, müßte als eine synthetisch-apriorisches Urteil ihrerseits erst bewiesen werden: Ein solches ohne Rechtsnachweis vorauszusetzen ist ja nach Kants eigenen Grundsätzen unerlaubt, weil *„dogmatisch"*.

Wie aber sollte man beweisen können, daß Erfahrung mit Notwendigkeit, unter allen Umständen möglich sein muß?

Wenn man — entsprechend der eben dargelegten Auffassung — Kants *synthetisch-apriorische Wendung der „transzendentalen Deduktion"* ablehnt, so gelangt man zu dem Schluß, daß der Satz „Es gibt Gesetzmäßigkeiten" nur *a posteriori* behauptet werden darf.

Das heißt aber: Wir dürfen nicht behaupten, daß es „Gesetzmäßigkeiten" im Sinne streng allgemeingültiger Naturgesetze gibt, sondern wir sind nur zu der Feststellung berechtigt, daß sich — so viel wir bisher wahrgenommen haben — alles so verhält, *als ob* es streng allgemeine Gesetzmäßigkeiten gäbe.

Nun wurde aber im Abschnitt *(5)* der Ausdruck „Gesetzmäßigkeit" so festgelegt, daß mit diesem Wort ausschließlich streng allgemeine Sachverhalte — im Sinne streng allgemeiner Wirklichkeitsaussagen — bezeichnet werden sollten. Nach *diesem* Sprachgebrauch kann es gar keinen *aposteriorischen* Satz „Es gibt Gesetzmäßigkeiten" geben: ein solcher Satz könnte, wenn überhaupt, nur a priori behauptet werden.

Wenn wir daher im gegenwärtigen Abschnitt von einem *aposteriorischen* Satz „Es gibt Gesetzmäßigkeiten" gesprochen haben, so haben wir diesen Terminus in einem anderen Sinn gebraucht, als im Abschnitt *(5)* festgelegt wurde. (Um das auszudrücken, wurde der Ausdruck [„Gesetzmäßigkeit"] hier immer in Anführungszeichen gesetzt.)

Es müssen somit zwei Begriffe unterschieden werden:

1. „Gesetzmäßigkeit" im Sinne streng allgemeiner Naturgesetze („apriorische" oder *„streng allgemeine Gesetzmäßigkeit"*);
2. „Gesetzmäßigkeit" im Sinne des Kantschen: „so viel wir bisher wahrgenommen haben, findet sich von dieser ... Regel keine Ausnahme"[2]. Diese

---
[2] [IMMANUEL KANT, Kritik der reinen Vernunft (2. Aufl., 1787), S. 3 f. Hrsg.]

zweite (also die „aposteriorische") „Gesetzmäßigkeit" könnte man „*Als-Ob-Gesetzmäßigkeit*" nennen: Alles verhält sich (bisher) so, als ob es streng allgemeine Gesetzmäßigkeit gäbe.

Nur im Sinne dieser „Als-Ob-Gesetzmäßigkeit" kann der Satz „Es gibt Gesetzmäßigkeiten" überhaupt ein *aposteriorisches Urteil* sein.

Daraus muß man aber auch folgende Konsequenz ziehen:

Lehnt man die synthetisch-apriorische Wendung der „transzendentalen Deduktion" ab, so darf man den Ausdruck „Gesetzmäßigkeit" *in der ganzen Schlußkette* nur im Sinne der „Als-Ob-Gesetzmäßigkeit" auffassen.

Es müßte also gezeigt werden, daß auch das analytische Urteil, von dem unsere Kritik ausgeht (der hypothetisch-analytische Satz: „Wenn Erfahrung möglich ist, so muß es ‚Gesetzmäßigkeiten' geben") nur im Sinne der „Als-Ob-Gesetzmäßigkeit" aufzufassen ist.

So ist es nun in der Tat: Wenn man die Begriffsanalyse der Objektivität oder Nachprüfbarkeit der wissenschaftlichen Erkenntnis mit Rücksicht auf diese Frage nochmals untersucht, so muß man feststellen, daß jenes analytische Urteil nur im Sinne der „Als-Ob-Gesetzmäßigkeit" behauptet werden darf. Denn um die Objektivität der Erfahrung möglich zu machen, genügt es, daß sich alles so verhält, als ob es streng allgemeine Gesetzmäßigkeiten gäbe: Solange sich alles so verhält, können Erfahrungen — etwa durch Wiederholung der Beobachtungen — nachgeprüft werden.

Mit dieser Einsicht aber ist jedem Versuch einer synthetisch-apriorischen Wendung der „transzendentalen Deduktion" der Boden entzogen.

Gegen die dargelegte Kritik der „transzendentalen Deduktion" können verschiedene *Einwände* erhoben werden, die (wie aus dem folgenden hervorgehen wird) trotz ihrer Verschiedenartigkeit alle so ziemlich auf den gleichen Nenner gebracht werden können.

Der primitivste dieser Einwände wäre etwa der Versuch, die Apriorität des Satzes „Es gibt Gesetzmäßigkeiten" mit Hilfe einer *Definition der „Natur"* (oder der „Welt" oder der „Wirklichkeit") sicherzustellen. So kann man zum Beispiel die „Natur" (mit Kant[3]) als den „Zusammenhang der Erscheinungen nach (streng allgemeinen) Gesetzen" *definieren*; ebenso könnte man die „Welt" definieren. Oder man definiert etwa: „Wirklich" (oder „existent") ist, was unter (streng allgemeinen) Gesetzen steht. Mit Hilfe solcher Definitionen glaubt man nun, die Apriorität der Existenz von Gesetzen nachweisen zu können; etwa, weil es Gesetze geben müsse, wenn es überhaupt eine Wirklichkeit gibt, usw.

Es ist eines der größten Verdienste Kants, gezeigt zu haben, daß man auf diese Weise keinen Schritt weiter kommen kann: Aus Begriffen („dogmatisch") kann man niemals beweisen, daß es etwas gibt oder nicht. (Alle diese und auch die noch zu besprechenden Versuche, die „transzendentale De-

---

[3] [Vgl. IMMANUEL KANT, op. cit., S. 263. Hrsg.]

duktion" zu retten, haben eine formale Ähnlichkeit mit dem ontologischen Gottesbeweis: Sie behaupten eine Existenz *per definitionem*.) Die besprochenen Einwände können durch die Bemerkung widerlegt werden, daß man auf diese Weise nur zu einem analytischen, tautologischen, nie aber zu einem synthetischen Urteil „Es gibt Gesetzmäßigkeiten" gelangen würde.

Etwas weniger primitiv wären Versuche, die darauf abzielen, die *Apriorität der Möglichkeit der Erfahrung* zu beweisen:

Wenn man beweisen könnte, daß der Satz: „Erfahrung ist möglich" (oder auch: „Es gibt Erfahrung") a priori gilt, dann wäre die dargelegte Kritik hinfällig.

Nur kurz erwähnt seien Überlegungen von der Art, wie: Daß es Erfahrung gibt, kann selbst nicht wieder Erfahrung sein (woraus man schließen will, daß der Satz: „es gibt Erfahrung" a priori gelten muß). Sie führen zwar auf gewisse formal-logische Probleme (Typentheorie), die ernst zu nehmen sind, haben aber offenbar auf das besondere hier zu behandelnde Problem gar keinen Bezug. (Sie sind von gleicher Art, wie etwa die Sätze: Daß es Erkenntnis gibt, kann keine Erkenntnis sein, oder: daß es wahre Sätze gibt, kann selbst kein wahrer Satz sein.)

Größeres Interesse als diese Versuche scheinen mir gewisse Einwände gegen die Kritik der „transzendentalen Deduktion" zu verdienen, die mit der alten Streitfrage: *Idealismus oder Realismus?* zusammenhängen.

Der Idealismus („die Welt, die Dinge, existieren nur in meiner Vorstellung") ist, wie schon Lichtenberg[4] betont, „ganz unmöglich zu widerlegen". Aber ebenso unwiderleglich ist auch die Antithesis des Idealismus, der Realismus („die Welt, die Dinge sind nicht nur meine Vorstellungen, sondern sie existieren unabhängig von meinen Vorstellungen; sie erregen nur meine Vorstellungen").

Der Gegensatz: Idealismus-Realismus kann als ein Beispiel einer unentscheidbaren *Antinomie* betrachtet werden.

Aus der Tatsache, daß es (unentscheidbare) Antinomien gibt, muß eine bedeutungsvolle Konsequenz abgeleitet werden: Nichts berechtigt uns, aus der *Unwiderleglichkeit* einer Lehre auf ihre *Wahrheit* zu schließen (wie es zum Beispiel Lichtenberg[5] tut). Es könnte nämlich die *Antithese* der betreffenden Lehre, also ihr genaues Gegenteil, ebenso unwiderleglich sein. — Kant hat in seiner *Antinomienlehre* dieses Verhältnis als erster dargestellt, und zwar an den (den oben angegebenen formal analogen) gegensätzlichen Thesen der „rationalen Kosmologie": Er stellt einer Reihe von unwiderleglichen Thesen ebenso unwiderlegliche Antithesen gegenüber. Kant kommt zu dem Schluß

---

[4] [Georg Christoph Lichtenbergs vermischte Schriften II. (hrsg. von Ludwig Christian Lichtenberg und Friedrich Kries, 1801), Bemerkungen vermischten Inhalts: 1. Philosophische Bemerkungen, S. 62. Hrsg.]

[5] [Georg Christoph Lichtenberg, op. cit., S. 61 ff. Hrsg.]

(und zwar mit Recht, — wie bei der Untersuchung des Abgrenzungsproblems[6] gezeigt werden wird), daß in solchen Fällen, in denen eine unentscheidbare Antinomie besteht, beide Behauptungen unbegründbar und deshalb als *unwissenschaftlich* (dogmatisch-metaphysisch) abzulehnen sind.

Auf die Antinomie zwischen Idealismus und Realismus kann erst bei der Untersuchung des Abgrenzungsproblems[7] näher eingegangen werden; hier sei nur gezeigt, daß meine Kritik der „transzendentalen Deduktion", vom Standpunkt gewisser idealistischer Auffassungen aus, *nicht* als zwingend erscheinen kann; so insbesondere vom Standpunkt des Kantschen *„transzendentalen Idealismus"*.

Wenn hier gezeigt wird, daß die dargelegte Kritik der „transzendentalen Deduktion" vom Standpunkt des sogenannten transzendentalen Idealismus aus nicht haltbar ist, so wird damit — das ist wichtig — der *immanente Charakter* und die Schlüssigkeit jener Kritik in keiner Weise erschüttert: Kants *Begründung des transzendentalen Idealismus* setzt nämlich ihrerseits die Schlüssigkeit der „transzendentalen Deduktion" voraus; ein Angriff gegen die Schlüssigkeit der „transzendentalen Deduktion" kann daher von der Position des transzendentalen Idealismus aus grundsätzlich nicht zurückgewiesen werden. Überdies kann auch diese „Begründung des transzendentalen Idealismus", — also die Schlußkette, die von den Ergebnissen der „transzendentalen Deduktion" zu dem „Lehrstück" des transzendentalen Idealismus führt, — ihrerseits der Kritik nicht standhalten: sie wäre auch dann unzulänglich, wenn ihre Grundlage, die „transzendentale Deduktion", unangreifbar wäre (Ergänzungen zu diesem Punkt im nächsten Abschnitt).

Alle Einwände gegen die Kritik, die von seiten des transzendentalen Idealismus etwa erhoben werden, können also zurückgewiesen werden, bevor sie noch formuliert sind: Sie sind außerstande, die angefochtene Schlüssigkeit der Beweisführung der „transzendentalen Deduktion" zu verbessern, da sie selbst unbeweisbare Voraussetzungen machen.

Dennoch sollen diese Einwände kurz dargestellt werden.

Der *transzendentale Idealismus* Kants lehrt, daß die Naturobjekte (die „Gegenstände der Erfahrung") uns nur als Vorstellungen gegeben sind (darin unterscheidet er sich nicht allzusehr vom gewöhnlichen Idealismus). Aber im Gegensatz zum gewöhnlichen (oder *materialen*) Idealismus betont der „transzendentale" (oder *formale*) Idealismus, daß uns diese Vorstellungen nur unter jenen formalen Bedingungen gegeben sein können, die ihnen unser Erkenntnisapparat aufprägt:

Schon jede Einzelvorstellung, jede Anschauung, kann nur in unseren

---

[6] [Vgl. Band II (Fragmente): [VI.] *Philosophie*, Abschnitt *1*, Text zu Anm. 1; IMMANUEL KANT, op. cit., S. 448 ff. Siehe auch *Nachwort des Herausgebers*. Hrsg.]

[7] [Siehe *Nachwort des Herausgebers*. Hrsg.]

„Anschauungsformen" des Raumes und der Zeit auftreten; und indem unser „Verstand" die Vorstellungen bearbeitet, prägt er ihnen *seine Gesetze* auf: „Der Verstand schöpft seine Gesetze ... nicht aus der Natur, sondern schreibt sie dieser vor"[8]; die allgemeinsten Gesetze der Natur sind mit der allgemeinsten formalen Bedingung der Erfahrung, mit der bloßen allgemeinen Form der Gesetzmäßigkeit „völlig einerlei"[9].

Daß wir die Gegenstände und Vorgänge der Außenwelt (die physischen Gegenstände) nicht so erleben können, wie sie „an sich selbst" sind, daß wir sie also niemals so, wie sie „an sich selbst" sind, *kennen lernen* (wie Schlick[10] sagt), — das ist für Kant mit Recht eine Selbstverständlichkeit. Aber der transzendentale Idealismus behauptet mehr: Wir können diese „Dinge an sich" nicht bloß niemals *erleben* („kennen"), sondern auch niemals *erkennen* — denn wir können die formalen Bedingungen, die *Gesetze* nicht erkennen, unter denen sie möglicherweise stehen:

Unsere wissenschaftliche Erkenntnis ist gänzlich auf die Erfahrungswelt beschränkt: auf unsere unter den Gesetzen des Verstandes stehenden Vorstellungen. Und nur das kann (im Sinne der empirischen Wissenschaft) als „wirklich", als „existierend" bezeichnet werden, was dieser Erfahrungswelt angehört.

Das etwa sind die Grundgedanken des transzendentalen Idealismus.

Es braucht kaum näher dargelegt zu werden, daß von diesem Standpunkt aus jede Kritik der „transzendentalen Deduktion" hinfällig sein muß; so auch die hier vertretene.

„Es sind ... die Gegenstände der Erfahrung ... nur *in der Erfahrung* gegeben, und existieren außer derselben gar nicht", heißt es in der Kritik der reinen Vernunft[11] und weiter: „Daß es Einwohner im Monde geben könne, ob sie gleich kein Mensch jemals wahrgenommen hat ... bedeutet nur so viel: daß wir in dem möglichen Fortschritt der Erfahrung auf sie treffen könnten".

Für einen solchen Erfahrungs- und Wirklichkeitsbegriff kann die *Apriorität* des Satzes „Erfahrung ist möglich" nicht in Zweifel gezogen werden.

Man kann nicht daran zweifeln, ob Erfahrung „unter allen Umständen", ob sie „immer" und „überall" möglich sein muß; denn „Umstände" aller Art kann es nur in der Erfahrungswelt geben, und ebenso Zeit- und Ortsbestimmungen. Es gibt (im Sinn dieses Kantschen Wirklichkeitsbegriffes) keine Welt außer der Erfahrungswelt. Die Begriffe der „Existenz", der „Welt", und der „Erfahrung" sind so auf einander bezogen, daß die Annahme des Bestehens einer Welt, die keine Erfahrungswelt wäre (kein „Gegen-

---

[8] IMMANUEL KANT, Prolegomena (1783), § 36, S. 113.
[9] IMMANUEL KANT, op. cit., § 36, S. 112.
[10] [MORITZ SCHLICK, Allgemeine Erkenntnislehre (2. Aufl., 1925), S. 213. Hrsg.]
[11] IMMANUEL KANT, Kritik der reinen Vernunft (2. Aufl., 1787), Der Antinomie der reinen Vernunft, 6. Abschnitt, S. 521. [Hervorhebung nicht im Original. Hrsg.]

stand möglicher Erfahrung") widerspruchsvoll (oder zumindest unwissenschaftlich, *metaphysisch*) ist.

Überlegungen, wie die eben angedeuteten, die die Apriorität der Möglichkeit der Erfahrung erweisen wollen, haben durchwegs enge Beziehungen zu *positivistischen Gedankengängen*: Sie identifizieren die Erfahrungswelt mit der Wirklichkeit und lehnen die Annahme einer erfahrungstranszendenten Wirklichkeit als metaphysisch ab (oder auch als „sinnlos"; vgl. die Abschnitte *43* ff.)ᶜ.

Man sieht, daß diese Fragen bereits in das *Abgrenzungsproblem* hinübergreifen; erst bei dessen Untersuchung[12] wird (abgesehen von den zwar nur vorläufigen, aber doch wichtigen Hinweisen auf die *empirische Basis* im nächsten Abschnitt) auch eine nähere Bestimmung der keineswegs einfachen Begriffe *„Erfahrung"* und *„Wirklichkeit"* und ihrer gegenseitigen Beziehungen möglich sein. (Bis dahin wird hier von diesen Begriffen ein so allgemeiner und vorsichtig-unbestimmter Gebrauch gemacht, daß bei einer nachträglichen Überprüfung die Ergebnisse durchwegs aufrecht bleiben werden.)

Die „transzendentale Deduktion", der Versuch, *zu beweisen*, daß es Gesetzmäßigkeiten im Sinne streng allgemeingültiger Naturgesetze gibt, ist nicht schlüssig. Die These, daß Erfahrung unter allen Umständen möglich ist, anders ausgedrückt: daß die Welt unter allen Umständen erkennbar sein muß, ist unbeweisbar.

Aber sie ist nicht nur unbeweisbar, sondern auch absolut *unwiderleglich*. Denn die These, daß Erfahrung möglich ist, kann ja niemals *empirisch falsifiziert*, die Unerkennbarkeit der Welt könnte niemals erkannt werden. So lang es Erfahrung, so lang es Wirklichkeitserkenntnis gibt, muß die Welt erkennbar sein.

Aber auch diese ebenso unbeweisbare wie unwiderlegliche These über die *Erkennbarkeit der Welt* gibt Anlaß zu einer *unentscheidbaren Antinomie*.

Die *Thesis*: Die Welt ist unter allen Umständen erkennbar, darf wegen ihrer Unwiderleglichkeit noch nicht als wahr betrachtet werden, denn ihr steht eine Antithesis gegenüber, die ebenso unwiderleglich, aber auch ebenso unbeweisbar ist, wie die Thesis selbst.

Die *Antithesis* behauptet, daß der Satz von der notwendigen Erkennbarkeit der Welt *falsch* sei, daß die Welt nicht unter allen Umständen erkennbar sein muß, daß es also Umstände geben kann, unter denen die Welt nicht erkennbar ist, unter denen es keine Als-Ob-Gesetzmäßigkeit mehr gibt; sie behauptet somit (und auch diese Behauptung kann nur a priori aufgestellt werden), *daß es keine streng allgemeinen Gesetzmäßigkeiten gibt*, kurz — daß sich unser Kosmos (irgend einmal) in ein Chaos auflösen wird.

---

[12] [Siehe *Nachwort des Herausgebers*; vgl. auch Abschnitt *11*, Text zu Anm. 55. Hrsg.]

10. Kritik des Apriorismus

Es ist klar, daß auch diese Behauptung unbeweisbar und unwiderleglich ist[*1].

Erst mit der Einsicht in diese „Antinomie von der Erkennbarkeit der Welt" dringt die Kritik des Apriorismus bis an die Wurzeln des Problems vor.

Der Apriorismus Kants schließt, wie wir gesehen haben, die Behauptung der *Thesis* dieser Antinomie ein, — denn diese ist ja gleichbedeutend mit dem in Frage stehenden synthetisch-apriorischen Induktionsprinzip.

Die *Antithesis* kann an dieser, der Kritik des Apriorismus gewidmeten Stelle noch nicht eingehend dargestellt werden. Die Untersuchungen des Abschnittes *(46)* werden zeigen, daß auch die Antithesis ihre Vertreter hat: Sie ist eine Konsequenz der erkenntnistheoretischen Überlegungen, die der Scheinsatzposition des logischen Positivisten Wittgenstein zugrunde liegen.

Erst die Untersuchung des Abgrenzungsproblems[13] wird begründen, daß (und in welcher Weise) sowohl Thesis wie Antithesis der Antinomie von der Erkennbarkeit der Welt als unwissenschaftlich, als *metaphysisch* aus der Erkenntnistheorie auszuschalten sind[14].

Hier soll von solchen Argumenten noch kein Gebrauch gemacht werden. Es genügt ja hier, zu zeigen, daß die Antinomie unentscheidbar ist. Die „transzendentale Deduktion" ist als *Beweisführung der Thesis* nicht schlüssig; keine Beweisführung von der Art der „transzendentalen Deduktion" kann einer immanenten Kritik standhalten:

Der Geltungsanspruch eines synthetisch-apriorischen *Induktionsprinzips kann nicht gerechtfertigt werden*.

Ist die „transzendentale Deduktion" also gänzlich mißglückt? Es scheint so: Wir müssen uns mit der aposteriorischen Einsicht begnügen, daß es „Als-Ob-Gesetzmäßigkeiten" gibt; und diese Einsicht (das wissen wir schon aus Abschnitt 5) kann das Induktionsproblem um keinen Schritt weiter bringen.

Obwohl das nun zweifellos richtig ist, glaube ich doch, daß Kants „transzendentale Deduktion", richtig verstanden, einen ganz *entscheidenden Schritt in der Entwicklung des Induktionsproblems* bedeutet.

Die *synthetische Wendung*, die Kant der „transzendentalen Deduktion" gegeben hat halte ich für ein Mißverständnis seiner eigenen Entdeckung (über die letzten Gründe dieses Mißverständnisses einige Bemerkungen im nächsten Abschnitt).

[*1] Die These, daß sich unser Kosmos in ein Chaos auflösen wird, ist in höchst interessanter Weise diskutiert und verteidigt in JOHN ARCHIBALD WHEELERS „From Relativity to Mutability" in The Physicist's Conception of Nature (hrsg. von JAGDISH MEHRA, 1973), S. 202 ff.

[13] [Siehe *Nachwort des Herausgebers*. Hrsg.]

[14] [Vgl. Abschnitt *46*; siehe auch KARL POPPER, Logik der Forschung (1934; 2. Aufl., 1966), Abschnitt *78*. Hrsg.]

Das eigentliche Ergebnis der „transzendentalen Deduktion", Kants eigentliche Entdeckung, liegt meiner Ansicht nach in dem (auf den *Objektivitätsbegriff* gestützten) *analytischen Satz*, daß Erfahrung, daß Erkenntnis im Sinne der empirischen Wissenschaft ohne „Gesetzmäßigkeiten" unmöglich ist; genauer: daß sie unmöglich ist, wenn sich nicht alles so verhält, als ob es streng allgemeine Gesetzmäßigkeiten gäbe.

Beobachtungen, die auf keine wie immer geartete Gesetzmäßigkeit bezogen werden können, sind wissenschaftlich bedeutungslos, weil nicht *objektiv*, nicht *intersubjektiv nachprüfbar*: *jede objektive Überprüfung* besteht somit in der *Verifikation oder Falsifikation einer Prognose*, die aufgrund einer vermuteten Gesetzmäßigkeit (Wiederholbarkeit) aufgestellt wurde. (Vgl. dazu auch den nächsten Abschnitt.)

Dieses Ergebnis der „transzendentalen Deduktion", dieser analytische Satz, ist eigentlich nur eine *Definition* des Begriffes der „Erkenntnis" im Sinne der Naturwissenschaft. Radikal formuliert, müßte diese Definition etwa lauten:

Erkennen heißt: Gesetzmäßigkeiten suchen; genauer: Gesetze aufstellen und methodisch überprüfen (ohne Rücksicht auf die Frage, ob es streng allgemeine Gesetzmäßigkeiten überhaupt gibt).

Daß eine solche Definition (man könnte sie als *transzendentale Definition der Erkenntnis* bezeichnen) das eigentliche Ergebnis der „transzendentalen Deduktion" ist, wurde schon mehrmals von anderer Seite betont. Aber in seiner vollen Tragweite wurde dieses Ergebnis meines Wissens bisher noch niemals gewürdigt (es führt nämlich, wie später[15] gezeigt werden wird, in seinen letzten Konsequenzen geradewegs zum *Deduktivismus*).

So stellt zum Beispiel auch Feigl[16] in seiner Kritik des Apriorismus ganz richtig fest, daß das eigentliche letzte Ergebnis des „Kantianismus" „lediglich eine Definition des Begriffs der Erkenntnis" ist. Aber er hält diese Definition nicht für eine erkenntnistheoretisch bedeutsame Entdeckung, sondern für trivial: „Unter Erkennen verstand man und versteht man ja überall das Herausstellen irgendeiner Ordnung, das Auffinden einer Gesetzmäßigkeit."[17] Aber dieser Vorwurf der Trivialität ist sehr ungerecht: So legen die hervorragendsten Vertreter des logischen Positivismus, zum Beispiel Carnap, Schlick, Wittgenstein (auch Feigl gehört dieser Schule an) ihren erkenntnistheoretischen Untersuchungen einen ganz anderen Erkenntnisbegriff zu Grunde als jenen Kantschen. (Vgl. die Abschnitte *19* ff., insbesondere Abschnitt *44*; dort wird auch gezeigt werden, daß es nicht zuletzt die Nichtbeachtung des Kantschen Erkenntnisbegriffes ist, an der der logische Positivismus scheitert.)

Auch Hume hätte sicherlich das Induktionsproblem anders gestellt und

---

[15] [Siehe *Nachwort des Herausgebers*; vgl. auch Abschnitt *5*, Anm. *3. Hrsg.]
[16] HERBERT FEIGL, Theorie und Erfahrung in der Physik (1929), S. 104.
[17] HERBERT FEIGL, a.a.O.

anders beurteilt, wäre ihm klar gewesen, daß alle Erkenntnis im „Herausstellen irgendeiner Ordnung", im „Auffinden einer Gesetzmäßigkeit"[18] besteht.

Wir müssen nach Naturgesetzen, nach Gesetzmäßigkeiten suchen, wenn wir überhaupt erkennen wollen. Aber wir müssen dazu keineswegs voraussetzen, daß es streng allgemeine Gesetzmäßigkeiten gibt; es genügt, wenn wir wissen, daß unser Erkennen darin besteht, *nach streng allgemeinen Gesetzmäßigkeiten zu suchen* — als ob es sie gäbe.

Es wäre aber auch unbegründet, anzunehmen, daß es sie *nicht* gibt. Die Frage, ob es sie wirklich gibt oder nicht — ob die Welt erkennbar ist oder nicht — diese Frage ist *unentscheidbar*[*2]; sie bleibt deshalb (und weil außerhalb der Methodenfrage liegend) aus dem Spiel.

Der *strenge Positivismus* ist unhaltbar: Wir müssen nach Gesetzmäßigkeiten suchen, wir müssen Naturgesetze, wir müssen streng allgemeine Wirklichkeitsaussagen aufstellen und überprüfen, wenn wir überhaupt erkennen wollen.

Aber auch der *Apriorismus* muß abgelehnt werden; die Thesen, die am Schluß des vorigen Abschnittes formuliert wurden, können nicht aufrechterhalten werden: Allgemeine Wirklichkeitsaussagen können nicht „ebensogut wahr oder falsch sein, wie besondere"; denn es setzen zwar auch die besonderen Wirklichkeitsaussagen voraus (zur Überprüfung ihres Geltungsanspruches), daß es Gesetzmäßigkeiten gibt, jedoch nur im aposteriorischen Sinne der Als-Ob-Gesetzmäßigkeiten. Um aber behaupten zu können, daß sich auch streng allgemeine Wirklichkeitsaussagen, daß sich auch Naturgesetze auffinden lassen müssen, die *wahr* sind — um das behaupten zu können, müßte man ein Induktionsprinzip nachweisen können, müßte das synthetisch-apriorische Urteil, daß es streng allgemeine Gesetzmäßigkeiten gibt, erweisbar sein.

Wir stehen also vor der merkwürdigen Situation, daß die Naturwissenschaften zwar *Naturgesetze aufstellen und überprüfen* müssen, daß aber die *Wahrheit dieser Naturgesetze grundsätzlich niemals wissenschaftlich erwiesen werden kann.* Diese so wichtigen allgemeinen Wirklichkeitsaussagen können grundsätzlich niemals den Charakter von unbewiesenen Behauptungen, von *Hypothesen* abstreifen, wir dürfen ihnen niemals [weder a priori noch a posteriori] den Geltungswert *wahr* zuschreiben.

Die Normalsatzposition ist gefallen.

---

[18] HERBERT FEIGL, a.a.O.; siehe oben.
[*2] Heute würde ich schreiben: „Diese Frage ist *wissenschaftlich* unentscheidbar." Und ich würde betonen, daß sie eine (wenn auch nicht entscheidbare) interessante metaphysische Frage ist, und daß der metaphysische Realismus sie positiv beantwortet. Vgl. auch Logik der Forschung (1934; 2. Aufl., 1966), Abschnitt 79.

Damit ist das Induktionsproblem in ein neues Stadium getreten. Die Frage lautet jetzt:

Wie hat man diese merkwürdigen allgemeinen Wirklichkeitsaussagen, die prinzipiell niemals als wahr erwiesen werden können, aufzufassen? Besteht keinerlei Unterschied im Geltungswert zwischen einem allgemein anerkannten *Naturgesetz* und einer noch wenig überprüften vorläufigen *Hypothese?* Eine Erkenntnistheorie, die dem tatsächlichen Verfahren der Wissenschaft gerecht werden will, darf doch nicht darüber hinweggehen, daß die Wissenschaft manche Naturgesetze als gut gesichert betrachtet, in andere wieder wenig oder gar kein Vertrauen setzt.

Aber vielleicht kann gerade diese graduelle Abstufung der Sicherheit von Hypothesen einen Fingerzeig geben? Der Gedanke drängt sich auf, daß die allgemeinen Wirklichkeitsaussagen Sätze sind, die *Geltungswerte zwischen wahr und falsch annehmen können;* daß *Hypothesen zwar niemals als „wahr",* dafür aber *als mehr oder weniger „wahrscheinlich"* zu bezeichnen sind.

V. Kapitel

KANT UND FRIES

11. Zur Ergänzung der Kritik des Apriorismus. (Psychologismus und Transzendentalismus bei Kant und bei Fries. — Zur Frage der empirischen Basis.) Der vorliegende ziemlich umfangreiche Abschnitt soll ausdrücklich als *Exkurs* bezeichnet werden. Denn während in diesem Teil der Arbeit sonst immer vermieden wird, von der Untersuchung des Induktionsproblems abzuschweifen, werden im vorliegenden Abschnitt verschiedene Zusammenhänge mit einiger Ausführlichkeit dargestellt, ohne daß damit der bisher erreichte Standpunkt in der Diskussion des *Induktionsproblems* eine Änderung erfahren würde. *Der nächste Abschnitt knüpft deshalb auch unmittelbar an den Schluß des vorigen an.*

Die Untersuchungen dieses Abschnittes sollen also nicht dazu dienen, die Diskussion weiterzuführen, sondern sie sollen sie vertiefen; und zwar insbesondere mit Rücksicht auf die Frage der *erkenntnistheoretischen Methode*. — Und obwohl dieser Abschnitt in gewissem Sinn bloß eine Sammlung von kritischen Überlegungen darstellt, so hat diese Sammlung doch einen wichtigen Grundgedanken: Zu zeigen, daß die *konsequente Gegenüberstellung der transzendentalen und der psychologischen Methode* ein aufschluß- und aussichtsreicher Weg ist, um die erkenntnistheoretischen Fragen einer Lösung näher zu bringen.

Daß Verwechslungen zwischen erkenntnis*psychologischen* und erkenntnis*theoretischen* Momenten bei Kant eine nicht unerhebliche Rolle spielen, wurde schon an mehreren Stellen angedeutet. Die mangelhafte Unterscheidung zwischen psychologischen und erkenntnistheoretischen Momenten hängt mit der Fragestellung des klassischen Empirismus zusammen. Dieser stellt die Frage nach der „legitimen" (soll heißen: sensualistisch-empiristischen) *Abstammung der Begriffe*, — etwa des Kausalbegriffs —, nicht aber die nach der *Geltung von Sätzen*, — etwa des Kausalsatzes. Kant hat zwar diese Fragestellung (die man wohl als *verfehlt*[*1] bezeichnen kann) durch sei-

---

[*1] Hier wird zum ersten Mal ein Thema angeschnitten, das für meine Einstellung von großer Bedeutung ist. (Vgl. zum Beispiel Logik der Forschung, 2. Aufl., 1966, und spätere Auflagen, Anm. *1 zu Abschnitt 4 und Text.) Wie man sieht,

ne Unterscheidung von *analytischen* und *synthetischen Sätzen*, die *a priori* oder *a posteriori* gelten, grundsätzlich überwunden (er wurde damit der Begründer einer spezifisch-erkenntnistheoretischen Problematik). Trotzdem fiel er aber selbst immer wieder in die genetisch-psychologische Fragestellung zurück: Sowohl die (erkenntnistheoretische) Unterscheidung *a priori* — *a posteriori* kann ja genetisch gedeutet werden (im Sinne der Frage nach der „Abstammung aus der Erfahrung"), als auch die (logische) Unterscheidung von *analytischen* und *synthetischen* Urteilen (in psychologischer Wendung: Urteile, die nur das erläutern oder zergliedern, was „wir bereits wissen", — und Urteile, die unser Wissen erweitern, vermehren). — Die genetisch-psychologische Auffassung setzt sich auch in Kants Terminologie durch und führt zu *Zweideutigkeiten*. So stellt Kant zum Beispiel die Frage, ob eine bestimmte Erkenntnis „aus der Erfahrung *entspringt*", anstatt zu fragen, ob und wie sie sich durch Erfahrungen (Wahrnehmungsurteile) *begründen* läßt. Dem entspricht, daß Kant „Erfahrung", „Verstand" usw. als „Erkenntnis*quellen*" bezeichnet (eine bildhafte unbestimmte, offenbar genetisch gemeinte Ausdrucksweise), anstatt etwa Erfahrungen, logische Beweisführungen usw. als Erkenntnis*gründe* anzuführen. Und so kommt es auch, daß erst Fries (vgl. das „Trilemma" im letzten Teil dieses Abschnittes) die Problematik gesehen hat, die darin liegt, daß *Sätze* durch „Erfahrung" (also etwa durch Sinnesanschauung) begründet werden sollen.

Zu den Fragen, die aufgeklärt werden können, sobald man die Vermengung transzendentaler und psychologischer Momente vermeidet, gehört vor allem auch der eigentümliche Gedankengang Kants, der von der „transzendentalen Deduktion" zum transzendentalen Idealismus führt (Kants Begründung des transzendentalen Idealismus). Dieser Gedankengang wurde bereits im vorigen Abschnitt, aber auch schon am Schluß des Abschnittes *(4)* erwähnt (dort im Zusammenhang mit Kants psychologisch-genetischem Gebrauch des Ausdrucks „a priori").

Ich knüpfe die Darstellung dieser Kantschen „Begründung des transzendentalen Idealismus" an seine (bereits im Abschnitt 9 zitierte) Formulierung der Ergebnisse der „transzendentalen Deduktion" an[1]:

„Es sind viele Gesetze der Natur, die wir nur vermittelst der Erfahrung wissen können, aber die *Gesetzmäßigkeit* in Verknüpfung der Erscheinungen... überhaupt, können wir durch keine Erfahrung kennen lernen, weil Erfahrung selbst solcher Gesetze bedarf, die ihrer Möglichkeit a priori zum Grunde liegen.

„Die Möglichkeit der Erfahrung überhaupt ist also zugleich das allge-

---

schreibe ich die Unterscheidung Kant zu, obwohl ich darauf aufmerksam mache, daß sie bei Kant nicht immer durchgeführt wird.

[1] IMMANUEL KANT, Prolegomena (1783), § 36, S. 111. Hervorhebung nicht im Original.

11. Zur Ergänzung der Kritik des Apriorismus

meine Gesetz der Natur, und die Grundsätze der erstern sind selbst die Gesetze der letztern."

Mit diesem Ergebnis gibt sich Kant aber keineswegs zufrieden; es scheint ihm einer Deutung, einer *Erklärung* bedürftig zu sein:

Die Bedingungen der „Möglichkeit der Erfahrung überhaupt", das sind doch die allgemeinsten Form- und Ordnungsbedingungen *unseres Erkenntnisverfahrens* (oder, mehr psychologisch ausgedrückt, unseres Erkenntnisapparates, unseres „Verstandes"). *Wie können diese subjektiven Bedingungen zugleich die allgemeinsten Gesetze der Natur sein?* Wie ist „eine solche und zwar notwendige Übereinstimmung der Prinzipien möglicher Erfahrung mit den Gesetzen ... der Natur"[2] zu *erklären*?

Kant formuliert diese Frage zwar nicht explizit, aber er diskutiert sie (und zwar in den Prolegomena[3]). Diese Diskussion enthält eben die *„Begründung des transzendentalen Idealismus"*: Sie rechtfertigt die Ansicht Kants, daß sein „Hauptsatz, ... daß allgemeine Naturgesetze a priori erkannt werden können ... von selbst auf den Satz" führt: „daß die oberste Gesetzgebung der Natur in uns selbst, d. i. in unserm Verstande liegen müsse"[4].

Um jene Frage zu beantworten, wie eine „Übereinstimmung der Prinzipien möglicher Erfahrung mit den Gesetzen ... der Natur" zu erklären sei, argumentiert Kant nämlich folgendermaßen:

Drei Möglichkeiten sind überhaupt denkbar, um die Übereinstimmung irgendeiner Erkenntnis mit ihrem Gegenstand zu erklären.

Erste Möglichkeit: Unsere Erkenntnis richtet sich nach ihrem Gegenstand.

Zweite Möglichkeit: Der Gegenstand richtet sich nach unserer Erkenntnis.

Ein Mittelweg: Die Erkenntnis ist in uns als (angeborene) Anlage so *präformiert*, daß sie mit ihrem Gegenstand übereinstimmt.

Die erste Möglichkeit lehnt Kant für die apriorischen Prinzipien ab; sie kann nur für *aposteriorische* Erkenntnis in Frage kommen; die Annahme, daß die *apriorischen Gesetze* „von der Natur vermittelst der Erfahrung entlehnt" werden, „widerspricht sich selbst, denn die allgemeinen Naturgesetze können und müssen a priori (d. i. unabhängig von aller Erfahrung) erkannt, und allem empirischen Gebrauche des Verstandes zum Grunde gelegt werden"[5].

Den Mittelweg lehnt Kant ab, weil er keine *Erklärung* bietet; er führt, so meint Kant, zu der Scheinerklärung, „daß ... ein Geist, der nicht irren

---

[2] IMMANUEL KANT, op. cit., § 36, S. 112.
[3] IMMANUEL KANT, a.a.O.; vgl. aber zum Folgenden auch die Vorrede und insbesondere den § 27 der Kritik der reinen Vernunft (2. Aufl., 1787), sowie die diesem entsprechende „Summarische Vorstellung" der 1. Aufl. (1781), S. 128 ff.
[4] IMMANUEL KANT, Prolegomena (1783), § 36, S. 111 f.
[5] [IMMANUEL KANT, op. cit., § 36, S. 112. Hrsg.]

noch betriegen kann, uns diese Naturgesetze ursprünglich eingepflanzt habe"[6]. Der „Mittelweg" führt also zu keiner (oder aber zu einer phantastisch-metaphysischen) Erklärung. — Überdies würde „das wider gedachten Mittelweg entscheidend sein: daß in solchem Falle ..." jener „befremdlichen Einstimmung ..." die „*Notwendigkeit* mangeln würde"[7].

Es bleibt also nur die zweite Möglichkeit übrig, also die anscheinend paradoxe Annahme, daß die Gegenstände sich nach unserer Erkenntnis richten (Kants „kopernikanische Wendung" des Erkenntnisproblems):

„*Der Verstand schöpft seine Gesetze* (a priori) *nicht aus der Natur, sondern schreibt sie dieser vor.*"[8]

In dieser kopernikanischen Wendung ist aber der *transzendentale Idealismus* bereits enthalten:

Nicht allein, daß uns die Natur nur in unseren Wahrnehmungen, in unseren Vorstellungen gegeben ist, sondern alle Gegenstände und Vorgänge der Natur sind uns (mit Notwendigkeit) *nur in den Formen gegeben, die ihnen unser Verstand aufgeprägt hat.*

Der Erkenntnisprozeß (der Vorgang der Apperzeption) ist nach dieser Auffassung etwa dem Prozeß der Nahrungsaufnahme (der Assimilation) zu vergleichen; ähnlich, wie das Assimilationsprodukt von den subjektiven formalen Bedingungen des Organismus mitbestimmt, geformt wird, ähnlich ist es auch hier[9]: Die formalen Bedingungen, die allgemeinsten Gesetzmäßigkeiten des Erkenntnisproduktes (der erkannten Natur) stimmen mit den allgemeinsten Prinzipien des empirischen Verstandesgebrauches deshalb überein, weil sie deren Prägung, weil sie von diesen erzeugt sind.

Soweit der Gedankengang der Kantschen „Begründung des transzendentalen Idealismus".

Bevor ich auf die kritische Analyse dieses Gedankenganges eingehe, noch eine Bemerkung über seine Rolle im System des Kantschen Apriorismus:

Im vorigen Abschnitt wurde behauptet, daß der transzendentale Idealismus sich gänzlich auf die Ergebnisse der „transzendentalen Deduktion" stützt. Diese Behauptung ist von ziemlicher Tragweite, denn sie schützt die hier vertretene *Kritik* des Apriorismus, die Kritik der „transzendentalen

---

[6] [IMMANUEL KANT, a.a.O. Hrsg.] In den Prolegomena [a.a.O.] beruft sich KANT für diesen „Mittelweg" merkwürdigerweise „allein" auf CHRISTIAN AUGUST CRUSIUS; in den Metaphysischen Anfangsgründen der Naturwissenschaft (1786), Vorrede, 2. Fußnote gegen Ende, [S. XIX], spricht jedoch KANT von der „befremdlichen Einstimmung der Erscheinungen zu den Verstandesgesetzen" und wendet sich gegen die Erklärung dieser „Einstimmung" durch eine „*prästabilierte Harmonie*"; die Beziehung des „Mittelweges" zur [*CARTESianischen] Lehre von der „*veracitas dei*" scheint ihm entgangen zu sein.

[7] IMMANUEL KANT, Kritik der reinen Vernunft (2. Aufl., 1787), § 27, S. 167 f.

[8] [IMMANUEL KANT, Prolegomena (1783), § 36, S. 113. Hrsg.]

[9] Vgl. dazu etwa JAKOB FRIEDRICH FRIES, Neue Kritik der Vernunft II (1. Aufl., 1807), § 95, S. 65 f. [2. Aufl. (Neue oder anthropologische Kritik der Vernunft II.), 1831, § 95, S. 76 f. Hrsg.]

11. Zur Ergänzung der Kritik des Apriorismus

Deduktion", vor allen Einwänden, die ihrerseits den transzendentalen Idealismus bereits voraussetzen. Sie muß deshalb gegenüber der Auffassung gesichert werden, daß der transzendentale Idealismus auch unabhängig von der „transzendentalen Deduktion" begründet werden kann, etwa durch Kants Lehre von der Subjektivität der Anschauungsformen Raum und Zeit (also durch seine transzendentale Ästhetik) oder etwa durch die Auflösung der kosmologischen Antinomien (also durch seine transzendentale Dialektik). Gegenüber solchen Einwänden wäre festzustellen: Die Seite des transzendentalen Idealismus, die für das Induktionsproblem allein von Belang ist, ist die Lehre von der *Subjektivität der Naturgesetzlichkeit,* die Lehre vom *Verstand als Gesetzgeber der Natur.* Sie ist das Kernstück des transzendentalen Idealismus. Erst durch die Subjektivität der Naturgesetzlichkeit werden die „Dinge an sich" *unerkennbar* (nicht nur *unbekannt;* vgl. den vorigen Abschnitt), weil an Stelle der etwa bestehenden objektiven Gesetze, unter denen sie vielleicht stehen, die Verstandesformen treten, die nur auf das Vorstellungsmaterial (die „Erscheinungen") anwendbar sind. — Diese Lehre kann aber durch die Lehre von der Subjektivität der Anschauungsformen *nicht* begründet werden; und ebensowenig durch die Antinomienlehre.

Die nun folgende Kritik der „Begründung des transzendentalen Idealismus" soll zeigen, daß der dargestellte Gedankengang ein charakteristisches Beispiel ist für die Vermengung von erkenntnistheoretischen und genetisch-psychologischen Gesichtspunkten.

Die Kritik muß bereits bei der *Fragestellung* ansetzen, die von den Ergebnissen der „transzendentalen Deduktion" zum transzendentalen Idealismus hinüberleitet. Diese Fragestellung Kants lautet etwa:

Wie ist die Übereinstimmung der (subjektiven) Bedingungen möglicher Erfahrung mit der (objektiven) Gesetzlichkeit der Natur zu erklären?

Es soll hier gezeigt werden, daß eine derartige Frage — wie immer man sie auch *umzuformen* versucht — in keinem Fall als eine erkenntnis*theoretische Frage* aufgefaßt werden kann; wohl aber als eine genetisch-erkenntnis*psychologische*. Um das zu zeigen, wird hier jene Frage in eine Form gebracht, die von einem rein erkenntnis*theoretischen* Standpunkt aus *möglichst* einwandfrei ist; es wird also gefragt:

Nach der transzendentalen Definition der Wirklichkeitserkenntnis besteht „Erkennen" im Aufstellen und Überprüfen von Naturgesetzen. Soll es also Erkenntnis geben, so muß die Bedingung erfüllt sein, daß wir Naturgesetze aufstellen und überprüfen können. Nun zeigt es sich, daß die objektiven Verhältnisse diese Bedingung tatsächlich erfüllen, denn: es gibt Wirklichkeitserkenntnis. Wie ist das zu erklären?

Man sieht: die Fragestellung, die Kant zum transzendentalen Idealismus führt, läuft darauf hinaus, eine Erklärung für die *Tatsache* zu verlangen, *daß es Erkenntnis gibt.*

Aber diese Frage kann von der Erkenntnistheorie nicht gestellt (und schon gar nicht beantwortet) werden.

Die Erkenntnistheorie kann wohl die Frage untersuchen: „Wie ist Erkenntnis *möglich?*" Das heißt: sie kann den Erkenntnisbegriff analysieren und die Voraussetzungen untersuchen, die erfüllt sein müssen, damit es Wirklichkeitserkenntnis geben kann („transzendentale Definition" des Erkenntnisbegriffes). Sie kann ferner feststellen, daß es Erfahrung wirklich gibt, daß also jene Voraussetzungen tatsächlich erfüllt sind.

Niemals aber kann sie eine *Erklärung* für diese Tatsache verlangen; sie kann niemals fragen: „Wie ist (wieso gibt es) Erkenntnis *wirklich?*"

Auch der Physiker kann nicht fragen, wieso die etwa durch die Maxwellschen Gleichungen formulierten Bedingungen in der Natur tatsächlich erfüllt sind; er kann nur diese Bedingungen *formulieren,* und er kann versuchen, sie aus allgemeineren Gesetzen logisch zu deduzieren und damit zu erklären (denn „erklären" heißt ja: aus einem allgemeinen Gesetz ableiten)*².

— Und ebensowenig, wie der Physiker danach fragen kann, warum*ᵃ dieses oder ein anderes Gesetz tatsächlich erfüllt ist, ebensowenig kann der Erkenntnistheoretiker danach fragen, warum die Bedingungen des Erkennens tatsächlich erfüllt sind, das heißt nämlich: warum es Gesetzmäßigkeiten tatsächlich gibt.

Es ist klar, daß diese Frage unzulässig, unwissenschaftlich ist, da ja jede Erklärung nur wieder in der Angabe eines allgemeinen Gesetzes bestehen könnte.

Daß es Erkenntnis, daß es Gesetzmäßigkeiten tatsächlich gibt — das heißt ja nur, daß sich die Aufgabe der Naturwissenschaft, Naturgesetze aufzustellen und zu überprüfen, als *lösbar* erweist, daß die Überprüfung im allgemeinen — oder wenigstens oft — positiv ausfällt. Der positive Ausfall einer Prüfung, das heißt: das tatsächliche Eintreffen einer *Prognose,* die aus einem bestimmten Naturgesetz deduziert wurde, kann nicht weiter erklärt werden, als eben durch dieses bestimmte (oder ein anderes) Naturgesetz: daß sich das Naturgesetz tatsächlich bewährt, daß die Prognose tatsächlich eintrifft, kann nicht weiter erklärt werden: Das Eintreffen der Prognose ist als ein letztes Datum zu betrachten, das auf nichts anderes zurückzuführen ist.

Es ist seinerseits nicht deduzierbar, nicht prognostizierbar; denn es gibt *nicht zwei* einander übergeordnete Prognosen: eine naturwissenschaftliche, die ein bestimmtes Ereignis voraussagt, und eine erkenntnistheoretische, die voraussagt, daß dieses Ereignis auch tatsächlich eintreffen wird; sondern es gibt nur *eine* Prognose, die naturwissenschaftliche.

Die Aufgabe, die *Wirklichkeit* zu erkennen (zu prognostizieren) wird von

---

*² Dieser Erklärungsbegriff (heute gewöhnlich als „deduktiv-nomologischer Erklärungsbegriff" bezeichnet) ist in der Logik der Forschung (1934; 2. Aufl., 1966), Abschnitt *12,* weiter ausgeführt.

der *Naturwissenschaft allein* erfüllt, und zwar mit allen Mitteln, die uns überhaupt zur Verfügung stehen. (Die Erkenntnistheorie ist eben keine Wirklichkeitswissenschaft.)

Jeder Versuch, die Tatsache zu *erklären*, daß wir gewisse Naturgesetze *mit Erfolg* überprüfen, oder, was gleichbedeutend ist: jeder Versuch, zu erklären, daß wir wirklich erkennen können, *sprengt den Rahmen der wissenschaftlichen Fragestellung* (er ist „metaphysisch"); gleichgültig, ob man, wie Kant, den Erklärungsgrund *in uns* sucht, — in den Eigenschaften unseres Verstandes, der der Natur die Gesetze aufprägt —, oder etwa in allgemeinen *Eigenschaften der Welt* (Einfachheitseigenschaften oder dergleichen):

Die Eigenschaften der Welt (zu der auch unser Verstand gehört) erkennen wir in den Naturgesetzen, die wir nach den Methoden der Naturwissenschaft aufsuchen, — mögen diese Gesetze nun „Präzisionscharakter" („Kausalcharakter") haben, oder „statistischen Charakter". Weitere „Eigenschaften", die diese erst „möglich" machen, können wir durch wissenschaftliche Methoden nicht erkennen, weder durch naturwissenschaftliche Methoden, noch durch philosophische, — auch nicht durch Methoden einer Erkenntnistheorie.

Ist somit die Kantsche Fragestellung als erkenntnistheoretische Frage überhaupt unzulässig, so kann sie doch mit Erfolg als *erkenntnispsychologische* und als *genetisch-biologische* Frage interpretiert werden. Schon die Kantschen Formulierungen, etwa die von der „befremdlichen Einstimmung der Erscheinungen mit den Verstandesgesetzen"[10] (und viele andere) weisen ja auf eine solche (psychologische) Interpretation hin.

Die Frage wäre in diesem Sinn (unter Ausschluß aller erkenntnistheoretischen Überlegungen) etwa so zu formulieren:

Wie ist die Übereinstimmung der (subjektiven) Bedingungen unseres Erkenntnisapparates — der Funktionsgesetze unseres Intellekts — mit den (objektiven) Verhältnissen unserer Umwelt zu erklären?

Es kann gezeigt werden, daß diese Frage auf die allgemein *biologische* Frage zurückgeführt werden kann, wie die *Anpassung* lebender Organismen an die objektiven Umweltsbedingungen zu erklären sei. Diese Frage ist eine theoretisch-naturwissenschaftliche, sie ist eine Tatsachenfrage.

Auch hier darf nicht gefragt werden, warum[b] es so etwas wie Anpassung überhaupt gibt, oder warum es gesetzmäßige Umweltsbedingungen gibt, an die sich die Organismen anpassen können. Es kann wohl nach den objektiven und subjektiven Bedingungen der Anpassung gefragt werden, aber nicht darnach, warum diese tatsächlich erfüllt sind.

Zweifellos müssen — neben objektiven Bedingungen, etwa einer Kon-

---

[10] [IMMANUEL KANT, Metaphysische Anfangsgründen der Naturwissenschaft (1786), Vorrede, 2. Fußnote gegen Ende, S. XIX. Hrsg.]

stanz (Gesetzmäßigkeit) der Umwelt — auch immer gewisse subjektive Bedingungen (Bedingungen des sich anpassenden Subjekts) erfüllt sein, damit es überhaupt Anpassung geben, damit man überhaupt von Anpassung sprechen kann (so etwa das Bestehen organischen Lebens, Reaktivität, usw.). Daß diese subjektiven^c Grundbedingungen auftreten, kann seinerseits offenbar nicht wieder *durch Anpassung* erklärt werden. (Will man eine Erklärung versuchen, so muß man eben andere Wege einschlagen.) Man könnte das auch so ausdrücken: Die Genese der Vorbedingungen aller Anpassung ist^d *gegenüber der Anpassung „a priori"*, und zwar in einem Sinn, der den Kantschen Überlegungen *analog* ist:

Jene Bedingungen sind die Voraussetzungen der „Möglichkeit" der Anpassung.

Um von dieser allgemeinen Betrachtung auf den besonderen Fall unseres *Erkenntnisapparates*, also auf unsere *Intellektualfunktionen* überzugehen, so kann die Eigentümlichkeit, daß wir überall nach Regelmäßigkeiten suchen (nach Kant ist ja der „*Verstand* ... das *Vermögen der Regeln*"[11]; vgl. dazu und zum folgenden den Abschnitt 4), als eine solche Grundbedingung unserer intellektuellen Anpassungsleistungen angesehen werden.

Da die *intellektuelle Anpassungsleistung*, das Erkennen, im Aufsuchen von Regeln besteht, so kann die Tatsache, daß wir einen Intellekt besitzen, daß wir überall nach Regeln suchen, ihrerseits nicht wieder als eine *intellektuelle* Anpassungsleistung betrachtet werden: Die Eigentümlichkeit, nach Regeln zu suchen, ist gegenüber den intellektuellen Anpassungsleistungen *a priori*, und zwar diesmal *ganz**3 im Kantschen Sinn:

Das Bestehen dieser intellektuellen Grundfunktion, nämlich des Suchens nach Regelmäßigkeiten, macht die intellektuelle Anpassungsleistung (die Erkenntnis) erst *möglich*.

Obwohl also das Bestehen und Entstehen der intellektuellen Grundfunktion nicht als *intellektuelle* Anpassungsleistung erklärt werden kann, so kann es doch *erklärt* werden, und zwar als eine (nicht-intellektuelle) *Anpassungsleistung*.

Anders ausgedrückt: Die Tatsache, daß wir über Intellektualfunktionen verfügen, ist (nach dem gegenwärtigen Stand unseres biologischen Wissens) durch die Hypothese zu erklären, daß sich diese Funktionen im Laufe der Entwicklung durch Anpassung (selbstverständlich durch nicht-intellektuelle) ausgebildet haben.

Damit ist zwar die Frage nur zurückgeschoben: Das Problem der Anpassung ist, wie überhaupt die Grundprobleme der Biologie, zum größten Teil noch völlig ungeklärt.

Aber *eines* ist erreicht: Die Kantsche Frage nach der „befremdlichen Einstimmung" zwischen unserem Intellekt und den Verhältnissen der Umwelt

---

[11] [IMMANUEL KANT, Kritik der reinen Vernunft (1. Aufl., 1781), S. 126. Hrsg.]

*3 Heute würde ich sagen: „*fast ganz*".

ist auf die allgemeinere biologische Frage der Anpassung zurückgeführt. Sie hat, so aufgefaßt, *keine erkenntnistheoretische Sonderstellung vor anderen Fragen der biologischen Anpassung.*

Der *Apriorismus* der intellektuellen Grundfunktionen erweist sich als *genetischer* Apriorismus: jene Grundfunktionen sind uns *angeboren,* sie sind, als Bedingungen aller Wirklichkeitserkenntnis, vor aller Wirklichkeitserkenntnis da. Die Frage, wieso sie *trotzdem* zu unserer Umwelt passen, wäre grundsätzlich auf eine Stufe zu stellen mit der Frage, wie denn ein Vogel zu seinen Flügeln kommen kann, noch ehe er Gelegenheit hat, sie in der Luft zu gebrauchen.

Nach dieser Analyse der Kantschen *Fragestellung* müssen nun auch Kants *drei mögliche Antworten* untersucht werden.

Die eben dargelegte Auffassung kommt einer Entscheidung für den „*Mittelweg*" gleich:

Die intellektuellen Grundfunktionen sind *präformiert,* sie sind „subjektive, uns mit unserer Existenz zugleich eingepflanzte Anlagen zum Denken"[12]. Aber zur Erklärung dieses „Präformationssystems" müssen wir weder eine prästabilierte Harmonie, noch die *veracitas* unseres Schöpfers heranziehen: die Frage steht auf einer Linie mit den übrigen Fragen der „Präformation", das heißt der angeborenen Anpassung.

Kants Einwand, daß einem solchen Präformationssystem keine *notwendige* Einstimmung mit der Umwelt zugeschrieben werden dürfe, zeigt wieder deutlich seine Vermengung von genetischen und erkenntnistheoretischen Gedankengängen; nur ist es diesmal die erkenntnistheoretische Seite, die die genetische stört:

Dem genetisch-apriorischen Präformationssystem kommt sicherlich keine „notwendige Übereinstimmung" zu, das heißt, es kann uns jederzeit passieren, daß unser Erkenntnisapparat versagt (und daß wir im Chaos untergehen). Kant erinnert sich aber, daß seinem *(erkenntnistheoretischen)* Begriff des Apriori das Moment der „Notwendigkeit", das heißt, der Geltung *unter allen Umständen* anhaftet, und spielt dieses Argument in der Diskussion einer Frage aus, die, wie gezeigt wurde, eigentlich gar nicht als erkenntnistheoretische Frage behandelt werden kann.

Wenn alle derartigen erkenntnistheoretischen Momente ausgeschaltet werden, so steht auch der „Mittelweg" nicht mehr in einem unüberbrückbaren Gegensatz zu den beiden anderen Möglichkeiten.

Der *ersten Möglichkeit* würde in der nunmehr gewonnenen Auffassung eine Bestimmung der Anpassungsleistungen durch die Umwelt entsprechen; und zweifellos bestimmt die Umwelt (etwa durch *Selektion*) alle Anpassungsleistungen mit; das liegt schon in dem Begriff „Anpassung".

---

[12] IMMANUEL KANT, Kritik der reinen Vernunft (2. Aufl., 1787), § 27, S. 167.

Der *zweiten Möglichkeit* würde entsprechen, daß das Subjekt der Anpassung, der sich anpassende Organismus, seine Umwelt bestimmt, daß er seine subjektiv-formalen Bedingungen seiner Umwelt *aufprägt*. Und auch das ist zweifellos der Fall: Ein Ameisenvolk, ein Termitenstaat lebt in einer anderen „Welt" als seine (örtlichen) Nachbarn unter den Vögeln oder Säugern (ein Zaun, der unseren Weg versperrt, kann eine Heerstraße für Ameisen sein); in dieser Weise betrachtet, ist die subjektive Prägung der „Umwelt" (die Kant in das Zentrum seiner Lehre gestellt hat) eine wohlfundierte biologische *Hypothese*:

Die „Umwelt" in diesem Sinn ist der Inbegriff aller biologisch relevanten äußeren Bedingungen; was aber *biologisch relevant* ist und in welcher Weise es relevant ist, — das hängt (nach dieser Hypothese) weitgehend von inneren Bedingungen ab.

In Anwendung auf die menschliche Erkenntnis müssen wir daraus schließen:

Unser Erkennen ist *antropomorph*.

Der Gedanke des *Antropomorphismus* ist für die Kantsche Erkenntnislehre von grundlegender Bedeutung. Die Lehre des transzendentalen Idealismus und der Begriff des Dings an sich, bedeutet — in eine mehr biologische Ausdrucksweise übersetzt — daß wir über die subjektiv gefärbte, von uns geprägte „Umwelt" nicht hinauskönnen, daß es uns unmöglich ist, unsere antropomorphen Grenzen zu überschreiten.

Aber lassen sich aus jener biologischen Hypothese überhaupt erkenntnistheoretische Konsequenzen ableiten? Oder liegt diesen Gedanken etwa ein eigener, ein erkenntnistheoretisch aufgefaßten Anthropomorphismus zugrunde?

Das sogenannte „Problem des Anthropomorphismus" oder das Problem der Subjektivität unserer Erkenntnis wirkt durch die typisch zirkelhaften Gedankengänge, auf die seine Analyse führt, nicht so sehr subtil, sondern eher banal.

Das gilt insbesondere für die beiden *antinomischen Auffassungen,* die sich (mit dem gleichen Schein des Rechts) auf den Gedanken des Anthropomorphismus berufen: für den erkenntnistheoretischen Pessimismus und [für] den erkenntnistheoretischen Optimismus (wie ich diese Auffassungen charakterisieren möchte).

Es gibt überhaupt keine Erkenntnis, — sagt der *erkenntnistheoretische Pessimist,* der *Skeptiker;* zumindest gibt es keine Erkenntnis im strengen Sinn: es gibt keine absolut wahren Sätze. („Ich weiß, daß ich nichts weiß, — und kaum das.") Begründung: Unsere Erkenntnis ist notwendigerweise immer *subjektiv gefärbt.* — Zwar kann die (weniger bedeutsame) *individuell*-subjektive Färbung — die sich beispielsweise in jedem Rechtsstreit so deutlich bemerkbar macht — durch die überindividuellen, intersubjektiven

11. Zur Ergänzung der Kritik des Apriorismus

Methoden der Wissenschaft bis zu einem gewissen Grad überwunden werden; die weit bedeutsamere *spezifisch*-subjektive Färbung (das heißt eben der Anthropomorphismus) ist jedoch für uns Menschen unüberwindbar. Objektivität der Erkenntnis, absolute Wahrheit kann deshalb von uns niemals erreicht werden. (Wollte man dem gegenüber etwa mit Husserl[13] einwenden: „Was wahr ist, ist absolut, ist ‚an sich' wahr; die Wahrheit ist identisch Eine, ob sie Menschen oder Unmenschen, Engel oder Götter urteilend erfassen", — so könnte der Pessimist auf einen solchen ontologischen Wahrheitsbeweis antworten: Eben darum, weil die Wahrheit ihrem Begriff nach absolute Wahrheit ist, können wir sie nicht erfassen, denn keines unserer Urteile kann seinen anthropomorphen Charakter verleugnen.)

Es ist klar, daß diese skeptisch-pessimistische Auffassung *widerspruchsvoll* ist. Vorerst deshalb, weil es ja *Erkenntnisse* sind, auf die sie aufbaut. (Die individuell-subjektive Färbung ist eine *empirische Behauptung,* und ebenso der Gedanke des allgemeinen Anthropomorphismus, der biologische Überlegungen voraussetzt.) Die skeptische Auffassung hebt somit mit der Wahrheit ihrer Voraussetzungen gleichzeitig auch sich selbst auf.

Um den inneren Widerspruch einer solchen allgemeinen Skepsis nachzuweisen, genügt es, an den „Kreterschluß" zu erinnern*4; man kann ihm hier die Form geben: *Wenn* es keine wahren Erkenntnisse gibt, so müßte es (da somit auch die soeben ausgesprochene Erkenntnis nicht wahr ist) ja eigentlich doch wahre Erkenntnisse geben, ... usw.

(An diesem inneren Widerspruch ändert sich natürlich auch dann nichts, wenn die *skeptische These selbst* nicht als wahr behauptet, sondern bloß als unsichere Vermutung aufgestellt wird, — wie das zumindest seit Pyrrhon und Arkesilaos, vermutlich sogar seit Sokrates, alle konsequenteren Skeptiker getan haben.)

Diese formalistische Widerlegung des Skeptizismus ist wohl nicht sehr ansprechend und sicher auch nicht restlos befriedigend (wofür weiter unten auch innere Gründe auftreten werden). Um die Kritik durchsichtiger darzustellen, kann man versuchen, den ganz allgemein ausgesprochenen Zweifel des Skeptikers auf besondere Fälle anzuwenden. Du zweifelst, — so könnte man etwa dem Skeptiker gegenüber ad hominem zu argumentieren versuchen, — du zweifelst, daß du den Gesang einer Amsel hörst? Aber dieses Geräusch, das du hörst, das *nennen* wir eben Vogelgesang (gleichgültig, was es etwa „an sich" ist), und dieses dunkle Etwas, das du dort siehst, das *nennen* wir eben eine Amsel. Wenn du daran zweifelst, ob wir das wirklich *so nennen,* so kannst du dich leicht überzeugen, indem du uns fragst oder ein Buch zu Rate ziehst, usw. Zweifelst du jedoch daran, ob es wirklich eine Amsel *ist,* — so können wir nur antworten: Der von uns behauptete Satz:

---

[13] [Edmund Husserl, Logische Untersuchungen I. (1900), § 36, S. 117. Hrsg.]

*4 Diese Bemerkung stammt aus der Zeit bevor ich Tarskis Wahrheitstheorie kennen lernte.

„Das da *ist* eine Amsel", will und darf gar nicht anders verstanden werden als: „Das da *nennen* wir eine Amsel." Daß wir mit dieser *bloß bezeichnenden („semantischen"*5) Methode des Erkennens* niemals in das „Wesen der Dinge" usw. eindringen können, ist richtig; aber da wir so etwas gar nicht beabsichtigen, da vor allem unsere Aussagen sicher *nicht behaupten*, das Wesen der Dinge darzustellen, sondern eben nur (eindeutig) *bezeichnen* wollen, so spricht dieser Umstand nicht gegen, sondern für die Möglichkeit, zu erkennen.

Solche Überlegungen (die übrigens in anderer Hinsicht, also nicht wegen der *semantischen Auffassung des Erkennens*, die vertreten wird, sondern wegen der psychologistischen Form der Argumentation nicht ganz einwandfrei sind) werden aber den Skeptiker vielleicht nicht befriedigen. Der Anthropomorphismus, — so könnte er etwa antworten, — der Subjektivismus, tritt ja eben aus deinen Überlegungen klar hervor: Du nennst ihn bloß die „semantische Methode des Erkennens". Ich gebe gern zu [so würde er vielleicht fortsetzen], daß unser Erkennen bloß „semantisch" ist; aber *eben darin* liegt ja schon der unausweichliche Anthropomorphismus, darin zeigt sich eben die Abhängigkeit des Erkennens von *unserer* Zeichengebung; — kurz, deine These, daß unser Erkennen bloß semantisch ist, ist für mich nur eine andere Ausdrucksweise für die skeptische These, daß wir tatsächlich gar nichts wissen können (daß wir keine *echte* Erkenntnis besitzen können —: Skepsis und Mystik berühren einander).

Aber damit hätte der Skeptiker auch zugegeben, daß wir (freilich „nur" semantische) Erkenntnisse besitzen; und was er jetzt noch angreift, ist *unser (semantischer) Erkenntnisbegriff* und unser mit diesem eng verbundene Begriff der *Wahrheit*.

Auf diese Weise kommen wir aber zu unserem Ausgangspunkt zurück; wir sind im Kreis herum gegangen: Der Skeptiker, der zuerst an der absoluten Wahrheit unserer Erkenntnisse zweifelte, wird dazu gedrängt, eben diesen (absoluten) Wahrheitsbegriff selbst als anthropomorph zu erklären. Aber woran er nun noch zweifelt, das läßt sich nicht mehr sagen; denn offenbar setzt auch der Begriff des *Zweifels* bereits den der Wahrheit voraus.

Diesen Konsequenzen kann sich der Skeptiker auch dadurch nicht entziehen, daß er die Logik selbst — und mit ihr alle Konsequenz — als anthropomorph erklärt; denn der Wahrheitsbegriff steht und fällt mit unserer Logik (die man, beiläufig gesprochen, als implizite Definition der Begriffe „wahr" und „falsch" auffassen kann).

So kann man die Situation der allgemeinen Skepsis, des erkenntnistheoretischen Pessimismus, kaum besser kennzeichnen, als Wittgenstein[14]:

---

*5 Das Wort „semantisch" wurde von mir natürlich nicht in TARSKIS Sinn gebraucht. Ich wußte damals nichts über TARSKI oder über eine Metasprache.
[14] LUDWIG WITTGENSTEIN, Tractatus Logico-Philosophicus (1918/1922), Satz 6.51.

„Skeptizismus ist *nicht* unwiderleglich, sondern offenbar unsinnig, wenn er bezweifeln will, wo nicht gefragt werden kann."

Das Ergebnis dieser Auseinandersetzung könnte man dahin interpretieren, daß sich der Anthropomorphismus als *vollkommen unüberwindbar* erwiesen hat: Er durchdringt unsere Logik, unseren Wahrheitsbegriff, ja selbst — unsere Skepsis.

Diese Interpretation führt aber zu einem erkenntnistheoretischen *Optimismus*, führt zu jener Auffassung der Frage des Anthropomorphismus, wie sie zum Beispiel durch den *Apriorismus* Kants vertreten wird.

Nach dieser Auffassung bleibt uns keine Wahl: wir sind gezwungen, das Gehäuse des Anthropomorphismus — die Formen unseres Verstandes — als ein Letztes hinzunehmen. Diese *Formen selbst* können wir zwar erkennen, — aber nicht, um sie zu überwinden, sondern im Gegenteil: um sie als die letzten unüberschreitbaren Grenzen und gleichzeitig als die letzten, nicht mehr anzweifelbaren Prinzipien unseres Erkennens festzustellen.

Der *transzendentale Idealismus* kann somit auch als eine radikale Durchführung des Gedankens betrachtet werden, daß alle unsere Erkenntnisse *subjektiv gefärbt*, das heißt: *anthropomorph* sind.

Diese Kantsche Auffassung hat eigentümliche Folgen für den Gebrauch der Begriffe „*objektiv*" und „*subjektiv*" (worauf gewisse terminologische Inkonsequenzen in Kants Werk zurückzuführen sind). Durch den radikalen Subjektivismus wird nämlich auch der Begriff des Gegenstandes, des „Objekts", subjektiviert:

Die Gegenstände der Wissenschaft, die Objekte, sind uns nur in unserer Erfahrung, in unserer Erkenntnis gegeben; damit etwas überhaupt Objekt werden kann, muß es bereits subjektiv geformt sein.

[Die] *Objektivität* der Erkenntnis kann somit nicht darin gesucht werden, daß die Erkenntnis das „An sich" ihres Gegenstandes erfaßt; sondern sie besteht darin, daß der Gegenstand nach den *allgemeingültigen (intersubjektiven)* methodischen Prinzipien (unseres Verstandesgebrauches) wissenschaftlich bestimmt wird. (Man könnte in Anlehnung an Kants Sprachgebrauch diese Objektivität als „*empirische Objektivität*" bezeichnen.)

Diesem Begriff der (empirischen) *Objektivität* im Sinne von Allgemeingültigkeit, von wissenschaftlich-empirischer Dignität, (von *intersubjektiver Nachprüfbarkeit*; vgl. den Abschnitt 9 gegen Schluß, und den vorliegenden Abschnitt, weiter unten) wäre ein Begriff der (empirischen) *Subjektivität* zu koordinieren; „subjektiv" in diesem Sinne wäre eine Überzeugung (ein „Glaube"), deren Berechtigung nicht nach wissenschaftlichen, allgemeingültigen Methoden nachgeprüft werden kann.

Diesem Sprachgebrauch, der dem transzendentalen Idealismus am besten entspricht, steht jedoch ein anderer, weniger wichtiger und offenbar älterer gegenüber, der auch mit dem Objektivitätsbegriff, der in der vorliegenden Arbeit verwendet wird, nichts zu tun hat. Man könnte ihn dadurch charakterisieren, daß er „*objektiv*" gleich „*absolut*" setzt: *Objektiv* wäre eine Erkenntnis, die ihren *Gegenstand* erfaßt, *wie er* — „an sich" — *ist*, losgelöst von allen Beziehungen zum erkennenden Subjekt; *subjektiv*, wenn sie ihren Gegenstand nur *relativ* bestimmt, bezogen auf die übrigen Erkenntnisse und auf die formale Grundvoraussetzung eines erkennenden Subjekts oder der erkennenden Wissenschaft.

Wenn man diesen zweiten (transzendenten) Sprachgebrauch, der dem transzendentalen Idealismus wenig entspricht, vermeidet — was leicht durchführbar ist, da ja das Begriffspaar „absolut" und „relativ" zur Verfügung steht — und die Begriffe „objektiv" und „subjektiv" nur in dem oben als „empirisch" bezeichneten Sinn gebraucht, so kann man das Ergebnis der Kantschen Erkenntniskritik durch die Formel zusammenfassen:

Das „*Absolute*" kann nur *subjektiv* erfaßt (das heißt „geglaubt") werden; alle *objektive* (das heißt allgemeingültige, intersubjektiv nachprüfbare *wissenschaftliche*) Erkenntnis ist „*relativ*".

„Dieses Gegensatzpaar: *subjektiv-absolut* und *objektiv-relativ* scheint mir eine der fundamentalsten erkenntnistheoretischen Einsichten zu enthalten, die man aus der Naturforschung ablesen kann" schreibt Weyl[15], — freilich ohne Bezug auf die Lehre Kants; und weiter: „Wer das Absolute will, muß die Subjektivität ... in Kauf nehmen; wen es zum Objektiven drängt, der kommt um das Relativitätsproblem nicht herum."[16]

Daß diese Einsicht in der Kantschen Erkenntnislehre implizit enthalten ist (wenn auch [ein wenig] beeinträchtigt durch die angedeutete terminologische Verwirrung), ja, daß sie einen der bedeutsamsten Gedanken der ganzen Kantschen Philosophie enthält, kann kaum bezweifelt werden (man vergleiche dazu etwa den 3. Abschnitt[17] der „transzendentalen Methodenlehre", aber auch die *praktische Philosophie* Kants); sie kennzeichnet jene Seite der Kantschen Philosophie, die empiristisch ist, ohne positivistisch zu sein. — Über den so wichtigen *Objektivitätsbegriff* Kants und seine „relativistischen" Konsequenzen wird in diesem Abschnitt weiter unten noch zu sprechen sein. (Daß dieser „Relativismus" nichts zu tun hat mit gewissen Plattheiten — „Alles ist relativ", oder dergleichen, — aber auch nichts mit einer Relativierung des Wahrheitsbegriffs, braucht wohl nicht besonders betont zu werden[18].)

---

[15] HERMANN WEYL, Philosophie der Mathematik und Naturwissenschaft (1927), S. 83.
[16] Wie auch WEYL hervorhebt, findet sich dieser Gedanke auch bei MAX BORN, Die Relativitätstheorie EINSTEINS und ihre physikalischen Grundlagen (1920), Einleitung; und noch früher hat sich in sehr ähnlicher Weise REININGER geäußert, — vgl. ROBERT REININGER, Das Psycho-Physische Problem (1916), S. 290 f.
[17] [IMMANUEL KANT, Kritik der reinen Vernunft (2. Aufl., 1787), Transzendentale Methodenlehre, 2. Hauptstück, 3. Abschnitt, S. 848 ff. Hrsg.]
[18] Zum Begriff der „Relativität" vgl. übrigens auch JAKOB FRIEDRICH FRIES,

11. Zur Ergänzung der Kritik des Apriorismus

An dieser Stelle muß nun neuerdings der *Apriorismus* kritisiert werden: Auch Kants *optimistische* Ansicht, daß wir für die notwendige anthropomorphe Beschränkung unserer Erkenntnis (für ihre Relativierung) durch a priori gültige, objektive synthetische Einsichten entschädigt werden, ist nicht haltbar; der transzendentale Idealismus läßt sich mit Hilfe des Gedankens eines in keiner Weise überschreitbaren Anthropomorphismus nicht begründen; der optimistische Apriorist verwickelt sich in analoge Widersprüche, wie der pessimistische Skeptiker.

Kant will die erkenntnistheoretische Apriorität eines Induktionsprinzips, die „Notwendigkeit" des Bestehens einer allgemeinen Naturgesetzlichkeit durch die Annahme erklären und sicherstellen, daß unser Verstand der Natur die Gesetze vorschreibt, ihr seine Formen aufprägt. Aber diese Annahme leistet in keiner Weise das, was Kant von ihr verlangt: Sie *erklärt nichts,* sie ist *zirkelhaft,* und schließlich erweist sie sich sogar als *unvereinbar* mit Kants grundlegenden Voraussetzungen, mit seiner Begriffsbestimmung der analytischen und synthetischen Urteile.

Vorerst: Selbst wenn es gelänge, das Problem der *Naturgesetzlichkeit* auf das der *Verstandesgesetzlichkeit* zurückzuführen, — was wäre damit gewonnen? Auch um die allgemeine und strenge Gültigkeit von Gesetzen unseres Verstandes behaupten zu können, müßte man ja ein *Induktionsprinzip voraussetzen.*

So nimmt Kant zum Beispiel eine allgemeine Gleichförmigkeit der Intellekte aller geistig gesunden Menschen an. Diese Annahme ist aber offenbar empirisch und bedarf daher eines Induktionsprinzips.

Will man diesen Zirkel vermeiden, so müßte man von einem „methodischen Solipsismus" [Carnap] ausgehen: *Mein* Verstand schreibt der (mir erscheinenden) Natur die Gesetze vor, daher gibt es in dieser meiner Natur Gesetzmäßigkeit; aufgrund dieses [oder eines anderen*6] *Induktionsprinzips* kann ich nun die Gleichförmigkeit der menschlichen Intellekte (die zu der mir erscheinenden „Natur" gehören) behaupten, usw. — Aber auch dieser Schritt beseitigt den Zirkelschluß nicht: Mit welchem Recht soll ich — *ohne* ein Induktionsprinzip vorauszusetzen, also a priori — so etwas wie eine Gleichförmigkeit, eine sich gleichbleibende Gesetzmäßigkeit meines Intellekts behaupten dürfen?

(Nur eine *erkenntnispsychologische* Apriorität der Naturgesetzlichkeit könnte durch den transzendentalen Idealismus erklärt werden, nie eine *erkenntnistheoretische:* wieder zeigt sich, daß Kant in den entscheidenden Momenten diese beiden Begriffe des Apriori verwechselt.)

Eine solche Gleichförmigkeit meines Intellekts ist ja nichts weniger als selbstverständlich: Daß sich der menschliche Verstand (ontogenetisch und

---

Neue Kritik der Vernunft II. (1. Aufl., 1807), § 111: 3, S. 121. [2. Aufl. (Neue oder anthropologische Kritik der Vernunft II.), 1831, § 110: 3, S. 129. Hrsg.]

*6 Vgl. meine neuen Anmerkungen zum Abschnitt 5, oben.

phylogenetisch betrachtet) verändert, entwickelt, ist eine Erfahrungstatsache. Und diese Veränderungen sind vor allem *formaler* Natur: Sie bestehen nicht so sehr darin, daß sich unser materiales Wissen ändert, sondern sie betreffen vor allem die intellektuellen *Funktionen*, die Methoden und die ungeprüften Voraussetzungen des Denkens.

Es ist also nicht einzusehen (es sei denn, man verwechselt das psychologische und das erkenntnistheoretische Apriori), weshalb die Gesetze meines Verstandes sicherer oder stabiler oder leichter zu verstehen (oder gar evidenter?) sein sollen, als die Naturgesetze. (So ist es zum Beispiel eine in der Geologie gut bewährte Annahme, daß sich die allgemeinsten geophysikalischen Bedingungen — also naturgesetzliche Zusammenhänge — in den geologischen Epochen nicht verändert haben; niemand zweifelt jedoch an den großen phylogenetischen Änderungen, die sich in den menschlichen Intellektualfunktionen innerhalb weit kürzerer Zeiträume abgespielt haben.)

Die Zurückführung der Naturgesetzlichkeit auf Verstandesgesetzlichkeit erklärt somit nichts. Sie° enthält überdies einen unaufhebbaren Zirkel; und sie *muß* einen solchen Zirkel enthalten: wir selbst sind ja natürliche Wesen (und nicht übernatürliche), wir selbst gehören ja — und zwar mitsamt unserem Verstand, unserer Vernunft, unserer Erkenntnis, unserer Wissenschaft (auch nach Kant) — zu jener „Natur", die erst durch uns geformt, die erst durch uns „Natur" werden soll.

Einen Einwand, der mit dem soeben dargelegten sehr nahe verwandt ist (obwohl er keinen Hinweis auf den Zirkelschluß enthält), erhebt Russell[19], und zwar vor allem gegen Kants Philosophie der Arithmetik und der Logik: „Was erklärt werden soll, ist unsere Gewißheit, daß die Tatsachen immer den Gesetzen der Logik und Arithmetik genügen müssen. Wenn wir sagen, daß Logik und Arithmetik von uns stammen, so ist das keine Erklärung dafür. Unsere Natur ist ebensosehr eine Tatsache der bestehenden Welt, wie irgend etwas anderes, und es kann keine Sicherheit geben, daß sie konstant bleiben wird. Wenn Kant recht hat, könnte es sein, daß unsere Natur sich morgen so veränderte, daß zwei und zwei fünf wird. Diese Möglichkeit scheint ihm nie in den Sinn gekommen zu sein; doch zerstört sie völlig die Sicherheit und Allgemeingültigkeit, die er so sehr bestrebt war, für die arithmetischen Behauptungen zu retten."

Schwerer noch als durch den Einwand des Zirkelschlusses scheint mir der optimistische Apriorismus durch das Bedenken getroffen zu werden, daß dieser Standpunkt *unvereinbar* ist mit Kants so bedeutungsvoller Unterscheidung der *analytischen* und *synthetischen* Urteile.

Kant glaubte, daß es synthetische Urteile a priori geben müsse, aber (im

---

[19] BERTRAND RUSSELL, The Problems of Philosophy (1912), *VIII*, [S. 135]; zitiert nach der Übersetzung von PAUL HERTZ (Die Probleme der Philosophie, 1926), S. 74.

11. Zur Ergänzung der Kritik des Apriorismus

Gegensatz zum „dogmatischen" Rationalismus, der *materiale* synthetische Urteile a priori annahm) nur solche, die *aus formalen Gründen gelten*. Sie müssen, so dachte er, für *jedes* Material (und somit a priori) gelten, weil sie nichts anderes sind, als die *allgemeinsten rationalen Formen* die wir jedem Material aufprägen und in denen daher *jedes* Material auftreten muß, wenn es rational bestimmt, *erkannt* werden soll.

Dieser *synthetische Formalismus* Kants, — seine Ansicht, daß synthetische Urteile aus *formalen Gründen* Geltung haben können — ist, wie sich leicht zeigen läßt, unvereinbar mit der Kantschen Begriffsbestimmung des synthetischen Urteils, nach der jedes synthetische Urteil widerspruchslos *negiert* werden kann.

Kant stellt sich den synthetischen Formalismus etwa so vor, daß alles Material, alle Sinneseindrücke (mittels gewisser Schemata) von unserem Verstand unter gewisse Formbegriffe subsumiert werden; die reinen Verstandesbegriffe oder *Kategorien* werden (nach vier verschiedenen Gesichtspunkten) auf das Material angewendet; das Material wird rational bearbeitet, kategorial geformt.

Nun ist aber auch die *„Negation"* eine *Kategorie* und zwar eine, die — *rein formal betrachtet* — auf jeden beliebigen Satz angewendet werden kann, welche Form auch immer dieser Satz haben mag.

Bei einer bestimmten Klasse von Sätzen zeigt es sich, daß man durch die Anwendung der Kategorie der Negation, durch Negierung (die ja immer formal durchführbar ist) einen Satz erhält, der aus formalen Gründen *nicht gelten kann*, weil er in sich *widerspruchsvoll* ist. Es sind das die *analytischen* Sätze, deren Negate *Kontradiktionen* sind.

Ein *synthetisches* Urteil hingegen kann nach Kant[20] niemals „nach dem Satze des Widerspruchs eingesehen werden". Das heißt aber, daß sein Negat niemals widerspruchsvoll ist, daß die Anwendung der Kategorie der Negation auf ein synthetisches Urteil niemals zu einem Satz führt, der aus *formalen Gründen* ungültig ist.

Wenn daher ein bestimmtes Material in einer bestimmten Form als (synthetisches) Urteil auftreten kann, so kann — aus formalen Gründen — *immer* auch eine andere Form auf dasselbe Material angewendet werden: die *Negation* des ersten Urteils.

Die *Entscheidung* zwischen diesen beiden einander widersprechenden (einander negierenden) Formen kann somit keine Entscheidung nach *formalen* Gesichtspunkten sein: Nur die *materiale* Seite der Erkenntnis (die empirische Überprüfung) kann den Ausschlag geben, welches von diesen, formal in gleicher Weise „möglichen" synthetischen Urteilen als *wahr* anzusehen ist und welches als *falsch*.

---

[20] [IMMANUEL KANT, Prolegomena (1783), § 2, S. 28; I. KANT, Kritik der reinen Vernunft (2. Aufl., 1787), S. 14. Hrsg.]

Das hat auch Kant klar gesehen: die beiden ersten (bereits zitierten[21]) „Postulate des empirischen Denkens überhaupt" lauten nämlich[22]:

„1. Was mit den formalen Bedingungen der Erfahrung ... übereinkommt, ist *möglich*.

„2. Was mit den materialen Bedingungen der Erfahrung (der Empfindung) zusammenhängt, ist *wirklich*."

Damit ist aber alles gesagt:

A priori kann man von keiner Form wissen, ob sie oder ihre gleich mögliche (formal gleich anwendbare) Negation auf einen bestimmten Fall der Wirklichkeit (auf ein bestimmtes Material) anzuwenden sein wird. Darüber entscheiden — a posteriori — die materialen Bedingungen der Erfahrung.

Alle Sätze, die aus formalen Gründen a priori wahr sind, sind *analytisch*. Soll ein Satz, der eine bestimmte Behauptung über ein *Material* enthält, *allein durch seine Form* (a priori) gelten, so muß er neben dieser Behauptung auch ihre Negation zulassen (und wird damit zu einem analytischen Satz; zum Beispiel: „Die Sonne wird morgen aufgehen — oder auch nicht").

Synthetische Sätze sind also nie aus formalen Gründen gültig: sie können nur a posteriori gelten.

Kant hielt formale synthetische Sätze teils wegen seiner Auffassung der Mathematik für möglich, vor allem aber deshalb, weil er sich durch eine *Äquivokation* irreführen ließ; er verwechselte seine *logischen* Begriffe „synthetisch" und „analytisch" mit anderen, insbesondere mit *psychologischen* Begriffen: Jede „Form", jede Ordnung *faßt* „Elemente" *zusammen*, ist — wenn man will — eine „*Synthese* des Mannigfaltigen" und kann *insofern* „synthetisch" genannt werden. Aber *dieser* Begriff der Synthese hat mit den „synthetischen Urteilen" (im Sinne von nicht-analytischen, von nicht-tautologischen Behauptungen) nichts zu tun.

Jene Sätze, die Kant für formale synthetische Urteile a priori hielt, sind teils *material* (und *synthetisch*) und *nicht a priori*, — hierher gehören zum Beispiel seine Sätze der „reinen Naturwissenschaft" (die sich daher auch zum Teil als falsch erwiesen haben*[7]) —, teils sind sie wirklich *formal* und *a priori*, aber *analytisch*. Zu diesen gehören alle erkenntnistheoretisch bedeutsameren Sätze Kants. Ein Beispiel für diese Gruppe sind die zitierten „Postulate des empirischen Denkens überhaupt", von denen Kant[23] selbst sagt, daß sie nichts sind, als Erklärungen der Begriffe „Möglichkeit" und „Wirklichkeit" und somit[24] „nicht objektiv-synthetisch" (also doch „objektiv-analytisch"?), sondern nur „subjektiv-synthetisch" (das heißt „synthe-

---

[21] [Siehe Abschnitt 3, Text zu Anm. 4. Hrsg.]
[22] [IMMANUEL KANT, Kritik der reinen Vernunft (2. Aufl., 1787), S. 265 f. Hrsg.]
*[7] Eine Anspielung auf EINSTEINS Gravitationstheorie und auf die HEISENBERGschen Unbestimmtheitsrelationen.
[23] [IMMANUEL KANT, op. cit., S. 266. Hrsg.]
[24] [IMMANUEL KANT, op. cit., S. 286. Hrsg.]

tisch" in irgendeinem erkenntnispsychologischen Sinn).

Transzendentale Formen, — Formen, an die unsere wissenschaftlichen Erkenntnisse gebunden sind — sind also nur die Formen der *analytischen* Sätze, die logischen und mathematischen Tautologien. (Ähnlich, aber in anderem Sinn als Wittgenstein[25] könnte man sagen: „*Nur* die Logik ist transzendental.")

Soviel zur Kritik des Kantschen Apriorismus, insbesondere zu Kants optimistischer Stellungnahme in der Frage des Anthropomorphismus.

Die ziemlich weitgehenden Hoffnungen, die Kant aus der richtigen Einsicht schöpfte, daß eine allgemeine Skepsis sich selbst widerspricht, haben sich als unbegründet erwiesen. Wie aber ist nun die Frage des Anthropomorphismus aufzulösen? Kann von dem Standpunkt aus, den wir in der Diskussion des Induktionsproblems bisher erreicht haben, neben Pessimismus und Optimismus vielleicht eine dritte Stellungnahme aufgefunden werden, die mehr befriedigt?

Das Unfruchtbare, das Banale der ganzen Debatte zwischen erkenntnistheoretischem Pessimismus und Optimismus liegt jedenfalls in der zu allgemeinen und zu unbestimmten Fragestellung. Die allgemeine erkenntnistheoretische Frage nach der Gültigkeit „unserer Erkenntnis überhaupt" wird durch mehr konkrete Probleme zu ersetzen sein, die aus der empirisch-wissenschaftlichen Methodik erwachsen. In dieser Richtung hat ja Kant den entscheidenden Schritt gemacht, durch seine Unterscheidung von analytischen und synthetischen Urteilen.

Vom Standpunkt der empirischen Wissenschaft gesehen, enthalten die *analytischen* Urteile *kein methodisches Problem*. Dem empirischen Wissenschaftler erscheint die skeptische Betrachtung der analytischen Urteile (das heißt ja auch: der Logik) als müßig; unsere Analyse hat auch die Unhaltbarkeit einer solchen Skepsis erwiesen.

Anders steht es jedoch mit den *synthetischen* Urteilen:

Einerseits ist die summarische Ablehnung des *Skeptizismus* offenbar deshalb so wenig befriedigend, weil für einen Teil der synthetischen Urteile eine gewisse Skepsis nach den methodischen Erfahrungen der empirischen Wissenschaft *nicht ganz unberechtigt* zu sein scheint. Denn da es synthetisch-apriorische Urteile nicht gibt, — und somit auch kein Induktionsprinzip —, so ist eine logisch einwandfreie, eine *endgültige Rechtfertigung allgemeiner synthetischer Sätze* überhaupt *unmöglich*.

Anderseits müssen wir auch Kants Ansicht zustimmen, daß sich der Anthropomorphismus dahin auswirkt, daß es für die menschliche Erkenntnis unüberschreitbare Grenzen gibt; aber im Gegensatz zur Ansicht Kants besteht (nach der hier vertretenen Auffassung) diese Beschränkung unseres Er-

---

[25] Vgl. LUDWIG WITTGENSTEIN, Tractatus Logico-Philosophicus (1918/1922), Sätze 6.13 und 6.421.

kennens nicht darin, daß es an synthetisch-apriorische Dogmen gebunden ist; sie wirkt sich vielmehr vor allem in der *Unmöglichkeit* aus, *allgemeine Wirklichkeitsaussagen jemals endgültig zu verifizieren.*

Unter dem Gesichtspunkt der bisherigen Diskussion des Induktionsproblems wäre somit der Gedanke des *Anthropomorphismus* mit einer (ursprünglich hier ganz anders motivierten) *skeptischen Auffassung* des Erkenntnisproblems in Verbindung zu bringen; freilich mit einer *eingeschränkten* Skepsis, die sich vor allem auf die Geltung der *Naturgesetze* (auf die allgemeinen Wirklichkeitsaussagen) bezieht und dadurch die Widersprüche der allgemeinen Skepsis vermeidet.

Aber das genügt noch nicht: Eine skeptische Auffassung der Naturgesetze bleibt eine ziemlich leere, methodologisch fast bedeutungslose Überlegung, wenn sie nicht durch die Feststellung des *Annäherungscharakters* unserer Wirklichkeitserkenntnis ergänzt und damit wieder mehr in eine optimistische Richtung gewendet wird.

Solange wir nämlich bloß den allgemeinen *Verdacht* haben, eine bestimmte Erkenntnis sei anthropomorph gefärbt (oder auch nicht endgültig erwiesen [und daher vielleicht unrichtig]), ohne aber diesen Verdacht seinerseits rechtfertigen zu können, bewegen wir uns im Gebiete ziemlich müßiger Spekulationen. Ganz anders, wenn wir darauf hinweisen, daß wir oft *bestimmte naturwissenschaftliche Theorien überwinden, durch bessere ersetzen:* In diesen Fällen können wir meist ganz konkret feststellen, welche (unbewiesenen) *Vorurteile* der älteren Theorie zugrundelagen. Diese Vorurteile können wir untersuchen; in vielen Fällen läßt sich jener Zug an ihnen feststellen, den man „anthropomorph" nennt. So gibt erst die (erkenntnistheoretische) *Tatsache der Annäherungen, der Überwindung einer Theorie durch eine bessere,* dem Gedanken des Anthropomorphismus (und der Skepsis) einen faßbaren Gehalt.

Ein solcher Standpunkt, wie der eben angedeutete, steht aber auch dem erkenntnistheoretischen Optimismus nicht mehr allzufern. Das sieht man deutlich an einer Verwandtschaft dieses Standpunktes mit gewissen Gedankengängen Kants, die insbesondere von den *Neukantianern* weiter verfolgt worden sind: Die Lehre vom „Gegenstand" unserer Erkenntnis, der dieser nie „gegeben", sondern als das unbekannte *X* immer nur „aufgegeben" ist, betont mit aller Schärfe den Annäherungscharakter und die Unvollendbarkeit unserer Erkenntnis (wenn auch in etwas anderem als dem hier vertretenen Sinn). In einem kaum überbrückbaren Gegensatz steht jedoch der hier vertretene Standpunkt zum radikalen Optimismus Wittgensteins, der, ganz im Geiste des Positivismus, gegen jede Form der Skepsis feststellt[26]:

„*Das Rätsel* gibt es nicht.

---

[26] LUDWIG WITTGENSTEIN, op. cit., Satz 6.5; vgl. dazu die Abschnitte *19* und *43* f.

Wenn sich eine Frage überhaupt stellen läßt, so *kann* sie auch beantwortet werden."

Die methodologische Bedeutung des *Annäherungscharakters unserer Erkenntnis* liegt wohl auf der Hand. Nicht so offenkundig ist es vielleicht, daß auch die Unmöglichkeit einer endgültigen Verifikation allgemeiner Wirklichkeitsaussagen sich praktisch-methodologisch auswirkt. (Es wird das im weiteren Verlauf der Untersuchung hinreichend hervorgehoben werden.) Wenn der Gedanke des *Anthropomorphismus* (ursprünglich offenbar ein biologischer Gedanke) überhaupt auf methodologisch-erkenntnistheoretisches Gebiet übertragen werden kann, so nur mit Hilfe dieser beiden Begriffe: der *Annäherung*, die erst durch die Feststellung der *Unvollendbarkeit unserer Wirklichkeitserkenntnis* ihr volles Gewicht erhält und ihrerseits diese Feststellung positiv ergänzt.

Die dargelegte Ansicht über das Problem des Anthropomorphismus ist nicht eben neu. Wenn sich schon bei Xenophanes (um 500 vor Chr.), der als erster den Gedanken des Anthropomorphismus ausspricht, die beiden anderen Gedanken ebenfalls finden — der Gedanke des Annäherungscharakters unserer Naturerkenntnis und der der Unmöglichkeit ihrer endgültigen Verifikation — so kann das kaum als Zufall betrachtet werden.

Die betreffenden Stellen[27] werden hier (nach der Übersetzung von Nestle[28]) wiedergegeben.

---

[27] [HERMANN DIELS und WALTHER KRANZ, Die Fragmente der Vorsokratiker: B 15, 18, 34, 23, 24. Hrsg.]
[28] [WILHELM NESTLE, Die Vorsokratiker (1908), S. 111 f.; 2. Aufl., 1922, S. 113 f. In der 2. Aufl. lautet der letzte Vers von D-K (DIELS-KRANZ) B 15: „Würden die leibliche Form sie ihrer Götter gestalten."
D-K B 16, 15, 35, 18, 38, 34, 23, 24 lauten in der Übersetzung POPPERS:

Stumpfe Nasen und schwarz: so sind Äthiopias Götter.
Blauäugig aber und blond: so seh'n ihre Götter die Thraker.

Aber die Rinder und Rosse und Löwen, hätten sie Hände,
Hände wie Menschen, zum zeichnen, zum malen, ein Bildwerk zu formen,
Dann würden Rosse die Götter gleich Rossen und Rinder gleich Rindern
Zeichnen und deren Gestalten, die Formen der göttlichen Körper,
Nach ihrem eigenen Bilde erschaffen: ein jedes nach seinem.

Diese Vermutung ist, wie ich meine, der Wahrheit recht ähnlich.

Nicht vom Beginn an enthüllten die Götter uns Sterblichen alles;
Aber im Laufe der Zeit finden wir suchend das Bess're.

Hätte nicht Gott für uns den blaßgelben Honig erschaffen,
Würde die Feige gar vielen um vieles noch süßer erscheinen.

Sichere Wahrheit erkannte kein Mensch und wird keiner erkennen
Über die Götter und alle die Dinge, von denen ich spreche.

Vorerst die klassische Formulierung des Gedankens des Anthropomorphismus:

„Hätten die Rinder und Rosse und Löwen Hände wie Menschen
Könnten sie malen wie diese und Werke der Kunst sich erschaffen,
Alsdann malten die Rosse gleich Rossen, gleich Rindern die Rinder
Auch die Bilder der Götter und je nach dem eigenen Aussehn
Würden die Körperform sie ihrer Götter gestalten."

Eine Konsequenz dieses Gedankens ist wohl die Einsicht in den Annäherungscharakter unserer Erkenntnis:

„Nicht gleich anfangs zeigten die Götter den Sterblichen alles,
Sondern sie finden das Bessere suchend im Laufe der Zeiten."

Diese Annäherung ist unvollendbar — und wäre sie auch vollendbar, so könnte das doch *niemals endgültig verifiziert* werden (die Skepsis des Xenophanes stimmt mit der hier vertretenen überein — wenn man sie modernisiert, das heißt, auf die *Naturgesetze* bezieht):

„Niemals lebte ein Mensch noch wird ein solcher je leben,
Der von den Göttern und allem, wovon ich rede, Gewisses
Wüßte; und spräche sogar das Vollkommenste jemand darüber
Weiß er es selbst doch nicht; nur Raten ist alles und Meinung."

Beispiele dafür, daß die fortschreitende Annäherung unserer Erkenntnis anthropomorphe Fehlerquellen enthüllen kann, gibt es genug: Vom blitzeschleudernden Zeus bis zur Feldtheorie der Elektrizität (und ihrer geometrischen Deutung), von der genetischen Physik der Milesischen Philosophen bis zur Feldtheorie (Elektronentheorie) der Materie. Ein charakteristischer Zug aller dieser Entwicklungsreihen ist die Entwicklung vom *Anschaulichen* zum *Unanschaulichen*. — Auch diesen Zug zum Unanschaulichen (nicht zur *Phantasielosigkeit,* sondern zur *Abstraktheit,* zur *rationalen Konstruktion*) erkennt schon Xenophanes. Er betont gegenüber dem primitiv-anthropomorphen Polytheismus die Abstraktheit (und den konstruktiven Charakter) seines Monotheismus:

„*Ein* Gott ist unter den Göttern und unter den Menschen der größte,
Nicht an Gestalt vergleichbar den Sterblichen noch an Gedanken.
Ganz ist Auge, ganz Ohr und ganz Gedanke sein Wesen."

Unter den zahllosen Beispielen für derartige Annäherungsreihen ist vor allem die *Entwicklung des Kausalproblems* für die gegenwärtige Untersu-

---

Sollte einer auch einst die vollkommenste Wahrheit verkünden,
Wüßte er selbst es doch nicht: es ist alles durchwebt von Vermutung.

Ein Gott ist der größte unter den Göttern und Menschen,
Nicht an Gestalt den Sterblichen ähnlich, noch an Gedanken:
Alles sieht er und hört er, und alles umfaßt sein Bewußtsein.

(Die Übersetzung von D-K B 18 und 34 wurde zum erstenmal in KARL POPPER, Logik der Forschung (3. Aufl., 1969), S. XXVI, veröffentlicht.) Hrsg.]

chung von Interesse; es soll deshalb hier auf diese Frage etwas näher eingegangen werden.

Im Abschnitt *(3)* dieser Arbeit wurde für den Begriff der kausalen Erklärung folgende Bestimmung vorgeschlagen: „Einen Vorgang *kausal erklären* heißt, ... ihn aus Naturgesetzen *deduktiv ableiten*." Diese Begriffsbestimmung, die den *Kausalbegriff* auf den Begriff des *Naturgesetzes* zurückführt, soll hier durch eine Gegenüberstellung mit anderen, mehr anthropomorphistischen Auffassungen erläutert werden.

Daß der *Kausalbegriff* (historisch betrachtet) mit dem Begriff der *Genese*, des Schaffens, des Erzeugens, des Entstehens *durch jemanden* und *aus etwas* eng zusammenhängt, ist sicher. Das deutsche Wort „Ur-Sache", die jonische Urstoffspekulation weisen auf diese Methode des *Erklärens* ebenso deutlich hin, wie die religiösen Weltentstehungstheorien und die kosmologischen Gottesbeweise.

Ebenso sicher ist es, daß sich in unserer *instinktiven* Einstellung zu den Vorgängen der Natur noch deutlich ein *animistisches* Element erhalten hat (man denke an die „Tücke des Objekts" und Ähnliches): Der primitive Kausalbegriff enthält offenbar eine *Einfühlung* („*Endopathie*" im Sinne von H. Gomperz[29]) in die Ursache; die Ursache wird als aktiv, als handelnde Person betrachtet, sie „bringt die Wirkung hervor".

Diese Auffassung der Kausalität wurzelt so tief in unseren Instinkten, daß sie vermutlich noch auf lange Zeit hinaus nicht überwunden sein wird: Sie spielt nicht nur dann eine Rolle, wenn das Kausalverhältnis dahin interpretiert wird, daß eine Ursache eine Wirkung erzeugt oder erzwingt („causa causans"), sondern auch dann, wenn eine „Naturnotwendigkeit", eine „notwendige Verknüpfung" zwischen Ursache und Wirkung angenommen wird. Ja, sogar jede Annahme irgend einer „realen Beziehung" zwischen zwei bestimmten Vorgängen, von der Art, daß der eine auf den anderen *„nach einer Regel"* folgen *müsse* — oder auch nur tatsächlich immer *folge* („causa vera"), ist noch stark animistisch und somit auch anthropomorph gefärbt.

Die *Kritik* dieser animistischen Kausalauffassung ist sehr alt. Von dem skeptischen Mediziner Sextus Empiricus (um 200 nach Chr.) an, und durch dessen Vorläufer zumindest vorbereitet, über den Araber Al-Gazzâlî (11. Jahrhundert nach Chr.), über Nicolaus von Autrecourt (14. Jahrhundert), Malebranche und Joseph Glanvill (17. Jahrhundert) bis zu Hume betonen die Kritiker des Kausalbegriffes, daß die Behauptung einer kausalen Notwendigkeit des Ablaufes einzelner Ereignisse sich logisch oder empirisch nicht rechtfertigen läßt (ebensowenig wie die Behauptung einer allgemeinen gesetzmäßigen Naturordnung, — [oder*8] eines Induktionsprinzips).

Wir können ja niemals beobachten, daß ein Vorgang einen anderen ver-

---

[29] Vgl. Heinrich Gomperz, Weltanschauungslehre I. (1905), S. 166.
*8 Siehe Abschnitt 5, Anm. *3.

ursacht, sondern nur, daß auf einen Vorgang von dieser Art einer von jener Art (bisher) *regelmäßig folgt,* genauer: daß gewisse Vorgänge so ablaufen, *als ob* sie sich *nach einer allgemeinen Regel,* nach einem *Naturgesetz* richten würden.

Wenn wir das (hier mitenthaltene) Induktionsproblem, die Frage, ob es ausnahmslos und immer gültige Regelmäßigkeiten, ob es strenge Naturgesetzlichkeit gibt, aus der Diskussion des Kausalproblems ausschalten, so bleibt als entscheidender Punkt übrig:

Wenn wir von Kausalität sprechen, so sprechen wir immer von der Regelmäßigkeit, von der Gesetzmäßigkeit von Abläufen, nicht aber von einem vereinzelten, unwiederholbaren Zusammentreffen bestimmter Einzelvorgänge.

Von einem einzelnen, isolierten Vorgang (Ereignispaar) könnten wir niemals behaupten, daß er kausal determiniert sei (in einem Kausalverhältnis stehe), denn Beobachtung kann uns nur über den tatsächlichen Ablauf von Vorgängen unterrichten, und eine isolierte Beobachtung könnte uns keinen Anlaß geben, diesen Ablauf für *typisch,* für eine *Kausalbeziehung* zu halten und damit von einem zufälligen Zusammentreffen zu unterscheiden. Niemals würden wir die Bewegung dieses Tisches als „Wirkung" und meinen Druck gegen ihn als deren „Ursache" bezeichnen, wenn wir nicht vermuten würden, daß diese Bewegung *regelmäßig* auf den Druck folgt: Wir haben ein *allgemeines Gesetz* (eine Hypothese) aufgestellt, aus der dieser bestimmte, einzelne Ablauf *logisch-deduktiv* abgeleitet (prognostiziert) werden kann.

„*Das Naturgesetz tritt damit an Stelle der Kausalbeziehung*", schreibt Weyl[30]. Weyl hebt dort auch hervor, daß „die Umwendung der metaphysischen Frage nach der *Ursache* in die naturwissenschaftliche nach dem *Gesetz* ... von allen großen Naturforschern gepredigt" wird und bringt Belege von Galilei, Newton, D'Alembert und Lagrange; Hertz, Kirchhoff und Mach brauchen in diesem Zusammenhang wohl kaum besonders erwähnt zu werden.

An Stelle von Kausalsätzen der folgenden Art: „Alles, was *geschieht* (anhebt zu sein), setzt etwas voraus, worauf es *nach einer Regel* folgt"[31] oder: „Alle Veränderungen geschehen nach dem Gesetze der Verknüpfung von Ursache und Wirkung"[32] oder: „Unter gleichen Bedingungen geschieht Gleiches" usw. müßte somit die weniger anthropomorphistische Formulierung treten (die schon oben im Abschnitt 3 formuliert wurde): „Alle Naturvorgänge müssen grundsätzlich durch Deduktion aus Naturgesetzen prognosti-

---

[30] HERMANN WEYL, Philosophie der Mathematik und Naturwissenschaft (1927), S. 145.

[31] IMMANUEL KANT, Kritik der reinen Vernunft (1. Aufl., 1781), S. 189. [Die erste Hervorhebung ist nicht im Original. Hrsg.]

[32] IMMANUEL KANT, Kritik der reinen Vernunft (2. Aufl., 1787), S. 232.

zierbar sein." (Eine solche Formulierung hat auch den Vorteil, die oft mißdeutete Analogie zwischen „Grund und Folge" einerseits, „Ursache und Wirkung" anderseits restlos aufzuklären.)

Sind aber die zuerst genannten Formulierungen des Kausalsatzes schon wegen ihres *Anthropomorphismus,* wegen ihres animistischen Charakters als überholt abzulehnen, so hat die Diskussion des *Induktionsproblems,* insbesondere die des *Apriorismus* gezeigt, daß auch ein Kausalsatz in der letztgenannten Form nicht gerechtfertigt werden kann.

Ja, er ist nicht einmal als Arbeitshypothese zu rechtfertigen. Es ist zwar zweifellos richtig, daß unser *praktisches Verhalten* durchgängige Naturgesetzlichkeit ebenso voraussetzt, wie die *wissenschaftliche Forschung;* es ist richtig, daß wir (voraussichtlich) weder im praktischen Leben noch in der Forschung jemals das *Suchen nach Gesetzen**9 einstellen werden. Aber um dieser Tatsache gerecht zu werden, brauchen wir den Kausalsatz nicht heranzuziehen (auch nicht in Form einer Arbeitshypothese):

Unser *praktisches Verhalten* (auch unser *Forschungstrieb*) ist durch die biologische Bedeutung, die das *Erkennen* als [eine] Form der Anpassung für uns hat, hinreichend erklärt. Und was die *methodische wissenschaftliche Forschung* betrifft, so kann, ja muß sich diese mit der *transzendentalen Definition* ihrer Aufgabe (des Erkennens) begnügen, aus der ja (analytisch) der hypothetische Satz folgt: „Willst du erkennen, dann mußt du nach Gesetzen suchen." Ob es aber auch immer gelingt, zu erkennen, das kann man nur hoffen, aber nicht prognostizieren: — *es muß sich zeigen.*

(Wittgenstein[33] schreibt: „Wenn es ein Kausalitätsgesetz gäbe, so könnte es lauten: ‚Es gibt Naturgesetze'. Aber freilich kann man das nicht sagen: es zeigt sich." Aber man kann sehr wohl sagen: Wenn es überhaupt Erkenntnis gibt, so durch Naturgesetze; und was „sich zeigt", ist *nur,* daß es *Erkenntnis* gibt.)

Der (subjektive) *Glaube* an Kausalität ist offenbar *genetisch a priori.* „Dies nötigt uns aber keineswegs, aus dem Instinktiven in der Wissenschaft eine neue Mystik zu machen und dasselbe etwa für unfehlbar zu halten", sagt Mach[34]: Die Kritik zeigt, daß dieses instinktive und anthropomorph gefärbte Prinzip des (erkenntnistheoretischen) Apriorismus zwar nicht widerlegt, — aber auch *in keiner Weise* gerechtfertigt werden kann.

Das Ergebnis der kritischen Betrachtung über die *psychologistischen Züge in Kants Erkenntnistheorie* wäre etwa folgendermaßen zusammenzufassen:

Kant glaubt, daß zwar zeitlich (genetisch) „alle unsere Erkenntnis mit

---

[*9] Einschließlich das Suchen nach statistischen Gesetzen.
[33] Ludwig Wittgenstein, Tractatus Logico-Philosophicus (1918/1922), Satz 6.36.
[34] Ernst Mach, Die Mechanik in ihrer Entwicklung (8. Aufl., hrsg. von Joseph Petzoldt, 1921), S. 27.

der Erfahrung anfange"[35], daß es aber erkenntnistheoretisch-apriorische synthetische Prinzipien des Erkennens gibt.

Die hier dargelegte Kritik führt zu einer Auffassung, durch die dieses Verhältnis ziemlich genau umgekehrt wird: zeitlich, psychogenetisch könnte (das wurde im Abschnitt 4 vermutet) alle „Erkenntnis" ihrer Bestätigung durch die Erfahrung vorausgehen (genetisches Apriori); erkenntnistheoretisch betrachtet fängt jedoch gerade die *Geltung* aller unserer Erkenntnis immer erst „mit der Erfahrung an": es gibt keine synthetischen Prinzipien, die a priori gelten.

Hier ist nun auch der Ort, um die interessante Auffassung von J. F. Fries und der Friesschen Schule (deren hervorragendste Vertreter E. F. Apelt und der kürzlich verstorbene Leonard Nelson waren) zu besprechen. Fries und Apelt wurden, obwohl Aprioristen, selbst von positivistischer Seite gewürdigt: mit gerechter Anerkennung sagt Mach[36], daß ihnen „manche Teile der naturwissenschaftlichen Methodik ... ausgiebige Förderung verdanken". Daß Mach aber auch im Recht ist, wenn er weiter bemerkt, es sei ihnen „nicht gelungen, sich von vorgefaßten philosophischen Ansichten ganz zu befreien", soll im folgenden gezeigt werden.

Fries übernimmt die wichtigsten *Resultate* Kants (mit Änderungen, die für die Diskussion des Induktionsproblems ohne Belang sind), aber er wendet sich entschieden gegen Kants *Methode*. Insbesondere erkennt er die Unmöglichkeit der „transzendentalen Deduktion" Kants, die Unmöglichkeit, die Geltung synthetisch-apriorischer Prinzipien zu *beweisen*; sein Gedanke, daß jeder derartige Beweisversuch zu einem Zirkel (oder zu einem unendlichen Regreß) führen muß, wurde auch im vorigen Abschnitt verwendet.

In Anlehnung an alte philosophische Gedankengänge (Karneades) kämpft Fries[37] gegen das *Vorurteil des Beweisens*: Die Forderung, daß *alles* bewiesen werden muß, bevor es als wissenschaftlich gerechtfertigt anerkannt werden darf, ist *widerspruchsvoll,* denn jeder Beweis eines synthetischen Satzes setzt ja *Prämissen* voraus.

Das Vorurteil, alles beweisen zu wollen, muß somit zu einem allgemeinen *Skeptizismus* führen (der ja ebenfalls widerspruchsvoll ist). Gibt man anderseits dieses Vorurteil auf, findet man sich mit der Notwendigkeit ab, unbeweisbare Voraussetzungen als wahr anzunehmen, so scheint der Willkür des *Dogmatismus* Tür und Tor geöffnet zu sein.

---

[35] [IMMANUEL KANT, Kritik der reinen Vernunft (2. Aufl., 1787), Einleitung, S. 1. Hrsg.]

[36] ERNST MACH, Erkenntnis und Irrtum (2. Aufl., 1906), S. VI.

[37] [Vgl. JAKOB FRIEDRICH FRIES, Neue Kritik der Vernunft I. (1. Aufl., 1807), Einleitung. (2. Aufl., Neue oder anthropologische Kritik der Vernunft I., 1828, Einleitung.) Hrsg.]

Zwischen *Dogma* und *Skepsis,* zwischen dem Vorurteil unmittelbar einleuchtender Vernunfterkenntnis und dem Vorurteil des Beweisens sucht Fries einen kritischen *Mittelweg* zu finden.

Dieser „Kritizismus" muß die Notwendigkeit unbeweisbarer Voraussetzungen anerkennen, aber er muß für sie einen *Rechtsnachweis* fordern; einen Rechtsnachweis, der aber *kein logischer Beweis* sein darf.

Daß es möglich ist, einen Satz zu rechtfertigen, ohne ihn logisch zu beweisen, das kann man an den *Wahrnehmungsurteilen* sehen: Wenn ich die Behauptung: „Jetzt scheint der Mond" rechtfertigen soll, so kann ich den Zweifler nur auffordern, sich durch den *Augenschein* zu überzeugen; logisch beweisen kann ich meinen Satz nicht.

Wenn es synthetische Sätze gibt, die a priori gelten, so kann auch deren Geltung nicht bewiesen werden; ihre Rechtfertigung muß auf einem anderem Wege erfolgen; auf einem Weg, der vermutlich gewisse Analogien mit dem der Rechtfertigung eines Wahrnehmungsurteils zeigen wird: Statt zu versuchen, die *objektive Geltung* der apriorischen Prinzipien zu *beweisen,* muß man versuchen, die *subjektiven, erkenntnispsychologischen Tatsachen aufzuweisen,* die uns berechtigen, sie für wahr zu halten.

(Wie das zu geschehen hat, wird weiter unten gezeigt werden.)

Die eben angedeuteten Gedanken Fries', die sich gegen die „transzendentale" Erkenntnistheorie Kants richten, hat Nelson zu einer *Kritik der Erkenntnistheorie überhaupt* verallgemeinert (gleichfalls in Anlehnung an Karneades und andere Pyrrhoneer, und zwar an deren Argumentation gegen die stoische Lehre vom „Wahrheitskriterium").

Nelsons „Beweis der Unmöglichkeit der Erkenntnistheorie"[38] argumentiert ungefähr folgendermaßen:

Die [sogenannte] *„Erkenntnistheorie"* stellt sich die Aufgabe, die objektive *Geltung* unserer Erkenntnisse zu überprüfen und zu beurteilen, — etwa ihre „Bedingtheit" festzustellen, oder sie zu rechtfertigen, indem sie eine „letzte Begründung" für sie liefert. Aber jede derartige Aufgabe ist *widerspruchsvoll*: Wenn unsere Erkenntnisse einer solchen Überprüfung, einer solchen „letzten Begründung" bedürftig sind — mit welchem Rechte wollte man dann für die *Erkenntnisse der Erkenntnistheorie* eine Ausnahme machen? Macht man keine Ausnahme, fordert man auch für die Erkenntnistheorie eine Überprüfung (durch eine Erkenntnistheorie höherer Ordnung), so gerät man offenbar in einen unendlichen Regreß. Statuiert man hingegen für die Erkenntnistheorie eine Ausnahmestellung, so bedarf jedenfalls dieser (sicherlich nicht unbedenkliche) Schritt seinerseits einer erkenntnistheoretischen Rechtfertigung — wodurch wir wiederum in den unendlichen Regreß geraten.

Die Aufgabe der „Erkenntnistheorie" ist somit widerspruchsvoll, *die „Erkenntnistheorie" ist unmöglich.*

---

[38] [Vgl. LEONARD NELSON, Über das sogenannte Erkenntnisproblem, § 3, Abhandlungen der FRIESschen Schule neue Folge 2 (1908), S. 444. Hrsg.]

Nelson zieht aus diesem Gedankengang dieselbe Konsequenz wie Fries: An Stelle der widerspruchsvollen *erkenntnistheoretischen* („transzendentalen") Fragestellung muß eine *erkenntnispsychologische* Fragestellung treten. Der *Berechtigungsnachweis*, der zum Schutze gegen dogmatische Willkür für apriorische Prinzipien erforderlich ist, erfolgt nicht durch einen Nachweis der objektiven *Geltung* dieser Prinzipien, sondern lediglich durch eine empirisch-psychologische „Selbstanalyse der erkennenden Vernunft", die die subjektiven, in uns gelegenen Grundlagen des Fürwahrhaltens aufdeckt.

Ob ein solches Verfahren auch imstande ist, unsere Zweifel zu zerstreuen, unser *Bedürfnis nach Begründung* vollauf zu befriedigen, das kann nur an Hand einer Anwendung dieser psychologischen Methode gezeigt werden.

Untersuchen wir zu diesem Zweck vorerst einen einfacheren Fall: die Rechtfertigung unserer *Wahrnehmungsurteile*. Auch die Wahrnehmungsurteile können nicht *bewiesen* werden (wie alle synthetischen Sätze); ihre Rechtfertigung erfolgt vielmehr durch Berufung auf eine *Wahrnehmung* (oder *„Anschauung"*, wie Kant und Fries meist sagen).

Diese Wahrnehmung ist ein *Erlebnis,* also ein *psychologisches Faktum.* Die Aufweisung eines solchen Faktums ist alles, was wir zur Rechtfertigung eines Wahrnehmungsurteils anführen können: Die Rechtsfrage (quid juris?) führen wir auf eine Tatsachenfrage (quid facti?) zurück; an Stelle eines (erkenntnistheoretischen) *Beweises* tritt eine (erkenntnispsychologische) *Tatsache*.

Die Aufweisung einer solchen Tatsache, das Erlebnis der Wahrnehmung *genügt uns* aber auch, um ein Wahrnehmungsurteil als gerechtfertigt anzusehen; sie befriedigt alle unsere Begründungsbedürfnisse: Auch das ist eine Tatsache, ein *erkenntnispsychologisches Faktum*. Wir könnten dieses Faktum als [das] „Prinzip der Selbstgewißheit der Wahrnehmung" formulieren.

Nur diese empirisch-erkenntnispsychologische Analyse vermag zu zeigen, worauf die Rechtfertigung unserer Wahrnehmungsurteile beruht: auf dem Zurückgehen zu den letzten erkenntnispsychologischen Fakten, die als solche einfach „gegeben" sind. Jede erkenntnis*theoretische* Fragestellung, die sich mit diesen Fakten nicht begnügt, — und etwa eine Rechtfertigung des „Prinzips der Selbstgewißheit der Wahrnehmung" verlangt, — muß notwendigerweise ins Uferlose (zum Regreß) führen.

Synthetische Urteile (nach Fries sogar auch die analytischen) können somit nur durch Aufweisung von erkenntnispsychologischen Fakten gerechtfertigt werden. Fries[39] nennt [ein] derartiges letztes erkenntnispsychologisches Faktum wie etwa die Wahrnehmung [eine] *„unmittelbare Erkenntnis"*. (Diese Terminologie ist nicht sehr glücklich: Es wäre ratsam, nur *Sät-*

---

[39] [Vgl. JAKOB FRIEDRICH FRIES, Neue Kritik der Vernunft I. (1. Aufl., 1807), S. XXVIII. (2. Aufl., Neue oder anthropologische Kritik der Vernunft I., 1828, S. 31.) Hrsg.]

ze als „Erkenntnisse" zu bezeichnen und etwa zu sagen, daß sich ein Wahrnehmungsurteil zwar subjektiv *auf eine Wahrnehmung stützt*, daß diese aber deshalb noch keine Erkenntnis ist. — Schlicks[40] Argumentation, die sich gegen die Lehre von der „unmittelbaren Erkenntnis" richtet, hat zweifellos recht; aber dieser bedenkliche Terminus [von] Fries, der tatsächlich Verwirrung$^\text{g}$ angerichtet hat, könnte aus dessen Lehre eliminiert werden, ohne die entscheidenden Punkte zu berühren; Schlicks Kritik ist also berechtigt, aber nicht entscheidend.)

Um ein *synthetisches Urteil a priori* rechtfertigen zu können, müßte es entsprechende erkenntnispsychologische Fakten geben, die *keine* Wahrnehmungen sind (denn „Wahrnehmungsurteile" sind a posteriori). In Friesscher Terminologie: Es müßte „unmittelbare Erkenntnisse" nicht nur in unserer *„Anschauung"*, sondern auch in unserer *„Vernunft"* geben; diese müßten *aufgewiesen* werden.

Anschaulich („evident") nach Art unserer Wahrnehmung, können diese erkenntnispsychologischen Fakten nicht sein: Es ist (nach Fries, aber auch nach Kant) eine erkenntnispsychologische Tatsache, daß wir *keine „intellektuelle Anschauung"* besitzen. Jene erkenntnispsychologischen Fakten, die die Grundlage der synthetisch-apriorischen Urteile bilden (wobei ich nur die diskursiven synthetischen Urteile berücksichtige, nicht aber die Kant-Friessche Philosophie der Mathematik) sind nicht intuitiv, nicht „evident", sondern „ursprünglich dunkel"; sie können aber durch Reflexion einsichtig gemacht werden.

Damit ist die Hauptaufgabe der [Friesschen] „anthropologischen Vernunftkritik", der empirischen „Selbstanalyse der erkennenden Vernunft" vorgezeichnet:

Sie hat (erstens) das empirische Vorhandensein jener erkenntnispsychologischen Fakten (der „unmittelbaren Erkenntnisse"), die den synthetisch-apriorischen Prinzipien zugrundeliegen, aufzuzeigen und sie einsichtig zu machen; und sie hat (zweitens) die erkenntnispsychologische Tatsache festzustellen, daß ein solcher empirischer Nachweis alle unsere Begründungsbedürfnisse befriedigt, das heißt: daß wir an unserer „unmittelbaren Vernunfterkenntnis" aus psychologischen Gründen nicht zweifeln können („Prinzip des Selbstvertrauens der Vernunft").

Die Durchführung dieses methodischen Programmes erfolgt durch eine empirisch-theoretische Erkenntnispsychologie, durch die (allgemeine psychologische Naturgesetze formulierende) *„Theorie der Vernunft"*. Aus dieser wird die Existenz jener erkenntnispsychologischer Fakten (jener „unmittelbaren Erkenntnisse") *deduziert*. Diese Friessche *„Deduktion"* der *„unmittelbaren Erkenntnis"* darf mit der Kantschen *„transzendentalen Deduktion"* nicht verwechselt werden: Beide „Deduktionen" sollen zwar die apriorischen Prinzipien rechtfertigen; die Kantsche aber, indem sie deren objektive

---

[40] MORITZ SCHLICK, Allgemeine Erkenntnislehre (2. Aufl., 1925), S. 80.

Gültigkeit beweist, die Friessche, indem sie (die Frage „quid juris?" auf die Frage „quid facti?" zurückführend) die Existenz entsprechender erkenntnispsychologischer Fakten aufweist.

Soweit der Friessche *methodologische* Gedankengang.

Man hat Fries vorgeworfen, daß seine „anthropologische Methode" die apriorische Erkenntnis auf aposteriorische, auf empirische Erkenntnisse zu gründen versucht. Dieser Vorwurf ist aber unbegründet: Die „Selbstanalyse der erkennenden Vernunft" soll (nach Fries) die *Geltung* der apriorischen Prinzipien — etwa die des Induktionsprinzips — ebensowenig begründen (beweisen), wie etwa die oben skizzierte Analyse unserer Wahrnehmungserkenntnis die Geltung bestimmter Wahrnehmungsurteile zu begründen unternimmt. Die *Geltung* (sei es nun die eines Wahrnehmungsurteils oder die eines apriorischen Prinzips) gründet sich nach Fries vielmehr auf die entsprechende „unmittelbare Erkenntnis", das heißt, auf ein bestimmtes, erkenntnispsychologisches Faktum, — nicht aber auf die theoretisch-empirische Untersuchung und Beschreibung dieses Faktums.

Die Friessche Auffassung ist also weit davon entfernt, die apriorischen Prinzipien in aposteriorische zu verwandeln: Nur die *Methode ihrer Rechtfertigung* ist nach Fries eine empirische — die Prinzipien selbst gelten a priori.

Die Kritik der Friesschen Auffassung kann in zwei Teile zerlegt werden: in die Kritik des Nelsonschen „Beweises der Unmöglichkeit der Erkenntnistheorie" und in die Kritik der „anthropologischen Methode der Vernunftkritik".

An einer Widerlegung des Nelsonschen Beweises scheint natürlich jede Erkenntnistheorie stark interessiert zu sein. So glaubt Schlick[41] (in einer sehr interessanten Zusammenstellung), diesen Beweis damit widerlegen zu müssen, daß er Nelson eine Verwechslung der Begriffe „Erkennen" (im Sinn von „Bezeichnen") und „Kennen" (im Sinn von „Erleben") nachweist. Aber auf diese Weise kann Nelsons Schlußkette nicht zerrissen werden (wie der Friesschüler Julius Kraft[42] mit Recht gegen Schlick bemerkt); Nelsons Beweis ist meiner Ansicht nach tatsächlich unwiderleglich: Die Annahme, daß es eine Wissenschaft — die „Erkenntnistheorie" — gibt, deren Aufgabe es ist, über die objektive Gültigkeit aller Erkenntnisse ein letztes Wort zu sprechen, — diese Annahme ist zweifellos widerspruchsvoll.

Aber zum Glück stellt sich die vorliegende Untersuchung (ebenso, wie viele andere „erkenntnistheoretische" Untersuchungen, so auch die Schlickschen) gar keine derartige Aufgabe. Das, was Nelson „Erkenntnistheorie"

---

[41] MORITZ SCHLICK, op. cit., S. 83.
[42] JULIUS KRAFT, Von HUSSERL zu HEIDEGGER (1. Aufl., 1932), S. 31. [2. Aufl., 1957, S. 31. Hrsg.]

nennt, hat mit dem, was hier als „Erkenntnistheorie" bezeichnet wird, fast gar nichts zu tun.

Zwar beschäftigt sich auch die „Erkenntnistheorie" — in dem hier vertretenen Sinn dieses Wortes — mit *Geltungsfragen* und steht damit — ebenso wie die „Erkenntnistheorie" im Sinne Nelsons — in einem scharfen Gegensatz zu jeder erkenntnis*psychologischen* Betrachtungsweise, die sich mit empirischen *Tatsachenfragen* befaßt. Aber sie stellt sich in keiner Weise die Aufgabe, über die objektive Gültigkeit einzelwissenschaftlicher, empirischer Erkenntnisse zu entscheiden; noch weniger die Aufgabe, etwa eine „letzte Begründung" *aller* Erkenntnisse zu liefern.

Die Aufgabe der Erkenntnistheorie wurde hier vielmehr dahin bestimmt, daß diese das Begründungsverfahren — das heißt aber: die *Methoden* der Einzelwissenschaft — zu untersuchen hat und daß sie Widersprüche beseitigen soll, die aus Mißdeutungen der einzelwissenschaftlichen Methoden (und Ergebnisse) entstehen.

Diese Erkenntnistheorie will keine Erkenntnisse begründen, — außer ihren *eigenen* (methodologischen) Erkenntnissen; sie steht auf dem Standpunkt, daß *jede Wissenschaft* — gleichgültig, ob Einzelwissenschaft oder Erkenntnistheorie — *für sich selbst zu sorgen hat*: Jede Wissenschaft muß ihre Behauptungen selbst rechtfertigen, muß selbst die Begründungen für ihre Erkenntnisse liefern (gleichgültig, ob eine „letzte" Begründung oder eine „erste"); denn *nur* durch die methodische *Begründung* ihrer Behauptungen wird sie eine *Wissenschaft*.

Eine solche Auffassung hat somit nichts gemein mit der widerspruchsvollen Annahme, daß die Einzelwissenschaften Erkenntnisse aufstellen, die noch einer „letzten Begründung" durch die Erkenntnistheorie bedürftig oder auch nur fähig sind. Sie ist daher auch von den widerspruchsvollen Konsequenzen dieser Annahme — dem unendlichen Regreß einer Hierarchie von einander übergeordneten Wissenschaften — in keiner Weise bedroht.

Auch die *Methoden* der Einzelwissenschaften werden durch die Erkenntnistheorie nicht gerechtfertigt, wohl aber können sie in bestimmter Weise erkenntnistheoretisch *kritisiert* werden. So könnte vielleicht der *Mißerfolg* mancher Wissenschaften durch *Methodenkritik* erklärt werden, — etwa damit, daß diese Wissenschaften die erfolgreichen Methoden der Physik nachzuahmen versuchten, jedoch ohne die grundlegenden methodologischen Beziehungen zwischen [physikalischer] Theorie und Erfahrung (Experiment) richtig deuten zu können.

Daß eine solche allgemeine Methodenlehre und Methodenkritik sich mit Recht als „Erkenntnistheorie" bezeichnen darf, wird ja hier hinreichend gerechtfertigt: Die traditionellen *erkenntnistheoretischen Probleme* werden auf die allgemein-methodologischen Probleme der Naturwissenschaften zurückgeführt. Daß andererseits die Aufgabe einer solchen nicht nur deskriptiven, sondern auch kritischen Methodenlehre nicht widerspruchsvoll ist, das beweisen zum Beispiel Nelsons eigene methodologischen Untersuchungen über das „Erkenntnisproblem" (zum Beispiel eben sein „Beweis der Unmöglichkeit der Erkenntnistheorie"[43]): Diese beschäftigen sich größtenteils nicht mit Erkenntnispsychologie, sondern mit allgemeinen methodenkritischen Überlegungen.

Wenn man die Erkenntnistheorie als allgemeine Methodenlehre der empirischen Wissenschaft bestimmt, so *kann* wohl eine Hierarchie von möglichen Wissenschaften und damit der *Anschein* eines unendlichen Regresses entstehen: Auch die Erkenntnistheorie verwendet ja Methoden; diese können durch eine „Erkenntnistheorie zweiter Ordnung" beschrieben (und vielleicht auch kritisiert) werden, die wiederum Methoden verwendet, usw.

Aber diese unendliche Hierarchie ist kein unerlaubter unendlicher Regreß im Sinne der Logik: Keine dieser Wissenschaften ist ja auf die übergeordnete *angewiesen*, keine bedarf zur Rechtfertigung ihrer Sätze der Gültigkeit übergeordneter Erkenntnisse. Der Regreß ist daher nicht logisch notwendig, sondern er kann jederzeit unterbrochen werden, wenn ein Bedürfnis und ein Interesse für die (immer *spezieller* werdende) nächsthöhere „Erkenntnistheorie" nicht mehr vorhanden ist. — Daß eine *solche* Hierarchie von Wissenschaften nicht widerspruchsvoll ist, mag folgendes Beispiel erläutern: Wir können eine *empirische Psychologie* der Vorgänge etwa bei der physikalischen Theorienbildung betreiben. Wir können dann versuchen, diese spezielle Erkenntnispsychologie ihrerseits theoretisch zu bearbeiten und die dabei auftretenden psychologischen Vorgänge der Theorienbildung (nunmehr bei einer erkenntnispsychologischen Theorienbildung) wieder psychologisch untersuchen, können neuerlich Theorien bilden, usw. ad infinitum. Auch diese Hierarchie von Erkenntnispsychologien *kann* beliebig fortgesetzt werden; aber der Regreß *kann* auch auf jeder Stufe abgebrochen werden (denn keine Stufe ist von der nächsthöheren abhängig): er wird abgebrochen, sobald das Bedürfnis und das Interesse für die immer spezieller werdende Untersuchung schwindet.

Nelsons „Beweis der Unmöglichkeit der Erkenntnistheorie" trifft die Erkenntnistheorie im Sinne der hier vertretenen Auffassung nicht. Umso mehr trifft er aber Nelsons eigenen Standpunkt: *Jede Rechtfertigung des Apriorismus*, auch die Friessche (und Nelsonsche) „anthropologische Methode" muß dem von Nelson aufgezeigten Zirkelschluß (beziehungsweise einem unendlichen Regreß) verfallen.

Denn jeder Apriorismus muß auf dem Standpunkt stehen, daß die allgemeinen synthetischen Sätze der Naturwissenschaften erst durch ein *synthetisch-apriorisches Induktionsprinzip* gerechtfertigt werden können; die Na-

---

[43] [Siehe Anm. 38. Hrsg.]

11. Zur Ergänzung der Kritik des Apriorismus

turwissenschaften können daher nicht für sich selbst sorgen: ihre Erkenntnisse sind einer letzten Begründung durch apriorische (naturphilosophische) Prinzipien bedürftig und fähig. Die *Rechtfertigung* dieser Prinzipien kann nun ihrerseits apriorisch-philosophisch verfahren (wie das Kant vorschwebt: [die] „transzendentale" oder „erkenntnistheoretische" Methode nach dem Sprachgebrauch [von] Fries und [von] Nelson): dann entsteht ein unendlicher Regreß. Oder die Rechtfertigung der apriorischen Prinzipien erfolgt (etwa nach der Friesschen Methode) auf empirisch-naturwissenschaftlichen Weg (sei es nun psychologisch oder physikalisch): dann entsteht ein Zirkelschluß.

Dieser *Zirkelschluß*, den die *Kritik der* Friesschen „*anthropologischen Methode*" aufzudecken hat, ist derselbe, auf den oben bei der Kritik der *optimistischen Stellungnahme* Kants in der Frage des Anthropomorphismus aufmerksam gemacht wurde.

Auch gegenüber dem Friesschen transzendentalen Idealismus und Subjektivismus kann man nämlich einwenden:

Nichts ist damit erreicht, wenn [man] das Problem der *Naturgesetzlichkeit* (oder der „Naturnotwendigkeit", wie Fries sagt) auf das der *Verstandesgesetzlichkeit* (oder der Vernunftnotwendigkeit) zurückführt, auf eine Tatsachenfrage der empirischen Psychologie. Auch um die strenge und allgemeine Gültigkeit von erkenntnispsychologischen Sätzen behaupten zu können, muß man ja die *Geltung eines Induktionsprinzips bereits voraussetzen*.

Auch die Friessche Methode muß somit zirkelhaft sein; dieser Zirkel ist nun in streng *immanenter* Form nachzuweisen.

Fries ist sich ganz klar darüber, daß psychologische Einzelbeobachtungen (*besondere* psychologische Erfahrungssätze) nicht hinreichen, um die Existenz einer „unmittelbaren Erkenntnis" der apriorischen Prinzipien nachzuweisen.

„Notwendige Erkenntnis und ihr Ursprung in der Vernunft, ist das ganze Rätsel in der Philosophie"[44], heißt es in der Neuen Kritik der Vernunft und kurz darauf[45] wird festgestellt, daß der „momentanen Selbstbeobachtung" niemals „Notwendigkeit" (apodiktisch-apriorische Erkenntnis) sondern nur „Wirklichkeit" (assertorische Erkenntnis) entspricht.

Die Existenz der apriorischen, also allgemeingültigen und notwendigen „unmittelbaren Erkenntnis" kann somit nur durch *allgemeine* psychologische Sätze, durch *psychologische Gesetze* erwiesen werden; Fries spricht

---

[44] JAKOB FRIEDRICH FRIES, Neue Kritik der Vernunft II. (1. Aufl., 1807), § 88, S. 25. [2. Aufl. (Neue oder anthropologische Kritik der Vernunft II.), 1831, § 88, S. 18. Hrsg.]

[45] JAKOB FRIEDRICH FRIES, op. cit. (1. Aufl., 1807), § 88, S. 26. [2. Aufl., 1831, § 88, S. 19. Hrsg.]

deshalb auch von einer (empirisch-psychologischen) „*Theorie* der Vernunft", aus der die Existenz der „unmittelbaren Erkenntnis" apriorischer Sätze zu deduzieren sei.

Diese „Theorie der Vernunft" kann aber nur durch *Induktion* gewonnen werden: Die Friessche kritisch-empirische Methode unterscheidet sich ja von den dogmatischen Methoden eines „einseitigen Rationalismus" und eines „einseitigen Empirismus" gerade dadurch, daß sie[46] „im Streite gegen diese beiden ... genötigt worden" ist, „... die höchsten Prinzipien unserer *Theorie* der transzendentalen Apperzeption durch *Induktionen* aus innerer Erfahrung abzuleiten".

Die Theorie der Vernunft setzt also die Zulässigkeit der Induktion voraus, setzt voraus, daß allgemeine Wirklichkeitsaussagen auf induktivem Weg aufgestellt und verifiziert werden können.

Nach den aprioristischen Grundeinsichten Fries'[47] ist das induktive Verfahren nur zulässig, wenn ein apriorisches *Induktionsprinzip* gültig ist. Ein solches finden wir in Fries' höchstem „Grundsatz der Naturphilosophie" als *Grundgesetz der Naturnotwendigkeit* sehr klar und einfach formuliert[48]: „*Die Welt der Erscheinungen steht durchgängig unter Naturgesetzen.*"

Die „Theorie der Vernunft" setzt, — wie jede empirische Theorie, — die *Wahrheit* dieses Grundgesetzes voraus. Das heißt aber nach Fries nichts anderes, als daß sie *die Existenz einer entsprechenden* „*unmittelbaren Erkenntnis*" *voraussetzt*.

Die Aufgabe der „Theorie der Vernunft" ist es aber, die Existenz dieser „unmittelbaren Erkenntnis" nachzuweisen. Da sie also voraussetzt, was sie nachweisen soll, ist die Aufgabe falsch gestellt: [Die] Friessche „anthropologische Methode" enthält [also] den Nelsonschen Zirkel.

Erst durch eine *Diskussion dieser Kritik*, durch die *Einwände*, die vom Friesschen Standpunkt gegen die Kritik erhoben werden können, kann die Eigenart der „anthropologischen Methode" ganz herausgearbeitet werden.

Vor allem könnte nämlich etwa folgendes eingewendet werden:

Ein *Existentialnachweis* kann nicht zirkelhaft sein. Denn würde zum Beispiel eine physikalische Theorie voraussetzen, daß der Energiesatz nicht gilt und daß es ein perpetuum mobile gibt, so würde der Existentialnachweis (die praktisch-technische Konstruktion eines perpetuum mobile) durch eine solche physikalisch-theoretische Voraussetzung offenbar nicht erleichtert werden[h]. Ebenso steht es mit der „Theorie der Vernunft": Diese setzt zwar die

---

[46] Jakob Friedrich Fries, op. cit. (1. Aufl., 1807), § 95, S. 63. [2. Aufl., 1831, § 95, S. 74. Hrsg.] Hervorhebungen nicht im Original.

[47] Vgl. dazu insbesondere Ernst Friedrich Apelt, Theorie der Induktion (1854).

[48] Jakob Friedrich Fries, op. cit. (1. Aufl., 1807), § 114, S. 133. [Vgl. 2. Aufl., 1831, § 116, S. 150. Hrsg.]

Existenz der fraglichen „unmittelbaren Erkenntnis" voraus; aber damit ist der positive Ausgang des empirischen Existentialnachweises (der „Deduktion") noch keineswegs gesichert. Es wäre noch immer möglich, daß es nicht gelingt, entsprechende psychologische Fakten aufzufinden.

Dieser Einwand ist teilweise berechtigt, vermag aber die „anthropologische Methode" nicht zu retten.

Richtig ist, daß der Existentialnachweis bestimmter erkenntnispsychologischer Fakten durch die allgemeine formale Voraussetzung, daß es eine theoretische Erkenntnispsychologie (eine „Theorie der Vernunft") gibt, offenbar noch nicht präjudiziert sein kann.

(Diese Feststellung kann übrigens recht verschieden gedeutet werden: man könnte sie vielleicht ebensogut *gegen* die Lehre von der „unmittelbaren Erkenntnis" ausspielen, wie *für* die Zulässigkeit der Friesschen Methode; doch soll hier von diesem Argument kein Gebrauch gemacht werden.)

Anderseits kann jedoch ein *günstiges Ergebnis des Existentialnachweises* — im Falle ein solches erzielt werden sollte — niemals ohne Zirkelschluß als Nachweis der „unmittelbaren Erkenntnis" eines Induktionsprinzips *gedeutet* werden.

Denn es handelt sich um eine *Deutung*: die beobachteten erkenntnispsychologischen Fakten können im allerbesten Fall doch immer nur *Induktionsgrundlagen* oder *Bestätigungen* für die *(allgemeine)* Existentialbehauptung einer „unmittelbaren Erkenntnis" sein. Um von den Beobachtungen auf die Berechtigung der allgemeinen Existentialbehauptung [„es gibt eine Theorie der Vernunft"] schließen zu dürfen, müßte diese Existentialbehauptung bereits zu Recht bestehen.

Der angegebene Einwand ist also nicht imstande, die Zulässigkeit der Friesschen Methode zu rechtfertigen: Der positive Ausgang des Existentialnachweises der fraglichen „unmittelbaren Erkenntnis" hängt zwar *nicht allein* von den theoretischen Voraussetzungen ab, sondern auch von dem empirischen Befund; aber auch der „günstigste" empirische Befund kann *nur aufgrund der theoretischen Voraussetzungen* als Existentialnachweis der fraglichen „unmittelbaren Erkenntnis" gedeutet werden.

Radikaler als der eben besprochene Einwand gegen die Frieskritik wäre der folgende:

Zugegeben, daß ein zirkelartiger Schluß vorliegt, zugegeben, daß dieser Zirkelschluß der Friesschen Methode notwendigerweise anhaftet — so könnte dieser Methode dennoch der erforderliche Rechtsnachweis gelingen: Jener zirkelartige Schluß ist nämlich in dem fraglichen Fall unschädlich, ist kein verbotener circulus vitiosus.

Denn nach Fries kann es ja überhaupt keine *voraussetzungslose* empirische Wissenschaft geben: Jede empirische Wissenschaft setzt ja die „Grundsätze der Naturphilosophie" voraus. Daß auch die (empirisch-psychologische) „Theorie der Vernunft" diese Prinzipien voraussetzt — und mit ihrer Wahrheit auch die Existenz der entsprechenden „unmittelbaren Erkenntnis" — ist also nur selbstverständlich.

Wer daher aus diesem Umstand auf die Unzulässigkeit der Friesschen Methode schließt, der mißversteht offenbar die Absichten Fries': Fries bezweifelt weder die Gültigkeit der empirisch-wissenschaftlichen Erkenntnis, noch will er sie beweisen, sondern er will nur ein wissenschaftlich-methodisches Verfahren angeben, um die apriorischen Voraussetzungen aller Einzelwissenschaft kritisch zu überprüfen, statt sie (naiv oder dogmatisch) ohne kritische Prüfung einfach zu behaupten.

Nun ist die empirische Methode doch sicher eine wissenschaftliche Methode — obwohl sie (wie übrigens *alle* Wissenschaft) nicht voraussetzungslos ist. In dem besonderen Fall der „Theorie der Vernunft" führt das Bestehen jener Voraussetzungen zwar tatsächlich zu einer Art von Zirkel; da dieser Zirkel aber nur durch die unentbehrlichen Voraussetzungen *jeder* empirischen Wissenschaft verursacht wird, so ist er *unschädlich*; was sich genauer durch folgende Überlegung zeigen läßt:

Unvermeidlich, also der Methode notwendig anhaftend, tritt der Zirkel offenbar nur dann auf, wenn ein *echtes Prinzip* deduziert werden soll, das heißt ein Prinzip, das von *jeder* theoretisch-empirischen Wissenschaft (also auch von der „Theorie der Vernunft") mit Notwendigkeit vorausgesetzt werden *muß*. Der Zirkelschluß läßt sich also nur bei den *unentbehrlichen* und daher *rechtmäßigen Voraussetzungen aller empirischen Wissenschaft* nicht vermeiden; bei allen anderen, also etwa bei fälschlich für rechtmäßig gehaltenen „apriorischen Prinzipien" ist der Zirkelschluß offenbar vermeidlich.

Daher wird das *Ergebnis* einer vorsichtig durchgeführten Deduktion durch den Zirkelschluß *nicht beeinflußt*: Die Deduktion wird *positiv* ausfallen bei den unentbehrlichen und somit rechtmäßigen Prinzipien, — der Zirkelschluß könnte hier ja nur in *dieselbe* Richtung, also zu einem *positiven* Ergebnis führen, — und sie wird *negativ* ausfallen, wenn die Prinzipien entbehrlich sind und sich damit als unrechtmäßig herausstellen; denn in diesem Fall läßt sich ja ein Zirkelschluß — durch den das negative Ergebnis in ein positives verkehrt werden könnte — vermeiden.

Der Zirkelschluß erweist sich also deshalb als unschädlich, weil er das *Ergebnis der Deduktion nicht fälscht*; die Ergebnisse der empirischen „Theorie der Vernunft" sind von gleicher Dignität wie irgendwelche andere einzelwissenschaftliche Ergebnisse.

Erst dieser letzte Einwand gegen die hier vertretene Kritik scheint mir die Möglichkeiten des Friesschen Gedankenganges ganz auszuschöpfen. Aber auch dieser Einwand kann nicht aufrechterhalten werden: Der Friessche Zirkelschluß ist nämlich *keineswegs unschädlich,* gleichgültig, ob man ihn als einen echten circulus vitiosus anerkennt oder nicht. Das läßt sich am besten in folgender Weise zeigen:

Setzt man voraus, daß es *kein* gültiges Induktionsprinzip gibt und daß wir somit das Bestehen streng allgemeiner Gesetzmäßigkeiten *nicht* behaupten können, — dann können empirisch-wissenschaftliche Hypothesen niemals endgültig verifiziert werden, dann kann man die Wahrheit einer allgemeinen Wirklichkeitsaussage niemals wissenschaftlich begründen: Auch die „Theorie der Vernunft" bleibt dann eine [unverifizierte und] unverifizierbare Hypothese, [und] die „Existenz" einer allgemein-anthropologischen (also gesetzmäßigen) „unmittelbaren Erkenntnis" kann niemals als erwiesen betrachtet werden. Wird *kein Induktionsprinzip* vorausgesetzt, so kann somit auch bei Anwendung einer empirisch-anthropologischen Methode das Ergebnis der Deduktion *nur ein negatives sein.*

Umgekehrt wurde bereits gezeigt, daß bei Voraussetzung eines Induktionsprinzips (falls günstige Beobachtungen vorliegen) das Ergebnis ein *positives* werden *kann*.

Es kommt daher in der Tat bei diesem Verfahren genau das heraus, was man durch die Voraussetzungen hineingelegt hat; der Friessche Zirkelschluß darf somit nicht als unschädlich betrachtet werden.

Damit ist der Nachweis erbracht, daß auch die Friessche Methode der „Deduktion", die „anthropologische Methode der Vernunftkritik", unzulässig ist.

Die Friessche Methode wäre vielleicht imstande, eine Entscheidung zwischen rechtmäßigen und nichtrechtmäßigen „apriorischen Prinzipien" herbeizuführen, — *vorausgesetzt,* daß es überhaupt a priori gültige Prinzipien gibt. Wie die letzten Überlegungen gezeigt haben ist sie aber gänzlich *außerstande, zwischen einem nichtaprioristischen Standpunkt und dem Apriorismus als solchem zu entscheiden.* Darin liegt ein Hinweis auf den wunden Punkt der Schlußkette: Der Zirkel liegt nicht in der Voraussetzung eines *bestimmten* Induktionsprinzips, sondern in der dogmatischen Voraussetzung, daß es *überhaupt* ein a priori gültiges Induktionsprinzip gibt, also in der (allgemeinen und unbestimmten) Voraussetzung eines *Apriorismus.* Verhüllt wird diese petitio principii durch die Annahme, daß durch die „Deduktion" *bestimmter* apriorischer Prinzipien implizite auch der Nachweis erbracht ist, daß es überhaupt so etwas gibt.

Die Friessche Auffassung scheitert somit an derselben Stelle wie die Kantsche: Sie lehrt zwar den Apriorismus, ist aber nicht imstande, die „*Antinomie von der Erkennbarkeit der Welt*" zu entscheiden. Auch nach Fries muß es mit apodiktischer Notwendigkeit Gesetzmäßigkeiten geben, — weil sonst Erkenntnis überhaupt unmöglich wäre. (Das Faktum der „synthetischen Reflexionserkenntnis" beweist [nach Fries] die Existenz einer „unmittelbaren Erkenntnis", die den Grundsätzen der Naturphilosophie entspricht.) Aber diese Ableitung setzt (ebenso wie die Kantsche) voraus, daß die Welt mit apodiktischer Notwendigkeit erkennbar sein muß; sie ersetzt somit völlig unkritisch das einfache (assertorische) *Faktum*, daß es Erkenntnis gibt, durch die Behauptung, daß es mit apodiktischer Notwendigkeit (unter allen Umständen) Erkenntnis geben müsse. Auch der Friessche Apriorismus vertritt also den *Standpunkt, daß die „Welt" notwendigerweise erkennbar sein muß;* das heißt aber: er steht auf dem Boden der *Thesis* der „Antinomie von der Erkennbarkeit der Welt".

Daß die Friesche Methode nicht imstande ist, diese Antinomie zu entscheiden, kann wohl als sicher gelten: Welche (empirischen) *psychischen Fakten* sollten wohl eine Gewähr dafür bieten können, daß „unsere Vernunft" unter allen Umständen „die Welt" erkennen kann?

Der Apriorismus Fries' ist also nicht weiter gelangt, als der Kantsche. Aber die Abkehr von der „transzendentalen" Methode bedeutet gegenüber Kant sogar einen Rückschritt. Sie verstärkt die schwersten Fehler Kants, seine Tendenz, in den Psychologismus (und Subjektivismus) rückfällig zu werden und gibt damit eine seiner entscheidendsten Entdeckungen preis: seine Analyse des Begriffs der wissenschaftlichen Erkenntnis (Kants „transzendentale Definition" der Wirklichkeitserkenntnis).

Im Mittelpunkt dieser Analyse Kants steht (wie schon im Abschnitt 9 angeführt wurde), der Begriff der Wissenschaftlichkeit oder der *wissenschaftlichen Objektivität*: „Objektivität" bedeutet *intersubjektive Nachprüfbarkeit,* das heißt Nachprüfbarkeit durch jedermann (der sich der Mühe unterzieht und die technischen Voraussetzungen erfüllt).

In welcher Weise der Friessche Psychologismus diesen Wissenschaftsbegriff preisgibt, soll an den Beispielen der Friesschen Beurteilung des „*Intuitionismus*" (der „intellektuellen Anschauung") und seiner Auffassung der „*Wahrnehmung*" gezeigt werden.

Der *Intuitionismus,* die Lehre von der „intellektuellen Anschauung", kann vielleicht am besten als die Auffassung charakterisiert werden, daß wir nicht nur *besondere Einzelfälle,* sondern auch *allgemeine* „*Wesenheiten*" (Allgemeinbegriffe, Gesetzmäßigkeiten usw.) bildhaft-anschaulich „erfassen" können.

Fries lehnt diese Lehre ab; er erklärt (im Anschluß an eine ähnlich psychologistische These Kants), daß wir keine intellektuelle Anschauung besitzen. Seine Ablehnung stützt sich also auf eine psychologische Behauptung. Aber diese Behauptung, die „Nichtexistenz einer intellektuellen Anschauung", wird von den Intuitionisten aller Schattierungen bestritten. Sie behaupten, intellektuell-intuitive Erlebnisse feststellen zu können; und Husserl[49] erklärt den Kantschen Satz vom Nichtbestehen einer intellektuellen Ansschauung für den schwersten Irrtum des Kritizismus.

Unter dem Gesichtspunkt einer wissenschaftsmethodischen, also „transzendentalen" Methode (wie sie in der vorliegenden Arbeit vertreten wird) scheint die Frage nach dem tatsächlichen Bestehen oder Nichtbestehen von psychischen Vorgängen, auf die der Ausdruck „intellektuelle Intuition" oder dergleichen passen würde, von keinem Belang für die Erkenntnistheorie zu sein. Der konsequente Transzendentalist kann ruhig zugeben, daß es intellektuelle Intuitionen tatsächlich gibt; er wird nur feststellen, daß diese wissenschaftsgenetisch vielleich sehr belangvollen Erlebnisse erkenntnistheoretisch (das heißt unter dem Gesichtspunkt der Begründungsmethode) keinerlei Bedeutung haben: Die Wissenschaft verlangt nämlich für jede — auch für die intuitiv gefundene — Erkenntnis eine *objektive,* das heißt intersubjektiv nachprüfbare methodische Rechtfertigung. (Das gilt — um recht heterogene Beispiele anzuführen — ebenso für die Psychologie oder Soziologie, wie für die Mathematik: bei allen kann auch die tiefste Intuition die objektive Rechtfertigung niemals ersetzen.) Daß die *„Intuition" keine Begründungsmethode von Objektivitätscharakter ist,* — das ist der richtige Kern der Kantschen Ablehnung (wenn man von ihrem psychologistischen Gewand absieht und die von Kant vermutlich gemeinte [intendierte] transzendentale Bedeutung rekonstruiert). Über die Gründe, aus denen den „intuitiven Erkenntnissen" der Objektivitäts- und damit der Wissenschaftscharakter abzusprechen ist, wird noch in diesem Abschnitt (bei der Untersuchung der Wahrnehmungstheorie) einiges zu bemerken sein.

Fries und seine Schüler wollten das psychische „Faktum" des „Nichtbestehens einer intellektuellen Anschauung" sogar beweisen. So zum Beispiel Julius Kraft[50]. Als Beweisargument soll dienen, daß der Intuitionismus in seinen Konsequenzen zur *Mystik* führt. Aber dieser Beweisversuch enthüllt nur die Fehler der psychologischen Methode und zeigt auch, daß diese immer wieder transzendentale Überlegungen unbewußt voraussetzt. Denn das psychische *Faktum* der intellektuellen Intuition wird gerade durch das unbestreitbare Faktum, daß es so etwas wie eine Mystik gibt, erhärtet; und nur die — offenbar transzendentale — Voraussetzung, daß Erfahrungswissenschaft und Mystik völlig heterogen sind, kann die Fries-Kraftsche Auffassung erklären, daß der Intuitionismus durch seine mystischen Konsequenzen ad absurdum geführt wird.

So tritt bei Fries an die Stelle der transzendentalen Einsicht in die methodologische Unzulänglichkeit des Intuitionismus die Leugnung des psychi-

---

[49] [Vgl. EDMUND HUSSERL, Logische Untersuchungen II.: 2. Teil (3. Aufl., 1922), S. 203; siehe auch JULIUS KRAFT, Von HUSSERL zu HEIDEGGER (1. Aufl., 1932), S. 23 (2. Aufl., 1957, S. 24). Hrsg.]
[50] JULIUS KRAFT, op. cit. (1. Aufl., 1932), S. 120 f. [2. Aufl., 1957, S. 108 f. Hrsg.]

schen Faktums, daß es Intuitionen gibt. Und da er die fundamentale Bedeutung der Intuition für die Erkenntnisfindung verkennt, da sein Märchen von der *psychologischen* „Unmöglichkeit des Intuitionismus" *berechtigten* Widerspruch hervorruft, so stärkt er indirekt nur die *erkenntnistheoretisch-intuitionistische* Position, die zu bekämpfen eine der wichtigsten Missionen des Kritizismus gewesen wäre.

Bei der Friesschen *Theorie der Wahrnehmung* liegen die Verhältnisse analog (wenn auch gerade umgekehrt), wie bei seiner Theorie der Intuition.

In der (gegenüber dem Friesschen Original etwas modifizierten) Darstellung, die oben gegeben wurde, sieht die Sache so aus, daß die Wahrnehmung (bei Fries: „Anschauung") ein letztes psychisches Faktum ist, auf das wir uns bei der Rechtfertigung gewisser Erkenntnisse (Wahrnehmungsurteile) berufen und das seinerseits keine Rechtfertigung mehr braucht („Prinzip der Selbstgewißheit der Wahrnehmung"). Ein solches letztes Faktum, durch das wir unsere Erkenntnisse rechtfertigen, bezeichnet Fries[51] als [eine] „unmittelbare Erkenntnis". Daher die Formulierung der Wahrnehmungstheorie: „Alle Anschauung ist unmittelbare Erkenntnis, sie verlangt und bedarf keiner weiteren Zurückführung, um sich in ihrer Wahrheit auszuweisen."[52] — Mag das nun den erkenntnis*psychologischen* Tatbestand bis zu einem gewissen Grade ganz gut wiedergeben, — erkenntnis*theoretisch* ist diese Konzeption jedenfalls vollkommen unhaltbar. (Es ist das eine Einsicht, die wohl eines der stärksten Argumente für den transzendentalen Objektivitätsbegriff in sich schließt.)

Wieder bildet hier die scharfe Trennung von Erkenntnis*psychologie* und Erkenntnis*theorie* die Grundlage sowohl unserer kritischen wie auch unserer positiven Überlegungen.

Die von Fries vertretene Auffassung, daß die Wahrnehmung (oder „Anschauung") eine letzte, eine absolute Basis für unsere empirischen Kenntnisse bildet, daß in ihr die *empirische Basis* zu suchen sei, ist (nach der hier vertretenen Auffassung) *psychologistisch*. Aber Fries steht mit diesem Psychologismus der Basis keineswegs allein. Im Gegenteil: Fast sämtliche bisher bestehenden Erkenntnistheorien (als einzige Ausnahme könnte wohl nur der Konventionalismus genannt werden und auch dieser nur mit großen Vorbehalten) vermengen bei der Frage nach der „Basis" unserer empirischen Erkenntnisse transzendentale und psychologische Momente.

Der Grund dafür ist einfach genug; am schärfsten wurde er wohl von Fries selbst betont (vgl. auch die Darstellung weiter oben): Will man Sätze nicht *dogmatisch* einführen, so muß man sie *begründen*; bei der Frage nach der Begründung von Sätzen gelangt man aber, wenn man psychologistische, das heißt subjektive Antworten vermeiden will, ins Uferlose. Denn wenn man

---

[51] [Siehe Anm. 39. Hrsg.]
[52] JULIUS KRAFT, op. cit. (1. Aufl., 1932), S. 120. [2. Aufl., 1957, S. 108. Hrsg.]

sich nicht auf seine Überzeugung, auf Wahrnehmung, auf Evidenz, auf „unmittelbare Erkenntnis" oder dergleichen berufen will (alles das ist subjektiv, psychologistisch), so kann man *Sätze nur wieder durch Sätze begründen*, die, wenn sie nicht dogmatisch eingeführt werden sollen, offenbar wieder begründungsbedürftig sind. Angesichts dieses *Trilemmas (Dogmatismus — unendliches Begründungsverfahren — psychologistische Basis)* entscheidet sich Fries, —und mit ihm fast alle irgendwie empiristisch orientierten Erkenntnistheoretiker — für den *Psychologismus,* das heißt: für das subjektive Erlebnis der Wahrnehmung oder der Anschauung als absolute Grundlage und Rechtfertigung der letzten, untersten Sätze (der *Basissätze*) des Systems, der Wahrnehmungsurteile.

Aber diese so verbreitete Auffassung (die — aus Gründen, die weiter unten noch klar werden — auch mit dem „common sense" in so gutem Einklang zu stehen scheint) *hält der transzendentalen, der methodologischen Kritik nicht stand.*

Diese zeigt nämlich, daß Wahrnehmungen und Beobachtungen (genauer: Wahrnehmungs- und Beobachtungsberichte), wenn sie *nicht objektiv,* nicht intersubjektiv nachprüfbar sind, *von der Wissenschaft niemals ernst genommen werden,* — auch dann nicht, wenn hinter ihnen ein subjektiv stärkstes Überzeugungserlebnis stehen sollte. Nicht einmal als vorläufiges Material gehen solche nicht intersubjektiv nachprüfbare Berichte in die *Naturwissenschaft* ein (als ein solches wertet sie vielleicht manchmal die *Geschichte*), sondern *im besten Fall* als Anregungen und Problemstellungen.

Für diese Behauptung können zahlreiche transzendentale Belege erbracht werden.

Ein ganz unterhaltender Beitrag dazu ist zum Beispiel die sogenannte *„Tatzelwurmfrage"*: Immer wieder[*10] tauchen Berichte aus den alpinen Regionen auf, die vom „Tatzelwurm" oder „Bergstutz" berichten, einem halbmeterlangen, armdicken, wurmförmigen, anscheinend gefährlichen Tier mit Basiliskenblick. Wenn man die Berichte liest[53], so ist es wohl schwer möglich, an dem subjektiven Überzeugungserlebnis oder an der Glaubwürdigkeit der Berichterstatter zu zweifeln. Nichtsdestoweniger genügen diese Augen- und Ohrenzeugen nicht, um die *wissenschaftliche Objektivität* des Tatzelwurms sicherzustellen. (Sie sind *bestenfalls Anregungen,* die Frage aufzuwerfen, ob es ein solches Tier wirklich gibt.) Gäbe es eine intersubjektive Methode zur Nachprüfung der Berichte, — am besten wäre die Aufstellung eines Tatzelwurms in einem Museum, — so wäre die wissenschaftliche Objektivität si-

---

[*10] Noch zur Zeit, als das geschrieben wurde (1932) war die „Tatzelwurmfrage" in Österreich recht aktuell. Ein ähnliches Problem ist das der Existenz eines sogenannten „Yeti" im Himalaya.
[53] Vgl. HANS FLUCHER, Noch einmal die Tatzelwurmfrage: Ein Überblick über das Ergebnis unserer Rundfrage, Kosmos: Handweiser für Naturfreunde 29 (1932), S. 66 ff., 100 ff.

chergestellt. Es ist dabei zu beachten, daß die wissenschaftliche Objektivität auch durch andere Mittel gesichert werden könnte als durch ein Museumsstück. Es können unter Umständen bereits andere corpora delicti genügen — etwa einzelne Teile oder auch Abdrücke, Spuren, ja vielleicht sogar eine entsprechend beglaubigte Photographie usw. —, um die Existenz des Tatzelwurms wenigstens zu einer objektiven, das heißt intersubjektiv nachprüfbaren wissenschaftlichen *Hypothese* zu machen; nämlich dann, wenn aus der nachprüfbaren Existenz jener Indizien unter Zuhilfenahme von gutbewährten allgemeinen Gesetzmäßigkeiten auf die Existenz des Tatzelwurms geschlossen werden kann: Selbst schwachen Indizien kommt, wenn sie intersubjektiv nachprüfbar sind, in der Wissenschaft ungleich größere Bedeutung zu als noch so genauen Beobachtungsberichten, mögen sie auch von nachweisbar verläßlichen und geschulten Beobachtern stammen und bis in die Einzelheiten untereinander übereinstimmen; — nämlich dann, wenn diese Beobachtungen nicht nachgeprüft werden können.

(Beispiele von der Art der „Tatzelwurmfrage" gibt es in Hülle und Fülle. Man denke etwa an die oft sehr glaubwürdigen Seeschlangenberichte, sowie an gewisse Berichte aus spiritistischen Kreisen.)

Was zu all diesen Beispielen noch betont werden muß, ist, daß nicht etwa die *Wahrheit* eines Satzes („Es gibt einen Tatzelwurm") von seiner intersubjektiven Nachprüfbarkeit abhängt, sondern sein *Wissenschaftscharakter,* seine Objektivität. Denn möglicherweise gibt es wirklich einen Tatzelwurm, was später einmal objektiv erwiesen werden könnte; in diesem Fall war der (heute nicht nachprüfbare) Satz auch heute schon wahr. Dem entspricht, daß er auch heute von der Wissenschaft *nicht negiert,* nicht als falsch bezeichnet, sondern, wenn man will, *ignoriert* wird: Sie nimmt zu ihm nicht Stellung.

Subjektive Überzeugungen — auch wenn sie noch so stark und unmittelbar erlebt werden — können in^k der Wissenschaft *niemals von methodologischer, sondern immer nur von historisch-genetischer Bedeutung* sein. Diese Einsicht wendet sich nicht nur gegen die Friessche Lehre von der „unmittelbaren Erkenntnis", sondern ebenso gegen die Auffassung, daß Wahrnehmungsaussagen, Beobachtungsberichte (oder dergleichen) die *„empirische Basis"* der Wissenschaft bilden können. Die *„Basissätze"* der empirischen Wissenschaften müssen vielmehr — wie alle wissenschaftlichen Sätze — den Charakter der *Objektivität* haben.

Diese Feststellung gilt natürlich auch für die wissenschaftliche Psychologie (gleichgültig, ob diese nun behavioristisch-physikalistisch oder introspektiv betrieben wird). Vom psychologisch-wissenschaftlichen Standpunkt aus muß jeder psychologische Satz intersubjektiv nachprüfbar sein. Daß ich jetzt eine bestimmtes Wahrnehmungserlebnis habe, das ist *für mich* zwar subjektiv *gewiß;* für die wissenschaftliche Psychologie jedoch hat der Satz: „*A* hat ein bestimmtes Wahrnehmungserlebnis" lediglich den Charakter einer *Hypothese,* die durch verschiedene (objektive) Verfahren nachgeprüft werden kann. (Etwa experimentell dadurch, daß verschiedene *Reize* — zum Beispiel Fragen — und meine Reaktionen auf sie — zum Beispiel meine Antworten — daraufhin untersucht werden, ob sie mit jener Hypothese, bei Zugrundelegung gutbewährter psychologischer Gesetze, im Einklang stehen.)

Der Satz von der *Objektivität der Basissätze* gilt also allgemein, für alle Wissenschaften; er muß daher auch für die *Erkenntnispsychologie* gelten. Wahrnehmungs- und Überzeugungserlebnisse können schon deshalb nie die Basis der objektiven Wissenschaft bilden, weil sie in der objektiven Wissenschaft nur als Gegenstand von erkenntnispsychologischen Hypothesen auftreten können, und weil ihre Existenz [genauer: die Hypothese ihrer Existenz] nach denselben methodologischen Grundsätzen objektiv überprüft werden muß, wie irgendeine andere Hypothese: *Durch logische Deduktion von besonderen Folgesätzen, von besonderen, objektiv überprüfbaren Prognosen.*

Die *Erkenntnispsychologie*, deren (allgemeine) Sätze somit auch nur hypothetischen Charakter haben, dürfte übrigens bei ihrer psychologischen Analyse des Erkenntnisvorganges zu Ergebnissen kommen, die wieder (vgl. Abschnitt 4) den erkenntnistheoretischen weitgehend analog sind. Sie wird zwar feststellen können, daß für das Zustandekommen eines Überzeugungserlebnisses den Wahrnehmungen, dem „Zeugnis der Sinne" ganz außerordentliche Bedeutung zukommt. (Das ist wohl der Grund, weshalb die psychologistische, auf „Selbstbesinnung" beruhende Erkenntnistheorie gemeinsam mit dem „common sense" an der Wahrnehmungsbasis festhält.) Aber auch der erkenntnis*psychologischen* Betrachtung erweisen sich die Wahrnehmungen keineswegs als letzte, absolute, unanzweifelbare Grundlagen unserer Überzeugungen; im Gegenteil:

Wie schon anläßlich der Analyse des Objektivitätsbegriffes (Abschnitt *9*, gegen Ende) festgestellt wurde, kommen uns bei solchen Wahrnehmungen, die wir nicht nach Belieben nachprüfen (wiederholen) können, immer wieder Bedenken, ob wir uns nicht vielleicht doch getäuscht haben. Größere Sicherheit des subjektiven Überzeugungserlebnisses kann aber dadurch erreicht werden, daß *verschiedene Wahrnehmungen* (denen einzeln also keineswegs absolute Überzeugungskraft zukommt) untereinander in Übereinstimmung stehen; das heißt aber, daß sie mit irgendwelchen (gutbewährten) Theorien übereinstimmen. So kann zum Beispiel eine Gesichtswahrnehmung durch eine Tastwahrnehmung gestützt werden (aufgrund der Theorie, daß der sichtbare Körper auch tastbar sein muß: *„intersensuale Nachprüfung"*), oder durch andere Gesichtswahrnehmungen, oder durch Vergleich mit den gehörten oder gelesenen *Aussagen* anderer Personen. — Daß dabei *für jedes Subjekt* das Überzeugungserlebnis als Resultante *eigener* Erlebnisse auftreten muß (da es ja fremde Berichte und Theorien *hören* — oder sehen — und *verstehen* muß), ist eine *Trivialität*. (*Irreführend* ist es, diese erkenntnis*psychologische* Trivialität als „*methodischen Solipsismus*"⁵⁴ oder dergleichen zu charakterisieren, da damit der Gegensatz von Erkenntnistheorie — also Methodologie — und Erkenntnispsychologie verschleiert wird.)

Die Betonung des Objektivitätscharakters aller wissenschaftlichen Sätze, auch der „Basissätze" (der „elementaren Erfahrungssätze", wie sie hier auch genannt werden), und der damit verbundenen *Ausschaltung des subjektivistischen Psychologismus aus der Erkenntnistheorie* ist das wichtige positive Ergebnis der (wenigstens teilweise immanenten, weil teilweise psychologischen) Kritik der Friesschen Wahrnehmungstheorie. Aber das oben angeführte „*Trilemma*" ist damit, so scheint es, noch nicht aufgelöst.

Die Auflösung dieses Trilemmas soll nun an dieser Stelle noch nicht in aller Ausführlichkeit gegeben werden: Die Frage nach den Basissätzen der Wissenschaft ist ja gleichbedeutend mit der nach einem verwendbaren Begriff der „*Erfahrung*"; erst bei der Untersuchung des *Abgrenzungsproblems*⁵⁵ kann hier volle Klarheit erreicht werden. (Daß die positive Diskussion dieser Frage keineswegs als eine immanente Kritik an Kant oder [an] Fries gewertet werden darf, soll nur nebenbei erwähnt werden.)

Die „empirische Basis" der Wissenschaft bilden — wie schon mehrfach erwähnt — *besondere Wirklichkeitsaussagen*, besondere, mit Hilfe des theoretischen Systems deduzierte *Prognosen*.

Es ist nun von großer Bedeutung, daß die Verifikation oder die Falsifikation solcher besonderer Prognosen in den meisten Fällen der wissenschaftlichen *Praxis* zu keinen methodologischen Schwierigkeiten führt, kein praktisch-methodologisches Problem enthält*¹¹. Wir stehen somit vor einer jener erkenntnistheoretischen Fragen (vgl. Abschnitt 2), die nicht durch die Anforderungen der einzelwissenschaftlichen Praxis, sondern überhaupt erst durch erkenntnistheoretische Mißdeutungen zu einem Problem werden. Bei solchen Fragen ist die Gefahr, erkenntnistheoretischen Vorurteilen zu erliegen, besonders groß (daher auch die allgemeine Verbreitung des psychologistischen Lösungsversuches); und umso wichtiger — aber auch schwieriger — wird hier somit auch die Anwendung der transzendentalen Methode, die Orientierung am tatsächlichen Wissenschaftsbetrieb. Es wird deshalb richtig sein, von einer Analyse jener (seltenen) Fälle auszugehen, in denen im praktischen Wissenschaftsbetrieb bei der Verifikation oder Falsifikation beson-

---

⁵⁴ [Siehe Hans Driesch, Ordnungslehre: Ein System des nichtmetaphysischen Teiles der Philosophie (2. Aufl., 1923), S. 23; Rudolf Carnap, Der logische Aufbau der Welt (1928), S. 86 f. Vgl. auch Karl Popper, Conjectures and Refutations (1963), S. 265 ff. Hrsg.]

⁵⁵ [Siehe *Nachwort des Herausgebers*; vgl. auch Abschnitt 10, Text zu Anm. 12. Hrsg.]

*¹¹ Das Problem des Experimentators ist gelöst, wenn sein Experiment reproduzierbar ist; aber manchmal ist es sehr schwer zu lösen.

derer Prognosen gewisse *Schwierigkeiten* auftreten, Zweifel, ob der betreffende Satz als verifiziert oder falsifiziert angesehen werden soll.

Wie geht die Wissenschaft in solchen Fällen tatsächlich vor? Stimmt sie über solche Fälle ab? Oder schreibt sie ihnen vielleicht einen Geltungswert zwischen „wahr" und „falsch" (etwa den Geltungswert „wahrscheinlich") zu?

Um das tatsächliche Verfahren der Wissenschaft bei der Entscheidung besonderer Sätze richtig beurteilen zu können, ist es notwendig, sich nochmals vor Augen zu halten, welche Bedeutung die besonderen Sätze für die Naturwissenschaft haben.

Nach der *deduktivistischen* Auffassung sind es die *Gesetze, theoretische Systeme,* also *allgemeine* Sätze, zu deren Überprüfung die *besonderen (singulären) Sätze* herangezogen werden. Die Überprüfung der allgemeinen Sätze geschieht durch *Deduktion besonderer Prognosen,* die verifiziert und falsifiziert werden können.

Wenn deshalb bei irgendeiner bestimmten besonderen Prognose die Entscheidung über die Verifikation oder Falsifikation Schwierigkeiten macht, so hilft man sich im praktischen Wissenschaftsbetrieb meist damit, daß man auf die Entscheidung in diesem besonderen Fall verzichtet und zwecks Überprüfung der Gesetze *andere* Prognosen deduziert, bei denen solche Schwierigkeiten nicht auftreten.

Das ist der Grund, weshalb (in den Naturwissenschaften) die Fälle verhältnismäßig selten sind, in denen trotz auftretender Schwierigkeiten eine Entscheidung über einen bestimmten besonderen Satz herbeigeführt wird.

Aber auch die Analyse jener Fälle, in denen besondere Sätze weiter untersucht, weiter nachgeprüft, weiter gestützt werden, führt — so hat es im ersten Augenblick den Anschein — zu keinem aufhellenden Resultat.

Solche problematische besondere Sätze werden nämlich immer durch *andere besondere Sätze* gestützt — die dann ihrerseits keine Schwierigkeiten mehr machen, zu keinem praktisch-methodologischen Problem mehr Anlaß geben. Diese anderen besonderen Sätze werden aus dem zu prüfenden besonderen Satz unter Zuhilfenahme von Theorien *deduziert*; der fragliche besondere Satz spielt also dabei selbst die Rolle einer Hypothese, eines *Naturgesetzes von niedrigster Allgemeinheitsstufe,* das auf dem Wege der Prognosendeduktion überprüft, das heißt durch andere besondere Sätze gestützt oder widerlegt wird.

Treten — um ein Beispiel zu bringen — Zweifel auf, ob der besondere Satz: „Dieses Pulver ist Rotes Präzipitat" als falsifiziert oder als verifiziert zu betrachten ist, so werden aus dem fraglichen Satz und den chemischen Naturgesetzen *Prognosen* deduziert und überprüft; das Pulver wird zum Beispiel erhitzt, das entweichende Gas mit Hilfe eines glühenden Spans der Sauerstoffprobe unterzogen, usw. Dabei treten natürlich wieder besondere Sätze auf (zum Beispiel „Dieser Span flammt auf, sobald er in die Röhre eingeführt wird" oder „An dieser Proberöhre schlägt sich Quecksilber nieder"), die, wenn sie aus irgendwelchen Gründen ihrerseits bezweifelt werden, einer analogen Prüfung zu unterziehen sind. Dieses Verfahren wird solange fortgesetzt, bis man ein Resultat für hinreichend gesichert hält; bis man einen weiteren Zweifel für überflüssig oder für spitzfindig hält.

Die Sätze, bei denen man gerne stehenbleibt, sind — besonders wenn die Überprüfung wichtig und schwierig war —, wenn möglich, solche Sätze, deren subjektive Nachprüfung durch *alle* Subjekte, die bei dem betreffenden Versuch (oder was es sonst ist) anwesend sind, besonders leicht ist (zum Beispiel: „Dieser Span wurde jetzt viermal in die Proberöhre eingeführt und flammte dabei jedesmal auf"). Es sind also intersubjektiv nachprüfbare, es sind *objektive* Sätze, über die sich jedes anwesende Subjekt seine subjektive Überzeugung leicht bilden kann.

(Wichtig ist, daß diese *subjektive Überzeugung* selbst in das *wissenschaftliche Begründungs- oder Überprüfungsverfahren nicht mehr eingeht*: die Wissenschaft beruft sich eben nie auf subjektive Überzeugungen. Sie leitet zwar jeden an, sich eine Meinung zu bilden, aber sie überläßt es ihm, sich selbständig zu überzeugen.)

Zu ganz analogen Ergebnissen führen die Analysen aller Fälle, in denen besondere wissenschaftliche Sätze nachgeprüft werden.

Da werden, wenn Schwierigkeiten auftreten, zum Beispiel die Meßinstrumente, etwa die Uhren, nachgeprüft, — was offenbar nur wieder durch Prognosendeduktion (zum Beispiel „Diese Uhr wird nach etwa 20 Tagen einen Zeigerstand haben, der von jener um weniger als 15 Sekunden abweicht") und [durch] Verifikation, beziehungsweise Falsifikation, dieser Prognosen [geschehen kann]. Unter Umständen kann es auch vorkommen, daß an Stelle der Meßinstrumente die mit der Messung beschäftigten Personen überprüft werden, etwa auf Farbenblindheit oder auf ihre [sogenannte] „persönliche Gleichung" (auf ihre Reaktionsgeschwindigkeit). Auch diese Prüfungen zeigen immer den gleichen (objektiven) Charakter: Aus der Hypothese, daß Herr *A* farbenblind ist, werden Prognosen über gewisse Reaktionen abgeleitet; diese besonderen, objektiven, von jedem Subjekt leicht überprüfbaren Prognosen werden verifiziert oder falsifiziert.

Wie schon oben erwähnt, scheint das Ergebnis der methodologischen Analyse zu keinem sehr aufschlußreichen Resultat zu führen.

Aus problematischen besonderen Sätzen [werden] zum Zwecke ihrer Sicherung weniger problematische (oder unproblematische) besondere Sätze abgeleitet. Aber damit ist ja die Frage offenbar nur verschoben:

Worauf stützen sich denn die unproblematischen (die leicht von jedem Subjekt nachprüfbaren) besonderen Sätze? Was heißt das, wenn man sagt, daß ein solcher Satz verifiziert oder falsifiziert wird?

11. Zur Ergänzung der Kritik des Apriorismus

Mit dieser Frage scheinen wir uns noch mitten in dem *Trilemma* zu befinden: Werden solche Sätze (1) einfach dogmatisch als wahr angesetzt oder werden sie (2) ad infinitum durch andere Sätze weiterbegründet (ein Prozeß, der nur aus praktischen Gründen abgebrochen erscheint) oder stützen sie sich (3) doch auf die subjektiven Überzeugungen (Wahrnehmungen) der verschiedenen Subjekte?

Wie sich gleich zeigen wird, erweisen sich alle drei Positionen des Trilemmas in gewisser, freilich *sehr eingeschränkter Weise* als berechtigt, — falls man sich nämlich auf den Standpunkt stellt, der hier als Lösung vorgeschlagen wird.

Nach dieser Auffassung werden die *Endpunkte der Deduktion,* also die *Basissätze* der Wissenschaft, (die „elementaren Erfahrungssätze") *durch Beschluß*, durch eine (in gewissem Sinn willkürliche, in einem anderen Sinn aber geregelte) *Konvention* festgesetzt. Insofern (aber auch *nur* insofern) diese Sätze (eben als Basissätze) *ohne weitere Begründung* dessen, was sie behaupten, durch Beschluß festgesetzt werden, kann der erste Standpunkt des Trilemmas als berechtigt, das heißt diese Festsetzung als „dogmatisch" bezeichnet werden.

Aber dieses „Dogma" ist nichts weniger als gefährlich. Denn die Festsetzung erfolgt nach bestimmten methodologischen Grundsätzen, zu denen vor allem der gehört, daß nur solche Sätze festzusetzen sind, bei denen kein methodologisch zulässiger Zweifel auftritt; tritt ein solcher Zweifel auf, so wird die Deduktion weitergeführt. *Diese Weiterführung ist grundsätzlich immer möglich.* Denn jeder *objektive* wissenschaftliche Satz zeigt in gewissem Sinn den Charakter eines allgemeinen Gesetzes, da er nachgeprüft werden kann, alle Nachprüfung aber auf Gesetzmäßigkeit (beziehungsweise Wiederholbarkeit) beruht, — etwa auf den Gesetzmäßigkeiten, aufgrund derer der betreffende Vorgang photographiert oder gefilmt (oder beobachtet) werden kann. (Die *objektiven besonderen* Sätze können daher als „Naturgesetze von niedrigster Allgemeinheitsstufe" bezeichnet werden.) Eben dieser Allgemeinheitscharakter jedes objektiven Satzes ist es, dem zufolge aus jedem solchen Satz grundsätzlich *mehr Prognosen deduziert* werden können, als man überprüfen kann; dem zufolge ein solcher Satz immer mehr besagt, als durch „Beobachtung" usw. feststellbar ist (Transzendenz der Darstellung überhaupt; vgl. die Abschnitte *8* und *9*). Ist also die Weiterführung der Überprüfung grundsätzlich immer möglich, so bedeutet das eine gewisse, beschränkte Richtigkeit des zweiten Standpunktes des Trilemmas: solange man sich nicht *entschließt*, einen Satz ohne weitere Begründung zu akzeptieren, ihn also durch Beschluß als „wahr" oder „falsch" festsetzt, muß die hypothetisch-deduktive Überprüfung weiterlaufen, — was grundsätzlich ad infinitum möglich wäre. Ein natürliches Ende findet die Deduktion niemals; kein Satz ist durch seine Form oder seinen Inhalt als Endpunkt der Deduktion ausgezeichnet, zum Basissatz prädestiniert.

Aber auch der dritte Standpunkt des Trilemmas kommt (freilich in noch mehr eingeschränkter Weise) zu seinem Recht. Zwar kann ein wissenschaftlicher Satz niemals durch Berufung auf subjektive Überzeugungen (etwa [auf] den „consensus omnium") begründet werden; aber bei der *methodischen Regelung seiner Festsetzung* wird darauf Rücksicht genommen, ob die verschiedenen subjektiven Überzeugungen untereinander einig sind, oder nicht.

Diese letzte Bemerkung wird man vielleicht als eine Konzession an den Psychologismus auffassen, als eine Hintertüre, durch die der Psychologismus im letzten Augenblick doch wieder in das System hineinschlüpft. Es muß deshalb — um zu zeigen, daß ein solcher Vorwurf den hier vertretenen Standpunkt nicht trifft — etwas näher auf den *Unterschied* hingewiesen werden, der zwischen der *Begründung eines Satzes* (einer Behauptung) und der *methodischen Regelung einer Beschlußfassung* besteht; ferner muß gezeigt werden, daß auch die methodische Regelung der Beschlußfassung, obwohl sie die *subjektiven Überzeugungen berücksichtigt*, doch nicht auf subjektiven Überzeugungen beruht, sondern ihrerseits ein durchaus „*objektives*" *Verfahren* darstellt.

Um zu zeigen, daß die *methodische Regelung der Beschlußfassung* etwas ganz anderes ist als die *Begründung eines Satzes*, sei das Beispiel der (älteren, „klassischen") *Geschworenengerichte* herangezogen.

Der Wahrspruch der Geschworenen bezieht sich bekanntlich auf *Tatsachenfragen* (quid facti?). Durch den Beschluß der Geschworenen wird also eine Behauptung über einen *konkreten Vorgang* aufgestellt, eine *besondere Wirklichkeitsaussage*. Der Beschluß hat die Bedeutung, die praktische und theoretische Funktion, daß aus ihm, gemeinsam mit den allgemeinen Sätzen des gesetzlichen Systems (Strafrecht) gewisse Folgerungen *deduziert* werden; anders ausgedrückt: Der Beschluß bildet die Basis für die *Anwendung* des allgemeinen strafrechtlichen Systems; der Wahrspruch wird wie ein wahrer Satz *verwendet*, spielt in den logischen Deduktionen die Rolle eines wahren Satzes.

Daß der Satz deshalb nicht wahr sein muß, weil er von den Geschworenen beschlossen wurde, ist klar. (Das wird ja auch durch das Strafverfahren anerkannt, da ein solcher „Wahrspruch" unter bestimmten Bedingungen bekanntlich aufgehoben, revidiert werden kann.)

Der Beschluß kommt durch ein genau geregeltes *Verfahren* zustande. Dieses Verfahren ist auf gewissen Grundsätzen aufgebaut, die keineswegs nur eine objektive Wahrheitsfindung gewährleisten sollen, sondern nicht nur für subjektive Überzeugungen, sondern sogar für subjektive Tendenzen Platz haben. Aber auch dann, wenn man von diesen besonderen Verhältnissen der (klassischen) Geschworenengerichte absieht und ein Verfahren fingiert, das *nur* auf dem Grundsatz möglichst objektiver Wahrheitsfindung aufbaut, so kann man jedenfalls feststellen:

Durch die methodische Regelung des Beschlußverfahrens wird der Spruch der Geschworenen, wird *die Wahrheit der von ihnen aufgestellten Wirklichkeitsaussage in keiner Weise begründet*. Das ist schon deshalb klar, weil die Regelung des Beschlußverfahrens eine *allgemeine,* in allen Fällen gleichbleibende ist, die beschlossenen Sätze aber ganz verschiedene und immer sehr spezielle Behauptungen aufstellen.

Aber auch die subjektiven Überzeugungen der Geschworenen können in keiner Weise als Begründungen für die Geltung des beschlossenen Satzes angesehen werden (obwohl sie natürlich in ursächlichem Zusammenhang zur Beschlußfassung stehen, also *Motive* der Beschlußfassung sind; vgl. auch Abschnitt 12). Das geht schon daraus hervor, daß die Abstimmung in ganz verschiedener Weise geregelt sein kann (daß zum Beispiel gewisse Fragen nur durch Einstimmigkeit oder durch eine qualifizierte Majorität, andere wieder durch einfache Majorität entschieden werden können), so daß, je nach der Regelung, die Beziehungen zwischen den subjektiven Überzeugungen und dem Beschluß ganz verschiedene Formen annehmen können.

Im Gegensatz zum *Wahrspruch* der Geschworenen muß das *Urteil* des Richters gerechtfertigt, *begründet* werden, weil er es aus anderen Sätzen logisch ableiten muß. Ein *Beschluß* aber hingegen kann nur darauf hin geprüft werden, ob er *regelrecht* zustandegekommen ist; also nur formal, nicht inhaltlich. (Inhaltliche Rechtfertigungen von Beschlüssen bezeichnet man ganz richtig als „Motivenberichte", nicht als „Begründungen".)

Ganz analog wie in dem angeführten Beispiel liegen die Verhältnisse auch bei der Festsetzung der Basissätze der Wissenschaft.

In der methodischen Regelung dieser Festsetzungen ist das enthalten, was man als *„empirische Verifikation und Falsifikation",* als die *„Methode der Erfahrung"* bezeichnen kann.

Es ist hier nicht der Ort, auf diese methodischen Regeln im einzelnen einzugehen. (Das wird bei der Untersuchung des Abgrenzungsproblems[56] geschehen, wo diese methodischen Regeln aus dem Prinzip des *methodischen Realismus* abgeleitet werden.) Zwei Punkte seien nur hervorgehoben, weil sie auf das Kant-Friessche Wahrnehmungsproblem ein besonderes Licht werfen.

Der *Fundamentalsatz* dieser methodischen Regelung der Festsetzung der Basissätze ist der Satz, daß *nur besondere (singuläre) Wirklichkeitsaussagen durch Beschluß als „wahr" oder „falsch" festgesetzt werden dürfen.* Welche Basissätze hypothetisch aufgestellt werden, hängt zwar von dem theoretischen System ab (ähnlich, wie die Fragen, die den Geschworenen vorgelegt

---

[56] [Siehe *Nachwort des Herausgebers*; vgl. auch Anhang: Abschnitt *IX*, Text zu Anm. 1. Hrsg.]

werden, von den gesetzlichen Bestimmungen abhängen). Aber die Festsetzung der Basissätze entscheidet über das Schicksal der theoretischen Systeme — nicht umgekehrt. („*Empirismus*" bedeutet — im Gegensatz zum „Konventionalismus" — soviel wie „*Singularismus*" *der festgesetzten Basissätze*.)

Vom Dogmatismus jeder Art, — insbesondere vom *Wahrnehmungsabsolutismus* (Fries, die *Positivisten*) unterscheidet sich die empiristische Regelung der Festsetzungen durch den Satz, daß im Falle eines *methodisch zulässigen Zweifels* die hypothetisch-deduktive Nachprüfung durch Prognosendeduktion fortgesetzt werden muß, beziehungsweise eine Festsetzung nicht stattfinden darf.

Um aber überhaupt zu Festsetzungen kommen zu können, muß der Begriff des methodisch zulässigen Zweifels in bestimmter Weise beschränkt werden; immer liegt aber dann ein methodisch zulässiger Zweifel vor, wenn der *objektive, soziologische Satz* leicht überprüft (mit Hilfe erlaubter Festsetzungen verifiziert) werden kann, daß die *subjektiven Überzeugungen* der verschiedenen Prüfer des besonderen Satzes *divergieren*, daß eine *intersubjektive Einigung* (consensus omnium) nicht vorliegt. In diesem Falle muß eine weitere Überprüfung stattfinden (oder auf eine Festsetzung verzichtet werden). Diese Überprüfung kann sich, wie oben bereits angedeutet, auch auf die beteiligten Beobachter erstrecken, — etwa durch die Bestimmung ihrer persönlichen Gleichung, — und auf diese Weise Unstimmigkeiten zum Verschwinden bringen, das heißt: den methodisch berechtigten Zweifel beseitigen. Widerspruchslosigkeit der subjektiven Überzeugungserlebnisse wird also nicht angestrebt (es ist auch nicht ganz klar, worin diese bestehen würde), wohl aber ist die *Widerspruchslosigkeit der objektiven Basissätze* eine methodologische Grundforderung, die bei keiner Festsetzung verletzt werden darf. (Auch das Prinzip, solche Widersprüche durch fortgesetzte Überprüfung — durch Deduktion objektiver Prognosen — zu beseitigen, ist für den *methodischen Realismus* charakteristisch.)

Weshalb machen wir aber solche Festsetzungen? Weshalb beschließen wir, Basissätze, Endpunkte der deduktiven Überprüfung als „*wahre*" und „*falsche*" Sätze in die Wissenschaft einzuführen?

Auch in dieser Frage erweist sich das Beispiel des Schwurgerichtes als aufklärend: Der Beschluß der Geschworenen ist die Grundlage für die *Anwendung* der Gesetze.

Ganz ähnlich können wir sagen: Der Entschluß, durch den wir gewisse Basissätze einführen, ist nichts anderes als der Entschluß, die Wissenschaft, das theoretische System *anzuwenden*. Ebenso, wie der Wahrspruch der Geschworenen erst die logische Ableitung konkreter Sätze möglich macht und damit die Anwendung ermöglicht, ebenso besteht die Festsetzung gewisser Basissätze als „wahr" und als „falsch" in nichts anderem, als in dem Entschluß, diese Sätze in das System einzuführen, um eine konkrete *Anwen-*

11. Zur Ergänzung der Kritik des Apriorismus

dung (eine Deduktion besonderer Prognosen) zu ermöglichen. *Festsetzung von Basissätzen* als „wahr" oder als „falsch" und *Anwendung des Systems* sind äquivalent. (Wenn man, beiläufig gesprochen, die Sätze der Logik als implizite Definitionen der Begriffe „wahr" und „falsch" bezeichnen kann, so kann man auch sagen, daß man durch bestimmte *Anwendungen* der logischen Transformations- und Schlußregeln implizit gewisse Sätze als „wahr" oder „falsch" festsetzen kann.) Daher werden meist die Basissätze gar nicht ausdrücklich festgesetzt, sondern — was eben gleichbedeutend ist —: die Wissenschaft wird angewendet. (Und deshalb gehören die singulären Basissätze in gewissem Sinn gar nicht zum wissenschaftlichen System selbst — auch nicht in den sogenannten „angewandten Wissenschaften" — sondern eben zu seiner *tat-sächlichen praktischen Anwendung*, zum technisch-praktischen Handeln; damit verlieren sie aber nicht den Charakter von *Sätzen*. — Vgl. auch Abschnitt *41*.)

Es muß nun noch — wie schon oben angekündigt — besprochen werden, inwiefern die methodische Regelung der Beschlußfassung *subjektive Überzeugungen zwar berücksichtigt,* aber trotzdem ein *objektives Verfahren* darstellt.

Die subjektiven Überzeugungen werden durch die Regel berücksichtigt, daß ein Beschluß nicht gefaßt werden darf, wenn der objektive (seinerseits leicht nachprüfbare) soziologische Satz vorliegt, daß der Beschluß nicht den consensus omnium besitzt.

Es ist wichtig, auf die *negative Form dieser Regel* zu achten. Würde nämlich ein *positiver* consensus omnium zu *jedem* Beschluß notwendig sein, so könnte es ja *nie zur Beschlußfassung kommen,* — oder aber das Verfahren müßte seinen objektiven Charakter preisgeben. Wenn nämlich der consensus omnium nur in Form eines *objektiven, soziologischen, besonderen Satzes* (einer gut nachprüfbaren soziologischen, beziehungsweise sozialpsychologischen Hypothese von niedrigster Allgemeinheitsstufe) auf das Verfahren Einfluß nehmen soll, so müßte, — falls gleichzeitig die *positive* Regel bestünde, daß zur Beschlußfassung ein consensus omnium notwendig ist, — dieser ja immer vorerst nachgeprüft werden, was wieder immer nur mit Hilfe von Basissätzen, also von neuen Beschlüssen möglich wäre; usw.: wir würden also wieder in den zweiten Fall des Trilemmas geraten, mit dem wenig beträchtlichen Unterschied, es anstatt mit einer *Begründungsreihe* ad infinitum mit einer *Beschlußreihe* ad infinitum zu tun zu haben.

Um hier Abhilfe zu schaffen, muß sich eben die Konzession an den ersten Standpunkt des Trilemmas auswirken; und das geschieht durch die *negative* Formulierung jener Regel für die Beschlußfassung, beziehungsweise durch die Verwendung des (objektiven und zum Teil soziologisch bestimmten) Begriffes des „methodisch zulässigen *Zweifels"*: Singuläre Sätze, die von den verschiedenen Subjekten leicht nachgeprüft werden können, dürfen *in je-*

dem *Fall durch Beschluß festgelegt* werden, falls ein solcher Zweifel *nicht* auftritt.

(Die deduktivistisch-empiristische Erkenntnistheorie steht also auch in dieser Frage der Regelung der Beschlußfassung auf einem Standpunkt, der ihrer Auffassung der Hypothesenbildung und Überprüfung weitgehend analog ist: auch die zu beschließenden Basissätze werden vorerst *probeweise und vorläufig* aufgestellt. — Als beschlossen — und zwar für jeden besonderen Fall *endgültig* beschlossen — gelten sie, wenn *keine Einwendungen* erhoben werden.)

Erkenntnis ist also nur dadurch „möglich", daß es „*unproblematische*" *Basissätze* gibt (ein Analogon zu den unmittelbar gewissen Wahrnehmungssätzen), das heißt Basissätze, die nicht weiter überprüft zu werden brauchen und bei denen auch nach der intersubjektiven Einigung nicht gefragt werden muß. *Daß* es solche Sätze gibt, daß wir mit unseren Beschlüssen, mit den elementaren Erfahrungssätzen Glück haben, in keine Widersprüche geraten, ist als grundlegendes methodologisches Faktum zu verzeichnen; ein Faktum, von dem wir natürlich nie wissen können, ob es zu allen Zeiten und in allen Fällen eintreten wird. (*Weshalb* es solche Sätze gibt — weshalb nicht gegen jeden Beschluß Einwendungen erhoben werden oder die Beschlüsse zu Widersprüchen führen — diese Frage ist, wie alle Fragen nach den Gründen der Möglichkeit des Erkennens wissenschaftlich unzulässig und führt *zur Metaphysik*, — nicht zum methodischen, sondern *zum metaphysischen Realismus*; — vgl. oben.)

Woran liegt es nun, daß die *naturwissenschaftliche Methode*, trotz der in gewissem Sinn dogmatischen Methode der Beschlußfassung über Basissätze (der Dogmatismus liegt schon in dem Begriff eines „unproblematischen" Basissatzes), einen weit weniger dogmatischen Charakter hat, als etwa die *Methode der Geschworenengerichte?* Vor allem daran, daß sie in allen Fällen, die nicht unproblematisch sind, *überhaupt keinen Beschluß faßt*; und sich entweder des Beschlußes ganz enthält (der Satz wird als wissenschaftlich nicht entscheidbar, als nicht „objektiv" erklärt) oder den Satz weiter nachprüft; ferner in der Möglichkeit, jeden Basissatz jederzeit nicht mehr für unproblematisch zu halten, sondern noch *weiter nachzuprüfen (Relativität der Basissätze)*[m]; sodann — und dieser Punkt ist wohl der entscheidende — daran, daß ihr (wie oben mehrfach erwähnt) in erster Linie ja gar nichts an den bestimmten, einzelnen *besonderen Sätzen* gelegen ist, sondern an den *allgemeinen Gesetzmäßigkeiten;* also an Sätzen, über die sie niemals unmittelbar beschließt und die immer wieder von neuem auf deduktiven Wegen (durch viele und sehr verschiedene besondere Sätze) nachgeprüft werden können und müssen.

Ein *Einwand* soll noch besprochen werden. Er richtet sich gegen den *soziologischen Charakter der Wissenschaft*, gegen den *soziologischen Objekti*-

vitätsbegriff (der — nach der hier vertretenen Auffassung — von dem nicht-soziologischen *Wahrheitsbegriff* streng zu unterscheiden ist). Es ist der „*Robinsoneinwand*".

Man kann fingieren, daß ein von andern Menschen völlig isolierter, aber eine Sprache beherrschender *Robinson [Crusoe]* eine physikalische Theorie entwickelt (etwa zum Zwecke einer besseren Beherrschung der Natur). Man kann — obwohl diese Annahme erkenntnis*psychologisch* nichts weniger als einleuchtend ist, — fingieren, daß diese „Physik" etwa mit unserer modernen Physik — sozusagen wörtlich — *übereinstimmt*; ferner, daß sie von Robinson, der sich ein physikalisches Laboratorium erbaut hat, auch experimentell überprüft wird. — Ein solcher Vorgang ist, so unwahrscheinlich er auch sein mag, jedenfalls denkbar. Folglich — so schließt der „Robinsoneinwand" — ist der soziologische Charakter für die Wissenschaft nicht von grundsätzlicher Bedeutung: Die Tatsache des Zusammenwirkens vieler Subjekte ist zwar durch unsere beschränkte Lebensfähigkeit *psychologisch* notwendig, erkenntnistheoretisch jedoch unwesentlich.

Dieser Argumentation gegenüber muß man vorerst das Zugeständnis machen, daß auch *fortgesetzte Nachprüfung durch einen Einzelnen* bereits etwas ähnliches ist wie *intersubjektive Nachprüfung*. (Der soziologische Charakter ist also — wenigstens in manchen Fällen — für die Nachprüfung nicht von entscheidender Bedeutung.) Ferner ist sicherlich auch der Begriff der Intersubjektivität, der Mehrzahl der Subjekte in mancher Hinsicht etwas unscharf. Dennoch ist der Robinsoneinwand *nicht stichhaltig*: Das, was Robinson sich als Physik konstruiert, das ist eben *keine Wissenschaft*. Und zwar nicht deshalb, weil wir „Wissenschaft" etwa bloß willkürlich so *definieren*, daß nur intersubjektiv nachprüfbare Theorien so bezeichnet werden dürfen; sondern weil der Robinsoneinwand von der falschen Voraussetzung ausgeht, daß *Ergebnisse* die Wissenschaft charakterisieren, nicht aber ihre *Methode*.

So wäre ja zum Beispiel auch eine mit unserer Physik gleichlautende Theorie, die etwa durch intellektuelle Anschauung *entdeckt*, aber nicht methodisch *nachgeprüft* wird, noch lange keine Wissenschaft. Zur wissenschaftlichen Nachprüfung, zur Methode, gehört eben" auch die *Objektivität*, und die ist für einen Robinson grundsätzlich nicht ganz erreichbar.

Daß die Physik Robinsons mit der unseren übereinstimmt, daß er gleiche Experimente ausführt, wie unsere Physiker, alles das erscheint vom methodologischen Standpunkt aus als rätselhafter Zufall, wenn nicht als Wunder. Denn *die Methoden, über die er verfügt, garantieren nicht*[*12] *die Ausmerzung gewisser Fehler*, die durch *unsere Methoden* eliminiert werden können. In diesem *Ausleseverfahren* aber besteht der methodologische Mechanismus der Wissenschaft*entwicklung*, des wissenschaftlichen *Fortschrittes*. Der Me-

---

[*12] Heute würde ich nicht „garantieren nicht" schreiben, sondern „ermöglichen nicht".

thodologe wird daher selbst diesem genialen „Physiker" Robinson eine sehr *ungünstige Prognose* stellen müssen: Er wird prognostizieren, daß die Robinsonsche Wissenschaft binnen kurzem große Unterschiede gegenüber unserer Physik aufweisen wird, — da die anscheinende Äquivalenz eben nichts anderes als ein Zufall war.

Wenn Robinson zu richtigen Ergebnissen kommt, so hat er *Glück* gehabt. Richtige Ergebnisse sind zwar immer *auch* Glückssache, aber unsere Methoden gestatten wenigstens, viele jener Theorien, bei denen wir kein Glück gehabt haben, festzustellen und zu eliminieren. Wenn jedoch Robinson einmal kein Glück hat, so kann es ihm ohne weiteres passieren, daß er das nicht bemerkt, daß er eine Theorie, die *wir* falsifizieren könnten, nicht aufgibt, und daß sich dann seine Physik in ganz anderer Richtung weiterentwickelt, als unsere intersubjektive [Physik]. Es kann ihm leicht passieren, daß die Unterscheidung der (für uns intersubjektiven) Welt der lokalisierbar-wahrnehmbaren Dinge und seiner (subjektiven) Erlebnisse ins Wanken kommt (und daß er zum Beispiel *seine Furcht* für ein ähnliches Ding hält, wie etwa die Sonne, oder für ein Ding° von der Art, wie etwa die Nacht).

Daß es subjektive Analoga zu unserer objektiven Wissenschaft geben kann, ist also jedenfalls denkbar. Das Beispiel zeigt uns aber, daß es verfehlt ist, die Wissenschaft nur *statisch* zu betrachten (das heißt: als ein System von Ergebnissen in irgend einem Zeitpunkt), und daß vom methodologischen Standpunkt aus die Wissenschaft*entwicklung* von größtem Interesse ist; denn in der *Änderung* des Systems, in den methodologischen Bedingungen des wissenschaftlichen *Fortschrittes* zeigt sich erst deutlich der Charakter einer Wissenschaft, die sich von der Wirklichkeit, von der Erfahrung belehren läßt.

Wie kann nun die hier auseinandergesetzte Lehre vom Singularismus der durch Konvention festgesetzten Basissätze begründet werden?

Die einzige „Begründung" ist die methodologische Analyse, die zeigt, daß die entwickelte Auffassung mit dem Verfahren der Naturwissenschaften übereinstimmt.

Weshalb die Wissenschaft aber ein solches Verfahren einschlägt? Weil ihre *methodologischen Erfahrungen* (die auf dieselbe Art zustandekommen, wie andere Erfahrungen: durch Versuch und Irrtum) sie belehrt haben, daß dieses Verfahren *Erfolg* hat.

Nur der *Erfolg* entscheidet also über die wissenschaftlichen Methoden.

Wenn somit hier zum Beispiel behauptet wird, daß die *Intuition* keine wissenschaftliche Methode, keine Methode von Objektivitätscharakter ist[*13],

---

[*13] Natürlich wird hier nur die Berufung auf Intuition als eine *Begründung* angegriffen, und nicht die Intuition als ein wichtiges, wenn auch oft zu unhaltbaren Ergebnissen führendes, psychisches „Vermögen". (Siehe die Diskussion des Intuitionismus, weiter oben in diesem Abschnitt.)

so soll damit festgestellt werden, daß methodologische Erfahrungen gezeigt haben, daß diese Methode zu keinem *Erfolg* führt: Sie führt nicht zu intersubjektiven Einigungen und ermöglicht im Falle von widersprechenden Ergebnissen keine weitere Nachprüfung und Auflösung der Widersprüche[57].

Mit den *besonderen Wirklichkeitsaussagen,* den unproblematischen, objektiven, singulären Basissätzen, die von jedem Subjekt leicht (durch Beobachtung) nachgeprüft werden können, hat die Wissenschaft bisher *Glück gehabt.* So hat sich eben, durch Versuch und Irrtum diese Methode ausgebildet, die so empiristisch ist, die die subjektive Erfahrung so weit berücksichtigt, als mit dem Prinzip der wissenschaftlichen Objektivität vereinbar (und die offenbar nur jenes Minimum an „Dogmatismus" entwickelt, ohne das wir uns im Chaos der Wirklichkeit wohl nicht zurechtfinden könnten). — Die Regelung der Festsetzung der „Verifikation" und „Falsifikation" singulärer Basissätze hängt in der angegebenen Weise mit (hypothetischen) *Beobachtungen* und *Wahrnehmungen* zusammen; es ist deshalb die gewöhnliche *Auffassung,* die die Basissätze als *„Beobachtungssätze"* oder *„Wahrnehmungssätze"* bezeichnet, nicht unberechtigt und diese *Terminologie nicht unzweckmäßig,* — sobald erst einmal die *Ansicht von der absoluten Geltung der subjektiven Wahrnehmungsgrundlage überwunden* und die *Objektivitätsforderung durchgeführt* ist. Nur auf diesen Punkt kommt es also an, nur dieser Punkt, nur die Objektivitätsfrage ist von positiver methodologischer Bedeutung; und nur um die subjektivistisch-psychologistischen und absolutistischen *Mißdeutungen* zu bekämpfen, um zu zeigen, daß eine empiristische Methodik auch ohne subjektive Basis entwickelt werden kann, mußte die Kritik der „Wahrnehmungslehre" so weit verfolgt werden. Im weiteren Verlauf der Untersuchung wird deshalb dort, wo Mißverständnisse nicht zu befürchten sind, mitunter die übliche, naive Ausdrucksweise („Beobachtung", „Beobachtungsgrundlage" usw.) weiter beibehalten werden. Für das Induktionsproblem ist ja nur der *Singularismus* von Wichtigkeit: Die Lehre, daß die Basis, die Endpunkte der Deduktion *besondere Wirklichkeitsaussagen* sind, die „vollentscheidbar", das heißt (durch Beschluß) endgültig *verifizierbar und falsifizierbar sind.*

Gegenüber der Kant-Friesschen Lehre von der *Nichtexistenz der intellektuellen Anschauung* mußte eingewendet werden, daß sie, psychologisch betrachtet, nicht richtig ist, erkenntnistheoretisch betrachtet aber nichts besagt. Gegen die Kant-Friessche Lehre von der *absoluten Wahrnehmungsbasis der empirischen Erkenntnis* mußte eingewendet werden, daß sie, erkenntnistheoretisch betrachtet, nicht richtig ist, psychologisch betrachtet aber eine Übertreibung darstellt.

---

[57] Vgl. dazu zum Beispiel VIKTOR KRAFT, Intuitives Verstehen in der Geschichtswissenschaft, Mitteilungen des österreichischen Instituts für Geschichtsforschung, Ergänzungsband 11 (1929), S. 1 ff.

Wenn man aber diese beiden Lehren von ihren psychologistischen Schlakken befreit und *in die transzendentale Denkweise übersetzt,* dann kann man den Kant-Friesschen Standpunkt mit dem hier vertretenen *Singularismus der Basis* gleichsetzen: Die *Nichtexistenz der intellektuellen Anschauung* wird zum Verbot, allgemeine Sätze (Theorien) durch Beschluß als „wahr" oder „falsch" festzusetzen (wendet sich also unter anderem auch gegen den modernen Konventionalismus). Die Lehre von dem Basischarakter der *Wahrnehmung* oder *empirischen Anschauung* wird zur These, daß nur besondere Sätze als Basissätze festgesetzt werden dürfen. Durch die methodische Regelung dieser Festsetzungen, insbesondere durch die Möglichkeit, die Basis, wenn es sich als notwendig erweist, deduktiv immer tiefer zu legen, wird die Wissenschaft zu einer empirischen, zu einer Wirklichkeitswissenschaft.

Die empirische Basis der objektiven Wissenschaft ist also *nichts Absolutes*. Die Wissenschaft baut nicht auf Felsengrund. Das ganze himmelragende Gebäude, die oft phantastisch-kühne Konstruktion ihrer Theorien erhebt sich über einem Sumpf. Die Fundamente sind Pfeiler, die (von oben her) in den Sumpf gesenkt werden; — nicht bis zu einem natürlichen, „gegebenen" Grund, sondern so tief, als man sie eben braucht, um das Gebäude zu tragen. — Nicht, weil man nun auf eine feste Schicht gestoßen ist, hört man auf, die Pfeiler tiefer hineinzutreiben, — sondern weil man hofft, daß sie das Gebäude tragen werden, beschließt man, sich mit der Festigkeit der Pfeiler zu begnügen. (Wenn das Gebäude zu schwer wird, wenn es zu schwanken beginnt, dann hilft es manchmal nicht mehr, die Pfeiler noch tiefer zu treiben: Es kann auch ein Neubau notwendig werden, dessen Konstruktion aber auf die Trümmer, auf die eingesunkenen Pfeiler des zusammengestürzten Gebäudes gegründet werden muß.)

So kann hier nochmals gesagt werden, was schon oben[58] (mit Kant, Reininger; Born und vor allem mit Weyl) festgestellt wurde: *Die Objektivität der Wissenschaft muß durch Relativität erkauft werden* (und wer das Absolute will, der muß es im Subjektiven suchen).

Erst durch die letzten Überlegungen tritt die Eigenart der transzendentalen Methode und ihr Gegensatz zum Psychologismus mit aller Schärfe hervor; und damit auch die Bedeutung des transzendentalen Objektivitätsbegriffes und der Kantschen transzendentalen Definition der Wirklichkeitserkenntnis, — eine Bemerkung, die zu den abschließenden Gedanken des vorigen Abschnittes zurückführt, an die ja auch der nächste anknüpft.

---

[58] [Siehe die Anm. 15, 16 und 17 sowie den Text zu diesen Anm. Hrsg.]

VI. Kapitel

DIE WAHRSCHEINLICHKEITSPOSITIONEN

12. *Die Wahrscheinlichkeitspositionen.* — *Subjektiver Wahrscheinlichkeitsglaube.* Die Normalsatzpositionen können nicht befriedigen:

Der naive Induktivismus ist *logisch* unhaltbar, ist durch Humes Argument direkt widerlegt.

Der strenge Positivismus ist logisch einwandfrei, aber *erkenntnistheoretisch* (transzendental) unbefriedigend. Er gibt keine Aufklärung für das Bestehen von Naturgesetzen, er kann die theoretische Naturwissenschaft nicht befriedigend deuten: Er gibt *zu wenig.*

Der Apriorismus wieder gibt *zu viel*: Er „beweist" die absolute apriorische Gültigkeit gewisser Wirklichkeitsaussagen; schwerlich aber dürfte sich die empirische Wissenschaft mit der Ansicht abfinden, daß es Wirklichkeitsaussagen gibt, die schlechthin mit Notwendigkeit gelten, die grundsätzlich durch keine Erfahrung widerlegbar sind.

Hier treten nun die *Wahrscheinlichkeitspositionen* auf, die alle diese Schwierigkeiten zu überwinden scheinen: Mit dem Positivismus (und der empirischen Wissenschaft) sind sie darin einig, daß allgemeine Wirklichkeitsaussagen niemals endgültig verifiziert werden können; mit dem Apriorismus (und wieder mit der empirischen Wissenschaft) anerkennen sie, daß die Naturgesetze streng allgemeine Wirklichkeitsaussagen sind.

Diese Überwindung anscheinend unüberbrückbarer Gegensätze erreichen die Wahrscheinlichkeitspositionen dadurch, daß sie eine Voraussetzung aufgeben, die alle Normalsatzpositionen gemeinsam haben und die — nach Auffassung der Wahrscheinlichkeitspositionen — alle Schwierigkeiten des Induktionsproblems verschuldet: Es ist die (unbewiesene) Voraussetzung, daß Aussagen nur die Geltungswerte „*wahr*" und „*falsch*" annehmen können.

Nur wenn man diese Voraussetzung aufgibt, kann — nach Ansicht der Wahrscheinlichkeitspositionen — das Induktionsproblem gelöst werden.

(Eine schematische Darstellung dieser Verhältnisse findet sich im Anhang, Tafel III.)

Die *Wahrscheinlichkeitspositionen* nehmen an, „daß induktiv gewonnene Sätze nicht den Charakter der Gewißheit tragen"[1]. Sie können niemals den „Charakter des hypothetischen abstreifen"[2], aber sie haben doch einen bestimmten *Geltungswert*: Sie sind *wahrscheinlich*. Diese Auffassung ist so verbreitet, daß Schlick[3] sagt: „Die neuere Philosophie und Wissenschaft haben sich längst daran gewöhnt, für die Wirklichkeitserkenntnis nur Wahrscheinlichkeit in Anspruch zu nehmen".

Eine nähere Analyse dieses Standpunktes führt aber auf Schwierigkeiten. Schlick, der ihn in der Erkenntnislehre selbst noch vertritt (er hat ihn seitdem aufgegeben), muß schon dort feststellen[4], „daß der Begriff der Wahrscheinlichkeit in seiner Anwendung auf die wirkliche Welt noch tiefe Rätsel in sich birgt".

Solche „Rätsel" sind in der Erkenntnistheorie aber oft ein Anzeichen dafür, daß grundlegende Mißverständnisse vorliegen. Und so möchte ich als ein Ergebnis der Auseinandersetzungen mit dieser Position schon hier vorausschicken: Die Auffassung, daß eine Wirklichkeitsaussage einen anderen objektiven Geltungswert haben kann als *„wahr"* oder *„falsch"* wird [von mir] rundweg abgelehnt werden.

Nach meiner Ansicht ist es unhaltbar, von der „Wahrscheinlichkeit" eines Satzes als von einem objektiven Geltungswert zwischen „wahr" und „falsch" zu sprechen. (Ich stimme darin Waismanns „Logischer Analyse des Wahrscheinlichkeitsbegriffs"[5] vollkommen bei.) Natürlich liegt es mir fern, den fundamentalen Begriff der objektiven Wahrscheinlichkeit überhaupt (im Sinne der Wahrscheinlichkeit eines Ereignisses) anzugreifen.

Das Wahrscheinlichkeitsproblem erscheint durch zahlreiche Mißverständnisse so verworren, daß ich leider zu einer ausführlichen Darstellung gezwungen bin. Um so mehr muß ich trachten, die unvermeidlichen Seitenwege, die das Induktionsproblem nicht unmittelbar berühren, abzukürzen.

Wieder war es Hume, der auf die Bedeutung des *Wahrscheinlichkeitsglaubens* hingewiesen hat. Es ist die wichtigste Voraussetzung jeder Betrachtung über das Wahrscheinlichkeitsproblem, den *subjektiven* Wahrscheinlichkeitsglauben von allem klar zu unterscheiden, was über *objektive* Geltung und Geltungsgründe und insbesondere über die „objektiven Wahrscheinlichkeitsaussagen" gesagt werden kann.

Wenn mir ein Freund über ein Ereignis berichtet, wenn ich die Wetteraussichten für eine Bergtour begutachte, dann wirken auf das Zustandekommen meiner Meinung, meines Glaubens überaus viele Gründe mit. Sym-

---

[1] Moritz Schlick, Allgemeine Erkenntnislehre (2. Aufl., 1925), S. 357.
[2] [Moritz Schlick, op. cit., S. 358. Hrsg.]
[3] Moritz Schlick, a.a.O.
[4] Moritz Schlick, op. cit., S. 360.
[5] Friedrich Waismann, Erkenntnis 1 (1930), S. 228 ff.

pathie und Vertrauen zu meinem Freund, Mut oder Feigheit können so gut ihre Rolle spielen, wie kühles Abwägen der verschiedenen Möglichkeiten. Alle diese Einflüsse bezeichne ich als *Motive des Glaubens,* um sie von den objektiven *Gründen der Geltung* zu unterscheiden.

Eine Verwechslung von Motiv und Geltungsgrund ist sehr leicht möglich, weil Geltungsgründe sehr wohl als Motive auftreten können. Ja, wenn ich meinen Glauben vor mir oder anderen motivieren will, werde ich sicher versuchen, ihn vor allem mit objektiven Geltungsgründen zu stützen. Ich kann an etwas glauben, weil es begründet ist — sehr oft glaubt man aus ganz anderen Motiven; nie aber kann dieses Verhältnis umgekehrt werden: Mein Glaube kann niemals einen objektiven Geltungsgrund abgeben.

Es ist der Grundirrtum des [klassischen] Rationalismus, den subjektiven Glauben (zum Beispiel die berüchtigte Evidenz) als Geltungsgrund anzusehen.

Die Feststellung, daß wir an die Hypothesen der Wissenschaft glauben, daß wir von der Wahrheit mancher Hypothese sogar vollkommen überzeugt sind, hat also mit dem Geltungsproblem unmittelbar nichts zu schaffen. Auf die lebenspraktische Bedeutung dieses Glaubens ist oft genug hingewiesen worden. Für die Erkenntnistheorie mag er ein Gegenstand des Interesses, mag er aufklärungsbedürftig sein; ein Hinweis auf ihn kann unter Umständen imstande sein, Probleme, die für Geltungsprobleme gehalten wurden, als psychologische Fragen (Tatsachenfragen) kenntlich zu machen.

Aber da der Glaube selbst nie als Geltungsgrund auftreten kann, so kann durch ihn allein auch nie ein Geltungsproblem aufgerollt werden.

Der subjektive Wahrscheinlichkeitsglaube betrifft also nur indirekt unser Thema[*1]. Aber „unzweifelhaft beanspruchen Wahrscheinlichkeitsaussagen über jenen subjektiven Sinn hinaus eine objektive Bedeutung", heißt es in Schlicks Erkenntnislehre[6].

Worin kann diese Bedeutung, die „objektive Wahrscheinlichkeit", bestehen?

13. Aussagen über die objektive Wahrscheinlichkeit von Ereignissen.
Über die *objektive Wahrscheinlichkeit* sagt Waismann[1]: „Das Wort Wahrscheinlichkeit hat zwei verschiedene Bedeutungen. Entweder man spricht von der Wahrscheinlichkeit eines Ereignisses. In diesem Sinn wird das Wort in der Wahrscheinlichkeitsrechnung verwendet. Oder man spricht von der

---

[*1] Mit dieser Bemerkung wird die ganze subjektive Erkenntnistheorie und die Lehre vom Wissen als eine Spielart des Glaubens zurückgewiesen. Siehe auch mein Buch Objective Knowledge (1972; Objektive Erkenntnis, deutsch von HERMANN VETTER, 1973).

[6] MORITZ SCHLICK, op. cit., S. 358.

[1] FRIEDRICH WAISMANN, Logische Analyse des Wahrscheinlichkeitsbegriffs, Erkenntnis 1 (1930), S. 228.

Wahrscheinlichkeit einer Hypothese oder eines Naturgesetzes. ... Diese beiden Bedeutungen haben nicht das geringste miteinander zu tun". Mein Thema hat es nun mit der „*Hypothesenwahrscheinlichkeit*" zu tun. Aber gerade, um zeigen zu können, wie wenig dieser Begriff mit der *Wahrscheinlichkeit eines Ereignisses* zu tun hat, muß ich vorerst in diesem Abschnitt die Frage der Ereigniswahrscheinlichkeit kurz besprechen.

Ein triviales Beispiel für eine solche Aussage über die Wahrscheinlichkeit eines Ereignisses wäre der Satz: „Die Wahrscheinlichkeit, mit dem nächsten Wurf im Würfelspiel ‚2' zu werfen, ist 1/6."

Hier wird vom nächsten Wurf, von der Zukunft gesprochen. Also handelt es sich offenbar um eine wissenschaftliche *Prognose* (von deren zentraler Bedeutung für die Wissenschaft schon die Rede war).

Aber was für eine merkwürdige Prognose ist das! Sie sagt eigentlich gar nichts. Sie ist ja ein offenkundiges Eingeständnis dessen, daß man über diesen Wurf eben *keine* Prognose machen kann. Denn ich kann mit dem nächsten Wurf eine beliebige Ziffer werfen — und weiß dann erst recht nicht, ob die Prognose richtig war oder falsch.

Jene[a] Wahrscheinlichkeitsaussage bedarf also dringend einer Aufklärung. Diese ist, glaube ich, nicht so schwierig.

Vorerst einige Worte über die Prognosenbildung.

Eine bestimmte Prognose wird im allgemeinen aus einer Anzahl von Hypothesen (allgemeinen Wirklichkeitsaussagen) durch Einsetzen spezieller Voraussetzungen und Bedingungen deduktiv gewonnen. Zwischen den allgemeinen Hypothesen (Naturgesetzen), die die Deduktionsgrundlage bilden, und den besonderen Prognosen kann es noch allerlei Zwischenstufen geben; nämlich Sätze, Hypothesen, die aus den Deduktionsgrundlagen mit Hilfe von gewissen *zusätzlichen Voraussetzungen abgeleitet* werden, aber doch noch *allgemeine Sätze* sind. Ein Beispiel wäre die (annähernde) Parabelform aller Wurfbahnen, abgeleitet aus dem Gravitationsgesetz. — Solche abgeleiteten Hypothesen sind zwar von geringerer Allgemeinheit als die Hypothesen, aus denen sie deduziert werden, sie sind nur mehr für den engeren Bereich gültig, der durch die Voraussetzungen abgegrenzt wird; aber innerhalb dieses Bereiches können sie noch immer von strenger Allgemeinheit sein.

Nun zur Wahrscheinlichkeitsaussage.

Meiner Ansicht nach gehören alle Wahrscheinlichkeitsaussagen zu diesen (aus Naturgesetzen und anderen Voraussetzungen) *abgeleiteten* allgemeinen Hypothesen; beziehungsweise zu solchen Prognosen, die ihrerseits wieder aus abgeleiteten Hypothesen deduziert sind, — denn es gibt ja auch besondere Wahrscheinlichkeitsaussagen.

Die Eigenart, die die Wahrscheinlichkeitsaussagen vor den anderen abgeleiteten Hypothesen auszeichnet, ist damit noch nicht berührt.

Ich charakterisiere die Wahrscheinlichkeitsaussagen als abgeleitete Hypo-

13. Aussagen über die objektive Wahrscheinlichkeit von Ereignissen 141

thesen (beziehungsweise Prognosen) über *Ereignisreihen*[*1]. (Sie stellen keine Gesetze oder Prognosen für die Eigenschaften einzelner Ereignisse auf, sondern Gesetze oder Prognosen über die Eigenschaften von Reihen von Ereignissen.) Darin besteht ihre Eigenart.

Daß die Wahrscheinlichkeitsaussagen abgeleitete Hypothesen sind, habe ich betont, um nachdrücklich darauf hinweisen zu können, daß sich ihre besondere Eigenart auch aus der Eigenart der Voraussetzungen deduzieren lassen muß. Erst dann sieht man ein, worauf es bei den Wahrscheinlichkeitsaussagen ankommt, wenn man sich über das Typische an ihren Voraussetzungen klar geworden ist.

Das Typische an den Voraussetzungen ist charakterisiert: 1.) dadurch, daß die uns bekannten Voraussetzungen (Naturgesetze und besondere Bedingungen [„Anfangsbedingungen"]) zur Deduktion der Prognose über ein einzelnes der Glieder der Ereignisreihe *nicht hinreichen*; 2.) dadurch, daß wir für die *fehlenden Bedingungen* eine Gesetzmäßigkeit nicht formulieren können; daraus wird die Annahme gefolgert, daß diese so regellos wechselnden Bedingungen sich *teilweise kompensieren* (wenn sie durch eine Mehrzahl von Ereignissen sozusagen Gelegenheit dazu haben); so daß zwar nicht die einzelnen Glieder, wohl aber die Ereignisreihe „von den Umständen, die wir nicht näher kennen", als *teilweise unabhängig* angenommen werden kann. (Ähnlich Wittgenstein[2] und Waismann[3].)

So betrachtet, wäre der Sinn jener besonderen Wahrscheinlichkeitsaussage also keine Prognose über den nächsten Wurf mit dem Würfel, sondern eine (ein wenig unbestimmte) Prognose über das Durchschnittsergebnis einer Reihe von Würfen. Dementsprechend wären allgemeine Wahrscheinlichkeitsaussagen Aussagen über (ein wenig unpräzise) Gesetzmäßigkeiten von Ereignisreihen.

Diese Auffassung stimmt mit dem tatsächlichen Verfahren bei der Beurteilung von Wahrscheinlichkeitsaussagen gut überein. Wenn ich in 10 Würfen sechsmal „1" werfe, so werde ich vermuten, daß an der Wahrscheinlichkeitsprognose etwas nicht stimmt; wenn ich etwa bei den nächsten 5 Würfen gleich wieder zwei- oder dreimal „1" werfen werde, so werde ich überzeugt sein, daß die Prognose (für diesen Fall) und mit ihr die besonderen Voraussetzungen falsifiziert sind: Ich werde die Voraussetzungen zu ändern suchen. Dabei werde ich zuerst wohl nicht die Naturgesetze abändern, sondern annehmen, daß gewisse andere Annahmen falsch waren. Ich werde vor allem nachprüfen, ob der Würfel kein „falscher" Würfel ist (ob der Schwerpunkt dieses Würfels in seinem Mittelpunkt liegt usw.).

Die Schwierigkeiten, die man in einer solchen Auffassung der Wahr-

---

[*1] Ich hätte überall „Ereignisreihe" in „Ereignisfolge" ändern sollen.
[2] [LUDWIG WITTGENSTEIN, Tractatus Logico-Philosophicus (1918/1922), Satz 5.154. Hrsg.]
[3] [FRIEDRICH WAISMANN, op. cit., S. 246. Hrsg.]

scheinlichkeit wie in der hier entwickelten zu finden vermeinte, halte ich für unbedenklich. Sie entstehen meist durch eine *zu enge Auffassung des Begriffs der Gesetzmäßigkeit*. Unser Erkennen besteht darin, Gesetzmäßigkeiten zu suchen; und wenn solche in den einzelnen Ereignissen eines gewissen Typus nicht gefunden werden können, dann sucht man sie eben in Ereignisreihen auf (beziehungsweise deduziert sie für Ereignisreihen und verifiziert sie an ihnen).

Hierher gehören auch die *Ungenauigkeiten* der Wahrscheinlichkeitsaussagen, ihr Mangel an Präzision. Auch das scheint mir keine ernste Schwierigkeit zu sein. Es ist ein ebensolches Vorurteil, daß jedes Gesetz eine *Präzisionsaussage* sein muß (das Vorurteil kommt von der klassischen Physik her, hat aber noch tiefere Wurzeln; darüber später mehr). Medizinische Prognosen beispielsweise sind meist viel ungenauer als Wahrscheinlichkeitssätze. Entscheidend ist, daß die Prognosen *überhaupt falsifizierbar* sind; das muß genügen. Überdies folgt ja gerade die Ungenauigkeit selbst deduktiv aus den Voraussetzungen (so daß wir zum Beispiel, wenn in je sechs Würfelwürfen die Seiten ausnahmslos *immer* gleich oft auftreten würden, daraus sogar[b] schließen würden, daß die Voraussetzungen falsch sind).

Einige Ergänzungen zu diesen Fragen werden noch in einem späteren Abschnitt *(15)* folgen; im übrigen möchte ich auf Waismanns zitierte Abhandlung hinweisen, dessen Ansichten (mit Ausnahme gewisser Einzelheiten) ich mich weitgehend anschließe.

Als Ergebnis der Betrachtungen dieses Abschnittes halte ich fest, daß Wahrscheinlichkeitsaussagen (abgeleitete) Hypothesen über Ereignisreihen sind; dadurch ist jedenfalls ein objektiver Wahrscheinlichkeitsbegriff festgelegt. Was die Geltung dieser Hypothesen betrifft, so ist einstweilen nur eines sicher: daß ihre Geltung nicht von anderer Art ist, wie die der anderen Hypothesen, der Naturgesetze und der übrigen Voraussetzungen, aus denen die Wahrscheinlichkeitsaussagen deduziert werden. Und mit dieser Frage nach der Geltung der Hypothesen wären wir wieder zum Induktionsproblem zurückgekehrt.

14. *Wahrscheinlichkeit als objektiver Geltungswert allgemeiner Wirklichkeitsaussagen.* Was die *Wahrscheinlichkeit eines Ereignisses* ist, das läßt sich wohl angeben: Die Wahrscheinlichkeitsaussage ist eine Aussage über eine Ereignisreihe [oder besser: über eine Ereignisfolge[*1]].

Was aber ist eigentlich unter der *Wahrscheinlichkeit einer Aussage* zu verstehen?

Die Ereigniswahrscheinlichkeit ist der *Inhalt* einer Aussage. Die Aussagewahrscheinlichkeit (insbesondere die Hypothesenwahrscheinlichkeit) soll

---

[*1] Wie in Anmerkung *1 zum vorigen Abschnitt bemerkt, sollte es hier überall „Ereignisfolge" heißen.

sich auf die *objektive Geltung* der Aussage beziehen. Der Geltungswert einer Aussage und ihr Inhalt (das, was sie aussagt) sind natürlich voneinander grundverschieden.

Läßt sich genauer angeben, was unter der Wahrscheinlichkeit einer Hypothese zu verstehen ist?

Läßt sich vielleicht die Hypothesenwahrscheinlichkeit auf die Ereigniswahrscheinlichkeit zurückführen?

Wie immer auch der Begriff der objektiven Wahrscheinlichkeit einer Aussage erklärt werden soll — eines ist sicher: daß eine Aussage mit Wahrscheinlichkeit *gilt*, das kann nur durch eine Aussage über die Aussage (durch eine „Urteilsbeurteilung") ausgedrückt werden. Denn eine Aussage, eine Hypothese, sagt nur, daß etwas der Fall ist oder daß etwas nicht der Fall ist. Sie kann zwar auch aussagen (Ereigniswahrscheinlichkeit), daß etwas wahrscheinlich der Fall ist. Aber wenn ausgedrückt werden soll, daß eine dieser Aussagen selbst nicht einfach gültig ist, sondern nur mit Wahrscheinlichkeit gilt, so kann das eben nur durch eine Aussage über die Aussage geschehen. Das will ich festhalten.

Im übrigen ist es recht schwer, *genauer* zu sagen, was mit diesem Begriff der objektiven Wahrscheinlichkeit als Geltungswert einer Aussage, mit der Hypothesenwahrscheinlichkeit, eigentlich gemeint ist. Ich muß gestehen, daß ich zwischen der Wahrscheinlichkeit eines Ereignisses und der objektiven Wahrscheinlichkeit einer Aussage, wie sie gewöhnlich aufgefaßt wird, keine tragfähige Analogie zu finden imstande bin.

Die Wahrscheinlichkeit eines Ereignisses ist eine Aussage über eine Ereignisreihe. Aber es ist offenbar ganz unmöglich, die Wahrscheinlichkeit einer Hypothese analog als Aussage über eine Hypothesenreihe zu verstehen.

Es kann sich bei der Hypothesenwahrscheinlichkeit jedenfalls nur um eine Wahrscheinlichkeitsaussage über die Frage handeln, ob die Ereignisse (und zwar die uns noch nicht bekannten Ereignisse) der betreffenden Hypothese entsprechen werden oder nicht.

Aber auch hier ist keine Analogie mit der Wahrscheinlichkeit eines Ereignisses zu finden. Das charakteristische an jener Wahrscheinlichkeitsprognose (Abschnitt *13*) war, daß sie über den (einzelnen) nächsten Würfelwurf überhaupt nichts gesagt hat: Sie war ja mit sämtlichen möglichen Fällen vereinbar.

Ganz anders, wenn man von einer Wahrscheinlichkeit spricht, die sich auf die Frage beziehen soll, ob ein Ereignis einem Naturgesetz entsprechen wird oder nicht. Wenn nämlich das Ereignis dem Naturgesetz, der streng allgemein formulierten Aussage, nicht entspricht, so ist das Naturgesetz *falsch* und die Wahrscheinlichkeit sinkt plötzlich und endgültig auf null. Die ziemlich große Wahrscheinlichkeit aber, mit dem nächsten Wurf [eines Würfels] *nicht* „2" zu werfen (sie ist 5/6) nimmt dadurch, daß ich soeben dennoch „2" geworfen habe, weder zu noch ab.

Umgekehrt wieder nehmen die Verfechter des Begriffes der Hypothesenwahrscheinlichkeit an, daß die Wahrscheinlichkeit zunimmt, wenn das Ereignis der Hypothese entsprochen hat, wenn es als Verifikation der Hypothese gewertet werden kann. Aber niemand[*2] glaubt, daß die Wahrscheinlichkeit, „1" zu werfen, zunimmt, wenn ich eben „1" geworfen habe.

Eine einfache Analogie dürfte sich also kaum auffinden lassen, und der Begriff der Hypothesenwahrscheinlichkeit erscheint überhaupt etwas dunkel.

Die Verfechter der Hypothesen- und Aussagenwahrscheinlichkeit scheinen mir also gänzlich im Irrtum zu sein, wenn sie, etwa wie Reichenbach[1] meinen, dieser Begriff sei mit dem Begriff der Ereigniswahrscheinlichkeit im Grunde genommen identisch.

Reichenbach[2] schreibt zur Begründung dieser Ansicht:

„Wir haben es bisher als eine Ereigniswahrscheinlichkeit angesehen, wenn man dem Eintreffen der Würfelseite die Wahrscheinlichkeit 1/6 zuschreibt; wir könnten ebenso sagen, daß der Aussage ‚die Würfelseite 1 trifft ein' die Aussagenwahrscheinlichkeit 1/6 zukommt."

Daß dieser Standpunkt nicht haltbar ist, sieht man auf den ersten Blick. Die Aussage: „Die Würfelseite ‚1' wird mit der Wahrscheinlichkeit 1/6 eintreffen" wird durch das Eintreffen oder Nichteintreffen der Seite eben weder bestätigt noch widerlegt; denn sie ist ja eine Prognose für eine Ereignisreihe. Die Aussage „die Würfelseite ‚1' trifft ein" stellt sich nach dem Wurf aber als wahr oder falsch heraus. Sie ist eine echte Prognose für dieses einzelne Ereignis und endgültig verifizierbar. Ihre „Wahrscheinlichkeit" kann nicht 1/6 bleiben, sondern muß nach der Verifikation 1 oder 0 werden. Die beiden Fälle sind also grundverschieden. Die Unterscheidung ist keineswegs „nur eine Angelegenheit der Terminologie"[3].

Auf solche Einwände pflegt man dann etwa die Antwort zu bekommen, daß die Wahrscheinlichkeitstheorie im Rahmen der klassischen Logik keine Aufklärung finden kann, daß sich die Situation aber völlig verschiebt, wenn man die Möglichkeit einer besonderen *„Wahrscheinlichkeitslogik"* zugibt.

Und in der Tat: Der Kernpunkt der Frage ist es ja, ob eine Aussage einen Geltungswert besitzen kann, der zwischen wahr und falsch liegt. Nach der „alten" Logik aber gilt der Satz vom ausgeschlossenen Dritten: eine Aussage kann keinen anderen Geltungswert als wahr oder falsch haben. Die objektive Hypothesenwahrscheinlichkeit kann also konsequenter Weise überhaupt nur vertreten werden, wenn man die klassische Logik aufgibt oder

---

[*2] Manche Wahrscheinlichkeitstheoretiker glauben gerade das; zum Beispiel RUDOLF CARNAP. Siehe sein Buch The Continuum of Inductive Methods (1952).
[1] HANS REICHENBACH, Kausalität und Wahrscheinlichkeit, Erkenntnis 1 (1930), S. 158 ff.
[2] Hans Reichenbach, op. cit., S. 171 f.
[3] [Hans Reichenbach, op. cit., S. 171. Hrsg.]

zumindest durch eine Wahrscheinlichkeitslogik ergänzt: sicherlich ein gewaltsamer Schritt.

Die Schwierigkeiten (und mit ihnen die Wahrscheinlichkeit, auf unrechtem Weg zu sein) wachsen also immer weiter, die Frage erscheint immer dunkler und rätselhafter. Und so will ich mich nur an die eine sichere Feststellung halten:

Wenn es überhaupt so etwas gibt wie die objektive Wahrscheinlichkeit einer Hypothese, so kann das sicher nur in einer Wahrscheinlichkeitsaussage über die Hypothese formuliert werden, etwa in einem Satz wie dem folgenden: „Diese Hypothese gilt mit größerer oder kleinerer Wahrscheinlichkeit."

15. Eine Möglichkeit, den Begriff der Wahrscheinlichkeit einer Hypothese näher zu bestimmen. (Primäre und sekundäre Hypothesenwahrscheinlichkeit.) Der Einfachheitsbegriff. Die bisherigen ziemlich negativen Feststellungen über die Hypothesenwahrscheinlichkeit können noch nicht ganz befriedigen. Unstreitig *glauben* wir an die Wahrscheinlichkeit von Hypothesen. Und was fast noch bedeutsamer ist: unstreitig schätzt unser Glaube manche Hypothesen für wahrscheinlicher ein als andere und motiviert das durch Gründe, denen ein objektiver Zug nicht abgesprochen werden kann. Sollte es nicht möglich sein, die objektiven Gründe, die den subjektiven Wahrscheinlichkeitsglauben an Hypothesen motivieren, aufzuzeigen? Es würde das Verständnis der Situation sehr fördern. Besonders befriedigend wäre es, wenn sich doch noch eine Beziehung zur Ereigniswahrscheinlichkeit herstellen ließe, wenn auch nur eine indirekte.

Ich gehe von dem Begriff des *Spielraumes* einer Hypothese aus. (Siehe dazu auch Waismanns zitierte Abhandlung[1].)

Vergleichen wir beispielsweise die folgenden beiden Hypothesen: 1) Alle Wurfbahnen sind Parabeln. 2) Alle Wurfbahnen sind Kegelschnitte.

Da alle Parabeln Kegelschnitte sind, da es aber außer den Parabeln noch andere Kegelschnitte gibt, läßt die zweite Hypothese viel mehr Möglichkeiten zu als die erste. Ihr Spielraum ist weiter. In unserem Fall schließt ihr Spielraum den der ersten Hypothese zur Gänze ein.

Dieses Verhältnis ist ein rein logisches: Wenn die erste Hypothese (mit dem engeren Spielraum) wahr ist, so muß auch schon die zweite Hypothese wahr sein, deren Spielraum den der anderen umfaßt. Umgekehrt könnte aber die zweite Hypothese wahr sein, ohne daß es die erste sein müßte; zum Beispiel, wenn es auch hyperbolische Wurfbahnen gäbe. (Die erste Hypothese impliziert [logisch] die zweite Hypothese, aber nicht umgekehrt.)

Dieses Verhältnis macht die Hypothese mit dem größeren Spielraum *aus rein logischen Gründen* (also a priori) *wahrscheinlicher* als die andere. Da-

---
[1] [FRIEDRICH WAISMANN, Logische Analyse des Wahrscheinlichkeitsbegriffs, Erkenntnis 1 (1930), S. 235 ff. Hrsg.]

mit ist natürlich noch keinerlei Urteil über ihren tatsächlichen Geltungswert gefällt. Sie könnten (a posteriori) noch immer zum Beispiel beide wahr oder beide falsch sein. Nur etwas ist damit gesagt: daß die erste Hypothese nicht wahr sein kann, ohne daß auch die zweite wahr ist.

Wenn man also die zweite Hypothese „wahrscheinlicher" nennt, so muß man sich klar sein, daß sie nur *im Verhältnis zur ersten* Hypothese wahrscheinlicher ist, daß also dieser Wahrscheinlichkeitsbegriff nur relativ ist. Es liegt ihm eben ein logisches *Verhältnis* zwischen den beiden Hypothesen zugrunde.

Ich bezeichne diese Art der Wahrscheinlichkeit von Hypothesen (um den Ausdruck „a priori" zu vermeiden) als *„primäre Hypothesenwahrscheinlichkeit"*.

Indem man je zwei Hypothesen auf ihren Spielraum hin vergleicht, kann man leicht eine ganze Skala von primären Hypothesenwahrscheinlichkeiten aufstellen. (Man „skaliert".)

Folgendes wäre ein Beispiel für eine solche Skala mit zunehmender „primärer Hypothesenwahrscheinlichkeit":

(1) Alle Wurfbahnen sind Parabeln. (2) Alle Wurfbahnen sind Kegelschnitte. (3) Alle Wurfbahnen sind stetige Kurven. (4) Alle Wurfbahnen sind stetige oder unstetige, ungebrochene oder gebrochene Linien.

Die letzte Hypothese (4) ist a priori auf alle Fälle wahr. Deshalb ist ihre primäre Hypothesenwahrscheinlichkeit gleich 1. Aber dafür ist sie auch *vollkommen nichtssagend*.

Je größer die Präzision einer Hypothese, desto kleiner ist ihre primäre Wahrscheinlichkeit. Je nichtssagender die Hypothese ist, je geringer ihre Präzision, desto größer ist ihre primäre Wahrscheinlichkeit.

Diese Betrachtung führt auf die enge Beziehung, die zwischen der primären Hypothesenwahrscheinlichkeit und dem Gesetzesbegriff (und somit dem Begriff des Erkennens überhaupt) besteht.

Allgemeine Aussagen vom Typus (4), also von der primären Wahrscheinlichkeit 1, sagen überhaupt nichts über die Wirklichkeit aus: diese „Hypothesen" formulieren überhaupt kein Gesetz, sie vermitteln keine Wirklichkeitserkenntnis; es hätte auch keinen Zweck, Prognosen aus ihnen abzuleiten. Man kann sie als *empirisch nichtssagend* bezeichnen. Wird die primäre Wahrscheinlichkeit kleiner, so nimmt die Präzision der Aussage zu: ihr Gesetzescharakter prägt sich immer mehr aus, man kann Prognosen aus ihr ableiten, sie vermittelt Wirklichkeitserkenntnis. *Die Aussage sagt um so mehr aus, je enger ihr Spielraum, je kleiner ihre primäre Wahrscheinlichkeit ist.*

Man kann geradezu sagen: Je enger der Spielraum einer Aussage ist, je kleiner ihre primäre Wahrscheinlichkeit (oder je größer ihre primäre Unwahrscheinlichkeit), je präziser die Aussage ist, desto *größer* ist die Erkenntnis, die wir durch die Aussage gewinnen können (falls sie nämlich mit der Erfahrung in Einklang gebracht werden kann). Das bedeutet eine Art

15. Die Wahrscheinlichkeit einer Hypothese. Einfachheit

Quantifizierung des Erkenntnisbegriffes im Sinne einer relativen Abstufung: *Der Erkenntniswert einer Aussage steht im umgekehrten Verhältnis zu ihrer primären Wahrscheinlichkeit*, er steigt mit ihrer primären Unwahrscheinlichkeit.

Ebenso kann der Gesetzesbegriff als quantitativ abgestuft angesehen werden, kann man von Graden der Gesetzmäßigkeit, von größerer oder geringerer Bestimmtheit sprechen: Ein Gesetz ist um so mehr Gesetz, je präziser es ist, je größer seine primäre Unwahrscheinlichkeit ist. (Man sieht, hier liegt wieder eine Art Analyse des Erkenntnisbegriffes vor; vgl. Abschnitt *10.*)

So wird es verständlich, weshalb wir, wenn wir erkennen wollen, immer in der Richtung auf eine Präzisionsaussage hin arbeiten. (Darin liegt der berechtigte Kern des Vorurteils gegen ungenaue Gesetze, das früher erwähnt wurde). Wenn wir eine präzisere Hypothese mit der Erfahrung in Einklang bringen können, so halten wir die weniger präzise für überholt (sie wird ja von der neuen impliziert — vgl. Abschnitt *31* —, also implizite mit dieser ausgesagt). Ist diese Tendenz zur Präzisionsaussage einigermaßen befriedigend durchgeführt, so spricht man von „exakten" Wissenschaften. — Die Bedeutung des engen Spielraumes wirft auch ein Licht auf die Rolle der Mathematik in der Wirklichkeitserkenntnis (zum Beispiel in der Physik). Sie ist eine logische Methode, die die Ableitung von Präzisionsaussagen, von Präzisionsprognosen mit beliebig engem Spielraum (innerhalb der Grenzen der Meßgenauigkeit) gestattet. (Ohne Mathematik könnten wir zum Beispiel nicht von einer „Parabel" reden: bestenfalls von einer „krummen Linie".)

Auch der vielumstrittene Begriff der *„Einfachheit eines Gesetzes"* und sein Zusammenhang mit dem Erkenntnisbegriff wird hier vollkommen durchsichtig, — soweit dieser Begriff, der in den induktivistischen Überlegungen eine sehr erhebliche Rolle spielt, überhaupt rational erfaßt werden kann.

Der Induktivismus nimmt ja an, daß wir von einzelnen Beobachtungen durch Verallgemeinerung zu den Naturgesetzen gelangen. Denkt man sich nun die *einzelnen Beobachtungen* in einem Koordinatensystem als *Punkte* eingezeichnet (die Messungsergebnisse jeder Beobachtung sind ihre Koordinaten), so wäre die graphische Darstellung des *Gesetzes* eine *Kurve* (eine Funktion) die durch diese Punkte hindurchgeht. Nun lassen sich aber durch eine begrenzte Anzahl von Punkten immer unbegrenzt viele Kurven hindurchlegen (das Gesetz wird durch die Beobachtungen nicht eindeutig bestimmt). So entsteht die wichtige Frage: Welche von diesen Kurven sollen wir wählen?

Die übliche Antwort ist: man wählt die *einfachste* Kurve, die einfachste Funktion. — So sagt zum Beispiel Wittgenstein[2]:

---

[2] LUDWIG WITTGENSTEIN, Tractatus Logico-Philosophicus (1918/1922), Satz 6.363.

„Der Vorgang der Induktion besteht darin, daß wir das *einfachste* Gesetz annehmen, das mit unseren Erfahrungen in Einklang zu bringen ist."

Damit ist aber offenbar nicht viel erreicht. Warum nehmen wir gerade die einfachste Funktion an? Worin besteht diese Einfachheit?

Auf diese beiden Fragen hat der Induktivismus noch keine befriedigende Antwort gegeben. Der Begriff der Einfachheit macht ihm nicht unerhebliche Schwierigkeiten.

So konstatiert Schlick[3] die Tatsache eines Zusammenhanges zwischen Einfachheit und Gesetzmäßigkeit, jedoch „ohne angeben zu können, was hier eigentlich mit ‚Einfachheit' gemeint ist. ... Einfachheit ist ... ein halb pragmatischer, halb ästhetischer Begriff". Weiter heißt es dort[4]:

„Es ist sicher, daß man den Begriff der Einfachheit nicht anders als durch eine Konvention festlegen kann, die stets willkürlich bleiben muß. Wohl werden wir eine Funktion ersten Grades als einfacher zu betrachten geneigt sein als eine zweiten Grades, aber auch die letztere stellt zweifellos ein tadelloses Gesetz dar, wenn sie die Beobachtungsdaten mit weitgehender Genauigkeit beschreibt; die Newtonsche Gravitationsformel, in der das Quadrat der Entfernung auftritt, gilt doch gerade meist als Musterbeispiel eines einfachen Naturgesetzes. Man kann ferner zum Beispiel übereinkommen, von allen stetigen Kurven, die durch eine vorgegebene Zahl von Punkten mit genügender Annäherung hindurchgehen, diejenige als die einfachste zu betrachten, die im Durchschnitt überall den größten Krümmungsradius aufweist (hierüber eine noch unveröffentlichte Arbeit von Marcel Natkin[5]); aber solche Kunstgriffe erscheinen unnatürlich".

Ich glaube nun, daß es sehr leicht ist, anzugeben, worin diese „Einfachheit" eigentlich besteht und weshalb wir immer gerade das *einfachste Gesetz* aufzustellen versuchen. (Nur von *dem* Einfachheitsbegriff ist hier die Rede, der *in dieser erkenntnistheoretischen Diskussion* gemeint [intendiert] ist; wie weit dieser Begriff dem allgemeinen Sprachgebrauch entspricht, soll nicht erörtert werden*[1].) Folgende Auffassung wird hier vertreten:

„Einfachheit" im Sinne der „Einfachheit eines Gesetzes" ist nur ein anderes Wort für „primäre Unwahrscheinlichkeit", ist also wieder nichts anderes als der rein logische Begriff des (relativ) engen Spielraumes.

Ist diese Interpretation richtig, so folgt schon aus dem Erkenntnisbegriff, weshalb wir immer das einfachste Gesetz aufzustellen suchen: Weil das einfachste Gesetz eben mehr aussagt, größeren Erkenntniswert besitzt.

---

[3] Moritz Schlick, Die Kausalität in der gegenwärtigen Physik, Naturwissenschaften 19 (1931), S. 148.
[4] [Moritz Schlick, op. cit., S. 148 f. Hrsg.]
[5] [Siehe Anm. 8. Hrsg.]
*[1] Und noch weniger wird hier etwas über das „Wesen" der Einfachheit behauptet. [Vgl. Karl Popper, Logik der Forschung (3. Aufl., 1969), Abschnitt 46, *Zusatz (1968). Hrsg.]

15. Die Wahrscheinlichkeit einer Hypothese. Einfachheit

Es kann nun natürlich kein logischer Beweis erbracht werden, daß der so verschwommene pragmatisch-ästhetische Einfachheitsbegriff der Induktionstheoretiker mit dem präzisen Begriff des logischen Spielraumverhältnisses identisch ist. Aber es kann gezeigt werden, daß meine Bestimmung des Einfachheitsbegriffes gerade das leistet, was der Induktivismus von diesem Begriff verlangt.

So ist zum Beispiel dieser Einfachheitsbegriff, da mit der primären Unwahrscheinlichkeit identisch, ein Gradmesser für den Gesetzmäßigkeitsgrad einer Hypothese; er leistet also genau das, was Feigl[6] von ihr hervorhebt, wenn er von dem „Gedanken" spricht, „den Gesetzmäßigkeitsgrad durch die Einfachheit zu definieren".

Ebenso läßt sich mit Hilfe der hier vertretenen Einfachheitsdefinition zeigen, weshalb die Gerade (die lineare Funktion, vgl. das Zitat von Schlick) einfacher ist, als beispielsweise die Kegelschnitte (Kurven 2. Ordnung): sie hat einen engeren Spielraum (ist primär unwahrscheinlicher) da sie ja als Spezialfall eines Kegelschnittes aufgefaßt werden kann. (Ihr Spielraum wird von dem der Kegelschnitte eingeschlossen.) Aus entsprechenden Gründen ist der Kreis und die Parabel als einfacher zu betrachten, als etwa die Ellipse und die Hyperbel. Allgemein gilt: Kurven (Funktionen) höherer Ordnung sind weniger einfach als Kurven niedrigerer Ordnung. Diese können nämlich immer als Grenzfälle von Kurven höherer Ordnung aufgefaßt werden, aber nicht umgekehrt. (Ihr Spielraum wird von dem der Kurven höherer Ordnung eingeschlossen.) Ihr Spielraum ist kleiner: das heißt aber, daß sie (nach meiner Terminologie) präziser sind, primär unwahrscheinlicher, „einfacher".

Freilich, in *allen* Punkten stimmt der vorgeschlagene Einfachheitsbegriff mit dem der zitierten Autoren nicht überein. Aber gerade hier zeigt sich seine Überlegenheit.

Schlick[7] erwähnt die Definition Natkins[8], daß jene Kurve als einfacher zu betrachten sei, die im Durchschnitt den größten Krümmungsradius aufweist (durchschnittlich am wenigsten gekrümmt ist). Abgesehen von den Schwierigkeiten des Begriffes „Durchschnitt" wäre dann zum Beispiel eine kubische Parabel einfacher als eine gewöhnliche quadratische. (Nicht nur, daß ihre Krümmung mit wachsender Entfernung vom Scheitel schneller abnimmt, als die der quadratischen Parabel; ihr Scheitel hat sogar die Krümmung null.) Eine Ellipse könnte nach jener Definition einfacher sein, als ein Kreis[*2] (und doch hat man zuerst versucht, die Planetenbahnen als kreisför-

---

[6] HERBERT FEIGL, Theorie und Erfahrung in der Physik (1929), S. 25.
[7] [MORITZ SCHLICK, op. cit., S. 149. Hrsg.]
[8] [MARCEL NATKIN, Einfachheit, Kausalität und Induktion (Dissertation, Wien 1928), S. 82 f. Hrsg.]
[*2] Und ein größerer Kreis wäre immer einfacher als ein kleinerer Kreis.

mig zu interpretieren!) und noch einfacher wäre die (asymptotische) Hyperbel. — Diese Auffassung scheint also nicht sehr glücklich zu sein.

Feigl[9] erwähnt eine von diesen etwas verschiedene Definition: Die Abweichung der Kurve von einer Geraden soll möglichst klein sein. Dann wäre aber zum Beispiel eine hochkomplizierte Funktion, die in langen Wellen nur wenig um eine Gerade oszilliert (und sich vielleicht noch asymptotisch ihr nähert) weit einfacher als eine gewöhnliche Parabel.

Nein, es handelt sich um keine solchen „Kunstgriffe" (wie Schlick[10] sagt), von denen es auch immer rätselhaft bleiben müßte, weshalb wir gerade sie bevorzugen. Es handelt sich um eine viel einfachere Einfachheit: Nicht um einen Begriff, dessen Bestimmung ebenso dunkel ist, wie der Grund, weshalb er angewendet wird, sondern um einen rein logischen Begriff, dessen Anwendung aus dem Begriff des Erkennens analytisch folgt: Die „Einfachheit" eines Gesetzes ist eben nur ein anderes Wort für seine „primäre Unwahrscheinlichkeit".

(Ergänzungen zu diesem Punkt finden sich gegen Ende des Abschnittes *30*.)

Unser Erkennen besteht also darin, das Material so gut als möglich zu ordnen, das heißt zu versuchen, es durch primär möglichst unwahrscheinliche Hypothesen, durch möglichst einfache Gesetze, durch möglichst präzise allgemeine Aussagen zu beschreiben, um aus diesen möglichst präzise Prognosen zu deduzieren und unmittelbar auf die Wirklichkeit anwenden zu können. (Das sind lauter analytische Sätze, Tautologien.)

Nun zur *„sekundären Hypothesenwahrscheinlichkeit"*.

Hat die primäre Hypothesenwahrscheinlichkeit es nur mit logischen, apriorischen Verhältnissen von Sätzen zu tun, so bezieht sich die sekundäre Hypothesenwahrscheinlichkeit auf das Verhältnis dieser (primär als mehr oder weniger wahrscheinlich gewerteten) Hypothesen zur Erfahrung. (Ich nenne sie „sekundär", um den Ausdruck „a posteriori" zu vermeiden. Der Begriff wird im übrigen hier nur vorläufig eingeführt und soll erst im nächsten Abschnitt näher analysiert werden.)

Um das Ergebnis gleich vorwegzunehmen: Je kleiner die primäre Wahrscheinlichkeit einer Hypothese, umso größer kann ihre *sekundäre Wahrscheinlichkeit durch Verifikation der Prognosen* werden — und umgekehrt: Je größer ihre primäre Wahrscheinlichkeit, umso kleiner bleibt auch bei vielen Bestätigungen ihre sekundäre Wahrscheinlichkeit.

Das ist nur scheinbar paradox.

Eine primär überaus unwahrscheinliche Hypothese wird aufgestellt (eine Hypothese mit sehr engem Spielraum). Sagen wir zum Beispiel die (aus der allgemeinen Relativitätstheorie) abgeleitete Hypothese:

„Vergleicht man auf das genaueste die Photographie irgend eines Stern-

---
[9] [HERBERT FEIGL, a.a.O. Hrsg.]
[10] [MORITZ SCHLICK, a.a.O. Hrsg.]

15. Die Wahrscheinlichkeit einer Hypothese. Einfachheit

bildes, die bei Nacht aufgenommen wurde, mit einer Photographie desselben Sternbildes, die bei Tag in einem Zeitpunkt aufgenommen wurde, in dem die Sonne gerade mitten in dem Sternbild stand (eine solche Photographie kann während einer totalen Sonnenfinsternis aufgenommen werden), dann muß sich bei genügend genauer Messung in allen Fällen folgendes ergeben: In der nächsten Umgebung der Sonne vergrößert sich der Abstand der Sterne, sie rücken auseinander und zwar um einen ganz bestimmten, winzig kleinen Präzisionswert (etwa 1.7 Bogensekunden)."

Nun experimentieren wir. Wir machen vorerst nur *einen* Verifikationsversuch — und er gelingt. *Trotz aller [primärer] Unwahrscheinlichkeit.* Schon nach der ersten Verifikation vermuten wir, daß ein primär so unwahrscheinliches Zusammentreffen *kein Zufall* sein kann: *Der Zufall wäre eben zu unwahrscheinlich*[*3]. Die große primäre Unwahrscheinlichkeit der Hypothese verleiht ihr schon nach *einem* Verifikationsversuch eine recht erhebliche sekundäre Wahrscheinlichkeit. Wenn wir auch nicht ohne weiteres glauben werden, daß diese Hypothese ein Naturgesetz ausspricht, so werden wir doch (falls nur die Verifikationsergebnisse eindeutig waren) jedenfalls annehmen, daß hier eine Gesetzmäßigkeit zugrundeliegt[*4].

Gelingt es also, einen primär sehr unwahrscheinlichen Satz in nur sehr wenigen Fällen zu verifizieren, so messen wir dieser Verifikation die größte Bedeutung bei: wir halten es eben für sehr unwahrscheinlich, daß mehrere Fälle *durch bloßen Zufall* in den so engen Spielraum der Präzisionsaussage fallen.

„Nicht zufällig" heißt also soviel wie gesetzmäßig („irgendeine Gesetzmäßigkeit *steckt dahinter*")[*5]. Zufällig heißt „nicht-gesetzmäßig", unprognostizierbar, unerkennbar. (Niemand hat noch eine Ordnung in der Ziffernfolge eines Glücksspiels auffinden können. Wenn es doch gelingt, dann ist es kein Zufallsspiel mehr.)

Die Erfahrung, die Verifikation, besagt bei primär unwahrscheinlichen (einfachen, präzisen) Hypothesen und Prognosen sehr viel — bei primär wahrscheinlichen umso weniger.

Die (primär wahrscheinliche) Hypothese: jede Wurfbahn muß krummlinig sein, wird man (nach einigen Beobachtungen) nicht so schnell akzeptieren wollen. Nicht aus einer Vorliebe für die Geradlinigkeit; sondern weil vielleicht nur der Zufall die untersuchten Bahnen krummlinig werden ließ. Vielleicht — so denkt man — gelingt es doch, eine Strecke weit geradlinig

---

[*3] Dieser wichtige Gedankengang wird in meinem Buch Objective Knowledge (1972; Objektive Erkenntnis, deutsch von HERMANN VETTER, 1973) wieder aufgegriffen und mit dem Begriff der *Wahrheitsnähe* in Verbindung gebracht. Umgekehrt könnte man vielleicht den Begriff der Wahrheitsnähe mit Hilfe der sekundären Wahrscheinlichkeit einführen.

[*4] Nämlich eine Gesetzmäßigkeit, zu der die vermutete Gesetzmäßigkeit zumindest eine *Annäherung* ist.

[*5] Siehe die vorhergehende Anmerkung.

zu werfen, wenn man sehr geschickt wirft. Die genauere, primär unwahrscheinliche Hypothese, daß die Wurfbahn eine Parabel ist, wird man schon nach wenigen sorgfältigen Experimenten für gut bestätigt halten. Und könnte man gar die Hypothese, daß die Bahn geradlinig ist, durch Versuche belegen, so würde eine noch kleinere Anzahl von Versuchen genügen, um uns zu überzeugen (siehe [den] freien Fall).

Ist aber umgekehrt ein Satz a priori wahr, hat er die primäre Hypothesenwahrscheinlichkeit 1, ist er also für die Wirklichkeitserkenntnis nichtssagend, so ist die Erfahrung ebenso nichtssagend für ihn. Obwohl — oder weil — der Satz a priori wahr ist, kann ihn Erfahrung nicht glaubwürdig machen. Als Hypothese wird er nicht akzeptiert, auch wenn ihn noch soviele Erfahrungen bestätigen: Wir schreiben ihm den sekundären Wahrscheinlichkeitswert Null zu.

Diese Ergebnisse gestatten nun, auch die gesuchten Beziehungen der „Hypothesenwahrscheinlichkeit" zum Begriff der Ereigniswahrscheinlichkeit anzugeben.

Es sind die Begriffe *Gesetzmäßigkeit* und *Zufall*, die die Beziehung herzustellen gestatten.

Die Analyse der *primären Hypothesenwahrscheinlichkeit* hat gezeigt, daß der Grad der Gesetzmäßigkeit durch die primäre *Unwahrscheinlichkeit* bestimmt ist.

Wie die Analyse der *Ereigniswahrscheinlichkeit* gezeigt hat, schließen wir ganz analog daraus, daß die Ereignisreihe nicht den erwarteten Durchschnittswert ergibt, also aus einer *unwahrscheinlichen* Verteilung auf das Vorhandensein einer Gesetzmäßigkeit.

Wenn somit Ereignisfolgen von der „wahrscheinlichen" oder „zufälligen" (regellosen) Verteilung abweichen, so schließen wir immer auf das Bestehen von Gesetzen; und zwar ebenso im Falle der Hypothesenwahrscheinlichkeit wie im Falle der Ereigniswahrscheinlichkeit. Wir halten entweder unsere Annahme, daß keine Gesetzmäßigkeit vorliegt (Ereigniswahrscheinlichkeit) für widerlegt oder die Annahme, daß ein Gesetz vorliegt (Hypothesenwahrscheinlichkeit) für bestätigt.

16. Der Begriff der Bewährung einer Hypothese. — *Positivistische, pragmatistische und wahrscheinlichkeitslogische Deutung des Bewährungsbegriffes.* Wie steht es nun mit der Frage nach der Geltung der Hypothesen? Ist die primäre oder die sekundäre Wahrscheinlichkeit vielleicht der gesuchte objektive Geltungswert der allgemeinen Wirklichkeitsaussagen?

Die *primäre Hypothesenwahrscheinlichkeit* ist ein rein logischer Begriff. Sie ist (a priori) durch Verhältnisse von logischen Spielräumen bestimmt. Die Erfahrung hat keinerlei Einfluß auf sie. Als logischer Begriff ist sie zwar objektiv; als Geltungswert von Wirklichkeitsaussagen jedoch kommt sie nicht in Betracht, denn Wirklichkeitsaussagen können keinen apriorischen Geltungswert haben: nur Erfahrung kann über ihre Geltung entscheiden.

Ob vielleicht die *sekundäre Hypothesenwahrscheinlichkeit* etwas mit objektiver Geltung zu tun hat, das kann man nicht auf den ersten Blick entscheiden. Der Begriff der sekundären Hypothesenwahrscheinlichkeit läßt sich nämlich in verschiedener Weise interpretieren. (Mit Absicht habe ich diesen Begriff zuerst in einer etwas verschwommenen, unbestimmten Weise eingeführt.)

Ich will zunächst die hier vertretene Auffassung darstellen.

Ich halte zwei Deutungen des Begriffes der sekundären Hypothesenwahrscheinlichkeit für zulässig (und zwar nebeneinander für zulässig):

Eine *objektive* Deutung, die zur Aufstellung des Begriffs der *Bewährung* führt, die einer Hypothese nach dem jeweiligen Stand unserer Erfahrung zuzuschreiben ist, und eine *subjektive* Deutung, die in der sekundären Hypothesenwahrscheinlichkeit eine Beschreibung unseres *Wahrscheinlichkeitsglaubens* und seiner Motivation durch die (objektive) Bewährung der Hypothesen sieht[*1].

Der Begriff der *Bewährung* sei zuerst besprochen. Er ist von größter Bedeutung.

Damit einer Hypothese überhaupt ein positiver Bewährungswert zugeschrieben werden kann, müssen 1.) Prognosen, die aus ihr deduziert wurden, *verifiziert* sein, 2.) alle unsere Erfahrungen mit der Hypothese *vereinbar* sein. — Ist eine dieser Bedingungen nicht erfüllt, so kann der Hypothese überhaupt kein positiver Bewährungswert zukommen.

Im übrigen steigt der Wert der Bewährung mit der primären Unwahrscheinlichkeit der Hypothese und mit der Anzahl der Verifikationen (wie es

---

[*1] Wir haben hier also *vier* Wahrscheinlichkeiten: Ereigniswahrscheinlichkeit (objektiv) oder Aussagewahrscheinlichkeit, die letztere primär (objektiv) oder sekundär, die letztere wieder objektiv oder subjektiv. Schematisch:

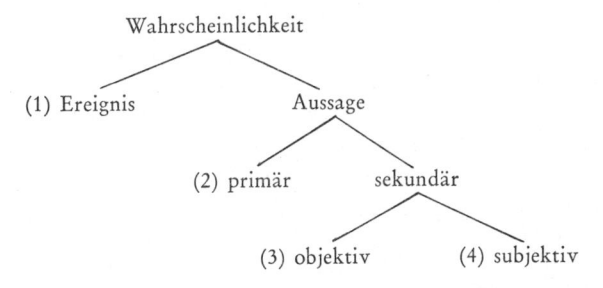

```
                    Wahrscheinlichkeit
                   /                  \
         (1) Ereignis                Aussage
                                    /       \
                            (2) primär      sekundär
                                           /        \
                                   (3) objektiv    (4) subjektiv
```

Von diesen vier Wahrscheinlichkeiten erfüllen (1) und (2) die Axiome des Wahrscheinlichkeitskalküls, aber nicht (3) und (4).

eben im vorigen Abschnitt von der „sekundären Hypothesenwahrscheinlichkeit" gezeigt wurde).

Dieser Begriff der Bewährung ist sicherlich objektiv. Er drückt ein gewisses Verhältnis der jeweiligen Verifikation durch die Erfahrung zur primären Wahrscheinlichkeit der Hypothese aus.

Über diesen Begriff wäre noch viel zu sagen. Hier sei nur das wichtigste angedeutet.

Hat eine Hypothese überhaupt einen positiven Bewährungswert, so ist der Einfluß ihrer primären Unwahrscheinlichkeit auf den Wert der Bewährung relativ größer anzusetzen als der Einfluß der Anzahl der Verifikationen: eine primär wahrscheinliche Hypothese erhält auch durch eine sehr große Anzahl von Verifikationen nicht dieselbe Bewährung wie eine primär sehr unwahrscheinliche Hypothese durch eine ganz kleine Anzahl von Verifikationen:

Man könnte sagen, daß die Größe der primären Wahrscheinlichkeit oder Unwahrscheinlichkeit der Hypothesen bestimmt, wieviele Verifikationen erforderlich sind, um der Hypothese einen gewissen Bewährungswert zuschreiben zu dürfen.

So wird es verständlich, weshalb „jeder Forscher, dem es gelungen ist, eine Beobachtungsreihe durch eine sehr einfache Formel ... darzustellen, sofort ganz sicher ist, ein *Gesetz* gefunden zu haben"[1]. (Schlick.) Er kann sich nämlich auf die relativ große Unwahrscheinlichkeit des *einfachen* Gesetzes und die dementsprechend relativ große Bewährung berufen.

Die erste echte Falsifikation (Beobachtung[*2] eines Ereignisses, das mit der Hypothese unverträglich ist) vernichtet die Bewährung.

Nähere Angaben über die Möglichkeiten, den Wert der Bewährung zu messen, würden hier zu weit führen. Sie gehören in eine Methodentheorie[2].

Der in dieser Weise umrissene (positivistische) Begriff der Bewährung hat mit objektiver Hypothesenwahrscheinlichkeit als *Geltungswert* nichts zu tun. Er enthält nichts darüber, daß man aus der bisherigen Bewährung berechtigt ist, darauf zu schließen, daß die Hypothese auch weiterhin sich bewähren wird. Die Bewährung ist lediglich eine bestimmte Art von zusammenfassendem Bericht über die bisher beobachteten Verifikationen; freilich ein *wertender* Bericht: Er berücksichtigt durch Beachtung der primären Wahrscheinlichkeit der Hypothese, ob diese Verifikationen überhaupt etwas besagen (und wieviel sie besagen) oder ob sie nichtssagend sind.

Nun zur subjektiven Deutung:

---

[1] MORITZ SCHLICK, Die Kausalität in der gegenwärtigen Physik, Naturwissenschaften 19 (1931), S. 148.

[*2] Besser: akzeptierter Beobachtungssatz, oder akzeptierter Satz über besondere Sachverhalte (Tatsachen).

[2] [Siehe *Nachwort des Herausgebers*. Vgl. auch KARL POPPER, Logik der Forschung (1934; 2. Aufl., 1966), Abschnitt *82* Hrsg.]

Der subjektive Wahrscheinlichkeitsglaube kann durch die Bewährung der Hypothese gestützt werden, aber er geht über das, was die Bewährung leisten kann, hinaus. Er nimmt an, daß eine bewährte Hypothese sich nunmehr auch weiter bewähren wird. Es ist klar, daß wir ohne diesen Glauben nicht handeln, also auch nicht leben könnten. So ist an diesem Glauben weiter nichts rätselhaft. Seine objektiven Motive sind durch den Begriff der Bewährung so weit aufgehellt, daß dieser Glaube weiter keinen Anlaß zur Aufrollung erkenntnistheoretischer Fragen bilden dürfte.

Diese Analyse des Begriffes der sekundären Hypothesenwahrscheinlichkeit vertritt einen *positivistischen* Standpunkt: sie faßt die objektive Bewährung (analog dem „strengen Positivismus") als einen — stets nur vorläufigen — Bericht über Erfahrungen auf, wenn auch als einen besonderen, wertenden Bericht über ganz bestimmte Erfahrungen, durch die deduktiv aus der Hypothese gewonnene Prognosen verifiziert werden.

Es ließen sich aber auch andere Auffassungen des Bewährungsbegriffes denken: Auffassungen, die die Bewährung zu einem *objektiven Geltungswert* der allgemeinen Wirklichkeitsaussagen machen wollen.

Zuerst wäre die Auffassung des *Pragmatismus* zu überprüfen. Der Pragmatismus steht auf dem Standpunkt, daß die Wahrheit eines Satzes nur in seiner Bewährung liegt. Er setzt Wahrheit und Bewährung gleich. Das hängt mit einer an und für sich durchaus berechtigten Wertschätzung der Begriffe „Prognose" und „Verifikation" zusammen: Wenn sich eine Prognose (ein besonderer Satz) an der Erfahrung bewährt, wenn sie durch die Erfahrung verifiziert wurde, so ist sie auch *endgültig* verifiziert. Sie ist *wahr*.

Diese Wahrheit ist zeitlos: Der Satz, „Napoleon trug einen Degen", ist nicht nur um die Wende des 18. Jahrhunderts wahr, sondern er ist und bleibt immer wahr (oder war schon immer falsch): *die Geltung ist zeitlos*.

Bei besonderen Aussagen läßt sich [daher] der Begriff der Bewährung dem der Wahrheit gleichsetzen, ohne daß es zu Widersprüchen kommt. Anders aber bei streng allgemeinen Wirklichkeitsaussagen:

Eine Hypothese kann sich durch lange Zeit bewährt haben und auch heute noch bewähren; morgen aber bewährt sie sich vielleicht nicht mehr. Deshalb darf man aber nicht sagen, daß sie heute wohl wahr ist, morgen aber vielleicht falsch sein wird. Das würde ein Mißverständnis der strengen Allgemeingültigkeit sein, beziehungsweise ein Mißverständnis des Geltungsbegriffes. Ich schließe mich Schlick[3] also vollkommen an: „Wahrheit und Bewährung sind ... nicht identisch". Die Deutung des Pragmatismus erscheint mir unannehmbar.

Die Auffassung aber, um die es in dieser Auseinandersetzung eigentlich geht, ist die *wahrscheinlichkeitslogische*. Sie beansprucht für den Begriff der

---

[3] [MORITZ SCHLICK, op. cit., S. 155. Hrsg.]

Bewährung den Charakter eines Geltungswertes. Sie setzt aber nicht, wie der Pragmatismus, die Bewährung einfach der Wahrheit gleich, sondern sie schreibt den Sätzen einen Wahrscheinlichkeitswert zwischen wahr und falsch zu, der dem Wert ihrer Bewährung entspricht.

Der Bewährungsbegriff scheint geradezu wie geschaffen, um eine Grundlage für die *objektive Hypothesenwahrscheinlichkeit* als Geltungswert abzugeben. Zwar besteht die Argumentation des Abschnittes *(14)* weiter zu Recht: Eine wirkliche Analogie mit der Ereigniswahrscheinlichkeit läßt sich auch jetzt noch nicht auffinden, die Beziehungen zwischen den beiden Begriffen sind recht weit hergeholt[*3]. Trotzdem kann der Begriff der Bewährung dazu verwendet werden, um näher anzugeben, was eigentlich mit jener objektiven Hypothesenwahrscheinlichkeit gemeint ist, mit jenem Geltungswert der Hypothesen zwischen wahr und falsch.

Ich bin[a] also dem Standpunkt der Wahrscheinlichkeitslogik durch Formulierung des Bewährungsbegriffes sehr weit entgegengekommen: Der Begriff der objektiven Hypothesenwahrscheinlichkeit scheint sich mit Hilfe des Bewährungsbegriffes nunmehr einwandfrei bestimmen zu lassen.

Aber das ist nur Schein. Der Standpunkt der Wahrscheinlichkeitslogik scheitert an dem unendlichen Regreß jeder Induktion.

17. Der unendliche Regreß der Wahrscheinlichkeitsaussagen. Die Verfechter der objektiven Hypothesenwahrscheinlichkeit stehen auf dem Standpunkt, daß allgemeine Wirklichkeitsaussagen nie wahr, sondern nur wahrscheinlich sein können.

Diese Auffassung ist logisch unhaltbar. Nicht nur unter dem Gesichtspunkt der aristotelischen „Wahr-falsch-Logik", sondern auch vom Standpunkt jeder „Wahrscheinlichkeitslogik".

Wenn man ausdrücken will, daß einer allgemeinen Wirklichkeitsaussage a posteriori ein gewisser Wahrscheinlichkeitsgrad als Geltungswert zukommt, so kann man das nur durch eine Aussage über diese Aussage objektiv festlegen.

Diese Aussage ist von höherem Typus als die Hypothese. Sie ist aber selbst eine allgemeine Wirklichkeitsaussage, der somit als Geltungswert nur ein Wahrscheinlichkeitswert zukommen kann; das sieht man schon daraus, daß eine Falsifizierung der Hypothese auch die Aussage, die ihr einen positiven Wahrscheinlichkeitswert zuschreibt, falsifiziert: ihre Geltung hängt von der Erfahrung ab, sie kann kein endgültig wahrer Satz sein. Ist sie aber nur wahrscheinlich, so kann das wieder nur durch eine Aussage von höherem Typus ausgedrückt werden usw. *ad infinitum.*

[*3] Die Ereigniswahrscheinlichkeit erfüllt die Axiome der Wahrscheinlichkeitsrechnung, die Bewährung nicht. Siehe Anm. *1, und Logik der Forschung (2. Aufl., 1966; und spätere Auflagen).

Dieser unendliche Regreß der Wahrscheinlichkeitsaussagen ist durch nichts zu durchbrechen.

Ansichten, wie beispielsweise etwa die, daß die Wahrscheinlichkeiten mit steigendem Typus „gegen 1 konvergieren", daß meist schon die Wahrscheinlichkeit zweiter Ordnung recht nahe an 1 sei und ähnliche Überlegungen helfen hier nicht das geringste. Selbst dann, wenn sie sonst richtig wären, würden sie am unendlichen Regreß nichts ändern können. (Es wären nur unzulängliche rationalistische Versuche, in die Wahrscheinlichkeitslogik die *Wahrheit* allgemeiner Wirklichkeitsaussagen doch noch durch eine Hintertüre einzuführen.) Sie sind aber auch an und für sich unhaltbar. Denn die Hypothesenwahrscheinlichkeiten höherer Ordnung können ja gar nicht sicherer sein, als die niederer Ordnung: Wenn die Hypothese durch die Erfahrung widerlegt ist, werden die Wahrscheinlichkeiten aller Ordnungen gleich Null.

Der unendliche Regreß der Wahrscheinlichkeitsaussagen ist für den Induktivismus womöglich noch peinlicher als Humes Argument. Dort gab es noch den Ausweg, ein Induktionsprinzip dogmatisch aufzustellen; steht man aber auf dem Standpunkt, daß Wirklichkeitsaussagen (und somit auch jedes Induktionsprinzip) *nur* einen wahrscheinlichen Geltungswert haben können, dann hilft auch kein [aprioristisches] Induktionsprinzip:

Die wahrscheinliche Geltung kann nur durch eine allgemeine Wirklichkeitsaussage von höherem Typus ausgedrückt werden, die ja ihrerseits nur mit Wahrscheinlichkeit gelten soll; darin besteht der unausweichliche unendliche Regreß der Wahrscheinlichkeitsposition. Damit brechen aber auch alle dogmatisch-rationalistischen Versuche, aus Wahrscheinlichkeitslogik Metaphysik zu machen, zusammen. So der Versuch Reichenbachs[1], das Induktionsprinzip deshalb als akzeptabel zu erklären, weil die Wahrscheinlichkeitslogik ohne Induktionsprinzip sinnlos ist (ja, weil sogar überhaupt „Wahrscheinlichkeitsaussagen nicht einmal sinnhaft sind, wenn wir das Induktionsprinzip nicht schon voraussetzen"[2]), anderseits aber die Wahrscheinlichkeitslogik als der „begriffliche Rahmen aller Naturerkenntnis überhaupt"[3] von der Naturwissenschaft nicht entbehrt werden kann. Diese (transzendentale) Motivation verfehlt ihren Zweck: Die Wahrscheinlichkeitslogik ist auch mit Induktionsprinzip sinnlos.

Man könnte meinen, daß der unendliche Regreß der Wahrscheinlichkeitsaussagen doch von etwas anderer Art ist als der Induktionsregreß; daß es den Wahrscheinlichkeitspositionen wohl gelungen ist, Humes Argument auszuweichen, daß sie aber dabei unversehens in andere Schwierigkeiten, in einen neuen Regreß geraten sind. Denn der Induktionsregreß war ein Regreß

---

[1] HANS REICHENBACH, Kausalität und Wahrscheinlichkeit, Erkenntnis 1 (1930), S. 186 ff.
[2] [HANS REICHENBACH, op. cit., S. 186. Hrsg.]
[3] [HANS REICHENBACH, op. cit., S. 188. Hrsg.]

von Induktionsprinzipien, der Regreß der Wahrscheinlichkeitsaussagen aber scheint nur dadurch zu entstehen, daß sich die wahrscheinliche Geltung einer Aussage nicht durch die Aussage selbst ausdrücken läßt.

Aber diese Ansicht wäre irrig. Auch in diesem Fall handelt es sich um den Induktionsregreß. Der Unterschied liegt nur an meiner diesmal etwas formalistischen Darstellung. Um das zu zeigen, will ich hier noch eine weniger formalistische Darstellung des unendlichen Regresses der Wahrscheinlichkeitsaussagen andeuten:

Wenn wir einer Hypothese aufgrund von Beobachtungen einen objektiven Wahrscheinlichkeitswert zuschreiben, so machen wir (stillschweigend oder ausdrücklich) eine Voraussetzung, die etwa folgendermaßen zu formulieren wäre:

„Der Wert der Bewährung einer Hypothese sagt auch etwas darüber aus, wie sich die Hypothese weiter bewähren wird." (Er soll also nicht nur unsere Zuversicht bestimmen können, sondern auch etwas über das objektive Verhalten der noch nicht erkannten Ereignisse aussagen.)

Dieser Satz wäre das „Wahrscheinlichkeits-Induktionsprinzip erster Ordnung". Wenn er sich auch bis heute bewährt haben sollte, so kann das über seinen objektiven Wahrscheinlichkeitswert nur dann etwas aussagen, wenn wir ein entsprechendes Prinzip zweiter Ordnung voraussetzen usw.

Der unendliche Regreß der Wahrscheinlichkeitsaussagen ist also mit dem Induktionsregreß identisch. (In der formalistischen Darstellung wird der Regreß nur[a] dadurch unendlich, daß keine der Aussagen höherer Ordnung einfach als wahr gelten darf.)

Ob ich es als wahr annehme, daß ein Satz wahr ist, oder ob ich es als (objektiv) wahrscheinlich annehme, daß ein Satz wahrscheinlich ist — das hat auf das Problem der Induktion keinen Einfluß.

So zeigt uns dieser Regreß nur wieder das selbstverständliche Resultat:

Wenn man — mit einer bestimmten Wahrscheinlichkeit — etwas darüber *wissen* könnte, ob die [bisher bewährten] Naturgesetze morgen noch gelten werden — dann könnte man eben mehr wissen, als man weiß. Wir *können* das nicht wissen; freilich, wir müssen (soviel wir bisher beobachtet haben) daran *glauben*. Diesen Glauben zu objektivieren, ist [dogmatischer] Rationalismus.

VII. Kapitel

DIE SCHEINSATZPOSITIONEN

18. Die Scheinsatzpositionen: neue Fragestellung. Die letzten Überlegungen lassen eine Verallgemeinerung zu, die für die Problemlage entscheidend ist.

Soll eine Aussage nicht einfach als wahr gelten, so muß das durch eine Aussage über die Aussage ausgedrückt werden; gleichgültig, ob sie nun als „falsch" oder etwa als „wahrscheinlich" gekennzeichnet werden soll oder ob man ihr irgend einen anderen *Geltungswert, welcher Art auch immer* (außer dem Geltungswert „wahr"), zuschreiben will.

Nur dann, wenn diese zweite Aussage oder eine weitere, ihr übergeordnete, ohne Einschränkung als wahr gelten kann, findet der Regreß ein Ende. Wenn aber keine dieser Aussagen ohne Einschränkung als wahr gelten soll, dann ist der unendliche Regreß unvermeidlich: Mit allen diesen Aussagen zusammen hat man *nichts* gesagt.

Damit entfällt aber jedes Motiv, die „Wahr-falsch-Logik" um irgend einen neuen Geltungswert zu bereichern. (Besondere Wirklichkeitsaussagen müssen ja prinzipiell immer endgültig verifizierbar oder falsifizierbar sein; und den allgemeinen ist auch mit einem solchen Schritt nicht geholfen.)

Allgemeine Wirklichkeitsaussagen können (für die Wissenschaft) nie [als] wahr [erweisbar] sein — das war das Ergebnis der Kritik der Normalsatzpositionen.

Sie können überhaupt keinen [nachweisbar] (positiven) Geltungswert haben — das ist das eigentliche Ergebnis der Kritik der Wahrscheinlichkeitspositionen.

Die *Scheinsatzpositionen* ziehen nun aus dieser Sachlage die Konsequenz, daß die Naturgesetze, die sogenannten „allgemeinen Wirklichkeitsaussagen", gar *keine echten Aussagen* sind.

Ihr sprachliches Gewand ist wohl das von „Sätzen"; aber die Sprache ist oft ungenau, sie verschuldet oft Mißverständnisse und Scheinprobleme. Überhaupt „wissen wir ... aus der neueren Logik, daß man aus der äußeren Gestalt eines Satzes herzlich wenig auf seine echte logische Form schließen kann"[1]. So auch hier:

---

[1] MORITZ SCHLICK, Die Kausalität in der gegenwärtigen Physik, Naturwissenschaften 19 (1931), S. 154.

Die Aussageform der Naturgesetze ist nur ihre „grammatische Verhüllung". Sie sind prinzipiell nicht endgültig verifizierbar: das ist ein sicheres Kennzeichen dafür, daß sie, im Sinne der Logik, keine Aussagen, keine Sätze sind. Sie sind „Scheinsätze".

Dieser Standpunkt hat also mit den Normalsatzpositionen die grundlegende Voraussetzung gemeinsam (die ich schon früher mit Schlicks[2] Worten wiedergegeben habe), daß es „für eine echte Aussage wesentlich ist, ... prinzipiell endgültig verifizierbar oder falsifizierbar" zu sein.

Die Naturgesetze sind Scheinsätze — zu dieser Position wird der Induktivismus gedrängt. Was aber sind sie, wenn sie keine Sätze sind?

Mit der bloßen Feststellung, daß Naturgesetze keine Aussagen sein können, oder mit der Bezeichnung „Scheinsätze" ist ja noch nichts gesagt. Ließe sich über sie nicht mehr sagen, so müßte die Erkenntnistheorie sich selbst aufgeben. Von einer „Scheinsatzposition", von einem Lösungsversuch des Induktionsproblems kann man überhaupt erst dann sprechen, wenn die Frage: „Wenn die Naturgesetze keine Sätze sind, was sind sie dann?" einigermaßen befriedigend beantwortet ist.

Das ist also die Fragestellung der Scheinsatzpositionen.

Die einzige Antwort, die meines Wissens bisher vorliegt, gibt Schlick in seiner Arbeit „Die Kausalität in der gegenwärtigen Physik"[3]. Diese Arbeit stellt sich (schon der Titel deutet das an) in erster Linie *naturphilosophische* Aufgaben und nur im Zusammenhang mit diesen werden auch erkenntnistheoretische Fragen berührt. Schlick hatte nicht die Absicht, die Frage, was die Naturgesetze eigentlich sind (und mit ihr das Induktionsproblem) in dieser Arbeit endgültig zu erledigen: Er gibt wohl einen kurzen Überblick über seine Auffassung, jedoch, wie er ausdrücklich bemerkt, „ohne ... hier ... das scheinbare Paradoxon ganz aufklären zu können"[4].

Nun sehe ich in diesem Lösungsversuch zwar die letzte Zuflucht des Induktivismus, aber zugleich auch eine seiner stärksten Positionen.

Um eine möglichst erschöpfende Kritik dieser Position zu geben, muß ich daher versuchen, die Gedankengänge, die Schlick skizziert, bis in ihre letzten Konsequenzen zu verfolgen, ihre Zusammenhänge aufzusuchen und sie selbständig zu Ende zu denken.

Es ist wichtig, das festzustellen; denn Teile meiner Polemik werden sich aus diesem Grund vielleicht nur gegen imaginäre Gegner richten.

19. Die Naturgesetze als „Anweisungen zur Bildung von Aussagen". Auf die Frage: „Wenn die Naturgesetze keine Sätze sind, was sind sie dann?"

---

[2] [Moritz Schlick, op. cit., S. 156. Vgl. Abschnitt 7, Text zu Anm. 1. Hrsg.]
[3] Moritz Schlick, op. cit., S. 145 ff.
[4] Moritz Schlick, op. cit., S. 150.

19. Die Naturgesetze als „Anweisungen zur Bildung von Aussagen"

antwortet Schlick[1], „daß ein Naturgesetz ... nicht den logischen Charakter einer ‚Aussage' trägt, sondern vielmehr eine ‚Anweisung zur Bildung von Aussagen' darstellt." Er setzt hinzu: „Diesen Gedanken und Terminus verdanke ich Ludwig Wittgenstein." (Wittgenstein hat meines Wissens diesen Gedanken noch nicht selbst veröffentlicht.)

Was besagt der Gedanke, das die Naturgesetze „Anweisungen zur Bildung von Aussagen" sind?

Um diesen Standpunkt zu verstehen, braucht man sich nur zu vergegenwärtigen, welchem lebenspraktischen *Zweck* die Naturgesetze dienen; dann wird auch ihre Rolle im Prozeß der Naturerkenntnis deutlicher werden.

Sicher erschöpft sich der Zweck der Naturgesetze nicht damit, eine bloße Beschreibung der Natur zu sein (wenn sie das überhaupt sind). Sie sind jedenfalls nicht *nur* Berichte über Naturvorgänge. Aber sie *helfen* uns bei der Naturbeschreibung.

Im Leben ist es ja nie das Naturgesetz selbst, das wir brauchen, sondern wir benützen das Naturgesetz nur, um aus besonderen Aussagen (aus besonderen Vorgängen) auf andere besondere Aussagen zu schließen, mit deren Hilfe wir andere besondere Vorgänge erkennen[2].

Wir benützen die Naturgesetze in letzter Linie zweifellos immer dazu, um *Prognosen* aus ihnen abzuleiten. Diese Prognosen sind als besondere Aussagen endgültig verifizierbar, sind also bestimmt echte Sätze.

Daß die Naturgesetze uns ermöglichen, besondere Aussagen, und zwar Prognosen zu bilden, das ist (wie auch ich glaube) ihre wichtigste Funktion, nicht nur in der Praxis des Lebens, auch in der Wissenschaft. Die Auffassung Wittgensteins und Schlicks, daß die Naturgesetze als „Anweisungen zur Bildung von Aussagen" bezeichnet werden können, ist also durchaus berechtigt.

Genügt aber diese Feststellung, um die Frage: „Was sind die Naturgesetze, wenn sie keine Sätze sind?" befriedigend zu beantworten?

Ich glaube, sie genügt nicht. Es können nämlich auch die besonderen Aussagen, die zweifellos echte Sätze sind, genau so gut als „Anweisungen zur Bildung von Aussagen" interpretiert werden wie die Naturgesetze.

Die Verwendbarkeit der Naturgesetze zur Bildung besonderer Aussagen, die durch jene Terminologie hervorgehoben werden soll, pflegt sonst so ausgedrückt zu werden, daß man aus den Naturgesetzen Prognosen logisch ableiten, *deduzieren* kann. Diese Eigenschaft aber teilen die Naturgesetze mit

---

[1] Moritz Schlick, Die Kausalität in der gegenwärtigen Physik, Naturwissenschaften 19 (1931), S. 151.
[2] Vgl. Ludwig Wittgenstein, Tractatus Logico-Philosophicus (1918/1922), Satz 6.211 und die anschließende Bemerkung: „In der Philosophie führt die Frage ‚wozu gebrauchen wir eigentlich jenes Wort, jenen Satz' immer wieder zu wertvollen Einsichten."

vielen besonderen Aussagen: Auch aus diesen kann man wieder andere besondere Aussagen deduzieren.

Das allgemeine Gesetz (um wieder das alte Beispiel vorzunehmen), daß alle Wurfbahnen annähernd Parabeln sind, kann man (oder muß man, nach Schlick und Wittgenstein) als Anweisung zur Bildung von besonderen Aussagen auffassen: Wenn ein Artillerist die Bahn eines bestimmten Geschosses berechnen, das heißt prognostizieren will, so wird er entsprechend der „Anweisung" verfahren und die Prognose aufstellen: „Die Flugbahn dieses Geschosses wird annähernd die Form einer Parabel (genauer: einer ballistischen Kurve) haben."

Aber auch diese Prognose, diese endgültig verifizierbare besondere Aussage, wird ihm wieder als „Anweisung" dienen, um mit ihrer Hilfe die weitere Prognose abzuleiten: „Das Geschoß wird an dieser Stelle aufschlagen."

Auch echte Sätze können also als Anweisungen zur Bildung von Aussagen betrachtet werden. Und daß man die Naturgesetze in dieser Weise auffassen kann, spricht vielleicht eher noch dafür, daß sie echte [deskriptive] Sätze sind, als dagegen.

Mit Recht bemerkt Schlick[3]: „Wir dürfen nicht vergessen, daß Beobachtung und Experiment *Handlungen* sind, durch die wir in direkten Verkehr mit der Natur treten. Die Beziehungen zwischen der Wirklichkeit und uns treten manchmal in Sätzen zutage, welche die grammatische Form von Aussagesätzen haben, deren eigentlicher Sinn aber darin besteht, Anweisungen zu möglichen Handlungen zu sein."

Aber alles das kann man mindestens ebensogut auch von besonderen, sicherlich echten Wirklichkeitsaussagen behaupten, wie von den Naturgesetzen. Wenn ich zu einem Gast, der in meiner Wohnung fremd ist, sage „Links in der Ecke ist der Lichtschalter", so ist das zweifellos ein echter Satz, weil endgültig verifizierbar. Und doch kann man sehr gut sagen, daß sein „eigentlicher Sinn" darin besteht, eine „Anweisung zu einer Handlung" zu sein, daß er eine Vorschrift, einen Imperativ enthält (und zwar einen bedingten oder hypothetischen Imperativ, eine Vorschrift für eine Zweckhandlung) und daß er „eigentlich" lauten sollte: „Wenn du Licht haben willst, so drehe an dem Schalter links in der Ecke!"

(Schon Kant hat gewußt, daß alle diese „hypothetischen Imperative", alle Gebrauchsvorschriften, „Klugheitsregeln" usw. nichts anderes sind als versteckte Wirklichkeitsaussagen, also entweder Naturgesetze oder besondere Prognosen.)

Noch ein Beispiel für diese Möglichkeit, Sätze in Imperative zu verwandeln, sie in [eine] „pragmatische" Ausdrucksweise zu übersetzen (und umgekehrt), erscheint mir erwähnenswert. Der Satz: „Erkennen ist ein Auffinden von Gesetzmäßigkeiten" ist ein analytisches Urteil, eine Definition. Es

---

[3] Moritz Schlick, op. cit., S. 156.

19. Die Naturgesetze als „Anweisungen zur Bildung von Aussagen"

läßt sich unschwer in den (hypothetischen) Imperativ verwandeln: „Willst du erkennen, so suche nach Gesetzmäßigkeiten!" Schlicks Ansicht, der „Kausalsatz" stelle „... eine Aufforderung, eine Vorschrift dar, Regelmäßigkeit zu suchen, die Ereignisse durch Gesetze zu beschreiben"⁴, kann ich daher nur als eine verhüllte Definition der Erkenntnis betrachten.

Wenn daher die Quantenphysik — anscheinend mit guten Gründen — behauptet, daß wir Ort *und* Geschwindigkeit eines Elektrons *nicht* mit beliebiger Genauigkeit *erkennen können*, daß unserem Erkennen, also dem Aufsuchen von Gesetzen durch die [Heisenbergschen] „Ungenauigkeitsrelationen"ᵃ bestimmte Grenzen gesetzt sind — so ist es nur selbstverständlich, daß man das auch in die imperativische, in die pragmatische Ausdrucksweise übersetzen kann. Es ist nur eine solche Übersetzung ins Pragmatische, wenn Schlick⁵ sagt, die „Aufforderung, ... die Ereignisse durch Gesetze zu beschreiben", ist „innerhalb jener Grenzen ... nutz- oder zwecklos, unerfüllbar". — Was Heisenbergs „Ungenauigkeitsrelationen" feststellenᵇ ist, daß unsere Erkenntnis, also das Auffinden von Gesetzen, prinzipiell lückenhaft ist. Das ist selbst eine Erkenntnis: Der Bereich der Lücken wird durch ein *Gesetz* abgegrenzt.

(Dieses Gesetz enthält die Behauptung, daß der Kausalsatz falsch ist — wenn man nämlich mit der Bezeichnung „Kausalsatz" — siehe die Abschnitte 3 und 5 — die Behauptung ausnahmsloser, lückenloser Gesetzmäßigkeit verbinden will. Und um von hier nochmals auf die Kritik des Apriorismus zurückzukommen: Wittgensteins „stolze These von der Allmacht der rationalen Wissenschaft" (die Bezeichnung ist von Carnap⁶) erweist sich dem Kantschen apriorischen Kausalprinzip vollkommen äquivalent. Diese These Wittgensteins⁷: „Wenn sich eine Frage überhaupt stellen läßt, so *kann* sie auch beantwortet werden" ist vom Standpunkt der Heisenberg-Relationenᶜ *falsch*, weil die Frage nach dem genauen Bewegungszustand eines Elektrons eben nicht beantwortet werden *kann*. Und genau wie den Kausalsatz kann man auch Wittgensteins These dadurch retten, daß man*¹ sie als unprüfbar, damit aber auch als *nichtssagend* auffaßt.)

Nicht jede Beantwortung der Frage: „Was sind Naturgesetze, wenn sie keine Sätze sind?" genügt, wie sich hier gezeigt hat, zu einer befriedigenden Begründung einer Scheinsatzposition. Es muß vor allem auch der Nachweis gefordert werden, daß die Gebilde, mit denen man die Naturgesetze identifizieren will, in der Tat *keine echten Sätze* sind; daß sie nicht nur scheinbar

---

⁴ Moritz Schlick, op. cit., S. 155.
⁵ Moritz Schlick, a.a.O.
⁶ [Rudolf Carnap, Der logische Aufbau der Welt (1928), S. 261. Hrsg.]
⁷ [Ludwig Wittgenstein, Tractatus Logico-Philosophicus (1918/1922), Satz 6.5. Hrsg.]
*¹ Besser: „... daß man ... die Frage nach dem genauen Bewegungszustand eines Elektrons als sinnlos abweist." (Sie „läßt sich überhaupt nicht stellen".)

Scheinsätze sind, hinter denen sich echte Aussagen, die wahr oder falsch sein können, verbergen.

Diese Forderung wird sich in folgendem als außerordentlich wichtig erweisen. Hier hat sich jedenfalls gezeigt, daß der bloße Hinweis auf die zweifellos praktischen Funktionen der Naturgesetze, auf ihren pragmatischen, ihren Imperativ- oder Anweisungscharakter, noch nicht genügt, um den Scheinsatzcharakter der Naturgesetze zu erhärten.

Trotzdem halte ich diesen Hinweis für wertvoll[d]. Er kann vielleicht darauf aufmerksam machen, in welcher Richtung die Lösung zu suchen ist.

Die Naturgesetze und die besonderen Wirklichkeitsaussagen sind — darüber kann ja kein Zweifel bestehen — jedenfalls zwei verschiedene Klassen von logischen Gebilden (um nicht zu sagen: von Sätzen).

Es wäre durchaus möglich, daß diesen beiden Klassen von Gebilden gerade das *gemeinsam* ist, daß sie als Anweisungen zur Bildung von Aussagen, als praktische Vorschriften aufgefaßt werden können. Dann wäre auch der Weg gegeben, wie die Naturgesetze näher zu bestimmen sind: Sie wären solche Anweisungen zur Bildung von Aussagen, die (im Gegensatz zu jenen Anweisungen, die selbst Aussagen sind) noch näher zu bestimmende *spezifische Eigenschaften* haben.

Welches sind nun diese Eigenschaften?

20. *„Wahr — falsch" oder „brauchbar — unbrauchbar"? Der konsequente Pragmatismus.* Die spezifischen Eigenschaften der „echten" Aussagen bestehen nach Auffassung der Scheinsatzpositionen darin, daß sie endgültig verifizierbar oder falsifizierbar sind. Es ist naheliegend, die spezifischen Eigenschaften der Naturgesetze auf derselben Ebene zu suchen.

So formuliert auch Schlick[1]:

„Eine solche Anweisung ist nicht wahr oder falsch, sondern gut oder schlecht, nützlich oder zwecklos."

Damit ist, wie ich glaube, der grundlegende Gedanke der Position ausgesprochen: Den Naturgesetzen kann prinzipiell *überhaupt kein Geltungswert* zukommen (auch kein *negativer* Geltungswert im Falle ihrer sogenannten „Falsifikation"), sondern einzig und allein ein *praktischer Wert*.

Es steht fest, daß es auf jeden Fall bestimmte positive und negative Werte geben muß, die den Naturgesetzen zuzuschreiben sind. Denn die Wissenschaft *verwirft* Gesetze — an andern wieder hält sie fest (mindestens durch längere Zeit). Gesetze als unzureichend festzustellen und durch bessere zu ersetzen — darin besteht ja der Fortschritt der Wissenschaft.

Wie fällt sie aber ihre Entscheidungen, wie begründet sie ihre Bewertung?

Es ist das Schicksal der *Prognosen*, das über die Wertung der Naturgeset-

---

[1] MORITZ SCHLICK, Die Kausalität in der gegenwärtigen Physik, Naturwissenschaften 19 (1931), S. 155.

ze entscheidet, aus denen die Prognosen abgeleitet wurden. Schon deshalb ist es berechtigt, in der Prognosenbildung die grundlegende Funktion der Naturgesetze zu sehen.

Wir leiten aus den Naturgesetzen Aussagen über Vorgänge ab, von denen wir nichts wissen; also Prophezeiungen, Voraussagen, Prognosen. Trifft die Prophezeiung ein, ist die Prognose verifiziert — dann schreiben wir auch dem Naturgesetz einen *positiven* Wert zu. Ist die Prognose falsifiziert, so werten wir das als ein Versagen des Naturgesetzes.

Die Bewertung des Naturgesetzes richtet sich nach seiner *Eignung* zur Ableitung von wahren Prognosen. Das ist die Grundlage der Auffassung, daß die Wertung der Naturgesetze eine rein praktische, pragmatische ist: Das Naturgesetz ist zur Ableitung der Prognose *brauchbar*, wenn die Prognose *wahr* ist; *unbrauchbar*, wenn sich die Prognose als *falsch* erweist:

Die Interpretation der Naturgesetze als „Anweisungen zur Bildung von Aussagen" enthält (obwohl allein noch zu unbestimmt) also doch einen wichtigen Hinweis. Die Naturgesetze werden als eine Klasse von „Anweisungen" festgestellt, denen zwar selbst unmittelbar kein Geltungswert, ja überhaupt kein Erkenntniswert zukommt, wohl aber ein *praktischer Wert* für die Ableitung von Prognosen. Ihre Rolle im Erkenntnisprozeß, ihr Wert für die Erkenntnis ist rein pragmatisch.

Diese Auffassung ist eine konsequente Verbindung von Positivismus und Pragmatismus.

Wie für den strengen Positivismus gibt es für sie nur Aussagen über Erfahrbares. Aber sie trägt der Tatsache Rechnung, daß die Wissenschaft mit diesen Aussagen nicht auskommt. Sie stellt den „echten" Sätzen daher die „Scheinsätze" der Naturgesetze zur Seite, die sie als rein pragmatische Gebilde erkennt.

Während aber der Pragmatismus sonst die Brauchbarkeit der Wahrheit gleich zu setzen pflegt (ja, diese durch jene zu erklären sucht; vgl. Abschnitt *16*), hängt für die „Scheinsatzposition" alles davon ab, daß zwischen Brauchbarkeit und Wahrheit, zwischen pragmatischem Wert und Geltungswert, ein unüberbrückbarer Gegensatz besteht.

Die *Geltung ist zeitlos* (wurde schon im Abschnitt *16* betont). Ist ein Satz wahr, so ist er es endgültig, ein für allemal. — Der *pragmatische Wert*, die Brauchbarkeit, richtet sich hingegen immer nach dem besonderen *Zweck* und kann sich prinzipiell von Fall zu Fall ändern.

Das paßt anscheinend sehr gut für die Naturgesetze, deren Wertung ja nie eine endgültige sein kann, sondern von Fall zu Fall von der Verifikation der Prognosen abhängt.

Die Auffassung der Scheinsatzposition ist zwar in bezug auf „echte" Aussagen positivistisch, in bezug auf die Naturgesetze (auf die es ja für das Induktionsproblem vor allem ankommt) stellt sie aber eine besonders radikale Form des Pragmatismus dar. Ich werde hier (nur das Induktionsproblem wird ja berücksichtigt) diesen Standpunkt, für den alles von dem Gegensatz zwischen Geltungswert und pragmatischem Wert abhängt, als „konsequenten Pragmatismus" bezeichnen.

Ist der Standpunkt nun auch wirklich tragfähig? Ist der Gegensatz auch wirklich unüberbrückbar?

21. *Schwierigkeiten des konsequenten Pragmatismus.* Für den Gegensatz von pragmatischem Wert und Geltungswert ließen sich vielerlei Beispiele vorbringen.

Ein besonders eindringliches Beispiel ist die *Lüge:* Erfüllt die Lüge ihren Zweck, so hat sich ein *falscher* Satz als *brauchbar* erwiesen; für diesen [ihren] Zweck wenigstens brauchbarer, als der (bekannte) wahre Satz.

Analog dazu wäre etwa die Rolle, die die „Fiktion" (im Sinne Vaihingers[1]) im Erkenntnisprozeß spielt: eine bewußt falsche Annahme, die als „heuristisches Prinzip" für die Erkenntnis wertvoll ist. Überhaupt kann auch sonst die Wissenschaft durch einen Irrtum, durch einen falschen Satz, wertvollste Anregung erfahren.

Auch ein *falscher* Satz kann also *brauchbar* sein, brauchbar sogar für die Zwecke der Erkenntnis — gewiß ein überzeugendes Argument für die Unabhängigkeit von Geltungswert und pragmatischem Wert, auf die sich der konsequente Pragmatismus stützt.

Aber trotz solcher und anderer Beispiele bestehen für den konsequentpragmatischen Standpunkt Schwierigkeiten, die besprochen werden müssen. Erst wenn diese Schwierigkeiten überwunden sind, ist meiner Meinung nach der konsequente Pragmatismus als Lösungsversuch des Induktionsproblems diskutabel.

Ich stimme Schlick bei, wenn er feststellt, „daß es wirklich schwer ist und recht eindringender Besinnung bedarf, um den Unterschied einzusehen zwischen einem wahren Satze und einer brauchbaren Vorschrift, und einem falschen Satze und einer unbrauchbaren Vorschrift"[2].

Aber diese Schwierigkeiten sehe ich nicht (wie Schlick) darin, daß diese „Anweisungen ... grammatisch in der Verhüllung gewöhnlicher Sätze"[3] auftreten; das wäre wohl (wie die sogenannte „Sprachkritik" überhaupt) kein sehr ernstes Problem.

Die eigentlichen Schwierigkeiten hängen gerade umgekehrt mit der Feststellung (des Abschnittes *19*) zusammen, daß echte Sätze immer in pragmatischer Übersetzung als „Anweisungen" auftreten können.

In diesen Fällen — und darin liegt die Schwierigkeit — erweisen sich

---

[1] [Hans Vaihinger, Die Philosophie des Als Ob (3. Aufl., 1918). Hrsg.]

[2] Moritz Schlick, Die Kausalität in der gegenwärtigen Physik, Naturwissenschaften 19 (1931), S. 155 f.

[3] [Moritz Schlick, op. cit., S. 156. Hrsg.]

nämlich die pragmatischen Werte „brauchbar" und „unbrauchbar" (die diesen „Anweisungen" zuzuschreiben sind) meist als bloße Übersetzungen der Geltungswerte „wahr" und „falsch".

Diese Übersetzbarkeit besteht zwar nicht bei solchen „Vorschriften", die den Verkehr der Menschen untereinander regeln (also nicht bei Gesetzen im juristischen Sinn); aber bei jenen (besonderen) Vorschriften zu *„Handlungen...*, durch die wir in direkten Verkehr mit der Natur treten"[4] — und nur solche Vorschriften können ja hier in Frage kommen — läßt sich die Übersetzung meist anstandslos durchführen.

Das läßt sich etwa an den Beispielen des Abschnittes *(19)* zeigen. Die Anweisung: „Wenn du Licht haben willst, so drehe an dem Schalter links in der Ecke!" erweist sich als *brauchbar,* wenn mein Gast den Schalter findet und das Licht aufdreht. Ebenso gut kann man natürlich sagen, daß mein Gast durch diese Handlung die echte Aussage, die Prognose verifiziert („Wenn der Schalter links in der Ecke gedreht wird, so wird das Licht aufflammen"), als deren pragmatische Übersetzung jene „Anweisung" aufgefaßt werden kann.

Der Artillerist (um das andere Beispiel vorzunehmen), der etwa die Aufschlagstelle eines Geschosses vorausberechnen will, soll dazu die (besondere) Anweisung verwenden, daß dieses Geschoß die Bahn einer genauen Parabel verfolgen wird (anstatt die einer ballistischen Kurve, die bei schwerem Geschütz von der Parabel ziemlich abweicht). Er wird feststellen, daß diese Anweisung zur Prognose der Aufschlagstelle *unbrauchbar* ist; was hier aber wieder nichts anderes heißt, als daß die entsprechende (echte) Aussage, „die Bahn dieses Geschosses wird genau die Form einer Parabel haben", sich als *falsch* erwiesen hat.

So richtig es also ist, daß die pragmatischen Werte und die Geltungswerte unter Umständen voneinander durchaus unabhängig sind, so zeigen doch diese Beispiele, daß in andern Fällen pragmatische und Geltungswerte [voneinander abhängen, ja] geradezu *identisch* sein können.

Ein wahrer Satz ist eben immer auch für gewisse Zwecke praktisch brauchbar, und zwar zum mindestens für den Erkenntniszweck, nämlich als Anweisung für seine Verifikation. Ebenso ist ein falscher Satz (für dieselben Zwecke) immer[*1] auch praktisch unbrauchbar. (Selbstverständlich gibt es auch immer andere Zwecke, für die ein bestimmter wahrer Satz gänzlich unbrauchbar ist usw.) Gerade dann, wenn es sich um Überprüfung, um Verifikation handelt, hängt der pragmatische Wert immer[*1] von einem Wahrheitswert ab.

So auch bei der Bewertung der Naturgesetze: Sie werden positiv gewertet,

---

[4] Moritz Schlick, a.a.O.
[*1] „Immer" ist unrichtig: von einem falschen Satz *können* sowohl wahre wie auch falsche Prognosen ableitbar sein.

als brauchbarᵃ, wenn die abgeleiteten Prognosen wahr sind; negativ, als unbrauchbar, wenn die Prognosen falsch sind.

Nun steht zwar als Ergebnis der Untersuchung längst fest, daß einem Naturgesetz der Geltungswert „wahr" in keinem Fall zugeschrieben werden darf, weil ja über seine Wahrheit prinzipiell niemals endgültig entschieden werden kann. Ebenso ist es sicher, daß ihm ein positiver pragmatischer Wert ohne weiteres zugeschrieben werden darf, solange es sich als „brauchbar" erweist; denn pragmatische Werte können auch als *vorläufig*, von Fall zu Fall revidierbar, aufgestellt werden.

Aber alles das zeigt eigentlich *nur*, wie dehnbar, wie unscharf die pragmatischen Werte sind: Auf keinen Fall kann es als ein hinreichender Nachweis des „Scheinsatzcharakters" gelten, daß man einem logischen Gebilde einen pragmatischen Wert zuschreiben *kann*. Überhaupt muß die pragmatische Ausdrucksweise mit großer Vorsicht behandelt werden: Man wird die Scheinsatzpositionen sehr genau daraufhin ansehen müssen, ob ihren „Anweisungen zur Bildung von Aussagen" (den Naturgesetzen, wie sie in der Wissenschaft verwendet werden) wirklich *nur solche* pragmatische Werte zugeschrieben werden, die bestimmt keine verkappten Geltungswerte, keine bloßen Übersetzungen der Werte „wahr" oder „falsch" in [die] pragmatische Ausdrucksweise sind.

Diese Schwierigkeiten des „konsequenten Pragmatismus" hängen mit der Unzuverlässigkeit der pragmatischen Terminologie zusammen, die für „Konsequenz" recht wenig geeignet erscheint. Sie schaffen das dringende Bedürfnis, sich nochmals mit der Frage zu befassen, ob man denn nicht genauer angeben kann, was die Naturgesetze im Sinne dieser Position [denn] eigentlich sind.

Welcher Weg könnte zu einer solchen genaueren Bestimmung wohl eingeschlagen werden?

Im folgenden Abschnitt will ich einen Weg zeigen, der vorerst recht gangbar erscheint und der schon deshalb untersucht werden muß, weil verschiedene Bemerkungen von logischen Positivisten auf ihn hinweisen. Es ist die Ansicht, daß die Naturgesetze sogenannte „Aussagefunktionen" sind (oder vielleicht auch Anweisungen zur Verwendung von „Aussagefunktionen").

Dieser Weg wird sich aber als ein etwas langwieriger Seitenweg erweisen. Er führt zu neuen Schwierigkeiten und wird schließlich (nach einigen positiven Nebenergebnissen) über die letzten, schon hier geäußerten Bedenken nicht wesentlich hinausführen. Wir werden wieder zu jenem etwas schwankenden Standpunkt des Pragmatismus zurückkehren müssen, den wir schon hier erreicht haben. Erst im Abschnitt *(36)* wird die gerade Straße der kritischen Untersuchung des Induktionsproblems wieder erreicht werden.

Leider zwingt mich die unvermeidliche Polemik, in den dazwischenliegenden Abschnitten *(23)* bis *(35)* eine nicht ganz einfache Terminologie (die der „Logistik"*²) einzuführen und auf spezielle logische Fragen einzugehen, die man, nicht ganz mit Unrecht, als spitzfindig empfinden könnte: Es handelt sich dabei um eine unvermeidliche Kritik gewisser logistischer Subtilitäten, zu deren Abwehr ich sogar manchmal vom Thema abschweifen werde. Von diesen terminologischen und logischen Bemerkungen ist aber nur das im Abschnitt *(31)* über die *„Implikation"**³ gesagte auch für die deduktivistisch-empiristische Auffassung des Induktionsproblems von größerer Bedeutung.

22. Werkzeug und Schema als rein pragmatische Gebilde. Welchen Weg könnte man wohl einschlagen, um die Frage, was die Naturgesetze denn eigentlich sind, im Sinne der Scheinsatzposition, im Sinne eines konsequenten Pragmatismus, doch befriedigend zu beantworten?

Man müßte nach charakteristischen, nach typischen Gebilden suchen, die prinzipiell nur pragmatisch gewertet werden können, bei denen es also auf keinen Fall in Frage kommt, daß ihre praktische Wertschätzung eine bloße Übersetzung von Geltungswerten ist.

Wenn sich solche Gebilde aufzeigen lassen und wenn ihnen die Naturgesetze mit Recht an die Seite gestellt werden können, so wäre vielleicht ein Schritt zu einer genaueren Bestimmung der Eigenart der Naturgesetze und damit auch zu einer Präzisierung des etwas unsicheren Standpunktes des konsequenten Pragmatismus getan.

Solche rein pragmatische Gebilde sehe ich in den *Werkzeugen*. Ein Werkzeug ist *nur* dazu da, um in bestimmten Fällen rein praktische Dienste zu leisten: Niemals kann ein Hammer oder eine Zange so etwas wie einen absoluten Geltungswert haben. Die Wertschätzung eines bestimmten Werkzeuges hängt immer von seiner Eignung für die bestimmte Leistung ab, die man gerade von ihm verlangt. Sie kann sich also von Fall zu Fall ändern. Es gibt überdies auch Werkzeuge, die speziell dem Erkenntniszweck dienen, Apparaturen, Meßgeräte, Instrumente, die für die „Bildung echter Wirklichkeitsaussagen" praktisch von großem Wert sind. Und auch der Wert solcher Instrumente hängt, ebenso wie der der Naturgesetze, von der Wahr-

---

*² Die Diskussion in meinen beiden Grundproblemen ist stark von RUDOLF CARNAPS Abriß der Logistik (1929) beeinflußt, einem ganz ausgezeichneten Lehrbuch der mathematischen Logik, das aber durch die Entwicklung auf diesem Gebiete, und insbesondere durch die Arbeiten von KURT GÖDEL und ALFRED TARSKI, sehr bald überholt wurde. Sogar die Terminologie von CARNAPS Abriß wird kaum mehr verwendet, einschließlich des Ausdruckes „Logistik" (für „mathematische Logik").
*³ In Principia Mathematica von ALFRED NORTH WHITEHEAD und BERTRAND RUSSELL, ist der Konditionalsatz (Wenn ... dann Satz) von der logischen Folgerung nicht klar unterschieden; er wird deshalb „Implikation" genannt. CARNAPS Abriß steht auf demselben Standpunkt.

heit der mit ihrer Hilfe abgeleiteten Aussagen ab, aber ohne daß es irgendwie in Betracht kommen könnte, daß ihnen deshalb selbst ein Geltungswert zuzuschreiben ist.

In dieser Beziehung scheint die Analogie, die Berufung auf den pragmatischen Charakter von Instrumenten oder Werkzeugen, für die Zwecke des konsequenten Pragmatismus recht verwendbar zu sein.

Es könnte nun noch als fraglich erscheinen, ob sich geistige [oder] logische Gebilde, wie es die Naturgesetze sind, mit Werkzeugen, mit materiellen Instrumenten der Forschung, vergleichen lassen. Dieses Bedenken halte ich aber für unbegründet: Es gibt auch geistige, *logische Werkzeuge*, die sich den materiellen Werkzeugen wohl an die Seite stellen lassen: die logischen *Schemata*.

Wenn zum Beispiel ein Physiker eine experimentelle Beobachtungsreihe auswerten will, so verwendet er meist verschiedene „Schemata". Er stellt vorerst leere Tabellen her, leere Schemata, die nach einem bestimmten, schematisch festgelegten Verfahren auszufüllen sind. Die Daten, die in das Schema eingesetzt werden, gewinnt er durch Beobachtungen, bei denen wieder ein bestimmtes schematisch festgelegtes Verfahren eingeschlagen wird.

Ein solches Schema kann praktisch oder unpraktisch angelegt sein, es kann brauchbar oder unbrauchbar sein, aber es ist selbst nie eine Erkenntnis, ist selbst nie eine Aussage: Es ist ein Instrument, eine Art Regal[a] für echte Aussagen; es ist an und für sich *leer,* ein Geltungswert kommt nicht in Frage.

Solche Schemata — geistige Hilfsmittel, logische Werkzeuge — verwenden wir in den verschiedensten Gebieten. Wer eine wissenschaftliche Abhandlung schreiben will, wird eine Disposition verwenden — ein Schema, nicht wahr oder falsch, wie der Inhalt der Abhandlung, sondern zweckentsprechend, übersichtlich, anwendbar, brauchbar.

Auch in der wissenschaftlichen Begriffsbildung können solche Schemata eine große Rolle spielen, insbesondere bei allen *systematischen Einteilungen.* Die systematische Botanik und die systematische Zoologie kann man als Schemata für die Klassifikation ansehen, die nicht als wahr oder falsch, sondern als brauchbar oder unbrauchbar, als einheitlich oder inkonsequent zu bezeichnen sind (und die noch besonderen Zwecken entsprechen oder nicht entsprechen können, zum Beispiel dem Zweck, die natürlichen Verwandschaftsbeziehungen kenntlich zu machen).

Wenn sich zeigen ließe, daß auch die Naturgesetze in diesem Sinn als Schemata aufgefaßt werden können, so wären wohl die Schwierigkeiten, die dem konsequenten Pragmatismus aus der gegenseitigen Übersetzbarkeit der wahren Sätze und der brauchbaren Vorschriften erwachsen, wenigstens zum Teil überwunden.

23. Die Naturgesetze als Aussagefunktionen. Die Möglichkeit, daß die Naturgesetze logische Schemata sind, muß näher geprüft werden; umso mehr, als es tatsächlich typische logische Schemata gibt, die sehr wohl als „Schemata zur Bildung von Aussagen" aufgefaßt werden können (wenn auch nicht als „Vorschriften" im Sinne Schlicks). Es sind die sogenannten „Aussagefunktionen", die in der neueren Logik („Logistik") eine recht erhebliche Rolle spielen.

Was ist eine Aussagefunktion?

Eine (einfache) Aussage, etwa wie[a] der Satz: „Napoleon trug einen Degen", ist nur als *einheitliches Ganzes* wahr oder falsch. Ein *Bruchstück* dieses Satzes — wie es auch lauten mag — ist selbst kein Satz mehr, kann nicht mehr als wahr oder falsch bezeichnet werden. Vergleicht man nun den Satz mit gewissen anderen, *ähnlich gebauten* Sätzen (etwa „Napoleon trug einen Hut" oder „Mozart trug einen Degen"), so sieht man, daß der Satz verschiedene Bestandteile hat, die auch als relativ selbständig, nämlich als selbständig *auswechselbar* betrachtet werden können.

Die *Aussagefunktion* kann man nun näher erläutern als ein *Bruchstück* eines Satzes, das übrigbleibt, wenn aus dem Satz ein oder mehrere selbständig auswechselbare Bestandteile gestrichen werden. Die „Leerstellen" („Argumentstellen"), das heißt, die Stellen, an denen ein Bestandteil des Satzes entfernt wurde, müssen dabei irgendwie gekennzeichnet werden (etwa durch „..." oder durch „x"), zum Beispiel: „... trug einen Degen" oder auch „x trug einen Degen".

Die Satzbruchstücke: „x trug einen Degen" oder auch „x trug y" nennt man also *Aussagefunktionen*.

Daß eine solche Aussagefunktion *nicht wahr oder falsch* sein kann, steht fest. Man kann sie nur als *Schema* zur Bildung von Aussagen verwenden, indem man in die Leerstellen passende Argumentwerte (Eigennamen oder Allgemeinbegriffe) einsetzt. Dadurch erhält man aus der Aussagefunktion wieder eine Aussage, die wahr oder falsch sein kann.

So kann man in die Aussagefunktion „x trug y" zum Beispiel für x den Argumentwert „Caesar", für y „eine Toga" einsetzen. Man erhält dann eine Aussage, die (vermutlich) wahr ist. Ebenso gut kann man aber einen falschen Satz erhalten, zum Beispiel, wenn man für x „Caesar" und für y „einen Frack" einsetzt.

Alle die (echten) Aussagen, die auf diese Weise entstehen, und auch die eingangs gebrachten Beispiele sind „ähnlich gebaut": Sie sind nämlich nach dem gleichen Schema gebaut, das heißt, ihnen liegt dieselbe Aussagefunktion zugrunde.

Die Aussagefunktion („Satzfunktion") darf, als ein „Schema zur Bildung von Aussagen", das selbst keinerlei Geltungswert haben kann, niemals mit einer Aussage verwechselt werden.

Alle Aussagefunktionen sind Satzbruchstücke. Sie haben „Leerstellen" oder „Argumentstellen". Die Zeichen, die die Leerstellen kennzeichnen, sind ganz willkürlich. Man könnte anstatt der Buchstaben Punkte oder Kreuze oder Kreise verwenden. Man bezeichnet diese Zeichen gerne als „Variable", um anzudeuten, daß an diesen Stellen verschiedene Argumentwerte eingesetzt werden können. Die Argumentwerte, die man in die Leerstellen einsetzt, bezeichnet man auch gerne als die „Werte, die die Variable annimmt". Aber das sind nur bildliche Ausdrucksweisen. Man darf nicht vergessen, daß die „Variablen", etwa „x" oder „y", keine Zeichen sind, die irgend einem Gegenstand zugeordnet sind; sie sind nur *Platzhalter,* sie bedeuten selbst *nichts*.

Hat eine Aussagefunktion mehr als eine Leerstelle, zum Beispiel: „x trug y", so kann man natürlich für einen einzelnen Argumentwert (zum Beispiel „Caesar") nicht sagen, ob er die Aussagefunktion *befriedigt* (das heißt, ob seine Substitution die Aussagefunktion in einen *wahren Satz* verwandelt), oder ob er sie nicht befriedigt (das heißt in einen *falschen Satz* verwandelt). Erst, wenn ein *Wertepaar* gegeben ist (zum Beispiel „Caesar", „Toga") kann man für dieses Wertepaar sagen, ob es die Aussagefunktion befriedigt, oder nicht. Analoges gilt für die Aussagefunktionen mit drei oder mehr Argumentstellen, zum Beispiel für die Aussagefunktion, „die chemische Verbindung... nimmt in Temperaturen zwischen... Grad und ... Grad die Farbe ... an", eine Aussagefunktion, die als Beobachtungsschema dienen könnte. Ähnliche Schemata, die durch Substitution mehrerer Argumentwerte einen wahren oder falschen Satz ergeben, verwenden wir sehr häufig (zum Beispiel „Herr x wohnt in der Stadt y in der z-Straße Nr. w").

Alles das ist wohl recht einfach. Noch nicht ganz klar dürfte es aber einstweilen sein, was denn diese Aussagefunktionen mit den Naturgesetzen zu tun haben sollen.

Ich will versuchen (mit Hilfe eines schon wiederholt verwendeten Beispieles) zu zeigen, daß zwischen den Naturgesetzen und den Aussagefunktionen jedenfalls ziemlich enge Beziehungen hergestellt werden können.

Mit einer Anzahl von Steinen sollen Wurfversuche gemacht werden. Die einzelnen Würfe werden nummeriert. (Die Nummern können als Eigennamen der Würfe betrachtet werden.) Die Bahn eines jeden Wurfes wird genau durch Messungen bestimmt (zum Beispiel mit Hilfe von kinematographischen Zeitlupenaufnahmen).

Ich werfe also einen Stein (Wurf 1) und stelle fest, daß seine Wurfbahn annähernd die Form einer Parabel hat. Ich kann also den (besonderen) Satz aufstellen: „Die Bahn, die der Stein beim Wurfe 1 soeben hier beschrieben hat, hat annähernd die Form einer Parabel" oder kürzer: „Die Bahn des Wurfes 1 ist eine Parabel."

Nach den weiteren Würfen „2" und „3" und entsprechenden Messungen kann ich analoge Sätze für diese Würfe ableiten. Ich stelle nun fest, daß diesen Sätzen dasselbe Schema zugrundeliegt und daß die Nummern der

Würfe (sowie die Angaben über die Steine, die Zeit- und die Ortsangaben) selbständig auswechselbar sind.

Anstatt nun eine (unerlaubte) Verallgemeinerung, eine Induktion vorzunehmen, isoliere ich die den Sätzen zugrundeliegende Aussagefunktion: „Die Bahn des Wurfes x ist eine Parabel."

Wie ich bereits weiß, wird diese Aussagefunktion durch die Argumentwerte „1", „2" und „3" *befriedigt,* das heißt, sie liefert bei Substitution dieser Argumentwerte *wahre Sätze.* Ob auch andere Argumentwerte, etwa „4", „5" usw. meine Aussagefunktion befriedigen, das kann ich noch nicht wissen. Aber ich kann jedenfalls die Aussagefunktion als Schema verwenden, um durch Substitution dieser Argumentwerte echte Sätze zu bilden, und zwar — da ich eben noch nicht weiß, ob diese echten Sätze wahr oder falsch sind — *Prognosen.* Diese kann ich dann verifizieren oder falsifizieren.

Sind nun die Naturgesetze vielleicht mit Aussagefunktionen (etwa vom Typus der Aussagefunktion: „Die Bahn des Wurfes x ist eine Parabel") zu identifizieren?

Es ist für die Scheinsatzposition eine sehr verlockende Lösung, die Naturgesetze als Aussagefunktionen anzusprechen. In der Tat findet sich auch bei Carnap[1] eine Stelle, an der, wie es scheint, der Standpunkt angedeutet wird, daß die Naturgesetze als Aussagefunktionen aufzufassen sind. Es heißt dort:

„Wird nun ein Sachverhalt durch eine Aussagefunktion angegeben oder durch eine Aussage? Hier ist zu unterscheiden: die *individuellen* Sachverhalte sind durch Aussagen, die *generellen Sachverhalte* durch Aussagefunktionen auszudrücken. Der sprachliche Ausdruck unterscheidet nicht genau zwischen den beiden Arten." Carnap stellt dann fest, daß er es an dieser Stelle seiner Untersuchung mit *generellen Sachverhalten* zu tun hat und fügt (in Klammer) hinzu: „Ebenso ist es mit den Sachverhalten, die in den Naturgesetzen auftreten."

Carnap vertritt also möglicherweise[*1] den Standpunkt, daß die Naturgesetze Aussagefunktionen sind. (Von Schlick und Wittgenstein vermute ich, daß sie nicht auf diesem Standpunkt stehen. Die Auffassung, daß die Naturgesetze Aussagefunktionen sind, steht nämlich einem erkenntnistheoretischen Standpunkt sehr nahe, den Schlick ausdrücklich — und meiner Meinung nach mit Recht — verwirft: Dem sogenannten *Konventionalismus.*)

Hier sei jedenfalls als eine der möglichen Scheinsatzpositionen festgehalten, daß die Naturgesetze einfach als Aussagefunktionen aufgefaßt werden

---

[1] RUDOLF CARNAP, Der logische Aufbau der Welt (1928), S. 65 f.

[*1] „Möglicherweise" war vielleicht etwas zu vorsichtig; ich hätte wohl „hier offenbar" schreiben können. An anderer Stelle (Abriß der Logistik, 1929, 6c, S. 14) sagt CARNAP, daß Gesetze durch „generelle Implikationen" dargestellt werden — also nicht durch Aussagefunktionen, sondern durch Aussagen.

können. Die Wertung der Naturgesetze durch die Wissenschaft wäre dann eine rein pragmatische. Die Aussagefunktion: „Die Bahn des Wurfes *x* ist eine Hyperbel" wäre zum Beispiel ein *unbrauchbares Schema,* „Die Bahn des Wurfes *x* ist eine Parabel" wäre ein *brauchbares Schema zur Bildung von Prognosen.*

Diese Scheinsatzposition, die Auffassung, daß die Naturgesetze Aussagefunktionen sind — sie soll im Folgenden kurz als [die] *erste Scheinsatzposition* bezeichnet werden — erscheint recht einfach und einleuchtend. Daß diese Auffassung zu besonderen erkenntnistheoretischen Schwierigkeiten führen kann, sieht man ihr auf den ersten Blick nicht an.

Wer aber die erkenntnistheoretische Diskussion des sogenannten „Konventionalismus" kennt, wer die Debatte zwischen dem Konventionalismus und dem Empirismus verfolgt hat, der wird bemerken, daß alle Einwendungen, die die empiristische Kritik gegen den Konventionalismus erhoben hat, sich auch gegen die Auffassung der Naturgesetze als Aussagefunktionen, [also] gegen die erste Scheinsatzposition, erheben lassen.

Der Konventionalismus und die meisten seiner empiristischen Kritiker (so zum Beispiel auch Feigl) stehen nicht auf dem Boden der Scheinsatzpositionen, sondern sehen in den Naturgesetzen *echte Sätze.*

Um die Schwierigkeiten jener Scheinsatzposition, die die Naturgesetze als Aussagefunktionen ansieht, möglichst scharf zu beleuchten, *verlasse ich einstweilen die weitere Untersuchung der Scheinsatzpositionen* und wende mich der Darstellung des *Konventionalismus* und einem Vergleich der *konventionalistischen* und *empiristischen Auffassungen* zu, um diesen erst im weiteren Verlauf wieder die erste Scheinsatzposition, die die Naturgesetze als Aussagefunktionen interpretiert, gegenüberzustellen.

VIII. Kapitel

DER KONVENTIONALISMUS

24. *Die Scheinsatzpositionen werden vorläufig verlassen: Der Konventionalismus.* Der Konventionalismus sieht in den Naturgesetzen *echte Sätze.* Er ist also *keine Scheinsatzposition.*

Im Gegensatz zu allen bisher besprochenen Auffassungen ist der Konventionalismus *deduktivistisch*: schon deshalb ist er interessant. Er gehört aber eigentlich nicht in die kritische Untersuchung der induktivistischen Positionen.

Von der (von mir vertretenen) deduktivistischen und empiristischen Erkenntnistheorie unterscheidet sich der Konventionalismus vor allem dadurch, daß er als *nicht empiristisch* bezeichnet werden muß: *Erfahrung* vermag nach konventionalistischer Auffassung über Wahrheit oder Falschheit der Naturgesetze *nicht* zu entscheiden. Die Naturgesetze sind nach der Auffassung des Konventionalismus *analytische Urteile,* weil sie (versteckte) *Definitionen* sind, willkürliche Festsetzungen, „Konventionen".

Obwohl der Konventionalismus also nicht empiristisch ist, kann er auch nicht als rationalistisch bezeichnet werden: Wohl gelten nach Ansicht des Konventionalismus die Naturgesetze a priori, aber sie sind *keine* synthetischen Urteile a priori, weil sie überhaupt keine *Wirklichkeitsaussagen* sind. Sie sind analytische Urteile (bloße Begriffsanalysen); und die apriorische Geltung von analytischen Urteilen ist ja unbestritten.

Auf die Darstellung der Auffassung des Konventionalismus wird in den hier folgenden Abschnitten nur soweit eingegangen, als es die Diskussion der Scheinsatzpositionen fördern kann. Und nur zu diesem Zweck wird der Konventionalismus auch mit *empiristischen* Auffassungen verglichen.

Diese Gegenüberstellung soll nur die Fortsetzung der Diskussion und Kritik der Scheinsatzpositionen vorbereiten, die im Abschnitt *(36)* wieder aufgenommen werden soll. Sie selbst ist kein Teil dieser Diskussion. Deshalb treten auch hier noch nicht solche Formen des Empirismus auf, die in den Naturgesetzen Scheinsätze sehen (eine solche *empiristische Scheinsatzposition* wird zum Beispiel von Schlick vertreten), sondern es werden dem Konventionalismus hier nur solche empiristische Auffassungen gegenübergestellt, die in den Naturgesetzen *echte Sätze* sehen.

Mit Hilfe dieser beiden gegnerischen Auffassungen, des Konventionalismus und des Empirismus, (soweit dieser in den Naturgesetzen *echte Sätze* sieht) will ich die Scheinsatzpositionen gewissermaßen einkreisen, bestimmte Grenzen ziehen, die die Scheinsatzpositionen nicht überschreiten können, ohne die These von dem Scheinsatzcharakter der Naturgesetze (und somit sich selbst) aufzugeben.

Auf eine grundsätzliche, abschließende Kritik des Konventionalismus wird hier nicht eingegangen. Andeutungen für eine solche Kritik finden sich freilich schon in den nächsten Abschnitten, eine grundsätzliche Kritik des Konventionalismus wird sich aber erst aus der Diskussion des Abgrenzungsproblems[1] ergeben.

Der Ausgangspunkt der konventionalistischen Philosophie ist das Staunen über die anscheinende *Einfachheit der Welt,* die sich uns in den Naturgesetzen offenbart.

Die großzügige Einfachheit der Naturgesetze, so sagt der Konventionalist, wäre höchst wunderbar, wenn die Gesetze so aufzufassen wären, wie sie (nach Ansicht des Konventionalismus) der Empirist auffassen muß: daß sie uns eine innere Einfachheit der dem äußeren Scheine nach so formenreichen, so komplexen Welt offenbaren.

Während die theologische Metaphysik in dieser Einfachheit das Werk Gottes erkennt, während Kants Apriorismus sie damit erklärt, daß der Verstand der Natur seine Gesetze mit Notwendigkeit aufprägt, sagt der Konventionalist:

Diese Einfachheit ist in der Tat ein Werk unseres Verstandes, aber eine *freie Schöpfung,* die sich der Natur keineswegs „aufprägt". Die Natur ist es ja gar nicht, die einfach ist, sondern nur die Natur*gesetze*; nicht der Natur prägen wir also die Formen des Verstandes auf, sondern wir erfinden eine rationale Natur*wissenschaft.*

Diese ist kein Abbild der Natur, sondern eine rein begriffliche Konstruktion. Nicht durch die Eigenschaften der Wirklichkeit sind die Naturgesetze bestimmt, sondern die Naturgesetze bestimmen die Eigenschaften der künstlichen, von uns geschaffenen Begriffswelt. Nicht Vorgänge und Gegenstände der Wirklichkeit werden durch diese Begriffe bezeichnet, sondern diese Begriffe werden erst durch die Naturgesetze *definiert.* Aus diesen Definitionen folgen alle weiteren Eigenschaften der Welt — aber freilich nicht der wirklichen Welt, sondern der vereinfachten, abstrakten Begriffswelt, von der allein die theoretische Naturwissenschaft spricht.

Der Konventionalismus sieht also in den Naturgesetzen keine Wirklich-

---

[1] [Vgl. Band II (Fragmente): [III.] *Übergang zur Methodentheorie;* [V.] *Grundriß einer Theorie der empirisch-wissenschaftlichen Methoden (Theorie der Erfahrung).* Siehe auch *Nachwort des Herausgebers.* Hrsg.]

keitsaussagen, keine synthetischen Urteile, sondern rein begriffliche Gebilde, versteckte Definitionen, *analytische* Urteile.

Wie ist das zu verstehen? Vor allem: Wie kann überhaupt ein Urteil versteckter Weise ein analytisches sein?

Ein analytisches Urteil ist ein solches, das über einen Begriff nicht mehr aussagt, als bereits in der *Definition* des Begriffes liegt.

Man trifft noch immer manchmal auf die naive Ansicht[*1], daß eine Definition in dem Sinn richtig oder unrichtig sein kann, daß sie das „Wesen" eines Begriffes besser oder weniger gut wiedergibt. Daß man also etwa behaupten könne, es gehöre wohl zum Begriff „Körper" daß er ausgedehnt ist, aber nicht, daß er schwer ist. Nach dieser Ansicht müßte ein „Körper" etwa definiert werden als „ein dreidimensionales, allseitig begrenztes Raumgebiet". Eine Definition hingegen, die den „Körper" als ein solches Raumgebiet bestimmt, das von wägbarer Materie erfüllt ist, oder gar eine Definition, die dem „Körper" vielleicht nur zwei Dimensionen zuschreibt, wäre *falsch*, würde das „wesentliche" des Begriffs „Körper" nicht richtig wiedergeben.

Einer solchen Ansicht gegenüber muß betont werden, daß Definitionen *prinzipiell willkürlich* sind. Es gibt in der Wissenschaft *keinen Streit um Worte* [oder es soll so einen Streit nicht geben].

Es ist zwar richtig, daß man nach dem *Sprachgebrauch* etwa bei zweidimensionalen Gebilden von „Flächenstücken", von „ebenen Figuren" oder dergleichen spricht, nicht aber von „Körpern". Wenn aber jemand statt des Wortes „Figur" das Wort „Körper" verwenden will, so kann man ihm gern seinen Willen lassen, vorausgesetzt, daß er seine Terminologie hinreichend genau festlegt und eindeutig verwendet.

Eine Terminologie kann zweckmäßig oder unzweckmäßig sein, sie kann einfach sein oder kompliziert, sie kann vor allem anderen eindeutig sein oder widerspruchsvoll, aber sie kann nicht wahr oder falsch sein[*2], nicht richtig oder unrichtig, denn sie ist, logisch betrachtet, immer willkürlich, immer konventionell: Der Begriff wird ja erst durch seine Definition erzeugt, erst durch die Definition erhält ein Zeichen eine bestimmte Bedeutung.

Nun bezeichnet man ein Urteil als „analytisch", wenn es über einen Begriff nicht mehr aussagt, als in seiner Definition enthalten ist. Das analytische Urteil bedarf als bloße Analyse der Definition keiner Erfahrung: es gilt a priori. Enthält ein Urteil mehr, als sich aus den Definitionen seiner Begriffe ergibt, so nennt man es „synthetisch"[2]. Man wird daher in man-

---

[*1] Diese Ansicht habe ich später „Essentialismus" genannt, oder „Wesensphilosophie". [Vgl. Abschnitt 35, Anm. *1. Hrsg.]

[*2] Aber etwas weiter unten werden *Definitionen unter den analytischen Urteilen subsumiert*; und das macht aus ihnen analytisch *wahre Sätze*.

[2] Vgl. dazu und zum folgenden MORITZ SCHLICK, Allgemeine Erkenntnislehre (2. Aufl., 1925), § 11.

chen Fällen ohne genaue Angabe von Definitionen gar nicht sagen können, ob ein bestimmter sprachlich formulierter Satz *analytisch* ist oder *synthetisch*.

Der Satz beispielsweise: „Alle Körper sind schwer" ist als analytisch zu bezeichnen, wenn ich unter „Körper" („physischer Körper") per definitionem ein von ponderabler Materie erfülltes Raumstück verstehe. Dieselbe Wortfolge wird als ein synthetisches Urteil aufzufassen sein, wenn man unter „Körper" nicht mehr verstehen will, als etwa ein allseitig begrenztes dreidimensionales Raumgebilde.

Damit ist aber keineswegs gesagt, daß *dasselbe Urteil* analytisch oder synthetisch aufgefaßt werden kann. Logisch betrachtet, sind es eben zwei *verschiedene* Urteile, da ja in ihnen zwei verschiedene Begriffe auftreten, die zufällig mit dem gleichen Wort bezeichnet wurden.

Wenn also genaue Definitionen der verwendeten Begriffe vorliegen, so muß man von jedem Urteil angeben können, ob es analytisch ist oder synthetisch. Umgekehrt kann man aber durch die Feststellung, ob ein Urteil analytisch ist oder synthetisch, implizite angeben, wie man die verwendeten Begriffe definiert haben will.

Wenn Kant[3] zum Beispiel den Satz: „Alle Körper sind ausgedehnt" als analytisch, den Satz: „Alle Körper sind schwer" als synthetisch bezeichnet, so kann man daraus entnehmen, daß er den Begriff „Körper" nicht so definiert wissen will, daß das Merkmal „von ponderabler Materie erfüllt" in den Begriff aufgenommen ist. Kant gibt also durch diese Bemerkungen *implizite* eine Art von (unvollständiger) Definition des Begriffes „Körper" an.

Jedes analytische Urteil kann auf diese Weise als eine Art von (unvollständiger, von teilweiser) *impliziter Definition* der in ihm auftretenden Begriffe angesehen werden. (Auf die Frage, ob Definitionen überhaupt Urteile sind, gehe ich hier nicht ein, da sie für die Diskussion unwesentlich ist. Ich betrachte hier die Definitionen, auch die expliziten, als eine bestimmte Art von analytischen Urteilen; oder, wenn man will: ich *definiere* hier die analytischen Urteile so, daß sie die Definition einschließen.)

Solche analytische Urteile, solche implizite Definitionen der in ihnen auftretenden Begriffe sieht nun der Konventionalismus in den *Naturgesetzen*.

Als ein einfaches Beispiel will ich den physikalischen Begriff der Kraft heranziehen. (Obwohl dieser Begriff für die Physik nicht unentbehrlich ist, verwende ich ihn, weil er sich zur Erläuterung des Konventionalismus sehr gut eignet.)

Man kann im Sinne des Konventionalismus das Galilei-Newtonsche Trägheitsprinzip: „Jeder Körper behält seinen Bewegungszustand der Ruhe oder der gleichförmig-gradlinigen Bewegung bei, wenn nicht die Einwir-

---

[3] [IMMANUEL KANT, Kritik der reinen Vernunft (2. Aufl., 1787), S. 11 f. Hrsg.]

kung einer *Kraft* diesen Zustand ändert", sehr wohl als eine implizite Definition des Begriffes „Kraft" auffassen. Man pflegt dementsprechend auch explizit zu definieren: „Kraft ist die Ursache einer Änderung des Bewegungszustandes." Als implizite Definition wäre dieser Satz natürlich auf alle Fälle, das heißt a priori gültig: Wann immer ein Körper seinen Bewegungszustand ändert, muß ja per definitionem eine *Kraft* die Ursache sein.

Aber auch die anderen auftretenden Begriffe, insbesondere der Begriff „Bewegung", erhalten ihren genauen Sinn erst durch die Naturgesetze.

Nach der gewöhnlichen Auffassung wäre der Bewegungsbegriff, insbesondere der der gleichförmig-gradlinigen Bewegung, unter Zuhilfenahme von Maßstäben und Uhren (also mit Hilfe eines raumzeitlichen Maßsystems) zu definieren.

Der Konventionalismus faßt umgekehrt die Naturgesetze (also auch das Trägheitsgesetz) als implizite Definition des Bewegungsbegriffes (im Falle des Trägheitsgesetzes: des Begriffes der gleichförmig-gradlinigen Bewegung) und damit auch des raumzeitlichen Maßsystems auf.

Hier tritt der Gegensatz zwischen einer *„konkreten"* oder *„empirischen" Definition* und der *impliziten Definition durch Naturgesetze* deutlich hervor.

Nach der gewöhnlichen Auffassung kann man Maßstäbe „konkret" oder „empirisch" definieren, etwa ein „Streckenmaß" als den „Inbegriff zweier Marken, die auf einem starren Körper angebracht sind". Ein Zeitmaß, eine „Uhr" kann bekanntlich nur mit Hilfe einer periodischen Bewegung (mit Hilfe rhythmischer Zerlegung der Zeit) festgelegt werden. Als eine „natürliche Uhr", als eine konkrete Definition des Zeitmaßes kann am besten[*3] die Sonnenbewegung (Erdrotation) verwendet werden.

Würde man das raumzeitliche Maßsystem per definitionem auf diese Weise[a] festlegen, so wäre es *nicht* durch die Naturgesetze, nicht implizit definiert. Diese konkreten Realbegriffe könnten dann in den Naturgesetzen auftreten, sie könnten den entsprechenden Begriffen der Naturgesetze durch die konkrete Definition *zugeordnet* werden („Zuordnungsdefinition"). Die Naturgesetze, in denen diese anderweitig definierten Begriffe auftreten, wären dann synthetische Sätze (falls sie mehr aussagen, als durch die Definitionen dieser Begriffe festgelegt ist).

Aber der Konventionalismus (Poincaré) behauptet, daß wir bei der Definition des raumzeitlichen Maßsystems nur *scheinbar* in dieser Weise vorgehen. In Wirklichkeit bestimmen wir die *Meßinstrumente* so, daß sie den Naturgesetzen (also auch dem Trägheitsgesetz) genügen, und nicht umgekehrt. Nur scheinbar ist der konkrete Maßstab das „Maß aller Dinge"; in

---

[*3] Das wurde etwa 1930 geschrieben. Heute hat man bessere Uhren. Jedoch wird drei Absätze weiter unten bemerkt, daß auch „an der Erdrotation als Uhr" gewisse Korrekturen vorgenommen werden müssen; auch wird weiter unten auf die Möglichkeit von „Atomuhren" hingewiesen.

Wirklichkeit nehmen wir die Naturgesetze an und legen durch sie die Eigenschaften der Maßstäbe fest.

Bekanntlich müssen wir an Maßstäben und Uhren (auch an der Erdrotation als Uhr) gewisse *Korrekturen* vornehmen, zum Beispiel annehmen, daß die „starren Körper" sich durch Erwärmung ausdehnen. Damit verlassen wir aber die konkrete Definition (und setzen folglich etwas anderes als letzte, entscheidende Definition voraus).

Was wären die Folgen, wenn wir jene Korrekturen an unseren Meßinstrumenten nicht vornehmen würden?

Wir würden dann die Maßstäbe konkret definieren und unsere *Erfahrung* lehrt uns, daß wenn wir die Bewegung eines Körpers mit einem solchen unkorrigierten Maßstab ausmessen wollen, die auf diese Weise aufgefundenen Gesetze weit komplizierter wären, als die von uns bevorzugten Naturgesetze. (Sie wären zum Beispiel von der Temperatur dieses Maßstabes abhängig.) Jene Gesetze wären wohl Erfahrungssätze, wohl synthetische Urteile, aber es würde sich herausstellen, daß wir an *ihnen* herumkorrigieren müssen (in nicht sehr durchsichtiger Weise) anstatt an den Meßinstrumenten.

Wir können also — und diese Einsicht wird entscheidend sein für den ganzen Problemkreis, der durch die konventionalistischen Gedankengänge aufgerollt wird — *entweder* Begriffe explizit definieren, etwa als konkrete, empirische Definition, unter Hinweis auf bestimmte Naturvorgänge, und diese Definitionen den in den Naturgesetzen auftretenden Begriffen zuordnen. Dann müssen wir abwarten, was uns die Erfahrung über die Gesetzmäßigkeiten lehrt, die mit Hilfe dieser Begriffe aufgestellt werden können. Wir können dann auch gar nicht wissen ob wir überhaupt Gesetzmäßigkeiten auffinden können, und wenn, ob sie *einfach* sein werden; das heißt, wir wissen nicht, ob wir *erkennen* können. (Wir geraten so in alle Schwierigkeiten des Induktionsproblems.)

Oder — und das ist der Weg, den der Konventionalismus einschlägt — wir setzen bestimmte Naturgesetze (die gewissen Erfahrungssätzen *ungefähr* entsprechen) per definitionem, per conventionem fest, und bestimmen die in ihnen auftretenden Begriffe dadurch, daß wir verlangen, daß sie den Gesetzen genügen, das heißt, wir definieren sie implizit. Dann werden wir voraussichtlich feststellen, daß es in der Natur gar keine solchen Gegenstände und Vorgänge gibt, die diesen so willkürlich festgelegten Begriffen entsprechen. In der Tat können wir etwa eine reine Trägheitsbewegung (eine reine kräftefreie Bewegung) in der Natur niemals realisieren; ebenso keine Uhr, die ganz exakt geht (der Konventionalismus berücksichtigt noch nicht die „Atomuhr", die aber keineswegs ein entscheidendes Argument gegen ihn liefert) und keinen Maßstab, den wir überall hin transportieren können, ohne daß wir ihn korrigieren müßten. Aber wir können alles das (unter Zugrundelegung der impliziten Definition durch die Naturgesetze) künstlich herstellen, indem wir „Modelle" erzeugen, die den strengen implizit definierten, den idealen Begriffen, mit großer Annäherung genügen: Jede Abweichung wird eben mit Hilfe der Naturgesetze korrigiert. (Ein solches Modell des idealen Maßstabes wäre der Pariser „Urmeter", wären die immer zu korrigierenden Chronometer usw.) Diese „Modelle", also eigentlich alle wissenschaftlichen Meßinstrumente, sind Versuche, Gebilde zu konstruieren, die den idealen, implizit definierten Begriffen, die in den Naturgesetzen auftreten, mit großer Genauigkeit entsprechen. Sie sind Versuche, die idealen Begriffe zu *realisieren*. Die Naturgesetze sind nach dieser Ansicht also absolut, a priori wahre Sätze, von denen es keine Abweichung geben *kann*, weil jede Abweichung nur zeigen würde, daß das betreffende Meßinstrument kein „Modell" des entsprechenden Begriffes der Naturgesetze ist, also gar nicht zur Feststellung einer Abweichung geeignet ist. Mit einem Wort: Die Naturgesetze sind analytische Urteile.

Die beiden Möglichkeiten sind also: Entweder die Begriffe durch „Zuordnungsdefinitionen" konkret definieren, den Naturgesetzen Realbegriffe zuordnen (Empirismus). Dann werden die Naturgesetze synthetische Erfahrungssätze und können sehr kompliziert werden. Oder (Konventionalismus) die Naturgesetze in *einfacher* Form festlegen. Dann sind die Begriffe implizit definiert und ihre Zuordnung zur Wirklichkeit kann sehr kompliziert werden. (Konstruktion von „Modellen" der Begriffe.)

Der Konventionalismus beruft sich nun darauf, daß wir tatsächlich immer den zweiten Weg gehen: Immer suchen wir nach *einfachen* Gesetzen.

Wir lassen uns eben im ganzen Prozeß der Naturerkenntnis von Zweckmäßigkeitsgesichtspunkten leiten. Auch für Konventionen, für Definitionen, sind Zweckmäßigkeitsüberlegungen maßgebend. Wir suchen daher natürlich auch nach solchen Konventionen, deren Zuordnung zur Wirklichkeit („Modellbau") nicht allzu schwierig ist. Darin liegt (nach der konventionalistischen Auffassung) im Wesentlichen aller Fortschritt der Wissenschaft. Prinzipiell wären auch andere Konventionen durchführbar; aber wir wählen die, die sich in der Praxis als einfach, als zweckmäßig erweisen.

Das also wäre etwa die Ansicht des Konventionalismus. Sie wurde zuerst (in weniger radikaler Weise) von Poincaré entwickelt. Daß der Konventionalismus eigentlich rein *deduktivistisch* ist, wird vor allem bei Duhem klar. Eigentlich ist das selbstverständlich: Wenn die Grundsätze der Naturwissenschaften Definitionen, willkürliche Konventionen sind, so können sie nicht „induziert" sein; aus ihnen folgt aber alles deduktiv, und auch der Zusammenhang mit der Wirklichkeit kann nur durch Deduktion hergestellt werden.

Verifikation und Falsifikation kennt der eigentliche Konventionalismus natürlich nicht, da ja alle Sätze des Gebäudes ebenso wie die Grundsätze a priori wahr sein müssen.

In diesem Zusammenhang möchte ich noch ganz besonders auf das Buch

Die Grundformen der wissenschaftlichen Methoden von Viktor Kraft hinweisen. Krafts Werk steht zwar dem Konventionalismus in mancher Hinsicht sehr nahe, aber es ist zumindest als eine Zwischenstufe zwischen dem deduktivistischen Konventionalismus und dem deduktivistischen Empirismus aufzufassen. Jedenfalls ist es radikal deduktivistisch (das Verfahren der Wissenschaft ist im wesentlichen „hypothetisch-deduktiv") und kennt auch das Verifikationsverfahren[4]. Kraft nimmt — soweit ich es beurteilen kann — geradezu die Grundgedanken des von mir vertretenen deduktivistisch-empiristischen Standpunktes vorweg.

(Nur durch die ausdrückliche Formulierung und Auflösung der beiden erkenntnistheoretischen Grundprobleme glaube ich einen wesentlichen Schritt über Kraft, der den „Wahrscheinlichkeitspositionen"[5] ziemlich weitgehende Konzessionen macht, hinauszugehen. So — im Rahmen des hier behandelten Induktionsproblems, der Frage nach der *Geltung* der Naturgesetze — durch die einfache Feststellung, daß sie *keinen positiven Geltungswert* haben können, sondern *nur einen negativen*.) Duhem und Kraft sind wohl die bedeutendsten Vertreter deduktivistischer Gedankengänge in der modernen Erkenntnistheorie.

Neben dem deduktivistischen Moment ist der Konventionalismus auch durch das *pragmatistische* Moment von Interesse: Die Wahl zwischen den verschiedenen möglichen Konventionen geschieht unter dem pragmatischen Gesichtspunkt der Zweckmäßigkeit.

25. Die drei Interpretationen der axiomatischen Systeme. (Der Problemkreis des Konventionalismus.) Der eigentliche Zweck, den ich mit der Darstellung des konventionalistischen Problemkreises verfolge, ist der, jene „erste Scheinsatzposition" schärfer beleuchten zu können, die in den Naturgesetzen Aussagefunktionen sieht.

In diesem und in den nächsten Abschnitten kann zwar zur Diskussion dieser Position noch nicht zurückgekehrt werden. Als Vorbereitung zu dieser Diskussion soll aber schon hier damit begonnen werden, den Zusammenhang zwischen dem *Konventionalismus*, der in den Naturgesetzen analytische Sätze sieht, und seiner Gegenströmung, dem *Empirismus,* der in ihnen synthetische Sätze sieht, mit jener „ersten Scheinsatzposition", die sie als Aussagefunktionen interpretiert, herauszuarbeiten.

Diese drei Auffassungen: analytische Urteile (Konventionalismus) — synthetische Urteile (Empirismus) — Aussagefunktionen (erste Scheinsatzposition) — erscheinen nämlich als die drei möglichen Interpretationen eines je-

---

[4] Vgl. zum Beispiel Viktor Kraft, Die Grundformen der wissenschaftlichen Methoden (1925), S. 156.
[5] Vgl. zum Beispiel Viktor Kraft, op. cit., S. 184 f.

25. Die drei Interpretationen der axiomatischen Systeme

den axiomatischen Systems, also auch einer jeden axiomatisch durchgebildeten naturwissenschaftlichen Theorie.

Das Ziel der naturwissenschaftlichen Theorienbildung ist, mit einem Minimum von Grundvoraussetzungen, mit einem Minimum von allgemeinen Naturgesetzen ein Maximum von Ereignissen, von Naturvorgängen zu „beherrschen", das heißt, möglichst exakt zu prognostizieren. Die ideale, theoretisch durchgebildete Naturwissenschaft (eine Annäherung wäre etwa die theoretische Physik) erscheint als ein geschlossenes *deduktives System* mit einer eng beschränkten Zahl von *Grundsätzen*, aus denen alle anderen Behauptungen dieser Wissenschaft, die Lehrsätze, rein logisch abgeleitet werden.

Die Entwicklung solcher deduktiver Systeme von Naturgesetzen zum Zwecke umfassendster Prognosenbildung ist eine Tatsache, die als solche von der erkenntnistheoretischen Diskussion, auch von der Debatte zwischen induktivistischer und deduktivistischer Erkenntnistheorie ganz unabhängig ist. Die Zulässigkeit der Deduktionslogik, die Bedeutung der deduktiven Systeme steht auch für den Induktivismus außer Zweifel. (Nur in ihrem *Wert für die Erkenntnis* schätzt der Induktivismus die Deduktion im Vergleich zur Induktion sehr niedrig ein.)

Als dem Ideal einer streng deduktiven Wissenschaft am nächsten stehend gilt — zumindest seit Euklid — mit Recht die Geometrie.

Aber auch in anderen Wissenschaften gibt es Ansätze zu vollkommener theoretischer Durchbildung. Die *theoretische Physik* ist es insbesondere, die sich in großen Teilen in einem deduktiven Gebäude entwickeln läßt, das an großzügiger Geschlossenheit hinter dem der Geometrie nicht mehr weit zurücksteht.

Wodurch ist diese Wissenschaftsform der Theorie, das deduktive System, charakterisiert?

Jeder Satz eines theoretischen, eines deduktiven Systems muß sich entweder aus einer bestimmten Gruppe von Sätzen des Systems (den Grundsätzen) rein logisch ableiten, deduzieren, „beweisen" lassen, oder er muß selbst einer dieser Grundsätze sein. Die Grundsätze ihrerseits werden ohne logische Deduktion aus anderen Sätzen, also ohne „Beweis" aufgestellt.

Der „Beweis" besteht nämlich in der logischen Zurückführung auf die *Grundsätze*, kann also für diese gar nicht gefordert werden. „Zurückführen", „beweisen", „deduzieren" heißt, einen Lehrsatz so umformen, daß ersichtlich wird: *wenn die Grundsätze wahr sind, so muß auch der zu beweisende Lehrsatz wahr sein*[*1]. Die logische Form des Beweises, die hier ange-

---

[*1] Später habe ich scharf zwischen einer Ableitung (Deduktion) und einem Beweis (Ableitung aus der leeren Prämissenklasse) unterschieden. Die Ableitung ist durch die Transmission der Wahrheit von den Prämissen zu der Konklusion und durch die Retransmission der Falschheit von der Konklusion zu den Prämissen

deutet ist, wird später (im Abschnitt *[31]* über die Folgerung und die Implikation) näher besprochen. Jedes theoretische, deduktive System zerfällt also in zwei Teile: in das System der Grundlagen oder Grundsätze und in das Lehrgebäude: die Lehrsätze oder Theoreme, das heißt, die Sätze, die aus den Grundsätzen deduziert, „bewiesen" werden.

Aufgabe der *„Axiomatik"* ist es, eine klare, in allen ihren Zusammenhängen durchsichtige, logische Ordnung der Sätze eines deduktiven Systems zu konstruieren. Sie sucht die Grundsätze, das *„System der Axiome"* in einfachster Form vollständig anzugeben und scharf gegen das Lehrgebäude, das *System der Theoreme,* abzugrenzen.

Diese Bemühungen der Axiomatik gehen im Wesentlichen schon auf Euklid zurück. Es war zweifellos das Programm Euklids (wenn es ihm auch nicht gelang, den Plan in aller Strenge durchzuführen), alle Voraussetzungen, die zur rein logischen Deduktion der Theoreme notwendig sind — und nur diese — in den Grundsätzen (den „Definitionen", „Postulaten", „Axiomen") niederzulegen.

Aus diesem „Euklidschen Programm" ergeben sich vier *axiomatische Grundbedingungen,* denen jedes Grundlagensystem genügen sollte:

Die in dem Grundlagensystem festgelegten Annahmen müssen

(a) *in bezug aufeinander* (ohne Rücksicht auf das Lehrgebäude)

1.) *widerspruchslos* und

2.) *unabhängig* ([gegenseitig] unableitbar) sein.

(b) *in bezug auf ein Lehrgebäude*

3.) *vollständig* (das heißt zur Ableitung der Theoreme hinreichend[*2]) und

4.) *unentbehrlich* (das heißt zur Ableitung der Theoreme notwendig) sein.

(Im Gegensatz zu Carnap[1] halte ich die Unterscheidung der von mir unter 2.) und 4.) formulierten Bedingungen für wesentlich; 2.) kann nämlich erfüllt sein, ohne daß 4.) erfüllt ist.)

Die „Axiomatik" untersucht die Axiomensysteme insbesondere daraufhin, ob sie diesen vier Grundbedingungen genügen.

Euklid selbst stellte für die Geometrie drei Gruppen von Grundsätzen auf: Die „Definitionen" (Beispiel: „Der Punkt ist das, dessen Teil nichts ist"), die „Postulate" (Beispiel: „Es soll gefordert werden, daß sich von jedem Punkt bis zu jedem Punkt eine und nur eine Strecke führen lasse") und die „Axiome" (Beispiel: „Zwei gerade Linien schließen keinen Raum ein"). Die Unterscheidung zwischen Postulaten und Axiomen ist nicht sehr we-

---

(wenigstens zu *einer* der Prämissen) charakterisiert. [Siehe KARL POPPER, New Foundations for Logic, Mind, N.S., 56 (1947), S. 230 ff. Hrsg.]

[*2] Es gibt natürlich noch andere (und interessantere) Begriffe der Vollständigkeit.

[1] RUDOLF CARNAP, Abriß der Logistik (1929), S. 70 f.

sentlich — wie sich schon daraus ergibt, daß das berühmte 5. Postulat, das „euklidische Parallelenpostulat" in vielen Handschriften als 11. Axiom auftritt.

Gerade dieses Parallelenpostulat oder Axiom ist bei Euklid recht kompliziert formuliert und hat — vielleicht nur deshalb — die Anregungen zu den ersten axiomatischen Untersuchungen gegeben: Es schien fraglich, ob es die axiomatische Bedingung der Unabhängigkeit erfüllt, oder nicht. (Der mißglückte Versuch, es durch einen indirekten Beweis aus den übrigen Grundsätzen zu deduzieren, das heißt, durch den Nachweis, daß die Negation dieses Axiomes den anderen Grundsätzen *widerspricht*, führte bekanntlich zur Aufstellung der nichteuklidischen Geometrien.)

Für die hier zur Diskussion stehenden Gedankengänge des *Konventionalismus* ist nun insbesondere ein Ergebnis bedeutungsvoll, das den modernen axiomatischen Untersuchungen (insbesondere Hilbert) zu verdanken ist. Erst durch dieses Ergebnis der Axiomatik wird die Bedeutung des Konventionalismus voll ins Licht gerückt. Es ist der überraschende Nachweis, daß Euklids Definitionen (die explizite Definitionen sind), ja, daß überhaupt alle expliziten Definitionen (Zuordnungsdefinitionen) im Sinne der Axiomatik entbehrlich sind. Sie genügen der 4. axiomatischen Grundbedingung (Unentbehrlichkeit) nicht und sind daher aus dem Grundlagensystem zu eliminieren. Deduziert wird lediglich aus den Axiomen (oder Postulaten) also aus Sätzen, durch die die Grundbegriffe untereinander *verknüpft*, miteinander in Beziehung gebracht werden; nicht aber aus den (expliziten) Definitionen.

Bei der Ableitung irgend eines geometrischen Lehrsatzes wird zum Beispiel niemals darauf zurückgegriffen, daß etwa „ein Punkt keine Teile" hat, oder daß „die Linie eine breitenlose Länge" ist; wohl aber zum Beispiel darauf, daß zwei Punkte eine und nur eine Gerade" bestimmen.

Vom Standpunkt der Axiomatik, vom Standpunkt des reinen, logisch-deduktiven Systems aus (ohne Berücksichtigung etwaiger Anwendungen) spielen also die Definitionen keine wie immer geartete Rolle. Sie sind geradezu als überflüssige Redensarten zu betrachten. Und das ist nicht nur bei der Geometrie der Fall: Analoge Verhältnisse herrschen in allen axiomatisch durchgebildeten deduktiven Systemen.

Um die Entbehrlichkeit von Definitionen an einem traditionellen Beispiel zu erläutern: Die Deduktion: „Alle Menschen sind sterblich" — „Sokrates ist ein Mensch" — „Also ist Sokrates sterblich" ist gültig, wie immer man auch die Begriffe „Mensch" „sterblich", „Sokrates" definieren mag[b].

Ob man diese „Grundbegriffe" etwa dem Sprachgebrauch gemäß definiert oder ob man ihnen eine vom Sprachgebrauch abweichende Bedeutung beilegt, spielt für die Deduktion nicht die geringste Rolle: Aus der Definition wird nichts gefolgert.

Das axiomatische deduktive System, die reine „Theorie", aus der alles entfernt ist, was für die deduktiven Zusammenhänge ohne Belang ist, wird so zu einer Zeichenkombination von an und für sich bedeutungslosen Grundzeichen, denen verschiedene Bedeutungen substituiert werden können. Vom Standpunkt der reinen deduktiven Zusammenhänge könnte man die obige Deduktion folgendermaßen darstellen: „Alle x sind y" — „a ist ein x" — also gilt: „a ist y". In einem rein axiomatischen deduktiven System können also die Grundzeichen als *Variable* aufgefaßt werden. Das System wäre dann nicht als ein System von Aussagen, sondern als ein System von *Aussagefunktionen* zu interpretieren.

Eine zweite Interpretation kann sich darauf berufen, daß man aus diesen Aussagefunktionen jederzeit *Aussagen* bilden kann (und daß das System ja eigentlich als ein System von echten Aussagen gemeint ist): Man braucht nur den Variablen, den Platzhaltern, Leerstellen, bestimmte Begriffe als Argumentwerte zuzuordnen oder, mit anderen Worten: den platzhaltenden „Grundzeichen" durch *Zuordnungsdefinitionen* bestimmte Bedeutungen zu geben — so erhält man echte Aussagen, die wahr oder falsch sein können.

Schließlich ist eine dritte Auffassung möglich. Man kann annehmen, daß die Grundzeichen durch die Aussagefunktionen, durch das Axiomensystem selbst „implizit definiert" werden sollen, das heißt, daß ihnen per definitionem nur solche Argumentwerte substituiert werden sollen, die sie befriedigen. Substituiert man einem deduktiven System von Aussagefunktionen nur solche Argumente, die — unter Zuhilfenahme dieser Aussagefunktionen (des Axiomensystems) — so *definiert* sind, daß sie das System befriedigen, so entstehen durchwegs *analytische Urteile,* die a priori wahr sind.

Es sind also drei Interpretationen jedes deduktiven Systems, jeder Theorie, möglich, die drei erkenntnistheoretischen Positionen entsprechen:

1. Der *ersten Scheinsatzposition,* die in den Naturgesetzen *Aussagefunktionen* sieht, entspricht die Auffassung, daß jede Theorie, jedes deduktive System ein System von Aussagefunktionen (ohne Zuordnungsdefinitionen) ist, daß also die „Grundzeichen" keine Grundbegriffe bezeichnen, sondern nur *Leerstellen:* sie sind *Variable.* Je nach den etwa zu substituierenden Argumentwerten können aus ihnen wahre oder falsche Sätze entstehen.

2. Jener *empiristischen* Auffassung, die in den Naturgesetzen *echte Wirklichkeitsaussagen* sieht, über deren Geltung nur *Erfahrung* entscheiden kann (also synthetische Urteile a posteriori), entspricht die Auffassung, daß die „Grundzeichen" der (naturwissenschaftlichen) Theorien nicht *Variable* sind, sondern *bestimmte Begriffe* bezeichnen; genauer: daß sie durch Zuordnungsdefinitionen definiert, daß ihnen bestimmte konkrete Bedeutungen zugeordnet sind. Diese Auffassung sieht in den (naturwissenschaftlichen) Theorien ein System von *Aussagefunktionen in Verbindung mit Zuordnungsdefinitionen.* Solche Aussagefunktionen mit Zuordnungsdefinitionen sind aber *echte Aussagen,* da ja durch die Zuordnungsdefinition der Aussagefunktion bestimmte Begriffe als Argumentwerte substituiert werden.

3. Dem *Konventionalismus,* der in den naturwissenschaftlichen Theorien *analytische* Sätze sieht, durch die die auftretenden Grundbegriffe implizit definiert werden, entspricht die Auffassung, daß den Aussagefunktionen, die das Axiomensystem bilden, per conventionem (oder per definitionem) nur solche Argumentwerte substituiert werden *dürfen,* die sie befriedigen: Die Variablen dieser Aussagefunktionen sind nicht nur Leerstellen, denen jeder beliebige Argumentwert substituiert werden darf, gleichgültig, ob er die Aussagefunktion befriedigt oder nicht befriedigt, sondern sie sind [in dem Sinn] „gebunden", daß sie ausschließlich für solche Argumentwerte implizit als Platzhalter *definiert* sind[c], die die Aussagefunktionen *befriedigen* (das heißt sie dürfen nur durch solche Argumentwerte besetzt werden).

Diese drei Auffassungen der Naturgesetze als Aussagefunktionen mit oder ohne (konkreten) Zuordnungsdefinitionen, mit „freien" oder mit „gebundenen" Variablen[d], müssen genauer untersucht werden. Es soll folgende Reihenfolge eingehalten werden:

Die „implizite Definition" des *Konventionalismus* bedarf noch einiger Aufklärungen, die in den beiden nächsten Abschnitten *(26 und 27)* gegeben werden sollen.

Die Auffassung der axiomatischen Systeme als Systeme von *reinen Aussagefunktionen,* also die Interpretation der ersten Scheinsatzposition, hat insbesondere eine Schwierigkeit: Eine Aussagefunktion kann weder wahr noch falsch sein; dennoch sprechen wir bei axiomatischen Systemen vom „Beweis" eines Lehrsatzes, oder [von] seiner „Widerlegung"; ähnlich sprechen wir davon, daß die Lösung einer geometrischen Aufgabe, die ja in einem beweisbaren Lehrsatz bestehen muß, *richtig* ist oder daß sie *falsch* ist. Die Aufklärung des scheinbaren Widerspruches — Aussagefunktionen können natürlich ebensowenig richtig oder unrichtig sein, wie wahr oder falsch — soll im darauffolgenden Abschnitt *(28)* versucht werden.

Die nächsten Abschnitte *(29 und 30),* werden schließlich auf das Verhältnis von Aussagefunktion und Zuordnungsdefinition näher eingehen, also auf die *empiristische Interpretation.*

26. *Die konventionalistische implizite und die explizite Definition. Aussagefunktion und Aussagegleichung.* Eine Aussagefunktion, etwa wieder „*x* trug einen Degen" nimmt, wenn ihrer Leerstelle Argumentwerte substituiert werden, verschiedene Wahrheitswerte oder *Aussagewerte* („Funktionswerte") an. Je nach den substituierten Argumentwerten kann sie den Aussagewert „*wahr*" oder den Aussagewert „*falsch*" annehmen.

Die Aussagefunktion steht damit in formaler Analogie zu den mathematischen Funktionen. Die Funktion „$x + 7$" nimmt ebenfalls, je nach den substituierten Argumentwerten, verschiedene Werte, nämlich *Zahlenwerte* an, die ebenfalls als „Funktionswerte" bezeichnet werden können.

Diese Analogie ist für das Verständnis der impliziten Definition sehr förderlich.

Bei der mathematischen Funktion wie auch bei der Aussagefunktion kann ich den Argumentwert willkürlich bestimmen (durch Zuordnung); damit habe ich aber gleichzeitig auch einen bestimmten Funktionswert (etwa den Zahlenwert „23", beziehungsweise den Aussagewert „wahr") festgelegt.

Bei beiden kann ich aber auch *umgekehrt den Funktionswert willkürlich bestimmen*; damit ist wieder der Argumentwert festgelegt; und dieses Verfahren, dieses Festlegen des Argumentwertes durch den willkürlich bestimmten Funktionswert ist eben das Verfahren bei der *impliziten Definition* des Argumentwertes.

Wenn man den Funktionswert einer mathematischen Funktion (etwa „$x + 7$") willkürlich bestimmt (etwa durch den Zahlenwert „23"), so verwandelt man damit die Funktion in eine *Gleichung*: „$x + 7 = 23$". Der Argumentwert dieser Gleichung kann nicht mehr willkürlich festgelegt werden, die Variable x ist nur mehr scheinbar eine Variable: sie ist [daher] eine *„gebundene Variable"*, ihr Wert ist implizite durch die Gleichung bestimmt (implizit definiert). Die *Gleichung* ist eben *keine Funktion*.

Eine solche gebundene Variable muß nicht immer eine Konstante sein. Die Funktion „$x + 7$" gibt zwar für jeden Funktionswert einen ganz bestimmten Argumentwert (für den Funktionswert „23" zum Beispiel den Argumentwert „16"); aber schon die quadratische Funktion „$x^2 + 7$" liefert für jeden Funktionswert *zwei* Argumentwerte, zwei „Lösungen" (für den Funktionswert „23" zum Beispiel „$+4$" und „-4"). Bekanntlich steigt die Zahl der Lösungen, das heißt der implizit definierten Argumentwerte mit dem Grad der Funktion unbegrenzt. Es gibt auch Funktionen, aus denen man Gleichungen mit unendlich vielen Lösungen erhält, durch die also unendlich viele Argumentwerte implizit definiert werden. Ein einfaches Beispiel ist die Sinusfunktion *„sin x"*. Jede der Gleichungen *„sin x* $= 0$", *„sin x* $= 0.7$", *„sin x* $= 1$", definiert implizit eine ganz bestimmte *Folge* oder *Klasse* von Lösungen. Keine der Lösungen der einen Gleichung befriedigt auch eine der anderen Gleichungen. Aber jede dieser Gleichungen wird von prinzipiell unbegrenzt vielen Lösungen befriedigt.

Durch eine implizite Definition *kann* also, wie bei der Gleichung ersten Grades „$x + 7 = 23$" ein Argumentwert *eindeutig* festgelegt werden; aber das *muß* keineswegs immer so sein: Es ist auch möglich (und das ist der allgemeinere Fall) daß *durch die implizite Definition nicht ein eindeutig bestimmter Argumentwert festgelegt wird, sondern eine Klasse von Argumentwerten*, die aus mehreren oder gar unbegrenzt (unendlich) vielen Argumentwerten bestehen kann.

Durch die *Gleichung „sin x* $= 0$" ist also keineswegs ein Argumentwert eindeutig festgelegt. Dennoch ist auch dieses „x" keine Variable mehr, wie etwa die Variable der *Funktion „sin x"*. Durch die Gleichung sind eben ganz bestimmte Argumentwerte festgelegt (wenn auch nicht eindeutig), die die Gleichung befriedigen, eben die „*Lösungen*" der Gleichung. Das „*x*" bezeichnet in der Gleichung nicht mehr einfach eine Leerstelle, sondern es ist Platzhalter für ganz bestimmte Argumentwerte. Es ist [also] durch die Gleichung, durch die implizite Definition *gebunden*. („Gebundene Variable"[*1].)

Ganz analog sind die Verhältnisse bei den Aussagefunktionen. Die Aussagefunktion „*x* trug einen Degen" nimmt die Aussagewerte (Funktionswerte) „wahr" und „falsch" an, je nachdem, ob ich etwa den Argumentwert „Mozart" oder „Schubert" substituiere. Ich kann aber aus dieser Aussagefunktion zwei „Gleichungen" bilden („Aussagegleichungen"); *zwei* nur deshalb, weil Aussagefunktionen nur die beiden Werte „wahr" und „falsch" annehmen können. Die eine „Aussagegleichung" würde lauten: „*x* trug einen Degen" ist wahr (oder: „*x* trug einen Degen" ist eine wahre Aussage); die andere: „*x* trug einen Degen" ist falsch. Diese Aussage*gleichungen* sind *keine Aussagefunktionen*. Ihre „Variablen" sind *gebunden*. Die Lösungen der ersten Aussagegleichung bilden die Klasse der Degenträger, die der zweiten Aussagegleichung bilden die Klasse derer, die keinen Degen trugen (die [der] Nicht-Degenträger).

Auch durch Aussagegleichungen kann man ganz bestimmte Lösungen *eindeutig* festlegen (zum Beispiel: „*x* ist ein französischer Kaiser, der im 19. Jahrhundert nach Elba verbannt wurde" ist eine wahre Aussage). Aber auch bei Aussagegleichungen ist der allgemeinere Fall wohl der, daß durch diese impliziten Definitionen nicht ein bestimmter Argumentwert *eindeutig* definiert wird, sondern eine ganze *Anzahl von Lösungen*, eine *Klasse*, die aus vielen *Elementen*, eben den Lösungen, besteht.

Darin liegt der große[b] Unterschied zwischen der *gewöhnlichen („expliziten") Definition* und der *„impliziten" Definition*. Normalerweise versteht man unter einer Definition eine *eindeutige* Festlegung eines Begriffes. Wenn ich sage: „Gold ist ein Metall", so ist das noch keine Definition; der Begriff „Gold" wird nur als Element der Klasse der Metalle festgelegt. *Definiert* ist der Begriff Gold erst dann, wenn ich noch eine *spezifische Differenz* angebe, die den Begriff „Gold" gegen die anderen Begriffe, die Elemente der Klasse der Metalle sind, eindeutig abgrenzt. Auch der Satz: „Gold ist ein edles Metall" genügt daher nicht; man wird als spezifische Differenz etwa das Atomgewicht oder den Schmelzpunkt oder das spezifische Gewicht angegeben müssen.

Die implizite Definition legt im Allgemeinen den Argumentwert *nicht* eindeutig fest: Sie gibt *nur* die Klasse an (das genus proximum), zu der der implizit definierte Argumentwert gehört; die differentia spezifica *fehlt*. (Der Argumentwert kann durch eine implizite Definition nur dann eindeutig bestimmt werden, wenn diese Klasse nur *ein* Element hat.) Aber deshalb

---

[*1] Diese Erweiterung des Gebrauches von „gebundener Variable" hat sich nicht durchgesetzt. Siehe RUDOLF CARNAP, Abriß der Logistik (1929), 6e, S. 14.

darf der implizit definierte (das heißt also: nur teilweise definierte) Begriff nicht mit einer *Variablen* verwechselt werden: Er ist in jedem Fall *gebunden*, als Element gebunden an die Zugehörigkeit zu einer Klasse.

(Wenn die Aussagefunktion mehr als eine Argumentstelle hat, so werden durch die entsprechenden Aussagegleichungen — nach der Terminologie der Logistik*[2] — keine „Klassen", sondern „Relationen" bestimmt, das heißt nicht einzelne Elemente, sondern Elementepaare, Elementetripel usw. Die Relationen stehen aber in genauer formaler Analogie zu den Klassen, weshalb der Einfachheit halber in dieser Arbeit auch dort nur von „Klassen" und „Elementen" gesprochen wird, wo eigentlich von „Relationen" und ihren „Gliedern" — den „Elementepaaren" usw. — gesprochen werden sollte. Mißverständnisse sind dabei kaum möglich, weil alles, was hier über Klassen gesagt wird, sinngemäß auf Relationen übertragen werden kann. — Bei dieser Gelegenheit sei auf die Relationentheorie als den bedeutsamsten Teil der Logistik ausdrücklich hingewiesen.)

Wenn ich „Gold" nur als „Metall" oder als „eines der Metalle" definiere, so ist es eigentlich gar nicht definiert (im gewöhnlichen Sinn dieses Wortes). Ebenso ist es mit der impliziten Definition: Sie erzeugt eigentlich gar nicht einen Begriff. (Carnap[1] spricht deshalb von „uneigentlichen Begriffen".) Aber diese „uneigentlichen Begriffe" müssen als *gebundene Variable* von *echten Variablen* ebenso unterschieden werden, wie *Aussagefunktionen* von *Aussagegleichungen*:

Eine echte Variable ist nur ein Zeichen für eine Leerstelle; sie sagt nichts darüber, ob die Werte, die in die Leerstellen substituiert werden, die Aussagefunktion befriedigen oder nicht. Und eine Aussagefunktion kann eben deshalb nie als wahr oder falsch angesehen werden (sonst wäre sie ja eine echte Aussage). Soll aber die Aussagefunktion implizit definieren, so sind die „Variablen" nur mehr als Symbole für solche Werte aufzufassen, die die Aussagefunktion *befriedigen*. Das heißt aber, daß diese gar keine Aussagefunktion ist, da sie ja nunmehr *wahr* sein muß: Sie ist eine Aussagegleichung, eine echte Aussage, ein analytisches Urteil, eine Tautologie.

Die Aussagefunktion, die man als „wahr" oder „falsch" ansetzt und so zur Aussagegleichung macht, ist also gar keine Aussagefunktion mehr; ebensowenig wie etwa eine Aussagefunktion, der man Argumentwerte substituiert hat[2].

---

*[2] Auch der Ausdruck „Logistik" hat sich nicht durchgesetzt: man spricht statt dessen von „mathematischer Logik" oder „symbolischer Logik". Siehe die *Einleitung 1978*.

[1] [RUDOLF CARNAP, Eigentliche und uneigentliche Begriffe, Symposion 1 (1927), S. 355 ff.; vgl. auch R. CARNAP, Abriß der Logistik (1929), S. 71. Hrsg.]

[2] Gegen RUDOLF CARNAP, zum Beispiel Abriß der Logistik (1929), S. 71, Auffassung 2. CARNAP übersieht dort den Unterschied zwischen der impliziten Definition oder Aussagegleichung und der Aussagefunktion und geht unvermerkt von der einen Auffassung zur anderen über.

Jede Aussagegleichung ist also eine *implizite Definition* (und umgekehrt).

Aber auch explizit wird durch jede Aussagegleichung ein Begriff definiert. Dieser explizit definierte, eindeutig festgelegte Begriff ist die *Klasse der Lösungen selbst,* ist also die Klasse der Argumentwerte, die die Aussagegleichung befriedigen.

Es ist wichtig, diesen Explizitbegriff, die *Klasse selbst,* nicht mit ihren *Elementen,* den Argumentwerten (die durch die Aussagegleichung nur implizit definiert werden) zu verwechseln:

Man kann zum Beispiel in die Aussagefunktion „*x* trug einen Degen" wohl das Element „Napoleon" substituieren, nicht aber die „Klasse der Degenträger": Von dieser Klasse kann man etwa aussagen, daß sie mehr als tausend Elemente haben dürfte; auf keinen Fall aber, daß sie einen oder mehrere Degen trägt: *Nicht die Klasse; nur ihre Elemente befriedigen die Aussagefunktion.* (Die Klasse ist nicht einmal als Argumentwert zulässig.) Ebenso kann ich wohl sagen: „‚*x* ist ein gelbes Metall' wird durch den Argumentwert ‚Gold' befriedigt"; aber ich kann nicht die „Klasse der gelben Metalle" als Argumentwert substituieren: Diese ist kein Metall, sondern eine (gedankliche) *Zusammenfassung* von Metallen.

Jede Aussagefunktion (und jedes Axiomensystem von Aussagefunktionen) kann als Aussagegleichung aufgefaßt werden und definiert dann einen *Explizitbegriff.* Dieser ist aber *kein Argumentwert* der Aussagefunktion. Die Argumentwerte werden nur *implizit definiert,* das heißt, *als Elemente des Explizitbegriffes festgelegt.*

Es kann also mehrere Elemente eines Explizitbegriffes und somit mehrere Lösungen oder „Modelle"[*3] (Carnap[3]) geben, die ein Axiomensystem befriedigen (beziehungsweise Lösungs*systeme,* da Axiomensysteme meist *mehrere* Argumentstellen haben).

Ein klassisches Beispiel für die Mehrdeutigkeit der impliziten Definition, für eine Mehrzahl von Modellen, ist die *Dualität* in der projektiven Geometrie (der Ebene und des Raumes).

In der projektiven Geometrie (etwa in der des Raumes) gilt nämlich verblüffenderweise, daß *jeder Satz* auch dann richtig ist, wenn man an Stelle des Begriffes „Punkt" den Begriff „Ebene" setzt, und umgekehrt. Die Sätze erhalten dadurch eine anschaulich völlig verschiedene Bedeutung, aber sie sind ausnahmslos wieder richtig und beweisbar. Beispiel: Durch drei Punkte sind drei Gerade und eine Ebene bestimmt — außer sie bestimmen nur *eine* Gerade (liegen auf *einer* Geraden). Dazu der *duale* Satz: Durch drei Ebenen sind drei Gerade (die Schnittgeraden) und ein Punkt (räumliche Ecke)

[*3] Die Theorie der Modelle wurde seit 1930 sehr intensiv weiterentwickelt, besonders durch Alfred Tarski und seine Schule.

[3] [Rudolf Carnap, op. cit., S. 71 f.; vgl. auch R. Carnap, Eigentliche und uneigentliche Begriffe, Symposion 1 (1927), S. 361 ff. Hrsg.]

bestimmt, außer sie bestimmen nur eine Gerade (gehen durch dieselbe Gerade).

Die Erklärung für diese eigentümliche Umkehrbarkeit oder Dualität liegt darin, daß die Begriffe „Punkt" und „Ebene" durch genau analoge Axiome verknüpft und implizit definiert sind: Drei Punkte bestimmen eine Ebene — drei Ebenen bestimmen einen Punkt. — Zwei Punkte bestimmen eine Gerade — zwei Ebenen bestimmen eine Gerade. Durch diese *formale* Gleichartigkeit werden sie logisch völlig äquivalent: Man erhält ein *Modell* des Axiomensystems, wenn man den *Zeichen* „Punkt" und „Ebene" die *anschaulichen Gebilde* „Punkt" und „Ebene" substituiert; aber auch dann, wenn man dem Zeichen „Punkt" das anschauliche Gebilde „Ebene" und dem Zeichen „Ebene" das anschauliche Gebilde „Punkt" zuordnet, erhält man ein *Modell*: das heißt, ein Lösungssystem, ein System von Argumentwerten, die das Axiomensystem befriedigen. Das „Problem der Dualität" läßt sich also durch die Feststellung auflösen, daß durch die implizite Definition im Gegensatz zur expliziten Definition nicht bestimmte Begriffe eindeutig festgelegt sein müssen, sondern daß mehrere verschiedene Lösungssysteme (Modelle) zulässig sein können. (Nur die internen Beziehungen, die die Beziehungen untereinander verknüpfen, legt das Axiomensystem *eindeutig* fest.)

Ein ganz anderes Modell der Geometrie — etwa der ebenen Geometrie — erhält man wieder, wenn man dem „Punkt" ein Zahlenpaar, der „Geraden" eine lineare Funktion substituiert usw. Die algebraische Analysis ist in diesem Sinne nur eine Übersetzung der Geometrie in [die] Zahlensprache, das heißt ein bestimmtes Modell des Axiomensystems der Geometrie. Und es gibt noch viele andere solche Modelle desselben Axiomensystems.

Man braucht eine Aussagefunktion (Axiomensystem) nur als analytisches (oder tautologisches) das heißt a priori wahres Urteil zu bezeichnen — wie es der *Konventionalismus* tut — um sie in eine Aussagegleichung, in eine implizite Definition zu verwandeln.

Man kann dieses durch die Aussagegleichung geschaffene analytische Urteil aber auch *ausdrücklich als solches formulieren*. Man muß es dann so schreiben, daß man die Bindung der „Variablen" ausdrücklich angibt: [Man] muß durch die Formulierung zum Ausdruck bringen, daß die Variablen nicht *jeden* Wert annehmen dürfen, sondern ausschließlich Werte von „Lösungen".

Diese ausdrückliche Formulierung als analytisches Urteil gelingt mit Hilfe einer (von der Logistik so genannten) „generellen Implikation"*4.

---

*4 Siehe Abschnitt 27, Anm. *2, und die *Einleitung 1978*.

27. Die konventionalistischen Aussagegleichungen als tautologische generelle Implikationen*¹.

Was ist eine *generelle Implikation*?*² Eine generelle Implikation ist immer eine *echte Aussage*. Es scheint mir wichtig, gleich anfangs zu betonen, daß eine generelle Implikation niemals eine Aussagefunktion ist. Da nämlich jede generelle Implikation immer *Aussagefunktionen* als Bestandteile enthält, so könnte leicht die irrtümliche Meinung auftauchen, daß sie selbst eine Aussagefunktion ist.

Als Beispiel für eine generelle Implikation kann etwa folgende Formulierung dienen: „Jeder Argumentwert, der die Aussagefunktion ‚x ist ein englischer Offizier, der im 18. Jahrhundert lebte' befriedigt*³, befriedigt auch die Aussagefunktion ‚x trug einen Degen'."

An diesem Beispiel soll die eigentümliche (und in ihrem sprachlichen Gewand recht umständliche) Form der Aussage näher erörtert werden, die die Logistik „generelle Implikation" nennt.

Die angeführte generelle Implikation ist vorerst, wie man sieht, zweifellos eine echte Aussage: Sie spricht eine Behauptung aus, die entweder wahr ist, oder falsch. (Wahr, wenn tatsächlich alle englischen Offiziere des 18. Jahrhunderts Degen trugen, falsch, wenn das nicht der Fall war.) Sie ist also durchaus gleichbedeutend mit der gewöhnlichen Aussage: „Jeder englische Offizier, der im 18. Jahrhundert lebte, trug einen Degen."

Das Beispiel zeigt weiter, daß die generelle Implikation aus zwei Aussagefunktionen besteht. Die erste („x ist ein englischer Offizier" usw.) bezeichnet man als die „implizierende Aussagefunktion" oder als das *„Implikans"*, die zweite („x trug einen Degen") als die „implizierte Aussagefunktion" oder als das *„Implikat"*.

Die generelle Implikation ist die Behauptung, daß jeder Argumentwert, der das Implikans befriedigt, auch das Implikat befriedigt. Man pflegt dafür etwas kürzer zu sagen: Das Implikans *impliziert generell* das Implikat, und kann dementsprechend das angeführte Beispiel auch so schreiben (die Ausdrucksweise bedeutet genau dasselbe): „‚x ist ein englischer Offizier, der im 18. Jahrhundert lebte' *impliziert generell* ‚x trug einen Degen'."

Man kann *jede beliebige echte Aussage* in die Form einer „generellen Implikation" bringen (ohne jede Änderung ihres Sinnes) und zwar auf mehrfache Weise. Man bildet zuerst aus der echten Aussage, zum Beispiel: „Napoleon war in Wien" eine Aussagefunktion, etwa „Napoleon war in x". Diese Aussagefunktion wird als *Implikat* verwendet. Ihr schickt man als *Implikans* eine Aussagefunktion voraus, die gerade durch jenen Argumentwert (oder durch jene Argumentwerte) befriedigt wird, den man an der Stelle „x" aus der ursprünglichen Aussage entfernt hat. In

---

*¹ Der Herausgeber und der Verfasser sind übereingekommen, daß die Abschnitte *27* bis *29* (einschließlich) und *31* in kleinerem Druck gesetzt werden sollen: damit will sich der Verfasser deutlich von diesen Abschnitten distanzieren. (Siehe die *Einleitung 1978*.)

*² Der Ausdruck „generell" in der Wortverbindung „generelle Implikation" wurde von RUDOLF CARNAP 1929 in seinem Abriß der Logistik eingeführt; siehe Abriß, S. 108, *„Neue Termini"*. Der Ausdruck scheint sich nicht durchgesetzt zu haben. Siehe die *Einleitung 1978*. CARNAP, Abriß, 6c, S. 14, sagt, daß generelle Implikationen „Gesetze" ausdrücken.

*³ Heutzutage würde der Ausdruck ‚befriedigt' als ein metalogischer oder metatheoretischer Ausdruck angesehen werden.

unserem Fall kann man vielleicht als Implikans wählen*4: „x ist die Hauptstadt von Österreich." Damit ist die Umformung der Aussage in die „generelle Implikation": „,x ist die Hauptstadt von Österreich' impliziert generell ,Napoleon war in x'" durchgeführt. Die „Variable" des Implikats ist durch das Implikans *gebunden*. (Auf analogem Wege kann man dieselbe Aussage noch auf andere Weise als „generelle Implikation" formulieren, zum Beispiel: „,x ist ein französischer Kaiser, der 1804 gekrönt wurde' impliziert generell ,x war in Wien'."

Diese letzten Beispiele zeigen, daß auch jeder *besondere Satz* in eine generelle Implikation verwandelt werden kann. Es ist wichtig, zu betonen, daß das Adjektiv „generell" hier nichts zu tun hat mit einem allgemeinen (einem „generellen") Satz*5. Alle echten Sätze, allgemeine wie besondere, können als generelle Implikation geschrieben werden: Das Wort „generell" soll die generelle Implikation nur als eine solche Aussage charakterisieren, die behauptet, daß *alle* Argumentwerte, die das Implikans befriedigen, auch das Implikat befriedigen. Wird aber das Implikans zum Beispiel nur durch *einen einzigen* Argumentwert befriedigt, so behauptet die generelle Implikation eben nichts anderes^a, als daß das Implikat durch diesen Argumentwert ebenfalls befriedigt wird.

Die Argumentwerte, die das *Implikans* befriedigen, bilden eine *Klasse*. (Es ist die Klasse, die durch das Implikans explizit definiert ist. Im ersten Beispiel ist es die Klasse der englischen Offiziere, die im 18. Jahrhundert lebten.) Jedes Element dieser Klasse — so behauptet die generelle Implikation — befriedigt das Implikat, verwandelt es in einen wahren Satz.

Hat die Klasse nur ein einziges Element — daß das möglich ist, wurde schon im vorigen Abschnitt besprochen — so behauptet die generelle Implikation eben nur etwas über *diesen* Argumentwert (im zweiten Beispiel etwa über Wien). Will man also einen besonderen Satz als generelle Implikation schreiben, so muß man (wie in diesem Beispiel) eine solche Aussagefunktion als Implikans wählen, die nur durch jene besonderen Argumentwerte befriedigt wird, über die man etwas aussagen will (eine Aussagefunktion, die jene besonderen Argumentwerte „kennzeichnet").

Die Behauptung, daß prinzipiell jede echte Aussage, auch jede besondere Aussage, ohne Änderung ihres Sinnes in eine „generelle Implikation" umgeformt werden kann, wird sich später noch als bedeutungsvoll erweisen (vergleiche Abschnitt 32).

Wenn man *jede* echte Aussage in Form einer generellen Implikation schreiben kann, so müssen sich die generellen Implikationen (ebenso wie die gewöhnlichen Sätze) nicht nur in *allgemeine* und *besondere* einteilen lassen, sondern auch in *analytische* und *synthetische generelle Implikationen*. Und diese Einteilung ist für die Zwecke wertvoll, die ich an dieser Stelle verfolge:

Es soll ja versucht werden, *die konventionalistischen impliziten Definitionen* oder Aussagegleichungen *ausdrücklich als analytische Urteile zu formulieren*; und [nur] zu diesem Zwecke wurde hier die generelle Implikation eingeführt.

Die bisherigen Beispiele von generellen Implikationen waren synthetisch, waren umgeformte Wirklichkeitsaussagen; erst im Abschnitt *(29)* soll auf sie wieder eingegangen werden.

---

*4 Eine triviale Wahl ist: „x ist identisch mit Wien."

*5 Das ist offenbar als Korrektur der Ansicht gemeint, daß die generellen Implikationen den allgemeinen Sätzen (Gesetzen) entsprechen. (Vgl. RUDOLF CARNAP, Abriß der Logistik (1929), 6c, S. 14; siehe oben, Abschnitt 23, Anm. *1.)

27. Die konventionalistischen Aussagegleichungen 195

Hier handelt es sich um die analytischen, die *tautologischen generellen Implikationen*: Es ist leicht*⁶, mit deren Hilfe implizite Definitionen, Aussagegleichungen, ausdrücklich als analytische Urteile zu formulieren.

Soll etwa „*x* trug einen Degen" als Aussage*gleichung* aufgefaßt werden, so heißt das, daß „*x*" ausschließlich an solche Argumentwerte gebunden ist, die die Aussagefunktion befriedigen. Anders ausgedrückt: Für „*x*" dürfen nur Elemente jener Klasse substituiert werden, die durch die Aussagegleichung „*x* trug einen Degen" definiert ist. Was die implizite Definition will, könnte man also durch die Formulierung ausdrücken (die bereits den Charakter eines analytischen Urteils klar erkennen läßt): „Jedes Element der Klasse der Degenträger befriedigt die Aussagefunktion ‚*x* trug einen Degen'." In einer allgemeiner verwendbaren Ausdrucksweise als generelle Implikation formuliert:

„‚*x* trug einen Degen' impliziert generell ‚*x* trug einen Degen'." Diese generelle Implikation ist sichtlich analytisch, tautologisch. Sie drückt aber ganz genau dasselbe aus, wie die entsprechende Aussagegleichung: Die „Variable" des Implikates ist eine gebundene Variable, sie ist gebunden an jene Argumentwerte, die die Aussagefunktion befriedigen.

Wendet man diese Ergebnisse auf die *axiomatischen Systeme* und ihre *konventionalistische* Interpretation als *implizite Definitionen* an, so kann man sagen:

Die „Variablen", die in einem bestimmten Axiom auftreten, sind durch das ganze Axiomensystem (durch die „Konjunktion" sämtlicher Axiome) implizit definiert: Sie sind *gebunden*, und zwar an die Lösungen jener Aussagegleichung, die durch die Konjunktion aller Axiome des Systems gegeben ist.

Nach dieser (konventionalistischen) Auffassung muß sich daher auch jedes Axiom als eine solche *generelle Implikation* schreiben lassen, deren *Implikans die Konjunktion sämtlicher Axiome* und deren *Implikat das betreffende einzelne Axiom* ist.

Da das Implikat auch im Implikans auftritt, sind diese generellen Implikationen wieder sofort als tautologisch zu erkennen.

Man kann also ohne weiteres die konventionalistische Auffassung, die ein Axiomensystem als implizite Definition der in ihm auftretenden Begriffe interpretiert, mit der Auffassung gleichsetzen, die ausdrücklich jedes Axiom als eine tautologische generelle Implikation schreibt mit der Konjunktion aller Axiome als Implikans und dem betreffenden Axiom als Implikat: Die Bezeichnung als „implizite Definition" oder „Aussagegleichung" oder die Schreibung als eine solche „generelle Implikation" ist *völlig gleichbedeutend*.

Entsprechendes läßt sich aber auch über jeden *Lehrsatz* sagen. Die Variablen, die in einem Lehrsatz des Systems auftreten, sind ja durch das *Axiomensystem* gebunden, implizit definiert. Also muß sich nach konventionalistischer Auffassung auch *jeder Lehrsatz als generelle Implikation* schreiben lassen, wieder mit der Konjunktion der Axiome als Implikans, aber mit dem Lehrsatz als Implikat: Es wird ja behauptet*⁷, daß der Lehrsatz für jene Argumentwerte gültig ist, die das Axiomensystem befriedigen, die Lösungen, „Modelle" des Axiomensystems sind.

(Der einzelne Lehrsatz kann ebensowenig als Aussagegleichung aufgefaßt wer-

---

*⁶ Das war eine sehr unkritische Bemerkung; im Gegenteil, es bedarf der Unterscheidung von Objektsprache und Metasprache.

*⁷ Diese Behauptung gehört aber in die Metasprache.

den, wie das einzelne Axiom: nur das Axiomensystem als Ganzes, die Konjunktion der Axiome bildet die implizite Definition, die Aussagegleichung.)

Diese letzten Formulierungen sind deshalb von Bedeutung, weil mit ihrer Hilfe im nächsten Abschnitt gezeigt werden soll, wie nahe jene *„erste Scheinsatzposition"*, die in den Naturgesetzen *Aussagefunktionen* sieht, dem hier dargestellten *Konventionalismus* steht, der sie als echte Aussagen interpretiert, als a priori wahre analytische Urteile.

28. *Können die axiomatisch-deduktiven Systeme auch als Folgerungssysteme von reinen Aussagefunktionen (von Scheinsätzen) aufgefaßt werden?* In den beiden letzten Abschnitten wurde die *konventionalistische* Interpretation der axiomatischen Systeme näher besprochen.

Hier soll nun auf einige Schwierigkeiten eingegangen werden, die der Interpretation axiomatischer deduktiver Systeme als Systeme von reinen *Aussagefunktionen* entspringen; also einer Interpretation, die in den deduktiven Systemen, in den naturwissenschaftlichen Theorien *Scheinsätze* sieht („erste Scheinsatzposition").

Es soll hier gezeigt werden, daß die Auffassung der ersten Scheinsatzposition, die in den deduktiven Systemen Systeme von Aussagefunktionen sieht, zu gewissen Schwierigkeiten führt, und daß diese Schwierigkeiten sie zwingen, sich der konventionalistischen Auffassung weitgehend zu nähern.

Auf eine grundsätzliche *Kritik* dieser Scheinsatzposition wird damit nicht eingegangen; sie soll nur durch die Einsicht vorbereitet werden, daß die erste Scheinsatzposition dem Konventionalismus erheblich näher steht als irgend einer empiristischen Auffassung.

An und für sich scheint ja die erste Scheinsatzposition, die Auffassung der axiomatischen Systeme als Systeme von Aussagefunktionen, von der konventionalistischen Auffassung, die in ihnen analytische Urteile sieht, ziemlich stark abzuweichen: Aussagefunktionen können nicht wahr oder falsch sein — die konventionalistischen Aussagegleichungen hingegen werden a priori als wahr angesetzt und können ausdrücklich als tautologische generelle Implikationen, als analytische Urteile formuliert werden.

Die Schwierigkeit, deren Überwindung die erste Scheinsatzposition mit einer Annäherung an den Konventionalismus erkaufen muß, besteht in folgendem:

Ein *Lehr-„satz"* eines axiomatischen deduktiven Systems ist — nach Auffassung der ersten Scheinsatzposition — nicht als Satz, sondern eben als Aussagefunktion zu betrachten. Er kann also niemals *wahr* sein. Wodurch aber ist er dann vor allen jenen unabsehbar vielen ähnlichen Aussagefunktionen ausgezeichnet, die man in gewöhnlicher Ausdrucksweise als „falsche Lehrsätze" bezeichnen würde? (Im folgenden soll das Wort „Lehrsatz" immer neutral, ohne Präjudiz, ob es sich um einen Satz oder um eine Aussagefunktion handelt, gebraucht werden.)

Ein Beispiel: Der „Lehrsatz" etwa, daß sich zwei Gerade so schneiden, daß je zwei benachbarte Winkel sich auf 180° ergänzen, kann als Aussagefunktion aufgefaßt werden, wenn man annimmt, daß die Wortzeichen „Gerade", „Winkel" usw. keine Begriffe bezeichnen, sondern lediglich Platzhalter für Leerstellen, also Variable sind. Ist also dieser „Lehrsatz" eine Aussagefunktion, so ist er ebensowenig wahr oder falsch wie etwa ein „Lehrsatz", der feststellt, daß sich jene benachbar-

28. Axiomatisch-deduktive Systeme und Scheinsätze

ten Winkel auf 170° ergänzen. (Erst durch Substitution, durch Zuordnung gewisser Argumentwerte kann aus einer dieser Aussagefunktionen ein wahrer oder ein falscher Satz werden.)

Die Auffassung der axiomatischen Systeme als Systeme von Aussagefunktionen muß, wenn sie ernstgenommen werden soll, angeben, auf welche Weise sie jene „Lehrsätze", die nach der gewöhnlichen Auffassung wahre oder richtige Sätze sind, gegenüber solchen Aussagefunktionen auszeichnet, die nach gewöhnlicher Auffassung als „falsche Lehrsätze" bezeichnet werden würden.

Wer die axiomatischen Systeme im Sinne der ersten Scheinsatzposition interpretiert, wird darauf antworten: „Die Aussagefunktionen, die man sonst als ‚richtige Lehrsätze' bezeichnet, zeichnen sich gegenüber allen anderen Aussagefunktionen, (den ‚falschen Lehrsätzen') nur dadurch aus, daß sie zu einem bestimmten *axiomatisch-deduktiven System gehören,* das heißt, daß sie aus den Axiomen dieses System *deduzierbar* sind."

Und tatsächlich: ob die „Lehrsätze" eines deduktiven Systems nun als Aussagefunktionen aufgefaßt werden oder als echte Aussagen — jedenfalls ist ein „*Lehrsatz*" dadurch zu *definieren,* daß er aus Grund-„sätzen" (oder Grund-Aussagefunktionen) logisch abgeleitet werden kann.

Diese Antwort birgt nun bereits jene Annäherung der ersten Scheinsatzposition an den Konventionalismus, die hier dargestellt werden soll, in sich; das zeigt die folgende Analyse.

Was kann eigentlich mit der Feststellung gemeint sein, daß sich eine Aussagefunktion aus andern Aussagefunktionen „*deduzieren*" läßt?

Betrachten wir wieder das Beispiel: „Alle x sind y" — „Sokrates ist ein x": — „Also ist Sokrates y". Der „Folgesatz" oder „Schlußsatz" (richtiger: die „Folgeaussagefunktion") ist hier offenbar syllogistisch *deduziert,* aus den „Obersätzen". (richtiger: „Oberaussagefunktionen") „bewiesen"[*1].

Wie kann aber eine Aussagefunktion, die doch weder wahr noch falsch sein kann, „bewiesen" werden? Unter „Beweis" pflegte man doch sonst den Nachweis der *Wahrheit* eines Satzes zu verstehen.

Nun, bei Aussagefunktionen besteht der Beweis, die Deduktion, darin, daß gezeigt wird, daß alle jene Argumentwerte, die die „Oberaussagefunktionen" in wahre Sätze verwandelt, auch die „Folgeaussagefunktion" in einen wahren Satz verwandeln (befriedigen) müssen. Beispiel: die Argumentwertepaare „Mensch" und „sterblich", oder etwa „Grieche" und „Südeuropäer", befriedigen die „Oberaussagefunktionen" und in der Tat wird auch die „Folgeaussagefunktion" durch sie befriedigt.

Aber daß zwei Aussagefunktionen in einem solchen Verhältnis zueinander stehen, daß jeder Argumentwert (oder jedes Argumentwertpaar), der die eine befriedigt, auch die andere befriedigt — das heißt nichts anderes, als daß sie zueinander im Verhältnis der „generellen Implikation" stehen, denn so wurde der Begriff der „generellen Implikation" erklärt.

Eine Aussagefunktion aus anderen Aussagefunktionen („Oberaussagefunktionen",

---

[*1] Ich habe später zwischen einer logischen Ableitung (Deduktion) und einem logischen Beweis scharf unterschieden. Siehe Abschnitt 25, Anm. *1, und die *Einleitung 1978.*

Axiomen) „deduzieren", „beweisen", heißt also nichts anderes, als durch logische (durch tautologische) Umformung zeigen, daß sie von den Axiomen „generell impliziert" wird.

(Der Nachweis der *generellen Implikation* ist es, bei der Aussagefunktionen dem entspricht, was bei Sätzen etwa der Beweis ihrer *Wahrheit* wäre.)

Es stellt sich also heraus, daß die Behauptung, eine Aussagefunktion gehöre als *Lehrsatz* zu einem axiomatischen System, mit der Behauptung, daß diese Aussagefunktion von den Axiomen des Systems (von der „Konjunktion" der Axiome) generell impliziert wird, völlig gleichbedeutend ist. Sie ist somit logisch betrachtet selbst nichts anderes als eine generelle Implikation. Und wie alle generellen Implikationen, ist auch sie eine *echte Aussage*.

Ich schließe mich somit Carnap an, wenn er schreibt[1]: „... jeder Lehrsatz läßt sich ... in eine eigentliche Aussage umformen, nämlich in eine generelle Implikation mit der Konjunktion der Axiome als Implikans und dem Lehrsatz als Implikat."

Aber ich muß Carnap[2] widersprechen, wenn er den Standpunkt vertritt, daß jeder „Lehrsatz" zwar als generelle Implikation, also als echte Aussage, aufgefaßt werden *kann*, aber ebenso gut auch als *Aussagefunktion*. Nach meiner Ansicht kann ein „Lehrsatz" eines axiomatischen Systems (im Gegensatz zu den „Grundsätzen", zu den Axiomen) *nur* als echte Aussage angesehen werden.

Aus der unabsehbaren Menge aller Aussagefunktionen, die alle theoretisch gleichwertig, nämlich weder wahr noch falsch sind, kann man einzelne Aussagefunktionen (etwa die Axiome) nur durch *willkürliche Auszeichnung* herausheben.

Die Auszeichnung einer Aussagefunktion als „Lehrsatz" ist aber *keine willkürliche*: Die „Lehrsatz"-Aussagefunktion ist dadurch *definiert,* daß sie von einem Axiomensystem (das seinerseits, logisch betrachtet, willkürlich ausgewählt sein kann) *generell impliziert wird.* Jedes beliebige Zeichen, durch das man diese bestimmte Aussagefunktion aus anderen *als* „Lehrsatz" heraushebt, jede Art, jedes Verfahren, diese Aussagefunktion als „Lehrsatz" auszuzeichnen, vor anderen kenntlich zu machen, ist ja, logisch betrachtet, nichts anderes, als die unausgesprochene *Behauptung,* daß diese Aussagefunktion ein „Lehrsatz" ist.

Indem man die Aussagefunktion als Lehrsatz kennzeichnet, stellt man eine generelle Implikation, eine Behauptung, eine Aussage auf (die wahr oder falsch sein kann). Und die *als Lehrsatz ausgezeichnete Aussagefunktion* ist selbst eine generelle Implikation, eine echte Aussage. Denn sie enthält bereits die Behauptung, daß sie von einem bestimmten Axiomensystem generell impliziert wird. Das sieht man schon daran, daß ein solches Kennzeichen der Aussagefunktion mit Recht oder mit Unrecht verliehen werden kann: mit Recht, wenn die generelle Implikation tatsächlich besteht, also eine wahre Aussage ist, mit Unrecht, wenn die behauptete generelle Implikation *falsch* ist, wenn sie nicht besteht.

Nun könnte man — vom Standpunkt Carnaps aus — vielleicht noch folgenden Einwand versuchen: Zugegeben, daß die als Lehrsatz *ausgezeichnete Aussagefunktion* (also die Aussagefunktion in Verbindung mit ihrer Kennzeichnung als „Lehrsatz") logisch betrachtet als generelle Implikation bezeichnet werden muß; aber

---

[1] RUDOLF CARNAP, Abriß der Logistik (1929), S. 71.
[2] RUDOLF CARNAP, a.a.O.; und R. CARNAP, Bericht über Untersuchungen zur allgemeinen Axiomatik, Erkenntnis 1 (1930), S. 303 f.

damit ist noch keineswegs bewiesen, daß der „*Lehrsatz*" *selbst* nicht mit dem *Implikat* dieser generellen Implikation identisch und somit eine Aussagefunktion sein kann. Auch bei einer echten Aussage, die aus echten Obersätzen deduziert wird, kann man doch diese *Aussage selbst* deutlich von der Behauptung unterscheiden, daß sie aus jenen Obersätzen abgeleitet wird, also *von ihrer Kennzeichnung als Lehrsatz* jenes Systems. Warum soll man bei Aussagefunktionen die entsprechende Unterscheidung nicht machen können?

Dieser Einwand übersieht einen grundlegenden und hier ausschlaggebenden Unterschied zwischen einem echten Lehr*satz*, einem echten Folge*satz* und dem Implikat einer generellen Implikation, das eine Aussagefunktion ist. (Echte Folge*sätze* wären in logistischer Terminologie Implikate von „Implikationen"[*2], nicht von „*generellen* Implikationen". Zum Folgenden und überhaupt zu dem Gegensatz zwischen „Implikationen" von Aussagen und „generellen Implikationen" von Aussagefunktionen vergleiche den Abschnitt *31*.) Eine Aussage kann an und für sich wahr oder falsch sein, kann an und für sich, ohne Rücksicht auf ihre Deduzierbarkeit aus Obersätzen, behauptet werden. Und dementsprechend kann man — nach den Regeln der Logistik — einen echten Folge*satz* (das Implikat einer „Implikation", aber nicht einer „generellen") für sich als Behauptung aufstellen. Aber es gibt keine logistische Regel, nach der es möglich wäre, das *Implikat einer generellen Implikation* aus dieser herauszuheben und für sich zu behaupten oder sonst irgendwie auszuzeichnen. Und es kann auch keine solche Regel geben, denn eine *Aussagefunktion kann man nicht behaupten*. Eine Aussagefunktion ohne Auszeichnung als Lehrsatz ist eben nicht ausgezeichnet, ist aus der Menge der andern Aussagefunktionen nicht herausgehoben. Indem man sie von anderen, die keine Lehrsätze sind, unterscheidet, verwandelt man sie in eine generelle Implikation.

Ich lehne also den Standpunkt der logistischen Sprachkritik, daß die „*Lehrsätze*" eines axiomatischen Systems als Aussagefunktionen interpretiert werden können, als logisch (und logistisch) undurchführbar ab: Sie sind *echte Aussagen* (und nur scheinbar „Scheinsätze").

Aber damit ist die eigenartige Interpretation der axiomatischen Systeme durch die erste Scheinsatzposition *keineswegs als widerlegt* zu betrachten: Alle meine Einwände gelten nur für die *Lehrsätze*. Die *Axiome* hingegen können sehr wohl als Aussagefunktionen interpretiert werden; ihre Auszeichnung ist, logisch betrachtet, eine völlig willkürliche (innerhalb gewisser, durch die axiomatischen Grundbedingungen gezogener Grenzen). Als Aussagefunktionen sind die Axiome, wie Carnap[3] sagt, freie „Ansetzungen über unbestimmte Gegenstände" (über Variable).

Als Aussagefunktionen aufgefaßt, können die Axiome weder wahr noch falsch sein: Ihre Auswahl ist durch außerlogische (zum Beispiel pragmatische) Gesichtspunkte bestimmt.

Die erste Scheinsatzposition wird sich also auch weiterhin von der konventionalistischen Interpretation dadurch unterscheiden, daß sie die *Axiome* als Aussagefunktionen auffaßt, während der Konventionalismus in ihnen echte analytische Sätze (implizite Definitionen) sieht.

Was jedoch die Auffassung der *Lehrsätze* betrifft, so kann ich zwischen den beiden Standpunkten keinen Unterschied anerkennen: Auch die Scheinsatzposition ist

---

[*2] Richtiger: von tautologischen (logisch-wahren) Implikationen.

[3] [RUDOLF CARNAP, Abriß der Logistik (1929), S. 10. Hrsg.]

gezwungen, zuzugestehen, daß die Lehrsätze eines axiomatisch-deduktiven Systems echte Sätze sind, nämlich tautologische generelle Implikationen mit der Konjunktion der Axiome als Implikans und dem „Lehrsatz" als Implikat. Das ist aber mit der Behauptung gleichbedeutend, daß die „Lehrsätze" durch solche Argumentwerte befriedigt werden, die das Axiomensystem befriedigen, also durch die „Lösungen", durch die „Modelle" des Axiomensystems. Und das ist ja eben auch die Ansicht des Konventionalismus.

Die erste Scheinsatzposition muß also einen scharfen Unterschied zwischen Axiomen und Lehrsätzen machen: jene sind Aussagefunktionen, diese sind Sätze. Nach konventionalistischer Auffassung sind Axiome wie auch Lehrsätze völlig analog gebaute generelle Implikationen.

Die Übereinstimmung der beiden Interpretationen in bezug auf die Lehrsätze bedeutet eine sehr wesentliche Annäherung der ersten Scheinsatzposition an den Konventionalismus: Der eigentliche, der erkenntnistheoretisch wesentliche Gegensatz besteht zwischen diesen beiden Auffassungen auf der einen Seite und der empiristischen Auffassung auf der anderen Seite:

Konventionalismus und erste Scheinsatzposition sehen in den Lehrsätzen *tautologische* generelle Implikationen, *analytische Urteile* — der Empirismus sieht in den Axiomen und Lehrsätzen einer naturwissenschaftlichen Theorie *synthetische Urteile*.

Der eigentliche Gegensatz lautet nicht: Aussagegleichung (Konventionalismus) oder Aussagefunktion (erste Scheinsatzposition), sondern: Analytische oder synthetische Urteile, tautologische oder synthetische generelle Implikationen? Oder anders ausgedrückt:

Aussagefunktionen mit oder ohne Zuordnungsdefinitionen?

29. Die Zuordnungsdefinitionen des Empirismus: synthetische generelle Implikationen. Jede Wirklichkeitsaussage kann, wie im Abschnitt *(27)* gezeigt wurde, als synthetische generelle Implikation geschrieben werden.

Als Beispiel wurde dort der Satz verwendet: „Jeder englische Offizier, der im 18. Jahrhundert lebte, trug einen Degen"; als generelle Implikation formuliert: „,x ist ein englischer Offizier, der im 18. Jahrhundert lebte' impliziert generell ,x trug einen Degen'."

Die beiden Aussagefunktionen, die in einer solchen generellen Implikation auftreten, das Implikans und das Implikat haben recht verschiedene Aufgaben: Man kann sagen, daß das Implikans dem Implikat Argumentwerte *zuordnet* und daß die generelle Implikation in der Behauptung besteht, eine bestimmte Aussagefunktion, das Implikat, liefert für die durch das Implikans zugeordneten Argumentwerte *wahre Sätze*. Das Implikans kann also als *Zuordnungsdefinition* betrachtet werden und die ganze generelle Implikation als eine *Aussagefunktion* (Implikat) *in Verbindung mit einer Zuordnungsdefinition* (Implikans).

Diese Verbindung: *Aussagefunktion mit Zuordnungsdefinition* kann auch auf andere Weise formuliert werden als durch eine synthetische generelle Implikation. Eine andere Schreibweise wäre etwa: „,x trug einen Degen' wird befriedigt durch Zuordnung eines jeden Argumentwertes, der ein Element der Klasse der englischen Offiziere des 18. Jahrhunderts bezeichnet." (Oder etwas kürzer: „,x trug einen Degen' wird durch jeden Argumentwert befriedigt, der einen englischen Offizier des 18. Jahrhunderts bezeichnet", usw.)

Man sieht: Die Schreibweise als generelle Implikation ist für die Verbindung: „Aussagefunktion mit Zuordnungsdefinition" nicht wesentlich. Sie ist nur eine der möglichen Schreibweisen für diese Verbindung. (Und zwar eine solche Schreibweise, bei der die Zuordnungsdefinition auch in die Form einer Aussagefunktion gebracht und als Implikans der „eigentlichen" Aussagefunktion — dem Implikat — vorausgeschickt wird.)

Selbstverständlich ist jede *Aussagefunktion verbunden mit einer Zuordnungsdefinition* eine echte Aussage, denn sie behauptet, daß die Aussagefunktion durch bestimmte Argumentwerte befriedigt wird. Die Zuordnungsdefinition *bindet* die Variable der Aussagefunktion an bestimmte Werte.

Aussagefunktionen mit Zuordnungsdefinitionen dürfen also als echte Sätze auf keinen Fall mit Aussagefunktionen verwechselt werden.

Der *Form* nach können auch die tautologischen generellen Implikationen als Aussagefunktionen mit Zuordnungsdefinitionen angesehen werden. Auch bei ihnen ordnet das Implikans dem Implikat Argumentwerte zu. (Zum Beispiel: „,x trägt einen Degen' impliziert generell ,x trägt einen Degen'." Auch diese tautologische generelle Implikation läßt sich selbstverständlich in die Form bringen: „,x trägt einen Degen' wird bei Zuordnung eines jeden Elementes der Klasse der Degenträger befriedigt.") Ich habe aber in den früheren Abschnitten den Terminus *„Zuordnungsdefinition"* immer nur im Sinne einer *synthetischen, einer empirischen Zuordnungsdefinition* verwendet und will diesen Sprachgebrauch auch weiter beibehalten: Wenn von Zuordnungsdefinitionen schlechthin die Rede ist, so sollen damit *keine tautologischen* Zuordnungen von Argumentwerten gemeint sein, also keine Zuordnung von Werten, die durch die Bedingung *definiert* sind, daß sie die Aussagefunktion befriedigen müssen. (Eine solche „tautologische Zuordnungsdefinition" stellt gar nicht selbständig Werte auf, um sie der Aussagefunktion zuzuordnen: Sie behauptet eben nicht mehr, als daß solche Werte die Aussagefunktion befriedigen, die die Aussagefunktion befriedigen.)

Will man sohin unter „Zuordnungsdefinition" nur die „eigentliche", die synthetische, empirische Zuordnungsdefinition verstehen — mit Ausschluß der tautologischen — so kann man sagen:

Jede echte Wirklichkeitsaussage kann in eine Aussagefunktion mit Zuordnungsdefinition umgeformt werden (etwa in Form einer synthetischen generellen Implikation) und umgekehrt:

Jede Aussagefunktion mit Zuordnungsdefinition (etwa als synthetische generelle Implikation geschrieben) ist eine echte Wirklichkeitsaussage.

Alle jene Formen des *Empirismus,* die in den Naturgesetzen *echte Sätze* sehen, fassen sie selbstverständlich als synthetische Sätze, als *Wirklichkeitsaussagen* auf. Oder, wie man nunmehr auch sagen kann: als *Aussagefunktionen, verbunden mit* (empirischen) *Zuordnungsdefinitionen* (die etwa in Form einer generellen Implikation geschrieben werden können).

Um Beispiele für solche Naturgesetze — formuliert als Aussagefunktionen mit Zuordnungsdefinitionen — zu bringen, brauche ich nur auf solche empiristische

Positionen zurückzugreifen, die in den Naturgesetzen echte Wirklichkeitsaussagen sehen.

Ich wähle für meine Beispiele zwei solche empiristische Positionen: Die Position, die in den Naturgesetzen echte, streng allgemeine Wirklichkeitsaussagen sieht (eine Ansicht, mit der auch die von mir vertretene deduktivistisch-empiristische Auffassung übereinstimmt) und die Position des strengen Positivismus, der in den Naturgesetzen zusammenfassende Berichte sieht (also keine streng allgemeinen, sondern besondere echte Wirklichkeitsaussagen).

Ein Naturgesetz, aufgefaßt als streng allgemeine echte Wirklichkeitsaussage, würde in der Formulierung als Aussagefunktion mit Zuordnungsdefinition (als synthetische generelle Implikation) etwa folgendermaßen aussehen (ich verwende die alten Beispiele):

„,x ist ein Steinwurf' impliziert generell ,die Bahn des Wurfes x ist eine Parabel'" (gewöhnliche Ausdrucksweise: „Die Bahnen aller Steinwürfe sind Parabeln").

Im Sinne des strengen Positivismus könnte jener Satz — als zusammenfassender Bericht — etwa in folgender Form geschrieben werden:

„,x ist einer jener Steinwürfe, deren Bahn *bisher* ausgemessen wurde' impliziert generell ,die Bahn des Wurfes x ist eine Parabel'" (gewöhnliche Ausdrucksweise: „Soweit die betreffenden Bahnen bisher ausgemessen wurden, hat sich ergeben, daß alle Bahnen von Steinwürfen Parabeln waren").

In diesen Formulierungen werden dem Implikat durch das Implikans empirisch definierte Argumentwerte zugeordnet, Argumentwerte, von denen die Frage, ob sie den Bedingungen des Implikats genügen, ob sie das Implikat befriedigen oder nicht, nicht a priori beantwortet werden kann: Denn das ist nichts anderes als die Frage, ob diese Wirklichkeitsaussagen wahr oder falsch sind.

Vergleicht man diese empiristischen Auffassungen mit der konventionalistischen oder mit der Auffassung der ersten Scheinsatzposition, so kann man feststellen, daß die Frage: Aussagefunktionen (beziehungsweise: Aussagegleichungen) mit oder ohne Zuordnungsdefinitionen? von entscheidender Bedeutung ist.

Ohne Zuordnungsdefinition werden die Begriffe oder Variablen des Systems durch die Axiome lediglich *untereinander* verknüpft, *untereinander* in Beziehung gebracht, nicht aber mit der Wirklichkeit. Nur wenn die Begriffe des Systems eine konkrete Bedeutung haben, die ihnen *nicht* durch das Axiomsystem implizit verliehen ist, kann man die Axiome der Theorie als Sätze auffassen, *in denen von der Wirklichkeit gesprochen wird*. Diese Bedeutung wird den Zeichen (den Begriffen oder Variablen) eben nur durch eine Zuordnungsdefinition verliehen (die nicht immer ausdrücklich formuliert sein muß, sondern sogar meist nur durch den *Gebrauch* dieser Zeichen, durch „Gebrauchsdefinition" festgelegt ist). Die Begriffe — und mit ihnen die Axiome, die Theorien, in denen sie auftreten — beziehen sich erst durch die Zuordnungsdefinitionen auf die Wirklichkeit.

Auch die konventionalistisch aufgefaßte Theorie (oder die im Sinne der ersten Scheinsatzposition verstandene) kann man auf die Wirklichkeit anwenden. Aber diese Anwendung ist von ganz anderer Art als jene, die durch empiristische Zuordnungsdefinitionen vermittelt wird. Der Konventionalismus gibt ja eben keine bestimmten Zuordnungen zu bestimmten Vorgängen und Gegenständen der Wirklichkeit an, sondern er gestattet nur, eben *jene* Vorgänge und Gegenstände als Modell der Theorie anzusehen, die den Bedingungen der Theorie genügen: Nur für die

Modelle sind die Begriffe (oder die gebundenen Variablen) der Theorie definiert, nur von ihnen ist in der Theorie *überhaupt die Rede*. Ob nun aber ein wirklicher Vorgang der Theorie entsprechen wird oder nicht, das kann man mit Hilfe dieser (konventionalistisch aufgefaßten) Theorie schon deshalb *nicht vorhersehen*, weil die Theorie ja nur dann auf den Vorgang angewendet werden darf, wenn man bereits weiß, daß der Vorgang ihr entspricht, ihr Modell ist.

Prognosen über den Ablauf der Vorgänge der Wirklichkeit kann daher der Konventionalist niemals machen. Er kann ja nur über die Modelle der Theorie sprechen und für diese Vorhersagen machen. Ob aber ein Vorgang ein Modell der Theorie ist oder nicht, das zeigt sich immer erst dann, wenn dieser Vorgang den Bedingungen der Theorie bereits genügt hat, oder wenn er ihnen nicht genügt hat. Zeigt es sich, daß der Vorgang der Theorie nicht genügt, dann war eben von ihm in der Theorie gar nicht die Rede, dann hat die Theorie nichts über ihn behauptet. Es stellt sich also von einem Vorgang der Wirklichkeit immer erst post festum (nicht „a posteriori") heraus, ob die Theorie überhaupt von ihm gesprochen hat, beziehungsweise, welche Begriffe der Theorie sich auf ihn als auf ihr Modell beziehen. Prognosen, die a posteriori verifiziert oder falsifiziert werden können, kommen auf diese Weise nicht zustande; denn solche Prognosen können nur Wirklichkeitsaussagen sein: Sätze, die in bestimmter (und zwar in möglichst bestimmter!) Weise von der Wirklichkeit sprechen.

Jede Form des Empirismus muß Zuordnungsdefinitionen oder etwas diesen Entsprechendes verlangen; auch eine empiristisch orientierte Scheinsatzposition. Denn erst durch Zuordnungsdefinitionen werden die Zeichenkombinationen und Begriffssysteme zu naturwissenschaftlichen Theorien. „Erst durch solche Zuordnungsdefinitionen wird es möglich, in der Sprache des Begriffssystems von der Wirklichkeit zu reden."[1]

Eine Aussagefunktion mit Zuordnungsdefinition kann (wie jede Wirklichkeitsaussage) auch *pragmatisch* aufgefaßt werden.

Die Zuordnungsdefinition besteht ja darin, daß ein gewisses (empirisches) Gebiet von Argumentwerten abgegrenzt und die Behauptung aufgestellt wird, daß diese Argumentwerte die Aussagefunktion befriedigen. Diese Behauptung läßt sich in pragmatistischer Ausdrucksweise auch so ausdrücken: Für dieses Gebiet, das die Zuordnungsdefinition abgrenzt, ist die Aussagefunktion ein *brauchbares Schema zur Bildung von Aussagen.*

Es wäre somit möglich, daß jede Behauptung, eine Aussagefunktion sei *für ein bestimmtes empirisches Gebiet brauchbar*, nichts anderes ist, als eben eine Aussagefunktion mit Zuordnungsdefinition, also eine echte Aussage; ein Ergebnis, das wieder zeigt, mit welcher Vorsicht man jede „Scheinsatzposition" daraufhin untersuchen muß, ob ihre „Scheinsätze" nicht vielleicht doch echte Aussagen sind.

Seitdem die Untersuchung die kritische Diskussion der Scheinsatzpositionen vorläufig verlassen und sich dem konventionalistischen Problemkreis zugewendet hat, hat sie auch einige (vorbereitende) Beiträge zum eigentlichen Thema, zu der Kritik der Scheinsatzpositionen, geliefert.

Sie hat gezeigt, daß der Konventionalismus, der in den Naturgesetzen echte analytische Urteile sieht und jener Empirismus, der die Naturgesetze als echte synthe-

---

[1] HERBERT FEIGL, Theorie und Erfahrung in der Physik (1929), S. 108.

tische Urteile betrachtet, zwei Klippen sind, zwischen denen jede Scheinsatzposition hindurch muß, die die Naturgesetze mit dem Begriff der Aussagefunktion in Verbindung bringt.

Auf der einen Seite entstehen besondere Schwierigkeiten für jede Erkenntnistheorie, die eine empiristische Scheinsatzposition vertritt und den Konventionalismus ablehnt. Die Frage: Empirismus oder Konventionalismus ist ja fast gleichbedeutend mit der Frage: Zuordnungsdefinition oder keine Zuordnungsdefinition. Jede Zuordnungsdefinition verwandelt aber die Aussagefunktion in einen echten Satz und jede bestimmte Angabe darüber, für welches Gebiet der Empirie die Aussagefunktion brauchbar sein soll, kann sich als eine versteckte Zuordnungsdefinition erweisen.

Auf der anderen Seite geraten die abgeleiteten „Aussagefunktionen" („Lehrsätze") der „ersten Scheinsatzposition" in bedenkliche Nähe zum Konventionalismus; sie sind keine Scheinsätze mehr, sondern Tautologien, analytische Urteile.

Bei allen diesen Schwierigkeiten darf man aber nicht vergessen, daß die Scheinsatzpositionen keineswegs die Naturgesetze mit den Aussagefunktionen in Verbindung bringen *müssen*. Es kann vielleicht auch noch andere Typen von pragmatischen Gebilden geben, die als Naturgesetze in Betracht kommen. Wie denn überhaupt alle diese Schwierigkeiten keineswegs in der Absicht aufgezeigt werden, eine Scheinsatzposition zu widerlegen, sondern nur um ihre Widerlegung vorzubereiten.

30. Konventionalistische und empiristische Deutung, erläutert am Beispiel der angewandten Geometrie.[1] Der Gegensatz zwischen der konventionalistischen und der empiristischen Auffassung wird erst bei der Untersuchung des Abgrenzungsproblems (und zwar durch Anwendung des Abgrenzungskriteriums) seine entscheidende Aufklärung finden. Dennoch soll an dieser Stelle, als vorläufiger Abschluß der Besprechung des konventionalistischen Problemkreises und auch als Gegengewicht gegen die in den letzten Abschnitten behandelten, ziemlich langwierigen logischen Subtilitäten der Gegensatz zwischen Konventionalismus und Empirismus an einem Beispiel nochmals zusammenfassend dargestellt werden. Als Beispiel soll das Problem [von] *Geometrie und Erfahrung* dienen.

Als ein ernsthaftes Streitobjekt zwischen Konventionalismus und Empirismus kommt meiner Meinung nach nur die *angewandte Geometrie* in Frage, die Geometrie als Lehre von den Messungsverhältnissen an physischen Objekten im physischen „Raum". Die *reine Geometrie* als rein mathematische Disziplin halte ich nicht für ein solches Streitobjekt: Auch der moderne Empirismus anerkennt ziemlich allgemein den nichtempirischen Charakter der reinen Mathematik.

Die reine Geometrie, richtiger: die reinen Geometrien, sind nichts anderes

---

[1] Vgl. zu diesem Abschnitt die neueren Formulierungen im Abschnitt *3ª* des Anhanges: „*Übergang zur Methodentheorie.*" [Diese Anmerkung nur in K₂. „*Übergang zur Methodentheorie*": siehe Band II (Fragmente); vgl. auch *Nachwort des Herausgebers.* Hrsg.]

als willkürlich (innerhalb der durch die axiomatischen Grundbedingungen gezogenen Grenzen) gewählte axiomatisch-deduktive Systeme, sind reine Begriffskombinationen auf frei gewählter axiomatischer Basis. Je nach der gewählten Zusammenstellung des Axiomensystems gibt es daher auch sehr verschiedene Geometrien (topologische, projektive und metrische Geometrien, unter diesen insbesondere die euklidische Geometrie und die nichteuklidischen Geometrien).

Alle diese Systeme — sofern sie axiomatisch voll durchgebildet sind — sind, logisch betrachtet, in einer Hinsicht vollkommen gleichberechtigt: Sie sind freie „Ansetzungen über unbestimmte Gegenstände"[2] und können als solche sowohl als implizit definierende Ansetzungen (Aussagegleichungen) wie auch als Aussagefunktionen interpretiert werden. Ihre Aufstellung kann, ohne jede Rücksichtnahme auf etwaige Anwendungen, ohne Rücksichtnahme auf die Verhältnisse der Wirklichkeit erfolgen: Sie sind verschiedene Begriffsspiele, die nach bestimmten Regeln gespielt werden, nach den Regeln der Logik.

Historisch-genetisch betrachtet sind natürlich auch die reinen Geometrien aus der Feldmeßkunst, also aus einer praktischen, einer angewandten Disziplin hervorgegangen. Und den Naturwissenschaftler interessieren sie auch heute vor allem mit Rücksicht auf ihre eventuellen Anwendungsmöglichkeiten: Er *braucht* eine Geometrie und sieht dementsprechend in den reinen Geometrien Werkzeuge, die der Mathematiker für ihn geschmiedet hat — der eine praktische Verwendbarkeit dieser „Werkzeuge" dabei vielleicht gar nicht im Auge hatte.

Aber die logische Struktur und die *Geltung* der reinen Geometrien sind von ihrer Geschichte und von ihrer pragmatistischen Betrachtung durch den Physiker völlig unabhängig. Ich halte die Debatte darüber, ob die Sätze der reinen Geometrien *synthetische Urteile* sind (wie Kant dachte) — also Wirklichkeitsaussagen — oder aber *rein begriffliche Gebilde* — also entweder analytische Urteile (implizite Definitionen, Aussagegleichungen) oder Aussagefunktionen — für endgültig geklärt. Das Hauptverdienst an dieser Klärung hat die moderne mathematische Grundlagenforschung und neben dieser — von philosophischer Seite — der Konventionalismus und der „logische Positivismus". Das Ergebnis ist: Die reine Geometrie ist eine rein begriffliche Angelegenheit und hat mit der Wirklichkeit (vorerst) nichts zu tun.

Erst durch [ihre] *Anwendung* werden die Geometrien mit der Wirklichkeit in Beziehung gebracht, und hier liegen die zum Teil noch offenen erkenntnistheoretischen Streitfragen zwischen Konventionalismus und Empirismus (die nach meiner Meinung auch durch die sehr beachtenswerten Untersuchungen der „logischen Positivisten" noch nicht restlos geklärt sind).

---

[2] [Vgl. Abschnitt *28*, Anm. 3 und Text zu dieser Anm. Hrsg.]

Und diese Fragen sind es, die ich zum Zwecke der Illustration des Gegensatzes zwischen Konventionalismus und Empirismus in diesem Abschnitt besprechen will.

Der Physiker braucht eine messende, eine *metrische Geometrie*, um präzise, zahlenmäßige Prognosen über Naturvorgänge zu machen, insbesondere über Bewegungen. (Die Bedeutung der quantitativen Präzisionsaussage für die Naturerkenntnis wurde schon früher erwähnt; vgl. Abschnitt 15.) Nun gibt es aber, wie schon angedeutet, unter den geometrischen Axiomensystemen auch *mehrere metrische Systeme*, vor allem die euklidische Geometrie und die nichteuklidischen Geometrien.

Sofort drängt sich die Frage auf:

Welche von den verschiedenen logisch gleichberechtigten Geometrien soll der Physiker auf die Wirklichkeit anwenden? Und nach welchen Gesichtspunkten soll er seine Entscheidung zwischen den verschiedenen Geometrien treffen?

Vorerst einen ganz kurzen Überblick über die bekanntesten Auffassungen der Frage. Anschließend soll dann auf die Antworten des Konventionalismus und des Empirismus näher eingegangen werden, die meiner Ansicht nach am bedeutsamsten sind.

Die *rationalistische* Ansicht, daß die unbedingte (a priorische) Geltung der euklidischen Axiome — auch in ihren Anwendungen auf die Wirklichkeit — unmittelbar einleuchtet, ist noch immer recht verbreitet. Offenbar wurde die Begriffsklärung: „Ein Axiom ist ein Satz, dessen Wahrheit unmittelbar einleuchtet" im Geometrieunterricht der Mittelschule noch zu einer Zeit propagiert, in der sie durch das anerkannte Nebeneinanderbestehen von euklidischen und nichteuklidischen Axiomensystemen der reinen Geometrie längst ihren Sinn verloren hatte. (Zwei einander widersprechende Axiome können nicht beide unmittelbar einleuchtend sein[*1].)

Eine *zweite Auffassung* ist Kants Lehre von der reinen „Anschauung": Die Natur erscheint uns in den Anschauungsformen des Raumes und der Zeit, die ihr von der „reinen Anschauung" (dem intuitiven Gegenstück zum diskursiven „Verstand") transzendental aufgeprägt werden. Darüber, daß der Raum als Form aller Naturerkenntnis der euklidische Raum ist, können wir aufgrund von reiner Anschauung a priori entscheiden. (Auf den Streit um die Kantsche Philosophie der Geometrie will ich nicht näher eingehen. Ich schließe mich in dieser Sache weitgehend den logischen Positivisten an, insbesondere Schlicks Erkenntnislehre[3].)

Der Hauptvertreter einer *empiristischen* Philosophie der Geometrie ist

---

[*1] Oder wenn sie es sind, so können wir daraus, daß sie unmittelbar einleuchtend sind, nicht auf ihre Wahrheit schließen.

[3] [Moritz Schlick, Allgemeine Erkenntnislehre (2. Aufl., 1925), S. 320 ff. Hrsg.]

wohl Helmholtz. Nach ihm entscheidet die Erfahrung (a posteriori) darüber, welche von den verschiedenen metrischen Geometrien auf die Wirklichkeit anzuwenden ist, welches geometrische Axiomensystem also über die mathematisch-logische Bedeutung einer reinen Geometrie hinaus auch für die Physik von Bedeutung ist.

Als eine ernsthafte Bedrohung der empiristischen Auffassung erscheinen mir einzig und allein die Gedankengänge des *Konventionalismus* (Poincaré) in Frage zu kommen. Vorerst scheint sogar der Einwand Poincarés den Empirismus Helmholtz' vernichtend zu schlagen.

Poincaré erklärt es für unmöglich, mit der empiristischen These in der Frage der angewandten Geometrie überhaupt „einen vernünftigen Sinn zu verbinden"[4]. Denn es ist *prinzipiell immer möglich, unsere Erfahrungen mit jeder metrischen Geometrie in Übereinstimmung zu bringen*, mit den nichteuklidischen Geometrien ebenso gut, wie mit der euklidischen Geometrie.

Läßt sich jede Erfahrung aber mit jeder Geometrie in Einklang bringen, so ist eine empirische Entscheidung über die zu wählende Geometrie unmöglich. So meint denn auch der Konventionalismus, daß wir von seiten der Erfahrung völlige Wahlfreiheit haben und die Geometrie, für die wir uns entscheiden wollen, einzig per conventionem festsetzen können. Für welche Geometrie sollen wir uns aber entscheiden? Mangels materialer empirischer Entscheidungsgründe richten wir uns bei der konventionellen Festsetzung einzig und allein nach der größeren oder geringeren *Einfachheit* der verschiedenen Systeme: Wir wählen die *euklidische Geometrie*, weil ihr Axiomensystem das *einfachste* ist.

Ich will auf die konventionalistische Auffassung, die ich (obwohl ich selbst der empiristischen Gegenpartei angehöre) in ihren Grundgedanken für unanfechtbar halte, gleich näher eingehen.

Die verschiedenen Systeme der metrischen Geometrie unterscheiden sich — als reine axiomatische Systeme, ohne Rücksicht auf ihre Anwendung — dadurch, daß in ihnen *verschiedene metrische Formeln* gelten. So ist zum Beispiel das Größenverhältnis zwischen Durchmesser und Umfang eines Kreises in den Formeln der nichteuklidischen Geometrien kein konstantes, sondern es hängt von der (absoluten) Größe des Kreises ab. Analoges gilt etwa für die Winkelsumme im Dreieck: In der euklidischen Geometrie ist sie konstant gleich 180° (ohne Rücksicht auf die Größe). In den nichteuklidischen Geometrien weicht die Winkelsumme mit wachsender Größe des Dreiecks von der euklidischen Winkelsumme immer mehr ab.

Daß zwischen den verschiedenen (reinen) Geometrien derartige Unterschiede bestehen, ist eine selbstverständliche Folge der verschieden zusammengestellten Axiomensysteme. Wie man sieht (und wie als erster J. H.

---

[4] [HENRI POINCARÉ, Wissenschaft und Hypothese (deutsch von FERDINAND und LISBETH LINDEMANN, 3. Aufl., 1914), S. 81. Hrsg.]

Lambert, der Freund Kants gefunden hat[5]), liegt die Einfachheit der euklidischen Geometrie darin, daß ihre metrischen Formeln für die verschiedenen geometrischen Gebilde die (absolute) Größe dieser Gebilde nicht berücksichtigen. (In einer Formulierung von Gerstel[6] gilt für sie das Axiom: „Alle räumliche Größe ist relativ"[*2].)

Der Standpunkt des Konventionalismus enthält als wichtigste These die Behauptung, daß man jede dieser Geometrien ohne besondere Schwierigkeit zur Naturbeschreibung verwenden kann.

Zwar wird ein Modell eines euklidischen Dreiecks, realisiert durch wirkliche, physische Körper, anders aussehen als das Modell eines nichteuklidischen Dreiecks (mit nichteuklidischen „Geraden" als Seiten), das entsprechend den abweichenden Bedingungen eines nichteuklidischen Axiomensystems gebaut ist. Aber Modelle lassen sich (mit beliebig großer Annäherung) für jede dieser Geometrien realisieren. Das heißt aber, daß (mit Hilfe entsprechend konstruierter und realisierter Koordinatensysteme) jede dieser Geometrien auf die Wirklichkeit anwendbar ist.

Da es sich bei diesen verschiedenen Geometrien um verschiedene *metrische* Formeln handelt, so wirkt sich ihr Unterschied vor allem darin aus, daß die Modelle der *Maßstäbe* für die verschiedenen Geometrien von einander *abweichende physische Eigenschaften* haben. Ein euklidisches Modell eines Maßstabes wird physisch anders zu konstruieren sein, als ein nichteuklidisches Modell. Wählt man also ein bestimmtes geometrisches Axiomensystem, so hat man durch diese Wahl auch die physische Konstruktion der Modelle von Maßstäben dieses Systems (das „*Maßsystem*") mit festgelegt:

Das Maßsystem, der Maßstab, muß so konstruiert werden, daß alle Messungen mit den metrischen Formeln der gewählten Geometrie übereinstimmen; denn durch diese Formeln ist ja ihr Begriff des Maßstabes *implizit definiert*.

Keine Erfahrung kann dann die Verwendbarkeit einer frei gewählten Geometrie widerlegen: Wenn praktische Messungsergebnisse den Formeln einer gewählten Geometrie widersprechen, so bedeutet das keineswegs, daß diese Geometrie nicht mit den Bedingungen der Wirklichkeit übereinstimmt, sondern es ist nur ein Anzeichen dafür[b], daß die als Maßstäbe verwendeten *Meßkörper* keine geeigneten Modelle dieser Geometrie sind. Sie müssen also entsprechend den Formeln *korrigiert* werden, denn die Abweichung zeigt,

---

[5] Vgl. dazu ROBERTO BONOLA, Die nichteuklidische Geometrie (deutsch von HEINRICH LIEBMANN, 1908).

[6] [ADOLF GERSTEL, Über die Axiome der Geometrie, Wissenschaftliche Beilage zum sechzehnten Jahresbericht (1903) der Philosophischen Gesellschaft an der Universität zu Wien (Vorträge und Besprechungen über das Wesen der Begriffe, ...), S. 110. Hrsg.]

[*2] Eine andere Formulierung ist „es gibt ungleich große aber *ähnliche* Dreiecke" (also ungleich große Dreiecke mit denselben Winkeln).

daß sie sich gegenüber dem implizit definierten idealen Modell verlängert oder verkürzt, jedenfalls aber *deformiert* haben.

Soweit die konventionalistische Auffassung. Ihr grundlegender Gedanke — daß es prinzipiell immer möglich sein muß, jeden physikalischen, jeden Naturvorgang mit Hilfe einer frei gewählten Geometrie zu beschreiben — scheint mir unanfechtbar.

Wie kann bei einer solchen Problemlage die empiristische Auffassung noch haltbar erscheinen, die Auffassung, daß die Erfahrung über die Wahl der Geometrie entscheidet?

Nun, der Empirist muß zugeben, daß man die Geometrie durch freie Wahl festsetzen *kann* und damit dann auch implizit ihren Begriff des „Maßstabes" festlegt.

Aber man *kann* auch umgekehrt verfahren.

Man kann — und darauf stützt sich die empiristische Auffassung — den Begriff des „Maßstabes" oder „Meßkörpers" durch eine (explizite) Zuordnungsdefinition konkret definieren. Mit dieser Zuordnungsdefinition macht man alle metrischen Sätze der verschiedenen Geometrien zu Wirklichkeitsaussagen, über die nur die Erfahrung entscheiden kann. Nur die Erfahrung kann dann darüber entscheiden, welche von den verschiedenen Geometrien die empirischen Messungsverhältnisse am besten darstellt; wobei natürlich nur Messungen in Frage kommen, die unter Zugrundelegung des explizit definierten Meßkörpers als Maßstab durchgeführt werden.

Welchen physischen Körper wird aber der Empirist als Meßkörper wählen?

Jede Definition ist konventionell, ist eine freie Setzung. Ähnlich, wie der Konventionalist, der sich zur Wahl einer bestimmten Geometrie entschließt und damit ein System von impliziten Definitionen frei festsetzt, wird sich auch der Empirist bei der Definition des Maßstabes, bei der Wahl des Meßkörpers, von Gesichtspunkten der *Einfachheit* leiten lassen: Wählt der Konventionalist die euklidische Geometrie, so der Empirist den „praktisch-starren" (das heißt möglichst festen) physischen Körper als Maßstab.

Konventionalismus wie Empirismus müssen also vorerst *definieren*:

Der Konventionalist wählt ein System von impliziten Definitionen, ein bestimmtes geometrisches Axiomensystem — etwa die euklidische Geometrie.

Der Empirist wählt einen bestimmten physischen Meßkörper als Maßstab — etwa den praktisch starren Körper.

Für Konventionalismus wie für Empirismus kann es — wenn diese Definitionen einmal festgesetzt sind — *keine weitere Wahlfreiheit* geben:

Der Konventionalist hat mit der Wahl der Geometrie auch seine Maßstäbe implizit mitgewählt. Er muß sich damit begnügen, die Modelle seines Systems, die Maßstäbe, nach den Bedingungen des Systems zu korrigieren. Ob und wieweit ein bestimmter (explizit definierter) physischer Körper den Bedingungen eines Modells genügt, das zeigen ihm die Ergebnisse von Messungsversuchen mit diesem Körper.

Der Empirist hat mit der Wahl seines Meßkörpers die Wahl der Geometrie implizit mitvollzogen. Er kann nur mit diesem Maßstab Messungen anstellen und muß abwarten, welcher Geometrie die Messungsergebnisse entsprechen. Es wird offenbar jene Geometrie sein, zu deren Modell sich der gewählte Meßkörper eignet. Auch ihn können nur Messungsversuche mit seinem Meßkörper darüber aufklären, ob und wie weit eine bestimmte Geometrie den Ergebnissen dieser Versuche entspricht.

Die Ergebnisse der neueren Physik haben dem Streit zwischen Konventionalismus und Empirismus neue Nahrung gegeben.

Poincaré konnte sich noch darauf stützen, daß die damalige Physik tatsächlich die euklidische Geometrie bevorzugte. Aber seit der allgemeinen Relativitätstheorie Einsteins begünstigt die Physik nichteuklidische (Riemannsche) Geometrien, was zweifellos die empiristische Position sehr gestärkt hat.

Aber es ist eben auch möglich — und es *muß* möglich sein —, die von der allgemeinen Relativitätstheorie aufgefundenen Tatsachen im Sinne des Konventionalismus mit Hilfe der euklidischen Geometrie zu deuten und darzustellen.

Die allgemeine Relativitätstheorie bevorzugt eine empiristische Darstellungsweise: Sie nimmt an — *aufgrund von Messungsergebnissen* — daß im Gravitationsfeld eine nichteuklidische Geometrie gilt. (Sie drückt das meist in der etwas abschreckenden Form aus — die aber nur genau dasselbe besagen will —, daß im Gravitationsfeld „*der Raum gekrümmt*" ist.)

Dieselben Erfahrungstatsachen, die die Relativitätstheorie zur Annahme einer nichteuklidischen Geometrie führen, lassen sich aber im Sinne des Konventionalismus (und in einer für den Ungeübten weit verständlicheren Form) auch so deuten, auch so ausdrücken, daß alle starren Körper sich im Gravitationsfeld in gewisser Weise kontrahieren. Die auf ihnen angebrachten Maßstäbe verkürzen sich daher gegenüber den idealen, implizit durch die euklidische Geometrie definierten Maßstäben: Die starren Körper sind eben keine idealen Modelle von Maßstäben im Sinne der euklidischen Geometrie.

Man kann also dieselben empirischen Befunde *konventionalistisch* als Maßstabsverkürzung im Gravitationsfeld deuten (genauer: als Verkürzung des starren Körpers gegenüber dem implizit definierten Maßstab) oder *empiristisch* als Anzeichen dafür, daß im Gravitationsfeld nichteuklidische Geometrien gültig sind, daß der Raum gekrümmt ist; je nachdem, ob man als Konventionalist die euklidische Geometrie per definitionem festgesetzt hat oder als Empirist den starren Körper als Maßstab.

Hier könnte nun leicht die Meinung aufkommen, daß dieser ganze Gegensatz zwischen Konventionalismus und Empirismus ein leerer Streit um

Worte ist. Beide Positionen stellen ja, wie es scheint, die *gleichen empirischen Tatsachen* dar, wenn auch in anderer Ausdrucksweise.

Jede der beiden Positionen — so könnte man versuchen, diese Ansicht zu begründen — muß mit Definitionen beginnen: Die eine wählt ein Axiomensystem von impliziten Definitionen, die andere Zuordnungsdefinitionen. Sind die Definitionen einmal festgesetzt, so hängt für beide Teile alles weitere von der Erfahrung ab: für den Konventionalismus, wie seine Modelle physisch konstruiert werden müssen, für den Empirismus, welches Axiomensystem sich bewährt oder nicht bewährt. Bei beiden Positionen kann man also einen definierenden Teil und einen empirischen Teil unterscheiden: Sie sind erkenntnistheoretisch im Wesentlichen *gleichwertig* und es ist eine bloße Frage der Darstellung, eine Frage des Stils oder des Geschmacks, welcher Position man sich lieber anschließt.

Ich halte die hier dargelegte Auffassung für unklar und den Versuch ihrer Begründung für ein Mißverständnis des Konventionalismus. Aber diese Ansicht, dieses Mißverständnis kann dazu anregen, etwas tiefer in das Problem einzudringen.

Vorerst: Daß zwischen Konventionalismus und Empirismus kein Streit über die Erfahrungstatsachen herrscht, ist ganz selbstverständlich: Der Konventionalismus hat keinen Grund, sich in eine Debatte über „Erfahrungen" einzulassen, da ja nach seiner Auffassung *jede* Erfahrung im Sinne der von ihm gewählten Theorie gedeutet werden kann (und muß): Es kommt deshalb ein Streit um die beobachteten Tatsachen gar nicht in Frage, sondern lediglich ein Gegensatz in ihrer *Deutung.*

Ferner ist es durchaus mißverständlich, eine Deutung der Ergebnisse der Relativitätstheorie im Sinne einer euklidischen Geometrie unter allen Umständen als konventionalistisch auszulegen. Eine solche Deutung könnte vielmehr auch empiristisch sein. Und wenn sich bei einer Auffassung des Tatsachenmaterials der angewandten Relativitätstheorie im Sinne der euklidischen Geometrie wirklich ein definierender *und ein empirischer Teil* unterscheiden läßt (wie jene Ansicht voraussetzt, die den Gegensatz der beiden Positionen bestreitet) — dann wäre in der Tat die Bezeichnung „Konventionalismus" ein „sehr ungeschickter Name" (Reichenbach[7]) für eine Auffassung, die eben durchaus *empiristisch* ist.

Jede empiristische Interpretation muß Definitionen (und zwar Zuordnungsdefinitionen) willkürlich festsetzen, um dann *empirische Aussagen* machen zu können, und umgekehrt: jede Auffassung, die so vorgeht, die empirisch überprüfbare Aussagen einführt, ist empiristisch. Dieser „empirische Teil", die Wirklichkeitsaussagen sind es, die den Empirismus charakterisieren: Nicht vielleicht die Einführung einer nichteuklidischen Geometrie, sondern die Entscheidung über diese Einführung durch die Erfahrung.

---

[7] [Hans Reichenbach, Philosophie der Raum-Zeit-Lehre (1928), S. 49. Hrsg.]

Nur dann können aber die Aussagen der verschiedenen Geometrien auf die Wirklichkeit so bezogen werden, daß die Erfahrung über sie entscheiden kann, wenn ihre Begriffe durch Zuordnungsdefinitionen konkrete Bedeutung gewonnen haben.

Auch jene Deutung der Relativitätstheorie, die die euklidische Geometrie beibehält und von einer Verkürzung der starren Körper im Gravitationsfeld spricht, wird also Zuordnungsdefinitionen angeben müssen, wenn sie überhaupt als *empirische Theorie* behandelt (und vielleicht abgelehnt) werden will. Sie muß die physischen Eigenschaften ihres Maßstabes genau angeben; etwa durch eine genaue Angabe der Verkürzung der starren Körper gegenüber diesem ihrem Maßstab. Sie muß diese Angaben explizit, konkret machen und bleibt an ihre explizite Definition *gebunden*. Grundsätzlich steht dem nichts im Wege, daß sie ihre Zuordnungsdefinitionen so wählt, daß die Messungsergebnisse mit den Formeln der euklidischen Geometrie übereinstimmen. Aber diese Zuordnungsdefinitionen dürfen nicht — und hier liegt der Gegensatz zur konventionalistischen impliziten Definition — nach Bedarf (ad hoc) abgeändert werden, um die Sätze des Systems vor einer Widerlegung durch die Erfahrung zu retten.

Nur eine Verbindung des Systems mit hinreichend fixierten Zuordnungsdefinitionen ist empiristisch: „Eigenschaften der Realität trifft man erst durch Kombination einer Maßaussage mit der zugrundeliegenden Zuordnungsdefinition" schreibt Reichenbach[8] über die empiristische Auffassung.

Der Konventionalismus bindet sich grundsätzlich an keine Zuordnungsdefinitionen. Er kann ja seine Begriffe nicht zweimal definieren (einmal implizit und einmal konkret). Sein „starrer Körper" kann wohl unter Umständen mit dem physischen starren Körper identisch sein; unter anderen Umständen aber — wenn nämlich die Ergebnisse von Messungen mit dem physischen starren Körper der Theorie widersprechen — kann sich der Konventionalist an keine Zuordnung gebunden halten: Der „praktisch-starre Meßkörper" hat sich eben gegenüber dem implizit definierten Maßstab oder dem „idealen starren Körper" *deformiert*.

Die Behauptung über diese Deformation ist von besonderem Interesse für das Problem.

Entweder deutet sie der Konventionalist so, daß ihr *keine reale Bedeutung zukommt*, da sie ja von der willkürlichen Wahl des Systems abhängig ist: Der betreffende Meßkörper entspricht eben nicht den Bedingungen der impliziten Definitionen dieses Systems, einem anderen System würde er vielleicht entsprechen.

Oder — und das ist der weitaus interessantere Fall — er steht auf dem Standpunkt, daß die Deformation so „real" ist, wie überhaupt ein meßbarer physikalischer Vorgang sein kann. Ein radikaler Konventionalist wird kon-

---

[8] HANS REICHENBACH, op. cit., S. 47; der dort dargelegten Auffassung des Konventionalismus kann ich mich freilich nicht ganz anschließen.

sequenter Weise annehmen, daß *jede* Beschreibung eines physikalischen Vorganges konventionalistisch geschieht, das heißt, von der Wahl des Systems abhängig; daher ist die behauptete Deformation des „praktisch-starren Körpers" ebenso „real" wie irgend ein anderer Vorgang.

In dieser Form vertreten, nimmt die Behauptung von der Deformation des Meßkörpers den Charakter einer (physikalischen) Hypothese an, und zwar — da sie ja jederzeit ad hoc eingeführt werden kann — einer *Hilfshypothese*.

Diese Hilfshypothese gestattet es, eine Art von Zuordnung zwischen dem implizit definierten „Maßstab" und dem betreffenden realen Meßkörper aufrechtzuerhalten; aber eine Zuordnung, die — im Gegensatz zur empiristischen Zuordnungsdefinition — niemals bindend ist, sondern jederzeit nach Bedarf durch Hilfshypothesen abgeändert werden kann, ja, abgeändert werden muß, wenn es gilt, abweichende Messungsergebnisse zu „erklären".

Wenn der Konventionalist überhaupt nähere Angaben über Anwendungen macht und somit Zuordnungen angibt, so muß er notwendiger Weise auch zu solchen Hilfshypothesen greifen: er muß sie nicht nur *zulassen,* sondern geradezu für unvermeidlich erklären. Denn er geht ja davon aus, daß die Wissenschaft zu impliziten Definitionen greifen *muß,* weil mit Hilfe der konkret definierten Begriffe exakte wissenschaftliche Aussagen nicht möglich sind. Die Kluft, die er zwischen den konkreten und den implizit definierten Begriffen aufreißt, muß er daher mit Hilfshypothesen ausfüllen: Jeder *Korrektur* des „Modells" entspricht eine *Hilfshypothese* über eine Abweichung des konkreten „Modells" vom idealen, durch implizite Definition festgelegten [Modell].

Es kann nach konventionalistischer Auffassung kein Axiomensystem geben, bei dem solche Korrekturen, solche Hilfshypothesen überflüssig wären: Könnte die Kluft zwischen implizit definierten, idealen Modellen und den Gegenständen und Vorgängen der Wirklichkeit durch ein bestimmtes Axiomensystem zum Verschwinden gebracht werden, so brauchte man ja keine implizite Definition, so könnte man ja konkret definieren, so wäre die ganze konventionalistische Erkenntnistheorie überflüssig.

Wohl mag diese Kluft durch manche Axiomensysteme, durch manche implizite Definitionen übermäßig vergrößert werden: diese scheiden dann aus praktischen Gründen als unzweckmäßig (nicht als falsch) aus. Die andern Axiomensysteme sind aber prinzipiell gleichwertig: Korrekturen [und] Hilfshypothesen brauchen ja alle. Deshalb entscheidet zwischen ihnen nicht mehr die Rücksichtnahme auf leichtere oder schwierigere praktische Anwendung, sondern die Auswahl geschieht lediglich unter dem Gesichtspunkt der *Einfachheit des Systems.*

Das gewählte System kann, einmal eingeführt, als *unabänderlich* betrachtet und festgehalten werden. Dafür sind seine Beziehungen zu den Vorgängen und Gegenständen der Wirklichkeit *variabel*: Die Brücke zur Wirklichkeit führt über sich ändernde Korrekturen, führt über ad hoc eingeführte Hilfshypothesen, für die der Konventionalismus prinzipiell keine Beschränkung gelten lassen kann.

Im Gegensatz dazu fordert der Empirismus größte Beschränkung im Gebrauch von Hypothesen und Korrekturen.

Auch er wird zu Korrekturen und Hilfshypothesen in bezug auf seine Zuordnungsdefinitionen gezwungen, und oft zu gar nicht sehr einfachen. Das klassische Beispiel ist die Wärmekorrektur bei seinen „praktisch-starren Körpern", die von Temperatur und Material abhängt.

Aber hier liegt ein grundlegender Unterschied zum Konventionalismus vor:

Der Empirist kann gar nicht seine Zuordnungsdefinitionen allein korrigieren und das Axiomensystem unverändert lassen. Das Axiomensystem und seine Zuordnungsdefinitionen bilden für den Empiristen in gewissem Sinn eine Einheit, da ja durch Änderung der Zuordnungsdefinitionen sich auch der Sinn der Wirklichkeitsaussagen ändert, die das Axiomensystem bilden. Überdies muß er verlangen, daß die Korrektur im Axiomensystem ihre *Begründung* findet, daß sie aus diesem deduziert werden kann und daß das Axiomensystem nötigenfalls dementsprechend abgeändert wird.

Am schärfsten aber läßt sich der Gegensatz zwischen der konventionalistischen und der empiristischen Auffassung der Korrekturen durch folgende Bemerkung zeigen:

Für den Konventionalisten bleibt das System unangetastet bestehen, ob nun viele Hilfshypothesen notwendig werden oder nur wenige. Die Korrekturen sind die notwendigen Konsequenzen der absoluten, apriorischen Gültigkeit des Systems als eines Systems von impliziten Definitionen.

Der Empirist fühlt bei jeder Korrektur, die notwendig wird, daß sie sein System in den Grundfesten erschüttert. Denn daß eine Korrektur notwendig geworden ist, heißt ja nichts anderes, als daß sein System (in dieser Form) durch die Erfahrung widerlegt wurde. Zwar hat er oft gute Gründe, das System nicht sofort als Ganzes fallen zu lassen: Er weiß, daß sich sogar eine Korrektur, eine Hilfshypothese, die vorerst nur ad hoc und vielleicht nur zögernd eingeführt wurde, zu einem glänzend bewährten Bestandteil der Theorie entwickeln kann. Aber wenn die Hilfshypothese ein Fremdkörper des Systems bleibt, wenn die Bewährungen ausbleiben und vor allem, wenn *wieder neue Hilfshypothesen* notwendig werden, wird er schließlich nicht mehr versuchen, das System zu retten: Er betrachtet es als widerlegt, er läßt es fallen. Ein *Neubau* ist notwendig geworden.

Der Empirist geht nach dem methodischen Grundsatz vor: möglichst wenig Hypothesen! („Prinzip des sparsamsten Hypothesengebrauchs".)

Wenn er nicht nach diesem Prinzip verfährt, so kann er dem Konventionalismus nicht entgehen.

Er könnte dann nämlich immer wieder versuchen, das System durch Hilfshypothesen zu stützen; ein Neubau wird dann überflüssig, da das System durch entsprechende Hilfsannahmen (somit durch Loslösung von bindenden Zuordnungsdefinitionen) immer gerettet werden kann. Es wird für die Erfahrung unwiderleglich: Der empiristische Standpunkt ist verschwunden, an seine Stelle ist der konventionalistische getreten, denn nur *analytische* Urteile können durch Erfahrung unwiderleglich, das heißt, a priori wahr sein.

(Um eine Theorie unangreifbar zu machen, wird in verschiedenen Wissenschaften gar nicht selten zu einer solchen „konventionalistischen Wendung" gegriffen.)

An und für sich müßte zwischen Konventionalismus und Empirismus kein sachlicher Gegensatz in der Wahl der Theorie bestehen. Ja, es ist sozusagen der normale Zustand, daß Konventionalismus und Empirismus nicht verschiedene Theorien vertreten, sondern nur verschiedene *Deutungen* der [zur Zeit] allgemein anerkannten Theorien: Es ist ja grundsätzlich immer möglich, jedes theoretische System als ein System von impliziten Definitionen aufzufassen.

Zu einem sachlichen Konflikt zwischen Konventionalismus und Empirismus muß es jedoch kommen, wenn die Theorie in ein Stadium der Umwälzung, der Krise eintritt, das heißt, wenn der Empirismus die herrschende Theorie als *widerlegt* betrachtet und daran geht, einen großzügigen Neubau durchzuführen.

Hier kann der Konventionalist einfach nicht mit. Er wird nie begreifen, weshalb gerade diese Erfahrungen die Theorie widerlegen sollen, da doch geringfügige Korrekturen (wie sie ja immer notwendig sind) alles wieder in Ordnung bringen können. Er sieht keinen Grund, die bewährte Theorie, die bewährten impliziten Definitionen aufzugeben, und er *kann* keinen sehen: Implizite Definitionen sind ja unwiderleglich.

Ich denke hier natürlich in erster Linie an die Umwälzung der Physik durch die Relativitätstheorie (und an deren konventionalistische Kritik durch Dingler[9]).

Und damit komme ich wieder auf das Geometrieproblem zurück:

Auch der Konventionalismus mußte die Zulässigkeit der relativistischen nichteuklidischen Raumauffassung einräumen. Der Konventionalismus ist ja auf die euklidische Geometrie nicht eingeschworen, im Gegenteil, er anerkennt grundsätzlich die sachliche Gleichberechtigung der verschiedenen Systeme. Er ist daher durchaus imstande, sich jeder neuen Theorie anzupassen. Aber eines wird er nie zugeben: daß Erfahrungen zu diesem Neubau zwingen und daß die neue Theorie einen Erkenntnisfortschritt gegenüber der alten Theorie bedeutet.

---

[9] [Vgl. Hugo Dingler, Physik und Hypothese (1921), Teil IV, S. 150 ff. Hrsg.]

Ein Erkenntnisfortschritt, den der Konventionalismus anerkennt, wäre nur eine *Vereinfachung* des Systems. Nun bedeutet die Relativitätstheorie zweifellos eine Komplikation gegenüber den klassischen geometrischen und physikalischen Systemen: Ihr mathematisch-geometrischer Apparat ist unverhältnismäßig schwieriger (sie arbeitet mit vierdimensionalen nichteuklidischen Raum-Zeit-Geometrien und überdies an jeder Stelle des Raumes mit einer anderen), ganz abgesehen von der Komplikation, die durch das Eindringen der Physik in die Geometrie entsteht.

Daß ein einfaches System durch ein weit weniger einfaches verdrängt werden soll, muß dem Konventionalismus als absurd, geradezu als ein Rückschritt in der Erkenntnis erscheinen. Die empiristische Erklärung für dieses Vorgehen — das neue System gestattet, die neuen empirischen Befunde viel einfacher darzustellen, nämlich mit weniger Hilfsannahmen — kann der Konventionalismus nicht anerkennen.

Ein zweifellos richtiger Grundgedanke des Konventionalismus ist, daß die Theorie durch die Erfahrung — logisch betrachtet — niemals eindeutig bestimmt ist. Der Konventionalist wählt deshalb die Theorie unter dem Gesichtspunkt ihrer „*Einfachheit*".

Auch ein vernünftiger Empirismus muß die Richtigkeit des Gedankens feststellen, daß die Erfahrung die Wahl der Theorie logisch nicht eindeutig bestimmt. So gibt auch der Empirist zu, daß auch andere empiristische Theorien, unter ihnen auch solche, die mit einer euklidischen Geometrie arbeiten, imstande wären, die empirischen Befunde darzustellen, die zur Aufstellung der Relativitätstheorie führten. Und das Merkwürdige ist, daß sich auch der Empirismus bei der Auswahl aus diesen möglichen empiristischen Theorien auf die *Einfachheit* beruft: Die allgemeine Relativitätstheorie Einsteins sei die *einfachste* dieser Theorien, vor allem deshalb, weil sie weit weniger Hilfshypothesen einführen muß. Als das einfachere System erscheint hier geradezu jenes, das dem *Prinzip des sparsamsten Hypothesengebrauchs* besser genügt; man könnte somit auch sagen: jenes, das am wenigsten konventionalistisch vorgeht.

Es liegt auf der Hand, daß die beiden Auffassungen mit zwei verschiedenen Einfachheitsbegriffen arbeiten; denn sonst könnten sie in der Wahl des Systems nicht zu solchen Abweichungen kommen. Und so läßt sich denn auch der Gegensatz zwischen Konventionalismus und Empirismus darstellen als der *Gegensatz zwischen dem konventionalistischen und dem empiristischen Einfachheitsbegriff*.

Ich habe im Abschnitt *(15)* einen erkenntnistheoretischen Einfachheitsbegriff näher untersucht. Dort wurde Einfachheit (als identisch mit dem Grad der Gesetzmäßigkeit) zurückgeführt auf den Begriff der *primären Unwahrscheinlichkeit* eines Gesetzes: Der Einfachheitsgrad eines Gesetzes ist umso größer, je größer seine primäre Unwahrscheinlichkeit (oder je kleiner seine primäre Wahrscheinlichkeit, das heißt sein Spielraum) ist. Hat dieser Einfachheitsbegriff mit dem konventionalistischen oder dem empiristischen Einfachheitsbegriff etwas zu tun?

Daß der *konventionalistische Einfachheitsbegriff* mit diesem Begriff unmittelbar nichts zu tun hat, läßt sich sehr leicht zeigen. Wenn Einfachheit soviel wie primäre Unwahrscheinlichkeit bedeutet, so ist die Einfachheit jedes konventionalistischen Systems gleich Null. Denn das konventionalistische System von impliziten Definitionen ist a priori wahr, hat also eine primäre Wahrscheinlichkeit gleich 1. Im Sinne *dieses* Einfachheitsbegriffes kann es keine einfacheren oder weniger einfachen analytischen Urteile geben, sie sind alle, in gleicher Weise, überhaupt nicht einfach: „Einfachheit" im Sinne der primären Unwahrscheinlichkeit kann überhaupt *nur synthetischen Urteilen* zugesprochen werden.

Der konventionalistische Begriff muß also eine andere „Einfachheit" meinen, eine Einfachheit der internen logischen Beziehungen des Systems. Es ist ein *rein formaler Einfachheitsbegriff,* zu dem folgende Überlegungen eine Brücke schlagen können: Jenes (einzelne) Gesetz, jenes *synthetische Urteil,* das durch seine Form, durch seine logisch-mathematische Bestimmtheit primär unwahrscheinlicher, also einfacher ist, wird, wenn es in „konventionalistischer Wendung" in ein *analytisches Urteil* umgedeutet wird, auch dem konventionalistischen Einfachheitsbegriff besser entsprechen. (Eine solche „konventionalistische Wendung" ist ja immer möglich: Man braucht nur anzunehmen, daß die auftretenden „Begriffe" erst durch die internen Beziehungen implizit definiert werden.)

Die euklidische Geometrie zum Beispiel ist auch im Sinne der primären Unwahrscheinlichkeit einfacher als die nichteuklidischen: Die nichteuklidischen Geometrien enthalten die euklidische als Grenzfall, aber nicht umgekehrt. (Es ist also ein ganz analoges Verhältnis, wie zwischen der Geraden und den Kegelschnitten; vgl. Abschnitt *15.*) Was die Brücke zwischen den beiden Einfachheitsbegriffen bildet, ist also der formale Begriff des rein logischen „Spielraumverhältnisses". Aber während die Anwendung dieses Begriffes auf Wirklichkeitsaussagen auf den Gegensatz von *Gesetzmäßigkeit und Zufall* führt und zum Begriff der primären Unwahrscheinlichkeit, so ist seine Anwendung auf analytische Urteile in der Tat eine „ästhetische", eine „pragmatische", eine „konventionelle" (Schlick[10]): Auch dem „einfachsten" System von impliziten Definitionen kommt im Sinne der primären Unwahrscheinlichkeit die Einfachheit *Null* zu. Diese beiden Einfachheitsbegriffe müssen also streng auseinandergehalten werden.

(Ich möchte hier bemerken, daß ich nicht daran glaube, daß die euklidische Geometrie — wie der Konventionalismus meint — uns wegen ihrer „Einfachheit" so geläufig ist. Der Grund ist meiner Ansicht nach ihre empi-

---

[10] [MORITZ SCHLICK, Die Kausalität in der gegenwärtigen Physik, Naturwissenschaften 19 (1931), S. 148 f.; siehe Abschnitt *15,* Text zu Anm. 3 und 4. Hrsg.]

rische Gültigkeit in irdischen Dimensionen; was aber freilich wieder damit zusammenhängt, daß sie ein Grenzfall der nichteuklidischen Geometrien ist und somit einfacher, weil sie in deren Spielraum fällt.)

Wie aber verhält sich der — in diesem Abschnitt auftretende — *empiristische Einfachheitsbegriff* zur Einfachheit im Sinne der primären Unwahrscheinlichkeit?

Es läßt sich leicht zeigen, daß diese beiden Begriffe gleichbedeutend sind: Auch die „Einfachheit" im Sinne des „Prinzip des sparsamsten Hypothesengebrauchs" ist *identisch mit der primären Unwahrscheinlichkeit*.

Diese Ansicht steht in schroffstem Gegensatz zur induktivistischen Wahrscheinlichkeitslogik. Kaila[11] zum Beispiel behauptet geradezu das Gegenteil: In der von mir verwendeten Terminologie ausgedrückt, geht seine Ansicht dahin, daß das Prinzip des sparsamsten Hypothesengebrauchs sich auf die *primäre Wahrscheinlichkeit* so zurückführen läßt, daß das einfachere System (im Sinne eines Systems mit *weniger* Hypothesen) das primär wahrscheinlichere ist. Er meint, daß dieses System (a priori) weniger Gelegenheit habe, mit der Wirklichkeit in Widerspruch zu geraten. Die von uns angestellten Überlegungen führen zu dem umgekehrten Ergebnis: Je *mehr* Voraussetzungen (Hilfshypothesen) eine Theorie einführt, desto mehr Aussichten hat sie, sich jeder beliebigen Erfahrung anzupassen, jedem Konflikt mit der Erfahrung auszuweichen. Ohne Beschränkung in der Einführung von Hilfshypothesen läßt sich die Theorie mit jeder möglichen Erfahrung in Einklang bringen, ihre „empiristische Einfachheit" verschwindet und mit ihr jeder Erkenntniswert (auch jeder prognostische Wert) im Sinne einer Wirklichkeitserkenntnis.

Hier wird es klar, weshalb der empiristische Einfachheitsbegriff sich auch in der (methodischen) Forderung formulieren läßt: Möglichst wenig im Sinne des Konventionalismus vorgehen! Denn jeder Schritt im Sinne des Konventionalismus, jede Korrektur, jede Hilfshypothese macht die Theorie primär viel wahrscheinlicher, bringt sie den konventionalistischen analytischen und a priori wahren Aussagegleichungen näher.

Zusammenfassend kann der Gegensatz zwischen Konventionalismus und Empirismus durch die Frage charakterisiert werden:

Uneingeschränkter Hypothesengebrauch, keine Bindung an Zuordnungsdefinitionen, aber auch uneingeschränkte Anwendung des formalen (und zwar des konventionalistischen) Einfachheitsbegriffes bei der Wahl eines a priori geltenden Systems von impliziten Definitionen — oder sparsamster Hypothesengebrauch, feste Bindung an Zuordnungsdefinitionen und durch die Erfahrung beschränkte Anwendung des empiristischen (nicht *nur* formalen) Einfachheitsbegriffes bei der Wahl eines Systems von Wirklichkeitsaussagen?

---

[11] EINO KAILA, Die Prinzipien der Wahrscheinlichkeitslogik (1926), S. 140.

Ich habe aus meiner Parteinahme für den Empirismus kein Hehl gemacht. Meine Darstellung des konventionalistisch-empiristischen Gegensatzes dürfte denn auch fast als eine Kritik des Konventionalismus empfunden werden. Dennoch halte ich den Konventionalismus durch die vorgebrachten Überlegungen und Vergleiche keineswegs für widerlegt. Ja, ich halte ihn überhaupt für nicht eigentlich widerlegbar.

Meine Ablehnung des Konventionalismus kann ich nicht damit begründen, daß er *falsch* ist, sondern nur damit, daß es ihm nicht gelingt, die erkenntnistheoretischen Fragen zu lösen — nämlich das Abgrenzungsproblem und die mit diesen zusammenhängenden methodentheoretischen Fragen. Aber die konventionalistische Auffassung ist immer durchführbar und auch das *Problem der angewandten Geometrie* läßt sich immer auch in konventionalistischem Sinne deuten.

Ich komme daher zu dem Ergebnis, daß es nicht genügt, reine und angewandte Geometrien zu unterscheiden: Innerhalb der angewandten Geometrien müssen zwei mögliche Arten der Anwendung unterschieden werden: Anwendungen im Sinne des Konventionalismus und im Sinne des Empirismus.

Eine angewandte Geometrie im Sinne des *Konventionalismus* ist unwiderleglich, ist *vor jeder Falsifikation sicher*.

Erfahrungen, Beobachtungen können nicht gegen sie, also auch nicht für sie entscheiden. Aber auch sie besagt nichts über die Erfahrung. Ihre Anwendung beruht darauf, daß die Meßinstrumente immer so korrigiert werden, daß die Beobachtungen, die sich ergeben, mit den definitorischen Festsetzungen des Systems übereinstimmen.

Eine angewandte Geometrie im Sinne des *Empirismus* geht zwar auch von willkürlichen Grundannahmen aus, aber sie setzt diese nicht unter allen Umständen durch, sondern sie macht solche methodologische Festsetzungen über die Art und Weise der Anwendung (zum Beispiel solche Festsetzungen über die Zulässigkeit der Korrektur von Meßinstrumenten), daß es möglich ist, daß sie *mit der Erfahrung in Konflikt gerät*. Sie ist also vor einer Falsifikation nicht sicher, ist falsifizierbar, sie kann *an der Erfahrung scheitern*.

Die Ergebnisse der Beobachtung können sie bestätigen oder widerlegen. Die Beobachtung besagt also etwas über die Brauchbarkeit der Theorie und auch die Theorie besagt etwas über die Erfahrung: Sie ist ein Teil der empirischen Wissenschaft, der Physik. (Sie ist die Physik des Raumes.)

Und *nur für sie* gilt das bekannte[d] Wort Einsteins[12]:

„Insofern sich die Sätze der Mathematik auf die Wirklichkeit beziehen, sind sie nicht sicher, und insofern sie sicher sind, beziehen sie sich nicht auf die Wirklichkeit."

---

[12] ALBERT EINSTEIN, Geometrie und Erfahrung (1921), S. 3 f.

IX. Kapitel

STRENG ALLGEMEINE UND BESONDERE SÄTZE

31. Die Implikation und die generelle Implikation. Seitdem die kritische Diskussion der Scheinsatzpositionen unterbrochen wurde, beschäftigte sich die Untersuchung (in den Abschnitten *24* bis *30*) mit dem Problemkreis des Konventionalismus; vor allem deshalb, um die erste Scheinsatzposition näher charakterisieren zu können.

Bei dieser Gelegenheit wurde auf logische (logistische) Fragen vielleicht etwas ausführlicher eingegangen, als unbedingt notwendig gewesen wäre; teils aus Gründen der Polemik, die dort geführt werden mußte, aber auch deshalb, weil das gewonnene terminologische Rüstzeug noch zu einer weiteren, ebenfalls polemischen Auseinandersetzung gebraucht wird, bevor die Kritik der Scheinsatzpositionen wieder aufgenommen werden kann.

Diese zweite Polemik betrifft die Beziehungen der *generellen Implikationen* zu den *allgemeinen und besonderen Sätzen.*

Das Problem dieser Debatte soll erst im nächsten Abschnitt aufgerollt werden; der vorliegende Abschnitt stellt sich zur Aufgabe, eine abschließende Zusammenfassung über den Begriff der generellen Implikation zu geben.

Diesem Zwecke dient auch eine Besprechung des logistischen Begriffes der „Implikation", die der zusammenfassenden Besprechung des Begriffes der „generellen Implikation" vorausgeschickt wird: Zu einer etwas genaueren Erörterung des Begriffes der *„generellen Implikation"* kann der Begriff der *„Implikation"* nicht leicht entbehrt werden.

Der Begriff der „Implikation" ist aber auch sonst von Wichtigkeit. Gewisse Seiten des *Induktionsproblems* selbst werden durch die Untersuchung dieses Begriffes in helles Licht gerückt. Dieses wichtige Nebenergebnis soll mitgenommen werden — unter dem ausdrücklichen Hinweis, daß die Untersuchung an dieser Stelle eigentlich andere Zwecke verfolgt.

Während die *„generelle Implikation"* das Bestehen einer bestimmten Beziehung zwischen *Aussagefunktionen* behauptet, behauptet die *„Implikation"* das Bestehen einer ähnlichen Beziehung zwischen echten *Aussagen.* („Implikans" und „Implikat" einer „Implikation" sind also Aussagen und nicht Aussagefunktionen.) „Generelle Implikationen" wie auch „Implikationen" sind selbst Behauptungen, sind selbst echte Aussagen. Die „Implikation" könnte man daher auch als eine „Aussage über Aussagen" bezeichnen, die „generelle Implikation" als eine „Aussage über Aussagefunktionen"*[1].

---

*[1] Diese Formulierungen (insbesondere das Wort „über") zeigen wieder das Feh-

31. Die Implikation und die generelle Implikation

Die „*Implikation*" verknüpft Aussagen (ihr Implikans und ihr Implikat) zu einem *Bedingungssatz* („hypothetisches Urteil"). Sie wird sprachlich gewöhnlich mit Hilfe der Bindewörter „wenn..., so..." ausgedrückt. („Wenn" leitet das Implikans ein, „so" das Implikat.) Zum Beispiel: „Wenn Napoleon einen Degen trägt, so trägt er auch einen Hut."

Dieses Beispiel ist mit Absicht so gewählt, daß zwischen den beiden verknüpften Aussagen („Napoleon trägt einen Degen", „Napoleon trägt einen Hut") *keinerlei* „*innere*" *Abhängigkeit* besteht: Die „Implikation" ist nicht als eine Behauptung über die internen Beziehungen, über den *Inhalt* der beiden Aussagen anzusehen, sondern sie behauptet lediglich eine Beziehung zwischen den *Geltungswerten*.

Was sie behauptet, ist nur: Wenn das Implikans *wahr* ist, so ist auch das Implikat *wahr*.

Sie behauptet also nichts über den Inhalt der Aussagen, sie behauptet auch nicht, daß „etwas der Fall ist", daß ein Ereignis stattfindet oder nicht (sie behauptet weder, daß Napoleon einen Degen trägt, noch, daß er einen Hut trägt). Nur *wenn* das eine Ereignis stattfindet (das Implikans also wahr ist), so behauptet die Implikation auch etwas über das andere Ereignis (über das Implikat).

Die Wahrheit oder Falschheit eines solchen Bedingungssatzes, einer Implikation, hängt nur von den verschiedenen *Geltungswerten* ab, die ihr Implikans und ihr Implikat annehmen.

Betrachten wir an Hand unseres Beispieles folgende Fälle (im Sinne der „Wittgensteinschen Schemata"[1]):

a) Implikans und Implikat sind *beide wahr*;
b) Implikans und Implikat sind *beide falsch*;
c) das Implikans ist *falsch*, das Implikat *wahr*:

In diesen drei Fällen ist die „Implikation" selbst *wahr*, besteht die Behauptung zu Recht, daß die beiden Sätze in dem Verhältnis der Implikation zu einander stehen.

d) Das Implikans ist *wahr*, das Implikat *falsch*:

In diesem und *nur* in diesem Falle ist auch die Implikation *falsch*, besteht zwischen den beiden Sätzen keine Implikation.

Diesem Schema entsprechend kann man die Implikation *definieren* als eine Aussage über die Geltungswerte zweier Aussagen — Implikans und Implikat — die nur dann falsch ist, wenn das Implikans wahr *und* das Implikat falsch ist.

Wichtig ist, daß (nach b und c) die Implikation unter *allen* Umständen wahr ist, wenn das Implikans *falsch* ist (wenn Napoleon keinen Degen trägt); gleichgültig, ob das Implikat wahr ist oder nicht: Ein *falscher Satz* impliziert also *jeden beliebigen Satz*.

Eine Implikation ist immer bewiesen, wenn entweder das Implikans als *falsch* oder das Implikat als *wahr* nachgewiesen ist.

Je nachdem, ob der Nachweis, daß eine Implikation zu Recht behauptet wird,

---

len einer Unterscheidung zwischen Objektsprache und Metasprache. Was gemeint ist, ist, daß die Implikation eine Aussage ist, die (zwei) Aussagen enthält, während die generelle Implikation eine Aussage ist, die Aussagefunktionen enthält.
[1] [LUDWIG WITTGENSTEIN, Tractatus Logico-Philosophicus (1918/1922), Sätze 4.441, 4.442, 5.101. Hrsg.]

empirischer oder logischer Natur ist, kann man die Implikationen einteilen in *synthetische und analytische Implikationen.*

Die *synthetischen Implikationen* können nur durch Erfahrung bestätigt oder widerlegt werden. Das Beispiel: „Wenn Napoleon einen Degen trägt, so trägt er auch einen Hut" ist selbstverständlich eine synthetische Implikation. Sie wird nur dann falsch sein, wenn die Erfahrung vorliegt, daß Napoleon einen Degen trägt, aber keinen Hut.

Die *analytischen Implikationen* sind identisch mit dem, was man gewöhnlich als *Folgerung*, Schluß oder *Deduktion* bezeichnet.

Denn die Folgerung, der logische Schluß, behauptet ja nur, daß, wenn die Deduktionsgrundlagen (Obersätze) wahr sind, auch die abgeleiteten Sätze (Folgesätze) wahr sind: Diese Behauptung ist offenbar eine Implikation. Aber nur dann spricht man von einer Folgerung, wenn die behauptete Beziehung nicht durch Erfahrung bestätigt zu werden braucht, sondern a priori durch logische Umformung bewiesen werden kann: Der Begriff der Folgerung (genauer: Folgebeziehung, deduktive Beziehung) ist also *nicht* mit dem der „Implikation" überhaupt identisch, sondern nur mit dem Begriff der analytischen (tautologischen) Implikation.

Die Folgerung, die Deduktion, hat ja den Zweck, aus[a] der Theorie Folgesätze, Implikate — zum Beispiel Prognosen — abzuleiten und diese dann für sich, gesondert von der Theorie zu behaupten — etwa um sie mit der Erfahrung zu vergleichen, sie zu verifizieren oder zu falsifizieren. Es muß deshalb möglich sein, das Implikat aus einer Implikation *herauszuheben* und für sich zu behaupten, denn zu diesem Zwecke (um Folgesätze aus Obersätzen zu gewinnen) wird ja deduziert.

Die Zulässigkeit dieses Vorganges drückt die Logistik durch die „*Schlußregel der Implikation*" aus[2]: „Haben wir zwei Behauptungen, von denen die eine eine Implikation und die andere deren Implikans ist, so dürfen wir ihr Implikat als Behauptung aufstellen."

Diese Regel drückt nichts anderes aus, als den logischen Zweck der Implikation. Sie gilt für alle Implikationen, für synthetische ebenso wie für analytische.

Zwei Probleme, die an früheren Stellen der Arbeit schon berührt wurden, sollen Gelegenheit geben, den Implikationsbegriff anzuwenden.

Von besonderer Bedeutung scheint mir seine Anwendbarkeit auf das *Induktionsproblem* zu sein.

Der unendliche Regreß der Induktion beweist, daß allgemeine Wirklichkeitsaussagen *jedenfalls nicht unmittelbar* verifizierbar oder falsifizierbar sind. Unmittelbar verifizierbar oder falsifizierbar sind jedoch jedenfalls die aus ihnen *deduzierten Prognosen.*

Ist die Prognose aus der Theorie deduziert, so steht sie zu ihr in der Beziehung eines Implikats zu seinem Implikans, in der *Implikationsbeziehung*. Für Theorien und ihre Prognosen gelten daher folgende Sätze, die aus der Definition der Implikation unmittelbar abgeleitet werden können:

1. Aus der empirischen Verifikation der Prognose darf man nie auf die Wahrheit der Theorie, der Naturgesetze zurückschließen. (Auch wenn das Implikat wahr ist, kann das Implikans falsch sein: „Ein wahrer Satz wird von jedem Satz

---

[2] Zitiert nach Rudolf Carnap, Abriß der Logistik (1929), S. 11.

impliziert"[3] und läßt daher sein Implikans völlig unbestimmt.) Das heißt aber, daß die Naturgesetze nicht nur nicht unmittelbar, sondern auch nicht mittelbar, auf dem Umweg über ihre Prognosen empirisch verifiziert werden können.

2. Aus der empirischen Falsifikation der Prognose folgt hingegen mit Notwendigkeit, daß auch die Theorie, die Naturgesetze falsch sein müssen. (Wenn das Implikat falsch ist, so muß — falls die Implikation besteht — auch das Implikans falsch sein; „modus tollens" der klassischen Logik.) Demnach können Naturgesetze (zwar nicht unmittelbar, jedoch) *sehr wohl mittelbar empirisch falsifiziert werden*.

Diese durchaus trivialen Feststellungen (die freilich nur unter der Voraussetzung gelten, daß die Naturgesetze echte Sätze sind) enthalten bereits die deduktivistisch-empiristische Lösung des Induktionsproblems: Diese stellt fest, daß von der empirischen Verifikation besonderer Wirklichkeitsaussagen zwar keine Brücke zur empirischen Verifikation allgemeiner Wirklichkeitsaussagen führt; wohl aber von der empirischen Falsifikation deduzierter Prognosen zur empirischen Falsifikation der allgemeinen Wirklichkeitsaussagen, aus denen sie deduziert wurden. *Allgemeine Wirklichkeitsaussagen* können sich nach dieser These *niemals als wahr, wohl aber als falsch* erweisen.

Neben dieser für meine Zwecke wichtigsten Anwendung des Implikationsbegriffes erscheint mir noch eine zweite Anwendung bemerkenswert: Es gelingt, mit Hilfe dieses Begriffes die fundamentale Bedeutung der „ersten axiomatischen Grundbedingung", des *Kriteriums der Widerspruchslosigkeit* scharf zu beleuchten.

Während die anderen axiomatischen Grundbedingungen, zum Beispiel die Bedingung der Unabhängigkeit (vergleiche Abschnitt 25) aus dem Begriff eines Axiomensystems — aus dem Gegensatz zwischen Grundsätzen und Lehrsätzen — ohne weiteres abgeleitet werden können, läßt sich auf den ersten Blick eine solche Begründung des Kriteriums der Widerspruchslosigkeit nicht so leicht angeben. Dennoch ist die Bedingung der Widerspruchslosigkeit grundlegender als alle anderen axiomatischen Bedingungen; zweifellos steht sie mit Recht an erster Stelle.

Man könnte versuchen, diese Bedingungen damit zu begründen, daß ein widerspruchsvoller Satz, eine „Kontradiktion" (und ebenso ein widerspruchsvolles System von Sätzen) jedenfalls a priori *falsch* ist. (Der Nachweis eines Widerspruches ist ja die einzige rein logische, analytische Methode, um nachzuweisen, daß Sätze falsch sind: Die Negation einer Kontradiktion ist tautologisch.) So richtig diese Bemerkung auch ist — sie genügt doch nicht ganz, um den fundamentalen Charakter des Kriteriums der Widerspruchslosigkeit aufzuklären. Denn wenn man ein *falsches, aber widerspruchsfreies Axiomensystem* (das durch falsifizierte Prognosen empirisch widerlegt wurde) mit einem *widerspruchsvollen Axiomensystem* vergleicht, so besteht zwischen beiden noch immer jener fundamentale Unterschied. Er äußert sich etwa darin, daß man auch aus einer falschen Theorie (zum Beispiel aus einer geozentrischen Astronomie) für gewisse Gebiete (etwa die Finsternisse) unter Umständen recht präzise Prognosen deduzieren kann, während eine widerspruchsvolle Theorie für solche Zwecke immer unbrauchbar ist.

Worin aber liegt dann die Bedeutung des Kriteriums der Widerspruchslosigkeit?

Der Zweck eines Axiomensystems ist, eine eng begrenzte Zahl von Voraussetzungen festzulegen, aus denen auf rein logischem Wege alle Sätze (also auch alle Prognosen) eines wissenschaftlichen Gebietes gewonnen werden können.

---

[3] [Vgl. RUDOLF CARNAP, op. cit., S. 7. Hrsg.]

Das kann man auch so ausdrücken:
Durch das Axiomensystem wird implizite (auf rein logischem Wege) aus der unbegrenzte Zahl aller möglichen Sätze eine bestimmte Klasse von Sätzen — die Lehrsätze des Systems — als *wahr ausgezeichnet*[*2] und somit auch eine andere Klasse, die Sätze, die dem System widersprechen, als *falsch*[*3].

Dieser fundamentalen Aufgabe kann ein *widerspruchsvolles* Axiomensystem nicht genügen:

Aus einem widerspruchsvollen Axiomensystem läßt sich nämlich *jeder beliebige Satz* (und somit immer auch dessen Gegenteil) *deduzieren*. Durch ein solches Axiomensystem können also *überhaupt keine Sätze ausgezeichnet werden*, denn es werden alle Sätze als wahr und alle Sätze als falsch ausgezeichnet.

Diese Behauptung ist dann als bewiesen anzusehen, wenn für jeden beliebigen Satz auf *rein logischem Weg* der Nachweis erbracht werden kann, daß dieser Satz von jedem beliebigen widerspruchsvollen Axiomensystem *impliziert* wird. (Deduktion ist ja der rein logische Nachweis des Bestehens einer Implikation.)

Dieser Nachweis läßt sich leicht erbringen: Ein widerspruchsvolles Axiomensystem ist ja aus *rein logischen* Gründen *falsch*. Ein falscher Satz — eine falsche „Konjunktion" eines Systems von Sätzen — impliziert aber *jeden beliebigen Satz*. (Vgl. oben.)

Ein *empirisch falsches* Axiomensystem, das nicht widerspruchsvoll ist, impliziert zwar auch jeden beliebigen Satz. Dennoch erfüllt ein solches Axiomensystem die Aufgabe, nur eine ganz bestimmte Klasse von Sätzen als Lehrsätze auszuzeichnen: Nur die Sätze dieser bestimmten Klasse können *logisch deduziert* werden, da nur sie zum System in *analytischer* Implikationsbeziehung stehen. Alle anderen Sätze werden, da das System falsch ist, zwar auch impliziert, aber *synthetisch*: sie können *nicht deduziert* werden, da die Implikationsbeziehung (die *synthetische* Implikation) für sie auf rein *logischem* Weg nicht nachgewiesen werden kann.

Das Kriterium der Widerspruchslosigkeit läßt sich also damit begründen, daß ein widerspruchsvolles (kontradiktorisches) Axiomensystem — da vereinbar mit jedem beliebigen Folgesatz — überhaupt keine Lehrsätze auszeichnet; daß es völlig nichtssagend ist, da es jeden beliebigen Satz zu deduzieren gestattet.

(Nicht [nur] die Tautologie, sondern [auch] die *Kontradiktion* läßt also „*jede mögliche Sachlage zu…*" im „ganzen — unendlichen — logischen Raum"; im direkten Gegensatz zur Ansicht Wittgensteins[4].)

Es sei darauf hingewiesen, daß die hier dargelegte Auffassung der „ersten axiomatischen Grundbedingung" insbesondere für die Untersuchung des Abgrenzungsproblems bedeutungsvoll ist: Sie gestattet, das Bestehen einer genauen formalen Analogie zwischen dem *Kriterium der Widerspruchslosigkeit* und dem „*Abgrenzungskriterium*" nachzuweisen[5].

Die hier dargestellten Anwendungen sollen auf die Bedeutung des Implikations-

---

[*2] Unter der Voraussetzung, daß die Axiome wahr sind.
[*3] Unter derselben Voraussetzung.
[4] LUDWIG WITTGENSTEIN, Tractatus Logico-Philosophicus (1918/1922), Sätze 4.462 und 4.463. Vgl. auch Satz 5.14.
[5] [Vgl. Anhang: Abschnitt V; KARL POPPER, Logik der Forschung (1934; 2. Aufl., 1966), Abschnitt 24. Siehe auch *Nachwort des Herausgebers*. Hrsg.]

begriffes hinweisen, insbesondere auf die des Begriffes der analytischen Implikation. Da nach der Auffassung der deduktivistisch-empiristischen Erkenntnistheorie die Naturgesetze einzig und allein als *Deduktionsgrundlagen* zu werten sind, so ist es nicht zu verwundern, wenn der Begriff der *analytischen Implikation* für diese Erkenntnistheorie von großer Bedeutung ist: ist er doch nichts anderes als der *Deduktionsbegriff*.

Der Begriff der „*generellen Implikation*", der ja in dieser Arbeit — zu polemischen Zwecken — ziemlich oft verwendet wurde, kann sich, was seine erkenntnistheoretische Bedeutung anbelangt, mit dem Implikationsbegriff nicht messen.

Die „generelle Implikation" behauptet das Bestehen einer bestimmten Beziehung zwischen *Aussagefunktionen*. Diese Beziehung kann mit der Implikationsbeziehung natürlich nicht identisch sein. Denn die „Implikation" ist eine Beziehung zwischen *Geltungswerten* (den Geltungswerten von Implikans und Implikat); Aussagefunktionen können aber keinen Geltungswert haben.

Zwischen den beiden Begriffen besteht jedoch eine weitgehende Analogie.

Stehen zwei Aussagefunktionen im Verhältnis der „*generellen Implikation*", so stehen alle Aussagenpaare, die aus ihnen gebildet werden können, im Verhältnis der „*Implikation*"; vorausgesetzt, daß die Aussagen aus den beiden Aussagefunktionen durch Substitution des *gleichen* Argumentwertes gebildet wurden, der im übrigen beliebig gewählt werden kann.

Die „generelle Implikation" behauptet somit das Bestehen einer Implikationsbeziehung für *alle* auf diese Weise gebildeten Aussagepaare: daher ihr Name.

Es läßt sich leicht zeigen, daß diese Erklärung des Begriffes der „generellen Implikation" mit der früher gegebenen Definition (die „generelle Implikation" ist die Behauptung, daß alle Argumentwerte, die das Implikans befriedigen, auch das Implikat befriedigen) vollkommen übereinstimmt. Beide Formulierungen besagen ja nichts anderes als: *wenn* ein Argumentwert das Implikans zu einem wahren Satz macht, *so* macht er auch das Implikat zu einem wahren Satz.

Diese Beziehung zum Implikationsbegriff gestattet, die generellen Implikationen auch noch anders als in den früheren Abschnitten aufzufassen: nämlich als ein *Schema zur Bildung von „Implikationen"*.

Diese Auffassung läßt sich sowohl für synthetische, als auch für analytische generelle Implikationen durchführen und kann als gleichberechtigt — ja, als logisch gleichbedeutend — neben die früher dargestellten Auffassungen treten.

Die *synthetische generelle Implikation* (es sei etwa an das Beispiel des Abschnittes *(29)* erinnert: „,*x* ist ein Steinwurf' impliziert generell ,die Bahn des Wurfes *x* ist eine Parabel'") wurde bisher als Umformung einer gewöhnlichen Wirklichkeitsaussage — über alle Elemente einer Klasse — interpretiert („Die Bahnen aller Steinwürfe sind Parabeln") oder, was dasselbe bedeutet, als Aussagefunktion in Verbindung mit einer Zuordnungsdefinition. Neben diese Auffassung tritt nun als gleichberechtigt die Interpretation, daß die „generelle Implikation" als Schema zur Bildung einer Unzahl von synthetischen „Implikationen" anzusehen ist. Die Behauptung der „generellen Implikation" ist dann die, daß *jede* der Aussagen, die aus der Implikans-Aussagefunktion gebildet wird, die entsprechende Aussage impliziert, die aus der Implikat-Aussagefunktion bei Substitution desselben Argumentwertes entsteht. (Wenn dieser Argumentwert keinen Steinwurf bezeichnet, sondern etwa einen Wurf mit einem Bumerang, so wird das Implikans falsch und die Implikation schon deshalb wahr.)

Die *analytische* oder *tautologische generelle Implikation*, bei der das Implikat auch in irgend einer Form im Implikans auftritt, wurde an früheren Stellen in zwei verschiedenen Auffassungen dargestellt: Als *analytisches Urteil* über Elemente einer Klasse (Aussagefunktion mit tautologischer, uneigentlicher Zuordnungsdefinition) und als *Folgerung* von Aussagefunktionen. Nun tritt noch die dritte Auffassung hinzu, die Auffassung als Schema zur Bildung von analytischen Implikationen. Alle drei Auffassungen lassen sich etwa an dem Beispiel durchführen: „‚Alle x sind y und Sokrates ist ein x' impliziert generell ‚Sokrates ist y'." Als analytisches Urteil aufgefaßt, besagt diese generelle Implikation: Auch von Sokrates läßt sich das aussagen, was sich von allen Elementen einer jeden Klasse aussagen läßt, zu der Sokrates als Element gehört. Als Folgerung: Aus dem Implikans läßt sich durch logische Umformung das Implikat ableiten, wobei es gleichgültig ist, welche Argumentwerte man für die Variablen substituiert. Als Schema zur Bildung von „Implikationen": Jede Substitution verwandelt die generelle Implikation in eine wahre analytische Implikation; auch solche Werte, die das Implikans nicht befriedigen.

Wie immer die generelle Implikation auch aufgefaßt wird: jedenfalls muß sie als echte Aussage aufgefaßt werden. Auch als „Schema zur Bildung von Implikationen" stellt sie eine Behauptung auf (und ist falsch, wenn diese Behauptung nicht zutrifft); daß bei keiner (korrekten) Substitution ein falsches Implikat entstehen kann, ohne daß auch das zugehörige Implikans falsch wäre.

(Als echte Aussage kann jede „generelle Implikation" — und ebenso jede „Implikation" — selbst Implikans oder Implikat einer „Implikation" sein, niemals aber Implikans oder Implikat einer „generellen Implikation".)

Auf jede „Implikation", die aus einer „generellen Implikation" gebildet wird, darf selbstverständlich die „Schlußregel der Implikation" angewendet werden; das heißt, das Implikat der „Implikation", nunmehr ein echter Satz, darf aus dieser herausgehoben werden (falls die Implikation selbst und auch das Implikans als wahr vorausgesetzt wird). Kann es eine analoge „Schlußregel" auch für die „generelle Implikation" geben?

Diese Frage habe ich schon im Abschnitt *(28)* verneint. Ich habe dort (gegen Carnap) vorgebracht, daß es keine Regel gibt und keine geben kann, die gestattet, das Implikat einer generellen Implikation in irgend einer Weise herauszuheben.

Daß es keine solche Regel gibt, das heißt, daß bisher keine solche Regel von der Logistik formuliert wurde, ist Tatsache. Aber vielleicht hat das System hier eine Lücke? Vielleicht kann eine solche Regel noch aufgestellt werden?

Der zusammenfassende Überblick über die „generelle Implikation" kann hier, glaube ich, volle Klarheit schaffen: Die verschiedenen Auffassungen der „generellen Implikation" sind logisch völlig gleichwertig. Aber nur bei einer dieser Auffassungen, bei der Auffassung als „Folgerung" könnte man überhaupt an etwas Ähnliches, wie an eine „Schlußregel der generellen Implikation" denken. Bei den beiden anderen Auffassungen, der Auffassung als gewöhnliches — analytisches oder synthetisches — Urteil und als Schema zur Bildung von Implikationen — sieht man sofort, daß eine solche Analogie gar nicht in Frage kommt:

Das „gewöhnliche Urteil" ist ja nichts anderes, als die Heraushebung des Implikats — nach der „Schlußregel der Implikation" für *jene* Werte (für die Elemente der Klasse), für die das Implikans behauptet werden darf. Auf dieses herausgehobene Implikat kann man natürlich nicht nochmals eine analoge „Schlußregel" anwenden.

Noch deutlicher sieht man die Unmöglichkeit einer solchen „Schlußregel", wenn man die Auffassung „Schema zur Bildung von Implikationen" betrachtet. Hier sollen ja erst Implikationen gebildet werden, um auf jene unter ihnen, deren Implikans „behauptet" wird, die „Schlußregel der Implikation" anzuwenden. Diese aber gilt nicht für *alle* Implikationen, sondern nur für die, deren Implikans behauptet wird. Eine analoge Schlußregel, die schon auf die generelle Implikation, auf das „Schema" angewendet wird, käme einer Erweiterung der „Schlußregel der Implikation" auf *alle* Implikationen gleich, auch auf die, deren Implikans als *falsch* angenommen wird — was ja der Definition der Implikation widerspricht.

Zusammenfassend kann man sagen, daß der grundlegende Gegensatz zwischen „Implikation" und „genereller Implikation" sich gerade darin ausdrückt, daß es eine „Schlußregel der Implikation", nicht aber eine [analoge] „Schlußregel der generellen Implikation" gibt*4. Implikans und Implikat der „generellen Implikation" können als Aussagefunktionen eben keinen Geltungswert haben und können daher weder behauptet, noch bestritten werden*5.

32. Die generelle Implikation und die Unterscheidung von streng allgemeinen und besonderen Sätzen. Der Gegensatz zwischen den „streng allgemeinen" und den „besonderen" Sätzen ist für das *Induktionsproblem* grundlegend: Es läßt sich ohne diese Unterscheidung gar nicht formulieren. Vom Beginn der Untersuchung an mußten deshalb immer wieder allgemeine und besondere Sätze einander gegenüber gestellt werden; so schon in der „Problemstellung" und in der Darstellung von Humes Argument. Fast alles, was dort und seitdem gesagt wurde, würde zusammenbrechen, wenn diese Gegenüberstellung sich als unhaltbar erweisen sollte.

Bisher war jedoch kaum ein Anlaß, die Unterscheidung von allgemeinen und besonderen Sätzen für problematisch zu halten. Jeder, der sich mit dem Induktionsproblem beschäftigt, setzt sie ja fast immer — mehr oder weniger bewußt — voraus. Bei ihrer grundlegenden Bedeutung wird es jedoch unvermeidlich, näher auf diese Unterscheidung einzugehen, wenn sich Zwei-

---

*4 Das ist nicht ganz richtig. Denn man kann aus der generellen Implikation

$$(x)\,(Fx \supset Gx)$$

die Implikation

$$(x)\,Fx \supset (x)\,Gx$$

ableiten, auf die dann die Schlußregel der Implikation anwendbar ist.

*5 Das ist richtig; aber wenn das *generalisierte* Implikans behauptet (oder das *generalisierte* Implikat bestritten) wird, so erhalten wir die Generalisation des Implikats (beziehungsweise die Negation des generalisierten Implikans).

fel an ihrer Zulässigkeit erheben oder wenn Unklarheiten in diesem Punkte auftreten sollten.

Das ist nun in der Tat der Fall: In Schlicks Darstellung der *Scheinsatzposition* findet sich eine Bemerkung, die, wenn man sie näher durchdenkt, dazu zwingt, die Frage der Unterscheidung von allgemeinen und besonderen Sätzen in ihrem ganzen Umfang aufzurollen.

Schlicks Bemerkung bezieht sich auf den logistischen Begriff der *„generellen Implikation"*; es konnte deshalb noch nicht früher auf sie eingegangen werden, da zu ihrer Diskussion dieser Terminus als bekannt vorausgesetzt werden muß.

In den Abschnitten *(27)* und *(29)* wurde die Behauptung aufgestellt, daß sowohl streng allgemeine als auch besondere Sätze als generelle Implikationen geschrieben werden können. Als Beispiele verwendete ich unter anderem: Den streng allgemeinen Satz „Die Bahnen aller Steinwürfe sind Parabeln" und den besonderen Satz, den zusammenfassenden Bericht: „Die Bahnen aller Steinwürfe, die *bisher* ausgemessen wurden, sind Parabeln."

Als generelle Implikationen geschrieben, lauten diese beiden Sätze:

„,x ist ein Steinwurf' impliziert generell ,die Bahn des Wurfes x ist eine Parabel'" (streng allgemeine generelle Implikation) und „,x ist ein Steinwurf, dessen Bahn bereits ausgemessen wurde' impliziert generell ,die Bahn des Wurfes x ist eine Parabel'" (besondere generelle Implikation).

Der *„strenge Positivismus"* wendet sich gegen die Auffassung, daß die Naturgesetze streng allgemeine Sätze sind. Sein Argument (das „streng positivistische Argument") ist, daß sie nicht für *alle* Fälle verifiziert werden können.

Diese Auffassung (und dieses Argument) richtet sich selbstverständlich nur gegen die „streng allgemeinen" generellen Implikationen; mit den „besonderen" generellen Implikationen ist sie ohne weiteres vereinbar.

Anders die *Scheinsatzpositionen*. Diese müssen sich gegen *jede* Auffassung wenden, die in den Naturgesetzen generelle Implikationen sehen will, und zwar gegen *jede* Form von generellen Implikationen, denn jede generelle Implikation ist ein *echter Satz*.

So lehnt auch Schlick die generellen Implikationen ab. Auffällig ist aber eine Bemerkung in seiner Begründung[1]:

„Die Naturgesetze sind nicht (in der Sprache des Logikers) ,generelle Implikationen', weil sie nicht für *alle* Fälle verifiziert werden können . . ."

Schlick begründet seine Ablehnung, wie man sieht, mit dem „streng positivistischen" Argument. Dieses kann sich nur gegen die „streng allgemeinen" Sätze richten, aber niemals gegen die generellen Implikationen überhaupt. Die generelle Implikation ist zwar immer eine Aussage über *„alle* Fälle" (alle Elemente) einer Klasse, aber diese Klasse kann (wie das Beispiel

---
[1] MORITZ SCHLICK, Die Kausalität in der gegenwärtigen Physik, Naturwissenschaften 19 (1931), S. 156.

32. Unterscheidung von streng allgemeinen und besonderen Sätzen

der „besonderen" generellen Implikation zeigt) eben auch so definiert werden, daß die Aussage *für alle Fälle verifiziert werden kann*.

Schlicks Bemerkung identifiziert zweifellos „streng allgemeine Sätze" mit „generellen Implikationen" (wie übrigens auch aus dem ganzen Zusammenhang hervorgeht). Das könnte nun wohl auch ein kleines Versehen sein, über das nicht viel Worte zu verlieren wären. Aber bei näherer Überlegung zeigt es sich, daß diese Verwechslung tiefere Gründe hat:

Schlick konnte *in der Sprache der Logistik* den Begriff „streng allgemeiner Satz" *überhaupt nicht ausdrücken*, da die Logistik nicht über die Hilfsmittel verfügt, um den Gegensatz von „streng allgemeinen" und „besonderen" Sätzen begrifflich zu erfassen.

Ist das richtig, so kann die Unterscheidung von allgemeinen und besonderen Sätzen keinesfalls mehr als unproblematisch betrachtet werden. Diese Unterscheidung ist auch das Problem, das in den nächsten Abschnitten (*33—35*) untersucht werden soll; danach soll endlich (im Abschnitt 36) die lang unterbrochene kritische Diskussion der Scheinsatzpositionen wieder aufgenommen werden.

Hier soll die Untersuchung nur durch einen kurzen terminologischen Überblick eingeleitet werden.

Die Gegenüberstellung von „streng allgemeinen" und „besonderen" Sätzen (die an eine Unterscheidung Kants anknüpft; vgl. Abschnitt 7) geht von den terminologischen Bedürfnissen des *Induktionsproblems* aus.

Die ganz anders gearteten Bedürfnisse der alten logischen syllogistischen *Schlußlehre* (Syllogistik) liegen der Einteilung der Urteile in *allgemeine und partikuläre* zugrunde: die „allgemeinen Urteile" sind Urteile über *alle* Elemente einer Klasse, die „partikulären" sind Urteile nur über *einige* Elemente einer Klasse. (Die „partikulären Urteile" — zum Beispiel: „Einige Menschen sind blond" — lassen sich aber immer in „allgemeine Urteile" umformen — etwa: „Alle Menschen, die blond sind, bilden eine [nicht leere] Teilklasse der Menschen" — so daß *diese* Unterscheidung tatsächlich nur für die syllogistischen Regeln wesentlich war.) Das „allgemeine Urteil" der *Syllogistik* bedeutet somit etwas ganz anderes als der „streng allgemeine" Satz in meiner Terminologie: es bedeutet nämlich genau dasselbe, wie die „generelle Implikation" der *Logistik*.

Wie schon früher gezeigt wurde, können alle Arten besonderer Sätze, auch die „*Einzelurteile*" als generelle Implikationen geschrieben werden. Dem entspricht es, daß die Syllogistik die „Einzelurteile" (wie zum Beispiel auch Kant[2] betont) zu den „allgemeinen Urteilen" rechnet: auch sie sind Aussagen über alle — nicht nur über einige — Elemente einer Klasse (nämlich einer Klasse, die nur *ein* Element hat).

Alte Logik und Logistik stimmen also darin überein, daß ihre Terminolo-

---

[2] [Vgl. IMMANUEL KANT, Kritik der reinen Vernunft (2. Aufl., 1787), S. 96 f. Hrsg.]

gie den Bedürfnissen des Induktionsproblems nicht entgegenkommt: Die „allgemeinen Urteile" der alten Logik und die „generellen Implikationen" der Logistik müssen zum Zwecke der Bearbeitung dieses Problems untergeteilt werden in die „streng allgemeinen" Sätze (wenn keine Verwechslung zu befürchten ist: in die „allgemeinen" Sätze) und in die „besonderen" Sätze.

Der alten Logik, die sich der Wortsprache bedient, macht eine solche Unterscheidung keine Schwierigkeiten. Die Logistik aber, die sich einer scharf begrenzten Zeichensprache bedient, ist in ihrer gegenwärtigen Form nicht in der Lage, die Unterscheidung zu erfassen. (Was sie daran hindert, ist, wie ich glaube, ein induktivistisches Vorurteil, das schon in ihren grundlegenden Voraussetzungen eine Rolle spielt.)

Da die „allgemeinen" wie auch die „besonderen" Sätze als generelle Implikationen formuliert werden können und beide somit Aussagen über *alle* Fälle einer Klasse sind, so muß ihrer Unterscheidung — wenn sie zu Recht besteht — offenbar auch eine Verschiedenheit der betreffenden Klassen entsprechen.

Im nächsten Abschnitt sollen die beiden Gruppen von „Klassen" aufgezeigt werden, die dieser Unterscheidung zugrundeliegen: die Allgemeinbegriffe und die Individualbegriffe.

33. Allgemeinbegriff und Individualbegriff — Klasse und Element.[1] Die

---

[1] [Diesem Abschnitt war eine Seite mit der folgenden Anmerkung beigelegt:]

33. Allgemeinbegriff und Individualbegriff; — Klasse und Element.

Dieser (und die beiden nächsten Abschnitte *34* und *35*) wird gegenwärtig [1932] neu formuliert. Im Abschnitt *(36)* werden die[a] wichtigsten Ergebnisse der bisherigen Untersuchung rekapituliert, so daß dort ohne Schwierigkeit weitergelesen werden kann.

Kurze Inhaltsangabe des [neugeplanten] Abschnittes *(33)*:

Im Abschnitt *(33)* wird gezeigt, daß die Logistik und der „logische Positivismus", zum Beispiel CARNAP, nur *Klassen* und *Elemente* kennen, nicht aber die Unterscheidung von Allgemeinbegriffen und Individualbegriffen. Jeder Allgemeinbegriff und jeder Individualbegriff kann jedoch nach Belieben als *Klasse* von Elementen aufgefaßt werden oder auch als *Element* einer Klasse. Da der logische Positivismus nur Klassen und Elemente kennt, so identifiziert er die „Allgemeinbegriffe" mit den Klassen, die „Individualbegriffe" mit den Elementen und kann dann leicht die *Relativität* der Unterscheidung von Allgemein- und Individualbegriffen behaupten.

[Die ersten Sätze dieser Anmerkung weisen auf frühere — und jetzt verlorene — Fassungen der Abschnitte *33, 34* und *35* hin. Die Inhaltsangabe für den neugeplanten Abschnitt *33* stimmt mit der hier wiedergegebenen Fassung des Abschnittes *33* und mit dem Abschnitt *14* der Logik der Forschung (1934; 2. Aufl., 1966) recht gut

33. Allgemeinbegriff und Individualbegriff — Klasse und Element

Unterscheidung zwischen streng allgemeinen und besonderen Sätzen kann zurückgeführt werden auf die klassische Unterscheidung zwischen Allgemeinbegriffen (Universalien) und Individualbegriffen. Diese Zurückführung ist aber nur eine Verschiebung des Problems, keine Lösung; denn man könnte ebensogut umgekehrt die Unterscheidung von Universalbegriffen und Individualbegriffen auf die zwischen allgemeinen und besonderen Sätzen zurückführen. Es soll also nur behauptet werden, daß die beiden Unterscheidungen voneinander abhängen; daß man die eine nicht aufgeben kann, ohne damit auch die andere aufzugeben.

Die Analogie zwischen den beiden Unterscheidungen ist eine sehr weitgehende: Aus dem Gegensatz zwischen allgemeinen und besonderen Sätzen entsteht das *Induktionsproblem* — aus dem analogen Gegensatz zwischen Universal- und Individualbegriffen der klassische *Universalienstreit*. Der Zusammenhang zwischen diesen beiden Problemen wird später näher besprochen.

Die Logistik in ihrer derzeitigen Form kann den Gegensatz zwischen Allgemein- und Individualbegriffen gar nicht formulieren. So neigt sie dazu, diese Unterscheidung der alten Logik für unzulässig und das Universalienproblem für ein „*Scheinproblem*" anzusehen. Es liegt ihr nahe, zu versuchen, an Stelle der traditionellen Unterscheidung von *Universal- und Individualbegriffen* die (logistische) Unterscheidung von *Klasse und Element* zu setzen.

(Neben den „Klassen und ihren Elementen" kommen für die Logistik als gleichberechtigt die „Relationen und ihre Glieder" in Betracht, vgl. Abschnitt 26; wieder soll darauf nicht näher eingegangen werden: alles, was hier über „Klassen" gesagt wird, kann sinngemäß auf „Relationen" übertragen werden.)

Im Gegensatz zu diesen Bestrebungen der Logistik sollen die beiden Unterscheidungen — Allgemeinbegriff und Individualbegriff einerseits, Klasse und Element anderseits — von Anfang an als *grundverschieden* hervorgehoben werden: Obwohl nur die Unterscheidung der Allgemein- und Individualbegriffe für die gegenwärtige Untersuchung von Interesse ist, so soll die Darstellung geradezu auf dem Gegensatz zwischen diesem Begriffspaar und dem von Klasse und Element aufgebaut werden.

Nach der hier vertretenen Auffassung ist nämlich die Unterscheidung zwischen Allgemeinbegriff und Individualbegriff *eindeutig* — ein Allgemeinbegriff kann niemals auch ein Individualbegriff sein — während die Unterscheidung von Klasse und Element *nicht eindeutig* ist:

Jede Klasse kann immer auch als Element auftreten, nämlich als Element einer Klasse von höherem Typus.

Dieser Satz über die Unterscheidung von Klasse und Element soll vorerst

---

überein. Hrsg.] *Siehe auch Band II (Fragmente): [III.] *Übergang zur Methodentheorie*, Abschnitt 7.

an Beispielen klargemacht werden. Dann soll auf die ähnliche Beziehung hingewiesen werden, die zwischen Oberbegriffen und Unterbegriffen (im Sinne der alten Logik) besteht; alles das aber allein zu dem Zweck, um schließlich die *Eindeutigkeit* der Unterscheidung von Allgemein- und Individualbegriffen auch gegen die Einwendungen der Logistik behaupten zu können.

Ich beginne mit Beispielen für die Unterscheidung von Klassen und Elementen.

Der chemische Begriff „Eisen" kann aufgefaßt werden als eine Klasse, deren Elemente „Dinge" („physische Körper") sind, die gewisse chemische Eigenschaften haben. (In logistischer Darstellungsweise wird diese Klasse durch die Aussagefunktion „x hat die chemischen Eigenschaften von Eisen" bestimmt. Die Argumentwerte, die diese Aussagefunktion befriedigen, sind die Elemente der Klasse „Eisen".) Aber diese Klasse *hat* nicht nur Elemente: Sie kann auch *selbst als Element* betrachtet werden, etwa als Element der Klasse der „Metalle" (bestimmt durch die Aussagefunktion „x ist ein Metall"). Auch diese Klasse kann wieder als Element einer Klasse auftreten, usw. — Anderseits können die einzelnen „eisernen Dinge" (die „physischen Körper"), also die *Elemente* der Klasse „Eisen", wieder als *Klasse* aufgefaßt werden. Jeder physische Körper etwa als Klasse seiner „Zustände": Ein physischer Körper nimmt ein bestimmtes Raumgebiet durch eine bestimmte Zeit ein, also ein Raum-Zeit-Gebiet. Denkt man sich dieses Gebiet in augenblickliche Raumgebiete zerlegt, so kann man einen solchen Augenblicks-Querschnitt als einen „*Zustand*" des physischen Körpers bezeichnen. Der „Körper selbst" ist dann eine Klasse, deren Elemente seine „Zustände" sind.

Jeder (einzelne) „Zustand" eines physikalischen Körpers könnte wieder als Klasse aufgefaßt werden, etwa als Klasse, deren Elemente die „Zustände" von Molekülen eines gewissen Raumgebietes sind, usw.

Aus diesem Beispiel würde sich etwa die folgende Typenhierarchie (Hierarchie von Klassentypen) ergeben:

Der „Zustand" eines Moleküls, der „Zustand" einer Molekülklasse (= „Zustand" des physischen Körpers); der physische Körper selbst als Klasse seiner Zustände; „das Eisen" als Klasse von physischen Körpern; „die Metalle" als Klasse von Körperklassen (von Eisen, Kupfer, Aluminium usw.). Diese Hierarchie ließe sich noch fortsetzen.

Das Beispiel soll erläutern, was ich mit dem Ausdruck „*Relativität* des Gegensatzes von Klasse und Element" bezeichnen möchte: daß nämlich *jeder* Begriff, der als *Klasse* aufzufassen ist, unter anderem Gesichtspunkt immer auch als *Element* einer Klasse (von „höherem Typus") gedeutet werden kann. Die Unterscheidung von Klasse und Element ist also *nicht eindeutig*.

Der Gedanke der *Typenhierarchien* ist vor allem durch die „Typentheorie" Russells bekannt geworden (deren Kritik außerhalb des Rahmens dieser Untersuchung fällt). In einer Typenhierarchie werden die Begriffe so geordnet, daß ein bestimmter Begriff als Klasse von Elementen erscheint, die Begriffe eines niederen Typus sind, anderseits als Element von Klassen, die Begriffe von höherem Typus sind. Innerhalb eines jeden Typus können die Klassen aber noch nach ihrem *Umfang* geordnet werden, danach, ob sie mehr oder weniger Elemente (von niedrigerem Typus) umfassen. Diese Ordnung nach dem Umfang schafft innerhalb eines jeden Typus „*Oberbegriffe*" und „*Unterbegriffe*", die von den Oberbegriffen eingeschlossen werden. Diese Ordnung nach dem Umfang nannte die alte Logik, die auf Typenhierarchie keine Rücksicht nahm, „Begriffshierarchie".

So könnte innerhalb des Typus der physischen Körper als Beispiel für eine nach Umfängen geordnete Hierarchie die folgende „Begriffshierarchie" aufgestellt werden:

„Stange aus Gußeisen", „Körper aus Gußeisen"; „Körper aus Eisen", „Körper aus einem Schwermetall", „Körper aus einem Metall"; „fester Körper"; „physischer Körper"; usw.

Jeder dieser „Körper" ist Oberbegriff in bezug auf den vorausgehenden Unterbegriff: Auch diese Unterscheidung ist also *relativ*. Die *Relativität* der Unterscheidung von Oberbegriff und Unterbegriff (von „Gattung" und „Art") ist zwar *alles, was hier von dieser Unterscheidung behauptet werden soll* (um ihr die ganz anders geartete „absolute" Unterscheidung von Allgemein- und Individualbegriffen gegenüberstellen zu können).

Die Typenhierarchie hat, beiläufig gesprochen, mehr *Dimensionen* als die Hierarchie der Begriffsumfänge, die sich immer innerhalb eines Typus bewegt.

Begriffshierarchie und Typenhierarchie sollen noch an einem Beispiel einander gegenübergestellt werden.

Begriffshierarchie:

„In Wien lebende deutsche Schäferhunde"; „In Österreich lebende deutsche Schäferhunde" usw. ... „In Österreich lebende Hunde"; „Hunde" ... „Säugetiere" ... „Tiere". — Alle diese Klassen sind vom gleichen Typus; das erkennt man daran, daß zum Beispiel mein Hund Lux ein Element jeder dieser Klassen ist. (Oder daran, daß man die generelle Implikation bilden kann: „,x ist ein wiener Hund' impliziert generell ,x ist ein Tier'." Es können somit dieselben Argumentwerte substituiert werden.)

Typenhierarchie (dieses Beispiel nach Carnap[2], aber etwas verändert): „Mein Hund Lux" ist Element der Klasse „In Wien lebende Hunde", die wieder Element der Klasse der „Tierklassen Wiens" ist; „Mein Hund Lux" ist aber auch selbst eine Klasse: die Klasse, deren Elemente die „Zustände

---

[2] [Vgl. Rudolf Carnap, Der logische Aufbau der Welt (1928), S. 213. Hrsg.]

des Hundes Lux" sind; ein einzelner „Zustand des Lux" ist (nach Carnap[3]) „eine Klasse, deren Elemente Punkte der Wahrnehmungswelt sind" usw.

Ist der Gegensatz zwischen Klasse und Element (beziehungsweise der zwischen Oberbegriff und Unterbegriff) ein *relativer,* so ist nach der Auffassung der älteren Logik, der ich mich in diesem Punkte vollinhaltlich anschließe, der Gegensatz zwischen Allgemein- und Individualbegriffen ein *absoluter*:

Durch die Hierarchien der Typen und der Umfänge verläuft eine Grenze in der Art, daß sie durch *jeden einzelnen Typus* verläuft, so daß jeder Typus durch sie in zwei Teile zerlegt wird. Diese Grenze teilt das ganze System der Begriffe in zwei Gebiete, in das Reich der *Universalien* (Beispiele: „Hunderasse"; „ein großer, brauner Hund") und in das Reich der *Individualbegriffe* (Beispiel: „Die Hunderassen Wiens"; „mein Hund Lux").

Jedes der beiden Reiche kennt Typenhierarchien, kennt Klassen und Elemente; und jedes der beiden Reiche kennt Begriffshierarchien, kennt Begriffe von größerem oder kleinerem Umfang.

Diese Grenze zwischen Allgemein- und Individualbegriffen ist nach der hier vertretenen Auffassung *eindeutig*: Während ein und derselbe Begriff je nach dem Gesichtspunkt sowohl als Klasse, wie auch als Element und sowohl als Oberbegriff, wie auch als Unterbegriff gedeutet werden kann, muß die Frage, ob er ein Allgemein- oder ein Individualbegriff ist, in jedem Fall eindeutig beantwortet werden können.

Welches ist nun diese Grenze? Worin besteht der eindeutige Unterschied?

Vor allem muß ich feststellen, daß ich die Begriffe „Allgemeinbegriff" und „Individualbegriff" für undefinierbare logische Grundbegriffe halte. (Definieren könnte man sie vermutlich nur dann, wenn man die Unterscheidung von allgemeinen und besonderen Sätzen voraussetzt.)

Trotz ihrer Undefinierbarkeit läßt sich aber ein sehr einfaches und eindeutiges *Kriterium* für die Zugehörigkeit zu den Allgemeinbegriffen, beziehungsweise Universalbegriffen, angeben.

Es ist eine alte logische Regel, daß allein durch Allgemeinbegriffe ein bestimmtes Individuum niemals eindeutig gekennzeichnet werden kann: Zur eindeutigen Kennzeichnung eines bestimmten Individuums müssen immer *Eigennamen* in irgend einer Form mit herangezogen werden. Demgemäß wären die

Allgemeinbegriffe so zu bestimmen, daß in ihre Definition *kein Eigenname* eingehen darf; die

Individualbegriffe so, daß *mindestens ein Eigenname* bei ihrer Definition (in irgend einer Form) verwendet werden muß.

Ich halte auch den Begriff Eigennamen nicht für definierbar: ich glaube, die Umschreibung genügt. Ein Eigenname ist ein Zeichen, das nötigenfalls

---

[3] [RUDOLF CARNAP, a.a.O. Hrsg.]

dem betreffenden Gegenstand direkt angeheftet werden könnte (etwa wie eine Hundemarke) und das nötigenfalls nur *einmal*, nur für diesen Gegenstand verwendet wird. (Falls der Gegenstand von einer Art ist, bei der ein Anheften nicht in Frage kommt — man denke an einen Ländernamen und dergleichen — so könnte der Eigenname immerhin an den Landesgrenzen angeschrieben werden; oder er wird mit *Hilfe* eigentlicher Eigennamen definiert — [Beispiel:] „Die Sitzung vom 8. Februar 1893" —. Zu den Zeitangaben vgl. weiter unten.) Den Eigennamen gleichzustellen sind die direkten (demonstrativen) *Hinweise*, wie „Dieser Hund hier" oder „Der heutige Tag" usw.

Um zu zeigen, daß das angegebene Kriterium das trifft, was man unter Allgemeinbegriffen und Individualbegriffen versteht, stelle ich hier zwei Leitsäze auf, die dann an Hand von Beispielen durchdiskutiert werden sollen. — Insbesondere erwarte ich, daß die Auseinandersetzung mit Carnap, der eine diametral entgegengesetzte Ansicht vertritt, zur Klärung der Frage beitragen dürfte.

Die beiden Leitsätze für die Diskussion sind:

1. Ein bestimmtes *Individuum* kann niemals durch Allgemeinbegriffe allein, ohne Verwendung von Eigennamen, eindeutig gekennzeichnet werden.

2. Ein *Allgemeinbegriff* kann niemals durch Eigennamen oder durch eine Klasse von bestimmten Individuen definiert werden.

Bemerkungen zu Leitsatz 1.

Wenn ich meinen Hund Lux noch so genau mit Allgemeinbegriffen beschreibe, etwa als einen einjährigen, braunen deutschen Schäferhund mit grünglänzenden Augen usw. so kann auf diesem Wege doch niemals das Individuum eindeutig gekennzeichnet werden. Ich kann diese „Spezifikation" so weit führen, wie[b] ich will: immer könnte ich noch sagen: *alle* einjährigen, braunen deutschen Schäferhunde usw. Selbst dann, wenn die Beschreibung so genau sein sollte, daß es *praktisch* keinen zweiten Hund gibt, auf die sie passen würde, habe ich nichts erreicht: Es ist, *logisch* betrachtet, immer eine ganze Klasse, die durch die Beschreibung bestimmt wird; sogar dann, wenn ich die Beschreibung so eng mache, daß sie vielleicht auf gar kein Hundeindividuum mehr paßt.

Ganz anders, wenn ich einen Eigennamen zu Hilfe nehme: „*Mein* Hund" — „Der schöne deutsche Schäferhund aus der N-straße in Wien" — „Der Hund, der im Jahre 1930 in Wien die Marke No. 17 948 trug" usw.: Solche Kennzeichnungen können eindeutig sein.

Insbesondere *bestimmte Orts- und Zeitangaben* ermöglichen die eindeutige Kennzeichnung. Dieser Punkt ist wichtig: Man darf dabei nicht übersehen, daß es *bestimmte* Orts- und Zeitangaben sein müssen; diese gehen nämlich ihrerseits *immer auf Eigennamen zurück*. Der Anfangspunkt eines zeitlichen und räumlichen[c] Koordinatensystems kann nur durch Eigennamen (zum Beispiel Greenwich oder Christi Geburt) festgelegt werden, oder, was gleichbedeutend ist, durch direkten (demonstrativen) Hinweis. (Nur eine Angabe in einem auf diese Weise festgelegten „individuellen" Koordinatensystem kommt als „principium individuationis" in Betracht.) Man kann also einen Menschen, etwa Napoleon, durch Angabe seines Geburtsortes und -datums eindeutig kennzeichnen: Dabei hat man eben Individualbegriffe, Eigennamen verwendet.

Ein bestimmtes Individuum, — etwa jene Seifenblase, die ich heute vor einer Woche bei einem Versuch mit Knallgas füllte — nimmt ein bestimmtes, zusammenhängendes Raum-Zeit-Gebiet ein, aber nur dann, wenn es sich um einen physischen Körper handelt. Jene Seifenblase entstand also in einer bestimmten Minute des Jahres 1931 an einer bestimmten Stelle Wiens, wurde 6 cm (Durchmesser) groß und wurde nach drei Minuten zur Explosion gebracht.

Es wäre aber irrig, zu glauben, daß das zusammenhängende Raum-Zeit-Gebiet für Individualbegriffe charakteristisch ist. Worauf es ankommt, ist die Kennzeichnung des Gebietes durch *Eigennamen,* die ein bestimmtes raumzeitliches Koordinatensystem vermittelt. „Eine mit Knallgas gefüllte Seifenblase mit 6 cm Durchmesser, die 3 Minuten nach ihrem Entstehen explodierte", wäre ein *Allgemeinbegriff,* da eine raumzeitliche Festlegung durch Hinweis oder durch Eigennamen fehlt.

Überdies gibt es Individuen, die keine physischen Körper sind, etwa die Schlacht bei Waterloo. Es wäre kaum möglich, und würde dieser Art von Begriffen kaum entsprechen, wollte man für sie ein *genau begrenztes* Zeitgebiet (oder gar Raumgebiet) angeben. Dennoch ist es möglich, durch individuelle Orts- und Zeitangaben oder durch andere Verwendung von Eigennamen diese Schlacht eindeutig zu kennzeichnen. Freilich nur, wenn man die Bedeutung des Allgemeinbegriffes „Schlacht" kennt.

Und das führt zu einem wichtigen Punkt.

Ein Individualbegriff kann immer ein Element einer Klasse von höherem Typus sein, gleichgültig, ob diese Klasse ihrerseits ein Individualbegriff ist, oder ein Allgemeinbegriff.

So ist die Schlacht bei Waterloo ein Element der Klasse der „Schlachten Napoleons" (Individualbegriff), aber auch ein Element der „Schlachten zwischen Armeen, die mit Feuerwaffen ausgerüstet sind" (Allgemeinbegriff) oder ein Element der Klasse der „Schlachten" überhaupt (Allgemeinbegriff). Und mein Hund Lux ist sowohl ein Element der Klasse der „heute in Wien lebenden Hunde" (Individualbegriff) als auch ein Element der Klasse der „Hunde" überhaupt.

Die *Elemente eines Allgemeinbegriffes* („Hunde") können also *Individualbegriffe* („Lux") sein und Allgemeinbegriffe („Hunde") können *Oberbegriffe* von Individualbegriffen („Wiener Hunde") sein. Das ist ebenso elementar, wie wichtig: Darauf, daß Individualbegriffe unter Allgemeinbegriffe subsumiert werden können oder daß sie Elemente von Allgemeinbegriffen sein können, beruht die *Anwendbarkeit* der Allgemeinbegriffe. Sie sind ja, beiläufig gesprochen, nur dazu da, um auf Individuen (oder Individualbegriffe) angewendet zu werden.

Daß die Elemente (beziehungsweise die Unterbegriffe) eines Allgemeinbegriffes Individualbegriffe sein *können,* aber nicht sein *müssen,* ist klar: „Ein Element der Klasse Hund" ist ja ein Allgemeinbegriff (dem „mein Hund Lux" subsumiert werden kann, wodurch dieser Individualbegriff einerseits Unterbegriff, andererseits Element wird).

Daß Allgemeinbegriffe zu Individualbegriffen im Verhältnis „Klasse-Element" oder „Oberbegriff-Unterbegriff" stehen können, ist also trivial. Es kann das aber niemals ein Argument dafür sein, daß die Unterscheidung von Allgemeinbegriffen und Individualbegriffen *nicht eindeutig,* daß sie *relativ* sei — so wie die von Klasse und Element.

Alles, was in dieser Besprechung des Leitsatzes 1. gesagt wurde, findet seine beste Bestätigung im tatsächlichen Vorgehen der Wissenschaften:

Wo es sich darum handelt, allgemeine Gesetze aufzustellen (aus denen individuelle Prognosen ohne Einschränkung deduziert werden können), verwendet die Wissenschaft, die „theoretische Wissenschaft", nur Allgemeinbegriffe (um diese dann auf individuelle Fälle anzuwenden, um individuelle Fälle zu subsumieren). Wo es sich aber darum handelt, individuelle Verhältnisse zu beschreiben, wie beispielsweise in der Geographie (oder in der Geschichte), dort verwendet die Wissenschaft neben Allgemeinbegriffen immer auch *Eigennamen.* Es gibt keine Wissenschaft, die individuelle Gegenstände kennzeichnen will und die diese Kennzeichnung ohne Eigennamen durchführt. Wenn also Carnap[4] die These vertritt, „daß jeder Gegenstandsname, der in einer wissenschaftlichen Aussage vorkommt, grundsätzlich... ersetzt werden kann durch eine strukturelle Kennzeichnung" (womit eine rein formale Kennzeichnung ohne Verwendung von Eigennamen zu verstehen ist) so kann man nur antworten, daß keine Wissenschaft, die es mit *individuellen* Gegenständen zu tun hat, in dieser Weise vorgeht, am allerwenigsten die Geographie (auf die seine Beispiele[5] zu beziehen wären): Sie verwendet zur „Kennzeichnung" durchwegs Eigennamen und hat, wie alle „individualisierenden Wissenschaften", an einer „strukturellen Kennzeichnung" nicht das geringste Interesse.

Bemerkungen zum Leitsatz 2.

Obwohl die *Allgemeinbegriffe* zu den Individualbegriffen im Verhältnis „Klasse — Element" stehen können, so können sie doch niemals als Klassen von bestimmten Individuen oder Individualbegriffen definiert oder „konstituiert" werden[*1]. Alle Begriffe, die nur mit Hilfe von Eigennamen definiert

---

[4] RUDOLF CARNAP, Der logische Aufbau der Welt (1928), S. 20.

[5] RUDOLF CARNAP, op. cit., S. 16 ff.

[*1] „Konstituiert" ist ein grundlegender Begriff in RUDOLF CARNAPS Der logische Aufbau der Welt (1928).

werden können, sind selbst Individualbegriffe, auch wenn sie Klassen von beliebig hohem Typus sind.

So bilden die drei Menschen, die sich gegenwärtig in meinem Zimmer aufhalten, eine Klasse, die „Klasse der Menschen, die sich gegenwärtig in diesem Zimmer aufhalten". Diese Klasse ist selbstverständlich ein Individualbegriff. Auch die „Klasse der Klassen von je drei Menschen, die sich gestern um 12^h in Wien zu dritt in einem Zimmer befanden", ist ein Individualbegriff (sie ist nämlich nichts anderes als eine summative Zusammenfassung bestimmter individueller Klassen).

Daß also ein Individualbegriff nicht nur Elemente, sondern auch individuelle Klassen bezeichnen kann, kann somit niemals ein Argument gegen die Eindeutigkeit der Unterscheidung von Allgemein- und Individualbegriffen sein, sondern nur eine Folge der Relativität der Unterscheidung von Klasse und Element. Nur wer die beiden Unterscheidungen verwechselt, kann aus solchen Verhältnissen auf eine „Relativität der Unterscheidung von Allgemein- und Individualbegriffen" schließen. (Anlaß für diese Verwechslung ist offenbar, daß die „Mehrzahl von Individuen" nicht von der „Allgemeinheit" unterschieden wird.)

Aus der Relativität der Unterscheidung von Klasse und Element folgt, daß auch Individuen (etwa mein Hund Lux) als Klasse aufgefaßt werden können, etwa als Klasse ihrer „Zustände". „Ein Zustand meines Hundes Lux" ist aber selbstverständlich ein *Individualbegriff*, im Gegensatz etwa zu dem Allgemeinbegriff „ein Zustand eines Hundes". Dabei bezeichnet der Begriff „ein Zustand des Hundes Lux" keineswegs einen bestimmten, einen „individuellen" Zustand; aber die Zustände, die er bezeichnet, werden durch ihn als *Elemente einer individuellen Klassen* charakterisiert. „Ein Zustand meines Hundes Lux" ist also ein sehr unbestimmter (nach Carnap[6], vgl. Abschnitt 26, ein „uneigentlicher" Begriff), aber dennoch ein Individualbegriff, eben im Gegensatz zu dem uneigentlichen Allgemeinbegriff „ein Zustand eines Hundes".

Analog kann ich etwa (in der Geometrie) eine Kugel als Punktklasse auffassen. „Ein Punkt einer Kugel" ist dann ein (uneigentlicher) Allgemeinbegriff. Aber auch „diese Kugel hier", „dieser Globus" kann als Klasse seiner Punkte aufgefaßt werden. „Ein Punkt dieses Globus" ist dann natürlich ein Individualbegriff.

Es ließe sich in diesem Zusammenhang sehr viel Kritisches gegen die Logistik vorbringen. Insbesondere Carnaps Versuch[7], die wichtigsten Allgemeinbegriffe der Wissenschaft aus einer begrenzten Anzahl von bestimmten, von individuellen Erlebnissen zu konstituieren, wäre genauer zu untersuchen.

---

[6] [RUDOLF CARNAP, Eigentliche und uneigentliche Begriffe, Symposion 1 (1927), S. 355 ff.; vgl. auch R. CARNAP, Abriß der Logistik (1929), S. 71. Hrsg.]

[7] RUDOLF CARNAP, Der logische Aufbau der Welt (1928), [S. 213 ff. Hrsg.].

Wenn Carnap[8] etwa den Versuch macht, eine bestimmte Farbe, zum Beispiel „braun" (Allgemeinbegriff) als eine Klasse von bestimmten Erlebnissen zu „konstituieren", die durch eine braune Farbe aneinander erinnern, so wäre gegen eine solche Konstitution unter anderem einzuwenden, daß Erlebnisse, die (zeitlich) nach der Konstitution eines solchen Allgemeinbegriffes auftreten, nicht mehr in diese Klasse fallen können; die Klasse, die durch bestimmte Individuen definiert ist, ist zur Subsumtion untauglich. Konstituiert man die Klassen nach jedem neuen Erlebnis von neuem, so bekommt man Allgemeinbegriffe, deren Umfang und Inhalt sich dauernd verändert.

Die Sache liegt eben so, daß eine Klasse von bestimmten Individuen zwar das repräsentiert, was den Individuen gemeinsam ist (oder, wie Carnap[9] sagt, „das Allgemeine" dieser Gegenstände). Aber dieses Gemeinsame, dieses „*Allgemeine*" ist für einen Allgemeinbegriff nicht allgemein genug. Durch die Aufzählung aller Menschen, die jetzt in allen Ländern der Erde zum Fenster hinausschauen, und ihre Zusammenfassung in eine Klasse kann niemals der Allgemeinbegriff „Die Klasse der Menschen, die zum Fenster hinaussehen" konstituiert werden, sondern nur der Individualbegriff aller Menschen, die *jetzt* und *in allen Ländern der Erde* zum Fenster hinaussehen, eine Klasse, deren Mächtigkeit (eine bestimmte endliche Zahl) grundsätzlich genau festgestellt werden kann. Die individuelle Klasse hat mehr Gemeinsames als die allgemeine. Nicht nur, daß diese Menschen alle jetzt hinaussehen: Sie haben noch unzählig viele Eigenschaften und Beziehungen gemeinsam, die in den Allgemeinbegriff nicht eingehen dürfen. Eine nähere Auseinandersetzung mit Carnaps Versuch würde viel zu weit führen. Nur eine Stelle soll noch besprochen werden, da sich Carnap an dieser Stelle direkt mit der Frage des Unterschieds zwischen Allgemein- und Individualbegriffen befaßt.

Ich entnehme das Zitat jenem Teil des Logischen Aufbaus der Welt, der sich mit der „Klärung einiger philosophischer Probleme auf Grund der Konstitutionstheorie" befaßt. Carnap[10] betont, „die Leistung des Konstitutionssystems" liege dabei „nur in der einheitlichen *Ordnung der Begriffe,* aus der heraus *die Frage des einzelnen Problems schärfer gefaßt und damit einer Lösung nähergebracht* wird". Gleich die erste „Klärung" betrifft unser Problem[11]:

„*Über den Unterschied zwischen Individualbegriffen und Allgemeinbegriffen.*

„Man pflegt die Begriffe einzuteilen in Individualbegriffe und Allgemeinbegriffe: der Begriff Napoleon ist ein Individualbegriff, der Begriff Säugetier ein Allgemeinbegriff. Vom Standpunkt der Konstitutionstheorie

---

[8] [RUDOLF CARNAP, op. cit., S. 213 f. Hrsg.]
[9] [Vgl. RUDOLF CARNAP, op. cit., S. 213. Hrsg.]
[10] RUDOLF CARNAP, op. cit., S. 211.
[11] RUDOLF CARNAP, op. cit., S. 213.

aus besteht diese Einteilung nicht zu Recht, oder vielmehr: sie ist nicht eindeutig, jeder Begriff kann je nach dem Gesichtspunkt als Individualbegriff und auch als Allgemeinbegriff aufgefaßt werden ... Jetzt, nach Kenntnis der Konstitutionsformen ... wissen wir, daß (fast) *alle sog. Individualbegriffe* ebenso *Klassen oder Relationen sind* wie die Allgemeinbegriffe.

„Beispiel. Zur Erläuterung diene die folgende absteigende *Stufenfolge von Gegenständen* (oder Begriffen). Der Hund (Species) ist eine Klasse, zu der mein Hund Luchs gehört; der Luchs ist eine Klasse, deren Elemente die ‚Zustände' des Luchs sind; ein einzelner Zustand des Luchs (als eines Wahrnehmungsdinges) ist eine Klasse, deren Elemente Punkte der Wahrnehmungswelt sind; ein solcher Punkt ist eine mehrgliedrige Relation, deren Glieder vier Reihenterme (nämlich die Raum-Zeit-Koordinaten) und eine oder mehrere Sinnesqualitäten sind; eine Sinnesqualität ist eine Klasse ‚meiner Erlebnisse'; diese werden hier als Grundelemente angesehen.

„Die Begriffe des Beispiels wären nach üblicher Auffassung teils als individuell, teils als allgemein anzusprechen. Dabei ist aber ein jeder (außer dem letzten) konstituiert als Klasse oder Relation, und der folgende ist jeweils ein Element dieser Klasse bzw. ein Glied dieser Relation; jeder stellt also ein Allgemeines anderer Gegenstände dar.

„Woran liegt es nun, daß in der üblichen Betrachtungsweise etwa die Hundespecies und die Sinnesqualität Braun als etwas Allgemeines, dagegen der Hund Luchs und ein bestimmter Weltpunkt und ein bestimmtes Erlebnis als etwas Individuelles angesehen werden, ja zuweilen nur diese als ‚Gegenstände', jene dagegen als ‚bloße Begriffe' bezeichnet werden?"

Die Kritik dieser Stelle ergibt sich nach dem bisher gesagten eigentlich von selbst.

Die ersten Sätze sind meiner Meinung nach vor allem deshalb wichtig, weil Carnaps Beispiele („Säugetier", „Napoleon"), wie auch die späteren Beispiele zeigen, daß er die Termini „Allgemeinbegriff" und „Individualbegriff" in demselben Sinn verwendet, in dem sie allgemein (und auch hier) gebraucht werden. Wir reden also nicht aneinander vorbei, sondern über *dieselbe* Unterscheidung.

Carnap hält sie deshalb nicht für eindeutig, weil er diese Unterscheidung, die logistisch nicht faßbar ist, sofort mit der logistischen Unterscheidung von Klasse und Element vertauscht. Das zeigen insbesondere seine Beispiele: Er geht von einer *allgemeinen* Klasse (Hund) zu deren individuellen Elementen („mein Hund Luchs"[d]) über: darin liegt kein Problem. Alle weiteren Begriffe, etwa die „Zustände" dieses bestimmten Hundes oder die Erlebnisse, die einen bestimmten Zustand „konstituieren" oder deren Klassen (und Relationen), soweit diese Klassen und Relationen durch bestimmte individuelle Erlebnisse konstituiert sind, sind *Individualbegriffe*.

Auch die noch weiter folgenden Überlegungen Carnaps sind unhaltbar. Er glaubt, die gebräuchliche, seiner Ansicht nach aber nicht eindeutige Unterscheidung zwischen Allgemein- und Individualbegriffen auf die eigentümliche Bedeutung, die die Raum-Zeit-Ordnung für uns hat, zurückführen zu können: Die „Individuen" sind dadurch charakterisiert, daß wir ihnen ein bestimmtes, *zusammenhängendes* Gebiet der Raum-Zeit-Ordnung zuweisen, während den Allgemeinbegriffen, etwa „der Sinnesqualität Braun viele, untereinander nicht zusammenhängende Raumzeitgebiete zugeordnet"[12] sind.

Aber auch Individualbegriffen, etwa der Klasse der in Österreich geborenen, aber seit 5 Jahren im Ausland lebenden Menschen, die gestern und vor einem Monat ein Glas Milch getrunken haben, entsprechen *nichtzusammenhängende* Raum-Zeit-Gebiete. Und die Auszeichnung der Raum-Zeit-Ordnung als „principium individuationis" beruht einzig und allein[*2] darauf, daß durch ein bestimmtes Raum-Zeit-Koordinatensystem eine einfache Zuordnung zu *Eigennamen* erreicht wird.

34. Der streng allgemeine Satz — Induktionsproblem und Universalienproblem.[1] Wird die Unterscheidung von Allgemein- und Individualbegriffen als gegeben vorausgesetzt, so kann man die streng allgemeinen und die

---

[12] [RUDOLF CARNAP, op. cit., S. 214. Hrsg.]
[*2] Sie beruht auch darauf, daß Individuen vor allem physische Dinge sind.
[1] War früher Abschnitt *(35)*. Die Umstellung muß im Text erst vollständig berücksichtigt werden.
[Diesem Abschnitt war eine Seite mit der folgenden Anmerkung beigelegt:]

34. Der streng allgemeine Satz.

Dieser Abschnitt wird gegenwärtig [1932] neu formuliert.

Kurze Inhaltsangabe des [neugeplanten] Abschnittes *(34)*:
Der streng allgemeine Satz kann (bei Wirklichkeitsaussagen) als (nicht-tautologische) Aussage über einen *Allgemeinbegriff* aufgefaßt werden (beziehungsweise über alle Elemente einer Klasse, die durch einen *Allgemeinbegriff* bezeichnet wird).
Allgemeinbegriff und streng allgemeiner Satz sind *korrelativ*.
Der streng allgemeine Satz kann — weil er niemals endgültig verifizierbar ist, jedoch die Deduktion endgültig verifizierbarer Prognosen ermöglicht — als *heuristische Fiktion* (im Sinne VAIHINGERs) bezeichnet werden. Jedoch muß gegenüber VAIHINGER festgestellt werden, daß *dieser* Begriff der Fiktion ein *logischer* ist und mit dem psychologischen Fiktionsbegriff nichts zu tun hat.
VAIHINGER selbst betont freilich[a], daß die *Hypothesen* keine Fiktionen sind, weil er sie für endgültig verifizierbar hielt, beziehungsweise weil sie in der Hoffnung aufgestellt werden, allgemeine Sachverhalte richtig darzustellen.

[Die ersten Sätze dieser Anmerkung weisen auf eine frühere — und jetzt verlorene — Fassung des Abschnittes *34* hin. Vgl. Abschnitt *33*, Anm. 1. Die Inhaltsangabe für den neugeplanten Abschnitt *34* stimmt mit der hier wiedergegebenen Fassung des Abschnittes *34* recht gut überein. Hrsg.]

besonderen Sätze definieren: Jene als Sätze über *alle Elemente einer Klasse*, die nur durch *Allgemeinbegriffe* definiert ist — diese als Sätze über einzelne Individuen, oder [über] Klassen, die mit Hilfe von Individualbegriffen (Eigennamen) definiert sind. Ich bin nicht der Meinung, daß durch diese Definition viel gewonnen ist; der Unterschied zwischen allgemeinen und besonderen Sätzen dürfte niemals unklar gewesen sein, auch nicht seine Bedeutung für das Induktionsproblem. Daß die allgemeinen Sätze niemals verifiziert werden können, war schon lange klargestellt. Nun wird es aber klar, daß auch nicht *alle* besonderen Sätze verifiziert werden können, daß aber für sehr viele besondere Sätze die Möglichkeit der Verifikation besteht. (Ein Beispiel für einen prinzipiell nicht verifizierbaren besonderen Satz: „Die Wurfbahnen aller Steine — oder auch nur einiger — die heute geworfen, und *nicht nachgemessen* wurden, sind Parabeln.")

Daß die *Naturgesetze* gerade streng allgemeine Sätze sein müssen, ergibt sich aus der Verwendung des Wortes „Naturgesetz".

Als echtes Naturgesetz erkennen wir nur eine Regel an, die sich immer, unter allen Umständen bewährt. Werden eines Tages Abweichungen von einem Naturgesetz entdeckt, so muß ein neues Naturgesetz formuliert werden, das diese Abweichungen mit umfaßt (und das alte womöglich als Spezialfall, als deduzierbare Annäherung einschließt[*1]).

Dem entspricht es auch, daß die „Gesetzeswissenschaften", die „theoretischen Wissenschaften" (etwa die Physik oder die Geomorphologie oder die Nationalökonomie) kein Interesse an Eigennamen haben, außer soweit [als] es sich um die Verifikation der deduzierten Prognosen handelt, die ja besondere Sätze sind; diese Wissenschaften stellen nämlich Naturgesetze auf. Umgekehrt arbeiten die „individualisierenden Wissenschaften", wie schon früher erwähnt, mit Eigennamen, mit besonderen Sätzen.

(Vom erkenntnistheoretischen Standpunkt sind die theoretischen Wissenschaften ungleich interessanter. Auch das Induktionsproblem bezieht sich nur auf sie.)

Alle diese Überlegungen sind sozusagen außerhalb der Debatte aufgestellt: Sie gelten nur unter der Voraussetzung, daß die Scheinsatzpositionen unrecht haben: daß [also] die Naturgesetze echte Sätze sind.

Wie sieht (unter dieser Voraussetzung) vom Standpunkt der deduktivistisch-empiristischen Erkenntnistheorie das Verhältnis des Induktionsproblems zum Universalienproblem aus?

Der Wissenschaft geht es um Erkenntnis. Erkenntnisse können nur durch Sätze dargestellt werden, nicht durch Begriffe. Man könnte die Erkennt-

---

[*1] Die Bemerkung in der Klammer ist überaus wichtig: sie bezieht sich auf das, was ich später „die Rationalität wissenschaftlicher Revolutionen" genannt habe. [Siehe KARL POPPER, The Rationality of Scientific Revolutions, in: Problems of Scientific Revolution: Progress and Obstacles to Progress in the Sciences (The HERBERT SPENCER Lectures 1973, hrsg. von ROM HARRÉ, 1975), S. 72 ff. Hrsg.]

nistheoretiker und Logiker in zwei Gruppen einteilen: jene, die sich vorzugsweise für *Sätze* und jene, die sich mehr für *Begriffe* interessieren[*2].

Zu der ersten Gruppe gehört zum Beispiel auch Russell (insbesondere seine „no class-theory", nicht aber Carnaps Begriffssystem): Die Logistik faßt einen „Begriff" als Klasse der Argumentwerte auf, die eine Aussagefunktion in einen wahren Satz verwandeln. (Da sie keinen grundsätzlichen Unterschied zwischen streng allgemeinen und besonderen Sätzen macht, so kann sie, bei dieser Auffassung der Begriffe, auch keinen Unterschied zwischen Allgemein- und Individualbegriffen machen.)

Auch der deduktivistisch-empiristische Standpunkt muß zu jenen gerechnet werden, die sich vorzugsweise für *Sätze* interessieren.

Daher ist für ihn das Universalienproblem nur im Zusammenhang mit dem Induktionsproblem befriedigend zu lösen.

Vom deduktivistisch-empiristischen Standpunkt zerfallen, wie im Abschnitt *(31)* näher begründet wurde, die echten Wirklichkeitsaussagen in zwei Klassen: In die besonderen Sätze, die im allgemeinen (vgl. oben) prinzipiell endgültig verifiziert beziehungsweise falsifiziert werden können, und in die allgemeinen Sätze, die prinzipiell niemals endgültig verifiziert, wohl aber falsifiziert werden können.

Der Zweck eines allgemeinen Satzes erschöpft sich nach dieser Ansicht darin, Deduktionsgrundlage zu sein für die Deduktion besonderer Sätze, insbesondere für Prognosen. Um aber aus einem Obersatz (Implikans) den Untersatz (Implikat) deduzieren zu können, muß nicht nur die Folgebeziehung (analytische Implikation) zwischen Obersatz und Untersatz bestehen, sondern der Obersatz muß auch *als wahr angenommen* werden.

Wir müssen also, um deduzieren zu können, allgemeine Sätze *als wahr annehmen* — obwohl wir von ihnen wissen, daß sie *niemals verifiziert werden können,* daß sie also im Sinne des empiristischen Grundsatzes: „Über Wahrheit und Falschheit einer Wirklichkeitsaussage kann einzig und allein die Erfahrung entscheiden" — einfach *niemals als wahr* angesehen werden dürfen[*3].

Die scheinbare Schwierigkeit ist sehr leicht zu überwinden. Ein Beispiel: Ich komme nach Hause in der Vermutung, daß niemand zu Hause ist. Ich finde die Wohnung von innen durch eine Sicherheitskette versperrt: Da sich aus meiner Vermutung, *vorausgesetzt, daß sie wahr ist,* deduzieren läßt, daß die Kette offen sein muß, so schließe ich auf die Falschheit der Vermutung. Es ist also durchaus zulässig, eine Aussage, die *nicht wahr* ist, zum Zwecke der Deduktion (vorläufig) als wahr anzunehmen.

[*2] Zu dieser wichtigen Unterscheidung vergleiche Logik der Forschung (2. Aufl., 1966; und spätere Auflagen), Abschnitt *4*, Anm. *1, und Conjectures and Refutations (1963), S. 19.

[*3] Die Stelle hätte genauer lauten sollen: „als als wahr entschieden angesehen werden dürfen." (Aber das ist sehr häßlich.)

Man wird vielleicht einwenden: Eine solche besondere Aussage erweist sich ja nur empirisch als nicht wahr, sie *könnte* jedoch wahr sein. Eine allgemeine Wirklichkeitsaussage aber kann *aus logischen Gründen* niemals als wahr *anerkannt* werden. Ist es auch unter diesen Umständen zulässig, sie für die Zwecke der Deduktion, wenn auch nur vorläufig, als wahr anzusetzen?

Ein solches Bedenken ist aber unberechtigt: Was machen wir, wenn wir etwa einen mathematischen Satz als falsch erweisen wollen? Wir zeigen, daß seine Folgerungen (entweder im Zusammenhang mit dem übrigen System, oder auch allein) zu *Widersprüchen* führen. Der Satz wird als widerspruchsvoll nachgewiesen, er *kann* also aus *logischen Gründen* nicht wahr sein. Dennoch muß er — damit die widerspruchsvollen Folgerungen aus ihm deduziert werden können — (vorläufig) als wahr angenommen werden. Es ist also nichts dagegen einzuwenden, einen Satz, der aus logischen Gründen nicht wahr sein kann, für die Zwecke der Deduktion (vorläufig) als wahr anzunehmen.

Das ist also der Grund [oder doch einer der Gründe], weshalb wir einen allgemeinen Satz, ein Naturgesetz, solange es sich bewährt, solange es nicht falsifiziert ist, als *wahr* zu betrachten pflegen.

Es ist ja nichts als eine Deduktionsgrundlage, und gerade als Deduktionsgrundlage kann es nur funktionieren, wenn man es (vorläufig) als wahr annimmt.

Die Naturgesetze sind also als allgemeine Sätze Annahmen, und zwar *prinzipiell-vorläufige Annahmen,* die solange als wahr betrachtet werden, als sie nicht falsifiziert sind.

Solche Annahmen sind aber in der Terminologie Vaihingers[2] (die diesem Begriff vollkommen gerecht wird) *„Fiktionen"*.

Vaihinger[3] nennt Fiktionen „bewußt" falsche Annahmen. Ich möchte lieber sagen: Annahmen, die *grundsätzlich nicht wahr sein*[*4] *können* (da das Wort „bewußt" auch eine psychologistische Deutung zuläßt).

Wenn wir also etwa einen falschen, einen widerspruchsvollen mathematischen Satz *als wahr* voraussetzen, um Folgerungen aus ihm deduzieren zu können, so ist diese Annahme, daß der Satz wahr ist, zweifellos eine *echte Fiktion.*

Ebenso sind aber dann alle allgemeinen Sätze, die Naturgesetze, die Hypothesen, *echte Fiktionen*[*5].

Vaihinger[4] selbst lehnt die Ansicht, daß die Hypothesen Fiktionen sind,

---

[2] [HANS VAIHINGER, Die Philosophie des Als Ob (3. Aufl., 1918). Hrsg.]
[3] [HANS VAIHINGER, op. cit., S. 130. Hrsg.]
[*4] Das ist eine schlechte Formulierung: für „wahr sein" sollte „als wahr erwiesen werden" stehen. Siehe die *Einleitung 1978.* Ich bin später von der VAIHINGERschen Terminologie ganz abgekommen: sie ist ganz verfehlt.
[*5] Nein: denn sie *können* ja wahr sein, ohne je *erweislich* wahr zu sein.
[4] [Vgl. HANS VAIHINGER, op. cit., S. 143 ff. Hrsg.]

mit der Begründung ab, daß sie ja aufgestellt werden, um sie womöglich als wahre Sätze nachzuweisen: Als Kantianer glaubt er an die Möglichkeit *wahrer Naturgesetze*. Aber auf nichts paßt der von ihm hervorgehobene Begriff der Fiktion so gut*[6], wie auf die Naturgesetze (die — nach der hier vertretenen Auffassung — von Hypothesen nicht unterschieden werden können; es sei denn durch das Maß ihrer Bewährung).

Sind aber die allgemeinen Wirklichkeitsaussagen grundsätzlich fiktive, weil immer nur vorläufige Annahmen, so erhält die *fiktionalistische Auffassung der Universalien* damit einen prägnanten Sinn:

Die Universalien sind eben solche Begriffe (Vaihinger[5]: „Kunstgriffe"), die wir einführen müssen, um die fiktiven streng allgemeinen Sätze formulieren zu können, die grundsätzlich an jedem Ort und zu jeder Zeit als invariante Deduktionsgrundlagen zur Deduktion von Prognosen dienen können.

Ebenso, wie die Universalien auf die allgemeinen Sätze zurückgeführt werden können (als „jene Begriffe, die in streng allgemeinen Sätzen auftreten können"; das entspricht wieder der Auffassung Occams[6]), so kann ihr fiktiver Charakter auf den fiktiven Charakter der allgemeinen Sätze zurückgeführt werden, also darauf, *daß eine Wirklichkeitsaussage über Universalien niemals als wahr erwiesen werden kann.*

35. *Bemerkungen zum Universalienproblem.*[1] Unter dem Universalienproblem wird gewöhnlich die Frage „nach der Geltung der Allgemeinbe-

---

*[6] Das ist ganz falsch; denn ein Naturgesetz *kann* ja wahr sein.

[5] [Vgl. HANS VAIHINGER, op. cit., S. 15 ff., 28 ff. Hrsg.]

[6] [Siehe Anm. 1 sowie Abschnitt 35, Anm. 5 und Text zu dieser Anm. Hrsg.]

[1] [Diesem Abschnitt war eine Seite mit der folgenden Anmerkung beigelegt:]

35. Induktionsproblem und Universalienproblem.

Dieser Abschnitt wird gegenwärtig [1932] neu formuliert.

Kurze Inhaltsangabe des [neugeplanten] Abschnittes *(35)*:

Das „Universalienproblem" in seiner gewöhnlichen Formulierung ist ein Scheinproblem.

Aber diese Feststellung ist sehr wenig befriedigend; das „*Scheinproblemverfahren*", das heißt, die Methode, Probleme als Scheinprobleme zu erklären und sie auf diese Weise zu „erledigen", wird abgelehnt: man muß versuchen, das *echte* Problem zu finden und einwandfrei zu formulieren, das fast in allen Fällen dem unzulänglich formulierten „Scheinproblem" zugrundeliegt.

Im Falle des Universalienproblems gelangt man dann zu einer (den allgemeinen *Sätzen* analogen) fiktionalistischen Lösung.

[Die ersten Sätze dieser Anmerkung weisen auf eine frühere — und jetzt verlorene — Fassung des Abschnittes *35* hin. Vgl. Abschnitt *33*, Anm. 1. Die Inhaltsangabe für den neugeplanten Abschnitt *35* stimmt mit der hier wiedergegebenen Fassung des Abschnittes *35* recht gut überein. Hrsg.]

griffe" oder nach ihrem „Wesen" verstanden oder auch die Frage: „Was sind die Allgemeinbegriffe?"

In dieser oder in ähnlicher Form ausgesprochen ist die Problemstellung jedenfalls unzulänglich. Die Frage „Was sind Allgemeinbegriffe?" kann nicht beantwortet werden, falls „Allgemeinbegriff" ein undefinierbarer Begriff ist. (Sie ist übrigens meist *psychologisch,* nicht erkenntnistheoretisch gemeint.) Die Frage nach ihrem Wesen ist zu unbestimmt, da man erst fragen müßte, was denn mit „Wesen" gemeint ist. Die Frage nach der Geltung schließlich hat einen guten Sinn, wenn man sie auf *Sätze* bezieht: Die Geltung eines Satzes ist sein Wahrheitswert. Ein *Begriff* jedoch kann nie wahr oder falsch sein (höchstens widerspruchslos oder widerspruchsvoll definiert). So ist auch die Geltungsfrage, auf Begriffe angewendet, höchst unklar.

Wollte man sich damit begnügen, mit diesen unzulänglichen Fragestellungen auch das Universalienproblem als *Scheinproblem* abzutun, so würde ich dieses Verfahren für ebenso unzulänglich halten. Auch dann, wenn man dieses *Scheinproblemverfahren* (es geht auf Wittgenstein[2] zurück) dadurch ergänzt, daß man psychologische Betrachtungen darüber anstellt, was für Motive, was für psychische Ursachen zu Aufstellung der traditionellen Scheinprobleme führen, so ist meiner Meinung nach noch nichts gewonnen. Die Feststellung, daß ein Problem ein Scheinproblem ist, muß, wenn sie befriedigen soll, dadurch ergänzt werden, daß man das *echte Problem* sucht (nicht das psychologische, sondern das echte erkenntnistheoretische Problem), das dem unzureichend formulierten Problem zugrundeliegt.

So liegt etwa der Frage nach der Geltung der Allgemeinbegriffe die Frage nach der Geltung der allgemeinen Sätze, also das Induktionsproblem zugrunde; und der Frage nach dem Wesen der Allgemeinbegriffe etwa die nach den *Beziehungen zwischen Allgemein- und Individualbegriffen;* und diese Frage will ich als „Universalienproblem" untersuchen:

Besteht die strenge Unterscheidung von Allgemeinbegriffen und Individualbegriffen zu Recht oder nicht?

Unter dem Gesichtspunkt dieser Fragestellung betrachtet, fallen[a] alle möglichen Stellungnahmen zum Universalienproblem in zwei Gruppen.

Erste Gruppe: Die strenge Unterscheidung zwischen Allgemein- und Individualbegriffen wird nicht anerkannt: Die einen sind auf die anderen *zurückführbar.*

Zweite Gruppe: Es wird anerkannt, daß die Allgemeinbegriffe und die Individualbegriffe auf einander *nicht zurückführbar* sind.

In der *ersten Gruppe* sind zwei Auffassungen möglich: Die eine sucht die (sogenannten) Individualbegriffe auf die *Allgemeinbegriffe* zurückzuführen

---

[2] LUDWIG WITTGENSTEIN, Tractatus Logico-Philosophicus (1918/1922), Satz 6.53.

(universalistische Auffassung), die andere umgekehrt die (sogenannten) Allgemeinbegriffe auf die *Individualbegriffe* (individualistische Auffassung).

Die *universalistische Auffassung* ist deduktivistisch. Sie entspricht dem deduktivistischen Rationalismus in der Frage nach der Geltung allgemeiner Sätze (Induktionsproblem).

Die Vernunft, der Verstand erkennt nur das Allgemeine. Das Einzelne wird zwar durch die Sinne „erkannt"; aber das ist keine eigentliche Erkenntnis, da Erkennen ja immer Wiedererkennen, Auffinden des Allgemeinen (im Besonderen), Subsumtion ist. Auch die sogenannten Eigennamen sind daher Allgemeinbegriffe: Mit dem Namen „Sokrates" bezeichne ich eine Reihe verschiedener Sinneswahrnehmungen, in denen ich immer dasselbe Allgemeine, die „Sokratität" (Champeaux[3]) wiedererkenne. Das Allgemeine allein ist *wesentlich*, das Individuelle *zufällig*; denn es ist zufällig, von welcher Seite ich Sokrates gerade ansehe: *erkannt* wird nur das Allgemeine an ihm. Je allgemeiner, um so wesentlicher. (Die „Sokratität" ist zufällig im Vergleich zum „Menschsein" des Sokrates.)

Die *individualistische Auffassung* ist induktivistisch. Sie entspricht dem induktivistischen Empirismus (und wurde in der Tat vom englischen Empirismus, insbesondere von Berkeley, ausgebildet). Für sie sind auch die sogenannten Allgemeinbegriffe auf Individuen, also [auf] Eigennamen zurückführbar, [sie] sind abkürzende Zusammenfassungen von Eigennamen. In der Frage nach der Geltung allgemeiner Sätze müßte diese Auffassung konsequenter Weise annehmen, daß es keine allgemeinen Sätze gibt: Die Naturgesetze müssen also entweder besondere Sätze sein („strenger Positivismus") oder gar keine Sätze („Scheinsatzposition").

Beide Auffassungen, Universalismus wie Individualismus müssen natürlich versuchen, den anscheinend nicht zurückführbaren Unterschied zwischen [den (sogenannten) Allgemeinbegriffen und] den (sogenannten) Individualbegriffen zu *erklären*; denn dieser Unterschied kann für sie nichts Letztes, Undefinierbares [sein], sondern er muß zurückführbar sein.

Die Erklärung beider Auffassungen ist weitgehend analog: Beide erkennen an, daß wir die sogenannten Individuen oder Individualbegriffe zu bestimmten, begrenzten Raum-Zeit-Bestimmungen, mindestens aber zu Zeitbestimmungen zuordnen können: Die Zeitlichkeit des Individuellen als principium individuationis. Die sogenannten Allgemeinbegriffe hingegen werden entweder als *zeitlos* angesehen (analog zu der Wahrheit oder Falschheit eines Satzes, die zeitlos ist; vgl. Abschnitt *16*) oder doch zeitlich nicht scharf begrenzbar, als prinzipiell verschiedenen Zeitstrecken (eventuell auch Raum-Zeit-Gebieten) zuordenbar.

Die Deutungen dieses Ergebnisses gehen aber auseinander.

Der Rationalismus lehrt (entsprechend der Evidenzlehre), daß die Ver-

---

[3] [Wilhelm von Champeaux; vgl. Carl Prantl, Geschichte der Logik im Abendlande II. (1861), S. 128 ff. Hrsg.]

nunft das Allgemeine erkennt, indem sie intuitiv erfaßt, erschaut. Das Allgemeine ist [ein] erkennbarer Gegenstand, ist mindestens so gegenständlich wie das Individuelle, das Zufällige. Den Universalien kommt anschauliche Existenz zu. Die Zeitlosigkeit der Universalien wird als *Ewigkeit* gedeutet, die Zeitlichkeit der Individualien als *Vergänglichkeit*. So erhalten die Allgemeinbegriffe eine *höhere Wirklichkeit* (Platon); sie werden das „eigentlich" Wirkliche, die Essenz, das Wesen; ihre Erkenntnis: *Wesensschau* (Universalia sunt realia, Realismus*1).

Der Apriorismus neigt mehr dazu, die Allgemeinbegriffe als Formen aufzufassen, die der erkennende Verstand den Sinneswahrnehmungen aufprägt. Sie sind also vom Verstand erzeugt, nicht erschaut (nach Kant gibt es keine intuitive Vernunfterkenntnis), sind nicht „wirklich": Die Zeitlichkeit alles Wirklichen wird anerkannt, die Zeitlosigkeit macht die Universalien zu unwirklichen *Fiktionen* (Fiktionalismus).

Entsprechendes gilt vom deduktivistischen Konventionalismus: Die Allgemeinbegriffe sind logische Konstruktionen. (Die *rationalistischen* Auffassungen, die das Allgemeine, so wie der Individualismus, nicht als zeitlos, sondern bloß als zeitlich nicht scharf begrenzbar — weil an vielen verschiedenen Zeitpunkten — auffassen, entsprechen der Position: universalia in rebus).

Der induktivistische Individualismus sieht in den Allgemeinbegriffen entweder nur Abkürzungen für mehrere Eigennamen oder für bestimmte Konstruktionen von Eigennamen, bei denen die individuellen Gegenstände nach psychologischen Gesichtspunkten (Erinnerungsassoziation) oder formalen Gesichtspunkten (Ähnlichkeit) geordnet sind.

Eine selbständige Bedeutung kommt ihnen nicht zu. Ihre „Zeitlosigkeit" besteht darin, daß ihnen viele Zeitgebiete entsprechen können. Alles, was über diese Allgemeinbegriffe ausgesagt wird, ist prinzipiell restlos übersetzbar in Aussagen über Eigennamen, individuelle Gegenstände, bestimmte Erlebnisse (universalia sunt nomina, extremer Nominalismus).

Es ist keine Frage, daß innerhalb der Auffassungen der *ersten Gruppe* der Nomalismus die in sich geschlossenste ist: Es ist weit befriedigender, die Allgemeinbegriffe auf Eigennamen zurückzuführen, als umgekehrt. Aber auch die Auffassung des strengen Positivismus zeichnet sich durch Einfachheit und Konsequenz aus: Die Frage ist, ob der extreme Nominalismus nicht ebenso ein Philosophem ist wie der strenge Positivismus.

---

*1 Später habe ich diesen „Realismus" als „Essentialismus" bezeichnet oder auch als „Wesensphilosophie". [Siehe KARL POPPER, The Poverty of Historicism I., Economica, N.S., 11 (1944), S. 94 (The Poverty of Historicism, 1. Aufl., 1957, und spätere Auflagen, S. 27; Das Elend des Historizismus, deutsch von LEONHARD WALENTIK, 1965, S. 22); vgl. auch KARL POPPER, Intellectual Autobiography, The Philosophy of KARL POPPER I. (hrsg. von PAUL ARTHUR SCHILPP, 1974), S. 13 (= KARL POPPER, Unended Quest: An Intellectual Autobiography, 1976, S. 20). Hrsg.]

Die *zweite Gruppe* von Auffassungen erkennt die Universal- und Individualbegriffe als auf einander *nicht zurückführbar* an.

Ebenso, wie die Auffassungen der ersten Gruppe, wird die Zeitlosigkeit der Allgemeinbegriffe und die Zeitlichkeit der Individualbegriffe erkannt; diese erscheint aber zurückführbar auf die Tatsache, daß bestimmte Zeitgebiete immer nur mit Hilfe von Eigennamen festgelegt werden können. Die Eigentümlichkeit des Individuellen wird auch damit anerkannt, daß die Eigennamen und die demonstrativen Hinweise gleichgesetzt werden.

Im übrigen sind sowohl realistische, als auch fiktionalistische und nominalistische Deutungen möglich. Aber es zeigt sich, daß der Streit der Meinungen jede Schärfe verloren hat:

Realistische und *fiktionalistische* Deutungen enthalten keinen sachlichen Gegensatz mehr: Die Eigentümlichkeit des Individuellen ist anerkannt, es ist somit nicht mehr notwendig, dessen Bedeutung zu bagatellisieren, als zufällig hinzustellen. Es hat keinen Sinn mehr, den Allgemeinbegriffen eine *höhere* Realität zuzuschreiben und ähnliche Wertungen anzustellen. Der Wert, die Bedeutung der Allgemeinbegriffe für die Erkenntnis kann dabei weiter betont und hervorgehoben werden. Wird den Allgemeinbegriffen Realität zugesprochen, so wird aber auch dieser Standpunkt anerkennen, daß es sich um eine *andere Art von Realität* handelt, als sie individuellen Gegenständen zukommt: Die „gewöhnliche" Realität, wie wir sie bestimmten Menschen, bestimmten Erlebnissen zuschreiben, also die Realität der individuellen Gegenstände, auf die man hinweisen kann, unterliegt dem Kriterium der Zeitlichkeit („Zeitlichkeit des Wirklichen"[4]). Die „Realität" der zeitlosen Universalien ist von anderer Art; es hat keinen Sinn mehr, sie als „höhere Realität" (Platon) zu bezeichnen, da das Individuelle nicht mehr als Besonderung, als Spezialfall des Allgemeinen, aufgefaßt wird. Es ist aber dann nur mehr ein Streit um Worte, ob man diese besondere Art von Realität noch weiter als „Realität" bezeichnen oder etwa als „Irrealität". Die Anerkennung, daß die Universalien andersartig sind als die sonst als wirklich bezeichneten individuellen Gegenstände, ist das einzig *sachlich Wesentliche*; darin stimmt diese[b] Form des Realismus mit dem Fiktionalismus überein. Es muß dann aber auch die Lehre von der intellektuellen Anschauung, die der Evidenzlehre entspricht, fallen gelassen werden. Mit Rücksicht auf den allgemein üblichen Sprachgebrauch, der die individuellen Gegenstände und Ereignisse als „wirklich" bezeichnet, ist es zweifellos vorzuziehen, die Andersartigkeit der Universalien schon durch die Terminologie zu betonen und von „Irrealismus" oder „Fiktionalismus" zu sprechen.

Aber auch der Gegensatz zum Nominalismus verschwindet, sobald anerkannt wird, daß es sich bei den Universalien nicht um *Eigennamen* handeln kann.

---

[4] Moritz Schlick, [Allgemeine Erkenntnislehre (2. Aufl., 1925), S. 172 ff. Hrsg.].

Daß die Allgemeinbegriffe Wortzeichen, *Namen* sind, ist keine Frage; nur sind sie keine *Eigennamen* (sondern etwa Termini oder Artnamen, wenn dieses Wort nicht im Sinne einer Klasse usw. von Eigennamen verstanden wird). Gegen einen Nominalismus (oder Terminismus) ist also nichts einzuwenden, wenn der Ausdruck „Nominalismus" in diesem Sinne gebraucht und durch diesen Ausdruck die Gegnerschaft zum rationalistisch-metaphysischen Realismus betont werden soll. (Occams Nominalismus war von dieser Art[5].)

Als wichtig sei hervorgehoben, daß die „Zeitlosigkeit" der Allgemeinbegriffe (richtiger: die zeitliche Unbeschränktheit ihrer Anwendung) zur Folge hat, daß den Allgemeinbegriffen immer solche Klassen von Individuen entsprechen, die in ihrem *Umfang nicht beschränkt* sein können.

Die hier dargestellte Auffassung des Universalienproblems ist meiner Meinung nach nicht ganz befriedigend. Das hängt damit zusammen, daß die zuletzt besprochenen Auffassungen erst im Zusammenhang mit dem *Induktionsproblem* befriedigend wirken können: Das Universalienproblem bezieht sich auf Begriffe; *die Begriffe sind aber nur dazu da, um in Aussagen der Erkenntnis zu dienen*[*2].

Insbesondere die als „fiktionalistisch" bezeichnete Auffassung erhält durch die Bearbeitung des Induktionsproblems einen weit prägnanteren Sinn.

Innerhalb des Univeralienproblems selbst glaube ich freilich nicht, daß man wesentlich mehr sagen kann, als daß die Beziehungen zwischen Universal- und Individualbegriffen von solcher Art sind, daß sie sich nicht auf einander zurückführen lassen.

---

[5] [WILHELM VON OCCAM; vgl. CARL PRANTL, Geschichte der Logik im Abendlande III. (1867), S. 343 ff. Siehe auch Abschnitt *34*, Text zu Anm. 6. Hrsg.]

[*2] Siehe auch Text zur Anmerkung *2 zu Abschnitt *34*.

X. Kapitel

ZURÜCK ZU DEN SCHEINSATZPOSITIONEN

36. Rückkehr zur Diskussion der Scheinsatzpositionen. Eine kurze Übersicht soll den bisherigen Verlauf der Untersuchung — vom Beginn der Diskussion der Scheinsatzpositionen an — vergegenwärtigen.

Die Scheinsatzpositionen sprechen den Naturgesetzen den Charakter von echten Sätzen ab, denen Geltungswerte zugeschrieben werden können. Das Induktionsproblem, die Frage nach der Geltung der Naturgesetze würde dann verschwinden, wäre gar kein echtes Problem, sondern nur ein Scheinproblem, entstanden durch das Mißverständnis, die Naturgesetze für echte Sätze zu halten.

Dieser Gedanke — der von Wittgenstein und Schlick stammt — führt zu der neuen Fragestellung: Was sind die Naturgesetze, wenn sie keine echten Sätze sind?

Die Antwort[1], die Naturgesetze seien „Anweisungen zur Bildung von Aussagen", wurde zwar angenommen, konnte aber nicht befriedigen: Denn solche Anweisungen könnten auch *echte Sätze* sein. Die Fragestellung mußte durch die Forderung ergänzt werden, die Naturgesetze so zu bestimmen, daß ihr Scheinsatzcharakter außer Frage steht.

So gelangte die Untersuchung zur Formulierung des konsequenten Pragmatismus: die Bewertung der Naturgesetze müsse sich von den (absoluten) *Geltungswerten,* die nur *echten Sätzen* zugeschrieben werden können, dadurch unterscheiden, daß sie prinzipiell nur eine vorläufige sein kann.

Auf der Suche nach einer näheren Bestimmung der noch immer höchst unsicheren, schwankenden Problemlage kam die Untersuchung zum Begriff der „rein pragmatischen Gebilde", zu „Werkzeug und Schema", und weiter zu den logischen Schemata zur Bildung von Aussagen, den *Aussagefunktionen.*

Sind die Naturgesetze Aussagefunktionen? (Erste Scheinsatzposition, Abschnitt *23.*) Um die Konsequenzen dieser Fragestellung überblicken zu können, wurde die Diskussion der Scheinsatzpositionen vorläufig verlassen.

---

[1] [Moritz Schlick, Die Kausalität in der gegenwärtigen Physik, Naturwissenschaften 19 (1931), S. 151. Vgl. Abschnitt *19,* Text zu Anm. 1. Hrsg.]

Der weitläufige Exkurs, der unternommen wurde, zerfällt in zwei größere Teile: Der erste Teil knüpft an die Frage an, ob die Naturgesetze Aussagefunktionen sind, und beschäftigt sich mit dem *Problemkreis des Konventionalismus*. (Abschnitte *24—30*.) Der zweite Teil knüpft vorerst an die (im ersten Teil) gewonnenen logistischen Begriffe (der generellen Implikation und der Implikation) an, um die für das Induktionsproblem grundlegende *Unterscheidung von streng allgemeinen und besonderen Sätzen* sicherzustellen. (Abschnitte *31—35*.)

Wenn die Untersuchung nunmehr die kritische Diskussion der Scheinsatzpositionen wieder aufnehmen soll, so muß sie dorthin zurückkehren, wo diese verlassen wurden, also zu der ersten Scheinsatzposition, zu der Frage: Sind die Naturgesetze Aussagefunktionen?

Die Diskussion des Problemkreises des Konventionalismus hat zwar zu keiner eindeutigen Entscheidung dieser Frage geführt, aber doch zu ziemlich beachtenswerten Ergebnissen.

Auf der einen Seite hat sie gezeigt, daß die Auffassung der Naturgesetze als *Aussagefunktionen* diese in nächste Nähe zur *konventionalistischen Erkenntnistheorie* führt und für den *Empiristen unannehmbar* macht. Dabei aber ist überdies selbst bei dieser dem Anschein nach logisch präzisen Scheinsatzposition der Scheinsatzcharakter der Naturgesetze *nicht* sichergestellt: Einerseits sind alle jene Naturgesetze, die nicht Axiome einer Theorie, sondern abgeleitete Lehrsätze sind, keine Scheinsätze (sondern, genau wie die konventionalistischen Naturgesetze, analytische Urteile; vgl. Abschnitt *28*). Anderseits sind die Aussagefunktionen in Verbindung mit Zuordnungsdefinitionen als *echte* Wirklichkeitsaussagen anzusehen und es erscheint fraglich, ob durch die Feststellung, daß eine Aussagefunktion brauchbar ist, ihr nicht schon ein gewisses Gebiet von Argumentwerten zugeordnet wird. Das würde aber bedeuten, daß sie nur scheinbar eine Aussagefunktion, in Wirklichkeit aber ein echter Satz ist (vgl. Abschnitt *29*).

Zusammenfassend muß man sagen, daß die Untersuchung des konventionalistischen Problemkreises die Skepsis bezüglich des Scheinsatzcharakters der Naturgesetze nur bestärken könnte: Selbst durch präzise logische (logistische) Gebilde, wie die Aussagefunktionen, gelingt es nicht, den schwankenden Untergrund der Scheinsatzpositionen zu festigen.

Aber all das soll nicht als Kritik gewertet werden: Alle diese Bedenken sind ja fast ebenso vage und unbestimmt, wie die Positionen, gegen die sie sich richten. Sie sollen daher von der grundsätzlichen Kritik der Scheinsatzpositionen überhaupt ausgeschlossen werden. Eine solche Kritik der Scheinsatzpositionen muß an[a] einer ganz anderen Stelle ansetzen.

Der Punkt, auf den sich die Angriffe einer grundsätzlichen Kritik richten müssen, wird erst im nächsten Abschnitt aufgesucht werden. Hier sei festgestellt, daß sich diese Kritik in letzter Linie gegen die *Scheinsatzpositionen in jeder Form* richten soll.

Um der Kritik in diesem Sinne größte Allgemeinheit zu geben, sollen auch solche Scheinsatzpositionen, die durch die bisherigen Überlegungen in Frage gestellt erscheinen, *ausdrücklich als zulässige Positionen* anerkannt werden (natürlich nur vorläufig, bis zu ihrer Widerlegung durch die grundsätzliche Kritik).

Ich denke dabei insbesondere an folgende Scheinsatzpositionen, von denen ich es für möglich halte, daß sie tatsächlich vertreten werden:

1. Die Naturgesetze sind *Aussagefunktionen* (wird *vielleicht* von Carnap vertreten; vgl. Abschnitt *23*) Dieser Standpunkt soll als einwandfrei betrachtet werden. Nur *eines* wird von ihm vorausgesetzt (und muß vorausgesetzt werden): daß die *Bewertung* dieser Aussagefunktionen seitens der Naturwissenschaft nicht einen solchen Charakter annehmen kann, daß ihnen endgültige Geltungswerte beigelegt werden.

2. Die Naturgesetze sind *Aussagefunktionen, verbunden mit pragmatischen Anweisungen* zu ihrer Anwendung. Diese Auffassung würde dem *Empirismus* näher stehen: Die pragmatischen *Anweisungen* würden eine konventionalistische Deutung verhindern. Der naheliegende Einwand, daß solche Anweisungen für die Anwendung vermutlich mit Zuordnungsdefinitionen identisch wären (und die Aussagefunktionen daher mit echten Sätzen) soll nicht beachtet werden. Es soll vorläufig angenommen werden, daß eine solche Auffassung zu einer einwandfreien Scheinsatzposition führt: So wie die Aussagefunktionen (als Schemata) Werkzeugen entsprechen, so würden jene pragmatischen Anweisungen zu ihrer Anwendung der praktischen *Gebrauchsanweisung* entsprechen, die einem Werkzeug beigelegt ist. Eine solche Gebrauchsanweisung würde wohl als praktisch brauchbar oder unbrauchbar, nicht aber als endgültig wahr oder falsch zu bezeichnen sein. (Mit dieser Position versuche ich, das wiederzugeben, was möglicherweise von Wittgenstein und Schlick mit den „Anweisungen zur Bildung von Aussagen"[2] gemeint sein könnte.)

3. Aber vielleicht haben die Naturgesetze überhaupt nichts mit Aussagefunktionen zu tun? Um der Kritik möglichste Allgemeinheit zu geben, wird sie sich gegen eine Scheinsatzposition richten, die zwar reichlich unbestimmt ist, dafür aber *alle anderen umfaßt*: Ein Standpunkt, der die Naturgesetze als „Gebilde" auffaßt, die vielleicht einer näheren Bestimmung gar nicht zugänglich, jedenfalls aber keine echten Aussagen sind, weil sie *prinzipiell nur vorläufig gewertet* werden können.

Wird diese allgemeinste Form der Scheinsatzpositionen durch die Kritik widerlegt, so auch die anderen. Es genügt daher, daß sich die Kritik nur an diese allgemeinste Formulierung hält.

---

[2] [Siehe Anm. 1. Hrsg.]

Alle Bedenken gegen den Scheinsatzcharakter der zu untersuchenden Gebilde sollen also einstweilen zurückgestellt werden. Erst nach der grundsätzlichen Kritik soll es sich zeigen, ob diese Bedenken berechtigt waren oder nicht.

37. Symmetrie oder Asymmetrie in den Bewertungen der Naturgesetze?
Die Kritik der Scheinsatzpositionen soll eine *immanente* sein. Wenn daher in diesem Abschnitt die deduktivistisch-empiristische Position herangezogen wird, so geschieht das nicht zu dem Zweck, um ihre Vorzüge gegenüber den Scheinsatzpositionen ins Treffen zu führen; meine Absicht ist nur, mit ihrer Hilfe den Punkt zu finden, an dem eine grundsätzliche Kritik der Scheinsatzpositionen ansetzen muß. *Wenn* nämlich die deduktivistisch-empiristische Auffassung im Recht ist, so muß sie auch als Schlüssel zur Kritik aller anderen Auffassungen verwendet werden können: Dort, wo die unrichtigen Auffassungen von der richtigen sachlich unzweideutig abweichen, dort wird die Kritik einzusetzen haben, um die immanenten Widersprüche nachzuweisen (vgl. dazu auch Abschnitt 9).

Ein solcher Schlüssel, ein solcher Leitfaden ist im Falle der Kritik der Scheinsatzpositionen fast unentbehrlich: Seitdem die Normalsatzpositionen verlassen wurden, sind die Schwierigkeiten immer größer geworden. Die Wahrscheinlichkeitspositionen und noch mehr die Scheinsatzpositionen haben sich als so unfertige, so unbestimmte, ich möchte fast sagen, molluskoide Gebilde erwiesen, daß die Kritik sich vorerst bemühen mußte, ihnen etwas festere Umrisse zu geben. Es wäre sonst kaum möglich gewesen, die oft recht verwickelten Probleme aufzuzeigen, zu denen eine konsequente Verfolgung der Gedankengänge führt. Wenn nichts anderes, so hat die bisherige Untersuchung der Scheinsatzpositionen sicher eines gezeigt: daß ein Schlüssel, ein heuristisches Prinzip hoch eingeschätzt werden muß, mit Hilfe dessen man die Stelle entdecken kann, an der der Gegner überhaupt angreifbar ist; an der er standhält und nicht entschwindet — wie der „Große Krumme" Peer Gynts[1] — wenn man meint, ihn schon gefaßt zu haben.

Ich will an dieser Stelle die Darstellung etwas subjektiver gestalten und über die Überlegungen berichten, durch die ich selbst zu meiner Kritik der Scheinsatzpositionen gekommen bin.

Als ich das erste Mal von Schlicks *Scheinsätzen*, von seinen „Anweisungen zur Bildung von Aussagen"[2] hörte, war mir sofort klar, daß es sich hier nur

---

[1] [HENRIK IBSEN, Peer Gynt (1867), S. 80 ff.; deutsch von CHRISTIAN MORGENSTERN, HENRIK IBSENS Sämtliche Werke in deutscher Sprache IV. (hrsg. von GEORG BRANDES, JULIUS ELIAS und PAUL SCHLENTHER, 1901), S. 260 ff. Hrsg.]
[2] [MORITZ SCHLICK, Die Kausalität in der gegenwärtigen Physik, Naturwissenschaften 19 (1931), S. 151. Hrsg.]

um einen Wortstreit handeln kann; ob man die Naturgesetze „Sätze" nennt oder „Scheinsätze", kann an den wirklichen Problemen nicht viel ändern.

Weit wichtiger fand ich an Schlicks Gedankengang, daß er dem *Deduktivismus* ziemlich weit entgegen kam. Schon der Ausdruck „Anweisung zur Bildung von Aussagen" weist darauf hin, daß der Zweck, die Bedeutung der Naturgesetze vor allem in der Prognosenbildung gesucht wird, in der Möglichkeit, besondere Wirklichkeitsaussagen abzuleiten. Die Betonung des Scheinsatzcharakters nahm ich aber als einen Hinweis, daß das induktivistische Vorurteil noch nicht aufgegeben war: Nichts anderes konnte die Bezeichnung „Scheinsatz" bedeuten, als daß Schlick mit dem strengen Positivismus darin noch immer einer Meinung war, daß es keine streng allgemeinen, sondern *nur besondere Wirklichkeitsaussagen* gibt. Da er selbst anerkannte, daß der streng positivistische Standpunkt dem tatsächlichen Verfahren der Wissenschaft, der tatsächlichen Rolle der Naturgesetze nicht genügt, so mußte er auf seine „Anweisung zur Bildung von Aussagen" kommen.

Den Wortstreit, ob die Naturgesetze „Sätze" zu nennen sind oder nicht, hielt ich für wenig reizvoll. Wenn es richtig ist, daß die Scheinsatzposition trotz der deduktivistischen Ansätze im Grunde genommen doch induktivistisch ist, so muß sich ein *sachlicher* Gegensatz zur deduktivistischen Auffassung finden lassen, so muß sie am Grundwiderspruch des Induktivismus scheitern: Am *unendlichen Regreß*.

Im ersten Augenblick erschien ein solcher Nachweis aussichtslos zu sein: Die Scheinsatzpositionen erwecken geradezu den Eindruck, daß sie zu dem Zwecke geschaffen wurden, dem unendlichen Regreß zu entgehen.

Wodurch entsteht der unendliche Regreß? Doch immer dadurch, daß man versucht, mehr, als die Erfahrung tatsächlich lehrt, auf Erfahrung zu gründen. Das tut aber die Scheinsatzposition sicher nicht: Sie behauptet immer nur eine *vorläufige* Brauchbarkeit der Naturgesetze und stimmt darin mit dem deduktivistischen Standpunkt völlig überein, daß sie eine endgültige Rechtfertigung streng allgemeiner Sätze nicht für möglich hält.

In der Tat meint auch Schlick, auf diese Weise alle Schwierigkeiten überwunden zu haben[3]:

„Das Induktionsproblem besteht ja in der Frage nach der ... Rechtfertigung allgemeiner Sätze über die Wirklichkeit, welche immer Extrapolationen aus Einzelbeobachtungen sind. Wir erkennen mit Hume, daß es für sie keine ... Rechtfertigung gibt; es kann sie nicht geben, weil sie gar keine echten Sätze sind."

Sollte Schlicks Standpunkt vielleicht doch gar nichts anderes sein als der deduktivistische Standpunkt, übersetzt in pragmatische Ausdrucksweise?

Ich beschloß, die beiden Standpunkte *ohne Rücksicht auf die Terminolo-*

---

[3] MORITZ SCHLICK, op. cit., S. 156.

gie, einzig auf ihre sachlichen Verschiedenheiten hin zu untersuchen. Und dabei bemerkte ich folgendes:

Die deduktivistisch-empiristische Auffassung ist dadurch ausgezeichnet, daß die Wertung der allgemeinen Sätze eine ausgesprochene *Asymmetrie* aufweist.

Während nämlich die besonderen Wirklichkeitsaussagen prinzipiell endgültig *verifiziert oder falsifiziert* werden können, steht es für die allgemeinen Wirklichkeitsaussagen anders: Sie können zwar (als Deduktionsgrundlagen; vgl. Abschnitt *31*) endgültig *falsifiziert* werden, können endgültig einen *negativen Geltungswert* erhalten, nie aber [dürfen wir ihnen] einen positiven [Geltungswert zuschreiben]: der positive Wert ist grundsätzlich von *anderer Art* als der negative, ist, wenn man will, ein pragmatischer Wert, man kann ihn als „Bewährungswert" bezeichnen (auf Worte soll es hier nicht ankommen); jedenfalls darf er dem Naturgesetz *prinzipiell immer nur vorläufig* zugeschrieben werden.

Im Gegensatz zu dieser *Asymmetrie zwischen positiver und negativer Bewertung* weisen alle induktivistischen Auffassungen durchwegs eine *Symmetrie der Bewertung* auf: Die *Normalsatzpositionen* glauben, daß die Naturgesetze wahr oder falsch sein*¹ können, die *Wahrscheinlichkeitspositionen*, daß die Naturgesetze *wahrscheinlich* oder *unwahrscheinlich* sein können. Beide scheitern am unendlichen Regreß (beziehungsweise am Apriorismus).

Auch die „*Scheinsatzposition*" weist diese *Symmetrie* auf: Hier ist offenbar die gesuchte sachliche Abweichung vom deduktivistisch-empiristischen Standpunkt. Wenn dieser im Recht ist, so muß auch im Falle der Scheinsatzposition die Symmetrie zu einem inneren *Widerspruch* führen.

Die Aufsuchung dieses Widerspruches wird so zu einer *Bewährungsprobe für die Scheinsatzposition*.

Vielleicht läßt sich aber der kritische Punkt der Scheinsatzposition noch genauer angeben? Man muß dazu nur die Abweichung, die in jener Symmetrie liegt, näher ansehen.

Die *Normalsatzpositionen* (und die Wahrscheinlichkeitspositionen) stimmen mit der deduktivistisch-empiristischen Auffassung darin überein, daß den Naturgesetzen endgültige *negative* Werte zugeschrieben werden können. Aber sie wollen ihnen auch endgültige *positive* Werte zuschreiben: *Hier* weichen sie von der deduktivistisch-empiristischen Auffassung ab und *hier* geraten sie auch sofort in die Widersprüche des unendlichen Regresses.

Die *Scheinsatzpositionen* stimmen in bezug auf die *positive Wertung* mit dem Deduktivismus überein: Bei beiden ist die positive Wertung eine grundsätzlich vorläufige. Tatsächlich läßt sich, was die positive Seite der Wertung bei den Scheinsatzpositionen betrifft, ein unendlicher Regreß oder

---

*¹ Statt „wahr oder falsch sein" hätte ich schreiben sollen: „als wahr oder falsch nachgewiesen werden".

sonst ein innerer Widerspruch der Auffassung nicht nachweisen; aber in der *negativen Wertung liegt eine Abweichung*: die Scheinsatzpositionen lassen für die Naturgesetze *keine endgültigen negativen Werte* zu, im Gegensatz zu der deduktivistisch-empiristischen Auffassung, die die Möglichkeit einer *endgültigen empirischen Falsifizierbarkeit*[*2] allgemeiner Wirklichkeitsaussagen behauptet.

Hat die deduktivistisch-empiristische Auffassung recht, dann müssen an *dieser Stelle,* also in der Frage der *negativen Wertung* von Naturgesetzen alle jene inneren Widersprüche auch bei den Scheinsatzpositionen auftreten, die für das Induktionsproblem charakteristisch sind. Und diese Schwierigkeiten müssen sich *formal* darstellen lassen: Nicht auf die *Bezeichnung,* „Geltungswert" oder „praktischer Wert" darf es ankommen, sondern nur darauf, ob die negative Wertung das *gleiche* Gewicht hat, wie die prinzipiell nur vorläufige positive Wertung („Symmetrie der Werte") oder ob die negative Wertung ein *größeres* Gewicht haben kann, als die positive Wertung, ob sie gegenüber der positiven Wertung qualifiziert sein kann („Asymmetrie der Werte").

Diese formale Fragestellung: Symmetrie oder Asymmetrie der Bewertung? macht die Kritik vorerst unabhängig von dem Streit, ob die Naturgesetze als „Sätze" zu deuten sind oder als „Scheinsätze". So ermöglicht sie eine immanente Kritik der Scheinsatzpositionen.

38. Die negative Wertung allgemeiner Sätze. Kritik der streng symmetrischen Interpretation der Scheinsätze.

Jene Scheinsatzposition, die Schlick vertritt, stellt sich unzweideutig auf den Standpunkt der *Symmetrie* zwischen positiver und negativer Bewertung der Naturgesetze: Positive und negative Wertungen können in gleicher Weise *immer nur vorläufig* erfolgen.

Diese einfachste Interpretation der Scheinsätze — ich will sie die *„streng symmetrische" Interpretation* nennen — dürfte auf den ersten Blick auch als die einzig mögliche erscheinen: Wird nämlich die *Asymmetrie* zugegeben, wird anerkannt, daß die negative Bewertung der Naturgesetze von prinzipiell anderer Art sein kann als die positive, daß sie nicht vorläufig sein muß, sondern *endgültig* sein kann — dann müßte man, so scheint es, auch anerkennen, daß sie einen Geltungswert besitzen können, also *echte Sätze* sind.

Aber diese Auffassung dürfte vielleicht etwas *zu eng* sein. Es soll deshalb angenommen werden, daß eine Widerlegung der streng symmetrischen Interpretation der Scheinsätze *nicht* imstande ist, die Scheinsatzpositionen vernichtend zu schlagen: Sie sind elastisch (oder unbestimmt) genug, um nötigenfalls auch mit einer asymmetrischen Interpretation vereinbar zu sein.

[*2] In dem Sinn, daß wenn gewisse besondere Tatsachen anerkannt sind, gewisse allgemeine Sätze falsch sein müssen. Siehe auch die *Einleitung 1978.*

Ja, selbst in der Darstellung Schlicks finden sich Andeutungen, die *vielleicht* in diese Richtung weisen: Daß man mit Hilfe von grundsätzlich *nur vorläufig* zu wertenden Anweisungen (also mit „streng symmetrischen Anweisungen", mit Anweisungen im Sinne des „konsequenten Pragmatismus") doch auch eine gewisse Asymmetrie ausdrücken kann. (Das könnte etwa dadurch erreicht werden, daß man für gewisse negative Bewertungen ein größeres Gewicht, eine besondere „*Qualifikation*" fordert.)

Diese „asymmetrischen" Interpretationen der Scheinsätze sollen erst in den nächsten Abschnitten untersucht werden. Ihre Kritik wird erst klar erkennen lassen, daß es tatsächlich die typischen Widersprüche der *Induktion* sind, denen die Scheinsatzpositionen nicht mehr entgehen können, wenn nur einmal die Frage „Symmetrie oder Asymmetrie der Bewertung" aufgerollt ist. Dann wird sich auch (im Abschnitt *41*) zeigen — was in diesem Abschnitt noch kaum eingesehen werden kann — daß die streng symmetrische Scheinsatzposition mit dem Standpunkt des strengen Positivismus *identisch* ist; natürlich nur *formal* identisch, denn die Terminologie und die Deutung ist sehr verschieden.

Die Kritik wird zunächst — in diesem Abschnitt und in den beiden nächsten — eine *rein formale* sein. Sie ist immanent (und sie stellt sich außerhalb aller terminologischer Fragen). Wenn sie von „Geltungswerten" spricht, so könnte man, wenn man will, dafür auch immer „endgültige oder besonders qualifizierte Brauchbarkeitswerte" einsetzen; ebenso für „allgemeine Sätze" den Ausdruck „Scheinsätze": Die Argumentation würde dadurch nicht berührt werden. Nur der Einfachheit und Anschaulichkeit wegen ist diese Substitution in der Darstellung meist nicht durchgeführt.

In diesem Abschnitt soll nur die streng symmetrische Interpretation der Scheinsätze kritisiert werden.

Die Frage der *positiven Wertung* der Naturgesetze führt zu keinem sachlichen Gegensatz zwischen der deduktivistisch-empiristischen Auffassung und den Scheinsatzpositionen. Naturgesetze und streng allgemeine Wirklichkeitsaussagen überhaupt — ob sie nun als echte Sätze betrachtet werden oder als Scheinsätze — können grundsätzlich nie endgültig positiv gewertet werden: „Spätere Beobachtungen können ja das vermeintliche Gesetz stets Lügen strafen..." (Schlick[1]).

Wie steht es aber mit der *negativen Wertung?*

Wenn man es recht überlegt, so sollte man meinen, daß die Asymmetrie (die besondere Qualifikation der negativen Wertung) gar nicht ernstlich bestritten werden kann. Schon der Gedankengang, durch den die endgültige positive Wertung bestritten wird, spricht dafür: Wenn „spätere Beobach-

---

[1] MORITZ SCHLICK, Die Kausalität in der gegenwärtigen Physik, Naturwissenschaften 19 (1931), S. 150.

38. Die negative Wertung allgemeiner Sätze

tungen ... das vermeintliche Gesetz ... Lügen strafen" *können*, wenn also *Erfahrung* das Gesetz überhaupt widerlegen *kann*, so kann sie das Gesetz auch *endgültig* widerlegen; denn niemals wird die Naturwissenschaft ein Naturgesetz anerkennen, dem irgend eine Erfahrung *unzweideutig widerspricht*.

Das ist nun in der Tat auch die Ansicht des Deduktivismus:

Die Besprechung des Begriffes der Implikation (Abschnitt *31*) hat gezeigt, daß Deduktionsgrundlagen zwar niemals *durch Verifikation* der aus ihnen deduzierten Folgerungen (Prognosen) rückwirkend verifiziert werden können, daß sie jedoch *durch Falsifikation* der Folgerungen rückwirkend falsifiziert werden. (In logistischer Ausdrucksweise: Besteht eine Implikation, und ist das Implikat falsch, so folgt daraus die Falschheit des Implikans.)

Nun macht die Naturwissenschaft von diesem Verfahren (dem modus tollens) vielfältigen Gebrauch. Sie setzt ja überhaupt voraus, daß die Deduktionslogik berechtigt ist und auf die Naturgesetze als (echte) allgemeine Sätze angewendet werden darf. Damit steht sie aber bereits auf dem Boden der *Asymmetrie*: Sie führt eine Form der negativen Wertung ein, die ganz anders qualifiziert ist als die positive. Die negative Wertung folgt durch streng logische Deduktion aus einem Erfahrungssatz; sie unterscheidet sich von der positiven wie die *deduktiven Schlüsse* von den sogenannten „*induktiven Schlüssen*". (Und während die Berechtigung der Deduktion nicht in Frage gestellt wird, so ist[a] die Unzulässigkeit der „induktiven Schlüsse" in gleicher Weise die Grundlage der Scheinsatzpositionen wie die der deduktivistischen Auffassung.)

Der Einwand, daß Erfahrungen den Naturgesetzen niemals eindeutig widersprechen können, kann (in dieser Form) hier nicht zur Diskussion stehen: Er führt geradewegs zum *Konventionalismus,* zu der Ansicht, daß die Naturgesetze a priori *wahr* sind (da ihnen eben Erfahrungen nicht widersprechen können); vom empiristischen Standpunkt also zu völlig *nichtssagenden* Naturgesetzen (die, wenn man will, ohne weiteres als Scheinsätze bezeichnet werden könnten).

Aber ein ähnlicher Einwand könnte wohl erhoben werden, und dieser ist etwas eingehender zu besprechen.

Man muß nämlich bedenken, daß an der Deduktion der Prognosen meistens *eine ganze Reihe* von Voraussetzungen beteiligt ist: Sie werden im allgemeinen nicht aus einem *einzelnen* „Naturgesetz", sondern aus einem System von Sätzen, aus einer „*Theorie*" deduziert. Die rückwirkende Falsifikation der Prognosen trifft nun die Deduktionsgrundlagen als Gesamtheit, trifft die „*Konjunktion*" *der Voraussetzungen*. Das heißt aber nicht, daß jede einzelne Voraussetzung falsifiziert wurde, sondern nur, daß unter den Voraussetzungen *mindestens ein* falscher Satz war.

Die Falsifikation der deduzierten Prognosen läßt uns also, logisch betrachtet, im Ungewissen, welche von den in den Deduktionsgrundlagen enthaltenen Voraussetzungen falsch sind.

Aus derartigen Überlegungen wurde (zum Beispiel von Duhem[2]) der Schluß gezogen, daß es eine eigentliche Falsifikation von Naturgesetzen nicht gibt. Nur die *ganze Theorie* kann verworfen werden, womit eben keineswegs *alle* Sätze der Theorie verworfen sind. Im Gegenteil, man muß immer damit rechnen, daß einzelne Sätze oder Teile der falsifizierten Theorie in einem späteren Zeitpunkt (oder in einem anderen Zusammenhang) wieder auftauchen: Sie können also nicht als *endgültig* falsifiziert betrachtet werden.

Der Gedankengang wird anscheinend gerade durch die Ergebnisse dieser Untersuchung noch zwingender (nämlich durch den Nachweis, daß Naturgesetze nicht verifiziert werden können). Gäbe es eine *Verifikation* von Naturgesetzen, so könnte man prinzipiell von allen einzelnen Voraussetzungen einer Theorie wissen, daß sie wahr sind. Wenn eine Theorie durch Falsifikation ihrer Prognose als Ganzes falsifiziert wird, könnte somit der Fall eintreten, daß man von allen Voraussetzungen bis auf *eine* weiß, daß sie wahr sind; diese eine Voraussetzung wäre dann falsifiziert. Nur wissen wir aber, daß keine der Voraussetzungen endgültig verifiziert werden kann und diese Erkenntnis scheint die Ansicht zu bestätigen, daß auch keine Voraussetzung endgültig falsifizierbar ist.

Würden die Verhältnisse so liegen, so wäre die symmetrische Auffassung der asymmetrischen und somit auch die Scheinsatzposition der deduktivistisch-empiristischen Ansicht überlegen. Aber sie liegen anders.

Sehen wir vorerst von der eigentlichen naturwissenschaftlichen Theorienbildung ab: Wenn man die Fragestellung verallgemeinert, wenn man nach der Falsifizierbarkeit allgemeiner Wirklichkeitsaussagen überhaupt fragt, so kann kein Zweifel bestehen, daß wir berechtigt sind, wenigstens gewisse einfache allgemeine Wirklichkeitsaussagen aufgrund von Erfahrungen endgültig negativ zu bewerten.

Der Satz: „Alle Bücher sind in rotes Leder gebunden" ist zweifellos eine allgemeine Wirklichkeitsaussage und ist zweifellos *falsch*. Wie erfolgt die Falsifikation? Sehr einfach: Dieser Satz verbunden mit der weiteren Voraussetzung: „Das hier ist ein Buch" liefert die Deduktionsgrundlage für die Prognose: „Dieses Buch ist in rotes Leder gebunden." Diese Prognose kann ich falsifizieren. Also muß eine ihrer Voraussetzungen falsch sein. Die zweite Voraussetzung war nun eine *besondere Wirklichkeitsaussage,* die endgültig verifiziert werden kann. Also ist die andere Voraussetzung *endgültig falsifiziert.*

Lassen sich gegen diese triviale Betrachtung Einwendungen erheben? Ich

---

[2] [PIERRE DUHEM, Ziel und Struktur der physikalischen Theorien (deutsch von FRIEDRICH ADLER, 1908), S. 243 ff., 266 f. Siehe auch Band II (Fragmente): [VII.] *Das Problem der Methodenlehre,* Abschnitt *1,* Anm. *1. Hrsg.]

glaube nicht: Jeder Einwand müßte sich gegen die *endgültige Verifizierbarkeit besonderer Wirklichkeitsaussagen* wenden. (Solche Bedenken liegen aber außerhalb des Induktionsproblems und sind, wie schon im Abschnitt *9* ausgeführt wurde, nicht ernst zu nehmen*[1].) Was kann man also aus dem Beispiel entnehmen? *Erstens,* daß es prinzipiell möglich ist, allgemeine Wirklichkeitsaussagen zu falsifizieren. Sätze wie: „Alle Menschen haben schwarzes Haar"; „Alle Elektronen sind mit freiem Auge sichtbar"; „Wer immer ein Amt hat, hat dazu den Verstand" sind eben zweifellos durch Erfahrungen widerlegt. *Zweitens,* daß eine allgemeine Wirklichkeitsaussage jedenfalls dann falsifizierbar ist, wenn man, um Prognosen zu deduzieren, außer ihr noch besondere Wirklichkeitsaussagen als Voraussetzungen einführen muß, die ja endgültig verifizierbar sind. Man kann dieses Ergebnis noch dahin verallgemeinern, daß eine bestimmte einzelne allgemeine Wirklichkeitsaussage durch deduzierte Prognosen dann rückwirkend falsifiziert werden kann, wenn die Wahrheit der übrigen Voraussetzungen auf irgend eine Weise sichergestellt werden kann. (Das ist aber auch dann der Fall, wenn diese Voraussetzungen zwar nicht besondere Wirklichkeitsaussagen, wohl aber *analytische Urteile* sind; zum Beispiel, Definitionen.)

Daß es auch *naturwissenschaftliche* Aussagen dieser Art gibt, daß auch einzelne „*Naturgesetze*" endgültig falsifiziert werden können, ließe sich an vielen Beispielen zeigen. Sehr bekannt ist Galvanis (von Volta widerlegte) Theorie. Sieht man von ihren vitalistisch-metaphysischen Elementen ab, so ergibt sich ein Naturgesetz folgenden Inhalts: Jene (elektrischen) Vorgänge sind gesetzmäßig davon abhängig, daß solche Versuchskörper verwendet werden, die von *lebenden Tieren* (oder Pflanzen) stammen. Volta falsifizierte dieses Gesetz, indem er die betreffenden Versuchskörper durch anorganische Flüssigkeiten ersetzte (und mit ihnen jene charakteristischen Vorgänge ebenfalls erzielte).

Der Einwand, daß die Naturgesetze deshalb nie endgültig widerlegt werden können, weil man nie wissen kann, auf welche Sätze der Theorie sich die Falsifikation bezieht, kann nicht anerkannt werden: Er ist nicht von allgemeiner, prinzipieller Bedeutung.

Trotzdem ist dieser (Duhemsche) Einwand nicht unwichtig. Er kann als Anregung genommen werden, um den Begriff des „Naturgesetzes", beziehungsweise den Begriff der (naturwissenschaftlichen) „Deduktionsgrundlage" nach einer bestimmten Richtung hin zu präzisieren.

Es muß nämlich zugestanden werden, daß sehr viele Theorien tatsächlich von solcher Art sind, daß der Einwand auf sie passen würde. (Ein klassisches Beispiel ist die Newtonsche Emissionstheorie des Lichtes. Trotz ihrer Falsifikation durch Foucault, trotz des Sieges der Huygensschen Theorie, konnten gewisse Ansichten Newtons in modernen, auf der Quantentheorie

---

*[1] Diese Stelle klingt fast, als ob sie vor der Analyse des letzten Teiles von Abschnitt *11* geschrieben worden wäre (dem Friesschen Trilemma).

fußenden Lichttheorien wieder auftauchen.) Wie steht es mit diesen „Naturgesetzen", die nur im Zusammenhang einer solchen Theorie auftreten können?

Nun, diese einzelnen Annahmen sind sicher nicht endgültig falsifizierbar (es sei denn, daß es gelingt, wenigstens einen Teil der fraglichen Annahmen aus dem Zusammenhang herauszuschälen [und gesondert zu prüfen]). Aber die *ganze Theorie*, die „Konjunktion" der Annahmen ist in jedem Fall endgültig falsifizierbar. Und nur darauf kommt es an.

Die Besprechung jenes Einwandes führt also zu dem Ergebnis: Kompliziertere theoretische Gebäude sind unter Umständen nur im Ganzen (beziehungsweise in größeren, zusammenhängenden Teilen) endgültig falsifizierbar; das heißt, die Falsifikation kann nur besagen, daß *diese* Theorie in *dieser* Form bestimmt endgültig verworfen werden muß. Gewisse Bestandteile, die ihr zugrundeliegen, können dabei natürlich (in anderem Zusammenhang) wieder auftauchen.

Dieses Ergebnis ist vom deduktivistischen Standpunkt selbstverständlich. Naturgesetze sind für ihn Deduktionsgrundlagen, sind streng allgemeine Sätze, aus denen *Prognosen deduziert* werden können, die ihrerseits durch Erfahrung überprüfbar sind. Eine (unselbständige) Annahme, aus der keinerlei Prognosen deduziert werden können, weil sie noch durch andere Annahmen ergänzt werden muß (weil sie allein noch zu unbestimmt ist), ist nur im Zusammenhang mit diesen als Deduktionsgrundlage (beziehungsweise als Naturgesetz) anzusprechen. Der allgemeine Satz ist dann eben die Konjunktion dieser Annahmen. Er ist zweifellos asymmetrisch bewertbar, ist endgültig falsifizierbar.

Die Entwicklung der modernen physikalischen Theorien zeigt, daß die Falsifikationen bestimmter Prognosen ganze theoretische Gebäude zum Einsturz bringen kann. Und sie zeigt auch, durch welche *rein logischen* Überlegungen der Physiker die falsifizierten Deduktionsgrundlagen aus den theoretischen Zusammenhängen herauszuschälen sucht (man denke an Einsteins *spezielle* Relativitätstheorie). Bei allen diesen Überlegungen wird im Sinne des modus tollens verfahren, also im Sinne der Asymmetrie.

Ohne diese Asymmetrie der Bewertung wäre der eigentümliche Charakter der naturwissenschaftlichen Entwicklung, der Charakter der Naturgesetze als *Annäherungen* undenkbar. Die prinzipiell vorläufige *positive* Wertung ist die Voraussetzung dafür, daß die Wissenschaft nicht stillsteht. Aber nur das ergänzende Prinzip der qualifizierten negativen Wertung kann ein *Ordnungsmoment* in diese Bewegung bringen. Ohne sie gäbe es in der Naturwissenschaft einen Streit der Systeme, ein Chaos wie in der Philosophie. Denn die Ordnung wird nicht durch eine Gleichsinnigkeit in der positiven Hypothesenbildung erzeugt: Hier herrscht der Streit, ein positives Chaos. Aber einer *widerlegenden* Erfahrung beugt sich zuletzt die ganze Wissenschaft. Die qualifizierte negative Wertung ermöglicht Einheitlichkeit in der

Ablehnung, in der *Ausscheidung* unbrauchbarer Theorien. Sie ermöglicht *Selektion*, immer bessere Anpassung: *Annäherung*.

(„Und es ist immerhin etwas, wenn man schon nicht im Besitze der Wahrheit ist, doch wenigstens die Stellen entdeckt zu haben, wo sie bestimmt nicht zu finden ist", sagt Du Gards[3] Jean Barois.)

Nie wird die Naturwissenschaft ein Naturgesetz als endgültig verifiziert betrachten; aber nur *deshalb*, weil sie sich niemals einer neuen Erfahrung verschließen wird, an der das Naturgesetz *scheitert*.

Diese Überlegungen versuchen in keiner Weise, die streng symmetrische Scheinsatzposition auf rein logischem Wege zu widerlegen. Eine *rein logische Widerlegung* dieser Position halte ich ebensowenig für möglich, wie eine logische Widerlegung des *strengen Positivismus*. Hier wie dort soll nicht ein *innerer Widerspruch* nachgewiesen werden; was gezeigt werden soll, ist nur, daß diese Position dem *tatsächlichen Verfahren der Wissenschaft* nicht Rechnung trägt. (Die Kritik ist deshalb eine „transzendentale".) Und ebenso wie im Falle des strengen Positivismus erscheint auch die streng symmetrische Scheinsatzposition zwar nicht als widerspruchsvoll, aber doch als ein *leeres Philosophem*: Wer die besondere Qualifikation der negativen Bewertung gegenüber der positiven nicht zugeben will, der versteht unter einem Naturgesetz etwas anderes als die Naturwissenschaft.

Es muß also versucht werden, eine *asymmetrische* Scheinsatzposition zu konstruieren. Eine Position, die der qualifizierten negativen Bewertung der Naturgesetze und damit dem tatsächlichen Verfahren der Naturwissenschaft gerecht wird.

39. Ein unendlicher Regreß von Scheinsätzen. Daß die inneren Widersprüche der Scheinsatzpositionen tatsächlich die Widersprüche des *Induktionsproblems* sind, erkennt man am besten, wenn man versucht, die Scheinsatzpositionen im Sinne einer *Asymmetrie* zwischen positiver und negativer Bewertung zu interpretieren. Und wie im vorigen Abschnitt gezeigt wurde, muß diese Interpretation versucht werden, wenn die Scheinsatzpositionen dem tatsächlichen Verfahren der Naturwissenschaft gerecht werden sollen.

So war es die eigentliche Aufgabe des vorigen Abschnittes, die Notwendigkeit eines solchen Versuches zu zeigen und damit den Weg frei zu machen für den Nachweis, daß die Scheinsatzpositionen in (formal) genau die gleichen Schwierigkeiten geraten wie die Normalsatzpositionen:

---

[3] [ROGER MARTIN DU GARD, Jean Barois (1913), S. 441; 64ᵉ édition, [1930], S. 443 f.; deutsch von EVA MERTENS, 1930, S. 440 — diese Übersetzung ist hier mit den Änderungen wiedergegeben, die POPPER in K_1, K_2, K_3 und K_4 eingetragen hat. Hrsg.]

Weist die streng symmetrische Interpretation schon gewisse Analogien mit der Normalsatzposition des strengen Positivismus auf, so zeigen die beiden asymmetrischen Interpretationen noch weit deutlichere Analogien zu den beiden anderen Normalsatzpositionen: Dem naiven Induktivismus (Bacon) entspricht der Versuch des vorliegenden Abschnittes (*„naive" Interpretation der Scheinsätze*): auch dieser Versuch scheitert an einem unendlichen Regreß. Und der Versuch, diesen Regreß zu vermeiden, führt (im nächsten Abschnitt) zu einer *aprioristischen* Lösung.

In dieser Analogie zwischen Scheinsatz- und Normalsatzpositionen liegt der Wert dieser Diskussion: Sie bedeutet eine *Kritik* und liefert gleichzeitig Anhaltspunkte zu einer *Deutung* aller Scheinsatzpositionen.

Hier soll also vorerst die „naive" Interpretation der Scheinsätze besprochen werden. Die Kritik, die im Nachweis eines *unendlichen Regresses* besteht, kann wieder als eine immanente bezeichnet werden: Die („naive") Position wird aufgebaut, ohne den Scheinsatzstandpunkt als solchen zu verlassen; sie ergibt sich, wenn man versucht, mit den Mitteln der Scheinsatzpositionen eine Asymmetrie zwischen der positiven und der negativen Bewertung der Naturgesetze herzustellen; also aus dem Versuch, die negative Bewertung in irgend einer Form als besonders qualifiziert auszuzeichnen.

Nur um hervorzuheben, daß dieser Versuch mit immanenten Mitteln arbeitet, bediene ich mich dabei dauernd der Ausdrucksweise der Schlickschen Darstellung der Scheinsatzpositionen[1]. Die Verwendung der Zitate soll also nicht den Anschein erwecken, daß Schlick etwa selbst eine solche asymmetrische Interpretation vertreten hat, sondern sie soll nur zeigen, daß die dargestellte Position aus Schlicks Ansätzen entwickelt werden kann — nämlich dann, wenn man die (transzendentale) Forderung der Asymmetrie neu hinzufügt.

Nach Schlick[2] haben die Naturgesetze „bei strenger Analyse gar nicht den Charakter von Aussagen...", sondern sie stellen „vielmehr ‚Anweisungen' zur Bildung... [von] Aussagen" dar[3].

Die immer nur vorläufige positive Wertung der Naturgesetze drückt sich darin aus, daß... „die Brauchbarkeit einer Anweisung niemals schlechthin absolut erwiesen werden" kann, „weil spätere Beobachtungen sie immer noch als unzweckmäßig erweisen können"[4].

Man kann also die Naturgesetze im Sinne dieser Scheinsatzposition als praktische Anweisungen, oder, wenn man will, etwa als *Imperative* oder

---

[1] MORITZ SCHLICK, Die Kausalität in der gegenwärtigen Physik, Naturwissenschaften 19 (1931), S. 145 ff.
[2] MORITZ SCHLICK, op. cit.; daraus auch alle anderen Zitate dieses Abschnittes.
[3] MORITZ SCHLICK, op. cit., S. 155.
[4] MORITZ SCHLICK, op. cit., S. 156.

Postulate interpretieren. Aber dabei darf man natürlich nicht an die Verwendung dieser Ausdrücke durch eine rationalistische Philosophie denken: „*Postulat* in dem Sinne, wie dieser Begriff bei früheren Philosophen auftritt, ... bedeutet ... eine Regel, an der wir *unter allen Umständen* festhalten müssen." (Schlick[5].) Solche Postulate können die Naturgesetze natürlich nicht sein, da ihre Wertung ja eine bedingte, *vorläufige* ist.

Innerhalb dieser Scheinsatzposition soll nun versucht werden, die Asymmetrie, die Qualifikation der negativen Wertung mit den Mitteln der Position selbst herzustellen. Zu diesem Zweck muß vor allem deren Verfahren bei der negativen pragmatischen Bewertung beachtet werden: Wie wird über die *Unbrauchbarkeit* einer Vorschrift, eines Postulats entschieden?

„... die Naturgesetze selbst entscheiden über die Grenzen der Brauchbarkeit: darin liegt das Neue der Situation. Postulate im Sinne der alten Philosophie gibt es gar nicht. Jedes Postulat kann vielmehr durch eine aus der Erfahrung gewonnene Gegenvorschrift begrenzt, d. h. als unzweckmäßig erkannt und dadurch aufgehoben werden." (Schlick[6].)

Ist — im Sinne einer Normalsatzposition — ein Naturgesetz als falsifiziert zu betrachten, so kann das im Sinne der Scheinsatzposition offenbar so gedeutet werden, daß es „durch eine aus der Erfahrung gewonnenen Gegenvorschrift begrenzt, d. h. als unzweckmäßig erkannt und dadurch aufgehoben" wurde.

Das wäre die negative Wertung — aber sie wäre typisch vorläufig (also auch typisch symmetrisch). Die *Asymmetrie* kann offenbar nur durch eine *besonders qualifizierte Form der „Aufhebung"* erreicht werden.

Wie ließe sich das im Sinne der „Scheinsatzposition" erreichen? Offenbar nur durch eine *Anweisung*, und zwar durch einen „Leitfaden zu jenem Tun, das man Naturwissenschaft nennt". (Schlick[7].)

Diese Anweisung, dieser „Leitfaden" müßte vorschreiben, daß in bestimmten Fällen (nämlich in jenen Fällen, in denen die Normalsatzposition von einer endgültigen Falsifikation sprechen würde) den aus der Erfahrung gewonnenen Gegenvorschriften gegen Naturgesetze ein *besonderes Gewicht*, eine *besondere Qualifikation* zuerkannt werden muß; das heißt, er müßte fordern, daß eine solche Gegenvorschrift ihrerseits nicht ohne weiteres wieder begrenzt, wieder aufgehoben werden kann.

Auch ein solcher Leitfaden hätte natürlich nur einen pragmatischen, einen vorläufigen Charakter. Er wäre aus der Erfahrung gewonnen, aber nicht ganz in dem Sinn, in dem die Naturgesetze aus der Erfahrung gewonnen sind: Er wäre aus Erfahrungen über Naturgesetze gewonnen. Er wäre nicht, wie die Naturgesetze, eine „Verhaltungsmaßregel für den Forscher, sich in der Wirklichkeit zurechtzufinden, wahre Sätze aufzufinden, gewisse

---

[5] MORITZ SCHLICK, op. cit., S. 155.
[6] MORITZ SCHLICK, a.a.O.
[7] MORITZ SCHLICK, a.a.O.

Ereignisse zu erwarten" (Schlick[8]), sondern er wäre eine Verhaltungsmaßregel für den Forscher, sich mit *Naturgesetzen* (also mit Verhaltungsmaßregeln) zurechtzufinden, die Unbrauchbarkeit eines Naturgesetzes zu erwarten. Kurz, dieser Leitfaden wäre von *höherem Typus* als die Naturgesetze.

Die Frage „Symmetrie oder Asymmetrie?" steht zwar hier nicht mehr zur Diskussion, sondern nur die asymmetrische Interpretation. Aber ich möchte doch an einem Beispiel zeigen, wie notwendig ein solcher Leitfaden ist und mit welcher Selbstverständlichkeit wir dort, wo ein solcher Leitfaden fehlt, die Gegenvorschrift wieder wegwerfen und zur früheren Vorschrift zurückkehren.

Ein Mann pflegt die praktische Vorschrift, den Imperativ zu beachten, nicht aus den Fenstern des ersten Stockwerkes auf die Straße zu springen, sondern die Treppe hinunter zu gehen. Anläßlich eines Brandes, der auch das Stiegenhaus erfaßt, hält er diese Vorschrift für überholt, durch eine Gegenvorschrift aufgehoben, und handelt nach dieser: Er springt zum Fenster hinaus. Die Gegenvorschrift erweist sich in hohem Grade als brauchbar (denn er rettet sein Leben). Dieser Mann wird nun kaum daran denken, von nun an die so brauchbare Gegenvorschrift als qualifiziert festzuhalten, sondern er wird (bis zum nächsten Brand) wieder zu seiner alten Vorschrift zurückkehren und die Treppe benützen.

Das Beispiel zeigt, daß es keineswegs selbstverständlich ist, daß einer Gegenvorschrift eine qualifizierte Bedeutung zukommt und daß wir eines Leitfadens sehr bedürftig sind, der uns angibt, in welchen Fällen die empirisch gewonnene Gegenvorschrift gegen ein Naturgesetz als qualifiziert betrachtet werden muß.

In der Sprache der Normalsatzposition ausgedrückt: In Fällen, in denen ein endgültig falsifiziertes Naturgesetz sich doch noch empirisch als *anwendbar* erweist, — und solche Fälle gibt es immer wieder — würde ohne einen solchen Leitfaden die falsifizierende Erfahrung als durch die neue Erfahrung überholt betrachtet werden; denn die neue Erfahrung zeigt ja die Brauchbarkeit des Gesetzes.

Ist die Notwendigkeit eines solchen Leitfadens anerkannt (sie steht, wie erwähnt, *hier* gar nicht in Frage), so sind wir auch schon mitten in dem unendlichen Regreß. Der fragliche „Leitfaden" ist von höherem Typus als die Naturgesetze. Er kann die qualifizierte Behandlung der „Gegenvorschriften" (Falsifikationen), die er verlangt, nur dann gewährleisten, wenn er selbst nicht jederzeit „begrenzt" oder aufgehoben werden kann, wenn er selbst qualifiziert ist. Aber (a priori qualifizierte) „Postulate im Sinne der alten Philosophie gibt es gar nicht". Der „zu jenem Tun, das man Naturforschung nennt", so wichtige „Leitfaden" muß somit wieder durch eine praktische Vorschrift geschützt werden, die seine Qualifikation sicherstellt

---

[8] MORITZ SCHLICK, op. cit., S. 156.

(und die somit wieder von höherem Typus ist als er) und so weiter — ad infinitum.

40. Eine aprioristische Scheinsatzposition. Hat schon der vorige Abschnitt, die Darstellung der „naiven" asymmetrischen Interpretation der Scheinsätze, vor allem den Zweck, die Analogien zwischen Scheinsatzpositionen und Normalsatzpositionen aufzuzeigen, so erst recht der gegenwärtige Abschnitt, die Darstellung der „aprioristischen" Interpretation. Denn ich zweifle keinen Augenblick daran, daß kein Vertreter der Scheinsatzpositionen diesen Ausweg tatsächlich wählen wird. Aber schließlich haben wir gesehen, daß Wahrscheinlichkeitstheoretiker auf den Weg des vielgeschmähten Apriorismus geraten. Es ist somit sicherer, auch diesen Apriorismus, der jedenfalls als ein möglicher Ausweg aus dem unendlichen Regreß der Scheinsatzpositionen erscheint, kurz zu besprechen.

Die Situation ist einfach genug:

Unter Berufung auf das transzendentale Motiv, dem tatsächlichen Verfahren der Wissenschaft gerecht zu werden, wird einer der Leitfäden höheren Typus — oder einfach der erste dieser Leitfäden (der also um eine Stufe höher steht als die Naturgesetze) — als a priori qualifiziert aufgestellt. Diese Vorschrift, dieses Postulat, dieser Imperativ wurde[a] dadurch natürlich zu einer verbindlichen Vorschrift, zu einem „Postulat im Sinne der alten Philosophie"[1] (zu einer Art von kategorischem Imperativ).

Niemandem kann zugemutet werden, eine solche Position einzunehmen. Wenn man schon Apriorist ist, dann wählt man selbstverständlich den Normalsatzstandpunkt: das Postulat von der Erkennbarkeit der Welt, das die Möglichkeit wahrer Naturgesetze gewährleistet; nicht aber einen Imperativ, der verlangt, eine unbrauchbare Vorschrift nicht mehr zu verwenden, der — gewissermaßen — die Möglichkeit falscher Scheinsätze gewährleistet.

41. Deutung der bisherigen Kritik; Bemerkungen über die Einheit von Theorie und Praxis. Durch die kritischen Betrachtungen der drei letzten Abschnitte wurde gezeigt, daß die Scheinsatzpositionen allen Fährnissen der Induktion ebenso ausgesetzt sind wie die Normalsatzpositionen. Nur die streng symmetrische Scheinsatzposition vermeidet dabei die Abenteuer des unendlichen Regresses und des Apriori, ganz analog dem strengen Positivismus. Und wie dieser, so wird auch die streng symmetrische Interpretation der Scheinsätze den (transzendentalen) Anforderungen nicht gerecht, die von seiten der Naturwissenschaft an eine Erkenntnistheorie gestellt werden müssen.

---

[1] [Vgl. Abschnitt *39*, Anm. 6 und Text zu dieser Anm. Hrsg.]

Wie ist dieses Ergebnis wohl zu deuten?

Nun, es kann nach allem bisherigen nicht so unerwartet kommen. Schon im Abschnitt *(19)* tauchten Bedenken gegen den Scheinsatzcharakter der Schlickschen „Anweisungen" auf und trotz aller Bemühung gelang es niemals, diese Bedenken ganz zu zerstreuen. Selbst die Aussagefunktionen, anscheinend reinlich-logische Gebilde, blieben nicht frei vom Verdacht, daß sie nur dann *als brauchbar gewertet* werden können, wenn sie eigentlich echte Sätze sind.

Trotz dieser Bedenken konnten aber die Scheinsätze nicht so recht gefaßt, ihrer Identität mit echten Sätzen nicht ohne weiteres überführt werden. Nie war man sicher, ob der Gegner dem Angriff der Kritik nicht durch eine ausweichende Wendung entgleiten kann. Die Positionen waren zu unbestimmt, um überhaupt einen entscheidenden Angriff gegen sie richten zu können. Erst ein Vergleich mit der deduktivistisch-empiristischen Lösung (Abschnitt *37*) lieferte die Mittel, um abseits von allen Verlockungen des Wortstreites — ob „Scheinsatz" oder „Satz", ob „brauchbar" oder „wahr" — *formale* Gegensätze zu verfolgen; Gegensätze, von denen man sicher sein konnte, daß sie nicht nur sprachlicher, sondern auch sachlicher Natur sind.

Die Untersuchung dieser Gegensätze in den letzten Abschnitten hat nun ein Ergebnis gebracht, das zweifellos im Sinne einer Bestätigung aller Bedenken gedeutet werden darf: Jeder echte naturwissenschaftliche Satz (Kant wußte es), insbesondere auch jedes Naturgesetz, kann als Anweisung, als Imperativ formuliert werden und (worauf es hier noch mehr ankommt) umgekehrt:

Die Naturgesetze sind nicht, wie Schlick meint, Anweisungen, die „grammatisch in der Verhüllung gewöhnlicher Sätze"[1] auftreten, sondern die Anweisungen Schlicks sind *echte Sätze, die in der pragmatischen Verhüllung von Anweisungen auftreten.*

Lassen wir aber einstweilen die „Sprachkritik" — ihre Ergebnisse sind nicht sehr aufmunternd; gehen wir lieber auf das Sachliche ein.

Die Schlickschen Naturgesetze dürfen immer nur *vorläufig* gewertet werden. Hier scheint nun die Deutung der Scheinsätze als echte Sätze (in pragmatischem Gewande) auf eine formale, eine sachliche Schwierigkeit zu stoßen: Wenn die Scheinsätze formal mit echten Sätzen identisch sein sollen, so müßten ihnen doch absolute, endgültige *Geltungswerte* zukommen!

Der Widerspruch verschwindet, wenn man sich klar macht, daß die Scheinsätze als pragmatische Übersetzung von *besonderen* Sätzen — bestenfalls von zusammenfassenden Berichten — gedeutet werden müssen. Jedem zusammenfassenden Bericht ist zwar ein endgültiger Geltungswert zuzuschreiben, aber der Bericht selbst ist ja nur ein vorläufiger und kann durch

---

[1] [MORITZ SCHLICK, Die Kausalität in der gegenwärtigen Physik, Naturwissenschaften 19 (1931), S. 156. Hrsg.]

neue Erfahrungen immer überholt werden. Und genau so steht es mit den Scheinsätzen und ihrer pragmatischen Bewertung: Wenn sich ein Scheinsatz bis heute bewährt hat, so kann *diese* Tatsache nie mehr umgestoßen werden; neue Erfahrungen können den Scheinsatz natürlich als (vorläufig) überholt erscheinen lassen.

Durch diese Deutung der Scheinsätze als besondere Wirklichkeitsaussagen erscheint die Scheinsatzposition als formal identisch mit dem Standpunkt des strengen Positivismus.

Wenn diese Deutung richtig ist, so muß sie auch auf die prinzipiell nur vorläufige *positive* Wertung der Naturgesetze (nach *deduktivistischer* Auffassung) übertragen werden können. Und diese Übertragung ist auch tatsächlich möglich (ja, geradezu notwendig): Der pragmatische, vorläufige *Bewährungswert* der Naturgesetze kann einwandfrei als ein *vorläufiger Bericht* gedeutet werden, als Bericht über die bisherigen Verifikationen deduzierter Prognosen, und zwar, (wie ja schon im Abschnitt *16* ausgeführt wurde) als ein wertender Bericht, der die primäre Unwahrscheinlichkeit des Naturgesetzes (und noch andere verwandte Faktoren) berücksichtigt.

Schlicks „Scheinsätze" (in der „symmetrischen" Interpretation) kennen *nur* vorläufige Werte, sind also *nur* zusammenfassende Berichte. Deshalb ist eben diese symmetrische Auffassung mit der des strengen Positivismus nicht nur analog, sondern kann geradezu als *formal identisch* bezeichnet werden. Sie weicht ja auch von der deduktivistischen Auffassung in genau demselben Punkt ab wie der strenge Positivismus.

Aber Schlick bekämpft ja selbst den strengen Positivismus (vgl. Abschnitt *8*) und zwar mit dem Argument, daß man aus bloßen zusammenfassenden Berichten keine *Prognosen* deduzieren kann. Liegt hier nicht ein wichtiger sachlicher Unterschied zwischen dem strengen Positivismus und Schlicks Scheinsatzstandpunkt vor? Schlicks „Anweisungen zur Bildung von Aussagen" sind doch als Anweisungen zur Bildung von Prognosen gedacht. (Vgl. Abschnitt *19*.)

Darauf kann man nur antworten: Jedermann weiß, wie man aus Sätzen Sätze deduziert, daß dabei die Obersätze als *wahr* angenommen werden müssen. Der deduktivistische Standpunkt trägt dem auch Rechnung. Schlick aber hat nirgends gezeigt, wie aus seinen *Scheinsätzen,* die grundsätzlich *nur brauchbar* sein können, Prognosen deduziert werden sollen: Auch der Terminus „Anweisungen zur Bildung von Sätzen" gestattet nicht, Schlüsse darauf zu ziehen, wie diese Bildung vor sich gehen soll. Trotz der Terminologie stehen wir also auch hier vor derselben sachlichen Schwierigkeit wie bei der streng positivistischen Position: Wir wissen nicht, wie aus den Naturgesetzen Prognosen deduziert werden sollen.

Wie ist nun unter diesem Gesichtspunkt der unendliche Regreß und der aprioristische Standpunkt zu deuten? Offenbar so, daß es zu inneren Widersprüchen kommen muß, wenn man versucht, die Eigentümlichkeiten der negativen Bewertung allgemeiner Sätze durch zusammenfassende Berichte auszudrücken.

Diesen Punkt möchte ich näher besprechen, da er nicht ganz selbstverständlich ist und das Induktionsproblem von einer etwas neuen Seite beleuchtet.

Der (gewöhnliche) Regreß der Induktion (der bei der positiven Wertung auftritt) entsteht dadurch, daß man durch Erfahrung mehr rechtfertigen will, als sich durch Erfahrung überhaupt rechtfertigen läßt. Der neue Regreß, der bei der negativen Wertung auftritt, kann nicht auf dieselbe Art entstehen: Wenn ich *ein* Buch gesehen habe, das nicht in rotes Leder gebunden ist, so *weiß ich aus Erfahrung*, daß der Satz: „Alle Bücher sind in rotes Leder gebunden" falsch ist. Wodurch entsteht hier ein innerer Widerspruch?

Dieser Widerspruch entsteht dadurch, daß der Scheinsatzstandpunkt ja davon ausgeht, daß *jede* Wertung eines Naturgesetzes oder einer Regel für die Naturforschung prinzipiell vorläufig sein muß. Anders ausgedrückt: jener Standpunkt *kennt überhaupt keine allgemeinen Sätze*. Die Erfahrung, daß ein Buch nicht in rotes Leder gebunden ist, falsifiziert aber *nur jenen allgemeinen* Satz. Entsprechende besondere Sätze, etwa: „Alle Bücher, die mein Freund N jemals beobachtet hat, sind in rotes Leder gebunden" sind durch meine Beobachtung *nicht* falsifiziert. Wenn ich, einzig und allein von dieser *meiner* Erfahrung ausgehend, schließe, daß etwa auch mein Freund Bücher gesehen hat, die ebenfalls nicht in rotes Leder gebunden sind, so ist das ein typischer (unzulässiger) *Induktionsschluß*, der dementsprechend prompt dem unendlichen Regreß verfällt. Es ist daher nicht anders möglich, als daß jeder Versuch, eine *qualifizierte* negative Beurteilung auch für besondere Sätze durchzuführen — das heißt, der Falsifikation allgemeinere Bedeutung zu verleihen — zu denselben Schwierigkeiten führt wie jeder Induktionsschluß.

(Man könnte versuchen, gegen diesen Gedanken einzuwenden, daß sich die Eigentümlichkeit, das größere Gewicht, die Endgültigkeit der Falsifikation doch auch bei *zusammenfassenden Berichten* irgendwie äußern muß. Und in der Tat: *Eine* falsifizierende Beobachtung genügt, um *jeden* zusammenfassenden Bericht zu falsifizieren, der von *allen* Büchern, soweit sie bisher beobachtet wurden, entsprechendes behauptet. Aber eben dieser Einwand läßt sich *nur durch einen allgemeinen* Satz ausdrücken: Er spricht nämlich von *jedem* zusammenfassenden Bericht. Da er also etwas über den Inhalt *aller* möglichen zusammenfassenden Berichte behauptet, die von allen jemals beobachteten Büchern sprechen, ist er eben eine *allgemeine* Wirklichkeitsaussage: Er umschreibt ja nur die Behauptung, daß es für immer und ewig falsch ist, daß *alle* Bücher in rotes Leder gebunden sind. Eine Erkenntnistheorie, die allgemeine Wirklichkeitsaussagen nicht anerkennt, kann daher diesen Gedanken gar nicht ausdrücken, das heißt sie kann nicht behaupten, daß alle zusammenfassenden Berichte dieser Art falsifiziert wurden: Es *könnte* für sie also immer noch solche Berichte geben, die nicht falsifiziert wurden; für einen logischen Schluß fehlt das „Medium des Allgemeinen"[2].)

Das Induktionsproblem entsteht also nicht nur, wenn man von besonderen Sätzen auf allgemeine Sätze schließen will, sondern es kann auch auftreten, wenn man von besonderen Sätzen auf andere besondere Sätze schließen will; das ist auch der Grund, weshalb die besonderen Sätze zur Prognosendeduktion ungeeignet sind: Und das gilt auch für die Scheinsätze Schlicks.

Die Naturgesetze aber sind vor allem *Deduktionsgrundlagen.* Sie haben jene, und nur jene Eigenschaften, die sie haben müssen, wenn sie Deduktionsgrundlagen sind, die nicht unmittelbar, sondern nur durch ihre Folgerungen empirisch überprüft werden können. Zu diesen Eigenschaften zählt die Asymmetrie der Geltungswerte. *Jede* Abweichung von diesem asymmetrischen Schema führt mitten in alle Schwierigkeiten des Induktionsproblems. Die Aufsuchung des kritischen Punktes der Scheinsatzpositionen darf wohl als eine Bestätigung der deduktivistisch-empiristischen Auffassung gewertet werden.

Die gegenseitige Übersetzbarkeit von theoretischer und pragmatischer Ausdrucksweise bedarf vielleicht noch einiger Bemerkungen.

Man könnte sagen:

Wenn ein Werkzeug brauchbar ist, so ist immer auch ein Satz wahr: nämlich eben der Satz, der die Brauchbarkeit[a] des Werkzeuges behauptet. Ist es für einen bestimmten Fall brauchbar gewesen, so ist der Satz ein besonderer. Wird eine allgemeine Brauchbarkeit für „typische" Fälle, das heißt für eine universelle Klasse von Fällen *vermutet,* so kann das in einem allgemeinen Satz ausgedrückt werden. Dieser ist deshalb grundsätzlich nie [als] wahr [erweisbar], weil man nicht weiß, ob das Werkzeug sich in der Tat in allen Fällen bewähren wird; überdies kann es auch von einem ungleich vollkommeneren Werkzeug verdrängt werden. Hat es sich aber auch nur einmal als unbrauchbar erwiesen, so kann seine allgemeine Brauchbarkeit nicht mehr behauptet werden.

Dieses Beispiel zeigt, daß es vollkommen verfehlt ist, einen unüberbrückbaren Gegensatz zwischen pragmatischen und theoretischen Gebilden zu konstruieren.

Schlick selbst hebt zwar das pragmatische Moment in allem Theoretischen deutlich hervor, zum Beispiel, wenn er schreibt[3]: „Wir dürfen nicht vergessen, daß Beobachtungen und Experiment *Handlungen* sind" und an vielen anderen Stellen. Wenn er aber meint, das Induktionsproblem durch die Feststellung lösen zu können, daß die Naturgesetze *keine echten Sätze, sondern pragmatische Gebilde* (Anweisungen usw.) sind, so muß er der An-

---

[2] [Vgl. Abschnitt *8,* Text zu Anm. 8. Hrsg.]
[3] [MORITZ SCHLICK, a.a.O. Siehe Abschnitt *19,* Text zu Anm. 3. Hrsg.]

sicht sein, daß zwischen echten Sätzen und Anweisungen, zwischen theoretischen und pragmatischen Gebilden doch ein Gegensatz besteht. Dem entspricht es, daß er den „Unterschied zwischen einem wahren Satz und einer brauchbaren Vorschrift" usw. nachdrücklich betont[4].

Daß auf diese Weise zwischen „Theorie" und „Praxis" eine Kluft aufgerissen wird, halte ich für eines der wichtigsten Bedenken gegen seine Scheinsatzposition. Eine solche Kluft besteht nicht. Die empirische Wissenschaft, die *Theorie ist,* biologisch-pragmatistisch betrachtet, nichts anderes als ein Weg, und zwar *ein Umweg zur Praxis;* sie ist „Methode" (das heißt ja „Umweg"), aber eine ökonomische Methode, ein *„Produktionsumweg"* (ein Begriff Böhm-Bawerks[5], der in dieser Anwendung geeignet erscheint, etwa Schlicks logisches Ökonomieprinzip des Denkens mit dem biologischen Machs, Spencers usw. zu versöhnen[6]). Diese Auffassung dürfte sich nicht nur erkenntnistheoretisch bewähren, sondern auch unter anderen Gesichtspunkten (Erkenntnispsychologie, Biologie, Soziologie).

Daß die Scheinsatzpositionen — die streng symmetrische Interpretation, der unendliche Regreß und der aprioristische Standpunkt — in dem hier angegebenen Sinn gedeutet werden kann, steht fest. Aber es ist doch nur eine *Deutung* der Kritik — wenn auch, wie ich glaube, eine recht überzeugende.

Ein strenger *Beweis,* daß die Scheinsätze in diesem Sinn aufgefaßt werden *müssen,* läßt sich nicht erbringen und kann auch gar nicht verlangt werden: In einem Streit um die Anwendung einer *Terminologie* (der pragmatistischen oder der gewöhnlichen) kann nur die widerspruchsfreie *Anwendbarkeit* bewiesen werden, aber niemals eine *Notwendigkeit,* gerade diese Terminologie anzuwenden. Das einzige, was man in einem solchen Wortstreit noch zeigen könnte, wäre die Zweckmäßigkeit der einen, beziehungsweise die Unzweckmäßigkeit der anderen Terminologie.

Und das führt zu der Frage: Welche *Zwecke* verfolgen die Scheinsatzpositionen mit ihrer Terminologie? Einzig den, das Induktionsproblem zu lösen? Oder stehen vielleicht noch andere wichtige Probleme hinter dieser Ansicht, die es so entschieden ablehnt, die Naturgesetze als echte Sätze anzuerkennen? Die bisherige Kritik, soweit sie immanente Kritik war, konnte nur die formale Seite der Frage treffen. Sie hatte also gar keine Gelegenheit, die Gründe, die zur Aufstellung der Scheinsatz-*Terminologie* führen, hinreichend klarzustellen. Aber auch die terminologische Frage kann nicht

---

[4] [Vgl. Abschnitt *21,* Anm. 2 und Text zu dieser Anm. Hrsg.]

[5] [EUGEN VON BÖHM-BAWERK, Kapital und Kapitalzins II.: Positive Theorie des Kapitales (1889), S. 15 ff., 81 ff.; Positive Theorie des Kapitales I. (4. Aufl., 1921), S. 11 ff., 107 ff. Hrsg.]

[6] Vgl. MORITZ SCHLICK, Allgemeine Erkenntnislehre (2. Aufl., 1925), S. 91.

befriedigend beantwortet werden, ohne daß die objektiven Gründe erkannt sind, die sie entstehen lassen.

Um diese Frage nach den letzten Gründen der pragmatischen Terminologie isoliert von den übrigen Fragen untersuchen zu können, kann folgender Weg eingeschlagen werden:

Die gegenseitige Übersetzbarkeit von pragmatischer und theoretischer Ausdrucksweise wurde bisher als heuristisches Prinzip im Dienste der *Kritik* der Scheinsatzpositionen verwertet. Es läßt sich aber auch im entgegengesetzten Sinn gebrauchen:

Es muß auch möglich sein, den deduktivistisch-empiristischen Standpunkt in pragmatische Ausdrucksweise zu übersetzen. Damit würde man aber zu einer Scheinsatzposition gelangen, die durch die immanent-formale Kritik in keiner Weise getroffen wird. Nur ein Einwand würde weiter bestehen: Daß es sich offenbar um eine Übersetzung ins Pragmatische handelt. Aber dieser Einwand (der nicht immanent ist und auf gleicher Stufe steht, wie die *Deutungen* dieses Abschnittes) soll ausgeschaltet werden.

Die Diskussion einer solchen Scheinsatzposition müßte — so scheint es — im Gebiete der Terminologie verlaufen, da die formalen Gegensätze auf ein Minimum herabgedrückt sind. Sie müßte die Vorteile und Nachteile der beiden Terminologien klar erkennen lassen und könnte, wenn sie konsequent verfolgt wird, die letzten Hintergründe der Scheinsatzterminologie aufspüren.

Im nächsten Abschnitt soll versucht werden, diese „letzte Scheinsatzposition" zu konstruieren.

42. *Ein letzter Ausweg für die Scheinsatzpositionen.* Wenn es richtig ist, daß sich die deduktivistisch-empiristische Auffassung ins Pragmatische übersetzen läßt, so müssen sich die Anhänger der Scheinsatzpositionen noch nicht geschlagen geben.

Gegenüber dieser „letzten Scheinsatzposition" müßte eine Kritik, die ganz auf das Formale gerichtet ist, versagen. Hier kann man nur mehr fragen, welche Gründe dafür sprechen, die Naturgesetze um jeden Preis als „Scheinsätze" zu bezeichnen. Und auch diese Fragestellung, die Frage nach der Begründung der Terminologie, wird sich als fruchtbar erweisen.

Die letzte Scheinsatzposition, die die Naturgesetze in genauer formaler Analogie zur deduktivistisch-empiristischen Auffassung, jedoch als Scheinsätze konstruiert, hat immerhin einige Schwierigkeiten zu überwinden. Sie muß die *Asymmetrie* der Bewertung herstellen; aber auf welche Weise?

Der unendliche Regreß hat gezeigt, daß eine solche Asymmetrie niemals konstruiert werden kann, wenn man von *symmetrischen Brauchbarkeitswerten* ausgeht. Deshalb muß die neue Position von vornherein von asymmetrischen Brauchbarkeitswerten ausgehen, muß *a priori* feststellen, daß die negative Bewertung gegenüber der (prinzipiell vorläufigen) positiven Bewertung eine *qualifizierte* ist.

Aber um nicht auf diese Weise dem Apriorismus zu verfallen, darf sie die Qualifikation der negativen Wertung nicht in Form einer (methodischen) Anweisung — eines Leitfadens oder dergleichen — behaupten (das käme einer synthetischen Anweisung a priori gleich). Sie muß vielmehr *per definitionem* die „Unbrauchbarkeit" als eine *qualifizierte* Form der Bewertung einführen. Das entspricht nämlich (so weit es eben möglich ist) dem Verfahren des Deduktivismus, der die Naturgesetze als Deduktionsgrundlagen *definiert* und daraus alles andere ableitet. Aber während die deduktivistische Auffassung einfach und durchsichtig ist, so kann man das von der entsprechenden Definition der Scheinsatzpositionen nicht behaupten: die Definition, die die „Unbrauchbarkeit" als qualifizierte Wertung der (prinzipiell vorläufigen) „Brauchbarkeit" gegenüberstellt, ist nicht nur eine *willkürliche Festsetzung*, sondern sie bedroht, sie verwischt den eigentlichen *Charakter der pragmatischen Wertung* als einer prinzipiell vorläufigen. Damit ist der konsequente Pragmatismus aufgegeben: Ein sachlicher, nicht bloß terminologischer Unterschied zwischen der so definierten „Unbrauchbarkeit" und dem echten *Geltungswert* „Falschheit", der ja nur echten Sätzen zugeschrieben werden darf, läßt sich nicht mehr angeben.

Die Nachteile dieser letzten Scheinsatzposition gegenüber der deduktivistischen Auffassung entstehen, *formal* betrachtet, auf folgende Weise:

Die Asymmetrie der Geltungswerte ergibt sich bei der deduktivistischen Auffassung aus einer Analyse des (logischen) Begriffs einer nicht unmittelbar verifizierbaren Deduktionsgrundlage. Der Begriff einer „Anweisung zur Bildung von Aussagen" hat nicht, wie der logische Begriff der Deduktionsgrundlage (des Implikans) einen bestimmten Inhalt, sondern ist ein willkürlich eingeführter Terminus. Seine besonderen Eigenschaften können daher auch nur durch willkürliche Definitionen festgelegt werden; nämlich eben durch die Definition, die die negative Bewertung zu einer qualifizierten macht.

Aber jedenfalls hätten wir auf diese Weise endlich eine sachlich einwandfreie Scheinsatzposition aufgefunden — zumindest eine, gegen die vom deduktivistisch-empiristischen Standpunkt aus keine formalen Einwände erhoben werden können, sondern nur mehr *terminologische*. Nun ist es möglich, die Untersuchung auf das terminologische Gebiet zu konzentrieren und zu fragen, welche Gründe denn überhaupt dafür sprechen könnten, die Scheinsatzterminologie zu bevorzugen.

Welche Vorteile könnte die Wahl einer Scheinsatzterminologie bieten, um die sehr beträchtlichen Nachteile wettzumachen, die auch diese letzte Scheinsatzposition gegenüber dem deduktivistischen Standpunkt aufweist?

Diese terminologische Fragestellung ist es, die nach meiner Ansicht dem *Problem des Sinnbegriffes* tatsächlich zugrundeliegt, mit dem sich die nächsten Abschnitte beschäftigen sollen. Aber ich bin mir dessen bewußt, daß ein überzeugter Vertreter der Scheinsatzpositionen die Fragestellung in dieser Form kaum zulassen würde.

Er würde sich auf den Standpunkt stellen, daß hier von Vor- und Nachteilen einer Terminologie gar nicht die Rede sein kann: Die Entscheidung zwischen den beiden Ausdrucksweisen ist nach seiner Ansicht eine völlige eindeutige. Die Auffassung der Naturgesetze als echte Aussagen (im Sinne des Deduktivismus) kann überhaupt nicht in Frage kommen, weil diese Ansicht erweislich *falsch* ist. Der terminologische Gegensatz läßt sich endgültig und unzweideutig zugunsten der Scheinsatzterminologie entscheiden und zwar mit Hilfe des *Sinnbegriffes*.

Jede echte Aussage muß einen *Sinn* haben. Aber „der Sinn eines Satzes" (so schreibt Waismann[1]) „ist die Methode seiner Verifikation. In der Tat, wer einen Satz ausspricht, der muß wissen, unter welchen Bedingungen er den Satz wahr oder falsch nennt; vermag er das nicht anzugeben, so weiß er auch nicht, was er gesagt hat. Eine Aussage, die nicht endgültig verifiziert werden kann, ist überhaupt nicht verifizierbar; sie entbehrt eben jeden Sinnes..."

Damit wäre eine sachliche (nicht bloß terminologische) Entscheidung getroffen, die Naturgesetze wären endgültig gerichtet: Sie müßten als Scheinsätze erklärt werden, denn daß sie grundsätzlich nicht [endgültig] verifizierbar sind, steht ja längst außer Frage.

Der Scheinsatzstandpunkt stützt sich also in letzter Linie auf den *Sinnbegriff*. Verbirgt sich hinter dem Sinnbegriff mehr als ein bloß terminologisches Problem?

Wird durch Einführung des Sinnbegriffes der terminologische Gegensatz auch wirklich zu einem sachlichen, oder wird das terminologische Problem nur verschoben?

---

[1] Friedrich Waismann, Logische Analyse des Wahrscheinlichkeitsbegriffs, Erkenntnis 1 (1930), S. 229.

XI. Kapitel

SCHEINSATZPOSITIONEN UND SINNBEGRIFF

43. Der Sinnbegriff des logischen Positivismus. Dem Sinnbegriff kommt in den Schriften der logischen Positivisten eine hervorragende Bedeutung zu. Die Scheinsatzpositionen Wittgensteins und Schlicks sind zweifellos nur im Zusammenhang mit dem *Sinnbegriff* verständlich, der deshalb hier ausführlich dargestellt werden soll. (Soweit es der Aufbau meiner Darstellung zuläßt, werde ich Zitate verwenden.)

Bevor man überhaupt fragen kann, ob ein Satz wahr oder falsch ist, muß man wissen, ob er einen *Sinn* hat oder ob er *Unsinn* ist. Der (vermeintliche) Satz „Sokrates ist identisch" ist *unsinnig*; und unsinnig wäre es auch, zu fragen, ob er wahr oder falsch ist.

Es ist einer der Grundgedanken Wittgensteins, daß die grammatikalisch richtige Form eines Satzes noch keine Gewähr dafür bietet, daß ein Satz *sinnvoll* ist.

Damit entsteht die Gefahr, daß sinnlose Zeichenverbindungen — *Scheinsätze* — wegen ihrer grammatikalisch richtigen Form für echte, das heißt sinnvolle Sätze gehalten werden. Nach Wittgenstein spielen derartige Mißverständnisse in der Philosophie eine sehr erhebliche Rolle:

„Die meisten Sätze und Fragen, welche über philosophische Dinge geschrieben worden sind, sind nicht falsch, sondern unsinnig. Wir können daher Fragen dieser Art überhaupt nicht beantworten, sondern nur ihre Unsinnigkeit feststellen ...

(Sie sind von der Art der Frage, ob das Gute mehr oder weniger identisch sei als das Schöne.)"[1]

Es ist klar, daß Scheinsätze, Scheinargumente, Scheinprobleme, kurz, daß der *Unsinn* als solcher erkannt und aus der wissenschaftlichen Diskussion ausgeschlossen werden muß. Das ist Aufgabe der Philosophie:

„Alle Philosophie ist ‚Sprachkritik'..."[2]

---

[1] Ludwig Wittgenstein, Tractatus Logico-Philosophicus (1918/1922), Satz 4.003.

[2] Ludwig Wittgenstein, op. cit., Satz 4.0031. *„Allerdings nicht im Sinne Mauthners", setzt Wittgenstein hinzu. [Der Hinweis ist auf Fritz Mauthner,

43. Der Sinnbegriff des logischen Positivismus

Der Sinn ist es, der den Satz zu einem echten Satz macht, nicht die grammatische Form. Nur der Sinn ist für den Satz wesentlich:

„Der Satz besitzt wesentliche und zufällige Züge.

Zufällig sind die Züge, die von der besonderen Art der Hervorbringung des Satzzeichens herrühren. Wesentlich diejenigen, welche allein den Satz befähigen, seinen Sinn auszudrücken."

„Das Wesentliche am Satz ist also das, was allen Sätzen, welche den gleichen Sinn ausdrücken können, gemeinsam ist."[3]

Dieses Etwas, das den Charakter des echten Satzes ausmacht, das allein für den Satz wesentlich ist, sein Sinn, ist nicht ein Letztes, das nicht weiter zurückgeführt werden kann: Der Sinnbegriff kann logisch analysiert werden:

Der sinnvolle Satz (und *nur* der *sinnvolle* Satz) stellt einen — wirklich bestehenden oder auch nur gedachten — *Sachverhalt* dar. Und nur dadurch, daß er einen (bestehenden oder nicht bestehenden) Sachverhalt darstellt, hat der Satz einen *Sinn*:

„Im Satz wird gleichsam eine Sachlage probeweise zusammengestellt.

Man kann geradezu sagen: statt, dieser Satz hat diesen und diesen Sinn; dieser Satz stellt diese und diese Sachlage dar."[4]

Der Sinn des Satzes ist, was er darstellt:

„Der Satz ist ein Bild der Wirklichkeit."

„Der Satz sagt nur insoweit etwas aus, als er ein Bild ist."

„Was das Bild darstellt, ist sein Sinn."[5]

Der Satz ist wahr, wenn der Sachverhalt, den er darstellt, besteht; falsch, wenn er nicht besteht:

„Die Wirklichkeit wird mit dem Satz verglichen."

„Nur dadurch kann der Satz wahr oder falsch sein, indem er ein Bild der Wirklichkeit ist."[6]

Man *versteht* den Sinn eines Satzes, wenn man den Sachverhalt angeben kann, den der Satz darstellt; wenn man weiß, welcher Sachverhalt *bestehen* muß, wenn der Satz *wahr* sein soll:

„Einen Satz verstehen, heißt, wissen was der Fall ist, wenn er wahr ist.

(Man kann ihn also verstehen, ohne zu wissen, ob er wahr ist.)"[7]

Nur, wenn man angeben kann (oder wenn man eine Bestimmung getroffen hat) welchen Sachverhalt ein Satz darstellt, unter welchen Umständen er also „wahr" heißen soll, kennt man, versteht man den Sinn des Satzes:

Beiträge zu einer Kritik der Sprache I./III. (1901/1902; 2. Aufl., 1906/1913); F. MAUTHNER, Wörterbuch der Philosophie: Neue Beiträge zu einer Kritik der Sprache I./II. (1910/1911). Hrsg.]

[3] LUDWIG WITTGENSTEIN, op. cit., Sätze 3.34 und 3.341.
[4] LUDWIG WITTGENSTEIN, op. cit., Satz 4.031.
[5] LUDWIG WITTGENSTEIN, op. cit., Sätze 4.01, 4.03 und 2.221.
[6] LUDWIG WITTGENSTEIN, op. cit., Sätze 4.05 und 4.06.
[7] LUDWIG WITTGENSTEIN, op. cit., Satz 4.024.

Um von einem Satz (wir wollen ihn mit „p" bezeichnen) „... sagen zu können: ‚p' ist wahr (oder falsch), muß ich bestimmt haben, unter welchen Umständen ich ‚p' wahr nenne, und damit bestimme ich den Sinn des Satzes."[8]

Mit Wittgensteins Analyse des Sinnbegriffs stimmt die Bemerkung Waismanns vollkommen überein (vgl. das Zitat am Ende des vorigen Abschnittes)[9]:

„Eine Aussage beschreibt einen Sachverhalt. Der Sachverhalt besteht oder besteht nicht ... Kann auf keine Weise angegeben werden, wann ein Satz wahr ist, so hat der Satz überhaupt keinen Sinn; denn der Sinn des Satzes ist die Methode seiner Verifikation."

Vom Standpunkt des *Induktionsproblems* aus ist insbesondere *eine* Frage wichtig: Wie verhält sich der Sinnbegriff des logischen Positivismus zu der Unterscheidung von streng allgemeinen und besonderen Sätzen?

Schon die letzten Zitate sind für die allgemeinen Sätze sehr bedenklich: Sie[a] können grundsätzlich nicht verifiziert werden; niemand kann angeben, unter welchen Umständen sie wahr heißen sollen, weil es solche (erfahrbare) Umstände nicht geben kann: *sie stellen keinen empirischen Sachverhalt dar.*

Man könnte wohl versuchen, von allgemeinen und besonderen *Sachverhalten* zu sprechen (so daß die allgemeinen Sätze allgemeine Sachverhalte darstellen würden, die besonderen Sätze besondere Sachverhalte). Aber während wir von einem besonderen Sachverhalt aufgrund von Erfahrung entscheiden können, ob er besteht oder nicht, können wir grundsätzlich niemals *wissen*, ob es so etwas wie allgemeine Sachverhalte gibt. Die Frage, ob es allgemeine Sachverhalte gibt, die Frage, ob es Gesetzmäßigkeiten in der Natur gibt, die Frage, ob es ein *Induktionsprinzip* gibt (vgl. Abschnitt 5) alle diese Fragen sind gleichbedeutend mit der Frage, ob ein Naturgesetz empirisch wahr[*1] sein kann: Es könnte nämlich nur wahr sein, wenn der allgemeine Sachverhalt (die Gesetzmäßigkeit), die es darstellt, wirklich *besteht*.

Die These, daß die Naturgesetze niemals [nachweisbar] *wahr* sein können, kommt auch nach Ansicht des deduktivistischen Empirismus der These gleich, daß wir durch keine Erfahrung (und schon gar nicht a priori) berechtigt werden können, zu behaupten, daß es *allgemeine Sachverhalte* gibt.

(Wir können somit nur das Bestehen solcher Sachverhalte behaupten, wie sie durch besondere Sätze dargestellt werden; also nur das Bestehen besonderer Sachverhalte.)

In der Frage, ob es *erfahrbare*, empirische allgemeine Sachverhalte gibt, oder nicht, stimmt die deduktivistische Auffassung mit dem logischen Posi-

---

[8] LUDWIG WITTGENSTEIN, op. cit., Satz 4.063.
[9] FRIEDRICH WAISMANN, Logische Analyse des Wahrscheinlichkeitsbegriffs, Erkenntnis 1 (1930), S. 229.
[*1] Sollte besser heißen: „empirisch als wahr erweisbar sein kann".

tivismus überein: Beide verneinen die Frage*². (Und deshalb sind ja auch die Naturgesetze nach Auffassung des Deduktivismus *Fiktionen*: Weil sie keinen realen Sachverhalt darstellen. Die Behauptung, daß es allgemeine Sachverhalte gibt, ist rationalistisch. Im Universalienproblem führt sie zum Realismus. — Merkwürdigerweise spricht aber der logische Positivist Carnap ohne weiteres von *generellen Sachverhalten* im Gegensatz zu individuellen; vgl. das Zitat im Abschnitt *23*.)

Der logische Positivismus bestimmt den Sinnbegriff durch den Begriff des Sachverhaltes: Jeder sinnvolle Satz stellt einen Sachverhalt dar.

Gibt es keine allgemeinen Sachverhalte, so auch keine allgemeinen Sätze: Die vermeintlichen allgemeinen Sätze sind *sinnlos,* sind Scheinsätze.

Daß der logische Positivismus diese Ansicht vertritt, zeigt sich ja am deutlichsten darin, daß er die Naturgesetze als Scheinsätze erklärt, also in seinem *Scheinsatzstandpunkt.* Schlick [schreibt][10]:

„Es ist ja oft bemerkt worden, daß man von einer absoluten Verifikation eines Gesetzes eigentlich nie sprechen kann, da wir sozusagen stets stillschweigend den Vorbehalt machen, es auf Grund späterer Erfahrungen modifizieren zu dürfen. Wenn ich nebenbei ein paar Worte über die logische Situation sagen darf, so bedeutet der eben erwähnte Umstand, daß ein Naturgesetz im Grunde auch nicht den logischen Charakter einer ‚Aussage' trägt, sondern vielmehr eine ‚Anweisung zur Bildung von Aussagen' darstellt. (Diesen Gedanken und Terminus verdanke ich Ludwig Wittgenstein.)"

Die Auffassung, daß die vermeintlichen „allgemeinen Sätze" *Scheinsätze* sind, ist eine notwendige Konsequenz des Wittgensteinschen Sinnbegriffes. Das soll an einigen Zitaten noch deutlicher gezeigt werden.

Daß der Begriff des *Sachverhaltes* bei Wittgenstein nicht im Sinne eines *allgemeinen* Sachverhaltes gebraucht ist, zeigt etwa folgende Stelle:

„Die Wirklichkeit muß durch den Satz auf ja oder nein fixiert sein.

Dazu muß sie durch ihn vollständig beschrieben werden."[11]

Auf ja oder nein kann nur ein besonderer Satz (in der von mir gebrauchten Terminologie) einen besonderen Sachverhalt festlegen (natürlich *nicht jeder* besondere Satz); denn von einem allgemeinen Satz können wir niemals [sicher] sagen, daß es sich in der Tat so verhält, wie er behauptet.

Das Problem der allgemeinen Sätze wird insbesondere durch jene Stellen beleuchtet, an denen Wittgenstein über die *Beantwortbarkeit von Fragen* spricht.

Carnap schreibt über die *Frage*[12]: „Im streng logischen Sinne besteht eine

---

*² Solange der Nachdruck auf den Worten „erfahrbar" und „empirisch" liegt, ist dieser Satz richtig. Daraus folgt, daß der Satz „es gibt allgemeine Sachverhalte" metaphysisch ist; aber nicht, daß die Naturgesetze Fiktionen sind.

[10] MORITZ SCHLICK, Die Kausalität in der gegenwärtigen Physik, Naturwissenschaften 19 (1931), S. 151, vgl. auch das Zitat im Abschnitt *19.*

[11] LUDWIG WITTGENSTEIN, op. cit., Satz 4.023.

[12] RUDOLF CARNAP, Der logische Aufbau der Welt (1928), S. 254.

Fragestellung darin, daß eine Aussage gegeben ist und die Aufgabe gestellt wird, entweder diese Aussage selbst oder ihre Negation als wahr festzustellen."

Wenn jede echte Aussage die Wirklichkeit auf ja oder^b nein *festlegt*, so muß auch jede echte Frage grundsätzlich auf ja oder^c nein entscheidbar sein (andernfalls ist sie ein *Scheinproblem*). So heißt es denn auch bei Wittgenstein:

„*Das Rätsel* gibt es nicht.
Wenn sich eine Frage überhaupt stellen läßt, so *kann* sie auch beantwortet werden."

„Und es ist nicht verwunderlich, daß die tiefsten Probleme eigentlich *keine* Probleme sind."[13]

Wenn man versucht, die Naturgesetze im Sinne des Deduktivismus als echte Aussagen aufzufassen und die Frage, ob sie wahr oder falsch sind, als ein echtes Problem, so hätten diese Ansichten Wittgensteins die merkwürdigsten Konsequenzen: Erst dann wären alle Fragen beantwortet, wenn alle (denkbaren) Naturgesetze falsifiziert wären: Denn da ein Naturgesetz nicht verifizierbar ist, ist die Frage nach seinem Geltungswert solange unbeantwortet, als es nicht falsifiziert ist: Die Lösung aller Rätsel wäre das Ende der theoretischen Naturwissenschaft.

Aber es ist klar, daß Wittgensteins Ansicht (Carnap[14] nennt sie die „stolze These von der Allmacht der rationalen Wissenschaft"), die Ansicht, daß alle Fragen grundsätzlich beantwortbar sind, zur Voraussetzung hat, daß die Naturgesetze Scheinsätze sind, und die Frage nach ihrer Wahrheit oder Falschheit ein Scheinproblem [ist].

Es sei festgestellt, daß nicht alle Vertreter des logischen Positivismus den Sinnbegriff Wittgensteins in seiner vollen Konsequenz übernommen haben. Carnap, der sich im Logischen Aufbau der Welt Wittgensteins These anschließt, stellt (in seiner gleichzeitig erschienenen Schrift, Scheinprobleme in der Philosophie[15]) einen ganz anderen Sinnbegriff auf. Auch unter Verwendung seiner engsten Formulierung (durch den Begriff der „Fundierung") müßten die „Naturgesetze" als sinnvolle Aussagen anerkannt werden. Der Deduktivismus freilich kann sich auf diesen Sinnbegriff nicht berufen; denn Carnap definiert den Begriff der „Fundierung" unter Verwendung des Begriffes „induktiver Schluß", ohne anzugeben, was mit induktiven Schlüssen gemeint ist. Für die Bearbeitung des Induktionsproblems kann daher diese Begriffsbildung nicht in Frage kommen.

---

[13] LUDWIG WITTGENSTEIN, op. cit., Sätze 6.5 und 4.003.
[14] RUDOLF CARNAP, op. cit., S. 261. [Siehe auch R. CARNAP, op. cit., S. 255. Hrsg.]
[15] RUDOLF CARNAP, Scheinprobleme in der Philosophie: Das Fremdpsychische und der Realismusstreit (1928), S. 28 f.

Zusammenfassend läßt sich der Sinnbegriff des logischen Positivismus etwa folgendermaßen charakterisieren:

Jeder echte Satz beschreibt einen Sachverhalt: darin liegt sein Sinn. Stellt ein vermeintlicher Satz keinen Sachverhalt dar, so ist er ein *Scheinsatz,* ist *sinnlos.* Es gibt keine allgemeinen Sachverhalte, also auch keine allgemeinen Sätze. Alle sinnvollen Sätze können endgültig — auf ja oder[d] nein — entschieden werden.

(Mußte im Abschnitt *32* festgestellt werden, daß die Logistik und mit ihr der logische Positivismus die Unterscheidung zwischen streng allgemeinen und besonderen Sätzen nicht formulieren können, so sehen wir hier, daß der logische Positivismus die Antwort nicht schuldig bleibt: Er *kennt* jene Grenze. Zwar kennt er sie nicht als Grenze zwischen allgemeinen und besonderen Sätzen, aber als Grenze zwischen Scheinsätzen und echten Sätzen, zwischen Unsinn und Sinn.)

Sind die Naturgesetze Scheinsätze, so muß das Induktionsproblem ein Scheinproblem sein. Es ist die Frage nach der Geltung der Naturgesetze; aber nach der Geltung von Scheinsätzen kann man nicht fragen.

44. Sinnbegriff und Abgrenzungsproblem. — *Die Grundthese des Induktivismus.* Hier könnte nun wohl die *Kritik* des Sinnbegriffes folgen; und im nächsten Abschnitt wäre dann wieder (einem nun schon bewährten heuristischen Prinzip getreu) die Frage aufzuwerfen, welche ernsten Gründe, welche sachlichen Probleme diesem Sinnbegriff zugrundeliegen. Die Beantwortung dieser Frage zeigt aber, daß der Sinnbegriff bis an die Grenzen des Induktionsproblems führt (ja, über dieses hinaus). Die Kritik des Sinnbegriffes ist also nicht nur die *abschließende Kritik* der Scheinsatzpositionen, sondern *des Induktionsproblems* überhaupt.

Mit Rücksicht darauf soll die Reihenfolge der Abschnitte umgekehrt werden. Erst die nächsten Abschnitte werden sich mit der Kritik des Sinnbegriffes beschäftigen; denn soll diese Kritik die Diskussion *abschließen,* so muß sie auch volle Einsicht in die letzten sachlichen Hintergründe des Problems voraussetzen.

Nach diesen wird also hier zu fragen sein.

Es ist das „*Abgrenzungsproblem*" (nach meiner Terminologie), das hinter Wittgensteins Sinnbegriff steht: der Sinnbegriff spielt in Wittgensteins Philosophie die Rolle eines *Abgrenzungskriteriums.*

Die Lösung des Abgrenzungsproblems, die Bestimmung eines Kriteriums, das gestattet, eine scharfe Grenze zwischen Naturwissenschaft und Metaphysik zu ziehen, ist (wie sich zeigt) gerade die *Aufgabe,* die sich der Tractatus Logico-Philosophicus stellt.

Ähnlich Kant, der dem *Erkennen* (dem Verstandes- beziehungsweise dem

Vernunftgebrauch) eine Grenze zieht, will Wittgenstein „dem Denken eine Grenze ziehen".

Kant sieht eine gewisse Schwierigkeit darin, daß die Grenzen des Erkennens selbst wieder *erkannt* werden sollen. Aber er hält diese Schwierigkeit nicht für ernst. Mit Hilfe einer geistreichen Analogie versucht er zu zeigen, daß nichts Grundsätzliches im Wege steht, durch Untersuchung der *inneren* Bedingungen solche Grenzen zu bestimmen.

„Unsere Vernunft ist nicht etwa eine ... Ebene, deren Schranken man nur so überhaupt erkennt, sondern muß vielmehr mit einer Sphäre verglichen werden, deren Halbmesser sich aus der Krümmung des Bogens auf ihrer Oberfläche (der Natur synthetischer Sätze a priori) finden ... läßt. Außer dieser Sphäre (Feld der Erfahrung) ist nichts für sie Objekt."[1]

Dieselbe Frage beschäftigt auch Wittgenstein; aber er hält offenbar eine solche „interne Vermessung", eine solche Abgrenzung von innen, nicht für möglich:

„Das Buch will also dem Denken eine Grenze ziehen, oder vielmehr — nicht dem Denken, sondern dem Ausdruck der Gedanken: Denn um dem Denken eine Grenze zu ziehen, müßten wir beide Seiten dieser Grenze denken können (wir müssten also denken können, was sich nicht denken läßt)."[2]

In welchem umfassenderen Gebiet wird die Grenze also bestimmt? Wittgensteins Abgrenzungskriterium, der *Sinnbegriff*, zieht, wie wir schon wissen, die Grenze innerhalb der *grammatikalisch* richtigen Sätze, also im Felde der Sprache (wenn auch *nicht* in dem der *sinnvollen* Rede):

„Die Grenze wird also nur in der Sprache gezogen werden können und was jenseits der Grenze liegt, wird einfach Unsinn sein."[3]

Das Abgrenzungsproblem erscheint bei Wittgenstein als eine Hauptaufgabe der Philosophie:

„Die Philosophie begrenzt das bestreitbare Gebiet der Naturwissenschaft."

„Sie soll das Denkbare abgrenzen und damit das Undenkbare.

Sie soll das Undenkbare von innen durch das Denkbare begrenzen."[4]

Das Gebiet des Denkbaren, des Sinnvollen, ist das Gebiet der Sätze, die „das Bestehen und Nichtbestehen der Sachverhalte"[5] darstellen (also das Gebiet der endgültig verifizierbaren „*besonderen* Wirklichkeitsaussagen"); es ist das *Gebiet der Naturwissenschaft*:

---

[1] IMMANUEL KANT, Kritik der reinen Vernunft (2. Aufl., 1787), S. 790.
[2] LUDWIG WITTGENSTEIN, Tractatus Logico-Philosophicus (1918/1922), Vorwort; vgl. auch Satz 5.61.
[3] LUDWIG WITTGENSTEIN, op. cit., Vorwort.
[4] LUDWIG WITTGENSTEIN, op. cit., Sätze 4.113 und 4.114.
[5] [LUDWIG WITTGENSTEIN, op. cit., Satz 4.1. Hrsg.]

„Die Gesamtheit der wahren Sätze ist die gesamte Naturwissenschaft (oder die Gesamtheit der Naturwissenschaften)."[6]

Jenseits der Grenze, jenseits des Sinnbegriffs, liegt das Undenkbare, der Unsinn, der Tummelplatz philosophischer Scheinprobleme, liegt die *Metaphysik* (das folgende Zitat wurde im vorigen Abschnitt gebracht):

„Die meisten Sätze und Fragen, welche über philosophische Dinge geschrieben worden sind, sind nicht falsch, sondern unsinnig. Wir können daher Fragen dieser Art überhaupt nicht beantworten, sondern nur ihre Unsinnigkeit feststellen."[7]

Diese Feststellung, diese Tätigkeit des Abgrenzens, Reinigens, Klärens, ist die eigentliche Aufgabe der Philosophie. Denn die Philosophie kann selbst nicht wahre Sätze lehren: Das kann nur die Naturwissenschaft.

„Die Philosophie ist keine der Naturwissenschaften ..."

„Der Zweck der Philosophie ist die logische Klärung der Gedanken.

Die Philosophie ist keine Lehre, sondern eine Tätigkeit.

Ein philosophisches Werk besteht wesentlich aus Erläuterungen.

Das Resultat der Philosophie sind nicht ‚philosophische' Sätze, sondern das Klarwerden von Sätzen.

Die Philosophie soll die Gedanken, die sonst, gleichsam, trübe und verschwommen sind, klar machen und scharf abgrenzen."[8]

Die Philosophie kann keine Sätze lehren. (Wenn sie es doch versucht, so sind es metaphysische Scheinsätze.) Sinnvolle Sätze gibt es nur in der Naturwissenschaft.

Die richtige Methode des Philosophierens, die Tätigkeit des Aufklärens und Abgrenzens, besteht darin, metaphysische Scheinsätze und Scheinprobleme als solche aufzuzeigen („Scheinproblemverfahren"). Diese Tätigkeit ist negativ, „steril" (so wird sie von H. Gomperz[9] charakterisiert), unbefriedigend — aber sie allein entspricht der philosophischen Aufgabe: Wenn man *sinnvoll* sprechen will, dann kann man eben nur Sätze der Naturwissenschaften aussprechen.

Scheinsätze und Scheinprobleme entstehen dadurch, daß wir *leere Worte* verwenden, die meist gefühlsmäßig für uns bedeutsam sind, logisch jedoch bedeutungslos:

Wenn ein Satz „... keinen Sinn hat, so kann das nur daran liegen, daß wir einigen seiner Bestandteile keine *Bedeutung* gegeben haben.

(Wenn wir auch glauben, es getan zu haben.)

So sagt ‚Sokrates ist identisch' darum nichts, weil wir dem Wort ‚identisch' als *Eigenschaftswort keine* Bedeutung gegeben haben."[10]

---

[6] LUDWIG WITTGENSTEIN, op. cit., Satz 4.11.
[7] LUDWIG WITTGENSTEIN, op. cit., Satz 4.003.
[8] LUDWIG WITTGENSTEIN, op. cit., Sätze 4.111 und 4.112.
[9] [Vgl. HEINRICH GOMPERZ, Weltanschauungslehre I. (1905), S. 14 f. Hrsg.]
[10] LUDWIG WITTGENSTEIN, op. cit., Satz 5.4733.

Daraus ergibt sich das Programm der philosophischen Abgrenzungstätigkeit, das *Programm des „Scheinproblemverfahrens"*:

„Die richtige Methode der Philosophie wäre eigentlich die: Nichts zu sagen, als was sich sagen läßt, also Sätze der Naturwissenschaft — also etwas, was mit Philosophie nichts zu tun hat —, und dann immer, wenn ein anderer etwas Metaphysisches sagen wollte, ihm nachzuweisen, daß er gewissen Zeichen in seinen Sätzen keine Bedeutung gegeben hat. Diese Methode wäre für den anderen unbefriedigend — er hätte nicht das Gefühl, daß wir ihn Philosophie lehrten — aber *sie* wäre die einzig streng richtige."[11]

An dieser Stelle zeigt sich besonders klar, daß Wittgenstein tatsächlich eine Grenze ziehen will, die genau das leisten soll, was ich von einem Abgrenzungskriterium gefordert habe. Sein Kriterium des Sinns zerlegt das Feld der Sprache in zwei weite Gebiete, scheidet Sinn und Unsinn, Sätze und Scheinsätze; und — als Abgrenzungskriterium — *Naturwissenschaft und Metaphysik*.

Die wahre Philosophie, die nichts zu lehren versucht, gehört [nach Wittgenstein] zu keinem der beiden Gebiete. Sie ist die *Tätigkeit* des Abgrenzens. Sie hat das Gebiet des Sinnes, der Naturwissenschaft gegen die Ansprüche der Metaphysik zu schützen (und wohl auch umgekehrt), hat die Gebiete klar und reinlich zu scheiden.

An der *Grenze* von Sinn und Unsinn (und zwar schon auf der Seite des Unsinns) liegt die *Logik*.

„Die richtige Erklärung der logischen Sätze muß ihnen eine einzigartige Stellung unter allen Sätzen geben."

„Die Sätze der Logik sind Tautologien."

„Die Sätze der Logik sagen also Nichts. (Sie sind die analytischen Sätze.)"

„Tautologie und Kontradiktion sind nicht Bilder der Wirklichkeit. Sie stellen keine mögliche Sachlage dar..."

„Tautologie und Kontradiktion sind sinnlos...

(Ich weiß zum Beispiel nichts über das Wetter, wenn ich weiß, daß es regnet oder nicht regnet.)"[12]

Aber obwohl sie jenseits der Grenze liegen, so liegen sie doch noch nicht innerhalb des Gebietes der Metaphysik (des eigentlichen „Unsinns"), sondern eben an der *Grenze*:

„Tautologie und Kontradiktion sind die Grenzfälle der Zeichenverbindung, nämlich ihre Auflösung."

„Tautologie und Kontradiktion sind aber nicht unsinnig;..."[13]

Es gibt somit zwei Formen der Sinnlosigkeit: der (metaphysische) Unsinn und die Sinnlosigkeit der nichtssagenden logischen (und mathematischen)

---
[11] LUDWIG WITTGENSTEIN, op. cit., Satz 6.53.
[12] LUDWIG WITTGENSTEIN, op. cit., Sätze 6.112, 6.1, 6.11, 4.462 und 4.461.
[13] LUDWIG WITTGENSTEIN, op. cit., Sätze 4.466 und 4.4611.

Tautologien. Wenn wir daher die Logik einbeziehen, so müssen wir drei Gebiete im Felde der Sprache unterscheiden:

Die sinnvollen Sätze der Naturwissenschaft — die sinnlosen Tautologien der Logik (und Mathematik) — die unsinnigen Scheinsätze der Metaphysik.

In allem aber wirkt die klärende, abgrenzende *Tätigkeit* der Philosophie: die „Sprachkritik". Durch sie bestimmt Wittgenstein diese Grenzen.

Wo aber ist Platz für die Naturgesetze? Sind sie sinnvoll? Sind sie sinnlos oder unsinnig? Oder gehören sie vielleicht zur philosophischen Tätigkeit?

Wir haben bereits gesehen, daß es eine notwendige Konsequenz des Sinnbegriffes ist, in den Naturgesetzen *Scheinsätze* zu sehen: In das Gebiet der sinnvollen Sätze können sie *nicht* gehören.

Schlicks Betonung ihres pragmatischen Charakters könnte den Gedanken nahelegen, daß sie in das Gebiet der *Tätigkeit,* der Philosophie fallen. Aber das ist nicht möglich; die Philosophie selbst ist ja negativ, ist „steril". Sie selbst kann nichts hervorbringen. Diese Lösung kommt nicht in Frage.

Gehören die Naturgesetze in das Grenzgebiet der sinnlosen Tautologien? Vieles spricht dafür, wenigstens nach Ansicht des *Konventionalismus*. Aber zumindest mit der Auffassung Schlicks ist diese Ansicht unvereinbar: Schlick unterstreicht gegenüber dem Konventionalismus immer wieder das *empirische* Moment.

Sind also die Naturgesetze metaphysisch?

Wenn man neben den sinnlosen Tautologien und der unsinnigen Metaphysik nicht noch eine dritte Form der Sinnlosigkeit annehmen will, dann bleibt wohl nur der Ausweg, die Naturgesetze als metaphysisch zu erklären.

Vielleicht wäre es aber möglich, sie als eine besondere Art von Scheinsätzen den übrigen (den Scheinsätzen der unsinnigen Metaphysik) gegenüberzustellen.

Ob also die Naturgesetze metaphysisch (beziehungsweise unsinnig) sind oder ob sie eine eigene Gruppe von Scheinsätzen bilden, das kann ich nicht mit Sicherheit angeben. Nur *eines* steht fest: Daß sie nicht sinnvoll sein können, daß sie jenseits der Grenze liegen, die das Abgrenzungskriterium des Sinnes den Naturwissenschaften zieht. Vielleicht gehören sie irgendwie zu einer „naturwissenschaftlichen Tätigkeit", keinesfalls aber zur naturwissenschaftlichen *Lehre*. Wir wissen ja bereits (siehe oben):

„Die Gesamtheit der wahren Sätze ist die gesamte Naturwissenschaft (oder die Gesamtheit der Naturwissenschaften)."[14]

Also können die Naturgesetze nicht zur Naturwissenschaft gehören, denn sie können niemals [erweislich] *wahr* sein. (Außerdem gehören sie nicht einmal zur „Gesamtheit der Sätze" überhaupt, sondern sie sind Scheinsätze.)

Während also die Naturgesetze deshalb nicht zur Naturwissenschaft gehören, sind *alle* wahren Sätze zur Naturwissenschaft zu zählen. Also etwa

---

[14] [LUDWIG WITTGENSTEIN, op. cit., Satz 4.11. Hrsg.]

der Satz: „Links von mir liegt aufgeschlagen der ‚Tractatus'" oder: „Kant wird, wie Klopstock, mehr gelobt, als gelesen", oder: „Einer meiner Freunde hat sein Versprechen, mich heute aufzusuchen, nicht gehalten."

Auf die Kritik des *Sinnbegriffes* selbst soll in diesem Abschnitt in keiner Weise eingegangen werden: Hier soll also nicht bestritten werden, daß die Naturgesetze sinnlose" Scheinsätze sind.

Aber *die* Frage will ich hier aufwerfen, ob Wittgenstein die Aufgabe, die er selbst seiner philosophischen Tätigkeit stellt, gelöst hat: Ist ihm die *Abgrenzung* gelungen oder nicht?

Vom Standpunkt dieser Fragestellung, vom Standpunkt des Abgrenzungsproblems aus, kann Wittgensteins Lösung aus folgendem Grund *nicht* anerkannt werden: Wittgensteins Begriff „Naturwissenschaft" hat mit den tatsächlich bestehenden Naturwissenschaften nicht das mindeste zu tun. Sein Abgrenzungskriterium schließt die Naturgesetze aus seiner „Naturwissenschaft" aus; damit aber schließt er auch die bestehende Naturwissenschaft aus seiner „Naturwissenschaft" aus.

Zu dem, was die Naturwissenschaften selbst als „naturwissenschaftlich" auffassen, gehören zweifellos die Naturgesetze. Vielleicht aber kommt den Naturgesetzen keine *zentrale* Bedeutung im Gebiet der Naturwissenschaften zu? Vielleicht sind in erster Linie nur die [erweislich] *wahren* Sätze (die besonderen Wirklichkeitsaussagen) als „naturwissenschaftlich" zu bezeichnen und die Naturgesetze nur insofern, als sie bei der Bildung solcher *wahrer* Sätze (bei der Bildung von besonderen Prognosen) behilflich sein können?

Wäre es so, dann könnte Wittgensteins Sinnbegriff als *Abgrenzungskriterium* zwar noch immer nicht ganz befriedigen (es wäre für ein *Ergebnis* der philosophischen Tätigkeit viel zu verschwommen und unbestimmt, da es Naturgesetze von metaphysischen Scheinsätzen nicht scharf abgrenzt); aber immerhin würde ein gewisser Teil der bestehenden Naturwissenschaft innerhalb des abgegrenzten Gebietes seiner „Naturwissenschaft" liegen.

Aber die Verhältnisse liegen tatsächlich ganz anders: Insbesondere die höher entwickelten Naturwissenschaften bestehen fast ausschließlich aus Naturgesetzen (allgemeinen Sätzen):

„Wir dürfen nicht vergessen, daß die Weltbeschreibung durch die Mechanik immer die ganz allgemeine ist. Es ist in ihr z. B. nie von *bestimmten* materiellen Punkten die Rede, sondern immer nur von *irgendwelchen*."[15]

Die Mechanik, die Wittgenstein hier so richtig charakterisiert, ist nach Ansicht der Naturwissenschaften eine Naturwissenschaft. Unter Wittgensteins Begriff der Naturwissenschaft kann sie aber niemals fallen. Die philosophische Sprachkritik erkennt, daß ihre vermeintlichen streng allgemeinen Wirklichkeitsaussagen eigentlich *Scheinsätze* sind und schließt sie aus den

---

[15] LUDWIG WITTGENSTEIN, op. cit., Satz 6.3432.

naturwissenschaftlichen *Sätzen* aus, grenzt die „Naturwissenschaft" scharf gegen sie ab.

Dafür enthält Wittgensteins „Naturwissenschaft" freilich unabsehbar viele wahre Sätze, die zwar irgendwelche Sachverhalte darstellen, aber die Naturwissenschaften nie interessiert haben und vermutlich auch nie interessieren werden.

Ich will damit keineswegs Wittgensteins Rechte einschränken, durch seine Begriffsbildungen die „eigentliche" Naturwissenschaft erst philosophisch zu bestimmen. Daß die Naturgesetze unsinnig sind, zum Unbedenkbaren und Unsagbaren gehören und daher eigentlich nicht in die Naturwissenschaft, will ich hier gar nicht bestreiten. Alle diese Fragen lasse ich beiseite.

Ich frage hier (ganz unphilosophisch und nüchtern) nur nach *einem*: Ist Wittgenstein eine Abgrenzung im Sinne der tatsächlich bestehenden Naturwissenschaften gelungen? Das Abgrenzungsproblem ist ja eindeutig: Die Aufgabe ist die reinliche Scheidung der Gebiete, ist die klare und scharfe Abgrenzung *dieser* Naturwissenschaft gegen (in ihrem Sinn) *unwissenschaftliche* Spekulation, gegen die „Metaphysik".

Diese Aufgabe scheint mir nicht gelöst zu sein.

Die Untersuchung der Scheinsatzpositionen führt die Diskussion des Induktionsproblems bis zum Abgrenzungsproblem. Nicht nur, daß dieses Problem hinter dem Sinnbegriff des logischen Positivismus steht: Bei näherem Zusehen wird klar, daß es überhaupt das *Abgrenzungsproblem ist, das dem Induktionsproblem zugrundeliegt.*

Die Aufgabe, den eigentümlichen „empirischen" Charakter der Naturwissenschaft (im Gegensatz zur „spekulativen" Metaphysik) näher zu bestimmen, ist das Grundproblem des *Empirismus*; jener Erkenntnistheorie also, die von dem besonderen *Wert* der empirischen Wissenschaften überzeugt ist.

Dieser Wert liegt für den Empirismus darin, daß allein die empirischen Wissenschaften imstande sind, begründete *Wirklichkeitserkenntnis* zu vermitteln. Diese Fähigkeit sucht die empiristische Erkenntnistheorie (der Empirismus) aus der Eigenart der *empirischen Methode* der Naturwissenschaften (im Gegensatz zur metaphysischen Methode) zu erklären.

Dazu muß sie aber vor allem diese Eigenart der empirischen Methode gegenüber der metaphysischen überhaupt *bestimmen*. Das Grundproblem des Empirismus ist somit das *Abgrenzungsproblem,* die Frage:

Welches Verfahren kennzeichnet die Naturwissenschaft gegenüber der Metaphysik?

Die nächstliegende, ja anscheinend selbstverständliche Antwort ist: Die Naturwissenschaft enthält sich der Spekulation und *geht nur von der Erfahrung aus.*

Diese Antwort aber ist die Antwort des *Induktivismus*.

Der Induktivismus ist nichts anderes als eine (primitive) Lösung des Abgrenzungsproblems: Aus Angst vor der Metaphysik (die Angst ist nur zu berechtigt, solange man nicht über ein brauchbares Abgrenzungskriterium verfügt) klammert sich der (induktivistisch orientierte) Empirist möglichst fest an die unmittelbaren Daten der Erfahrung.

Das induktivistische Abgrenzungskriterium ist das induktive Verfahren: Nur *aus der Erfahrung* können wir legitime wissenschaftliche Begriffe und Sätze (das heißt nichtmetaphysische Begriffe und Sätze) gewinnen.

(Der Induktivismus hat denn auch vom Tage seines Bestehens an immer zu falschen Abgrenzungen geführt. Schon Bacon verwechselte die Theorienbildung mit Metaphysik: Unter Berufung auf das Zeugnis der Sinne weigerte er sich, den geozentrischen Standpunkt aufzugeben; man vergleiche auch Machs Angriffe auf den Atomismus.)[1]

Es ist hier nicht der Ort, auf die induktivistischen Bemühungen um das Abgrenzungsproblem näher einzugehen. Nur *eines* soll hier gezeigt werden: daß auch dem Abgrenzungskriterium des logischen Positivismus das *induktivistische Vorurteil* zugrundeliegt. (Erst damit ist nämlich nachgewiesen, daß die Scheinsatzpositionen tatsächlich „induktivistisch" sind; vgl. Abschnitt 37.)

Die induktivistischen Lösungen bezogen sich (wie bekannt) vorerst nicht so sehr auf *Sätze* — die behauptet werden — und ihre (objektive) *Geltung*, sondern auf Begriffe — die wir „besitzen" sollen — und ihre (subjektiv-psychologische) „Abstammung" (vgl. auch die Abschnitte *11* und *33—35*). Dieser Fragestellung würde etwa folgendes Abgrenzungskriterium entsprechen:

Alle legitimen Begriffe der Wissenschaft müssen sich auf elementare Erlebnisse (Wahrnehmungen, Impressionen) zurückführen lassen.

Wird nach dem analogen Abgrenzungskriterium für *Sätze* gefragt — dieses interessiert uns hier weit mehr — und die *subjektivistisch-psychologistische Ausdrucksweise* vermieden, so muß der Induktivismus zu folgendem Kriterium kommen, das ich als die *Grundthese des Induktivismus* bezeichne:

Alle legitimen Sätze der Wissenschaft müssen sich auf elementare Erfahrungssätze zurückführen lassen. Mit andern Worten: Die Wahrheit aller legitimer Sätze muß von den Geltungswerten gewisser elementarer Erfahrungssätze abhängen.

(Unter „elementaren Erfahrungssätzen" sind (objektive) Darstellungen einfachster Sachverhalte zu verstehen, die sich (grundsätzlich von jedem Subjekt) unmittelbar durch „Wahrnehmungen" überprüfen lassen; vgl. Abschnitt *11*.)

Solange die *Induktion*, der Schluß von der besonderen Erfahrung auf das Allgemeine als berechtigt anerkannt wird, erweist sich die „Grundthese des Induktivismus" als ein überaus brauchbares *Abgrenzungskriterium*, mit dessen Hilfe auch die Naturgesetze als „legitim" nachgewiesen werden können. Wird aber der echte Induktionsschluß als unerlaubt, als widerspruchsvoll erkannt (Hume), so können die Naturgesetze nicht mehr auf die elementaren Erfahrungssätze zurückgeführt werden. Anders ausgedrückt:

Die legitimen Sätze können nicht mehr bis zur Verallgemeinerung, bis zu den Naturgesetzen hinaufsteigen. Sie sind von den Naturgesetzen durch das Abgrenzungskriterium (eben durch die „Grundthese") abgeschnitten, die Grenze verläuft unterhalb der Naturgesetze: Die legitimen Sätze bleiben an der Erfahrung, das heißt aber am Besonderen, haften.

Und von hier können wir wieder auf das Abgrenzungskriterium des logischen Positivismus zurückkommen:

Wittgenstein führt den *Begriff des (sinnvollen) Satzes* zweimal ein. (Beide Bestimmungen sind vollkommen übereinstimmend.) Das erste Mal mit Hilfe des Begriffes des Sachverhaltes und des Sinnbegriffes; das zweite Mal wird der allgemeine Begriff des Satzes *formal* bestimmt, nämlich als „Wahrheitsfunktion" der „Elementarsätze".

Wittgensteins Begriff des Elementarsatzes entspricht dem, was ich hier „elementaren Erfahrungssatz" genannt habe:

„Der einfache Satz, der Elementarsatz, behauptet das Bestehen eines Sachverhaltes."[16]

Hängt der Wahrheitswert eines Satzes von den Wahrheitswerten anderer Sätze ab (auf die er somit zurückgeführt werden kann), so ist er eine „Wahrheitsfunktion". Die Sätze, auf die er zurückgeführt werden kann, sind seine „Wahrheitsargumente".

(Auf Wittgensteins interessante° *formale Theorie der „Wahrheitsfunktionen"* — die schon im Abschnitt *31* erwähnten *„Wittgensteinschen Schemata"* — kann hier nur kurz hingewiesen werden.)

Drückt man die *„induktivistische Grundthese"* in dieser Terminologie aus, so gelangt man zu der Formulierung:

Alle legitimen Sätze der Wissenschaft sind Wahrheitsfunktionen der Elementarsätze.

Und ebenso bestimmt auch Wittgenstein den (formalen) Begriff des *„Satzes"*:

„Der Satz ist eine Wahrheitsfunktion der Elementarsätze.

(Der Elementarsatz ist eine Wahrheitsfunktion seiner selbst.)"

„Die Elementarsätze sind die Wahrheitsargumente des Satzes."[17]

Als Abgrenzungskriterium verwendet, zieht diese Formulierung die Grenze zwischen den (legitimen) Sätzen der Naturwissenschaft und den metaphysischen Scheinsätzen an derselben Stelle, wie der als Abgrenzungskriterium verwendete *Sinnbegriff*. (Nämlich — nach meiner Terminologie — zwischen den besonderen und den streng allgemeinen Sätzen.) Es ist also

[16] LUDWIG WITTGENSTEIN, op. cit., Satz 4.21.
[17] LUDWIG WITTGENSTEIN, op. cit., Sätze 5 und 5.01.

immer das *induktivistische Abgrenzungskriterium*; ganz gleich, ob es in Form des Sinnbegriffes auftritt oder in Form der „induktivistischen Grundthese".

Die Scheinsatzpositionen sind also in der Tat induktivistisch; und es ist wohl auch berechtigt, den für sie grundlegenden Sinnbegriff als *„induktivistischen Sinnbegriff"* zu bezeichnen.

Der *Sinnbegriff selbst* wird von diesen Überlegungen noch nicht berührt; nur seine Verwendung als Abgrenzungskriterium.

Es wäre ja möglich, daß es ein anderes, besser geeignetes (und auch schärferes) Abgrenzungskriterium gibt, das den bestehenden Naturwissenschaften vollkommen gerecht wird (die Naturgesetze also nicht ausschließt), dabei aber den induktivistischen Sinnbegriff als solchen gelten läßt. Der *„Sinn"* wäre dann zwar nicht die Grenze zwischen Naturwissenschaft und Metaphysik, aber die Naturgesetze würden dennoch *„sinnlose Scheinsätze"* sein.

Der Sinnbegriff würde nach dieser Auffassung zwar nicht das Abgrenzungsproblem lösen, aber er hätte doch eine erkenntnistheoretische Funktion: Er würde das Induktionsproblem zum Verschwinden bringen; denn nach der Geltung von Scheinsätzen kann man nicht fragen.

Im Rahmen dieser Untersuchungen über das *Induktionsproblem* drängt also die kritische Diskussion der Scheinsatzpositionen unausweichlich zu einer *Kritik des induktivistischen Sinnbegriffes selbst*.

45. *Kritik des induktivistischen Sinndogmas.* Der Sinnbegriff des logischen Positivismus, der induktivistische Sinnbegriff, ist *dogmatisch.*

Um diese Behauptung und die Ablehnung, die sie enthält, zu begründen, wird es kaum notwendig sein, sich auf eine ausdrückliche Definition des [Begriffes] „Dogma" (oder des „Dogmatismus") einzulassen. Die Untersuchung wird zur Genüge zeigen, wie diese Worte hier verwendet sind und daß sie mit Recht verwendet werden.

Um den induktivistischen Sinnbegriff untersuchen zu können, unterscheide ich zwei mögliche Interpretationen dieses Begriffes:
1. Der Sinnbegriff kann auf andere Begriffe *zurückgeführt* werden (er ist definierbar).
2. Der Sinnbegriff ist *undefinierbar* (er ist ein undefinierbarer Grundbegriff).

Zur ersten Interpretation:

Wird der Wittgensteinsche Sinnbegriff als zurückführbar angesehen, so kann nur eine Zurückführung auf den *Begriff des Sachverhaltes* (der Sachlage) in Frage kommen:

„Man kann geradezu sagen: statt, dieser Satz hat diesen und diesen Sinn;

dieser Satz stellt diese und diese Sachlage dar."¹ (Die Stelle wurde bereits zitiert.)

Hier soll — daran muß man festhalten — vorausgesetzt werden, daß der Sinnbegriff zurückführbar ist. Unter dieser Voraussetzung kann Wittgensteins Formulierung als eine „Gebrauchsdefinition", als eine Übersetzungsregel verwendet werden: Sie gestattet es, jede Aussage, in der das Wort „Sinn" vorkommt*¹, derart umzuformen, daß dieser Begriff eliminiert und durch den Begriff des *Sachverhaltes* (natürlich des besonderen Sachverhaltes) ersetzt wird. Diese Übersetzungsregel würde also lauten: „Sinn haben" heißt „einen (besonderen) Sachverhalt darstellen".

Mit Hilfe dieser Übersetzungsregel könnte zum Beispiel die Behauptung: „Alle (grammatikalisch richtigen) Sätze, die endgültig verifiziert werden können — insbesondere alle wahren Sätze — sind sinnvoll" folgendermaßen umgeformt werden: „Alle... Sätze, die endgültig verifiziert werden können... *stellen einen (besonderen) Sachverhalt dar.*"

Wird der Standpunkt anerkannt, daß der Sinnbegriff in der hier angegebenen Weise *per definitionem* auf den Begriff des (besonderen) Sachverhaltes zurückgeführt werden kann, so muß auch die folgende Übersetzung zugelassen werden:

Die Behauptung: „Ein Naturgesetz *hat keinen Sinn*" oder: „Ein Naturgesetz *ist sinnlos*" sagt nichts anderes als: „Ein Naturgesetz stellt keinen (besonderen) *Sachverhalt dar.*"

Daß ein Naturgesetz keinen (besonderen) Sachverhalt darstellt, das wissen wir schon längst. Dadurch, daß man diesen Umstand durch Ausdrücke wie „Sinnlosigkeit", „Unsinnigkeit", „Undenkbarkeit", „Unsagbarkeit", „Unaussprechlichkeit" usw. (alles Ausdrücke, die ihrerseits auf den Sinnbegriff zurückführbar sind) *bezeichnet*, kann weder ein Problem gestellt, noch eines gelöst werden: Die Ersetzung einer Bezeichnungsweise durch eine andere ist lediglich eine Frage der *Terminologie*.

Durch die Wahl einer zweckmäßigen oder unzweckmäßigen Terminologie kann man zwar dazu beitragen, ein Problem klar darzustellen oder [zu] verwirrenᵃ; aber selbstverständlich kann eine solche Umbenennung allein an dem Problem selbst nichts ändern.

Ein Naturgesetz stellt keinen (besonderen) Sachverhalt dar. Das steht fest. Es *kann* auch gar keinen (besonderen) Sachverhalt darstellen, wenn es eine *allgemein* verwendbare *Deduktionsgrundlage* sein soll. Es ist eben deshalb auch *nicht verifizierbar*. Wenn man es *aus diesen Gründen* einen „Scheinsatz" nennen will oder „sinnlos" oder „unaussprechbar" usw., so kann man gegen diese Terminologie zwar grundsätzlich nichts einwenden. Nur zeigt die Praxis, daß sie *sehr* unzweckmäßig, weil *sehr* irreführend ist.

---

¹ [LUDWIG WITTGENSTEIN, Tractatus Logico-Philosophicus (1918/1922), Satz 4.031. Vgl. Abschnitt 43, Text zu Anm. 4. Hrsg.]

*¹ Im Sinne des „Sinnes eines Satzes".

Wir müssen festhalten: Es wird hier nur jene Interpretation besprochen, die den Sinnbegriff als *definierbar ansieht*. Wird also diese Interpretation angenommen, so kann mit allen Ausdrücken der Scheinsatzterminologie unmöglich mehr gesagt werden, als daß die Naturgesetze keine (besonderen) Sachverhalte darstellen.

Wie wir aber wissen, können sie sehr wohl trotzdem *falsch* sein. Daran kann natürlich auch jene Terminologie gar nichts ändern.

Hier zeigt sich nun, daß diese Terminologie *ganz besonders unzweckmäßig* ist: Sie legt die unerlaubte Deutung nahe, daß die Naturgesetze überhaupt keinen Geltungswert (auch keinen negativen) haben können. Eine solche Deutung ist aber (im Rahmen *dieser* Interpretation) durch nichts zu rechtfertigen: Wenn „Sinn haben" *nichts anderes* heißt, als „einen (besonderen) Sachverhalt darstellen", so berechtigt das sicher nicht, darauf zu schließen, daß *nur* solche Sätze, die einen (besonderen) Sachverhalt darstellen (das heißt: Sinn haben), *falsch* sein können.

Läßt man sich aber von der Bezeichnung „sinnlos" *nicht* irreführen und gibt zu, daß der Satz „alle Äpfel sind dunkelgrün" *falsch* ist, so erscheint die Terminologie womöglich noch unzweckmäßiger: Man würde dann *falsche Sätze*, also Sätze, die einen Geltungswert haben, als „sinnlos" bezeichnen.

Die Terminologie, insbesondere die Ausdrücke „Unsinn", „das Undenkbare" usw. ist aber offenbar schon deshalb ganz unzweckmäßig, weil sie durch den gewöhnlichen Sprachgebrauch mit (gewissermaßen diffamierenden) *Wertungen* belastet ist. Diese Wertungen können aber aus der nüchternen Definition: „Sinn haben" heißt „einen (besonderen) Sachverhalt darstellen", sicher nicht abgeleitet werden.

Und auch Wittgenstein betont diese Wertung; man denke an seine Beispiele für sinnlose Sätze; etwa an die „Frage, ob das Gute mehr oder weniger identisch sei als das Schöne"[2].

Diese Wertung ist es offenbar, welche auch zu jenen übereilten und durch die Terminologie, die Definition allein sicher nicht zu rechtfertigenden Schlüssen verleitet, daß die „sinnlosen" Naturgesetze überhaupt keinen Geltungswert haben können, daß sie auch nicht falsifizierbar sind.

(Ein Verfahren, das aus einem definierbaren Begriff mehr herausliest, als in den Begriff durch Definition hineingelegt wurde — und das insbesondere unberechtigte *Wertungen* herausliest — kann aber wohl „*dogmatisch*" genannt werden.)

In diesem Falle scheint es sich um die Ansicht zu handeln, es liege im „*Wesen*" *des Sinnbegriffes*, daß *nur* ein sinnvoller Satz einen Geltungswert haben kann. Mag das nun sein, wie es will. Wenn man den Sinnbegriff durch den Begriff des (besonderen) Sachverhaltes *definieren* will, dann hat

---

[2] [LUDWIG WITTGENSTEIN, op. cit., Satz 4.003. Vgl. Abschnitt *43*, Text zu Anm. 1. Hrsg.]

man durch diese Definition über den Terminus jedenfalls verfügt und zwar eben in anderer Weise verfügt: Man darf dann nicht noch [einmal] nach seinem „Wesen" fragen.

Damit ist aber jene Interpretation, die den Sinnbegriff als definierbar, als zurückführbar ansieht, nicht mehr haltbar.

Die gleiche Argumentation könnte nämlich gegen jede andere Definition des Sinnbegriffes vorgebracht werden. Definieren wir etwa (vgl. Waismanns[3] Zitat) den „Sinn eines Satzes" als die „Methode seiner Verifikation", so dürfte in die Behauptung: „Die Naturgesetze sind sinnlos" wieder nichts anderes hineingelegt werden, als: „Es gibt keine Methode, Naturgesetze zu verifizieren." Auf diese Weise kommt man also um keinen Schritt weiter: Durch Einführung einer Terminologie kann man eben an der logischen Situation nichts ändern. Diese muß sich folglich auch *ohne* die betreffende Terminologie darstellen lassen.

Das Ergebnis, die Ablehnung der ersten (rein terminologischen) Interpretation ist also nicht zufällig, ist nicht von der besonderen Definition des Sinnbegriffes durch den Sachverhalt abhängig.

Zur zweiten Interpretation:

Hier soll ausschließlich die Auffassung besprochen werden, die in dem Begriff des *Sinnes* einen *undefinierbaren Grundbegriff* sieht. (Solche undefinierbare Grundbegriffe muß ja jede Erkenntnistheorie zulassen, um andere Begriffe definieren zu können.)

Der Versuch, nunmehr (umgekehrt) den Begriff des Sachverhaltes durch den Sinnbegriff zu definieren, kann an der bisherigen Situation nichts ändern und entspricht auch sicher nicht Wittgensteins Gedankengang. (Definiert man etwa: „Ein Sachverhalt ist das, was ein sinnvoller Satz darstellt", so hat man wieder nur eine Zeichenregel, eine Übersetzungsregel und gelangt zu denselben Ergebnissen, wie bei der rein terminologischen Interpretation.)

So bleibt also nichts anderes übrig, als anzunehmen, daß weder der Begriff des Sinnes durch den Begriff des Sachverhaltes definiert werden kann (wie die erste Interpretation versuchte), noch der Begriff des Sachverhaltes durch den Sinnbegriff. Die beiden Begriffe können durch *Definition* nicht aufeinander zurückgeführt werden.

So ist also der induktivistische Sinnbegriff als *undefinierbar* anzusehen. Er muß ja weit mehr enthalten, als etwa in der Behauptung „Sinn haben heißt: einen (besonderen) Sachverhalt darstellen" zum Ausdruck kommt. Auch alle jene *Wertungen* müssen in ihm enthalten sein — wenn auch nicht durch Definition festgelegt — die wir gewöhnlich in Ausdrücke wie: sinn-

---

[3] [FRIEDRICH WAISMANN, Logische Analyse des Wahrscheinlichkeitsbegriffs, Erkenntnis (1930), S. 229. Vgl. Abschnitt *42*, Text zu Anm. 1; Abschnitt *43*, Text zu Anm. 9. Hrsg.]

voll — sinnlos; denkbar — undenkbar; sagbar — unsagbar usw. hineinlegen.

Wenn sich aber eine entsprechende Definition des Sinnbegriffes nicht geben läßt, wie kann dann Wittgensteins Behauptung „Sinn haben heißt einen (besonderen) Sachverhalt darstellen" (und viele ähnliche Behauptungen) *begründet* werden? Die Frage ist wichtig, denn diese Behauptung ist ja für die *Scheinsatzpositionen* grundlegend.

Jedenfalls kann eine solche Behauptung *nicht tautologisch,* kann nicht das Ergebnis einer *rein logischen Analyse* der betreffenden Begriffe sein; jener Satz wäre also keine Begriffsanalyse, kein analytisches Urteil, sondern er müßte als ein *synthetisches Urteil* angesehen werden. Und zwar als ein (formales) *synthetisches Urteil a priori,* da es ja nichts über die erfahrbaren Sachverhalte selbst aussagt (sondern, ähnlich den synthetischen Urteilen a priori Kants von höherem Typus wäre, als die „Wirklichkeitsaussagen", indem es etwas über den Begriff der Sachverhalte und Erfahrungssätze überhaupt aussagt).

Die Scheinsatzpositionen (die Auffassung, daß die Naturgesetze Scheinsätze sind) könnten also durch ein (oder mehrere) synthetische Urteile a priori gesichert werden, zum Beispiel durch folgende schon bekannte Urteile, in denen der Sinnbegriff *wertend,* also etwa als Gegensatz zum „blühenden Unsinn", verstanden werden muß: „Der *Sinn* des Satzes besteht in der Methode seiner Verifikation" oder etwa: „Der Sinn des Satzes besteht darin, daß der Satz einen Sachverhalt auf ja oder nein festlegt."

Keine Erfahrung kann etwas über das „Wesen" des Sinnbegriffes lehren: Jene synthetischen Urteile wären also zweifellos *a priori* und ein Versuch ihrer Rechtfertigung könnte nur zur *Evidenzlehre* führen (etwa in Form der phänomenologischen Methode der Wesensintuition).

Denn dieser Apriorismus wäre, im Gegensatz zum Kantschen Apriorismus, auch durch keinerlei „transzendentale Methode" zu rechtfertigen. Die Analyse der Voraussetzungen der bestehenden Wissenschaften wird niemals zu der Ansicht führen können, daß die Naturgesetze sinnlos sind.

Eine Philosophie aber, die synthetische Urteile a priori einführt, ohne sich dabei von transzendentalen Rücksichten beschränken zu lassen, ist zweifellos als rationalistisch und — im Sinne Kants — als *dogmatisch* zu charakterisieren.

Durch die Untersuchung dieser beiden möglichen Interpretationen scheint mir der unerlaubte, weil dogmatische Gebrauch des logisch-positivistischen Sinnbegriffes erwiesen zu sein.

Aber noch immer ist ein *Einwand* möglich, der diese ganze Argumentation zerschlägt und aus ihren Trümmern den induktivistischen Sinnbegriff unversehrt wiedererstehen läßt.

Der Einwand stellt vor allem fest, daß die Argumentation dieses Abschnittes *nicht als immanente Kritik* gewertet werden darf: Vom Standpunkt des induktivistischen Sinnbegriffes aus kann *nur* ein solches Argument, das sich auf einen *naturwissenschaftlichen* (besonderen) Sachverhalt stützt, als stichhaltig (oder legitim) anerkannt werden. Jede andere Argumentation arbeitet mit Scheinargumenten; und so auch die hier dargelegte.

Dieser Einwand kann aber noch sehr verschärft werden. Nicht nur, daß meine Kritik keine immanente ist, daß sie nicht auf dem Boden des induktivistischen Sinnbegriffes steht: Indem sie (wenn auch nicht ausdrücklich) als unbewiesene Annahmen voraussetzt, daß ihre Argumentation überhaupt etwas besagt, daß ihre Argumentation mehr ist als eine unsinnige Spiegelfechterei, führt sie unbemerkt einen *ganz anderen Sinnbegriff* als (unbewiesene) Voraussetzung ein. Daß sie dann — aufgrund *dieser* Voraussetzung — den induktivistischen Sinnbegriff in Widersprüche verwickelt, ist nur selbstverständlich; das Ergebnis der Kritik — soweit es nicht als ein Scheinergebnis überhaupt sinnlos ist — kann ja gar nicht anders ausfallen: Denn der induktivistische Sinnbegriff widerspricht den Voraussetzungen der Kritik und muß daher, von diesen Voraussetzungen aus betrachtet, als widerspruchsvoll erscheinen.

Der hier skizzierte Einwand darf nicht nur als ein *möglicher* Einwand angesehen werden: Vom Standpunkt Wittgensteins aus *muß* er erhoben werden, wenn sich der logische Positivismus nicht einer groben Inkonsequenz schuldig machen will. (Das wird sich etwas weiter unten zeigen.)

Daß aber der Standpunkt Wittgensteins in seiner letzten Konsequenz zu diesem Einwand führen *muß*, ist der Grund, weshalb ich den induktivistischen Sinnbegriff als ein besonders qualifiziertes, als ein *„geschütztes Dogma"* bezeichne.

Der Dogmatismus einer Lehre kann darin bestehen, *(„ungeschütztes Dogma")* daß Sätze ohne hinreichende Begründung aufgestellt und als *wahr* behauptet werden. „Dogmatisch" in diesem Sinn wäre etwa die Ethik Spinozas: Ihre Axiome usw. sollen als unmittelbar evident, als in sich selbst begründet (oder dergleichen) angenommen und festgehalten werden. Bei dieser Form des Dogmatismus wäre es aber immerhin noch denkbar, daß ein solcher Satz (logisch oder empirisch) *widerlegt* wird, indem man einen Widerspruch nachweist, sei es nun einen inneren oder einen Widerspruch mit der Erfahrung.

Aber es gibt auch eine Form des Dogmatismus *(„geschütztes Dogma"),* deren „dogmatischer Charakter" viel stärker ausgeprägt ist: Dogmen können durch Dogmen in einer Weise gesichert werden, daß sie unter allen Umständen *unberührbar* bleiben müssen.

Einen solchen qualifizierten Schutz bietet zum Beispiel Hegels Dialektik.

Hatte Kant geglaubt, alle spekulative Metaphysik, allen dogmatischen Rationalismus durch den Nachweis unmöglich zu machen, daß die reine spekulative Vernunft sich in *Widersprüche* (und Scheinprobleme) verlieren muß, so hatte er mit *einer* Möglichkeit nicht gerechnet: Die dogmatische Metaphysik kann sich gegen seinen Einwand damit schützen, daß sie den *Widerspruch* einfach anders, nämlich positiv, *wertet.*

Hegel versucht gar nicht, Kants Nachweis zu widerlegen, sondern er errichtet seine Dialektik unmittelbar auf dem Begriff des *Widerspruchs* als einem notwendigen und eminent produktiven Faktor allen Denkens. Durch diesen Schachzug verliert nicht nur der Angriff Kants, sondern jeder denkbare Einwand seine Stütze: Er wird gar nicht abgewehrt, denn er kann das System gar nicht treffen (er trifft immer nur seine eigene Antithese). Jeder denkbare Einwand gegen das System könnte ja nur darin bestehen, dessen innere Widersprüche nachzuweisen. Aber ein solcher Nachweis bedeutet für das dialektische System keine Erschütterung, sondern eher eine Festigung, eine Bestätigung.

Unter dem besonderen Schutze der Dialektik steht das System außerhalb, steht es über jeder Diskussion. Es ruht in einer „höheren Schichte der Vernunft", es hat alle Brücken (oder vielleicht besser: alle Leitern) abgebrochen, die von der Ebene des Diskutablen zu ihm führen.

Eine ganz analoge Form des Dogmatismus ist Tertullians[*2] „credo quia absurdum": Wird die Absurdität, der innere Widerspruch zum Motiv des Glaubens erhoben, so steht der Glaube auf einer Ebene, die für Argumente unerreichbar ist. (Und das ist wohl auch das innerste „Wesen" des Glaubens.)

Eben derselbe qualifizierte Schutz wird auch durch die Einsetzung des *induktivistischen Sinnbegriffes* erreicht. Ist dieser Begriff einmal eingesetzt, so ist jeder Kampf gegen ihn vergebens: Jeder Einwand ist zur Sinnlosigkeit verurteilt. Denn kein Einwand, der sich gegen den Sinnbegriff richtet, kann „naturwissenschaftlich" [und daher sinnvoll] sein, weil der Sinnbegriff selbst kein naturwissenschaftlicher Begriff ist. Er steht auf einer höheren Ebene; er bleibt für jene[b] Argumente, die er gelten läßt, immer unerreichbar.

Freilich kann er auch *nicht sinnvoll begründet werden*: „Die richtige Methode der Philosophie" besteht nicht darin, den Sinnbegriff argumentierend zu begründen, sondern nur darin, jeden *Einwand als sinnlos,* als einen Scheineinwand abzulehnen. (Sie ist also ein *apologetisches Scheinproblemverfahren.*) Auch die Inthronisation des Sinnbegriffes ist also sinnlos, wenn sie es unternimmt, zu argumentieren. Zumindest muß sie im Nachhinein als ein sinnloses Unterfangen erkannt werden; sobald sie nämlich erst einmal vollzogen ist.

Diese Erkenntnis, daß jede Diskussion des Sinnbegriffes, selbst seine argu-

---

[*2] Wie ich von TROELS EGGERS HANSEN höre, ist die Zuschreibung an TERTULLIAN überholt; siehe Historisches Wörterbuch der Philosophie I. (hrsg. von JOACHIM RITTER, 1971), S. 66 f.

45. Kritik des induktivistischen Sinndogmas

mentierende Inthronisation *sinnlos* ist, ist also der philosophischen Argumentation *letztes Wort*. Dann verstummt sie: Die Schiffe sind verbrannt, die Brücken abgebrochen, die Leitern weggeworfen.

Und so schließt denn auch Wittgenstein[4]:

„Meine Sätze erläutern dadurch, daß sie der, welcher mich versteht, am Ende als unsinnig erkennt, wenn er durch sie — auf ihnen — über sie hinausgestiegen ist. (Er muß sozusagen die Leiter wegwerfen, nachdem er auf ihr hinaufgestiegen ist.)

Er muß diese Sätze überwinden, dann sieht er die Welt richtig."

„Wovon man nicht sprechen kann, darüber muß man schweigen."

Hat der logische Positivist die Leiter weggeworfen, nachdem er auf ihr hinaufgestiegen ist, so ist er gegen jeden Angriff gesichert. Kein Argument kann ihn mehr erreichen, kann ihm aus der Ebene des Diskutierbaren in seine Sphäre folgen. Der Sinnbegriff ist *absolut unangreifbar,* eine immanente *Kritik unmöglich* (ja sogar eine immanente Begründung).

Ist die Unsinnigkeit der (inthronisierenden) *Argumentation* eine notwendige Konsequenz des Sinnbegriffes, so ist die Unanfechtbarkeit des *Ergebnisses* die andere Konsequenz; und zwar jene, auf die es dem Dogmatismus in erster Linie ankommen muß.

So beurteilt denn auch Wittgenstein seine Arbeit ganz richtig, wenn er über sie sagt[5]:

„Dagegen scheint mir die *Wahrheit* der hier mitgeteilten Gedanken unantastbar und definitiv. Ich bin also der Meinung, die Probleme im Wesentlichen endgültig gelöst zu haben ..."

Es wäre also ein Irrtum, wollte man zwischen dieser Bemerkung und den (unmittelbar vorher zitierten) Schlußsätzen des „Tractatus" einen Widerspruch sehen (weil unsinnige Sätze doch nicht definitiv wahr sein können). Beide Bemerkungen sind in gleicher Weise eine Konsequenz des Sinndogmas: Gerade deshalb, *weil* jede Diskussion des Sinnbegriffes unsinnig ist, kann die unantastbare und definitive Wahrheit aller daraus folgenden Ergebnisse behauptet werden: sie sind *„geschützt".*

Wie jedes Dogma, so hat auch Wittgensteins Lehre Schule gemacht; und mit ihr seine Sicherheit im endgültigen Lösen von Problemen.

Um zu zeigen, daß die *Schärfe meiner Polemik* gerechtfertigt, ja bedingt ist durch die besondere Selbstsicherheit der Position (der Schule des logischen Positivismus), gegen die sie sich richtet (vielleicht aber auch durch eine Verwandtschaft in gewissen, nämlich transzendentalen, letzten Wertungen), bringe ich hier ein längeres Zitat aus einer programmatischen Arbeit

---

[4] Ludwig Wittgenstein, op. cit., Sätze 6.54 und 7.
[5] Ludwig Wittgenstein, op. cit., Vorwort.

Schlicks[6]; die Stelle bezieht sich auf die Philosophie Wittgensteins, auf die Methode des „Scheinproblemverfahrens". Schlick schreibt[7]:

„Ich gestatte mir diesen Hinweis auf die so oft geschilderte Anarchie der philosophischen Meinungen, um keinen Zweifel darüber zu lassen, daß ich ein volles Bewußtsein von der Tragweite und Inhaltsschwere der Überzeugung habe, die ich nun aussprechen möchte. Ich bin nämlich überzeugt, daß wir in einer durchaus endgültigen Wendung der Philosophie mitten darin stehen und daß wir sachlich berechtigt sind, den unfruchtbaren Streit der Systeme als beendigt anzusehen. Die Gegenwart ist, so behaupte ich, bereits im Besitz der Mittel, die jeden derartigen Streit im Prinzip unnötig machen; es kommt nur darauf an, sie entschlossen anzuwenden.

„Diese Mittel sind in aller Stille, unbemerkt von der Mehrzahl der philosophischen Lehrer und Schriftsteller, geschaffen worden, und so hat sich eine Lage gebildet, die mit allen früheren unvergleichbar ist. Daß die Lage wirklich einzigartig und die eingetretene Wendung wirklich endgültig ist, kann nur eingesehen werden, indem man sich mit den neuen Wegen bekannt macht und von dem Standpunkte, zu dem sie führen, auf alle Bestrebungen zurückschaut, die je als ‚philosophische' gegolten haben."

Schlick schließt diese Arbeit mit den Worten[8]:

„ ... So zeigt nach der großen Wendung die Philosophie ihren Charakter der Endgültigkeit deutlicher als zuvor.

„Nur vermöge dieses Charakters kann ja auch der Streit der Systeme beendet werden. Ich wiederhole, daß wir ihn infolge der angedeuteten Einsichten bereits heute als im Prinzip beendet ansehen dürfen ...

„Gewiß wird es noch manches Nachhutgefecht geben, gewiß werden noch jahrhundertelang Viele in den gewohnten Bahnen weiterwandeln; philosophische Schriftsteller werden noch lange alte Scheinfragen diskutieren, aber schließlich wird man ihnen nicht mehr zuhören und sie werden Schauspielern gleichen, die noch eine Zeitlang fortspielen, bevor sie bemerken, daß die Zuschauer sich allmählich fortgeschlichen haben. Dann wird es nicht mehr nötig sein, über ‚philosophische Fragen' zu sprechen, weil man über *alle* Fragen philosophisch sprechen wird, das heißt: sinnvoll und klar."

Wenn der Autor der Erkenntnislehre[9] (eines Werkes, das nach meiner Überzeugung immer seinen hervorragenden Platz in der philosophischen Literatur behaupten wird) eine Auffassung mit solcher Bestimmtheit vertritt, so bleibt dem, der ihm in dieser Auffassung nicht zu folgen vermag, nur eines übrig: Er wird versuchen, jene „alten Scheinfragen" — etwa das *Induktionsproblem* — mit solchen Argumenten zu „diskutieren", denen gegenüber man sich nicht taub stellen kann, denen man „zuhören" *muß*. Er wird ver-

---

[6] Moritz Schlick, Die Wende der Philosophie, Erkenntnis 1 (1930), S. 4 ff.
[7] Moritz Schlick, op. cit., S. 5 f.
[8] Moritz Schlick, op. cit., S. 10 f.
[9] [Moritz Schlick, Allgemeine Erkenntnislehre (1918; 2. Aufl., 1925). Hrsg.]

suchen, ein so scharfes „Nachhutgefecht" zu liefern, daß sich sein Gegner nicht (wie er ja plant) gelangweilt „fortschleichen" kann, sondern, zu einem Frontwechsel gezwungen, sich ihm stellen muß.

Daß auch das Induktionsproblem von Schlick zu jenen „alten Scheinfragen" gezählt wird, geht aus der zitierten Arbeit klar hervor: nach ihr gibt es nämlich (ebenso, wie bei Wittgenstein) gar keine echten „philosophischen" oder „erkenntnistheoretischen" *Fragen*; solche anscheinende Fragen als „Scheinfragen" zu bezeichnen [oder zu entlarven], ist eben ihre *einzige* legitime „Antwort".

So können wir erst jetzt die erstaunliche Sicherheit begreifen, die sich auch in Schlicks Darstellung der *Scheinsatzpositionen* kundgibt; also eben in seiner Anwendung des Scheinproblemverfahrens auf das Induktionsproblem, das sich denn auch prompt als „*gegenstandslos*" entpuppt (die Stelle wurde bereits *teilweise* zitiert)[10]:

„Der Kenner wird bemerken, daß durch Erwägungen wie die vorstehenden auch das sog. Problem der ‚Induktion' gegenstandslos wird ... Das Induktionsproblem besteht ja in der Frage nach der ... Rechtfertigung allgemeiner Sätze ... Wir erkennen ..., daß es für sie keine ... Rechtfertigung gibt; es kann sie nicht geben, weil es gar keine echten Sätze sind."

Wir wissen jetzt, daß diese Sicherheit nur allzu gut fundiert ist. Ihr Fundament ist unerschütterlich. Auch mein Versuch einer immanenten Kritik *mußte* scheitern.

Wir erkennen, daß es keine immanente Kritik der Scheinsatzpositionen gibt; es kann sie nicht geben, weil sie ebenso unwiderleglich sind, wie unbegründbar:

Unter dem besonderen Schutze des induktivistischen Sinnbegriffes stehen sie außerhalb, stehen sie über jeder Diskussion, unerreichbar für jedes zulässige Argument.

So landet das schwankende Schiff des Induktivismus nach mancherlei Irrfahrt zwischen der Skylla des unendlichen Regresses und der Charybdis des Apriori im sicheren Hafen des Dogmas.

46. Vollentscheidbare und teilentscheidbare Wirklichkeitsaussagen. — Die Antinomie von der Erkennbarkeit der Welt. (Abschluß der Kritik der Scheinsatzpositionen.) Wird durch Einführung des Sinnbegriffes der *terminologische* Gegensatz zwischen der deduktivistisch-empiristischen Auffassung und der „letzten" Scheinsatzposition zu einem sachlichen Gegensatz? Oder wird das terminologische Problem nur verschoben?

Diese Frage drängte sich am Schluß des Abschnittes *(42)* auf, anläßlich der Einführung des Sinnbegriffes — des letzten und zweifellos stärksten

---

[10] MORITZ SCHLICK, Die Kausalität in der gegenwärtigen Physik, Naturwissenschaften 19 (1931), S. 156. [Vgl. Abschnitt *37*, Text zu Anm. 3. Hrsg.]

Argumentes der Scheinsatzpositionen: Es erschien schon dort nicht recht glaubhaft, daß ein Gegensatz, der nach dem Sieg aller sachlichen Argumente der einen Partei („Asymmetrie") zu einem bloßen Wortstreit herabgesunken war, durch Einführung eines neuen Begriffs wieder sachliche Dignität erhalten sollte.

Nun kann jene Frage genauer beantwortet werden.

Versucht man, hinter dem *(induktivistischen)* Sinnbegriff *mehr* zu sehen als einen bloßen Terminus, eine bloße Bezeichnung für die Klasse der besonderen Wirklichkeitsaussagen, so kann man dem Dogmatismus nicht entgehen.

Diskutierbar ist *nur* die rein terminologische („erste") Interpretation des Sinnbegriffes. So aufgefaßt, erweist sich aber die Einführung des Ausdruckes „sinnvoll" zur Kennzeichnung allein der besonderen Wirklichkeitsaussagen als eine höchst unzweckmäßige Konvention; ebenso unzweckmäßig wie die Scheinsatzterminologie überhaupt, sobald ihr die sachlichen, oder, wenn man will, die formalen Unterlagen („Symmetrie") entzogen sind: Dieser „Sinnbegriff" ist mit nicht gerechtfertigten Wertungen belastet und daher irreführend.

Ich schlage deshalb vor, diesen Begriff aus der erkenntnistheoretischen Debatte zu eliminieren. Was mit dem Begriff „Sinn" eigentlich gemeint ist, das muß man auf andere Weise auszudrücken suchen. Und sobald man es auf andere Weise einwandfrei ausgedrückt hat, ist es verhältnismäßig gleichgültig, ob man dann den Sinnbegriff wieder einführt, oder nicht. Ich persönlich bin der Ansicht, daß es dem Sprachgebrauch ins Gesicht schlägt, allgemeine Sätze, wie: „Alle Raben sind schwarz" oder: „Alle Menschen sind sterblich" (ob sie nun *erweislich wahr* sein können oder nicht) als *„sinnlos"* zu bezeichnen. Und ebenso würde ich auch offenkundig metaphysische Sätze — etwa die Metaphysik Schopenhauers — lieber nicht als „sinnlos" bezeichnen, sondern mich damit begnügen, sie als „metaphysisch", als *„unwissenschaftlich"* (im Sinne der empirischen Wissenschaften und des Abgrenzungsproblems) oder auch als *„empirisch nichtssagend"* zu bezeichnen [mit Nachdruck auf das Wort „empirisch"]. Ich glaube auch nicht, daß ein Leser Schopenhauers sich so leicht damit zufrieden geben wird, daß alles, was er da gelesen hat, blanker Unsinn ist. Aber ich will mich keinesfalls in eine Debatte über die „richtige" Verwendung des Begriffes „Sinn" einlassen: Was er für die Philosophie etwa leisten könnte, muß sich auch mit andern Hilfsmitteln zuwege bringen lassen.

Erst die Untersuchung des *Abgrenzungsproblems*[1] wird in dieser Beziehung volle Befriedigung geben können. Sie wird zeigen, daß jede gewünschte Abgrenzung (der Wirklichkeitsaussagen, der Metaphysik und der Logik) möglich ist, ohne den Sinnbegriff oder einen ähnlich belasteten Begriff zu verwenden. Wenn das aber erreicht ist, so ist gegen eine weitere Verwen-

---
[1] [Siehe *Nachwort des Herausgebers.* Hrsg.]

dung des Sinnbegriffes nichts mehr einzuwenden. Das ist dann nur mehr eine Frage der *Konvention*.

Aber der Sinnbegriff Wittgensteins bestimmt eine Grenze, die nicht *nur* im Rahmen des Abgrenzungsproblems von Interesse ist: Die Grenze zwischen „besonderen" („singulären") und „streng allgemeinen" Wirklichkeitsaussagen, die mit Hilfe des induktivistischen Sinnbegriffes gezogen wird, interessiert ja vor allem auch unter dem Gesichtspunkt des *Induktionsproblems* und der Diskussion der *Scheinsatzpositionen*.

Während also die übrigen abgrenzenden Funktionen, die der induktivistische Sinnbegriff zu erfüllen hat, erst im Rahmen des Abgrenzungsproblems[2] besprochen werden sollen, muß hier (um das ins Reine zu bringen, was von diesen Funktionen in den Rahmen des Induktionsproblems fällt) nochmals zusammenfassend auf die Unterscheidung von besonderen und streng allgemeinen Wirklichkeitsaussagen eingegangen werden.

Wir wissen bereits, daß nur die besonderen Wirklichkeitsaussagen *grundsätzlich* verifiziert *und* falsifiziert werden können, während die streng allgemeinen *grundsätzlich nur falsifizierbar* sind.

Diese ihre Eigenschaften können verwendet werden, um die besonderen von den streng allgemeinen Wirklichkeitsaussagen mit hinreichender Exaktheit zu unterscheiden. Zu diesem Zweck ist es aber vor allem notwendig, die Ausdrucksweise „grundsätzlich verifizierbar" und „grundsätzlich falsifizierbar" zu präzisieren. Denn ohne eine solche Präzisierung wäre der Satz: „Besondere Wirklichkeitsaussagen sind grundsätzlich verifizierbar *und* falsifizierbar" nicht eindeutig. Seinem Wortlaut nach könnte er etwa auch so verstanden werden, daß er es als zulässig erklärt, daß ein und dieselbe Aussage beides ist: sowohl wahr, als auch falsch. Und ebenso ließe sich der andere Satz: „Allgemeine Wirklichkeitsaussagen sind grundsätzlich *nur* falsifizierbar" dahin mißdeuten, daß er feststellt, allgemeine Wirklichkeitsaussagen können grundsätzlich nur falsch sein.

Ich präzisiere deshalb: Der Ausdruck „*grundsätzlich* verifizierbar" soll hier dahin verstanden werden, daß es *keine logischen Gründe* gibt, die einer empirischen Verifikation im Wege stehen.

Der Satz: „Besondere Wirklichkeitsaussagen sind grundsätzlich verifizierbar *und* falsifizierbar" ist dann so zu verstehen, daß es keine logischen Gründe gibt, die einer empirischen Verifikation oder Falsifikation besonderer Wirklichkeitsaussagen im Wege stehen. Und ebenso: „Allgemeine Wirklichkeitsaussagen sind grundsätzlich *nur* falsifizierbar" soll heißen, daß aus logischen Gründen Erfahrung nur über ihre Falschheit, nie aber über ihre Wahrheit entscheiden kann.

Kein logischer Satz berechtigt uns, a priori zu sagen, daß allgemeine Wirklichkeitsaussagen *falsch* sind (sonst wären sie ja selbst logische Kontra-

---

[2] [Siehe *Nachwort des Herausgebers*. Hrsg.]

diktionen, und Erfahrung könnte über sie in keiner Weise entscheiden); aber wohl können wir a priori sagen, daß ihre *Wahrheit* durch Erfahrung *nicht erwiesen* werden kann.

(Es wäre durchaus irrig, zu glauben, daß diese Ansicht etwa mit dem „Satz vom ausgeschlossenen Dritten" unvereinbar ist; sie setzt vielmehr diesen Satz voraus. Ihr liegt nämlich der analytisch-hypothetische Satz, die tautologische Implikation zugrunde: *Wenn* auch eine allgemeine Wirklichkeitsaussage wahr ist, *so* kann doch ihre Wahrheit niemals empirisch nachgewiesen werden. — Nebenbei bemerkt: Die sogenannte „Krise des Satzes vom ausgeschlossenen Dritten" beruht meiner Meinung nach durchaus auf Mißverständnissen, auf Verwechslungen von logischen mit psychologischen und empirischen Verhältnissen.)

Können somit die „streng allgemeinen" Wirklichkeitsaussagen aus *logischen Gründen* niemals durch Erfahrung bestätigt, niemals verifiziert werden, so sind es auf der anderen Seite wieder *logische Gründe*, die beweisen, daß sie durch Erfahrung widerlegt werden können: Die Form dieser Widerlegung (modus tollens) ist eine Form der *logischen Deduktion,* ist die rückwirkende Falsifikation des Implikans durch das falsifizierte Implikat.

Die Präzisierung der Ausdrucksweise „grundsätzlich verifizierbar" usw. ist wichtig, denn Unklarheiten in diesem Punkt können zu argen Mißverständnissen führen.

Wenn zum Beispiel Schlick[3] sagt (die Stelle wurde schon öfter zitiert), daß „es für eine echte Aussage wesentlich ist, daß sie prinzipiell endgültig verifizierbar oder falsifizierbar ist" so paßt diese Formulierung ihrem genauen Wortlaut nach auch auf *allgemeine* Wirklichkeitsaussagen, auf Naturgesetze, denn diese sind ja „prinzipiell falsifizierbar". Dem Wortlaut nach würde die Schlicksche „Aussage" mit dem übereinstimmen, was ich als „Wirklichkeitsaussage" bezeichne, würde besondere *und* allgemeine Wirklichkeitsaussagen umfassen. Aber diese Übereinstimmung ist nur eine des Wortlautes: Schlicks *Scheinsatzposition* beweist ja, daß jene Stelle anders gemeint ist, daß er *nur* die besonderen Wirklichkeitsaussagen unter die „Aussagen" subsumiert wissen will.

(Ähnlich sind auch die entsprechenden Ausführungen bei Carnap[4] wohl nicht ganz eindeutig. Auch Carnap präzisiert das Wort „grundsätzlich", aber ich bin doch nicht ganz sicher, ob seine Ausführungen im Sinne eines Scheinsatzstandpunktes gedeutet werden müssen oder nicht.)

Ich glaube durch die oben gegebene Präzisierung die Unterscheidung von besonderen und allgemeinen Wirklichkeitsaussagen mit hinreichender

---

[3] Moritz Schlick, Die Kausalität in der gegenwärtigen Physik, Naturwissenschaften 19 (1931), S. 156. [Vgl. Abschnitt 7, Text zu Anm. 1; Abschnitt *18,* Text zu Anm. 2. Hrsg.]

[4] Rudolf Carnap, Der logische Aufbau der Welt (1928), S. 254.

Exaktheit festgelegt zu haben: Die „besonderen" sind grundsätzlich verifizierbar *und* falsifizierbar, die allgemeinen *nur* falsifizierbar.

Und damit ist auch — soweit es im Rahmen des Induktionsproblems zu geschehen hat — jene Grenze gezogen, die der induktivistische Sinnbegriff zu ziehen hatte.

Aber der induktivistische Sinnbegriff enthält ja eine *Wertung.* Kommt diese Wertung in der dargelegten deduktivistischen Unterscheidung zum Ausdruck oder ist sie vielleicht hier vollkommen unangebracht?

Auch auf diese Frage soll hier nur soweit eingegangen werden, als sie in den Rahmen des Induktionsproblems fällt.

Vor allem muß festgestellt werden, daß auch die deduktivistische Unterscheidung eine Wertung enthält; ja bei näherem Zusehen sogar *zwei* Wertungen (die gewissermaßen auf verschiedenen Ebenen liegen). Und *diese* Wertungen lassen sich auch präzise angeben und begründen.

Erstens stellt die deduktivistische Unterscheidung fest, daß allgemeine Wirklichkeitsaussagen niemals als wahr erwiesen werden können. Sie können also keinen positiven Geltungswert haben, *können nicht „gelten"* [genauer: als gültig erwiesen werden]. Das ist nun zweifellos eine präzise und auch radikale Beschränkung des „Wertes" einer solchen allgemeinen Wirklichkeitsaussage: Sie kann wohl positiv gewertet werden, aber ihr positiver Wert, ihr Bewährungswert, ist kein endgültiger. Er ist, wie wir bereits wissen, nichts anderes, als ein allgemeiner Bericht über die bisherigen Verifikationsversuche, oder, wie ich lieber sagen möchte, über die bisherigen (mißglückten) *Falsifikationsversuche.*

Diese *erste Wertung,* die in der deduktivistischen Unterscheidung zwischen besonderen und allgemeinen Wirklichkeitsaussagen mit enthalten ist, schränkt zweifellos den Wert der allgemeinen Wirklichkeitsaussagen ein, setzt ihn erheblich herab.

Aber stimmt das nun nicht ganz mit dem überein, was der *Scheinsatzstandpunkt* behauptet? Ist diese herabsetzende Wertung etwas anderes, als die (von mir oben als „diffamierend" bezeichnete) Wertung, die der induktivistische Sinnbegriff ausdrücken soll? Ist es nicht durchaus berechtigt, solche („minderwertige") logische Gebilde *nicht* als „Wirklichkeitsaussagen" zu bezeichnen, da sie doch jedenfalls zu einer ganz anderen Klasse von logischen Gebilden gehören als die besonderen Wirklichkeitsaussagen?

So tritt die terminologische Frage noch ein letztes Mal an uns heran: Ist es zweckmäßig, die Naturgesetze als „Wirklichkeitsaussagen" zu bezeichnen, obwohl sie nie empirisch verifiziert werden können?

(Die Beantwortung dieser Frage wird gleichzeitig zur Besprechung der *zweiten Wertung* überleiten, die in der deduktivistischen Auffassung der Naturgesetze enthalten ist.)

Mein Standpunkt in der terminologischen Frage ist: Soweit man bei solchen Fragen überhaupt von „Berechtigung" sprechen kann, ist die Bezeichnung der Naturgesetze als „Wirklichkeitsaussagen" nicht nur zweckmäßig, sondern sogar *berechtigt*.

Vorerst: Daß man die Naturgesetze als „Sätze", als „Aussagen" anerkennt, ist unerläßlich (wenn man eine terminologische Verwirrung vermeiden will). Erstens, weil sie einen empirischen Geltungswert haben können (nämlich einen *negativen*). Zweitens, weil sie echte Prognosen zu deduzieren gestatten, also echte Aussagen implizieren. Drittens, weil sie zum Zwecke der Deduktion vorläufig als wahr angenommen werden müssen (vgl. Abschnitt *31* und *34*). Viertens, weil ihre Negation von falsifizierten Prognosen impliziert wird. Kurz: weil die logische Theorie der Deduktion auf sie anwendbar ist, müssen sie als Sätze oder Aussagen im logischen Sinn betrachtet werden.

Aber vielleicht sind sie keine Aussagen im empirischen Sinn, keine „Wirklichkeitsaussagen"? Vielleicht sind sie nur „freie Setzungen", „willkürliche Ansätze"?

Sicher darf man die Naturgesetze als „freie Setzungen" oder „willkürliche Ansätze" bezeichnen, denn ihre Aufstellung ist eine probeweise und ist, logisch betrachtet, von der Erfahrung in keiner Weise abhängig. Aber man darf dabei nicht übersehen, daß sie nicht als „freie Setzungen" im Sinne von Definitionen oder Konventionen betrachtet werden dürfen. Sie sind als „Setzungen" keineswegs a priori wahr (sie sind auch nicht a priori falsch), aber sie können *an der Erfahrung scheitern*, können *durch Erfahrung widerlegt* werden. Der einzige Geltungswert, der ihnen endgültig zugesprochen werden kann, ist ein Geltungswert *aufgrund von Erfahrung*. Und einen empirisch falschen allgemeinen Satz, etwa den Satz: „Alle Menschen haben blondes Haar" eine „Wirklichkeitsaussage" zu nennen, scheint mir sicher nicht unzweckmäßig. Und wenn man bereits empirisch falsifizierte allgemeine Sätze „Wirklichkeitsaussagen" nennt, muß man wohl jene, die bisher noch nicht falsifiziert wurden, ebenfalls so bezeichnen. (Daß es, nebenbei bemerkt, unter den sogenannten „Naturgesetzen" vielleicht auch solche gibt, die echte Konventionen sind, könnte nur ein Grund sein, diese dann nicht als „Naturgesetze" zu bezeichnen.)

Wichtiger noch als das ewige Argument der Falsifizierbarkeit scheinen mir in dieser terminologischen Frage folgende Überlegungen zu sein:

Weshalb sind denn eigentlich die Naturgesetze nicht verifizierbar? Vielleicht, weil sie „empirisch nichtssagend" sind? Oder wegen ihres „fiktiven Charakters"?

Die Berufung auf ihren „fiktiven Charakter" kann keinen Aufschluß bringen, weil ich ja die Naturgesetze (per definitionem) nur deshalb als „fiktiv" bezeichnet habe, weil sie grundsätzlich nicht als wahr erwiesen werden können[*1].

[*1] Das „nur deshalb" scheint mir unrichtig zu sein, und die Bezeichnung der

Welches sind also die logischen Gründe, die einer empirischen Verifikation der Naturgesetze im Wege stehen?

Vergleichen wir die in diesem Abschnitt getroffene Unterscheidung zwischen besonderen und allgemeinen Wirklichkeitsaussagen mit jener Unterscheidung (Abschnitte *32—35*), die auf den Gegensatz zwischen Individual- und Allgemeinbegriffen zurückgeht, so können wir feststellen, daß die beiden Unterscheidungen vollkommen übereinstimmen:

Die allgemeinen Wirklichkeitsaussagen sind deshalb nicht endgültig verifizierbar, weil sie Aussagen über alle Fälle einer *allgemeinen* Klasse von Fällen (Allgemeinbegriff) sind. Jede allgemeine Klasse hat aber grundsätzlich unbegrenzt viele Elemente (Fälle). Der Umfang eines Allgemeinbegriffes kann zwar, verglichen mit dem eines anderen Allgemeinbegriffes, größer sein oder kleiner (Ober- und Unterbegriff). Aber er ist in jedem Fall grundsätzlich *unbegrenzt,* insbesondere räumlich und zeitlich nicht auf bestimmte Gebiete beschränkt.

Wieviele Fälle, die unter einen Allgemeinbegriff fallen, auch beobachtet wurden: immer kann es noch Fälle geben, die nicht beobachtet worden sind.

Das ist also der logische Grund, der einer empirischen Verifikation im Wege steht: Sie behaupten wohl etwas über empirisch beobachtbare Fälle, sie sind keineswegs empirisch nichtssagend, sie machen Aussagen über die empirische Wirklichkeit, aber sie sagen *mehr* aus, als empirisch überprüft werden kann.

Das wird besonders deutlich, wenn man sie mit empirisch nichtssagenden Sätzen vergleicht. Im Abschnitt *(15)* wurden Sätze, die a priori wahr sind, die die primäre Hypothesenwahrscheinlichkeit 1 haben, als „empirisch nichtssagend" bezeichnet. Denn diese (analytischen) Urteile sagen nichts über die Wirklichkeit aus; Erfahrung kann über sie nicht entscheiden. Deshalb sind sie auch nicht als „Wirklichkeitsaussagen" zu bezeichnen (sondern etwa als „Begriffsanalysen").

Die allgemeinen Wirklichkeitsaussagen aber sind, sozusagen, das Gegenteil dieser empirisch nichtssagenden Sätze: Sie sagen so viel über die Wirklichkeit aus, daß ihre primäre Unwahrscheinlichkeit sehr groß ist: Die Gelegenheit falsch zu sein, ist für sie *unbegrenzt;* ebenso, wie die Zahl der empirischen Fälle, über die sie etwas behaupten.

Im Abschnitt *(15)* wurde nur von der Hypothesenwahrscheinlichkeit gesprochen: es wurde vermieden, die Spielraumverhältnisse *allgemeiner* Sätze mit Spielraumverhältnissen *besonderer* Sätze zu vergleichen. Es ist aber klar, daß es auch unter besonderen Wirklichkeitsaussagen ganz analoge Spielraumverhältnisse und daher auch Wahrscheinlichkeitsverhältnisse geben muß wie bei den allgemeinen. (Waismann[5], auf den ich mich dort beru-

---

Naturgesetze als „Fiktionen" sollte fallen gelassen werden. Siehe die *Einleitung 1978.*

[5] [Siehe Abschnitt *15,* Anm. 1. Hrsg.]

fen habe, spricht nur von solchen.) Eine besondere Prognose etwa, die aus einem präzisen (einfacheren, primär unwahrscheinlicheren) Gesetz deduziert wurde, wird selbst präziser (einfacher, primär unwahrscheinlicher) sein [können], einen kleineren Spielraum haben, als eine besondere Prognose, die aus einem weniger präzisen (primär wahrscheinlicheren, weniger einfachen) Gesetz deduziert wurde. Die Spielraumverhältnisse von besonderen Wirklichkeitsaussagen *untereinander* entsprechen also genau den Spielraumverhältnissen der entsprechenden Hypothesen.

Wenn man aber versucht, eine allgemeine Wirklichkeitsaussage mit einer besonderen auf ihre Spielraumverhältnisse hin zu vergleichen (also die primäre Hypothesenwahrscheinlichkeit mit der primären Wahrscheinlichkeit einer besonderen Prognose), so muß man feststellen, daß die allgemeine Wirklichkeitsaussage in jedem Fall unendlich viel unwahrscheinlicher ist als jede besondere und ihr Spielraum unendlich viel kleiner. Genauer: Ihre Wahrscheinlichkeitsverhältnisse sind von einer ganz anderen Größenordnung. (Wegen seines[a] kleineren Spielraumes kann ja auch ein allgemeiner Satz [in Verbindung mit besonderen Sätzen] unbegrenzt viele besondere Sätze implizieren, kann er ihre Deduktionsgrundlage sein.)

Daß die allgemeinen Wirklichkeitsaussagen nicht verifizierbar sind, hängt also mit ihrer großen primären Unwahrscheinlichkeit zusammen. Anders ausgedrückt: Sie sind ganz besonders weit davon entfernt, empirisch nichtssagend zu sein.

Und so ist denn auch der *Erkenntniswert* allgemeiner Sätze von einer ganz anderen Größenordnung, als der besonderer Sätze. Denn der Erkenntniswert eines Satzes steigt mit seiner primären Unwahrscheinlichkeit.

Das ist der Grund, weshalb wir die theoretischen (oder „nomothetischen" [oder „nomologischen"]) Naturwissenschaften, das heißt jene, die *Gesetze* formulieren, so viel höher einschätzen, als die individualisierenden (oder „idiographischen") und weshalb wir ihnen in viel höherem Grade den Charakter einer Wissenschaft zubilligen: Ihre „Wissenschaftlichkeit" ist in der Tat von ganz anderer Größenordnung als die der individualisierenden Wissenschaften.

Diese *zweite Wertung,* die in der Unterscheidung der besonderen und allgemeinen Wirklichkeitsaussagen gelegen ist, stellt also die allgemeinen Wirklichkeitsaussagen ungleich *höher* als die besonderen. Und auch jene herabsetzende *erste Wertung* muß hier revidiert werden. Sie kann die Höherwertung in keiner Weise beeinträchtigen. Denn obwohl die allgemeinen Wirklichkeitsaussagen empirisch nie verifiziert werden können, weil sie zu viel über die Wirklichkeit aussagen, so ist auch ihr positiver Wert, ihr Bewährungswert in keinem Fall geringer, als der Geltungswert einer besonderen Wirklichkeitsaussage: Der Bewährungswert einer allgemeinen Wirklichkeitsaussage hat ja immer auch gleichzeitig den[b] Geltungswert eines zusammenfassenden Berichtes.

46. Vollentscheidbare und teilentscheidbare Wirklichkeitsaussagen

Der im präzisen Sinn des Wortes *unvergleichlich* höhere Wert der allgemeinen Sätze für die Wirklichkeitserkenntnis rechtfertigt zweifellos die Ablehnung der Scheinsatzterminologie und die Anerkennung der gewöhnlichen Auffassung der Naturgesetze seitens der empirischen Wissenschaften, die in ihnen empirische Sätze, und zwar besonders wertvolle *Wirklichkeitsaussagen* sehen.

Ist die Berechtigung der deduktivistischen Terminologie, zumindest ihre Widerspruchslosigkeit und Zweckmäßigkeit anerkannt, so treten auch alle Überlegungen des Abschnittes *(41)* wieder in ihr Recht. Der Streit um die Scheinsatzpositionen und um den Sinnbegriff kann zu nichts anderem führen, als zu einer Kritik von Normalsatzpositionen, die freilich durch eine originelle, aber unzweckmäßige Terminologie erschwert ist.

Um den empirischen Charakter und die Eigentümlichkeiten der besonderen und allgemeinen Wirklichkeitsaussagen zu betonen, bezeichne ich die besonderen als (empirisch) „*vollentscheidbar*", die allgemeinen als (empirisch) „*teilentscheidbar*".

Diese Ausdrücke entsprechen der Symmetrie und der Asymmetrie der Geltungswerte.

Vollentscheidbar soll also eine Aussage heißen, wenn grundsätzlich über ihre Wahrheit *und* Falschheit eine empirische Entscheidung gefällt werden kann (vgl. Abschnitt *11*); *teilentscheidbar,* wenn Erfahrung grundsätzlich nur über *eines* von beiden, über Wahrheit *oder* Falschheit der Aussage entscheiden kann.

(„Grundsätzlich" heißt hier, so wie früher: aus logischen Gründen.)

Ist eine Aussage vollentscheidbar *oder* teilentscheidbar, so kann sie „entscheidbar" oder „empirisch" oder „Wirklichkeitsaussage" genannt werden.

Jede *Wirklichkeitsaussage* ist *entscheidbar,* die *besonderen* Wirklichkeitsaussagen sind *vollentscheidbar,* die *allgemeinen* sind *teilentscheidbar.*

Neben den *nur falsifizierbaren* Naturgesetzen gibt es noch andere *teilentscheidbare* Aussagen: solche, die grundsätzlich *nur verifizierbar,* also nicht falsifizierbar sind. Es sind das die *Negate* der streng allgemeinen Wirklichkeitsaussagen. Der Satz: „Es ist nicht wahr, daß alle Raben schwarz sind" kann grundsätzlich *nur* verifiziert, nicht aber endgültig falsifiziert werden.

Diese Sätze können auch positiv formuliert werden, in Form von „Esgibt-Sätzen". So ist zum Beispiel jener Satz: „Es ist nicht wahr, daß alle Raben schwarz sind" (oder: „Nicht alle Raben sind schwarz") vollkommen gleichbedeutend mit der Formulierung: „*Es gibt* Raben, die eine andere Farbe haben als schwarz." Jeder derartige universelle Es-gibt-Satz, also jeder Satz, der behauptet, daß es etwas gibt, ohne den Bereich seiner Behauptung auf ein besonderes Gebiet einzuschränken, ist dem Negat eines allgemeinen Satzes gleichbedeutend. (Ich bezeichne diese Es-gibt-Sätze als „*universelle [Es-gibt-Sätze]*", im Gegensatz etwa zu dem Satz: „Es gibt — gegenwärtig — *in Wien* weiße Raben"; ein solcher Satz kann auch falsifiziert werden, ist also vollentscheidbar.)

Während die Naturgesetze an der Erfahrung nur *scheitern* können, können ihre Negate, die universellen Es-gibt-Sätze, durch Erfahrung *nur bestätigt* werden. (Eine Falsifikation käme ja der Verifikation eines Naturgesetzes gleich.) Ihre primäre Unwahrscheinlichkeit ist daher sehr klein, und ebenso ihr Erkenntniswert: Er ist sogar kleiner als der Erkenntniswert einer *besonderen* Wirklichkeitsaussage. Denn jene *besondere* Wirklichkeitsaussage, die ein Naturgesetz widerlegt, bestätigt ja sein Negat, den Es-gibt-Satz; sie impliziert ihn also [einseitig], hat somit kleineren Spielraum und größeren Erkenntniswert.

Dennoch sind diese teilentscheidbaren universellen Es-gibt-Sätze oft von großem wissenschaftlichen Interesse; genauer gesagt: die sie bestätigende Erfahrung, die besondere Wirklichkeitsaussage, ist besonders interessant, da durch sie ja ein Naturgesetz falsifiziert wird*².

Überhaupt können solche Es-gibt-Sätze und ihre Bestätigung in der Wissenschaft eine recht erhebliche Rolle spielen; schon deshalb, weil sie aus Naturgesetzen deduziert werden können und ihre Bestätigung daher imstande ist, ein Naturgesetz zu bewähren; man denke etwa an die Auffindung neuer Elemente (nach dem periodischen System), die sich als Verifikation solcher Es-gibt-Sätze darstellt.

Auch für die Kritik des Wittgensteinschen Sinnbegriffes sind die universellen Es-gibt-Sätze nicht ganz uninteressant. Denn da sie verifizierbar sind, so sollte man glauben, daß sie einen (besonderen) Sachverhalt darstellen können, also — nach dem Tractatus — einen Sinn haben. Ihr Sinn wäre „die Methode ihrer Verifikation". Aber dann wäre es gar nicht einzusehen, warum der Sinn eines Naturgesetzes nicht in der *Methode seiner Verifikation**³ liegen sollte; um so mehr, als ja alle experimentellen und sonstigen Untersuchungen über ein Naturgesetz sehr gut als Versuche, das Naturgesetz zu falsifizieren aufgefaßt werden können. Aber zweifellos wird Wittgenstein auch die teilentscheidbaren Es-gibt-Sätze nicht als sinnvoll anerkennen wollen. Sie legen zwar die Wirklichkeit „auf ja oder nein" fest

---

*² Anscheinend war ich damals noch geneigt, die teilentscheidbaren universellen Es-gibt-Sätze als wissenschaftlich zu betrachten, während ich später (siehe Band II (Fragmente): [III.] *Übergang zur Methodentheorie*, Abschnitt 4, Anm. 1 und Logik der Forschung, 1934) diese Sätze (außer wenn sie Teil einer falsifizierbaren Theorie sind) als metaphysisch betrachtete, da ihr empirischer Gehalt zu klein (nämlich null) ist. [Vgl. KARL POPPER, Logik der Forschung (1934; 2. Aufl., 1966), Abschnitt *15* und Abschnitt *23*, Text zu Anm. *1. Hrsg.]

*³ Ich vermute, daß hier nicht „*Verifikation*" sondern „*Falsifikation*" hätte stehen sollen. Aber die Bemerkung darf (im Hinblick auf die vorhergehende scharfe Ablehnung des Sinnbegriffs) nicht als Vorschlag betrachtet werden, den Sinnbegriff der Verifizierbarkeit durch den der Falsifizierbarkeit zu ersetzen.

(nämlich auf „ja"), aber nicht auf ja *und* nein; und damit entfallen auch die Folgerungen über den „Sinn" der Naturgesetze.

(Der Begriff der Teilentscheidbarkeit und insbesondere die nur verifizierbaren Sätze werden wohl manchen an Brouwers[6] mathematischen „Intuitionismus" erinnern. Meiner Meinung nach sind die Überlegungen, die zum Begriff der Teilentscheidbarkeit führen, grundsätzlich *nur* auf empirische Sätze anwendbar, wodurch auch Brouwers skeptische und mystische Konsequenzen entfallen. So erscheint es als ein merkwürdiges Kuriosum, daß die Teilentscheidbarkeit zuerst an *nichtempirischen* Sätzen — auf die sie unanwendbar ist — und überdies an den weniger wichtigen Es-gibt-Sätzen erkannt wurde. Meine Untersuchungen, auch der Begriff der Teilentscheidbarkeit, setzen die Aristotelische Logik, einschließlich des *tertium non datur*, voraus. Mein „deduktivistischer" Standpunkt entspricht — soweit ich das beurteilen kann — dem „implikationistischen" Standpunkt [Karl] Mengers[7], natürlich ins Empirische übersetzt. Und entspricht nicht die Rolle des Sinnbegriffes bei Wittgenstein auch der des intuitionistischen Sinnbegriffes Brouwers? Vom Dogma zu Skepsis und Mystik ist eben nur ein Schritt.)

Den Funktionsbereich, den der induktivistische Sinnbegriff im Rahmen des Induktionsproblems beherrscht, glaube ich abgeschritten zu haben. Nur auf *eine* Frage muß noch eingegangen werden: Auf die Frage des *Bestehens oder Nichtbestehens „allgemeiner Sachverhalte"*.

Die Naturgesetze sind entscheidbar (nämlich teilentscheidbar), sind Wirklichkeitsaussagen; sie sagen über das Erfahrbare etwas (sogar sehr viel) aus, sie können mit der Erfahrung kollidieren. Und zweifellos *stellen sie auch etwas dar*: einen (streng) *allgemeinen Sachverhalt,* von dem wir freilich nie behaupten können, daß er besteht.

So bleibt das Bestehen von allgemeinen Sachverhalten eine „Fiktion"[*4]. Aber es bleibt auch immerhin eine Fiktion (in dem im Abschnitt *34* präzisierten Sinn): es ist *denkbar,* daß allgemeine Sachverhalte bestehen. Witt-

---

[6] [LUITZEN EGBERTUS JAN BROUWER, Intuitionisme en Formalisme (1912; Intuitionism and Formalism, englisch von ARNOLD DRESDEN, Bulletin of the American Mathematical Society 20, 1913, S. 81 ff.); Über die Bedeutung des Satzes vom ausgeschlossenen Dritten in der Mathematik, insbesondere in der Funktionentheorie, Journal für die reine und angewandte Mathematik 154 (1924), S. 1 ff.; Zur Begründung der intuitionistischen Mathematik, Mathematische Annalen 93 (1925), S. 244 ff.; 95 (1926), S. 453 ff.; und 96 (1927), S. 451 ff.; Mathematik, Wissenschaft und Sprache, Monatshefte für Mathematik und Physik 36 (1929), S. 154 ff. Siehe auch L. E. J. BROUWER, Collected Works I.: Philosophy and Foundations of Mathematics (hrsg. von AREND HEYTING, 1975). Hrsg.]

[7] [KARL MENGER, Der Intuitionismus, Blätter für Deutsche Philosophie 4 (1930), S. 325. Hrsg.]

[*4] Das halte ich für falsch, oder wenigstens für terminologisch verfehlt. Da es allgemeine Sachverhalte geben kann — auch wenn wir *nicht sicher wissen* können, ob es sie gibt — so sollten wir sie nicht als fiktiv bezeichnen.

genstein behauptet zwar die Undenkbarkeit, die Unaussprechbarkeit usw. alles „Sinnlosen" und nach seinem Sinnbegriff ist somit der allgemeine Sachverhalt überhaupt *undenkbar*. Mit der Ablehnung des Sinnbegriffes schwinden aber auch diese Argumente dahin.

Immerhin soll ein Blick auf die Konsequenzen dieser Lehre von der Undenkbarkeit allgemeiner Sachverhalte geworfen werden. Der allgemeine Sachverhalt, den der Satz: „Alle Menschen haben blondes Haar" darstellt, kann nur dann als „undenkbar" bezeichnet werden, wenn man den Begriff einer unbegrenzten, unendlichen Klasse als „unvollziehbar", „undenkbar", „unsinnig" usw. erklärt. Damit würde aber der Begriff des Transfiniten zusammenbrechen und mit ihm die transfiniten Zahlen und der größere und wertvollere Teil der Mathematik. (Und konsequenterweise läßt ja auch der Zahlbegriff Wittgensteins *nur endliche Zahlen* zu.)

Hält man den Begriff einer unbegrenzten Klasse nicht für undenkbar, so ist auch das Verstehen allgemeiner Sachverhalte *denkbar*. (Man denkt dann eben, „daß es immer so weiter geht", daß zum Beispiel auch „die übrigen Menschen" durchwegs blondes Haar haben. — Solche Gedanken sind ja sehr beliebt: „Es war immer so und wird immer so sein.")

Die Naturgesetze stellen also allgemeine Sachverhalte dar. Deren *„fiktiver Charakter"* besteht aber keineswegs darin, daß derartige allgemeine Sachverhalte (aus logischen oder anderen Gründen a priori) nicht bestehen *können* oder daß wir wissen, daß sie tatsächlich nicht bestehen; sondern was wir wissen, was wir aus logischen Gründen wissen, ist nur, daß wir uns über ihr Bestehen oder Nichtbestehen niemals *empirische Sicherheit* (und nur eine solche kommt in Frage) verschaffen können.

Hier stoßen wir — zum zweiten Mal in dieser Untersuchung — wieder auf die *Antinomie von der Erkennbarkeit der Welt* (vgl. Abschnitt 10).

Die *Thesis* dieser Antinomie (in ihrer Formulierung mit Hilfe des Sachverhaltsbegriffes) lautet: Es gibt *allgemeine Sachverhalte*, allgemeine Sachverhalte *bestehen*. (Die Thesis ist also identisch mit dem im Abschnitt 5 formulierten „ersten" Induktionsprinzip.) Wie nun diese Thesis begründet wird — ob offen rationalistisch oder, wie bei Kant, aprioristisch, damit, daß der Verstand der Natur die Gesetze vorschreibt — ist verhältnismäßig gleichgültig. Denn *die Thesis ist rationalistisch*[*5]: Sie behauptet über die Wirklichkeit etwas, worüber Erfahrung *in keiner Weise* entscheiden kann (weder im positiven noch im negativen Sinn), nämlich: daß es *Gesetzmäßigkeiten* in der Natur gibt; daß also die Welt grundsätzlich erkennbar sein *muß* (denn Erkennen im Sinne der theoretischen Naturwissenschaft ist Auffinden von Gesetzmäßigkeiten).

Die *Antithesis* der Antinomie lautet: Es gibt *keine* allgemeinen Sachver-

---

[*5] Heute würde ich nicht „rationalistisch" sagen, sondern „metaphysisch". Schon in Logik der Forschung (1934) habe ich selbst diese realistische Metaphysik vertreten.

46. Vollentscheidbare und teilentscheidbare Wirklichkeitsaussagen 311

halte, *nur besondere Sachverhalte* bestehen. Diese Antithesis wird von Wittgenstein vertreten. Das ist zwar aus früheren Ausführungen bereits ersichtlich, soll aber hier noch genauer gezeigt werden.

Nach Wittgenstein gibt es *keine Gesetzmäßigkeiten* oder, was dasselbe ist: es gibt solche *nur in der Logik*[8]:

„Die Erforschung der Logik bedeutet die Erforschung *aller Gesetzmäßigkeit*. Und außerhalb der Logik ist alles Zufall."

Es ist nicht ganz uninteressant, daß diese Antithesis bereits in den Voraussetzungen des Tractatus, in dessen ersten Sätzen präjudiziert ist. Um das zu zeigen, sei die weitere Besprechung der Antinomie von der Erkennbarkeit der Welt kurz unterbrochen.

Was hier gezeigt werden soll, ist, daß bereits Wittgensteins grundlegende Voraussetzungen die Möglichkeit ausschließen, daß so etwas wie allgemeine Sachverhalte oder Gesetzmäßigkeiten bestehen kann.

Wittgenstein unterscheidet „Sachverhalte" [„Sachlagen"[*6]] und „Tatsachen". Ein „Sachverhalt" kann „bestehen" oder „nicht bestehen", kann „der Fall sein" oder „nicht der Fall sein". Wenn ein „Sachverhalt" tatsächlich besteht, so ist er eben eine „Tatsache"[9]:

„Das Bestehen von Sachverhalten nennen wir auch eine positive, das Nichtbestehen eine negative Tatsache."

Eingeführt wird der Begriff des Sachverhaltes bei Wittgenstein mit Hilfe eben dieses Begriffes der Tatsache und seines *Grundbegriffes*: das „der Fall Sein"[10]:

„Was der Fall ist, die Tatsache, ist das Bestehen von Sachverhalten."

Der Begriff des „der Fall Seins" wird nun bei Wittgenstein nicht nur als erster dieser Begriffe eingeführt, sondern er ist auch so allgemein gefaßt, daß er alles Tatsachenartige, alles, was bestehen kann, einschließt.

Aber bereits *dieser* Begriff ist bei Wittgenstein nicht allgemein, nicht unbestimmt genug, um die Möglichkeit zuzulassen, daß etwa auch allgemeine Sachverhalte, daß auch Gesetzmäßigkeiten bestehen können. Wittgenstein bestimmt nämlich gleich zu Anfang seinen Begriff des „der Fall Seins" näher durch den Satz[11]:

„Eines kann der Fall sein oder nicht der Fall sein und alles übrige gleich bleiben."

Dieser Satz ist mit der Annahme unvereinbar, daß auch Gesetzmäßigkei-

---

[8] Ludwig Wittgenstein, Tractatus Logico-Philosophicus (1918/1922), Satz 6.3.
[*6] Ich glaube nicht, daß Wittgenstein *ursprünglich* eine Unterscheidung zwischen „Sachverhalt" und „Sachlage" beabsichtigte, wie sie in der von ihm gutgeheißenen Übersetzung („atomic facts" und „state of affairs") herauskommt.
[9] Ludwig Wittgenstein, op. cit., Satz 2.06.
[10] Ludwig Wittgenstein, op. cit., Satz 2.
[11] Ludwig Wittgenstein, op. cit., Satz 1.21.

ten „der Fall sein" können: Die Tatsachen (das was „der Fall ist") stehen somit bei Wittgenstein unverbunden nebeneinander[12]:

„Die Welt zerfällt in Tatsachen."

Wittgenstein führt also seinen Grundbegriff des „der Fall Seins" so ein, daß er für allgemeine Sachverhalte keinen Raum hat. (Das stimmt mit unserer früheren Feststellung überein, daß Wittgenstein nur *besondere* Sachverhalte kennt, daß sein Ausdruck „Sachverhalt", in unsere Terminologie übersetzt, immer „besonderer Sachverhalt" bedeutet.)

Aber vielleicht könnte es *neben diesem* „der Fall Sein" in Wittgensteins Welt noch irgend eine andere Art des Bestehens oder etwa des „sich so Verhaltens" geben, die Raum hätte für etwas wie Gesetzmäßigkeiten? Auch diese letzte Möglichkeit wird durch den Wortlaut ausgeschlossen, durch den Wittgenstein seinen Ausdruck „der Fall sein" einführt. Denn der Tractatus hebt an mit den Worten:

„Die Welt ist alles, was der Fall ist."

So „zerfällt" das Weltbild der „Antithesis", das Weltbild des „logischen Positivismus" in eine Art von Mosaik; diese Welt ist zwar nicht aus Dingen, aber aus unverbundenen, aus zufällig nebeneinander geratenen „Tatsachen" mosaikartig zusammengesetzt.

Um dieses Bild nicht noch mehr zu zerreißen, zitiere ich die entscheidenden Sätze vom Anfang des Tractatus in ihrer richtigen Reihenfolge[13]:

„Die Welt ist alles, was der Fall ist."

„Die Welt ist die Gesamtheit der Tatsachen, nicht der Dinge." . . .

„Die Welt zerfällt in Tatsachen."

„Eines kann der Fall sein, oder nicht der Fall sein und alles übrige gleich bleiben."

Woraus eben mit Konsequenz jenes Ergebnis folgt[14]:

„. . . Und außerhalb der Logik ist alles Zufall."

Wittgenstein vertritt somit tatsächlich — wenn auch nicht ausdrücklich — die *Antithesis* der Antinomie von der Erkennbarkeit der Welt. *Auch die Antithesis ist rationalistisch* [oder besser: *metaphysisch*]. Denn alles das, was uns da über die Welt erzählt wird, sind *synthetische Urteile a priori*. Unsere empirischen Wirklichkeitswissenschaften sagen uns jedenfalls darüber kein Wort. (Es ist ein „Versuch, aus Logik Metaphysik zu machen", hätte Kant gesagt.) Wir können über alles das nichts wissen; genau so wenig, wie darüber, daß Naturgesetze wahr sind, daß allgemeine Sachverhalte bestehen.

Es ist daher verhältnismäßig gleichgültig, wie diese Antithesis begründet wird: ob offen rationalistisch, unter Berufung auf eine Evidenzlehre, also etwa darauf, daß allgemeine Sachverhalte undenkbar (oder unsagbar) sind;

---

[12] LUDWIG WITTGENSTEIN, op. cit., Satz 1.2.
[13] LUDWIG WITTGENSTEIN, op. cit., Sätze 1, 1.1, 1.2 und 1.21.
[14] LUDWIG WITTGENSTEIN, op. cit., Satz 6.3.

oder aber, mehr nach Art des Apriorismus, durch eine Analyse unseres Erkennens oder Darstellens — etwa durch eine „Besinnung über das Wesen des Ausdrucks, der Darstellung, d. h. jeder möglichen ‚Sprache' im allgemeinsten Sinne des Worts"[15]; eine „Besinnung", die zum Beispiel das Ergebnis zeitigt, daß alle Darstellung, als ein „Bild", nur etwas darstellen kann, womit dieses Bild verglichen werden kann oder in einer „abbildenden Beziehung" stehen kann. Wie auch immer diese Begründung versucht wird (Wittgenstein schlägt beide Wege ein): sie kann an dem rationalistischen [oder metaphysischen] Charakter der Antithesis nichts ändern.

Das sieht man vielleicht am besten daran, wenn man die überraschenden *Konsequenzen* dieser Antithesis verfolgt (zu welchem Zweck freilich der Boden einer *immanenten* Kritik Wittgensteins *verlassen* werden muß).

Denn *wenn* die Antithesis wahr ist — es kann für sie nur eine Geltung a priori in Frage kommen — so müssen alle allgemeinen Wirklichkeitsaussagen *a priori falsch* sein. Denn wenn man a priori weiß, daß es keine allgemeinen Sachverhalte gibt, so kann das nur bedeuten, daß *alle* Sätze, die solche darstellen, falsch sind. Das würde aber weiter bedeuten, daß die *Negate* aller denkbaren Naturgesetze, also alle nur erdenkbaren universalen Es-gibt-Sätze *a priori wahr* sein müssen. Man dürfte also nicht nur a priori behaupten, daß jedes denkbare Ereignis auch wirklich eintreten kann, sondern man dürfte a priori auch behaupten, daß jedes denkbare Ereignis und jede denkbare Ereignisfolge (irgendeinmal) mit apriorischer Notwendigkeit eintreten *muß*. Alles, was *denkbar* ist (alle besonderen Sachverhalte), wäre a priori auch *wirklich*.

Denn auch darüber, daß es keine allgemeinen Sachverhalte gibt, könnte ja *Erfahrung* niemals entscheiden; daß es keine wie immer geartete Gesetzmäßigkeit gibt (weder eine statistische noch sonst irgend eine denkbare Ordnung) — diese „Erfahrung" könnten wir nicht machen, die empirische Falsifikation des letzten überhaupt denkbaren Naturgesetzes (die Verifikation des letzten denkbaren Es-gibt-Satzes) könnten wir nicht „erfahren". (Das Chaos hätte uns — sozusagen — längst verschlungen, bevor sich unser Kosmos auflöst.)

So wäre die Antithesis, der Satz, daß es keine Gesetzmäßigkeiten gibt, das einzige Naturgesetz, die einzige *allgemeine* Wirklichkeitsaussage, ein *synthetisches Urteil a priori*.

Wittgenstein entzieht sich den Konsequenzen der Antithesis, jedoch nur mit Hilfe seines Sinndogmas: Dieses verbietet einfach, über allgemeine Sachverhalte und dergleichen zu sprechen. (Die Kritik ist somit, insofern sie dieses Verbot nicht beachtet, *keine immanente*.) Aber ein Redeverbot kann diese Konsequenzen nicht aus der Welt schaffen; und es fördert auch schwerlich die philosophische Diskussion.

---

[15] MORITZ SCHLICK, Die Wende der Philosophie, Erkenntnis 1 (1930), S. 7.

Wie aber ist die Antinomie von der Erkennbarkeit der Welt aufzulösen?
Durch die Feststellung, durch den logischen, durch den a priori wahren analytischen Satz:

Darüber, ob es überhaupt allgemeine Sachverhalte gibt, können wir — empirisch und logisch — nichts wissen; auch nicht, daß es sie nicht gibt.

Wir können daher Naturgesetze aufstellen, *als ob* allgemeine Sachverhalte bestehen würden. Und wir dürfen sie *nur* so aufstellen, *nur* als vorläufige Annahmen: deshalb — und nur in diesem Sinn — sind sie „Fiktionen". Und wir *müssen* sie auch aufstellen, wenn wir (im Sinne der theoretischen Wissenschaften) *erkennen,* wenn wir Prognosen bilden und überprüfen wollen.

Die von mir mehrmals gebrauchte Formulierung, daß Naturgesetze „nicht wahr sein *können*" darf also nicht so verstanden werden, daß sie die *Unmöglichkeit* feststellt, daß ein Naturgesetz wahr sein kann. Sie soll nur die logische Unmöglichkeit feststellen, über die Wahrheit der Naturgesetze jemals *entscheiden* zu können. Denn „nur Erfahrung kann über Wahrheit oder Falschheit einer Wirklichkeitsaussage entscheiden". („Grundthese des Empirismus".)

Wichtig erscheint mir, daß die Feststellung, Erfahrung könne in dieser Frage nicht entscheiden, selbst keine metaphysische, keine rationalistische Behauptung ist. Sie ist zwar *nicht empirisch* (sondern logisch), aber sicher *empiristisch*: Sie entspricht durchaus der „empiristischen Grundthese". Nur die positive oder negative Beantwortung der Frage ist rationalistisch (metaphysisch).

Die empirische Unentscheidbarkeit dieser Frage nach dem Bestehen von Gesetzmäßigkeiten, die *Unerkennbarkeit des Bestehens allgemeiner Sachverhalte* — dieser Begriff entspricht in der deduktivistisch-empiristischen Erkenntnistheorie genau Kants *Unerkennbarkeit des „Dinges an sich"*.

(So wie ich vor allem nach der Geltung von *Sätzen* frage, anstatt nach der Genese von *Begriffen*, so muß man auch hier nach *Sachverhalten* fragen und danach, ob sie bestehen, anstatt nach *Dingen* und danach, wie sie sind.)

Die Analogie zwischen der Unerkennbarkeit der „Dinge an sich" und der Unerkennbarkeit der allgemeinen Sachverhalte ist eine fast vollkommene.

Nur darin besteht eine Abweichung, daß bei Kants „Ding an sich" eine Unterscheidung von allgemeinen und besonderen keine entsprechende Bedeutung zu haben scheint. (Aber in der Interpretation Schopenhauers würde sogar diese Störung der Analogie verschwinden.)

Im übrigen ist die Analogie vollkommen. Und nicht nur das. Die typischen Probleme, die der Kantsche Begriff erzeugt, werden, wie ich glaube, erst durch den Begriff der Unerkennbarkeit allgemeiner Sachverhalte aufgehellt.

Die Denkbarkeit des „Dinges an sich" — von Kant behauptet, bekanntlich aber einer der meistumstrittenen Punkte seiner Lehre — muß auch für

46. Vollentscheidbare und teilentscheidbare Wirklichkeitsaussagen

die allgemeinen Sachverhalte behauptet werden. *Erfahrung* kann über das Ding an sich nichts entscheiden — auch nicht über das Bestehen allgemeiner Sachverhalte. Und beide Begriffe spielen die Rolle von unentbehrlichen *Grenzbegriffen*.

Kant zeigt, daß der *Rationalismus* (Dogmatismus) das Ding an sich selbst für erkennbar hält: So entstehen die *Antinomien* der reinen Vernunft. Und unzweifelhaft ist es dogmatisch, ist es *Rationalismus*, etwas über das Bestehen oder Nichtbestehen allgemeiner Sachverhalte zu behaupten: Auch dieser Rationalismus führt zu *Antinomien*. Die „Antinomie von der Erkennbarkeit der Welt" löst sich durch die Anerkennung des Grenzcharakters der unerkennbaren allgemeinen Sachverhalte ebenso auf wie Kants Antinomien durch Anerkennung des Grenzcharakters des unerkennbaren Dings an sich (durch den transzendentalen Idealismus).

Und entspricht nicht der „materiale Idealismus" (wie Kant sagte) oder, was dasselbe ist: die *positivistische Leugnung des Dings an sich* der geistvollen Lehre Wittgensteins, dem logischen Positivismus, der zu wissen vermeint, daß es allgemeine Sachverhalte nicht gibt?

So ist die Tendenz des Positivismus immer die gleiche. Auch der „logische" Positivismus unterschiebt unser Nicht-wissen-können nicht nur der Logik („was man nicht sicher wissen kann, das ist undenkbar"); sondern seine „These von der Allmacht der Wissenschaft"[16] ist nichts anderes, als das allgemein-positivistische Dogma: „Was man nicht sicher wissen kann, — das *gibt es nicht*."

Der Positivismus *objektiviert* also unser *Nicht-sicher-wissen-können*, er unterschiebt es der objektiven „Welt" (die ja der logische Positivismus — sehr im Gegensatz zur Naturwissenschaft — als ein Mosaik von unverbundenen „Tatsachen" ansieht). Man könnte sagen: er unterschiebt unsere Ignoranz der Schöpfung.

Und so zeigt sich hier wieder sein Rationalismus.

In allen seinen Spielarten — die je nach Betonung der Begriffe „Wahrnehmen", „Erkennen", „Denken", „Wissen", „Sprechen" usw. wechseln — lehrt der Positivismus doch immer dasselbe: Es ist die (in Schlicks[17] Erkenntnislehre noch als „abenteuerlich" gekennzeichnete) *Identität von Denken* (neuerdings: von Sprechen) *und Sein*.

---

[16] [Vgl. RUDOLF CARNAP, Der logische Aufbau der Welt (1928), S. 261. Hrsg.]
[17] [Vgl. MORITZ SCHLICK, Allgemeine Erkenntnislehre (2. Aufl., 1925), S. 307 ff. Hrsg.]

XII. Kapitel

SCHLUSS

47. Die dialektische und die transzendentale Bewährung der Lösung. Die Kritik der induktivistischen Lösungsversuche des Induktionsproblems ist abgeschlossen. Was wurde durch sie erreicht?

Auch die schärfste Polemik in dieser Untersuchung soll vor allem positiven Zwecken dienen. Worin besteht aber dieser positive Wert der Polemik und wie ist er einzuschätzen?

Ich sehe den Wert der kritisch-polemischen Darstellungsweise in erster Linie darin, daß sie eine *Bewährungsprobe* der positiven Lösung ist. Freilich darf diese Form der Bewährung nicht allzu hoch eingeschätzt werden. Ihr Wert besteht im wesentlichen nur darin, daß sie die vorgeschlagene Lösung erst diskussionsfähig macht.

Man kann diese kritisch-polemische Bewährungsprobe auch als *dialektische Bewährung* der Lösung bezeichnen, weil sie — um diese Methode mit Worten von H. Gomperz[1] zu charakterisieren — „jeden Lösungsversuch ... aus *Widersprüchen* hervorgehen läßt, in die ein anderer Lösungsversuch entweder mit seinen eigenen Voraussetzungen oder mit Begriffen der Einzelwissenschaften oder der Praxis geraten war", und weil sie zu zeigen bemüht ist, daß die vorgeschlagene Lösung ... „die berechtigten Momente der früheren Auflösungsversuche ‚aufgehoben' in sich enthält".

Aber diese Methode der dialektischen Bewährung möchte ich (im Gegensatz zu Gomperz, dem ich das Verfahren — bis zu einem gewissen Grade — nachgebildet habe) keineswegs als eine Art von „*Verifikation*" der vorgeschlagenen Lösung betrachtet wissen, sondern, wie schon angedeutet, lediglich als einen Nachweis ihrer *Diskussionsfähigkeit*.

Es gibt nämlich noch eine andere Form der Bewährung, die, wenn ich sie auch nicht gerade als „Verifikation" bezeichnen möchte, diese Bezeichnung schon eher verdienen könnte; eine Form der Bewährung, die der Bewährung der Naturgesetze durch Verifikation der deduzierten Prognosen weitgehend analog ist. Diese zweite und wichtigere Form bezeichne ich als *„transzendentale Bewährung"*.

Der Begriff und das Verfahren der „transzendentalen Bewährung" kann

---

[1] Heinrich Gomperz, Weltanschauungslehre I. (1905), S. 296 f.

hier nur kurz umrissen werden; etwas eingehender soll dann die „dialektische Bewährung" der deduktivistisch-empiristischen Lösung besprochen werden als eine (vorläufig) abschließende Zusammenfassung der Untersuchungen über das Induktionsproblem.

Vor allem muß man sich klarmachen, inwiefern bei der hier vertretenen Erkenntnistheorie überhaupt von einer „Verifikation" oder „Bewährung" die Rede sein kann.

Die von mir vorgeschlagene Auflösung des Induktionsproblems besteht eigentlich in einigen Definitionen und einigen aus diesen abgeleiteten Sätzen, also durchwegs in analytischen Urteilen. Schon deshalb kann von einer Verifikation keine Rede sein, weil analytische Urteile ja a priori wahr sind.

Was man aber mit Recht fragen kann, ist, ob jene Definitionen widerspruchslos und zweckmäßig sind.

Ob sie Widersprüche vermeiden, das kann zum Teil die dialektische Bewährung feststellen, nämlich für jene Widersprüche, an denen die älteren Systeme scheitern.

Die Frage der Zweckmäßigkeit kann aber dahin präzisiert werden, ob die Definitionen (und Grundbegriffe) des Systems dem tatsächlichen Verfahren der Wissenschaft gerecht werden.

Entspricht insbesondere die Definition der Naturgesetze als „teilentscheidbare Deduktionsgrundlagen für die Ableitung vollentscheidbarer Prognosen" dem Verfahren der Einzelwissenschaften? Ist die Analyse des Erkenntnisbegriffes, die Gleichsetzung von Erkenntniswert und primärer Unwahrscheinlichkeit durch das Verfahren der Einzelwissenschaften gerechtfertigt?

Allein solche Fragen sind es, die über die Brauchbarkeit und Zweckmäßigkeit der Lösung in letzter Linie entscheiden können; die „dialektische" Bewährungsprobe ist neben dieser, die man mit Recht (vgl. Abschnitt 9) als „transzendental" bezeichnen kann, von untergeordneter, weil bloß vorbereitender Bedeutung.

Wie schon gezeigt wurde (in den Abschnitten 25 ff.), kann man die Frage nach der Bewährung, nach der Anwendbarkeit einer *naturwissenschaftlichen* Theorie auch folgendermaßen auffassen: Können der durch das Axiomensystem festgelegten Theorie gewisse Realbegriffe widerspruchsfrei zugeordnet werden? Man kann dabei die Theorie auch als ein System von impliziten Definitionen, also von analytischen Urteilen auffassen und fragen, ob die Zuordnung von Realbegriffen durch Zuordnungsdefinitionen zu Widersprüchen führen; oder man fragt, ob die Theorie so, wie es die Zuordnungsdefinitionen verlangen, anwendbar ist.

Ganz analog ist die Frage nach der Bewährung der Erkenntnistheorie. Läßt sich das System, insbesondere der[a] Begriff „Naturgesetz" den Naturwissenschaften und ihrer Methode widerspruchsfrei zuordnen? Es ist dies gewissermaßen die Frage nach einem Bewährungs-, nach einem Falsifikationsverfahren von höherem „Typus", um eine Stufe höher nämlich als das Verfahren bei der Bewährung eines Naturgesetzes.

Wie aber soll man hier *entscheiden?* Der induktivistisch eingestellte Erkenntnistheoretiker wird vermutlich sagen, daß das induktive Verfahren der Wissenschaft (wie es etwa in Machs Die Mechanik in ihrer Entwicklung dargestellt wird) die Unbrauchbarkeit der deduktivistischen Erkenntnistheorie beweist. Der Deduktivist wieder kann sich demgegenüber auf Duhem berufen und auf Krafts Die Grundformen der wissenschaftlichen Methoden. (Vgl. den Hinweis am Schlusse des Abschnittes *24.*) Es erscheint somit nicht allzu aussichtsreich, durch die „transzendentale Bewährung" zu einer objektiven Entscheidung zu gelangen.

Aber hier glaube ich nun tatsächlich einen wesentlichen Schritt weitergekommen zu sein. Die deduktivistisch-empiristische Erkenntnistheorie gestattet es, die Analogie zwischen der transzendentalen Bewährung und der Bewährung eines Naturgesetzes durch Prognosenverifikation noch erheblich weiter durchzuführen.

Man könnte geradezu von einer *erkenntnistheoretischen Prognosenbildung* und *Prognosenverifikation* sprechen.

Aus der deduktivistisch-empiristischen Erkenntnistheorie kann, wie schon öfter erwähnt, eine *allgemeine Methodentheorie* deduziert werden (ich gebrauche wegen ihrer deduktiven, *theoretischen* Form lieber diesen Ausdruck als den Ausdruck „Methodologie"). Die methodentheoretischen Behauptungen über das Verfahren der empirischen Wissenschaften können, wenigstens teilweise, durch deren tatsächliches Verfahren *entschieden* (verifiziert oder falsifiziert) werden.

Aussichtsreicher noch für die „transzendentale Bewährung" erscheinen mir die *kritischen* Folgerungen der Methodentheorie, die *Methodenkritik.*

Die methodentheoretischen Konsequenzen führen nämlich dazu, das Verfahren gewisser „empirischer" Wissenschaften zu kritisieren; teils wird es als metaphysisch, teils als unfruchtbar (weil vom induktivistischen Vorurteil beherrscht) gekennzeichnet. Gleichzeitig gibt die Methodenkritik Hinweise für die Reform der betreffenden Methoden.

Auf diese Weise könnte die deduktivistische Erkenntnistheorie ihre *Fruchtbarkeit* beweisen; und allein schon die bloße *Möglichkeit,* fruchtbare Konsequenzen für die wissenschaftlichen Methoden entwickeln zu können, ist etwas, was man sonst nicht sobald von einer Erkenntnistheorie behaupten kann. (Erst ein solches Verfahren könnte vom Standpunkt der deduktivistischen Erkenntnistheorie als eine transzendentale *Methode* bezeichnet werden.)

Wenn dieser Beweis ihrer Fruchtbarkeit gelingt, wenn die Methodenreform glückt und zu brauchbaren einzelwissenschaftlichen Ergebnissen führt, dann erst kann die transzendentale Bewährung als erfolgreich, als befriedigend betrachtet werden.

Es ist also im Rahmen dieser Arbeit überhaupt nicht möglich, diese transzendentale Bewährung selbst durchzuführen; das muß der einzelwissenschaftlichen Forschung überlassen werden. Nur die *Grundzüge* der allgemeinen Methodentheorie können — *nach* den Untersuchungen über das *Abgrenzungsproblem* — angeschlossen werden[2]. Aber schon der Hinweis auf die Möglichkeit einer solchen fruchtbaren Bewährungsprobe scheint mir der Erkenntnistheorie neue Aussichten zu erschließen.

So bleibt als einzige im Rahmen der Arbeit selbst durchführbare Bewährungsprobe die bloß vorbereitende *dialektische Bewährung* übrig.

Aber diese ist auch notwendig. Denn erst durch eine solche Bewährung kann ein neuer Lösungsversuch seinen Anspruch begründen, ernst genommen zu werden. Denn ohne nähere Untersuchung kann man es einer „Lösung", wenn sie nicht allzu primitiv ist, nicht immer gleich ansehen, ob sie auch nur jene Schwierigkeiten vermeidet, die schon durch ältere Positionen überwunden wurden (und schon gar nicht, ob sie überhaupt alle Schwierigkeiten vermeidet).

Die fruchtbarste Form, um diese Untersuchung anzustellen, ist aber zweifellos die dialektische. Sie gestattet es nicht nur, in Fragen hineinzuleuchten, auf die man im bloß referierenden, positiven Vortrag der Lösung kaum gestoßen wäre: Sie wirft auch immer wieder die Frage auf, ob jene Punkte, auf die sich die Argumentation früherer Lösungsversuche mit Recht (das heißt: ohne inneren oder äußeren Widerspruch) stützen konnte, in der neuen Lösung ihren Platz finden. So zwingt sie, den alten Lösungsversuchen möglichst gerecht zu werden, deren positive Leistungen nicht wieder zu verlieren, sondern „als Momente eines Ganzen affirmativ in der Philosophie [zu] erhalten..." (Hegel[3]).

Gerade die in dieser Arbeit gegebene Kritik des logischen Positivismus zeigt die Bedeutung des dialektischen Verfahrens.

Denn weder in den Wahrscheinlichkeitspositionen noch in den Scheinsatzpositionen ist der Positivismus in wesentlichen Punkten über die von Hume und Kant geschaffene Problemlage hinausgekommen. Und so wertvoll seine Gegnerschaft gegen Kants *offenen* (aber kritischen) Apriorismus auch ist, so hat seine allzu summarische Ablehnung Kants doch nur wieder zu einem *versteckten* (und unkritischen) Apriorismus und Rationalismus geführt und so die Problemlage heillos verwirrt.

Der Positivismus verabsäumt, die Problemsituation (dialektisch) zu unter-

---

[2] [Siehe *Nachwort des Herausgebers*. Hrsg.]
[3] [Georg Wilhelm Friedrich Hegel, Vorlesungen über die Geschichte der Philosophie I. (hrsg. von Karl Ludwig Michelet, Werke: Vollständige Ausgabe durch einen Verein von Freunden des Verewigten XIII., 1833), S. 50. Hrsg.]

suchen, die zum Apriorismus führt. Da er die Situation nicht erkennt, gelingt es ihm nicht, dem Apriorismus zu entgehen.

Mit seinem transzendentalen Programm hatte Kant der Erkenntnistheorie den Weg gewiesen, den Weg der Wissenschaftstheorie, der Methodenkritik. Problemgeschichtlich betrachtet, hat es der Entwicklung der Erkenntnistheorie (und auch der „wissenschaftlichen Weltauffassung") zweifellos sehr geschadet, daß der Positivismus Kants Unternehmen planmäßig zu diskreditieren versucht hat.

(Man lese etwa das historische Referat[4] auf dem Prager Kongreß [1929] für „Erkenntnislehre der exakten Wissenschaften". — Vergeblich sucht man dort unter den sehr zahlreichen Namen von philosophischen Schriftstellern aller Zeiten den Namen Kants. Schließlich entdeckt man ihn doch: In kühner Wendung[5] wird Franz Brentano nachgerühmt, er habe sich „*das kantische Zwischenspiel erspart*". — Da kann man nur fragen: Warum gerade Brentano? Erweckt eine solche Wertung Kants nicht den Eindruck, daß eher so mancher Positivist sich dessen rühmen könnte?)

Um mein Bekenntnis zu Kant — wenn auch nicht zu Kants Apriorismus — an dieser Stelle eindrucksvoll zu unterstützen, möchte ich hier eine längere Bemerkung aus der Kritik der reinen Vernunft („Von dem regulativen Gebrauch der Ideen der reinen Vernunft") zitieren. Die Stelle könnte wohl als Motto vor meiner Arbeit stehen. Jedenfalls ist sie geeignet, an dieser Stelle, die der dialektischen Bewährung und damit der historischen Rechtfertigung gewidmet ist, einen Gedanken Kants ins rechte Licht zu rücken.

„Oder das Allgemeine wird nur *problematisch* angenommen..., das Besondere ist gewiß, aber die Allgemeinheit der Regel zu dieser Folge ist noch ein Problem; so werden mehrere besondere Fälle, die insgesamt gewiß sind, an der Regel versucht, ob sie daraus fließen, und in diesem Falle, wenn es den Anschein hat, daß alle anzugebende besondere Fälle daraus abfolgen, wird auf die Allgemeinheit der Regel, aus dieser aber nachher auf alle Fälle, die auch an sich nicht gegeben sind, geschlossen. Diesen will ich den hypothetischen Gebrauch der Vernunft nennen.

„Der hypothetische Gebrauch der Vernunft... ist eigentlich nicht *konstitutiv*, nämlich nicht so beschaffen, daß dadurch, wenn man nach aller Strenge urteilen will, die Wahrheit der allgemeinen Regel, die als Hypothese angenommen worden, folge; denn wie will man alle möglichen Folgen wissen, die, indem sie aus demselben angenommenen Grundsatze folgen, seine Allgemeinheit beweisen? Sondern er ist nur regulativ, um dadurch, soweit als es möglich ist, Einheit in die besonderen Erkenntnisse zu bringen, und die Regel dadurch der Allgemeinheit zu *nähern*.

„Der hypothetische Vernunftgebrauch geht also auf die systematische

---

[4] Otto Neurath, Wege der wissenschaftlichen Weltauffassung, Erkenntnis 1 (1930), S. 106 ff.
[5] Otto Neurath, op. cit., S. 120.

47. Die dialektische und die transzendentale Bewährung der Lösung

Einheit der Verstandeserkenntnisse, diese aber ist der *Probierstein der Wahrheit* der Regeln. Umgekehrt ist die systematische Einheit (als bloße Idee) lediglich nur *projektierte* Einheit, die man an sich nicht als gegeben, sondern nur als Problem ansehen muß; welche aber dazu dient, zu dem mannigfaltigen und besonderen Verstandesgebrauche ein Prinzipium zu finden, und diesen dadurch auch über die Fälle, die nicht gegeben sind, zu leiten und zusammenhängend zu machen."[6]

Ich habe dieses Zitat erst hier gebracht, weil es vielleicht erst an dieser Stelle ganz gewürdigt werden kann. Es wird hier auch meine Ansicht unterstützen, daß der Faden der erkenntnistheoretischen Diskussion dort wieder angeknüpft werden muß, wo ihn die nachkantische Metaphysik abgerissen hat: bei Kant.

(Denn da hier soviel von der dialektischen Methode die Rede ist, die ja auf Hegel zurückgeht — wenn sie hier auch in anderer Weise verwendet und eingeschätzt wird, als bei Hegel — so muß ich hier auch unzweideutig meiner Überzeugung Ausdruck geben, daß die nachkantischen Metaphysiker und ganz besonders Hegel die Entwicklung der Erkenntnistheorie sehr ungünstig beeinflußt haben. Sie tragen unzweifelhaft die Schuld daran, daß die anfangs so aussichtsreiche *erkenntnistheoretische* Debatte über Kants Werk so schnell versandete — außer in der Schule von Fries.)

Um aber zur dialektischen Betrachtung des modernen Positivismus zurückzukommen: Auch seine großen Verdienste müssen gewürdigt werden.

Der moderne Positivismus hat sich bemüht, Erkenntnistheorie und Naturphilosophie wieder in engsten Zusammenhang mit der *Naturwissenschaft* zu bringen. (Er hat dadurch Kants transzendentales Programm wieder aufgenommen, dem außer ihm nur noch der Konventionalismus gerecht zu werden versucht.) Und wenn es dem Positivismus auch nicht gelungen ist, den Klippen des Induktionsproblems zu entrinnen, das Induktionsproblem zu lösen (und insbesondere den Apriorismus zu vermeiden), so hat er doch — sein Hauptverdienst — den Apriorismus in eindrucksvollster Weise bekämpft (besonders auch den rationalistischen Kausalbegriff) und damit tatsächlich die erkenntnistheoretische Debatte wieder bei Kant angeknüpft. Und er hat auch Kant zweifellos an der richtigen Stelle angegriffen: Der Positivismus (und zum Teil auch der Pragmatismus) hat das Verdienst, als einzige moderne Erkenntnistheorie für einen strengen *Empirismus* gekämpft zu haben.

Es soll hier also das Verdienst des modernen Positivismus voll anerkannt werden. Insbesondere auch seine zum Teil vorbildlichen Bemühungen um eine schlichte, verständliche und doch präzise Ausdrucksweise: Nicht zuletzt ist es diese, von der die Fruchtbarkeit der erkenntnistheoretischen Debatte abhängt.

Was ihm vorgeworfen werden muß, ist nur, daß er, seinen eigenen Ten-

---
[6] IMMANUEL KANT, Kritik der reinen Vernunft (2. Aufl., 1787), S. 674 f.

denzen untreu werdend, allen jenen Tendenzen verfallen ist, die er bekämpft; selbst den Versuchen, bloß durch neue Worte Probleme zu lösen. Und so zeigt auch der Positivismus (um eine Bemerkung zu zitieren, mit der Gomperz auf die Bedeutung der *dialektischen Methode* hinweist), „daß hinter jenem scheinbaren Radikalismus, der mit der Tradition zu brechen und unmittelbar auf die Tatsachen der Erfahrung zurückzugehen vorgibt, sich in Wahrheit immer eine *unkritische Rezeption* überlieferter begrifflicher Auffassungen verbirgt."[7]

Als Abschluß der Kritik des Induktivismus und gleichzeitig als eine Ergänzung und Zusammenfassung der dialektischen Bewährung soll hier ein knapper Überblick über die behandelten (zum Teil auch über bisher nur angedeuteten) Positionen gegeben werden.

Dieser Überblick verzichtet darauf, die ganze dialektische Entwicklung wiederzugeben: *Nur die Lösung* läßt er aus den inneren Widersprüchen der anderen Positionen herauswachsen.

Er soll jene Punkte kurz hervorheben, die bei den verschiedenen Positionen (aus logischen oder transzendentalen Gründen) abzulehnen sind, sowie jene, die angenommen werden; damit wird die unmittelbar anschließende *Darstellung der Lösung* vorbereitet. Diese wird erkennen lassen, daß sie jene „abzulehnenden" Momente vermeidet, die anderen aber in sich vereinigt.

Dem Gang der Darstellung (vom Abschnitt 3 an) folgend, beginne ich mit einer Besprechung des

Rationalismus (vgl. die Abschnitte 3, 9). Abzulehnen ist die dogmatische Behauptung von „evidenten" Grundsätzen (ja, darüber weit hinaus wird die Zulässigkeit einer jeden — sei es nun apodiktischen oder assertorischen — Beantwortung der Frage, ob es *[nachweisbar] wahre* allgemeine Wirklichkeitsaussagen gibt, bestritten). Anzunehmen ist das rein deduktive Verfahren, die logische Theorie der Deduktion.

Der Empirismus: Abzulehnen ist das induktive Verfahren. Zum Grundsatz (das heißt zur Definition des Begriffes „Wirklichkeitsaussage") wird erhoben, daß allein die „Erfahrung" über den Geltungswert einer Wirklichkeitsaussage entscheiden kann (vgl. die Abschnitte 3, 31, 46).

Der Intuitionismus: Die Wahrheit einer *besonderen* Wirklichkeitsaussage (in der Physik insbesondere die Koinzidenz von Punkten) kann wohl nur „intuitiv" (durch Anschauung, Wahrnehmung) entschieden werden. Diese Seite des „Intuitionismus" ist aber nicht problematisch. (Sie fällt nicht in den Rahmen des Induktionsproblems, ebensowenig wie etwa der *mathematische* Intuitionismus Kants oder Brouwers.)

---

[7] Heinrich Gomperz, Weltanschauungslehre I. (1905), S. 35. [Hervorhebung nicht im Original. Hrsg.]

47. Die dialektische und die transzendentale Bewährung der Lösung

Hier ist nur jene Form des „Intuitionismus" von Interesse, die annimmt, daß auch *allgemeine* Wirklichkeitsaussagen, Naturgesetze, „intuitiv erfaßt" werden können.

Die scharfe Trennung von Erkenntnistheorie und Erkenntnispsychologie gestattet, dieser Auffassung gerecht zu werden.

Zwar ist sie abzulehnen, wenn sie mit erkenntnistheoretischen Ansprüchen auftritt: Es gibt keine Intuition (oder Evidenz), die die Wahrheit eines Naturgesetzes verbürgt.

Aber historisch-genetisch, erkenntnispsychologisch kann der Intuitionismus wohl im Recht sein. Die deduktivistische Erkenntnistheorie steht einer intuitionistischen Erkenntnispsychologie jedenfalls näher als einer induktivistischen (zum Beispiel sensualistischen) Erkenntnispsychologie. Denn nach deduktivistischer Auffassung führt kein rationaler Weg, keine wissenschaftliche Methode von den Erfahrungen zu den Naturgesetzen; nur der Weg von diesen zu den Erfahrungen ist rational.

Die Aufstellung (oder Auffindung) eines Naturgesetzes enthält also in jedem Fall ein *irrationales Moment* (ein Moment *intuitiver, schöpferischer Anpassung* im Sinne Bergsons). Oder, wie Einstein[8] sagt: Es führt „... kein logischer Weg von den Wahrnehmungen zu den Grundsätzen der Theorie ..., sondern nur die auf Einfühlung in die Erfahrung sich stützende Intuition."

Die Induktionstheorie Bacons (und Mills). Abzulehnen ist die Induktion im erkenntnistheoretischen Sinn: Es gibt keine induktive rationale Methode. Angenommen wird, daß sich historisch-genetisch die empirischen Wissenschaften zu immer größerer Allgemeinheit entwickeln. Die Tatsache dieser „aufsteigenden", oder wenn man will, „induktiven" Richtung der Wissenschaftsentwicklung (ich bezeichne sie als *„Quasiinduktion"*) muß nicht nur anerkannt, sondern auch methodentheoretisch erklärt werden. (Vgl. dazu den Abschnitt *48.*)

Die Gewöhnungstheorie Humes gehört ins Gebiet der induktivistischen Erkenntnispsychologie, nicht der Erkenntnistheorie. (Ich halte sie — was aber nicht hierher gehört[9] — auch psychologisch für verfehlt.) Voll anerkannt wird *Humes Argumentation* gegen die erkenntnistheoretische Zulässigkeit jeder Induktion: *Es gibt keine Induktion.*

Der strenge Positivismus ist abzulehnen, sofern er die Naturgesetze als

---

[8] ALBERT EINSTEIN, Motive des Forschens, Zu MAX PLANCKS sechzigstem Geburtstag: Ansprachen, gehalten am 26. April 1918 in der Deutschen Physikalischen Gesellschaft (1918), S. 31 [= A. EINSTEIN, Prinzipien der Forschung, Mein Weltbild (1934), S. 168 f. Hrsg.]

[9] [Siehe Abschnitt *4*, Anm. 23 und Text zu dieser Anm. Vgl. auch KARL POPPER, Conjectures and Refutations (1963), S. 42 ff.; KARL POPPER, Logik der Forschung (2. Aufl., 1966), Neuer Anhang *X, (1); KARL POPPER, Replies to My Critics, The Philosophy of KARL POPPER II. (hrsg. von PAUL ARTHUR SCHILPP, 1974), S. 1023 ff. Hrsg.]

besondere Wirklichkeitsaussagen, als zusammenfassende Berichte ansieht (vgl. Abschnitt *8*). Anerkannt wird, daß nur besondere Wirklichkeitsaussagen einen [erwiesenen] positiven Geltungswert haben können und daß auch die positive Bewertung eines Naturgesetzes — sein Bewährungswert — als Geltungswert eines zusammenfassenden Berichtes zu interpretieren ist (eines Berichtes über mißlungene Falsifikationsversuche; vgl. Abschnitt *41* und *46*).

Der Apriorismus ist abzulehnen, sofern er (erkenntnistheoretisch) die Gültigkeit allgemeiner Wirklichkeitsaussagen (synthetischer Urteile a priori) behauptet. Angenommen wird seine Auffassung der Naturgesetze als streng allgemeine Wirklichkeitsaussagen (vgl. die Abschnitte *7* und *32*), die keine induktive Geltung haben. Angenommen wird vor allem auch die transzendentale Fragestellung, die die Geltung der Naturgesetze (ihre „Möglichkeit") als erkenntnistheoretisches Grundproblem betrachtet (weil Erkenntnis nur durch Gesetze möglich ist; vgl. die Abschnitte *10* und *11*). Anerkannt wird auch der psychologische Apriorismus (vgl. Abschnitt *4*, Schluß) der Standpunkt, daß allgemeine Wirklichkeitsaussagen nicht a posteriori gelten, sondern präformiert, antizipativ a priori *auftreten* (wenn auch nicht gelten).

Die Wahrscheinlichkeitspositionen sind abzulehnen, sofern[b] sie glauben, durch Einführung des Wahrscheinlichkeitsbegriffes zu dem (erkenntnistheoretischen) Induktionsproblem irgend etwas Positives beizutragen; insbesondere ist die Ansicht abzulehnen[c], daß es zwischen wahr und falsch einen (objektiven) Geltungswert „Wahrscheinlichkeit" oder dergleichen gibt. Anerkannt wird der subjektive Wahrscheinlichkeitsglaube (sekundäre Hypothesenwahrscheinlichkeit), der sich auf objektive Bewährungswerte stützt (vgl. die Abschnitte *12—16*). Anerkannt wird ferner der Standpunkt, daß die Naturgesetze Wirklichkeitsaussagen sind und daß sie nicht endgültig verifizierbar (also keine „Normalsätze", das heißt keine „vollentscheidbaren" Sätze) sind.

Die Scheinsatzpositionen sind als unbestimmt und gleichzeitig dogmatisch abzulehnen. Anerkannt wird, daß sie — mit Hume — feststellen, daß die Naturgesetze keinen [endgültigen] positiven Geltungswert haben können, daß ihre *empirische* Rechtfertigung logisch unmöglich und ihre positive Bewertung eine prinzipiell vorläufige, pragmatische ist. (Anerkannt wird auch Wittgensteins Einschätzung des *Abgrenzungsproblems* als grundlegendes Problem der Erkenntnistheorie.)

Der Pragmatismus ist (wie auch Schlick feststellt; vgl. Abschnitt *16*) abzulehnen, wenn er Wahrheit und Bewährung *gleichsetzt*; anerkannt wird aber seine Behauptung, daß die positive Bewertung der Naturgesetze nur in ihrer *Bewährung durch die Verifikation der deduzierten Prognosen* liegt und daß eine Nicht-Bewährung einer *Falsifikation* gleichzusetzen ist; wie hier überhaupt nachdrücklich auf weitgehende Übereinstimmung mit pragmatistischen Gedankengängen hingewiesen werden muß. (Vgl. Abschnitt *41*.)

Der Konventionalismus ist abzulehnen, wenn er in den [theoretischen] Grundlagen" der Deduktion ausschließlich solche „Ansätze" sieht, über die die Erfahrung nicht zu entscheiden vermag (genaueres darüber erst beim Abgrenzungsproblem[10]). Er wird anerkannt, wenn er in ihnen „freie Setzungen" sieht, die den Zweck haben, ein theoretisches System zu unterbauen (Deduktivismus). Anerkannt wird ferner, daß nicht jedes „Axiom" einer wissenschaftlichen Theorie entscheidbar ist. — Hier muß wieder nachdrücklichst auf die Stellung Krafts hingewiesen werden (vgl. Abschnitt *24*, Schluß).

Der Fiktionalismus Vaihingers schließlich ist abzulehnen, sofern er den Naturgesetzen nicht den Charakter von Fiktionen zubilligen will (zu welchem Standpunkt er offenbar auch durch eine etwas psychologistische Formulierung des Begriffes der Fiktion gelangt; vgl. Abschnitt *34*). Er wird anerkannt, wenn er die fundamentale Wichtigkeit der heuristischen Fiktionen betont: Die Naturgesetze sind *heuristische Fiktionen,* sind — ich verweise auf das Kantsche Zitat in diesem Abschnitt — regulative Ideen (Prinzipien).

Durch diese Zusammenfassung erübrigt sich eine ausführliche Darstellung der Lösung. Oder richtiger: Die positive Lösung ist von solcher Art, daß eine ausführliche Darstellung zwecklos wäre.

Die bisherigen Auseinandersetzungen haben die wichtigsten Vorurteile, die einem Verständnis der Lösung im Wege stehen, vielleicht beseitigt.

Jedenfalls kann die vorgeschlagene Lösung, sobald nur die Voraussetzungen für sie geschaffen sind, ohne Anstrengung — ja sogar mit einigen Nebenbemerkungen — auf kleinstem Raum (auf dem Quartblatt Kirchhoffs[11]) mitgeteilt werden:

Das Induktionsproblem, die Frage nach der Geltung allgemeiner Wirklichkeitsaussagen, wird dahin beantwortet, daß allgemeine Wirklichkeitsaussagen überhaupt keinen [endgültigen] positiven sondern nur einen [endgültigen] negativen Geltungswert haben können[*1].

Diese Lösung sei folgendermaßen näher ausgeführt:

Das Induktionsproblem entsteht durch den anscheinenden *Widerspruch*

---

[10] [Siehe *Nachwort des Herausgebers.* Hrsg.]

[11] [Es scheint, daß Gustav Robert Kirchhoff irgendwo geschrieben hat, daß jede wissenschaftliche Entdeckung „auf einem Quartblatt" mitgeteilt werden kann. Der Herausgeber konnte aber diese Stelle in Kirchhoff nicht finden. Hrsg.]

[*1] Hier haben wir wieder eine jener fragwürdigen Formulierungen, trotzdem erst vor kurzem richtige Formulierungen gegeben wurden. (Siehe Abschnitt *46,* Text zwischen den Anmerkungen 7 und *5; und die Auflösung der Antinomie von der Erkennbarkeit der Welt, Abschnitt *46* gegen Ende.) Ich hätte etwa schreiben sollen „daß wir allgemeinen Wirklichkeitsaussagen ... zuschreiben können". (Die Ausführungen des Texts sind in den folgenden Absätzen frei von diesen fehlerhaften Formulierungen.)

zwischen der empiristischen Grundforderung (nur Erfahrung kann über Wahrheit oder Falschheit einer naturwissenschaftlichen Aussage entscheiden) und der Humeschen Einsicht in die logische *Unzulässigkeit induktiver Entscheidungen* (es gibt *keine empirische Rechtfertigung allgemeiner Sätze*).

Dieser Widerspruch besteht nur, wenn man annimmt, daß Wirklichkeitsaussagen *empirisch „vollentscheidbar"* sein müssen, das heißt, daß Erfahrung nicht nur über ihre Falschheit, sondern auch über ihre Wahrheit entscheiden können muß.

Läßt man empirisch „teilentscheidbare" Wirklichkeitsaussagen zu, so löst sich der Widerspruch auf:

Allgemeine Wirklichkeitsaussagen sind empirisch *falsifizierbar*, sie können *an der Erfahrung scheitern*.

Damit wird aber das (bereits als unzulässig erwiesene) Verfahren der Induktion auch *überflüssig*: Die Methode der empirischen Überprüfung (Teilentscheidung) durch die Erfahrung ist die der *Deduktion vollentscheidbarer Prognosen* (elementarer Erfahrungssätze, „empirischer Basissätze").

Induktion im logischen oder erkenntnistheoretischen Sinn gibt es nicht.

Die theoretischen Naturwissenschaften sind „hypothetisch-deduktive Systeme" (Kraft). Die Naturgesetze sind Sätze (Grundsätze) dieser Systeme, beziehungsweise Konjunktionen dieser Grundsätze: Sie haben die logischen Eigenschaften von *Deduktionsgrundlagen,* die nicht unmittelbar, sondern *nur* durch ihre Folgerungen empirisch überprüft werden können.

Sie können somit niemals *als wahr erwiesen* werden: Sie bleiben immer nur „problematische regulative Ideen" (Kant), „heuristische Fiktionen" (Vaihinger). Sie können sich aber als Deduktionsgrundlagen *bewähren*; bewähren sie sich nicht, so sind sie *falsifiziert*. — Ihr Erkenntniswert (und ihr Bewährungswert) steigt mit der primären Wahrscheinlichkeit ihrer Falsifikation, das heißt, mit ihrer *primären Unwahrscheinlichkeit*.

48. Ist das Induktionsproblem gelöst?[1] Nicht darüber soll hier gesprochen werden, ob die von mir vorgeschlagene Lösung des Induktionspro-

---

[1] [Diesem Abschnitt war eine Seite mit der folgenden Anmerkung beigelegt:]

48. Ist das Induktionsproblem gelöst?

Dieser Abschnitt wird gegenwärtig [1932] neu formuliert.

Kurze Inhaltsangabe des [neugeplanten] Abschnittes *(48)*:
Bemerkungen über die Quasiinduktion.
Ausblick auf das Abgrenzungsproblem.
Das Abgrenzungskriterium wird formuliert:
Ein Satz macht nur dann eine *empirische Aussage über die Wirklichkeit*, wenn er *empirisch falsifizierbar* ist, das heißt: wenn er mit der Erfahrung in Konflikt geraten kann.

blems richtig ist; ist es doch Aufgabe der ganzen Arbeit, diese meine Überzeugung zu rechtfertigen. Und wie im vorigen Abschnitt ausgeführt wurde, kann hier nur die kritische Diskussion entscheiden — und zwar nicht so sehr die „dialektische" als die „transzendentale".

Worauf aber hier noch eingegangen werden soll, das ist die Frage, wieweit die vorgeschlagene Lösung überhaupt befriedigt.

Ist das Problem restlos geklärt? Oder behält es noch seinen Stachel?

Ich sehe vor allem noch zwei Fragen, die durch die vorgeschlagene Lösung noch nicht bereinigt sind, die sich hinter dem Induktionsproblem erheben, wenn man diese Lösung annimmt: Das *Abgrenzungsproblem* und die Frage der *Quasiinduktion*.

Die beiden Fragen dürfen einander in keiner Weise koordiniert werden. Sie sind von ganz verschiedener Wichtigkeit, liegen in ganz verschiedenen Ebenen.

Erkenntnistheoretisch betrachtet, ist das *Abgrenzungsproblem* eigentlich das einzige *Grundproblem*. Das Induktionsproblem entsteht nur durch das Abgrenzungsproblem: Das „induktive Verfahren" spielt die Rolle eines Abgrenzungskriteriums (vgl. Abschnitt *44*): [es] soll das Charakteristikum der empirischen [Wissenschaft], der Wirklichkeitswissenschaft sein.

So ist das Abgrenzungsproblem nicht nur das einzige wichtige, das *einzige Grundproblem,* das hinter dem Induktionsproblem steht, sondern das einzige Grundproblem der Erkenntnistheorie überhaupt: das wurde wohl am klarsten von Wittgenstein erkannt. Anders ausgedrückt: in einer „richtigen" Erkenntnistheorie, die alle polemischen Seitenwege vermeiden kann, die sich mit der historisch-dialektischen Problemlage nicht auseinanderzusetzen brauchte, müßte — so wie in Wittgensteins geistvollem Buch — *zwar* vom Abgrenzungsproblem die Rede sein; das Induktionsproblem und der Begriff der Induktion brauchte aber überhaupt nicht vorzukommen.

Denn es gibt keine Induktion im erkenntnistheoretischen Sinn.

Diese Grundthese des Deduktivismus besagt zweierlei:

Erstens, daß es keine Induktionslogik gibt, daß echte Induktionsschlüsse logisch nicht gerechtfertigt werden können; daß die Induktion somit keine wissenschaftliche Methode, das heißt, kein wissenschaftliches Begründungsverfahren sein kann.

Zweitens besagt sie aber, — denn sonst wäre die Behauptung transzendental bedeutungslos — daß die empirische Wissenschaft auch *tatsächlich von einem solchen, induktiven Verfahren keinen Gebrauch macht,* sondern deduktiv vorgeht.

Diese zweite Behauptung scheint nun reichlich gewagt zu sein.

Ist es denkbar, daß das induktive Verfahren der empirischen Wissen-

---

[Es läßt sich nicht entscheiden, ob die ersten Sätze dieser Anmerkung auf die hier wiedergegebene Fassung des Abschnittes *48* hinweisen oder auf eine frühere — und jetzt verlorene — Fassung. Hrsg.]

schaften eine bloße Halluzination der induktivistischen Erkenntnistheoretiker ist, dem nichts in dem tatsächlichen Verfahren der empirischen Wissenschaften entspricht?

Hier stoßen wir auf jene Frage, die erst durch die *Untersuchung der Quasiinduktion*[2] (im Rahmen der allgemeinen Methodentheorie) eine befriedigende Antwort erhalten wird.

Immerhin erscheint es wünschenswert, den Begriff der Quasiinduktion hier wenigstens soweit zu besprechen, daß gezeigt werden kann, daß dieser Begriff nicht dazu dient, um etwa einen versteckten Rückzug zum Induktivismus zu decken.

Dazu eine terminologische Festsetzung.

Man kann die Sätze, [oder] das Gebiet einer Wissenschaft in verschiedenen Richtungen durchwandern. Die Richtung von den allgemeinsten Grundsätzen bis zu den besonderen Einzelsätzen (also die deduktive Richtung) soll neutral als die Richtung nach *abwärts,* als die von oben nach unten bezeichnet werden; die umgekehrte Richtung (also die induktive Richtung) als die Richtung nach *aufwärts.*

Im allgemeinen ist natürlich die *Richtung des deduktiven Schließens,* die Richtung der Deduktion, die nach *abwärts.* Aber es darf nicht übersehen werden, daß auch *reine Deduktionen in der Richtung nach aufwärts führen können* (also in induktiver Richtung). Ein Beispiel für solche Deduktionen, die sich in der Richtung nach aufwärts bewegen, kennen wir bereits in der so wichtigen rückwirkenden Falsifikation des Implikans durch das Implikat, im *modus tollens* (vgl. etwa die Abschnitte *31* und *38*).

Diese „rückwirkende Falsifikation" ist zweifellos eine echte Deduktion. (Das sieht man am besten daraus, daß nach den Regeln der Deduktionslogik das negierte Implikat als Implikans geschrieben werden kann und das negierte Implikans als Implikat[*1].) Ebenso sicher bewegt sich dieser reine Deduktionsschluß in aufwärts steigender (in „induktiver") Richtung: Es ist ein Schluß von einer besonderen Wirklichkeitsaussage auf ein Naturgesetz (nämlich auf seine Falschheit).

Solche streng deduktive (deduktivistische) Methoden, die sich aber in aufwärtssteigender, in „induktiver" Richtung bewegen, bezeichne ich als „quasiinduktiv".

Quasiinduktion ist dementsprechend jedes methodische Verfahren, das, gestützt auf rein deduktivistische Methoden, in der Richtung nach aufwärts fortschreitet. (Die Möglichkeiten der Quasiinduktion werden durch den modus tollens noch keineswegs erschöpft.)

Die Quasiinduktion wird in der allgemeinen Methodentheorie behandelt:

---

[2] [Vgl. KARL POPPER, Logik der Forschung (1934; 2. Aufl., 1966), Abschnitt *85*; KARL POPPER, op. cit. (2. Aufl., 1966), *Sachregister*: Quasiinduktion, deduktive Schlüsse in induktiver Richtung. Siehe auch *Nachwort des Herausgebers.* Hrsg.]

[*1] Das heißt, wenn „$p \supset q$" analytisch ist, so ist auch „$\sim q \supset \sim p$" analytisch.

quasiinduktive Methoden sind, wie schon das Beispiel des modus tollens zeigt, ein wichtiger Bestandteil der deduktivistisch-empiristischen Methoden. Sie können an den Grundsätzen der allgemeinen Methodentheorie deduktiv abgeleitet werden.

Ihre Untersuchung wird zeigen, daß es in der Tat das *quasiinduktive* Verfahren war, das die induktivistische Erkenntnistheorie zur Theorie der *Induktion* führte. Auch daß das „induktive Verfahren" als *Abgrenzungskriterium* betrachtet wurde, wird verständlich: Der Gegensatz zur deduktiv verfahrenden rationalistischen Metaphysik drückt sich oft am sichtbarsten im quasiinduktiven Verfahren der empirischen Wissenschaft aus; so kennt ja die rationalistische Metaphysik zum Beispiel keine rückwirkende Falsifikation. Doch wäre es ganz unrichtig, nunmehr im quasiinduktiven Verfahren das Abgrenzungskriterium zu sehen.

Näheres kann hier über die Quasiinduktion nicht mehr gesagt werden. Die allgemeine Methodentheorie kann erst nach der Untersuchung des *Abgrenzungsproblems*[3] skizziert werden. Denn nicht nur, daß das *Abgrenzungskriterium* der wichtigste Grundsatz der allgemeinen Methodentheorie ist: Auch ihre übrigen Voraussetzungen ergeben sich unmittelbar aus der Untersuchung des Abgrenzungsproblems.

Und um damit auf dieses zurückzukommen: Eine ganze Reihe von Fragen, die durch die Untersuchung des Induktionsproblems aufgerollt wurden, finden ihre befriedigende Aufklärung erst durch die Untersuchung des Abgrenzungsproblems. Darauf wurde auch öfter hingewiesen. Ich erinnere nur an die Besprechung des induktivistischen Sinnbegriffs (Abschnitt *44*) und an die Besprechung des Konventionalismus (Abschnitt *24* und *30*). Aber auch die Kritik des strengen Positivismus wird durch die Untersuchung des Abgrenzungsproblems an Klarheit gewinnen, sowie die Kritik des Apriorismus und die „Antinomie von der Erkennbarkeit der Welt"[4].

Die Hauptaufgabe des Abgrenzungsproblems ist die Grenzziehung der empirischen Wissenschaft gegen alle rationalistische Spekulation aus reiner Vernunft. Aber nicht nur, daß die Aufgabe, die Problemstellung die ist, die Kant schon durch den Titel seines Hauptwerkes als wichtigste Aufgabe der Erkenntnistheorie kennzeichnete: Es wird sich zeigen, daß auch Kants Lösung des Abgrenzungsproblems den richtigen Weg gezeigt hat.

---

[3] [Siehe *Nachwort des Herausgebers*. Hrsg.]
[4] [Vgl. Band II (Fragmente): [V.] *Grundriß einer Theorie der empirisch-wissenschaftlichen Methoden (Theorie der Erfahrung)*, Abschnitt *2*.; KARL POPPER, Logik der Forschung (1934; 2. Aufl., 1966), Abschnitt *78*. Siehe auch *Nachwort des Herausgebers*. Hrsg.]

ANHANG

DIE KRITIK DES INDUKTIONSPROBLEMS IN SCHEMATISCHEN DARSTELLUNGEN.

Der Zweck der nachstehenden schematischen Darstellungen ist der, von jeder Position in übersichtlicher Weise anzugeben, welche Voraussetzungen sie macht und durch welche Voraussetzungen sie sich von anderen Positionen unterscheidet. (Die Methode dieser Art von schematischen Darstellungen ist zuerst von Leonard Nelson[1] ausgebildet[a] worden.) Die Tafeln bilden eine ziemlich *vollständige Zusammenfassung der Kritik des Induktionsproblems.*

Um zu zeigen, wie eine solche Darstellung zu lesen ist, wird der ersten Tafel („Die drei induktivistischen Positionsgruppen") eine *Analyse* beigegeben. Die weiteren Tafeln sind nach demselben Schema zu analysieren.

Analyse zu Tafel I.

(a), (b), (c) sind drei Voraussetzungen, die zu dritt untereinander nicht vereinbar sind. Je zwei von ihnen sind jedoch vereinbar.

Nimmt man (a) und (b) an, so muß man (c) aufgeben: Man kommt dann zur Position (1). Nimmt man (a) und (c) an, so muß man (b) aufgeben: Man kommt zur Position (2). Ebenso führt die Aufgabe von (a) zur Position (3).

Man kann die Tafel in zwei Richtungen lesen:

A) Man geht von den *Folgerungen (Positionen)* aus und sieht nach, welche zwei *Voraussetzungen* je einer der Positionen zugrunde liegen, beziehungsweise welche von den Voraussetzungen die betreffende Position fallen lassen muß.

B) Man geht von den *Voraussetzungen* aus und sieht nach, zu welchen zwei *Folgerungen (Positionen)* je eine Voraussetzung führen kann und wie die Wahl einer dieser beiden Folgerungen zur Anerkennung beziehungsweise Aufgabe einer der beiden anderen Voraussetzungen führt.

---

[1] [Vgl. LEONARD NELSON, Die kritische Methode und das Verhältnis der Psychologie zur Philosophie: Ein Kapitel aus der Methodenlehre, Abhandlungen der FRIESschen Schule neue Folge 1 (1904), S. 56 f. Hrsg.]

Tafel I.
Die drei induktivistischen Positionsgruppen.
(Zu Abschnitt 6.)

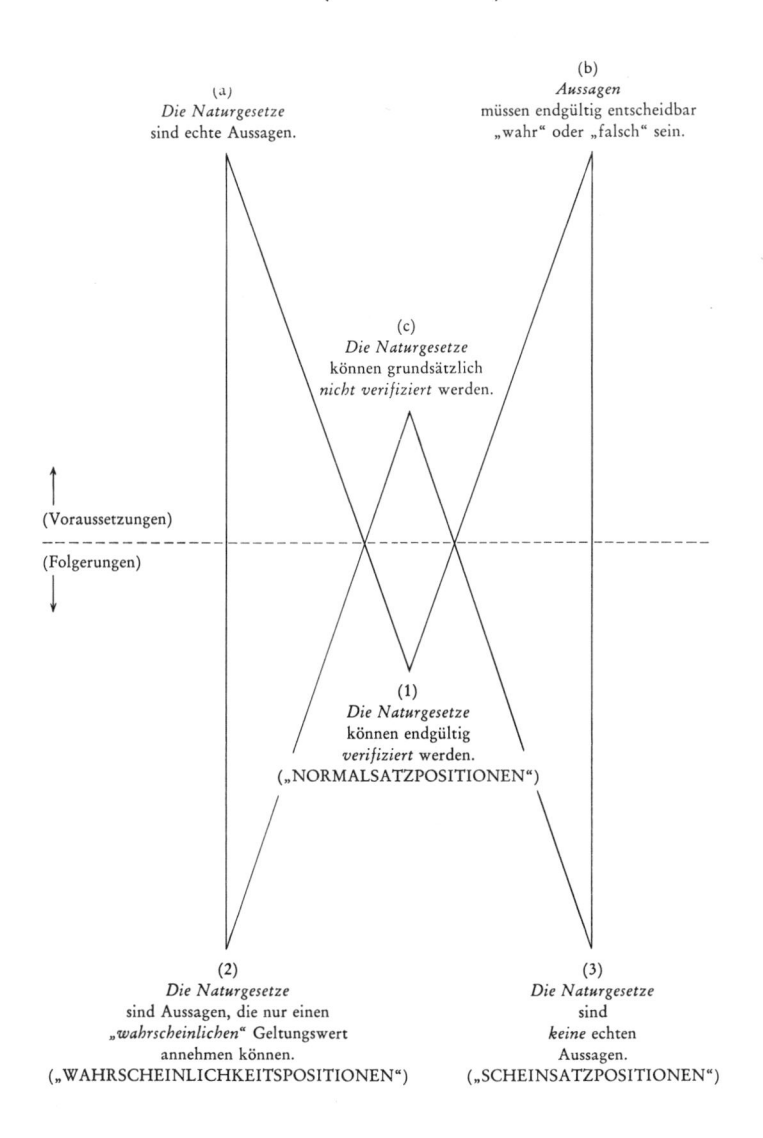

(a)
Die Naturgesetze
sind echte Aussagen.

(b)
Aussagen
müssen endgültig entscheidbar
„wahr" oder „falsch" sein.

(c)
Die Naturgesetze
können grundsätzlich
nicht verifiziert werden.

↑
(Voraussetzungen)

(Folgerungen)
↓

(1)
Die Naturgesetze
können endgültig
verifiziert werden.
(„NORMALSATZPOSITIONEN")

(2)
Die Naturgesetze
sind Aussagen, die nur einen
„wahrscheinlichen" Geltungswert
annehmen können.
(„WAHRSCHEINLICHKEITSPOSITIONEN")

(3)
Die Naturgesetze
sind
keine echten
Aussagen.
(„SCHEINSATZPOSITIONEN")

Tafel II.
Die „Normalsatzpositionen".
(Zu Abschnitt 7 und insbesondere zu Abschnitt 8.)

Gemeinsame Voraussetzung: Die Naturgesetze sind verifizierbare (vollentscheidbare) Wirklichkeitsaussagen (synthetische Urteile).

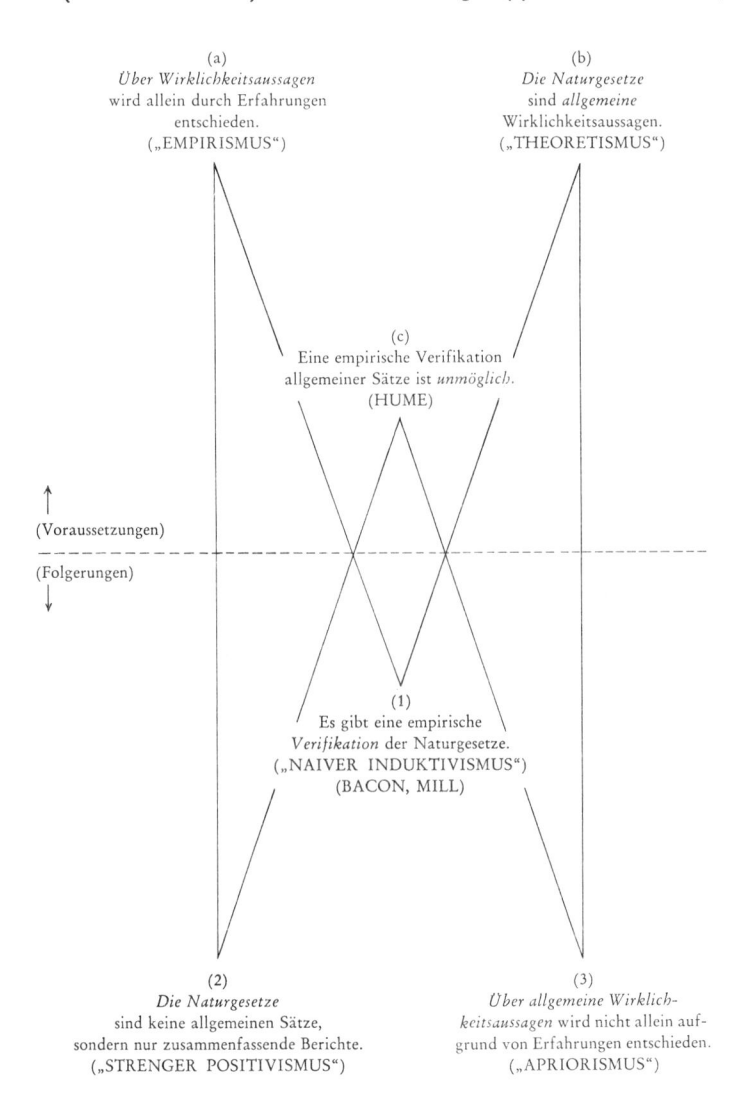

(a)
Über Wirklichkeitsaussagen
wird allein durch Erfahrungen entschieden.
(„EMPIRISMUS")

(b)
Die Naturgesetze
sind *allgemeine* Wirklichkeitsaussagen.
(„THEORETISMUS")

(c)
Eine empirische Verifikation allgemeiner Sätze ist *unmöglich*.
(HUME)

↑
(Voraussetzungen)
- -
(Folgerungen)
↓

(1)
Es gibt eine empirische *Verifikation* der Naturgesetze.
(„NAIVER INDUKTIVISMUS")
(BACON, MILL)

(2)
Die Naturgesetze
sind keine allgemeinen Sätze, sondern nur zusammenfassende Berichte.
(„STRENGER POSITIVISMUS")

(3)
Über allgemeine Wirklichkeitsaussagen wird nicht allein aufgrund von Erfahrungen entschieden.
(„APRIORISMUS")

Anmerkung: In der Tafel VI tritt noch ein etwas anderer Begriff des „Empirismus" und des „Theoretismus" auf.

Tafel III.
Die *Wahrscheinlichkeitspositionen* heben den Widerspruch der Normalsatzpositionen „dialektisch" auf.
(Zu Abschnitt *12*.)

(HUMEs Argument — Tafel II, c — wird vorausgesetzt.)

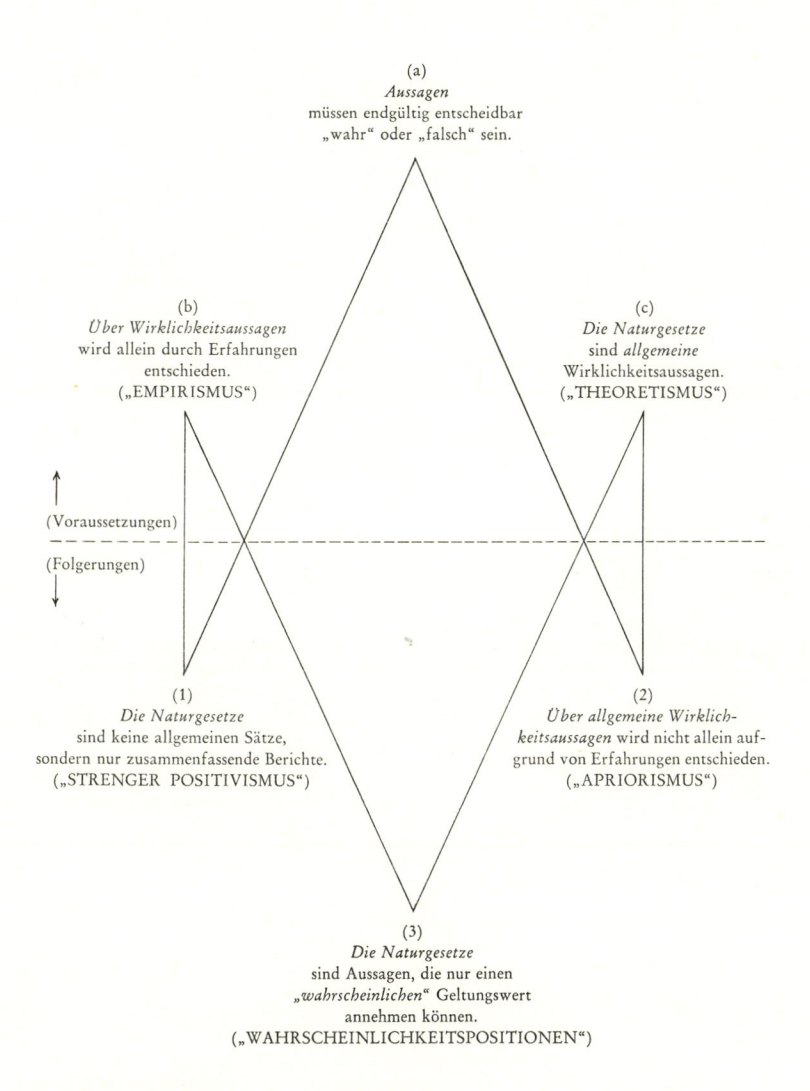

(a)
Aussagen
müssen endgültig entscheidbar
„wahr" oder „falsch" sein.

(b)
Über Wirklichkeitsaussagen
wird allein durch Erfahrungen
entschieden.
(„EMPIRISMUS")

(c)
Die Naturgesetze
sind *allgemeine*
Wirklichkeitsaussagen.
(„THEORETISMUS")

↑
(Voraussetzungen)
- -
(Folgerungen)
↓

(1)
Die Naturgesetze
sind keine allgemeinen Sätze,
sondern nur zusammenfassende Berichte.
(„STRENGER POSITIVISMUS")

(2)
Über allgemeine Wirklichkeitsaussagen wird nicht allein aufgrund von Erfahrungen entschieden.
(„APRIORISMUS")

(3)
Die Naturgesetze
sind Aussagen, die nur einen
„wahrscheinlichen" Geltungswert
annehmen können.
(„WAHRSCHEINLICHKEITSPOSITIONEN")

Anmerkung: vergleiche die Anmerkung bei Tafel II.

Tafel IV.
Die „Scheinsatzpositionen".
(Zu Abschnitt *18.*)

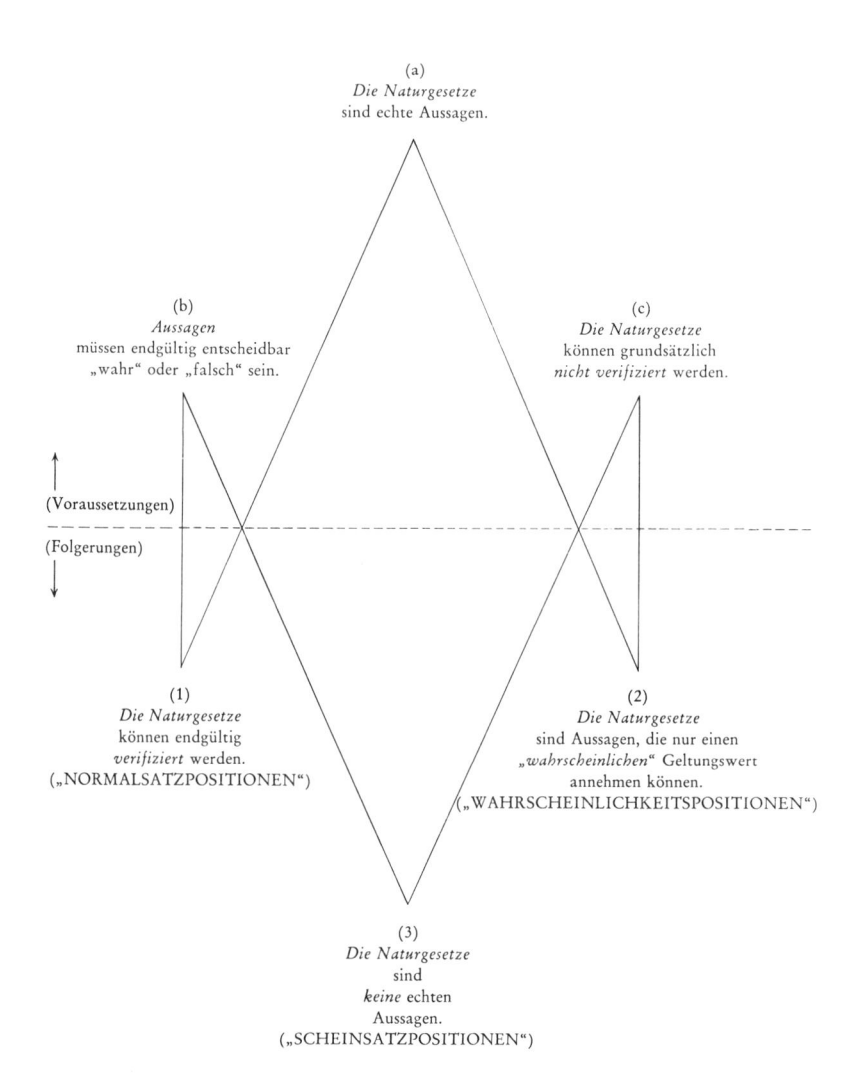

(a)
Die Naturgesetze
sind echte Aussagen.

(b)
Aussagen
müssen endgültig entscheidbar
„wahr" oder „falsch" sein.

(c)
Die Naturgesetze
können grundsätzlich
nicht verifiziert werden.

↑
(Voraussetzungen)
- -
(Folgerungen)
↓

(1)
Die Naturgesetze
können endgültig
verifiziert werden.
(„NORMALSATZPOSITIONEN")

(2)
Die Naturgesetze
sind Aussagen, die nur einen
„wahrscheinlichen" Geltungswert
annehmen können.
(„WAHRSCHEINLICHKEITSPOSITIONEN")

(3)
Die Naturgesetze
sind
keine echten
Aussagen.
(„SCHEINSATZPOSITIONEN")

Anmerkung: Diese Tafel ist gleichlautend mit der Tafel I; nur die Anordnung ist verschieden: Die Scheinsatzpositionen treten hier als „dialektische Auflösung" des Widerspruches zwischen den Normalsatz- und den Wahrscheinlichkeitspositionen auf.

Die Kritik des Induktionsproblems in schematischen Darstellungen

Tafel V.
Scheinsatzpositionen und Konventionalismus.
(Zu Abschnitt 24.)

(Vorausgesetzt wird der „Theoretismus".)

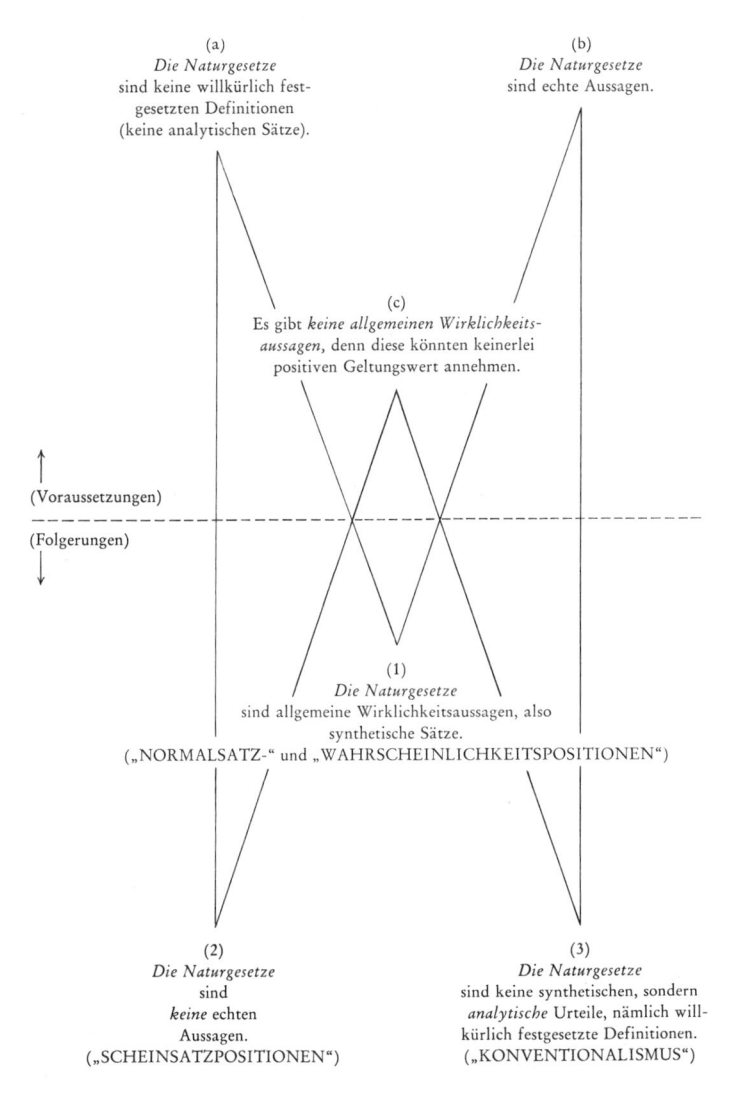

(a)
Die Naturgesetze
sind keine willkürlich festgesetzten Definitionen
(keine analytischen Sätze).

(b)
Die Naturgesetze
sind echte Aussagen.

(c)
Es gibt *keine allgemeinen Wirklichkeitsaussagen*, denn diese könnten keinerlei positiven Geltungswert annehmen.

↑
(Voraussetzungen)
- -
(Folgerungen)
↓

(1)
Die Naturgesetze
sind allgemeine Wirklichkeitsaussagen, also synthetische Sätze.
(„NORMALSATZ-" und „WAHRSCHEINLICHKEITSPOSITIONEN")

(2)
Die Naturgesetze
sind
keine echten
Aussagen.
(„SCHEINSATZPOSITIONEN")

(3)
Die Naturgesetze
sind keine synthetischen, sondern *analytische* Urteile, nämlich willkürlich festgesetzte Definitionen.
(„KONVENTIONALISMUS")

Tafel VI.
Der Konventionalismus,
abgeleitet aus den Normalsatzpositionen (Tafel II).
(Zu Abschnitt 24.)

(HUMEs Argument — Tafel II, c — wird vorausgesetzt.)

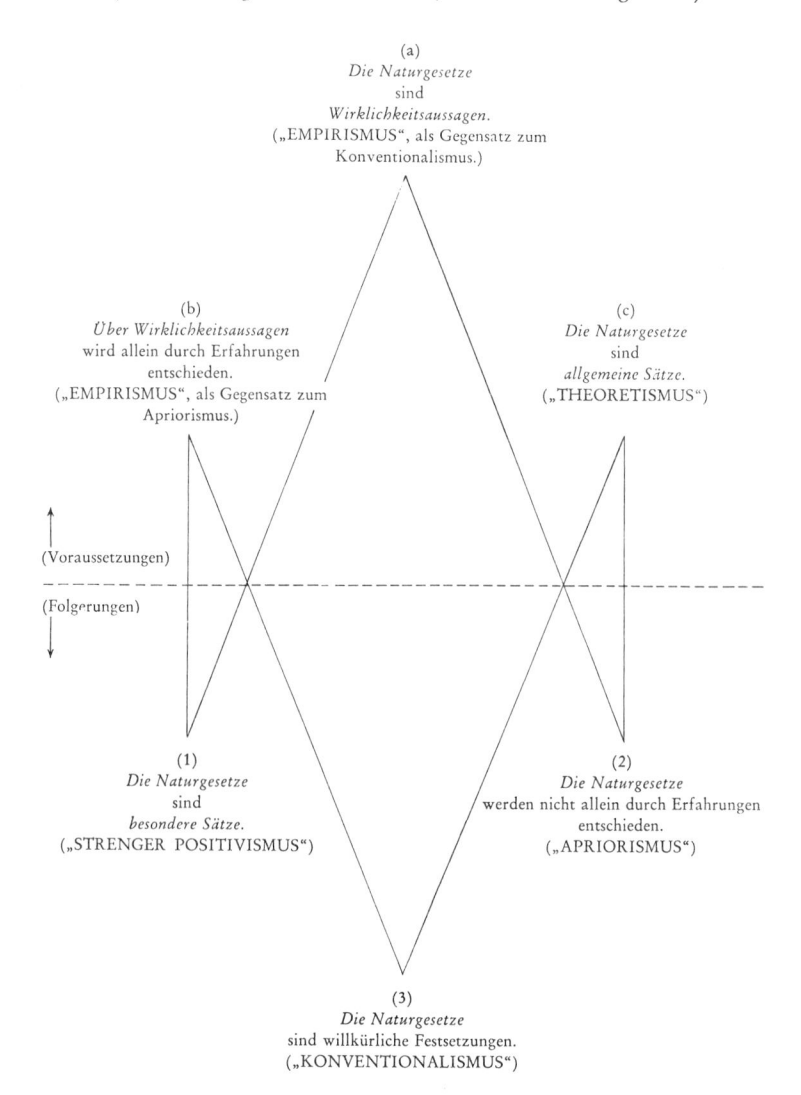

(a)
Die Naturgesetze
sind
Wirklichkeitsaussagen.
("EMPIRISMUS", als Gegensatz zum
Konventionalismus.)

(b)
Über Wirklichkeitsaussagen
wird allein durch Erfahrungen
entschieden.
("EMPIRISMUS", als Gegensatz zum
Apriorismus.)

(c)
Die Naturgesetze
sind
allgemeine Sätze.
("THEORETISMUS")

(Voraussetzungen)
- -
(Folgerungen)

(1)
Die Naturgesetze
sind
besondere Sätze.
("STRENGER POSITIVISMUS")

(2)
Die Naturgesetze
werden nicht allein durch Erfahrungen
entschieden.
("APRIORISMUS")

(3)
Die Naturgesetze
sind willkürliche Festsetzungen.
("KONVENTIONALISMUS")

Anmerkung: vergleiche auch die Begriffe des „Empirismus" und des „Theoretismus"
in Tafel II.

Tafel VII.
Auflösung.

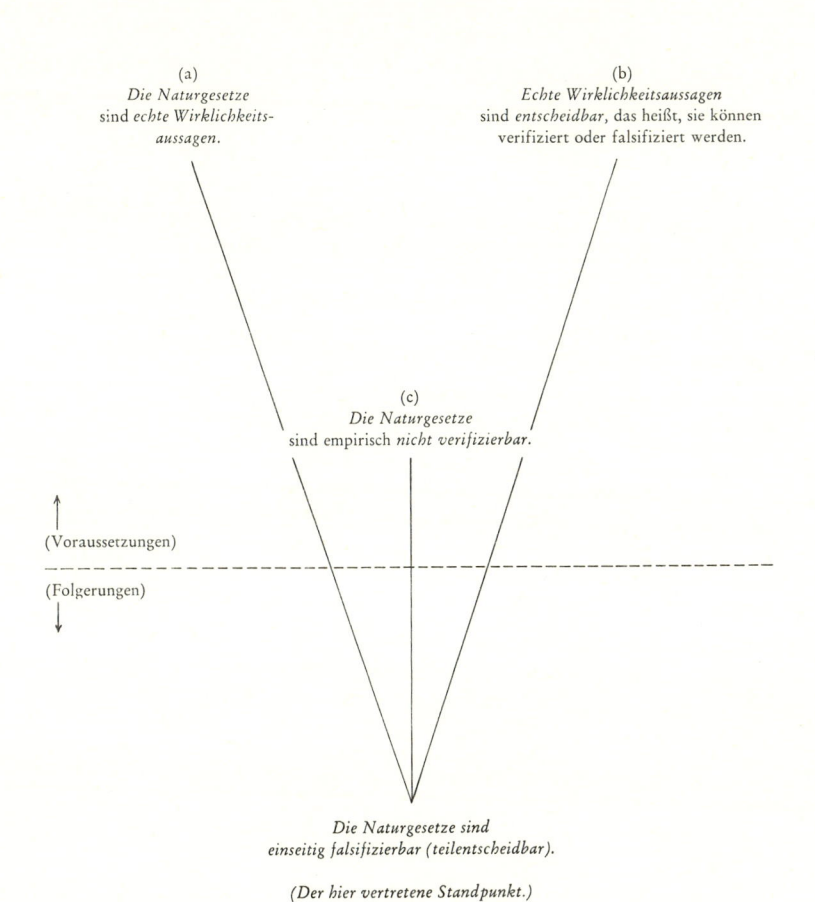

(a)
Die Naturgesetze
sind *echte Wirklichkeitsaussagen.*

(b)
Echte Wirklichkeitsaussagen
sind *entscheidbar,* das heißt, sie können
verifiziert oder falsifiziert werden.

(c)
Die Naturgesetze
sind empirisch *nicht verifizierbar.*

↑
(Voraussetzungen)
— —
(Folgerungen)
↓

Die Naturgesetze sind
einseitig falsifizierbar (teilentscheidbar).

(Der hier vertretene Standpunkt.)

II. Buch

DAS ABGRENZUNGSPROBLEM
Erfahrung und Metaphysik

DIE BEIDEN GRUNDPROBLEME DER ERKENNTNISTHEORIE
Band II (Fragmente)

Erster Teil: Fragmente 1932

ENTWURF EINER EINFÜHRUNG

Gibt es eine philosophische Wissenschaft? (Einführende Überlegungen zum Abgrenzungsproblem.)

1. Eine *einzelwissenschaftliche,* etwa eine physikalische Untersuchung, kann ohne weitere Umschweife mit der Stellung des Problems beginnen. Man kann, sozusagen, „mit der Tür ins Haus fallen"; es ist ja ein „Haus" da: ein wissenschaftliches Lehrgebäude, eine allgemein anerkannte Problemsituation. Der einzelwissenschaftliche Forscher kann damit rechnen, daß es dem Leser (von dem er annehmen kann, daß er die fachlichen Voraussetzungen beherrscht) selbst gelingen wird, die Arbeit in den Zusammenhang der Wissenschaft einzuordnen.

In einer ganz anderen Lage findet sich der Philosoph. Er steht nicht vor einem Lehrgebäude, sondern vor einem Trümmerfeld. An eine *allgemein anerkannte* Problemsituation kann er nicht anknüpfen, — denn daß es eine solche nicht gibt, das allein dürfte so ziemlich allgemein anerkannt sein; ist es ja sogar der letzte Schrei der philosophischen Mode, daß es so etwas wie ein echtes philosophisches Problem überhaupt nicht geben kann.

So bleibt dem Philosophen, der sich zu keiner der streitenden Schulen bekennen und auf eine Änderung des traurigen Zustandes der philosophischen Diskussion nicht verzichten will, nichts anderes übrig, als vom Anfang anzufangen.[1]

2. Das aber dürfte nicht so einfach zu sein. Noch haben wir den ersten Schritt nicht gemacht — glauben wenigstens, ihn noch nicht gemacht zu haben — und schon scheint es, daß wir zu weit gegangen sind: von links und von rechts tönt uns ein „Halt!" entgegen.

Es ist der moderne („logische" oder „logistische") *Positivismus* auf der einen, die moderne *Weltanschauungsphilosophie* auf der anderen Seite, die beide, — so groß auch die Gegensätze sind, die gerade diese Richtungen sonst trennen — gewisse Voraussetzungen in gleicher Weise bekämpfen, die wir schon in unseren ersten Sätzen in versteckter Weise eingeführt haben.

---

[1] [Der erste Abschnitt dieses *Entwurfs einer Einführung* ist eine frühere Fassung vom *Vorwort* (Wien, im Herbst 1934) zu Karl Popper, Logik der Forschung (1934; 2. Aufl., 1966). Hrsg.]

Denn diese Sätze enthalten offenbar eine Tendenz, die nämlich, daß der geschilderte Zustand in der Philosophie ein *ungesunder* ist und daß eine Heilung, eine Reform, ein *wissenschaftlicher Neubau der Philosophie möglich* und *nötig* ist.

Aber gerade das wird sowohl vom modernen „Positivismus" als auch von der modernen „Weltanschauungsphilosophie" bestritten; beide vertreten die Ansicht, daß es eine *philosophische Wissenschaft nicht gibt und nicht geben kann,* — wenn man nämlich unter „*Wissenschaft*" ein (im Sinne der verschiedenen Einzelwissenschaften) *objektiv begründbares* Lehrgebäude versteht; für beide gibt es somit keine *Wissenschaft* außer (oder über) den Einzelwissenschaften (zu denen man dann freilich auch die gewöhnlich zur Philosophie gerechnete *Logik* zählen müßte).

3. Der moderne *Positivismus* (wir denken vor allem an Wittgenstein) sieht in den traditionellen *Problemen der Philosophie* teils echte *Probleme, die gar nicht der Philosophie angehören* (sondern etwa von der Logik oder Mathematik, von der Physik oder von der empirischen Psychologie zu bearbeiten sind); teils aber sieht er, — soweit es sich nämlich um *typisch philosophische* Probleme handelt, wie etwa das Realitätsproblem, das Kausalproblem und das Problem der Willensfreiheit, — in ihnen keine echten Probleme, sondern *Scheinprobleme*: sie können überhaupt nicht exakt gestellt werden und nur sprachliche Unklarheiten und Mißverständnisse sind es, durch die der falsche Anschein entsteht, daß diese „Probleme" echte Fragen sind. — Es ist nur eine Konsequenz dieser Auffassung, daß es auch keine philosophische *Lehre,* keine philosophische *Wissenschaft* geben kann: Wo es keine Frage gibt, kann es auch keine Antworten geben. „Die Philosophie ist keine Lehre, sondern eine Tätigkeit", sagt Wittgenstein². Diese *„Tätigkeit"* des Philosophierens beschränkt sich darauf, unter Verzicht auf jede philosophische *Behauptung* lediglich die sprachlichen Mißverständnisse und Mißbräuche aufzuklären, durch die das jeweils zu beseitigende philosophische Scheinproblem entstanden ist.

Nach dieser Auffassung kann es kein philosophisches *System* geben, auch kein System der philosophischen Irrtümer und Scheinprobleme (obwohl es *typische* und auch *traditionelle* sprachliche Mißbräuche gibt); denn man kann nie wissen, welche neuen sprachlichen Mißbräuche eines Tages einreißen werden. Hingegen gibt es wohl eine Art von *Methode* des Philosophierens, eine Methode der philosophischen Tätigkeit: Es ist die *Besinnung auf die Regeln des Sprachgebrauches* (der Grammatik im weitesten Sinn), denn diese Regeln allein sind es, die „Sinn" und „Bedeutung" unserer Sätze und Wörter bestimmen.

Die hier skizzierte Auffassung des modernen Positivismus wird somit in der von uns zu Beginn angedeuteten Tendenz eines *wissenschaftlichen Neu-*

---

² [LUDWIG WITTGENSTEIN, Tractatus Logico-Philosophicus (1918/1922), Satz 4.112. Hrsg.]

baues der Philosophie geradezu *den* Kardinalfehler alles bisherigen Philosophierens sehen müssen. Diese Auffassung erklärt es auch, weshalb bisher alle derartigen Versuche immer fehlschlugen. Und sie erklärt (durch die Lehre von der Systemlosigkeit der philosophischen „Probleme", das heißt der grammatischen Mißbräuche) auch die bestehende Anarchie der philosophischen Systeme.

4. Zu ähnlichen Ergebnissen kommt — wenn auch von ganz anderer Seite her — die moderne *Weltanschauungsphilosophie* (wir denken vor allem an Scheler, Heidegger, Jaspers). Diese anerkennt zwar die Berechtigung philosophischer Probleme, sie stellt philosophische Behauptungen auf, sie sieht in der Philosophie eine *Lehre* — aber eine Lehre *von anderer Art,* wie die der objektiv begründbaren Wissenschaften: In bewußtem, zum Teil in ausdrücklichem Verzicht auf den Wissenschaftscharakter sieht sie in den Werken der Philosophen die Bekenntnisse *individuell-subjektiver Weltanschauungen.* Eigenart, Tiefe, originale Intuition sind die Momente, durch die die philosophische Produktion bedeutsam und wertvoll wird, — nicht aber wissenschaftliche Objektivität, oder rational-kritische Nachprüfbarkeit. Auf jeden Versuch einer Rechtfertigung der vorgetragenen Lehre gegenüber Einwendungen kann, ja muß der Philosoph verzichten. Er soll nicht durch Gründe überzeugen, wie der Wissenschaftler, sondern dadurch, daß er ausspricht, was ihn (und die, „die auf gleichem Wege sind" — wie Jaspers[3] sagt) zutiefst bewegt.

Ähnlich wie der moderne Positivismus kann auch die Weltanschauungsphilosophie die bestehende Anarchie der philosophischen Systeme erklären; denn auch für sie kann es kein abschließbares philosophisches System geben, — auch kein abschließbares oder endgültiges System der philosophischen Probleme, — denn man kann nie wissen, welche neuen philosophischen Probleme eines Tages erschaut werden.

Und ebenso wird auch die moderne Weltanschauungsphilosophie in der zu Beginn angedeuteten Tendenz eines wissenschaftlichen Neubaues der Philosophie geradezu *den* Kardinalfehler des bisherigen Philosophierens sehen müssen. Die Orientierung an der (Einzel-)*Wissenschaft*[*1] ist es, — das Streben nach objektiver Begründung, nach einem allein gültigen und alleinherrschenden System, — die die ungesunden Erscheinungen hervorbringt: Das gegenseitige Unverständnis und die Unduldsamkeit der philosophischen Schulen, die fast niemals dem weltanschaulichen Gehalt der anderen Syste-

---

[3] [Vgl. KARL JASPERS, Philosophie I.: Philosophische Weltorientierung (1932), S. VII. Hrsg.]

[*1] Diese Orientierung an der Wissenschaft wurde, viele Jahre später, als „Szientismus" bezeichnet und bekämpft. Siehe auch mein Buch Das Elend des Historizismus (1944/1945; deutsch von LEONHARD WALENTIK, 1965), S. 48 und 53. [The Poverty of Historicism II., Economica, N.S., 11 (1944), S. 120 f., 123 (The Poverty of Historicism, 1. Aufl., 1957, und spätere Auflagen, S. 60, 66). Hrsg.]

me gerecht werden, sondern immer nur deren (notwendigerweise) mangelhafte rationale „*Begründungen*" kritisieren.

5. Wollen wir mit unserer Absicht, vom Anfang anzufangen, Ernst machen, so dürfen wir über die angedeuteten Einwände des Positivismus und der Weltanschauungsphilosophie nicht hinweggehen; wir dürfen die Möglichkeit einer wissenschaftlichen Reform der Philosophie, ja, auch nur die Möglichkeit einer philosophisch-wissenschaftlichen Diskussion nicht ohne weiteres kritiklos voraussetzen.

Womit wir uns also vorerst kritisch auseinandersetzen müssen, das ist das *Problem: Gibt es eine philosophische Wissenschaft?*

Ist aber diese Problemstellung ein Ausweg gegenüber den besprochenen Einwänden? Offenbar nicht: Die Frage nach dem Wissenschaftscharakter der Philosophie ist ja selbst kein einzelwissenschaftliches, sondern ein philosophisches Problem; die Möglichkeit ihrer kritischen Untersuchung ist daher bestritten.

6. An dieser Stelle brauchen wir jedoch solche Einwände nicht zu fürchten. Im Gegenteil: Ein Einspruch des Positivismus oder der Weltanschauungsphilosophie gegen unser Problem und gegen die Möglichkeit seiner wissenschaftlichen Diskussion würde uns Gelegenheit geben, unsererseits gegen beide Auffassungen kritisch vorzugehen.

Denn beide Auffassungen nehmen ja zu dem Problem des Wissenschaftscharakters der Philosophie Stellung, — sei es nun implizit oder ausdrücklich. Sie beantworten das Problem, und zwar in negativem Sinne. (Wenn sie es nicht ausdrücklich als Problem anerkennen und diskutieren, so kann das nur *eines* bedeuten: daß ihre Antwort *kritiklos* ist, — und daß sie gegenüber dem anarchischem Zustand der Philosophie einfach resignieren.)

Würden die beiden Auffassungen aber ihre negative Beantwortung des Problems auch auf dieses selbst anwenden, so müßten sie in Widersprüche und Paradoxien (von der Art des Kreterschlusses) geraten.

Wenn nämlich der Positivismus seine These: „Es gibt kein philosophisches Problem und also auch keine philosophische Behauptung" auch auf unser Problem bezieht, so wird sie widerspruchsvoll, da sie ja selbst eine philosophische Behauptung ist und also auch ein philosophisches Problem (nämlich das unsere) anerkennt. Der Positivismus muß also vorsichtiger vorgehen (und zwar jedenfalls so, daß er unsere Problemstellung nicht angreift).

In ähnlicher Weise müßte sich auch die *Weltanschauungsphilosophie* in Widersprüche verwickeln, würde sie gegen unsere Problemstellung auftreten. Denn das kann sie nur tun, wenn sie ihre These, daß die Philosophie keine wissenschaftlichen (begründbaren) Sätze aufstellt, selbst als einen wissenschaftlichen (begründbaren) Satz auffaßt und ihn gegen uns ausspielt. Dann aber ist dieser Satz widerspruchsvoll (denn er ist jedenfalls ein „philosophischer" Satz). Faßt sie ihn aber nicht als wissenschaftlichen Satz auf sondern als ein weltanschauliches Bekenntnis, dann kann sie gegen unsere

Problemstellung auch nichts einwenden. Es kann dann nämlich auch der entgegengesetzte (nicht widerspruchsvolle) Satz behauptet werden, der nämlich, daß es wissenschaftlich-philosophische Sätze (und Diskussionen) geben kann.

(Wir haben es hier offenbar mit einem jener klassischen Widersprüche zu tun, in denen sich die enge logische Verwandtschaft von *Skepsis* und *Mystik* zeigt, — in unserem Fall: Positivismus und Weltanschauungsphilosophie. Es ist jener Widerspruch, den schon Sokrates gefühlt haben dürfte, als er, nach der Überlieferung, seinem Satz „Ich weiß, daß ich nichts weiß" hinzufügt: „— Und kaum das.")

Diesen Bemerkungen soll keine besondere polemische Bedeutung beigemessen werden. Sie sollen nur zeigen, daß ernste Einwendungen gegen die *Problemstellung: Gibt es eine philosophische Wissenschaft?* nicht erhoben werden können.

Verdient aber dieses Problem überhaupt besonderes Interesse?

7. Wir hätten diese einleitenden Bemerkungen nicht so lange ausgesponnen, wenn wir nicht überzeugt wären, daß dieses Problem das allergrößte Interesse verdient: Man kann es geradezu als den Schlüssel zu den Fundamentalproblemen der Philosophie betrachten.

Die bloße Stellung dieses Problems führt nämlich zu folgender (vorläufiger, nicht ganz exakter, aber anschaulicher) Konzeption:

Wir haben ein Gebiet vor uns ([das] der Einzelwissenschaften), dessen Wissenschaftscharakter als unangefochten gelten soll. Ferner ein zweites Gebiet (die Philosophie), dessen Wissenschaftscharakter als problematisch gelten soll.

Wir können dieses Problem nun auch so formulieren: Wo wird in diesem zweiten, philosophischen Gebiet die Grenze zwischen Wissenschaft und Weltanschauung (beziehungsweise: zwischen Wissenschaft und sprachlichem Mißbrauch) zu ziehen sein? Wird sie so zu ziehen sein, daß das ganze zweite Gebiet außerhalb dieser Grenze liegt oder wird sie innerhalb des philosophischen Gebietes verlaufen oder wird das philosophische Gebiet als ganzes innerhalb der Wissenschaft liegen?

Wenn wir nun dieses Problem wissenschaftlich untersuchen wollen, so müssen wir diese Konzeption etwas abändern: Wir müssen (gewissermaßen über oder zwischen diese beiden Gebiete) ein drittes Gebiet einführen, eben jenes Gebiet, in dem die fragliche Untersuchung geführt wird. Dieses Gebiet wird (so müssen wir vorläufig annehmen, nachdem wir das Problem einmal aufgestellt haben) einerseits als wissenschaftlich vorausgesetzt, anderseits aber als philosophisch; es steht somit gewissermaßen an der Grenze des als wissenschaftlich vorausgesetzten Gebietes einerseits, anderseits jenes philosophischen Gebietes, dessen Wissenschaftscharakter fraglich ist.

Genauer: die Aufgabe dieses dritten Gebietes ist es ja geradezu, die Grenzen des ersten Gebietes gegen das zweite zu untersuchen, — zu bestimmen, wo die Grenzen der Wissenschaft verlaufen.

Wir wollen dieses dritte Gebiet, das Gebiet dieser als wissenschaftlich vorausgesetzten philosophischen Untersuchung das Gebiet der *Erkenntnistheorie* nennen: ferner wollen wir, falls sich ergeben sollte, daß es ein philosophisches Gebiet gibt, das außerhalb der Wissenschaft liegt, dieses Gebiet „Metaphysik" nennen, — gleichgültig, ob wir es (wie der Positivismus) negativ oder (wie die Weltanschauungsphilosophie) positiv werten wollen.

Aufgrund dieser Konzeption können wir unser Problem „Gibt es eine philosophische Wissenschaft" nun auch so formulieren: Wo verläuft die Grenze zwischen Wissenschaft und Metaphysik? oder, in einer Formulierung, die nicht so stark an unsere anschauliche Konzeption appelliert:

Gibt es ein Kriterium, das es gestattet, wissenschaftliche Behauptungen von metaphysischen zu unterscheiden?

Wenn wir ein solches Kriterium „*Abgrenzungskriterium*" nennen und die Frage nach dem Abgrenzungskriterium als „*Abgrenzungsproblem*" bezeichnen, so können wir sagen:

Die Frage „Gibt es eine philosophische Wissenschaft" führt zur Formulierung des „Abgrenzungsproblems" als zu dem allgemeinsten philosophischen Problem.

I. PROBLEMSTELLUNG

1. Das Abgrenzungsproblem. Wodurch unterscheiden sich die *empirischen* von den *nichtempirischen Wissenschaften* und von den *außerwissenschaftlichen* Gebieten?

Gibt es ein Kriterium, das die empirischen Wissenschaften gegen nichtempirische Gebiete abgrenzt? Ein Kriterium, durch das gewisse Sätze oder Satzsysteme als empirisch ausgezeichnet werden, andere als nichtempirisch?

Die Frage nach einem solchen *Abgrenzungskriterium* nenne ich das „*Abgrenzungsproblem*".

Das Abgrenzungsproblem ist das Fundamentalproblem der Erkenntnistheorie: alle erkenntnistheoretischen Fragen können auf dieses Problem zurückgeführt werden.

2. Tragweite des Abgrenzungsproblems. An Stelle der Frage:
Was ist Erkenntnis?
(die in dieser Form wohl nur zu einem unfruchtbaren Streit über Nominaldefinitionen führen kann, — Definitionen sind ja immer willkürlich) könnte man vorerst die engere Frage setzen:
Was ist *wissenschaftliche* Erkenntnis?
Da wissenschaftliche *Erkenntnisse* immer in Form von *Sätzen* oder von *Satzsystemen* dargestellt werden können (so daß man kurz sagen kann: Wissenschaftliche *Erkenntnisse* sind *Sätze* oder *Satzsysteme*) so kann man die Frage: Was ist *wissenschaftliche* Erkenntnis etwa in die folgenden (mit ihr äquivalenten) Fragen umformen:

Welche Sätze sind wissenschaftliche Erkenntnisse? oder: Wodurch sind gewisse Sätze als „wissenschaftlich" charakterisiert? oder: Durch welches Kriterium läßt sich die Wissenschaft gegen außerwissenschaftliche Gebiete abgrenzen?

Man sieht, daß die verschiedenen Formulierungen Verallgemeinerungen des oben formulierten Abgrenzungsproblems darstellen.

Dieses verallgemeinerte Abgrenzungsproblem (in kürzester Formulierung: Was ist Wissenschaft?) ist — ähnlich wie die Frage: Was ist Erkenntnis? — zu unbestimmt, zu allgemein, um sich in dieser Form als Grundfrage einer Untersuchung zu eignen. Denn es ist vorerst auch nur eine *Frage der Termi-*

nologie, — nämlich der definitorischen Festsetzung dessen, was man „wissenschaftlich" und was man „außerwissenschaftlich" *nennen* will. Ob man etwa eine *Metaphysik* zur Wissenschaft zählen will oder nicht, ist ja vorerst nur eine Frage der Übereinkunft — zumindest so lange, als man nicht sachliche Argumente für die Einführung gewisser Untersuchungen, gewisser Abgrenzungen vorbringen kann. (Und auch dann bleibt natürlich die Benennung nebensächlich; nur jene Grenzziehung ist bedeutsam und die Argumente, die für sie sprechen.)

Schränkt man jedoch die Frage neuerlich ein, fragt man nicht mit dem verallgemeinerten Abgrenzungsproblem nach einem Kriterium der Wissenschaft im allgemeinen, sondern — mit dem *Abgrenzungsproblem* selbst — nach einem Kriterium der *empirischen* Wissenschaft, so ist die Gefahr, sich in terminologische Streitigkeiten zu verlieren, geringer. Im großen und ganzen ist man ja einig, welche Wissenschaften man als „empirisch" bezeichnen will und welche nicht. (In demselben Maße, in dem der Sprachgebrauch sich der Eindeutigkeit nähert, verliert die Frage den willkürlich-terminologischen Charakter.)

Das *verallgemeinerte Abgrenzungsproblem,* die Frage nach einem Kriterium des Wissenschaftscharakters *(Was ist Wissenschaft?)* wurde hier als Einschränkung, gewissermaßen als Ersatz der Frage: *Was ist Erkenntnis?* eingeführt. In analoger Weise entspricht das *Abgrenzungsproblem selbst,* die Frage nach einem Kriterium des empirisch-wissenschaftlichen Charakters *(Was ist empirische Wissenschaft?)* der Frage: Was ist empirische Erkenntnis? oder: Was ist Erfahrung?

Man kann daher das *Abgrenzungsproblem* auch auffassen als eine (in gewisser Hinsicht präzisierte) Form des *Problems der Erfahrung.*

Die wichtigste Grenze, die das Abgrenzungskriterium zu ziehen hat, ist die zwischen empirischer Wissenschaft und Metaphysik.

(Auch der Begriff „Metaphysik" ist umstritten; *vorläufige Festsetzung:* nichtempirische Wirklichkeitsaussagen nennen wir „metaphysisch". Metaphysisch sind demnach alle nichtempirischen Behauptungen, die etwas über existierende, reale Gegenstände aussagen; ferner alle nichtempirischen Behauptungen, die mit dem Anspruch auftreten, empirisch zu sein, — die also die *Grenze verletzen,* die durch das Abgrenzungskriterium gezogen wird.)

Historisch betrachtet, sind ja alle empirischen Wissenschaften aus der nichtempirischen, der spekulativ-philosophischen „Metaphysik" hervorgegangen. Und die weniger hoch entwickelten unter ihnen tragen deutlich sichtbar noch die Eierschalen ihrer metaphysischen Vergangenheit. Die *Abgrenzung gegen die Metaphysik* ist für sie deshalb von erheblicher Bedeutung.

Wollte man den engeren Problemkreis des Abgrenzungsproblems kurz umschreiben, so könnte das vielleicht am besten durch die Schlagworte geschehen: *„Erfahrung"* und *„Metaphysik".*

3. *Das Induktionsproblem.* **Beobachten** kann man immer nur bestimmte *Einzelvorgänge*, und immer nur eine *beschränkte Anzahl* solcher Vorgänge; daher kann man immer auch nur *besondere (singuläre) Sätze,* das heißt, Sätze über Einzelvorgänge oder eine beschränkte Zahl solcher Einzelvorgänge durch Beobachtung unmittelbar überprüfen. Dennoch treten in den empirischen Wissenschaften *allgemeine (generelle) Sätze* auf, das heißt, Sätze, die über eine *unbeschränkte Anzahl* von Vorgängen Aussagen machen; vor allem die sogenannten *„Naturgesetze"*.

Das *Induktionsproblem* ist die Frage nach der *Geltung* (oder nach der *Begründung)* der allgemeinen Sätze der empirischen Wissenschaften. In anderer Formulierung: Können *empirische Sätze* (Wirklichkeitsaussagen, die sich auf Erfahrung gründen) *allgemeingültig* sein?

4. *Tragweite des Induktionsproblems.* Das Induktionsproblem — das Problem der (Geltung der) *allgemeinen Wirklichkeitsaussagen* — ist eine bestimmte Form des *Problems der Naturgesetzlichkeit* (und des *Kausalproblems*).

Irgendwelche Vorgänge „erklären" („kausal erklären") heißt, Sätze, die diese Vorgänge beschreiben, aus allgemeinen Sätzen (Naturgesetzen, Theorien) rein *logisch-deduktiv ableiten*.

(Soll ein bestimmter *Einzelvorgang* erklärt werden, so müssen die abgeleiteten Sätze *besondere* Sätze sein; zu deren Deduktion muß man außer dem Theoriesystem, das heißt den allgemeinen Sätzen (Obersätze) auch noch besondere Untersätze voraussetzen, da man ohne Substitution besonderer Bedingungen nicht aus allgemeinen Sätzen auf besondere Sätze schließen kann.)

Da nun immer zu jedem beliebigen vorgegebenen Satz (es sei denn, daß er widerspruchsvoll wäre) verschiedene allgemeine Sätze konstruiert werden können, aus denen der Satz deduziert werden kann, so ist es trivial, daß jeder beliebige Vorgang grundsätzlich immer, und zwar auf verschiedene Weise (kausal) erklärt werden kann.

(Schwieriger, grundsätzlich aber auch immer mehrfach lösbar, ist die Aufgabe, für ein ganzes — widerspruchsfreies — *System* von vorgegebenen Sätzen einen Erklärungsgrund, das heißt Obersätze für seine Deduktion, zu konstruieren.)[1]

---

[1] [Der Schluß dieses Abschnittes ist nicht mehr auffindbar und muß als verloren angesehen werden. Hrsg.]

[II.] ZUR FRAGE DER AUSSCHALTUNG DES
SUBJEKTIVISTISCHEN PSYCHOLOGISMUS

Die deduktivistische, transzendentalistische und objektivistische Auffassung der Wissenschaft, die hier vertreten wird, unterscheidet sich von jeder induktivistischen, psychologistischen und subjektivistischen Auffassung der Wissenschaft, wie sie zum Beispiel auch der moderne Positivismus vertritt, in geradezu fundamentaler Weise durch folgenden Gedankengang: Der Induktivismus (Positivismus) sieht in unseren Wahrnehmungen (eventuell auch in anderen Erlebnissen) das Fundament alles Wissens, aller Wissenschaft. Dieses Grundthema ist allen positivistischen Richtungen gemeinsam, obwohl es von ihnen in recht verschiedener Weise abgewandelt wird. So gehen manche Richtungen soweit, in den wissenschaftlichen *Sätzen* „nur" logische Konstruktionen von Erlebnissen zu sehen; andere wiederum sehen in den *Begriffen* der empirischen Wissenschaft „nur" logische Konstruktionen (Klassen von Klassen, Klassen von Relationen) von Elementarerlebnissen. Die transzendentale Unhaltbarkeit dieser Auffassung und die logische Schwierigkeit, irrationale Elemente, wie es unsere Erlebnisse sind, logisch-rational zu bearbeiten, führen schließlich den Positivismus dazu, seine Grundposition zwar nicht aufzugeben, aber die irrationalen Erlebnisse durch rationale Gebilde, nämlich Wahrnehmungs*aussagen* („Protokollsätze") zu ersetzen. Nicht mehr unsere irrationalen Wahrnehmungen, sondern der rationalisierte sprachliche Ausdruck dieser Wahrnehmungen soll das Fundament der Wissenschaft bilden.

Der Positivismus glaubt, auf diese Weise den Psychologismus [und den] Subjektivismus zu überwinden, der dem irrationalen Ausgangsmaterial anhaftete. Wie wenig ihm das gelungen ist, zeigt wohl ein Vergleich mit der deduktivistischen Auffassung. Nach der deduktivistischen Auffassung darf die objektive *Wissenschaft* nicht verwechselt werden mit unseren (von der Psychologie hypothetisch angenommenen) Erlebnissen, die wir „*Wissen*" nennen.

Das Studium unseres subjektiven Wissens, unserer subjektiven Überzeugungserlebnisse ist Angelegenheit der (für die Erkenntnis*theorie* nicht-relevanten) Erkenntnis*psychologie*. Diese wird vermutlich den trivialen Satz vertreten, daß unsere Wissens-, unsere Überzeugungserlebnisse — soweit sie überhaupt erklärt werden können — als durch andere Erlebnisse verursacht anzusehen sind; insbesondere durch die sogenannten „Wahrnehmungserlebnisse", sei es nur die Wahrnehmung eines Ereignisses, oder die Wahrnehmung von Schriftzeichen, Sprachlauten oder dergleichen.

Subjektiv, psychologisch betrachtet, ist also die Wissenschaft ein System von sichtbaren oder hörbaren Sätzen, deren Wahrnehmung (und geistige Verarbeitung) uns bei der Bildung unserer subjektiven Überzeugungen behilflich ist.

Ganz anders die objektive, erkenntnistheoretische Betrachtungsweise.

Die deduktivistische Erkenntnistheorie sieht in der Wissenschaft kein System von Überzeugungen, sondern nur ein hypothetisch-deduktives System von Sätzen, aufgestellt nach bestimmten Methoden.

Dieses System hat den Charakter der Objektivität oder [der] intersubjektiven Nachprüfbarkeit; das heißt, es ist grundsätzlich für jedermann nachprüfbar, der sich dieser Mühe unterziehen will (und kann). Diesen Charakter der Objektivität, der intersubjektiven Nachprüfbarkeit haben sowohl seine[a] deduktiven Ableitungen, als auch die letzten deduzierten singulären Basissätze, die durch Hic-et-nunc-Substitutionen deduzierten singulären Prognosen. Die Überprüfungen durch die verschiedenen Subjekte können dabei auf ganz verschiedene Weise erfolgen. Sie sind Angelegenheit dieses Subjektes selbst, die sich eine Überzeugung bilden wollen. Das gilt sowohl für die Deduktionen, wie für die letzten deduzierten Basissätze. Aufgabe der Wissenschaft ist es nur, ihren Deduktionen „klare" Form zu geben (was nichts anderes bedeutet als: eine intersubjektiv nachprüfbare Form) und ebenso die Deduktionen soweit durchzuführen, bis sie zu Sätzen (Beobachtungsanweisungen) gelangt, die von jedermann leicht nachgeprüft werden können („Unproblematische Basissätze"). Festzustellen, in welcher Art die subjektiven Nachprüfungen in jedem Fall erfolgen, ist Sache der Erkenntnispsychologie, für deren Sätze dieselben methodologischen Regeln gelten, wie für jede andere empirische, hypothetisch-deduktive Wissenschaft.

Dieser Standpunkt ist für die logischen Deduktionen der Wissenschaft allgemein anerkannt. Niemand erklärt zum Beispiel, daß etwa die verschiedenen Wissenschaften die psychologischen Überzeugungserlebnisse, die möglicherweise die Nachprüfung der Deduktionen begleiten, explizit berücksichtigen und etwa diese Erlebnisse als Grundlage der logischen Deduktion anführen. (Nur erklärt-induktivistische Richtungen versuchen manchmal, die Deduktion durch Angabe psychischer Überzeugungserlebnisse zu stützen.)

In keiner Weise anerkannt ist aber der Standpunkt des Deduktivismus, daß die Wissenschaft bei unproblematischen, das heißt, bei von jedermann leicht nachprüfbaren Basissätzen stehen zu bleiben hat, und daß die weitere Nachprüfung, soferne sie nicht auf besondere Schwierigkeiten stößt (in welchem Falle die wissenschaftliche Deduktion solange weiterzuführen ist, bis man auf unproblematische Sätze stößt), nicht mehr Sache der Wissenschaft ist.

Die herrschende (induktivistisch-positivistische) Auffassung sieht die Wissenschaft nicht als ein Hilfsmittel an, mit Hilfe dessen sich jedermann seine Überzeugungen selbst bilden kann, sondern als ein System von Überzeugungen; nicht als ein System von Sätzen, das gewissen formalen Bedingungen genügt und in bestimmten Fällen nach bestimmten formalen Regeln abgeändert werden muß, sondern ein System von „wahren" oder doch wenigstens „wahrscheinlichen" Sätzen — diese Worte im Sinne unserer [subjektiven] Überzeugungserlebnisse verstanden.

Auch jene Spielart des Positivismus, die die Wahrnehmungs- und Überzeugungserlebnisse durch Protokollsätze ersetzt, teilt diese Auffassung. Das sieht man deutlich daran, daß die Wahrnehmungs- oder Protokollsätze nichts anderes sind als Aussagen von einzelnen Subjekten über bestimmte Erlebnisse. Auf diesen [so wird angenommen] baut die Wissenschaft auf, — sei es in induktiver Form, oder in der Weise, daß sie aus Hypothesen in Verbindung mit Protokollsätzen Prognosen deduziert, die wieder mit Protokollsätzen verglichen werden. In jedem Fall bilden die Protokollsätze, also die subjektiven Wahrnehmungsberichte, die Basis der Wissenschaft selbst: sie sind integrierende Bestandteile des wissenschaftlichen Systems, das sich dadurch gewissermaßen als ein System von logischen Konstruktionen, errichtet über Protokollsätzen, darstellt.

Der deduktivistische Erkenntnistheoretiker interessiert sich *als solcher*[*1] nicht für die Frage, ob es subjektive Wahrnehmungserlebnisse gibt oder „nur" Protokollsätze. Er kann sich daher wenigstens vorläufig darauf einlassen, jedesmal, wenn von subjektiven Beobachtungen die Rede sein soll, statt dessen von Protokollsätzen zu sprechen. Unter Verwendung dieses Sprachgebrauches würde er sagen: jedes Subjekt überprüft die Wissenschaft mit Hilfe seiner eigenen Protokollsätze. Einerseits überprüft es die Deduktion und gibt zu Protokoll, daß sie ihm „schlüssig" erscheinen, oder „nichtschlüssig". Andererseits überprüft es die letzten deduzierten unproblematischen Basissätze *über* leicht beobachtbare Vorgänge und gibt zu Protokoll, ob sie ihm mit seinen Beobachtungen übereinstimmend, also „wahr" erscheinen oder nicht-übereinstimmend und also „falsch". Aber alle diese Überprüfungen durch alle diese Protokollsätze gehören nicht mehr zu der zu überprüfenden Wissenschaft: sie gehören zu dem[b], was oben die „Bildung der subjektiven Überzeugung" genannt wurde. Sie gehören also in die hypothetisch-deduktive Erkenntnispsychologie, eine Tatsachenwissenschaft, die feststellen muß, ob das geschilderte Verfahren den Tatsachen entspricht, und für [die] dieselben methodologischen Regeln gelten, wie für jede andere empirische Wissenschaft.

[*1] Gemeint ist: wenn er nicht gerade an der Erkenntnis*psychologie* interessiert ist (wie in der zweiten Hälfte dieses Absatzes).

[III.] ÜBERGANG ZUR METHODENTHEORIE[1]

1. Ein Einwand gegen das Kriterium der Falsifizierbarkeit. Gegen die oben vorgeschlagenen Lösungsversuche des Abgrenzungsproblems[2] und des Induktionsproblems drängt sich — und zwar, wie gezeigt werden wird, mit vollem Recht — ein Einwand auf:

Zugegeben, — so könnte dieser Einwand formuliert werden — daß die naturwissenschaftlichen Theorien nicht-verifizierbare Systeme darstellen; aber sie sind nicht nur *nicht verifizierbar*, sondern sie sind auch *nicht falsifizierbar*. Jedes theoretische System kann nämlich vor einer empirischen Falsifikation geschützt werden, und das sogar auf verschiedenen Wegen: Man kann Hilfshypothesen einführen, mit Hilfe derer die Beobachtungen, die das Theoriensystem bedrohen, „erklärt", das heißt, mit dem System wieder in Einklang gebracht werden können; oder man kann die sogenannten „*Zuordnungsdefinitionen*" (beziehungsweise das, was an deren Stelle tritt, wenn man, wie das auch bei der hier vertretenen Auffassung der Fall ist, nicht mit „Zuordnungsdefinitionen" arbeitet) abändern, anders ausgedrückt: die empirische Bedeutung abändern, die den in der Theorie auftretenden Begriffen ([oder] Termen) zugeschrieben wurde; schließlich kann man die bedrohlichen Beobachtungen einfach *ausschalten*, indem man sie etwa als „erlogen" oder als „unwissenschaftlich", „nicht-objektiv" oder dergleichen erklärt. Durch jedes dieser Verfahren — und um so mehr durch alle zusammen — ist es immer möglich, eine Theorie vor der Falsifikation zu bewahren. Der Hinweis auf die einseitige Falsifizierbarkeit der Theorien ist daher nicht stichhaltig und nicht imstande, eine Lösung der erkenntnistheoretischen Probleme anzubahnen. Es besteht auch keine Asymmetrie zwischen positiven und negativen Geltungswerten, zwischen Verifikation und Falsifikation. Die vorgeschlagene Lösung des Induktionsproblems ist abzulehnen, weil die Naturgesetze keineswegs „teilentscheidbar", sondern überhaupt unentscheidbar sind. Die vorgeschlagene Lösung des Abgrenzungsproblems ist abzulehnen, weil die naturwissenschaftlichen Theori-

---

[1] [Wie aus Band I: Abschnitt *30,* Anm. 1 hervorgeht, ist es in Erwägung gezogen worden, *Übergang zur Methodentheorie* als einen Anhang zu Band I anzubringen; dieses ist jedoch nicht der ursprüngliche Plan gewesen; siehe *Nachwort des Herausgebers.* Hrsg.]

[2] [Siehe *Nachwort des Herausgebers.* Hrsg.]

en nicht falsifizierbar sind, was zur Folge hat, daß sie durch das Abgrenzungskriterium der Falsifizierbarkeit aus der Wissenschaft ausgeschlossen werden würden (wodurch die Argumente, die gegen Wittgensteins Sinnkriterium erhoben wurden[3], auf den hier vertretenen Standpunkt zurückfallen würden).

Der dargelegte Einwand (er wird im folgenden als der „*konventionalistische Einwand gegen die Falsifizierbarkeit*" bezeichnet werden) ist für alle weiteren Überlegungen von *grundlegender Bedeutung*.

Dieser Einwand nämlich *besteht*[a] *zu Recht, ohne dabei die hier vertretene erkenntnistheoretische Auffassung treffen zu können:* Es ist richtig, daß ein bestimmtes vorliegendes Theoriensystem niemals schlechthin als absolut „falsifizierbar" bezeichnet werden darf; es gibt immer Verfahren, durch die die Falsifikation verhindert werden kann. *Aber es gibt auch Verfahren, durch die das Gegenteil erreicht, durch die das Theoriensystem „falsifizierbar"* gemacht wird.

Hier zeigt sich auf das schärfste der Gegensatz zwischen der Auffassung der Erkenntnistheorie als Methodenlehre und jeder anderen erkenntnistheoretischen Auffassung; insbesondere auch einer Auffassung, die die Erkenntnistheorie nicht als Methodologie, sondern nur etwa als logische Analyse der Erkenntnis untersuchen will.

Wenn es nämlich nicht nur die logischen Eigenschaften einer Theorie sind, die sie falsifizierbar machen, sondern bestimmte Verfahren, also bestimmte *methodologische Beschlüsse*, so bedeutet das, daß die Abgrenzung keine bloß logische, sondern eine methodologische Angelegenheit ist und somit das Abgrenzungsproblem kein bloß logisches, sondern ein methodologisches Problem ist; und ebenso kann das Abgrenzungskriterium kein bloß logisches Kriterium, sondern es muß ein methodologisches Kriterium sein, ein Kriterium also, daß sich nicht nur auf eine vorliegende Theorie und ihren logischen Bau bezieht, sondern auch auf die Behandlung, der die Theorie in der Wissenschaft unterworfen wird. Der „konventionalistische Einwand gegen die Falsifizierbarkeit" [wie ich ihn genannt habe] hat somit für diese Untersuchung eine dreifache Bedeutung:

a) Insofern nämlich dieser Einwand zu Recht besteht, kann er *gegen jeden* nicht-methodologischen Abgrenzungsversuch ins Treffen geführt werden; und in diesem Sinne wird er auch hier verwendet.

b) Er gestattet es, die These vom methodologischen Charakter der Erkenntnistheorie weiter zu verfolgen und das Abgrenzungsproblem als ein konkretes methodologisches Problem zu formulieren und zu behandeln.

Dieser Punkt ist wichtig, weil dadurch die Anwendung der transzendentalen Methode möglich und das Abgrenzungsproblem zu einer *entscheidba-*

---

[3] [Vgl. Band I: Abschnitt *44*; Anhang: Abschnitt *V*; KARL POPPER, Logik der Forschung (1934; 2. Aufl., 1966), Abschnitt *4*. Siehe auch *Nachwort des Herausgebers*. Hrsg.]

2. Kritik nicht-methodologischer Erkenntnistheorien

ren (nämlich teilentscheidbaren) Frage wird, deren Lösung also auf nicht bloß willkürlichen Festsetzungen über die Begriffe „Metaphysik" und „empirische Wissenschaft" beruht, sondern auf solchen Festsetzungen, über deren Zweckmäßigkeit und Fruchtbarkeit durch einen Erfolg der wissenschaftlichen Methode entschieden werden kann.

c) Der Einwand legt es nahe, der deduktiven Theorie der wissenschaftlichen Methode die Frage zugrunde zu legen: *durch welche methodologischen Festsetzungen wird eine [wissenschaftliche] Theorie falsifizierbar?* Die Antworten auf diese Frage, die auf dem Weg der logischen Analyse und Deduktion gewonnen werden können, bilden die Lehrsätze der Methodentheorie.

Im folgenden werden diese drei Punkte der Reihe nach näher aufgeführt; die Punkte a) und b) in den nächsten Abschnitten, Punkt c) im Kapitel „Grundriß einer deduktiven Theorie der empirisch-wissenschaftlichen Methoden"[4].

2. Kritik nicht-methodologischer Erkenntnistheorien. Für die Überlegungen dieses Abschnittes soll supponiert werden, daß das Kriterium der Falsifizierbarkeit die Abgrenzung in sachlich richtiger Weise leistet, das heißt [so], daß die methodologischen Ergebnisse, die unter Voraussetzung dieses Kriteriums abgeleitet werden können, sich transzendental bewähren.

Was hier gezeigt werden soll, ist, daß unter dieser Voraussetzung sich jeder nicht-methodologische Abgrenzungsversuch als unzureichend erweisen muß; anders ausgedrückt: daß das empirische Kriterium der Falsifizierbarkeit durch kein nicht-methodologisches Kriterium ersetzbar ist, also insbesondere nicht durch ein logisches Kriterium. Als Beweisargument wird im wesentlichen der „konventionalistische Einwand gegen die Falsifizierbarkeit" verwendet. Um diesen Nachweis durchzuführen, soll eine Erkenntnistheorie angenommen werden, die mit der hier vertretenen bis auf einen Punkt übereinstimmt: nämlich eben bis auf die methodologischen Überlegungen. Eine solche Erkenntnistheorie wäre also vor allem deduktivistisch: sie würde in den Naturgesetzen, in den theoretischen Systemen Deduktionsgrundlagen für die Deduktion besonderer Wirklichkeitsaussagen, für die Deduktion besonderer, vollentscheidbarer Prognosen sehen.

Diese Auffassung scheint zu einem in gewissem Sinn bequemeren Abgrenzungskriterium zu führen als die in der vorliegenden Arbeit vertretene. Sie legt es nämlich nahe, *jene und nur jene Sätze als empirisch wissenschaftlich zu bezeichnen, die entweder vollentscheidbar sind, oder aber vollentscheidbare Sätze implizieren;* anders ausgedrückt: empirisch wissenschaftlich sind

---

[4] [Ein Hinweis auf Band II (Fragmente): [V.] *Grundriß einer Theorie der empirisch-wissenschaftlichen Methoden (Theorie der Erfahrung).* Hrsg.]

Beobachtungssätze und solche Sätze, aus denen Beobachtungssätze streng deduktiv abgeleitet werden können.

Ein solches Abgrenzungskriterium scheint auf den ersten Blick sogar mit dem Kriterium der Falsifizierbarkeit äquivalent zu sein. Denn wenn aus einer Theorie Folgesätze abgeleitet werden können, die vollentscheidbar sind, so ist die Theorie offenbar (wie ja auch oben schon ausgeführt wurde[1]) nach dem modus tollens falsifizierbar: Die Falsifikation von Folgesätzen, die aus einer Theorie rein logisch deduziert wurden, hebt die Obersätze auf, falsifiziert also auch die Theorie.

Eine Erkenntnistheorie, die ein solches Abgrenzungskriterium aufstellt — also das Abgrenzungskriterium: „*Empirisch* heißen Sätze, die Beobachtungssätze implizieren" (da jeder Satz sich selbst impliziert, so schließt diese Formulierung[*1] die Beobachtungssätze selbst mit ein) — würde der hier vertretenen Auffassung so nahe kommen, wie[a] das auf logischem (also auf nicht-*methodologischem*) Wege überhaupt möglich ist. Mir ist bisher keine Erkenntnistheorie bekannt geworden, die — ausgesprochenermaßen oder auch nur implizite — ein solches Abgrenzungskriterium vertreten würde. Am nächsten scheinen diesem Abgrenzungskriterium die Formulierungen Hahns zu kommen, die mir dieser in einer Diskussion mitteilte; weniger nahe scheinen gewisse Formulierungen Carnaps zu stehen. (Auseinandersetzungen mit beiden Standpunkten folgen weiter unten...[2]) Aber selbst dann, wenn das soeben formulierte Abgrenzungskriterium von irgendeiner Erkenntnistheorie ausdrücklich vertreten werden sollte, so wäre es mit dem hier vertretenen Abgrenzungskriterium *keineswegs äquivalent*:

Dieses Abgrenzungskriterium würde sich von dem in dieser Untersuchung vertretenen vor allem dadurch unterscheiden, daß es ihm nicht gelingt, die konventionalistisch-tautologischen Systeme von den empirischen abzusondern, daß es ihm also nicht gelingt, die *empirische Methode* zu charakterisieren (die eben nur durch eine methodologische Fragestellung erfaßt werden kann), und daß es ihm folglich auch nicht gelingen kann, den Begriff der *Erfahrung* aufzuklären (von dem H. Gomperz mit Recht sagt, daß „... doch fast alle philosophischen Streitfragen sich auch als solche über die Tragweite des Erfahrungsbegriffes ausdrücken lassen"[3]); jenen Erfahrungsbegriff, der in dieser Untersuchung seine Aufklärung dadurch findet, daß ihm ein methodologischer Begriff substituiert wird, nämlich eben der *Begriff der empirisch-wissenschaftlichen Methode*[b].

Um diese Einwände gegen ein nur-logisches Abgrenzungskriterium be-

---

[1] [Vgl. Band I: Abschnitt *31*. Hrsg.]
[*1] Ebenso wie das Falsifizierbarkeitskriterium.
[2] [Diese „Auseinandersetzungen" sind nicht mehr auffindbar und müssen als verloren angesehen werden; siehe *Nachwort des Herausgebers*. Vgl. auch HANS HAHN, Logik, Mathematik und Naturerkennen, Einheitswissenschaft 2 (1933), S. 22 f. Hrsg.]
[3] Vgl. HEINRICH GOMPERZ, Weltanschauungslehre I. (1905), S. 35.

gründen zu können, wird vorerst (im nächsten Abschnitt) auf eine — wenn auch nur vorläufige — Gegenüberstellung der *konventionalistischen* und *empiristischen* Gedanken eingegangen.

3. Bemerkungen zur Frage: Konventionalismus oder Empirismus? Der naive *induktivistische Empirismus* vertritt gewöhnlich die unhaltbare Auffassung, daß es möglich ist, in genau dem gleichen Sinn von „richtigen" und „unrichtigen", von „wahren" und „falschen" theoretischen Systemen (Systemen von *allgemeinen* Wirklichkeitsaussagen) zu sprechen, in dem man von „richtigen" und „unrichtigen", [von] „wahren" und „falschen" Beobachtungssätzen (*besonderen* Wirklichkeitsaussagen) spricht. Er hält also die allgemeinen Wirklichkeitsaussagen für *vollentscheidbar*, nicht nur für falsifizierbar, sondern auch für verifizierbar (induzierbar).

Gegen diese naive Auffassung wendet sich mit vollem Recht der *Konventionalismus*. Er betont, daß von einer eindeutigen Bestimmung der theoretischen Grundsätze durch die Beobachtungssätze keine Rede sein kann. Es müssen deshalb auch immer *mehrere* Theoriensysteme möglich sein, die [es] gestatten, ein gegebenes System von Beobachtungssätzen zu erklären (in deduktiven Zusammenhang zu bringen)[a].

Es besteht deshalb — so schließt der Konventionalismus weiter — eine gewisse Wahlfreiheit bezüglich der Festsetzung der Grundsätze des Theoriensystems: Die Grundsätze des Systems sind freie Festsetzungen, zwischen denen nicht die „Erfahrung" entscheidet, sondern ästhetische und praktische Rücksichten. Alle theoretischen Systeme, die das eben vorliegende System von Beobachtungssätzen zu erklären (deduktiv zu verknüpfen) gestatten, sind ja, so scheint es, empirisch völlig gleichwertig. Die Auswahl zwischen ihnen kann somit nur nach einem Gesichtspunkt erfolgen, der etwa berücksichtigt, welches System in der Handhabung praktischer ist, [oder] in seinem logischen Bau symmetrischer, eleganter usw.[b] Dieser Gesichtspunkt ist bekannt unter dem Schlagwort „Ökonomieprinzip" oder „Prinzip der Einfachstheit".

Insofern der Konventionalismus sich nur gegen die naiv-induktivistische Auffassung wendet, daß die Theorien empirisch verifizierbar sind, durch die Beobachtungen eindeutig bestimmt werden können, ist er, wie schon bemerkt, im Recht: Zweifellos besteht eine gewisse Wahlfreiheit zwischen den theoretischen Systemen und zweifellos kann zwischen zwei theoretischen Systemen, deren Folgesätze *völlig äquivalent* sind, nur nach ästhetisch-pragmatischen Gesichtspunkten entschieden werden. (*Diese* Entscheidung ist übrigens nach der hier vertretenen Auffassung keine besonders wichtige: Theorien, die in allen ihren Folgesätzen äquivalent sind, kann man selbst als äquivalent bezeichnen, das heißt: sie unterscheiden sich nur durch ihre Formulierung.)

Aber die konventionalistische Auffassung geht viel weiter: Sie wendet sich auch gegen die Ansicht, daß die Theorien empirisch *falsifizierbar* sind und tritt damit implizite in einen Gegensatz zu der hier vertretenen Auffassung eines *deduktivistischen* Empirismus. Die Argumente, die der Konventionalismus in dieser Frage ins Treffen führen kann, wurden schon weiter oben angeführt („konventionalistischer Einwand gegen die Falsifizierbarkeit").

Der Konventionalismus *muß* zu dieser Ablehnung der Falsifizierbarkeit kommen. Die Grundsätze, die „Axiome" der Theorie sind ja für ihn „freie Festsetzungen", also implizite Definitionen der in ihnen auftretenden Grundbegriffe. Definitionen sind aber *unwiderleglich*; sie können nicht [als] „wahr" oder „falsch" [beurteilt werden], sondern nur „praktisch" oder „unpraktisch" (beziehungsweise „einfach" und „kompliziert" oder dergleichen)ᶜ.

Das bekannteste Beispiel: Beschließt man, eine bestimmte metrische Geometrie festzusetzen (etwa die euklidische), so kann diese Festsetzung niemals in Widerspruch zu Beobachtungen geraten. Denn durch diese Festsetzung wird definiert, was ein „Maßstab" ist (beziehungsweise ein „starrer Körper"). Die Meßinstrumente müssen immer so korrigiert werden, daß die Messungen den metrischen Formen der gewählten Geometrie entsprechen. Damit wird aber eine Falsifikation unmöglich: ein Messungsergebnis, das den metrischen Formeln der gewählten Geometrie widerspricht, zwingt uns immer nur zu einer Korrektur der Meßinstrumente, aber niemals zu einer Abänderung der gewählten Axiome. Wie insbesondere Dingler zeigt, kann diese (auf Poincaré zurückgehende) Überlegung verallgemeinert werden; wie Carnap feststellt, müssen drei verschiedene Arten von Festsetzungen getroffen werden: „Raumgesetz" (geometrische Metrik), „Zeitgesetz" (Zeitmaßsetzung) und „Wirkungsgesetz" (Festsetzung der Metrik gewisser Grundintensitäten, — etwa der „Maße" oder „Ladung"). Mit diesen Festsetzungen, die unwiderlegliche Definitionen darstellen, wäre aber das System der theoretischen Physik in seinen Grundzügen bestimmt[1].

Man könnte die konventionalistische Auffassung dahin charakterisieren, daß der naturwissenschaftliche *Theoretiker durch „Erfahrung" niemals belehrt werden kann*; nur der Experimentator kann durch Erfahrung belehrt werden, aber auch dieser nicht über die Gültigkeit wissenschaftlicher Sätze, sondern nur über die praktisch-experimentelle Durchsetzung der Theorien.

Im Gegensatz zu dieser Ansicht kann der „Empirismus" (also auch der hier vertretene) ganz allgemein dadurch charakterisiert werden, daß er die Naturwissenschaften (auch die theoretischen) für *fähig* ansieht, *sich durch „Erfahrungen" (Beobachtungen) belehren zu lassen*.

Nun ist aber die konventionalistische Auffassung grundsätzlich *immer*

---

[1] [Vgl. RUDOLF CARNAP, Über die Aufgabe der Physik und die Anwendung des Grundsatzes der Einfachstheit, KANT-Studien 28 (1923), S. 90 ff. Hrsg.]

3. Bemerkungen zur Frage: Konventionalismus oder Empirismus?

durchführbar. Wie Carnap bemerkt, „... kann man für jedes beliebige Axiomsystem das erzielen, was ‚Übereinstimmung mit der Wirklichkeit' genannt wird."[2]

Es kann daher niemals durch logische Analyse entschieden werden, ob ein vorliegendes wissenschaftliches System „konventionalistisch" oder „empiristisch" ist; eine solche Frage kann ja als Frage über die logischen Eigenschaften des Systems gar nicht gestellt werden, weil jedes System jedenfalls widerspruchsfrei im Sinne des Konventionalismus aufgefaßt werden kann. Wenn es somit überhaupt Systeme gibt, bei denen neben der immer durchführbaren konventionalistischen Auffassung auch eine empiristische Auffassung durchgeführt werden kann, so kann diese ihre empiristische „Auffassung" offenbar nur darin bestehen, daß man sich *entschließt, nicht* unter allen Umständen „das [zu] erzielen, was ‚Übereinstimmung mit der Wirklichkeit' genannt wird"; anders ausgedrückt: daß man *methodische Beschlüsse,* einführt, durch die man *gewisse Verfahren ausschließt,* durch die eine Theorie mit der Wirklichkeit in Einklang gebracht wird. (Zum Beispiel: Man wird bei Messungsergebnissen, die der gewählten Geometrie widersprechen, nicht unter allen Umständen die Meßinstrumente korrigieren, sondern etwa nur dann, wenn ein Fehler in den Meßinstrumenten [oder in den Meßresultaten] auch noch durch bestimmte andere Methoden festgestellt werden kann.)

Wissenschaftliche Systeme können also „an sich" gar nicht in konventionalistische und empiristische unterschieden werden; auch ist eine solche Unterscheidung, so lange in der Wissenschaft „alles gut geht" das heißt, alle Messungen nur zu den erwarteten, zu den *prognostizierten Ergebnissen* führen, nicht aktuell. Erst dann, wenn *unerwartete Ereignisse* eintreten, wird die Unterscheidung wichtig. Dann verlangt der Empirist eine Revision des Systems, unter Umständen sogar einen völligen *Neuaufbau.* Der Konventionalist aber wird keinen Grund sehen, von seinen Festsetzungen abzuweichen; „unerwartete" Ergebnisse sind ihm ja gar nicht unerwartet, sondern in gewisser Hinsicht selbstverständlich, da ja die Korrekturen seiner Meßapparate nur durch solche zustande kommen können, andererseits aber die Meßapparate als „Korrekturergebnisse" definiert sind.

Der Gegensatz zwischen Konventionalismus und Empirismus wird also nur im Falle einer wissenschaftlichen „*Krise*" aktuell; nämlich dadurch, daß deren Bestehen vom Konventionalisten geleugnet, vom Empiristen behauptet wird. *Nur die methodologischen Beschlüsse, nach denen die Wissenschaft im Falle einer „Krise" verfährt, kennzeichnen die „empirische Methode",* kennzeichnen eine Auffassung der Wissenschaft, die sich von der Erfahrung belehren läßt.

Nicht durch ihre Ergebnisse ist also die Erfahrungswissenschaft bestimmt,

---

[2] RUDOLF CARNAP, op. cit., S. 106.

nicht die Sätze als solche haben Wissenschaftscharakter, sondern allein die *Methode*.

4. Der empiristische Charakter der Umgangssprache. — Die logische Auffassung als Voraussetzung der methodologischen. Supponiert man — wie im Abschnitt 2 — die Brauchbarkeit des methodologischen Abgrenzungskriteriums der Falsifizierbarkeit, so muß jeder nur-logische Abgrenzungsversuch als gescheitert betrachtet werden, weil er mit dem methodologischen niemals äquivalent sein kann: Ihm mißlingt die Grenzziehung zwischen den empirischen und den konventionalistisch-tautologischen Systemen.

Der konventionalistische Einwand gegen die Falsifizierbarkeit hat somit das Verdienst, auf die Nicht-Äquivalenz der logischen und der methodologischen Methode der Erkenntnistheorie aufmerksam zu machen.

Dennoch bildet eine logische Grenzziehung, eine logische Einteilung der Sätze in besondere und allgemeine Wirklichkeitsaussagen, metaphysische Sätze und logische Sätze (wie sie oben ... in der „Tafel der Sätze" gegeben wurde[1]), in gewissem Sinne die Grundlage für die methodologische Abgrenzung. Jene Tafel besteht zu Recht, — nur muß man unter *„empirischer Falsifikation"* (beziehungsweise *„Verifikation"*) eben *das* verstehen, was durch die empiristische Methodologie, durch die Theorie der „Erfahrung", erst genauer zu präzisieren ist.

Das muß insbesondere dann beachtet werden, wenn man die Tafel auf so

---

[1] [Nur der folgende Entwurf dieser „Tafel der Sätze" ist erhalten geblieben (siehe *Nachwort des Herausgebers*):]

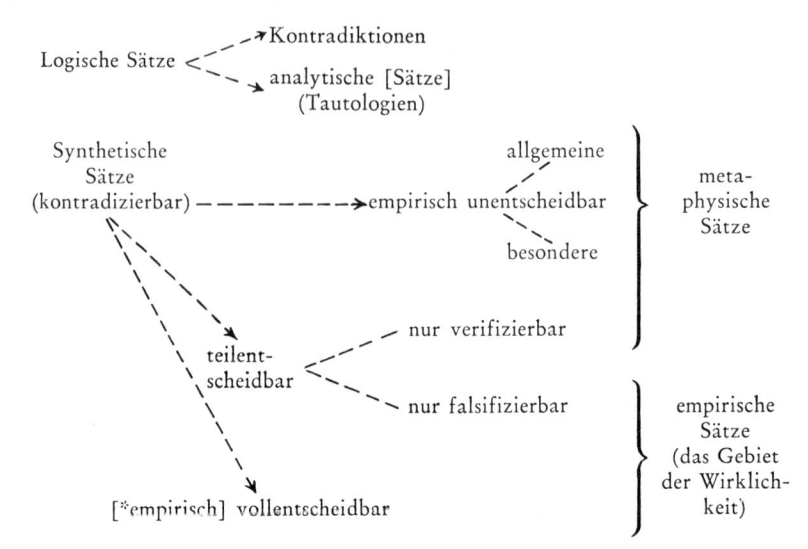

Logische Sätze ⟨ Kontradiktionen
             analytische [Sätze] (Tautologien)

Synthetische Sätze (kontradizierbar) - - - - - - → empirisch unentscheidbar — allgemeine / besondere } metaphysische Sätze

teilentscheidbar — nur verifizierbar / nur falsifizierbar } empirische Sätze (das Gebiet der Wirklichkeit)

[*empirisch] vollentscheidbar

komplizierte Gebilde bezieht, wie es die naturwissenschaftlichen Theorien sind. So kann ja meist eine naturwissenschaftliche Theorie nur als Ganzes falsifiziert werden; sie hat also *als Ganzes* den Charakter einer allgemeinen Wirklichkeitsaussage. Treten in ihr zum Beispiel zufälligerweise Sätze auf, die aussehen wie die „Es-gibt-Sätze", so müssen diese Sätze keineswegs metaphysische Elemente in der empirischen Theorie kennzeichnen, da sie ja nur einen Bestandteil der Theorie, also der allgemeinen Wirklichkeitsaussage bilden.

Wendet man jedoch die „Tafel der Sätze" auf einfachere Gebiete an, insbesondere auf die Sätze unserer Umgangssprache, so sind merkwürdigerweise besondere Vorsichtsmaßregeln nicht notwendig. Der Satz „Alle Menschen haben (von Natur aus) eine Haarfarbe, die zwischen hellblond (weiß), rot und dunkelbraun (schwarz) variiert" wird leicht als falsifizierbar erkannt, also als echte empirische Aussage; eine *„konventionalistische Wendung"* — etwa die, daß man die Beobachtung blauhaariger oder grünhaariger Menschen nicht als Falsifikation wertet, sondern solche Menschen nicht als „Menschen" oder ihre Haare nicht als „Haare" oder deren grüne Farbe nicht als „grün" anerkennt — ist bei derartigen Sätzen der Umgangssprache im allgemeinen nicht zu befürchten. Ebenso erkennt man leicht, daß der Satz „Dieser Stein ist traurig" (oder „Alle Bergkristalle sind traurig") metaphysisch ist, da es offenbar keine falsifizierenden Beobachtungen gibt.

Daß eine „konventionalistische Wendung" auch bei den Sätzen der Umgangssprache immer logisch möglich ist, steht fest. Daß aber der *Sprachgebrauch der Umgangssprache* eine konventionalistische Wendung im allgemeinen mit hinreichender Schärfe ausschließt, beweist, daß dieser Sprachgebrauch ein *empiristischer* ist: Die Methoden, die wir gewöhnlich anwenden, wenn wir Sätze unserer Umgangssprache überprüfen, sind also *empiristische Methoden* (ohne deshalb, wie gewöhnlich angenommen wird, induktivistische Methoden zu sein): Die praktische Verwendbarkeit der Sprache im Alltagsleben hängt ja davon ab, daß wir uns durch „Erfahrung" belehren lassen.

Obwohl also die Brauchbarkeit der „Tafel der Sätze" *in jedem Fall* auf methodologischen Festsetzungen beruht, — mögen diese nun in einer Methodentheorie ausdrücklich formuliert oder, wie im Falle der Umgangssprache, durch die Praxis implizit festgelegt sein, — so bilden dennoch die logischen Überlegungen, die zur Aufstellung der Tafel führen, in gewissem Sinne die *Voraussetzung* auch für die methodologische Grenzziehung: Denn wenn es auch nicht möglich ist, ohne methodologische Beschlüsse die empirischen Sätze als falsifizierbar zu erweisen, so ist es doch ungefähr möglich, alle Sätze, die Beobachtungssätze *nicht* implizieren, sowie alle Kontradiktionen als nicht-empirisch festzustellen.

Die Beziehungen zwischen der bloß logischen und der methodologischen Abgrenzung können also folgendermaßen charakterisiert werden: Die logische Analyse reicht zwar hin, um gewisse Sätze als nicht-empirisch zu kennzeichnen, aber sie reicht niemals hin, um andere Sätze als empirisch zu kennzeichnen. Daß ein Satz somit nicht bereits durch logische Analyse[a] als nicht-empirisch festgestellt werden kann, ist eine notwendige, aber keine hinreichende Bedingung dafür, ihn[b] als „empirisch" zu charakterisieren.

5. Zur Kritik nicht-deduktiver und nicht-transzendentaler Erkenntnistheorien. Für die hier vertretene deduktiv-transzendentale Methode der Erkenntnistheorie können noch wichtige Argumente ins Treffen geführt werden, die ebenfalls mit dem „konventionalistischen Einwand gegen die Falsifizierbarkeit" zusammenhängen (vgl. Abschnitt *1* dieses Teils, b). Auch diese Argumente wenden sich gegen die logische Methode der Abgrenzung, heben also die Vorzüge der methodologischen, der transzendentalen Methode hervor.

Aber sie tun das auf andere Weise wie früher: Was hier betont werden soll, das ist die Bedeutung des *deduktiven* Charakters der Methodentheorie, durch den diese zu einem *entscheidbaren* (nämlich teilentscheidbaren, falsifizierbaren) System von Sätzen wird.

Das Abgrenzungsproblem ist nämlich vorerst nur ein *definitorisches* Problem: Erst durch das Abgrenzungskriterium wird ja scharf definiert, was „empirische Wissenschaft" heißen soll, und was nicht.

Es besteht somit für die meisten Erkenntnistheorien die Gefahr, das Abgrenzungsproblem durch unfruchtbare Nominaldefinitionen zu „lösen".

Selbstverständlich wird jede Erkenntnistheorie, die auf die tatsächlich bestehende Wissenschaft irgendwie Rücksicht nehmen will, ihre definitorischen Festsetzungen so zu treffen suchen, daß das, was jedermann „Wissenschaft", und was jedermann „Metaphysik" nennt, entsprechend abgegrenzt wird. (Wittgenstein ist auch das nicht gelungen.)

Aber es gibt auch Gebiete, die strittig sind; bezüglich derer die Meinungen sehr geteilt sind, ob sie zur Wissenschaft zu zählen sind oder zur Metaphysik. Gerade hier wird die Abgrenzung erst interessant und wichtig; aber gerade hier scheint die Erkenntnistheorie nur völlig *willkürlich* verfahren zu können. Denn ihre Aufgabe ist es ja, das zu treffen, was man darunter versteht, was man damit meint, wenn man von „empirischer Wissenschaft" oder „Metaphysik" spricht. Sobald es aber ein kontroverses Grenzgebiet gibt, ist diese Aufgabe nicht eindeutig gestellt und somit auch grundsätzlich nicht eindeutig lösbar: Die verschiedenen Abgrenzungskriterien vertreten nur verschiedene Positionen im Streite der Meinungen, können aber den Streit nicht schlichten.

Was hier für das Abgrenzungsproblem gesagt wurde, gilt grundsätzlich für jede wissenschaftliche Definition. Dennoch ziehen wir in manchen Wissenschaften eine Definition der anderen vor, und zwar nicht weil sie unseren subjektiven Tendenzen besser entspricht, sondern auch aus objektiven Gründen: Wir entscheiden uns für eine Definition wegen ihrer (theoretischen) *Fruchtbarkeit*.

So schreibt zum Beispiel Karl Menger[1]: „Jede Festlegung auf eine bestimmte Präzisierung enthält also ein gewisses Maß von *Willkür,* deren Rechtfertigung ausschließlich durch die *Fruchtbarkeit* der Definition geliefert werden kann."

Worin aber soll die Fruchtbarkeit einer Definition bestehen? Wenn man die Erkenntnistheorie nicht als eine deduktive Wissenschaft auffaßt, nicht als deduktive Methodentheorie, so ist es schwer einzusehen, inwiefern sich eine willkürliche Definition vor einer anderen durch besondere Fruchtbarkeit auszeichnen könnte. In dieser Situation befindet sich nun zum Beispiel der logische Positivismus; gleichgültig, ob er nun (mit Wittgenstein und Schlick) in der Erkenntnistheorie keine *Lehre* sieht, sondern eine Tätigkeit des Klärens und Sinngebens; oder ob er (mit Carnap) die erkenntnistheoretischen Sätze als „metalogische" oder „semantische" bezeichnet und die „These der Metalogik" vertritt, „daß die sinnvollen philosophischen Sätze metalogische Sätze sind, das heißt, von den Formen der Sprache sprechen"[2].

Faßt man die Erkenntnistheorien in einer solchen oder in einer ähnlichen Art auf, so ist tendentiöse Willkür nicht zu vermeiden. Denn für alle „Sinngebungen" oder „sprachkritischen Festsetzungen", die man in der Angelegenheit des Abgrenzungsproblems vornehmen will, müßte man dann schon immer voraussetzen, was man denn eigentlich mit den Worten „empirische Wissenschaft", „Metaphysik" usw. meint.

Ganz anders steht es, wenn man seine willkürlichen definitorischen Festsetzungen einer *deduktiven Theorie* zugrunde legt.

„Der Zweck einer strengen Definition ist es," — schreibt Menger[3] — „den Ausgangspunkt eines deduktiven Systems zu bilden. Definitionen sind Dogmen, nur die Deduktionen aus ihnen sind Erkenntnisse. Es ist demnach eine *inhaltliche Forderung* an eine Definition überhaupt, *daß sie sich als Erkenntnisquelle erweise dadurch, daß sie den Ausgangspunkt einer umfassenden, ästhetisch vollkommenen Theorie bildet*".

(Der Forderung nach ästhetischer Vollkommenheit dürfte freilich die hier entwickelte Methodentheorie kaum genügen.)

Menger setzt fort: „Das Erfülltsein dieser *inhaltlichen* Forderung stellt die einzige mögliche *Rechtfertigung einer jeden Definition* dar. Handelt es sich speziell um die Definition eines Begriffes, der mit einem dem täglichen Leben entnommenen Namen bezeichnet wird, so liefert das Erfülltsein der (für den Begriff an sich sekundären) *formalen* Forderung eine *Rechtfertigung für die Benennung des Begriffes*."[4]

---

[1] Karl Menger, Dimensionstheorie (1928), S. 76.
[2] Rudolf Carnap, Die physikalische Sprache als Universalsprache der Wissenschaft, Erkenntnis 2 [1932], S. 435.
[3] Karl Menger, a.a.O.
[4] [Karl Menger, a.a.O. Hrsg.]

Läßt sich somit eine Definition durch ihre Fruchtbarkeit rechtfertigen, dadurch also, daß sie zu interessanten theoretischen Konsequenzen führt, so bedeutet das in dem besonderen Fall einer *empirisch anwendbaren* Theorie, daß diese — und mit ihr die ihr zugrunde liegenden Definitionen — zu empirisch entscheidbaren Konsequenzen führen; das heißt aber, daß die Theorie entscheidbar (einseitig falsifizierbar) ist und in dem analogen Fall einer transzendentalen Theorie für die Definition in ihren Konsequenzen zu entscheidbaren methodologischen Behauptungen [führt], so daß der *wissenschaftliche Erfolg* der deduzierten methodologischen Prognosen die Definition rechtfertigen, beziehungsweise als unzweckmäßig erweisen kann.

Über das Schicksal der erkenntnistheoretischen Behauptungen und Definitionen entscheidet also der *Erfolg* der deduzierten „empirischen Methode".

6. *Gibt es eine Methodologie?* Die hier vertretene Ansicht über die Bedeutung der Methodologie dürfte nicht unbestritten bleiben. Ja, es ist anzunehmen, daß nicht nur die Ansicht über die *Bedeutung* der Methodologie bestritten werden wird, sondern geradezu ihre *Existenzberechtigung*; kann es doch nach Ansicht mancher Erkenntnistheoretiker außer den empirischen Einzelwissenschaften überhaupt keine Wissenschaft geben, insbesondere keine den Einzelwissenschaften übergeordnete, „philosophische" Disziplin[*1].

Was vorerst die Frage nach der *Bedeutung* der Methodologie betrifft, so ist es wohl unmöglich, über diese Frage objektiv und ernsthaft zu diskutieren. Oft genug wird ja auch andern theoretischen Disziplinen, besonders solchen von größerer Abstraktheit vorgeworfen, daß sie bedeutungslos sind; zum Beispiel der n-dimensionalen Geometrie.[a] Wie man die Bedeutung einer Wissenschaft beurteilt, das ist zweifellos bis zu einem gewissen Grad Geschmackssache. Immerhin können für die „Bedeutung" der Methodologie zumindest zwei Argumente (ad hominem) ins Treffen geführt werden. Erstens, daß es nichts anderes als die alten so oft für unlösbar gehaltenen philosophischen Streitfragen sind, die durch die Methodologie in neue, entscheidbare Form gebracht werden. Zweitens, daß die Methodologie keineswegs ohne praktischen Nutzen ist. Zwar ist es nicht sehr wahrscheinlich, daß es ihr gelingen wird, eine so hoch entwickelte Wissenschaft wie etwa die moderne *Physik* zu beeinflussen; im Gegenteil, sie wird von der Physik wohl immer nur lernen können[*2]. Aber auf die weniger hoch entwickelten

---

[*1] Das war, in der Tat, der Standpunkt des Wiener Kreises: die Mathematik und Logik besteht aus analytischen Sätzen, die Naturwissenschaft aus synthetischen verifizierbaren Sätzen; alles andere ist sinnlos. Das war auch der Haupteinwand gegen meine Erkenntnistheorie. Siehe insbesondere MORITZ SCHLICK, Die Wende der Philosophie, Erkenntnis 1 (1930), S. 4 ff., oben zitiert in Band I: Abschnitt 45, Text zu Anm. 6.

[*2] Das war sicher ernst gemeint, hat sich aber als etwas zu pessimistisch herausgestellt.

Wissenschaften (Biologie, Psychologie, Soziologie) könnte sie wohl Einfluß nehmen. Diese Wissenschaften, die sich mit Recht oft an der physikalischen Methode zu orientieren versuchten, leiden nämlich zweifellos unter der mangelhaften methodologischen Analyse der Physik, insbesondere unter einer oberflächlichen Analyse der Beziehungen zwischen Theorie und Experiment, der sogenannten „experimentellen Methode". Es ist nicht nur die wichtigste *praktische* Aufgabe der Methodologie, hier Abhilfe zu schaffen, sondern wohl auch die wichtigste Möglichkeit, sich theoretisch zu bewähren.

Wichtiger als der Einwand der Bedeutungslosigkeit ist wohl jener Einwand, der die Möglichkeit einer Methologie überhaupt in Frage zieht.

Auch die Darstellung dieses Einwandes kann an den „konventionalistischen Einwand gegen die Falsifizierbarkeit" angeknüpft werden; wird nämlich gezeigt, daß der konventionalistische Einwand nicht stichhaltig ist, daß es also Satzsysteme gibt, die ohne weitere methodologische Beschlüsse *allein durch ihre logische Form empirisch falsifizierbar* sind, dann werden auch alle Überlegungen hinfällig, die in den letzten Abschnitten die Notwendigkeit methodologischer Beschlüsse erweisen sollten. Die logische Analyse würde dann genügen, um den empirischen Charakter eines Satzes zu erweisen.

Man kann dieser Argumentation etwa das oben angeführte Beispiel („Alle Menschen haben blondes, rötliches oder dunkelbraunes Haar") zugrunde legen. Ob ein derartiger Satz falsifizierbar ist oder nicht, so könnte man argumentieren, hängt nicht von methodologischen Beschlüssen ab, sondern ganz einfach von der Bedeutung, die man mit den verschiedenen Worten, die in ihm auftreten, verbindet; also von den *Definitionen* der in ihm auftretenden *Begriffe*. Verwendet man den Satz das eine Mal empiristisch, ein anderesmal wieder konventionalistisch, so ist es gar nicht derselbe Satz, den man verwendet, sondern nur die gleiche Wortreihe. Die logische Analyse zeigt nämlich, daß der Konventionalist, der angesichts eines grünhaarigen Menschen erklärt: „das ist gar kein Mensch" (usw.), den Begriff „Mensch" einfach anders *definiert* wie der Empirist. Es muß deshalb immer möglich sein, durch logische Analyse der verwendeten Begriffe beziehungsweise durch entsprechend strenge Definitionen dieser Begriffe über den empirischen oder nicht-empirischen Charakter eines Satzsystems Aufklärung zu schaffen. Eine Methodologie ist nicht notwendig, denn die „methodologischen Beschlüsse" wären bestenfalls logischen Definitionen äquivalent.

Gegen diese Argumentation soll die Methodologie durch drei Gegenargumente verteidigt werden. Jedes dieser Gegenargumente scheint mir dabei für sich ausreichend zu sein, um den methodologischen Standpunkt vor dem dargelegten Einwand zu schützen.

1. Selbst wenn die angeführten sachlichen Gründe stichhaltig wären, würden sie nicht hinreichen, um die anti-methodologischen Konsequenzen

zu stützen. Denn selbst dann, wenn die methodologischen Beschlüsse durch Definitionen zu ersetzen wären, könnte es sehr wohl eine Wissenschaft geben, die dem völlig äquivalent wäre, was hier „Methodologie" genannt wird. Jene Definitionen, durch[b] die der *empirische Charakter* der Begriffe und der entsprechenden Sätze gewährleistet werden soll, hätten nämlich offenbar etwas gemeinsames; eben jenen Zug, der sie als „empirisch" charakterisiert. Die Definitionen würden also Regelmäßigkeiten aufweisen, die man in Definitionsregeln formulieren könnte und müßte. Die Theorie der Definitionsregeln wäre aber der Logik (der Theorie der Schlußregeln) analog und der „Methodologie" (der Theorie der Verwendung der Sätze) *äquivalent*; und zwar bestenfalls äquivalent, nämlich nur dann, wenn ihr wirklich das zu leisten gelingt, was die Methodologie leistet.

2. Daß aber eine solche Äquivalenz, eine Ersetzung der methodologischen Beschlüsse durch Definitionsregeln nicht erreicht werden könnte, das sieht man an folgendem: Keine Definitionen, sondern nur methodologische Beschlüsse können die Wissenschaft daran hindern, solche Beobachtungen, die ihr nicht passen, einfach zu ignorieren. Die empirische Wissenschaft ist offenbar dadurch charakterisiert, daß sie im Falle eines Widerspruchs zwischen der Theorie und den tatsächlichen Beobachtungen niemals endgültig zu dem Ausweg greift, „um so schlimmer für die Tatsachen" zu sagen, — wenn es auch oft genug vorkommt, daß einzelne Forscher solche Tatsachen, die ihren Theorien widersprechen, nicht wahr haben wollen. Es wäre nun ohne weiteres *denkbar,* daß aus diesen Verfahren gewisser einzelner Wissenschaftler Methode gemacht wird, das heißt, daß eine „Wissenschaft" ersteht, die nur solche Tatsachen anerkennt, die zu ihren Theorien passen und widersprechende Beobachtungen einfach als „unwissenschaftlich" oder als „widerspruchsvoll" oder „irreal" ausschaltet. Daß wir ein solches Verfahren nicht als ein „empirisch-wissenschaftliches" bezeichnen würden, ist klar. Die empirische Wissenschaft ist also offenbar dadurch charakterisiert, daß sie anders verfährt. Wie aber dieser Unterschied des Verfahrens in den Definitionen der verwendeten Begriffe zum Ausdruck kommen sollte, ist nicht recht einzusehen. (Um jenes Beispiel zu verwenden: die konventionalistische Antwort „Aber das ist ja gar kein Mensch" mag die Definition des Begriffes [Mensch] abändern — nicht aber die Antwort „wenn du glaubst, daß hier ein Mensch mit grünen Haaren steht, so leidest du an krankhaften Halluzinationen".)

3. Das wichtigste Gegenargument freilich kann an dieser Stelle nur angedeutet und in keiner Weise ausreichend begründet werden. Es kann durch die These formuliert werden, daß es überhaupt unmöglich ist, Begriffe vollständig zu definieren; das heißt, so zu definieren, daß ihre empirische Verwendung in eindeutiger Weise bestimmt ist.

Es verhält sich nach dieser Auffassung gerade umgekehrt, als es die Anhänger des Definierens annehmen: Nicht durch die Definition wird die Anwendung eines Begriffes festgelegt, sondern die Verwendung des Begriffes legt das fest, was man seine „Definition" oder seine „Bedeutung" nennt. Anders ausgedrückt: Es gibt nur *Gebrauchsdefinitionen.*

Diese Auffassung soll noch durch einige Bemerkungen erläutert werden.

a) Die sogenannten „expliziten Definitionen" sollen selbstverständlich nicht geleugnet werden. Sie sind aber bekanntlich nur Regeln, durch die Begriffe untereinander umgeformt werden können, also nur Abkürzungsregeln für den sprachlichen Ausdruck und grundsätzlich entbehrlich (da ja für das Definiendum per definitionem eben immer das Definiens gesetzt werden darf).

b) Sieht man also von diesen immer entbehrlichen expliziten Definitionen ab, so kann man die These vertreten, daß *alle Begriffe immer nur implizit definiert werden,* gleichgültig, ob sie in den obersten Grundsätzen auftreten, in den Axiomen einer Theorie`, oder in den letzten abgeleiteten Folgesätzen: Sie sind immer nur dadurch bestimmt, daß sie in bestimmter Weise in Sätzen verwendet werden.

c) „Empirisch" werden Begriffe durch die empirische Verwendung des Satzsystems, in dem sie auftreten. „Empirische Basisbegriffe" kann man die Begriffe nennen, die in den „empirischen Basissätzen" vorkommen, das heißt in den jeweils untersten singulären Folgesätzen des deduktiven Systems (den Beobachtungssätzen, den elementaren Erfahrungssätzen). Durch die empirische Verwendung dieser Sätze werden auch die in ihnen auftretenden Begriffe empirisch verwendet. Die empirischen Basissätze (und ihre empirische Verwendung) sind somit die impliziten (Gebrauchs-)Definitionen der empirischen Basisbegriffe.

d) Nach der deduktivistisch-empiristischen Auffassung ist ein System dann als empirisch zu bezeichnen, wenn es durch die empirische Falsifikation der deduzierten Folgesätze selbst falsifizierbar ist. Diese Folgesätze — die besonderen (singulären) Wirklichkeitsaussagen — sind nun eben (falls sie empirisch unmittelbar überprüft werden können) die empirischen Basissätze. Daraus folgt, daß die in den Axiomen einer empirischen Theorie auftretenden Grundbegriffe im Wege der Deduktion (durch Substitution) eliminierbar sein müssen, da ja in den letzten Folgesätzen nur mehr empirische Basisbegriffe auftreten.

e) Zuordnungsdefinitionen im alten Sinne, das heißt Definitionen, durch die einem Begriff (und zwar nicht einem Eigennamen, sondern einem Universale) irgend etwas wirkliches zugeordnet wird, gibt es nicht. Was man[*3] dafür gehalten hat, sind meist explizite Definitionen, in denen als Definiens primitive empirische Basisbegriffe auftreten, nämlich gewöhnlich Begriffe der (empirischen) Umgangssprache.

f) Ebenso gibt es keine empirisch definierbaren oder konstituierbaren Begriffe[*4].

[*3] Auch ich, in Band I.
[*4] „Konstituieren", „konstituierbar", „Konstitution", sind Begriffe, die eine zen-

Ist die skizzierte Auffassung richtig, dann ist es unmöglich, durch die Definition von Begriffen die Verwendungsart von Sätzen festzulegen. Denn das, was man gewöhnlich die Bedeutung eines Begriffes nennt, wird ja, gerade umgekehrt, durch die Verwendung der Sätze festgelegt, in denen die Begriffe auftreten.

Diese Verwendungsart aber zu untersuchen, ist die Aufgabe der Methodologie.

7. Universal- und Individualbegriff — Klasse und Element. Nach der hier vertretenen Ansicht ist es aus logischen Gründen nicht möglich, wissenschaftliche Begriffe empirisch zu definieren oder zu „konstituieren". Die Begriffe der empirischen Wissenschaft sind vielmehr immer nur implizit definiert durch die Sätze, in denen sie auftreten. Diese implizite Definition ist als solche nur eine logisch-formale; sie gibt den impliziten definierten Termen keine bestimmte Bedeutung (implizit definierte Terme sind Variablen). Eine „bestimmte Bedeutung" (und zwar eine empirische „Bedeutung") erhalten die implizit definierten Terme erst durch den *empirischen Gebrauch* der Sätze, in denen sie auftreten.

Die irrtümliche Ansicht, daß es möglich ist, Begriffe entweder explizit (durch Konstitution) oder durch Hinweis (durch eine sogenannte Zuordnungsdefinition) empirisch zu definieren, kann durch den Hinweis auf die unüberbrückbare Kluft zwischen Universalien (Allgemeinbegriffen) und Individualien (Eigennamen) widerlegt werden.

Die Unterscheidung zwischen „Universalien" und „Individualien" ist elementar. Beispiele: „Säugetier" oder „Schreibmaschine" sind Universalien, „Napoleon" oder „ein Bild Holbeins" sind Individualien.

Die Universalien sind dadurch ausgezeichnet, daß in ihrer Bestimmung Eigennamen nicht eingehen, die Individualien dadurch, daß sie mit Hilfe von Eigennamen bestimmt werden.

Als „Eigennamen" sind dabei nicht nur Eigennamen im Sinne der Umgangssprache anzusehen, sondern auch jeder bestimmte konkrete Hinweis (etwa eine *Geste* oder ein *hinweisendes Fürwort,* — wie etwa: „dieses Bild da" oder: „dieser Mensch da"). Die gebräuchlichste Methode, Eigennamen durch andere Eigennamen zu ersetzen, ist die Angabe *bestimmter Raum-Zeit-Koordinaten.* Man kann sich auf diese Weise die Neueinführung von Eigennamen ersparen, beziehungsweise alle Eigennamen auf die Eigennamen „Christi Geburt" und „Greenwich" zurückführen.

Es ist trivial, daß man weder durch eine Klasse von Eigennamen einen Universalbegriff definieren kann, noch einen Eigennamen durch Spezifikation von Universalbegriffen.

---

trale Rolle spielen in RUDOLF CARNAPS Der logische Aufbau der Welt (1928). Siehe auch oben, Band I: Abschnitt 33.

So ist es zum Beispiel ein vergebliches Bemühen, durch Aufzählung beliebig vieler Eigennamen von Hunden (beziehungsweise durch Hinweis: „dieses Tier da", „dieses andere Tier da", usw.) den Universalbegriff „Hund" zu definieren: Der Universalbegriff „Hund" umfaßt eben nicht nur die lebenden Hunde, auch nicht nur die Hunde, die gelebt haben und die, die jetzt leben; es ist vielmehr für ihn charakteristisch, daß er auch jene Hunde mitumfaßt, die bei seiner jeweiligen Festsetzung nicht mitverwendet wurden. Der Universalbegriff ist also ein Zeichen für eine *grundsätzlich der Anzahl nach unbeschränkte* Klasse von Elementen.

Ebenso wäre es vergeblich, [umgekehrt] durch Spezifikation des Allgemeinbegriffs „Hund" *ohne Einführung von Eigennamen* ein Zeichen, einen Begriff zu definieren, der umfangsgleich wäre mit dem Eigennamen „mein Hund Rustan". Ich kann nämlich wohl durch fortschreitende Spezifikation zu dem Begriffe kommen: „Ein Neufundländer"; „ein schlanker Neufundländer"; „ein schlanker, großer Neufundländer mit schwarzem, seidenglänzendem Fell"; „ein schlanker, großer Neufundländer mit schwarzem, langhaarigem, seidenglänzendem Fell und weißen Pfoten"; usw. Wieweit ich aber auch immer die spezifizierende Beschreibung führe: solange ich keinen Eigennamen einführe, so beschreibe ich doch immer eine *Klasse mit unbeschränkt vielen Elementen*.

Zwischen Individual- und Universalbegriffen gibt es also keinen Übergang in dem Sinn, daß Individualien durch Universalien oder Universalien durch Individualien definierbar sind; es gibt zwischen ihnen nur eine Substitutionsbeziehung: jeder Individualbegriff kann nicht nur als Element einer individualen, sondern auch als Element einer universalen Klasse auftreten (aber nicht umgekehrt). So ist zum Beispiel der Individualbegriff „mein Hund Rustan" nicht nur ein Element der Klasse „die Hunde Wiens" (Individualbegriff), sondern auch ein Element der Klasse der Hunde (Universalbegriff); und der Individualbegriff „die Hunde Wiens" ist wieder auch ein Element des Universalbegriffs „die Klasse der Hundeklassen" (oder auch „die Klasse der Klassen der Hunde, die in Städten wohnen"), und nicht nur ein Element des Individualbegriffs „die Klasse der Klassen der Hunde, die in europäischen Großstädten wohnen". Es läßt sich daher einerseits eine Klassenhierarchie von Universalien, andererseits eine Klassenhierarchie von Individualien bilden. Der Typus der Klasse eines Universalbegriffs ist dabei mit dem Typus der Klasse eines Individualbegriffs vergleichbar, da jeder Individualbegriff einerseits als Element eines Universalbegriffs von höherem Typus, andererseits aber auch als Element eines Individualbegriffs von höherem Typus auftreten kann.

Da unsere konkreten Erlebnisse immer individueller Natur sind, ist jeder Versuch, Universalien auf Erlebnissen aufzubauen (Universalien als Klassen oder Relation von Erlebnisklassen zu „konstituieren"), ebenso vergeblich wie der Versuch, Universalbegriffe durch Hinweis, [durch] Zuordnungsdefinitionen oder dergleichen, der Wirklichkeit (oder den Gegenständen der Wirklichkeit) zuzuordnen.

Die Anhänger der „Konstitutionstheorie" und der „Zuordnungsdefinitionen" mußten daher konsequenterweise den Unterschied von Individual- und Universalbegriffen übersehen, oder aber diese Unterscheidung als nicht eindeutig oder dergleichen ablehnen. Das tut zum Beispiel Carnap in Der logische Aufbau der Welt.[1]

8. Über den sprachkritischen Einwand gegen die Möglichkeit einer Methodologie. Nach der Auffassung Wittgensteins, der sich insbesondere Schlick anschließt, sind *nur* besondere (singuläre) Wirklichkeitsaussagen „sinnvolle Sätze" (also nur solche Sätze, die einen singulären „Sachverhalt", ein bestimmtes „Stück Wirklichkeit" abbilden).

Außer diesen Sätzen [einschließlich ihrer Wahrheitsfunktionen] gibt es noch die sinnleeren (wenn auch nicht unsinnigen) logischen Tautologien und Kontradiktionen. Alle anderen Sätze sind *„sinnlos"*.

Daß auf diese Weise die Naturgesetze und mit ihnen fast die ganze Naturwissenschaft implizite als sinnlos erklärt wird, wurde schon erwähnt. Hier soll nur darüber gesprochen werden, daß durch den Wittgensteinschen Sinnbegriff selbstverständlich auch alle Philosophie, auch alle Methodologie als sinnlos erklärt erscheint.

Philosophie ist daher für Wittgenstein keine Lehre, kein System von Sätzen, sondern eine *Tätigkeit* (des Abgrenzens, Klärens). Sie besteht nach Schlick aus den Akten des Klärens und Sinngebens. In kurzer einprägsamer Formulierung pflegt man[*1] in der Schule Wittgensteins zu sagen: „Über die Sprache kann man nicht sprechen."

So sehr nun dieser Standpunkt als eine Konsequenz des Sinnbegriffs erscheint, so inkonsequent erscheint er, wenn man Wittgensteins eigene Auffassung der Sprache betrachtet. Denn nach Wittgenstein sind auch die Sätze Sachverhalte; und zwar Sachverhalte, die in einer projektiven Beziehung zu den Sachverhalten der Wirklichkeit stehen. Man sollte deshalb wohl meinen, daß auch jene Sachverhalte der Wirklichkeit, die man „sprachlich formulierte Sätze" nennt, ihrerseits wieder dargestellt werden können; ähnlich wie man zu einem Gebilde, das zu einem anderen in projektiver Beziehung steht, seinerseits wieder ein Gebilde konstruieren kann, das zu ihm in analoger projektiver Beziehung steht.

(Es sei betont, daß mit diesen Bemerkungen keineswegs Wittgensteins

---

[1] [Vgl. RUDOLF CARNAP, Der logische Aufbau der Welt (1928), S. 213. Der Schluß dieses Abschnittes ist nicht mehr auffindbar und muß als verloren angesehen werden. Hrsg.]

[*1] Etwa in den Jahren 1931—33.

Sprachtheorie, der projektiven Beziehung zwischen Satz und Sachverhalt, zugestimmt werden soll.)

Einen Standpunkt, der es gestattet, „von der Sprache zu sprechen", entwickelt Carnap in seiner „Semantik"[1]. Er stellt unter anderem die „*These des Semantismus*" auf, die besagt, daß jeder sinnvolle philosophische Satz ein „semantischer" Satz ist, das heißt, ein Satz, der von den Formen der Sprache spricht.

Dabei sind bei Carnap semantische Sätze keineswegs *nur Sätze der Philosophie*. Er zeigt vielmehr, daß ein überwiegender Großteil aller einzelwissenschaftlichen Abhandlungen semantischer Natur ist. So analysiert er beispielsweise eine physikalische Abhandlung (den Anfang von Einsteins „Zur Elektrodynamik bewegter Körper", 1905): Die analysierten Sätze erweisen sich ausnahmslos als semantische Sätze. (Die einzige scheinbare Ausnahme ist eine Stelle, in der physikalische Gesetze angeführt werden; und auch diese Stelle bildet insofern keine Ausnahme, als diese Gesetze nur angeführt werden, um eine unmittelbar vorher aufgestellte semantische These zu begründen und zu erläutern.) Carnaps Analyse ist insofern sehr wertvoll, als sie in schlagender Weise den dogmatischen, nicht an der Naturwissenschaft orientierten und die Naturwissenschaft destruierenden Charakter des Wittgensteinschen Positivismus glänzend darstellt: sie zeigt, daß schon naturwissenschaftliche Abhandlungen nicht nur aus „sinnvollen" (besonderen) Wirklichkeitsaussagen bestehen und aus Naturgesetzen, die von höherem Typus sind als die besonderen Sätze, sondern daß sie aus Sätzen von noch höherem Typus bestehen, nämlich aus solchen Sätzen, die über Naturgesetze sprechen, etwa über die Beziehungen zwischen Naturgesetzen. Daß nun „philosophische" Sätze — etwa Sätze (Beschlüsse) der allgemeinen Metho-

---

[1] [Ich vermute, daß diese Beschreibung Poppers auf die frühere Fassung (1932) von Rudolf Carnaps Logische Syntax der Sprache (1934) anspielt, die Carnap am Ende seines Vorwortes vom Mai 1934 erwähnt. Denn die Beschreibung stimmt mit § 85 der veröffentlichten „Syntax" gut überein, aber nicht in der Terminologie. Ich vermute (siehe R. Carnap, Erkenntnis 3, 1932/1933, S. 177 ff.; Logische Syntax der Sprache, 1934, S. 1 f.), daß Carnap in der früheren Fassung den Terminus „*Semantik*" dort gebrauchte, wo er in der späteren veröffentlichten Fassung von „*Syntax*" spricht. Popper erinnert sich, daß Carnap ein frühes Manuskript der späteren „Syntax" 1932 nach Tirol mitbrachte, aber er kann sich nicht an Einzelheiten erinnern. Poppers Manuskript, das Carnap damals las (siehe Karl Popper, Conjectures and Refutations, 1963, S. 253 f.; Intellectual Autobiography, The Philosophy of Karl Popper I., hrsg. von Paul Arthur Schilpp, 1974, S. 71 = Karl Popper, Unended Quest: An Intellectual Autobiography, 1976, S. 89 f.; auch Replies to My Critics, The Philosophy of Karl Popper II., hrsg. von P. A. Schilpp, 1974, S. 968 f.), endete mit dem „Tafelanhang". Das würde erklären, daß er in diesem „Übergang" auf die frühere Fassung Carnaps anspielt. Da Carnap später (siehe R. Carnap, Introduction to Semantics, 1942, S. 8 ff., 238 f.) scharf zwischen *Syntax* und *Semantik* unterschied, ist es wichtig, daß Poppers Hinweise in dem gegenwärtigen Buch auf Carnaps „Semantik" durchwegs als Hinweise auf Carnaps „Syntax" gedeutet werden müssen. Siehe *Nachwort des Herausgebers*. Hrsg.]

dologie der Naturwissenschaften — meist nicht von niedrigerem Typus sein werden, als die Sätze, die in naturwissenschaftlichen Abhandlungen selbst auftreten, ist wohl ziemlich trivial; und da nach Carnap alle Sätze, die von höherem Typus sind als die Naturgesetze, „semantische Sätze" heißen, so ist gegen seine „These des Semantismus" sicherlich nichts einzuwenden.

In der Tat sind alle Sätze, die hier als methodologisch bezeichnet werden (ähnlich wie etwa die Sätze der Carnapschen Überlegungen *über* die Semantik) als Sätze *über* formale Beziehungen zwischen wissenschaftlichen Theoriesystemen (beziehungsweise zwischen wissenschaftlichen Theorien und den singulären Wirklichkeitsaussagen, durch die die Theorien überprüft werden) zu charakterisieren; sie sind daher rein semantische Sätze im Carnapschen Sinn. (Damit soll nicht gesagt sein, daß hier dem Carnapschen Standpunkt zugestimmt wird.) Bei dieser Gelegenheit sollen noch einige allgemeine Bemerkungen zur sprachkritischen Methode der Wittgensteinschen Schule gemacht werden.

Wittgensteins sprachkritische[a] Methode steht der psychologischen Methode der älteren Erkenntnistheoretik gegenüber. Er bemerkt[2] mit[b] Recht, daß seine Methode ähnliche Gefahren birgt wie die ältere. Auch bei dieser Methode droht die Gefahr, sich vom Hauptwege ablenken zu lassen, den Zweck über das Mittel zu vergessen.

Aber dieser Zweck ist, wie insbesondere Vorwort und Schluß des Wittgensteinschen Buches beweisen, in erster Linie der erkenntnistheoretische Zweck, das erkenntnistheoretische Problem, das hier Abgrenzungsproblem genannt wird. Und würde nicht Wittgenstein durch seine These, daß es keine philosophischen, sondern nur naturwissenschaftlichen Probleme gibt, selbst gegen diese Auffassung Stellung nehmen, so könnte man ihn wohl als den Philosophen bezeichnen, der seit Kant das Abgrenzungsproblem (in der Form des „Sinnproblems")[c] am entschiedensten in den Mittelpunkt seiner philosophischen Überlegungen gestellt hat.

Nach meiner Meinung ist aber er und seine Schule von diesem Hauptweg abgekommen. Durch die sprachkritische Methode ist der logische Positivismus auf ähnliche Abwege geraten, wie die ältere Philosophie durch die psychologische Methode. Dauernd geraten die Sprachkritiker in Gegensatz zur positiven Wissenschaft und dieser Gegensatz ist es, der sie aus einer Position nach der anderen verdrängt. So wird ihnen die transzendentale Methode aufgezwungen: statt diese bewußt zu handhaben, wird die sprachkritische Methode gehandhabt, deren transzendentale Mißerfolge so offenkundig sind, daß diese Philosophie in ihrer Entwicklung durch eine Reihe von Mißerfolgen schließlich doch in eine Richtung gedrängt wird, die den methodologischen Verhältnissen mehr gerecht wird. Diese Entwicklung scheint dem selbstverständlich, der sich dessen bewußt ist, daß alle sprachkritischen

---

[2] [LUDWIG WITTGENSTEIN, Tractatus Logico-Philosophicus (1918/1922), Satz 4.1121. Hrsg.]

8. Sprachkritischer Einwand gegen die Möglichkeit einer Methodologie

Überlegungen verkappte Festsetzungen sind. Welche sprachlichen Formulierungen sinnvoll und sinnlos, was legitim und illegitim, was erlaubt und verboten ist, das kann man nicht in derselben Weise als Eigenschaft der Sprachgebilde ansehen, wie etwa grün die Eigenschaft eines Blattes oder Brauchbarkeit (beziehungsweise Unbrauchbarkeit) die Eigenschaft eines Werkzeuges (in bezug auf einen bestimmten Zweck) ist. Vielmehr beruhen alle solchen Bezeichnungen auf willkürlichen („grammatischen" oder „logischen" oder „semantischen") Festsetzungen. Für die Willkür dieser Festsetzungen gibt es nur zwei mögliche Beschränkungen: Erstens die Orientierung an der Umgangssprache. Diese versagt an den entscheidenden Stellen, da ja die Sprachkritik eben eine Kritik der Umgangssprache ist, einen schärferen und bestimmteren Sprachgebrauch schaffen will wie diese. Zweitens: Die Orientierung an den Bedürfnissen und Verfahrensweisen der Wissenschaft. Diese *transzendentale Methode* ist die einzig mögliche, um an jenen Stellen, an denen gegenüber der Umgangssprache schärfere Abgrenzungen, Festsetzungen und Definitionen geschaffen werden sollen, naive Willkür, Vorurteile und Tendenzen zu beschränken.

Auch das, was die Wittgensteinsche Schule sprachkritische Methode nennt, kann also in letzter Linie nur auf transzendentale Festsetzungen hinauslaufen, sobald erst einmal der naiv-naturalistische Standpunkt überwunden ist, der Standpunkt also, [daß] gewisse Wortverbindungen von Natur aus sinnvoll (legitim erlaubt), andere wieder von Natur aus sinnlos (illegitim unerlaubt) sind.

Es bleibe nicht unerwähnt, daß auch die Wittgensteinsche und die Schlicksche Auffassung, die Philosophie bestünde aus Akten des Klärens, Sinngebens usw., durch die methodologischen Methoden der Erkenntnistheorie in gewissem Sinn ihre Rechtfertigung findet. Denn es wurde ja gezeigt, daß erst durch ihre Verwendung, die durch die methodologischen Beschlüsse geregelt wird, die naturwissenschaftlichen Termini eine bestimmte „Bedeutung" (und damit, wenn man will, die Sätze einen bestimmten „Sinn") bekommen. Und Akte, Handlungen, sind die methodologischen Sätze insofern, als sie freie Beschlüsse sind; — Beschlüsse freilich, die deduktiv-transzendental gerechtfertigt werden müssen.

(Noch nicht ganz überwunden scheint mir die naturalistische Auffassung in Carnaps „Semantik"[3]; und zwar zum Beispiel gerade an der für die gegenwärtige Untersuchung interessantesten Stelle, nämlich dort, wo sich Carnap mit der Frage der Falsifikation auseinandersetzt. Carnap schreibt: „Sind nämlich zwei einander widersprechende Formeln ableitbar, so muß das System geändert werden. Dabei gibt es keine strengen Regeln, durch die bestimmt würde, welche konkreten und allgemeinen Formeln in jedem Fall

---

[3] [Siehe Anm. 1 und RUDOLF CARNAP, Logische Syntax der Sprache (1934), § 82; vgl. auch KARL POPPER, Logik der Forschung (1934; 2. Aufl., 1966), Abschnitt 10, Anm. 6. Hrsg.]

eines Widerspruchs gestrichen oder geändert werden müßten; dafür gibt es nur unstrenge methodologische Hinweise". Carnap folgert aus diesem Ansatz ganz richtig: „Wie man sieht, gibt es *keine Widerlegung* (Falsifikation) im strengen Sinn für ein Gesetz, sondern nur eine sozusagen praktisch hinreichende Widerlegung". Wenn man in diesen Stellen die naturalistische Auffassung durch die hier vertretene ersetzt, daß alle diese Verhältnisse durch die methodologischen Beschlüsse geregelt, beziehungsweise geändert werden können, so hätte Carnap offenbar etwa anstatt „dabei gibt es keine strengen Regeln" entweder schreiben müssen „dabei ist es aus logischen Gründen nicht möglich, strenge Regeln aufzustellen" oder aber: „dabei ist es bis jetzt nicht gelungen, strenge Regeln aufzustellen." Und ebenso müßte es bei der späteren Stelle heißen: „wie man sieht, gibt es mangels entsprechender Festsetzungen keine Widerlegung... im strengen Sinn." Aber eine solche nicht-naturalistische Formulierung würde ja gleichzeitig die Forderung enthalten, entsprechende Festsetzungen einzuführen, durch die die Widerlegung gesichert wird; eine Forderung, die Carnap wegen seiner naturalistischen Auffassung nicht erheben kann.)

So führt auch die Kritik der Sprachkritik zur Rechtfertigung der Forderung nach einer deduktiv-transzendentalen Methodentheorie.

> Eddington[1] sagt, der Geist schöpft aus;
> wir können sagen, die Theorien schöpfen aus.

[IV.] DIE EXHAUSTIONSMETHODE. — „SACHVERHALT" UND „TATSACHE". — DIE ALLVERSCHIEDENHEIT

Der Ausdruck „Exhaustionsmethode" stammt von Dingler[2]. Dingler hat wohl als einziger unter den modernen Methodologen mit aller Schärfe den Umstand betont, daß wir mit unserer theoretischen Fragestellung an die Wirklichkeit herangehen und mit Hilfe der Theorien die Wirklichkeit „ausschöpfen". Dabei erfassen wir nur das, was in unserem Gefäß (der Theorie) Platz hat.

Zu dieser Einsicht konnte der Konventionalismus kommen, weil er grundsätzlich nichts mit dem Induktivismus zu tun hat. In einer bewußt deduktivistischen Auffassung kann der Gedanke noch weitere Konsequenzen haben.

Es wurde schon oben[3] auf den Umstand hingewiesen, daß durch Spezifikation von Universalbegriffen niemals ein Individualbegriff definiert werden kann. In dieser logischen Tatsache liegt das beschlossen, was man die Irrationalität der Wirklichkeit, oder die Allverschiedenheit der Wirklichkeit nennen kann.

Denn die Unmöglichkeit, allein mit Universalien Individualbegriffe zu definieren, hat zur Folge, daß wir von keiner noch so genauen Beschreibung eines Gegenstandes oder eines Ereignisses annehmen können, daß durch sie der Gegenstand eindeutig bestimmt wird. Im Gegenteil: Wir müssen annehmen, daß auch durch die genaueste Beschreibung, die uns in einem gewissen Zeitpunkt möglich ist, grundsätzlich noch immer unbegrenzt viele Gegenstände oder Ereignisse getroffen werden, denn der Umfang der Klasse, die durch jene Beschreibung definiert wurde, bleibt grundsätzlich unbeschränkt.

Man kann diesen Umstand auch so ausdrücken: Jede von uns tatsächlich

---

[1] [Vgl. ARTHUR STANLEY EDDINGTON, Das Weltbild der Physik und ein Versuch seiner philosophischen Deutung (deutsch von MARIE Freifrau RAUSCH VON TRAUBENBERG und HERMANN DIESSELHORST, 1931), S. 237 ff. Hrsg.]

[2] [HUGO DINGLER, Grundlinien einer Kritik und exakten Theorie der Wissenschaften insbesondere der Mathematischen (1907), S. 29 f. Hrsg.]

[3] [Siehe *Übergang zur Methodentheorie*, Abschnitt 7; vgl. auch Band I: Abschnitt *33*. Hrsg.]

durchgeführte Beschreibung enthält endlich viele Spezifikationen. Da die Klasse aller mit endlich vielen Spezifikationen beschriebenen Gegenstände überendlich ist, so wären überendlich viele Spezifikationen notwendig, um einen Individualbegriff, ein Individuum zu spezifizieren. Diesen Umstand kann man auch in realistischer Ausdrucksweise so formulieren, daß jeder individuelle Gegenstand nur durch überendlich viele Merkmale „vollkommen beschrieben" werden kann, so daß jede „tatsächliche Beschreibung" aus [den] überendlich vielen Merkmalen einen endlichen und daher gegenüber dem unbeschriebenen Rest verschwindend kleinen Bereich von Merkmalen willkürlich herausgreift. Weiter in realistischer Ausdrucksweise bleibend kann man diesen Umstand „Allverschiedenheit" nennen. Es ist dabei aber zu beachten, daß es sich um einen logischen Umstand handelt, der nur realistisch ausgedrückt wird: Wie gleichförmig auch immer unsere Welt wäre, so bestünde doch diese „Allverschiedenheit". Sie hängt nur mit unserer Bezeichnungsart der Welt zusammen, mit der Unterscheidung von Universal- und Individualbegriffen, nicht aber mit der empirischen Verschiedenheit der realen Gegenstände.

Ein analoges Verhältnis wie zwischen Begriff und Gegenstand besteht zwischen Satz und Tatsache.

Der Satz stellt einen Sachverhalt dar. Diesen Sachverhalt, das was der Satz darstellt, kann man (nach H. Gomperz[4]) von der Tatsache, dem irrationalen Stück Wirklichkeit unterscheiden, das der Satz bezeichnet und von dem der Sachverhalt ein „rationales Teilmoment" bildet. (Beispiele nach Gomperz[5].) Von jedem Gegenstand kann man seine Merkmale aussagen. Jeder Satz, der ein Merkmal aussagt, stellt einen Sachverhalt dar.

Daß ein Gegenstand überendlich viele Merkmale hat, entspricht also dem Umstand, daß eine Tatsache überendlich viele Sachverhalte als rationale Teilmomente hat.

Diese zweite Ausdrucksweise, die sich auf Tatsachen, Sachverhalte und Sätze bezieht, ist zweifellos wichtiger als[a] die Ausdrucksweise, die von Gegenständen, Merkmalen und Begriffen redet. Aber ebenso, wie ein Gegenstand nicht aus Merkmalen besteht, und wie die Merkmale sich schon dadurch als von uns an den Gegenstand herangebracht erweisen, daß sie sich — rein logisch — immer als *willkürlich* herausgegriffen erweisen (herausgegriffen aus einer überendlichen Menge möglicher Merkmale), ebenso erweisen sich die Sachverhalte als rationale, von uns in die nicht-rationalisierte Wirklichkeit hineingetragene Koordinaten.

Der naive induktivistische Empirismus hält die Sätze für Abbildungen der Wirklichkeit. Er glaubt also, daß die Sätze das darstellen, was hier als „Tatsachen" bezeichnet wird; und [er] übersieht also den Unterschied zwischen „Sachverhalt" und „Tatsache".

---

[4] Heinrich Gomperz, Weltanschauungslehre II. (1908), S. 76 f.
[5] [Vgl. Heinrich Gomperz, op. cit., S. 74 ff. Hrsg.]

Er hält nicht die Tatsachen, sondern die Sachverhalte für in irgend einem Sinne „gegeben" oder „beobachtbar".

Ein weniger naiver Standpunkt, der Sachverhalt und Tatsache unterscheidet, steht, wenn er induktivistisch vorgeht, vor dem Rätsel, wie sich aus den irrationalen Tatsachen die rationalen Sachverhalte abheben.

Für den Deduktivismus besteht hier keine grundsätzliche Schwierigkeit. Seine Theoriensätze usw. sind durchwegs rationale Konstruktionen.

Daß ein Sachverhalt sich als rationales Teilmoment einer Tatsache erweist, bedeutet für ihn nichts anderes als die Möglichkeit, daß die Tatsachen rationalen Sachverhalten widersprechen können — anders ausgedrückt, und zwar biologisch-pragmatistisch: Daß Reaktionen sich als zweckmäßig und unzweckmäßig erweisen können.

[V.] GRUNDRISS EINER THEORIE DER EMPIRISCH-WISSENSCHAFTLICHEN METHODEN (THEORIE DER ERFAHRUNG)[1]

Grundsatz der Falsifizierbarkeit. Empirisch wissenschaftliche Sätze oder Satzsysteme sind dadurch ausgezeichnet, daß sie empirisch falsifizierbar sind.

Singuläre empirische Sätze, besondere Wirklichkeitsaussagen können auch empirisch verifizierbar sein; Theoriensysteme, Naturgesetze, allgemeine Wirklichkeitsaussagen sind grundsätzlich nur einseitig falsifizierbar.

Was unter „empirischer Falsifikation" beziehungsweise „empirischer Verifikation" zu verstehen ist, wird in der Methodentheorie näher ausgeführt; ebenso die Bedingungen (die „methodologischen Beschlüsse"), durch die die empirische Falsifizierbarkeit der empirischen Sätze oder Satzsysteme sichergestellt werden soll.

1. Kontinuitätsprinzip. So lang irgendein Hypothesensystem trotz Anwendung der folgenden Regeln nicht als falsifiziert zu betrachten ist, gilt es als bewährt; Regel: Alle *zulässigen Mittel,* einer Falsifikation zu entgehen, sind zu verwenden.

2. These gegen den strengen Positivismus. Als strenger Positivismus kann die Auffassung bezeichnet werden, daß die Naturgesetze keine allgemeinen Wirklichkeitsaussagen sind, sondern nur zusammenfassende Berichte; das heißt, Zusammenfassungen von besonderen Wirklichkeitsaussagen, genauer ausgedrückt: Wahrheitsfunktionen einer endlichen Menge von „elementaren Erfahrungssätzen". Dieser Auffassung ziemlich weitgehend äquivalent (aber den Deduktivismus berücksichtigend) wäre der methodologische Beschluß, die Überprüfungs- ([oder] Falsifikations-) Versuche einer Theorie in ihrer Anzahl, also numerisch, oder aber räumlich oder zeitlich, zu beschränken und sich weiterer Falsifikationsversuche zu enthalten. Durch einen solchen Be-

---

[1] [In K_2 ist über dieser Überschrift mit Bleistift geschrieben:] Widerspruchslosigkeit

schluß könnte die Symmetrie der Geltungswerte hergestellt werden: Die Theorie wäre nicht nur falsifizierbar, sondern auch endgültig verifizierbar. Diese „streng-positivistische Wendung" des Deduktivismus wird durch den methodologischen Beschluß ausgeschaltet:

Die Reihe der Falsifikationsversuche einer Theorie ist grundsätzlich unbegrenzt. (Es gibt keinen Falsifikationsversuch, der dadurch ausgezeichnet wäre, daß er der letzte ist.)

Dieser Satz soll die *(einseitige) Nicht-Verifizierbarkeit* (die *Asymmetrie* der Geltungswerte) für die Theoriensysteme sicherstellen.

Erst durch ihn wird (was gleichbedeutend ist) der Charakter der „strengen Allgemeinheit" für die „allgemeinen Wirklichkeitsaussagen" (Theoriensysteme) sichergestellt; anders ausgedrückt: Dieser Satz ist eine Gebrauchsregel für die Allsätze (er regelt den Gebrauch jener Sätze, durch die das Wörtchen „alle" implizit definiert wird).

3. *Erste These gegen den Konventionalismus: Satz von der Abgeschlossenheit des Systems.* Durch die Einführung einer Hilfshypothese kann die Falsifikation eines Theoriensystems immer vermieden werden. Will man daher die Falsifizierbarkeit durch methodologische Beschlüsse sichern, so müssen diese Beschlüsse die Einführung von Hilfshypothesen beschränken. Die erste dieser Beschränkungen kann man in dem „Satz von der Abgeschlossenheit des Systems" aussprechen:

Das System der Grundsätze einer „empirischen Theorie" ist abgeschlossen, das heißt, die Einführung eines [neuen] theoretischen Grundsatzes (der aus dem System der Grundsätze nicht deduziert werden kann) kommt einer *Falsifikation* des theoretischen Systems gleich.

Die Einführung eines neuen Grundsatzes darf daher nur nach den Regeln erfolgen, die später für den Neuaufbau einer falsifizierten Theorie angegeben werden.

Sichert die These gegen den „strengen Positivismus" (als Gebrauchsanweisung für die Allsätze) die Asymmetrie, die Nicht-Verifizierbarkeit der Theorien, so gibt der „Satz [von] der Abgeschlossenheit des Systems" gewissermaßen die erste Hälfte einer Gebrauchsdefinition für den Begriff der „*Falsifikation*" eines theoretischen Systems.

4. *Zweite These gegen den Konventionalismus: Satz von der Beschränkung der singulären Hilfsannahmen (Ad-hoc-Hypothesen).* Auch ein abgeschlossenes System von theoretischen Grundsätzen kann der Falsifikation jederzeit entgehen: Die Falsifikation erfolgt ja im Falle des Nichteintreffens deduzierter *(singulärer) Prognosen*; zu deren Deduktion muß aber außer den allgemeinen theoretischen Obersätzen auch immer ein *singulärer*

Untersatz eingeführt werden. Man kann nun die Deduktion ohne Verwendung eines singulären Untersatzes immer soweit führen, daß dieser singuläre Untersatz nur die Form anzunehmen braucht: hic et nunc liegt ein Fall vor, der zu der Klasse jener Fälle gehört, die in die deduzierte Regel substituiert werden dürfen[1]. Die Behauptung des Hic-et-nunc-Satzes, daß diese Substitution zulässig ist, kann nun immer bestritten werden; damit wird aber die Zulässigkeit der Deduktion der Prognose bestritten, deren Falsifikation somit das theoretische System nicht mehr falsifizieren kann.

Die Sätze, durch die die Zulässigkeit der Substitution bestritten wird, können sowohl allgemeine wie besondere Sätze sein. Beispiele: (allgemeiner Satz) Im Gravitationsfeld werden alle Maßstäbe kontrahiert; (besonderer Satz) Dieser Maßstab hier ist falsch.

Die allgemeinen Sätze dieser Art müssen entweder aus den Grundsätzen des Systems deduzierbar sein, oder sie bilden einen neuen nicht deduzierbaren Grundsatz des Systems, sind also nach dem „Satz von der Abgeschlossenheit des Systems" zu behandeln. Die besonderen Sätze dieser Art, die also nur die singulären Untersätze betreffen, kann man als „Ad-hoc-Hypothesen" bezeichnen.

Ad-hoc-Hypothesen sind meist Behauptungen von der Art, daß die Meßinstrumente fehlerhaft sind, daß der Beobachter an Halluzinationen leidet, oder einfach, daß ein Irrtum vorliegt.

Ad-hoc-Hypothesen sind unter gewissen Bedingungen zulässig, ihre Verwendung wird nicht ausgeschaltet, sondern durch die methodologischen Beschlüsse nur in bestimmter Weise beschränkt. Diese Beschränkung folgt bereits aus dem „Satz von der Abgeschlossenheit des Systems", der ohne eine solche Beschränkung unanwendbar bliebe, beziehungsweise aus der Unterscheidung der singulären Ad-hoc-Hypothesen von den allgemeinen Hilfsannahmen, die dem Satz von der Abgeschlossenheit des Systems unterliegen. Beschränkt man nämlich die Verwendung der Ad-hoc-Hypothesen nicht, so wird der unbeschränkte Gebrauch der Verwendung einer allgemeinen Hilfsannahme äquivalent, wäre also ein Mittel, den Satz von der Abgeschlossenheit des Systems zu umgehen. (So könnte man etwa die allgemeine Hilfsannahme: „Alle Meßinstrumente zeigen unter den und den Umständen falsch" in jedem einzelnen Fall durch die Ad-hoc-Hypothese: „Dieses besondere Meßinstrument zeigt in diesem besonderen Fall falsch" ersetzen.) Um diese Umgehung auszuschalten, muß der methodologische Beschluß eingeführt werden:

Ad-hoc-Hypothesen sind dann und nur dann zulässig, wenn ihr nicht-allgemeiner, singulärer Charakter erweisbar ist, genauer: wenn ihre möglichen direkten Verallgemeinerungen falsifiziert sind.

---

[1] Vgl. „Auszug", Seite 20 [= Anhang: Abschnitt *VIII*, A. Die Methode in erster Annäherung].

Beispiel: Die Ad-hoc-Hypothese: „Diese — sonst gut gehende — Uhr hat unter den und den Bedingungen falsch gezeigt" oder: „Dieser — sonst gut beobachtende — Mensch hat unter den und den Bedingungen halluziniert (beziehungsweise gelogen)" kann[a] nur dann als zulässige Ad-hoc-Hypothese anerkannt werden, wenn der allgemeine Satz: „Alle — sonst gut gehenden — Uhren zeigen unter den und den Umständen falsch" oder: „Alle — sonst gut beobachtenden — Menschen halluzinieren (beziehungsweise lügen) unter den und den Bedingungen" als falsifiziert gelten kann, also durch Gegenbeispiele widerlegt ist.

Ist eine Ad-hoc-Hypothese als zulässig (als nicht-allgemein) erwiesen, so kann die betreffende besondere Prognosendeduktion als aufgehoben gelten; der betreffende besondere Fall verliert damit seine wissenschaftliche Bedeutung. Ein solches Vorgehen erscheint umsomehr gerechtfertigt, als in der oben gegebenen Gebrauchsregel für die Zulässigkeit von Ad-hoc-Hypothesen implizit die Bedingung enthalten ist, daß neuerliche Nachprüfungen vorgenommen werden müssen.

Wichtig ist, daß somit jedesmal, wenn die Einführung einer Ad-hoc-Hypothese notwendig wird, das ganze System in Frage gestellt erscheint, nämlich solange, bis die Zulässigkeit der Ad-hoc-Hypothese durch entsprechende Falsifikationsversuche gesichert erscheint.

Durch den Satz von der Beschränkung der Ad-hoc-Hypothesen, gemeinsam mit dem Kontinuitätsprinzip erscheint die *Objektivität* der Falsifikation sichergestellt; anders ausgedrückt: Die Theorie ist nur dann als falsifiziert zu betrachten, wenn ihre Falsifikation grundsätzlich nachprüfbar ist.

Gleichzeitig liefert dieser Satz gewissermaßen die zweite Hälfte der Gebrauchsdefinition für den Begriff einer Falsifikation eines theoretischen Systems. Er weist nämlich der negativen Bewertung, der Falsifikation eine ausgezeichnete Stellung zu. Denn versucht man, aufgrund des Kontinuitätsprinzips mit Hilfe von Ad-hoc-Hypothesen die Falsifikation zu vermeiden, so gelingt dies nur, wenn eine andere Hypothese, die *verallgemeinerte* Ad-hoc-Hypothese (die ebenfalls dem Kontinuitätsprinzip unterliegt) ihrerseits falsifiziert werden kann. Die Vermeidung der Falsifikation beruht also ihrerseits wieder auf einer (anderen) Falsifikation. Gelingt diese zweite Falsifikation nicht, so tritt die erste in Kraft. Daher ist durch diese methodologische Festsetzung, also durch den Satz von der Beschränkung der Ad-hoc-Hypothesen der „konventionalistische Einwand gegen die Falsifizierbarkeit" grundsätzlich überwunden: Vorausgesetzt, daß ein System überhaupt empirisch überprüfbare Prognosen zu deduzieren gestattet, ist der Einwand, daß dieses System grundsätzlich nicht falsifizierbar sei, durch den Satz von der Beschränkung der Ad-hoc-Hypothesen geradezu als widerspruchsvoll erwiesen. Denn durch diesen Satz wird eine solche Gebrauchsdefinition des Begriffes „Falsifikation" gegeben, daß aus der Nicht-Falsifizierbarkeit jeder

Hypothese (also auch der verallgemeinerten Ad-hoc-Hypothese) die Falsifizierbarkeit anderer Hypothese (nämlich die Falsifikation des ursprünglichen Grundsatzsystems) folgen würde, was eben widerspruchsvoll ist.[2]

---

[2] [Hier folgen in K₁ diese 3 Notizen in Handschrift:]

[A.] Man kann also sagen: Eine Theorie ist dann falsifizierbar, wenn man mindestens zu einem ihrer abgeleiteten Sätze niedriger Allgemeinheitsstufe a) einen widersprechenden Satz angeben kann und b) ein Verfahren, das es gestattet, experimenta crucis anzustellen.

[B.] Durch einen *singulären* Satz kann eine Theorie nur dann widerlegt werden, wenn dieser singuläre Satz jederzeit intersubjektiv nachprüfbar ist — etwa durch Überprüfung eines Museumstückes (samt den darauf bezüglichen Urkunden usw.).

[C.] Sollte der (bewährte) *allgemeine* Satz a, durch den eine Theorie T widerlegt wurde, seinerseits widerlegt werden, so ist die ursprüngliche Theorie T damit nicht restituiert; denn der Satz a muß ja nun seinerseits ebenso in den Neubau einbezogen werden wie die T bestätigenden Sätze.

Zweiter Teil: Fragmente 1933

ORIENTIERUNG

Die Lage der gegenwärtigen Philosophie ist charakterisiert durch den Gegensatz zwischen den Vertretern der *„Metaphysik"* und der *„Antimetaphysik"*.

Im Mittelpunkt dieses Streites steht wohl die Frage nach dem Verhältnis der Philosophie zu den empirischen Wissenschaften.

Der Metaphysiker steht der empirischen Wissenschaft sehr distanziert gegenüber. Besonders die Wandlungen, die die Naturwissenschaften in der letzten Zeit erfahren haben und die die Systeme bis in die Grundlagen erschütterten, erscheinen ihm als ein alarmierendes Symptom einer inneren Krise, als eine Folge der Entfremdung der empirischen Forschung von ihrem philosophischen Fundament; denn ihre letzte Begründung können die empirischen Wissenschaften nur durch die Philosophie erhalten.

Der Antimetaphysiker bewundert die stürmische Entwicklung der modernen Naturwissenschaften. Je tiefer diese Entwicklung die Grundlagen erschüttert, um so deutlicher erscheint ihm der empirische, nicht-philosophische Charakter der Naturwissenschaft sich durchzusetzen; die empirischen Wissenschaften befreien sich von den hemmenden Vorurteilen ihrer metaphysischen Vergangenheit. So kann der Antimetaphysiker in der Haltung der Metaphysik zur modernen Naturwissenschaft nur verständnislose Anmaßung sehen. Die empirische Wissenschaft ist autonom. Sie bedarf keiner Philosophie zu ihrer „Grundlegung". Damit entfällt das Bedürfnis nach einer — den Einzelwissenschaften übergeordneten — philosophischen Wissenschaft. Die sogenannten Probleme der Philosophie erweisen sich als sinnleere oder gar unsinnige Scheinprobleme. Ähnlich wie schon Kant[1] („Philosophie kann man nicht lehren, nur das Philosophieren"), aber radikaler als[a] dieser, erklärt der Antimetaphysiker, die Philosophie sei keine Lehre, sondern eine Tätigkeit[2].

---

[1] [Vgl. Immanuel Kant, Kritik der reinen Vernunft (2. Aufl., 1787), S. 865 f. Hrsg.]

[2] [Vgl. Ludwig Wittgenstein, Tractatus Logico-Philosophicus (1918/1922), Satz 4.112. Hrsg.]

Die Aufgabe dieser philosophischen Tätigkeit ist der Kampf gegen die Metaphysik, gegen die Philosophie als Lehre. Ihr Ergebnis soll nicht der Aufbau einer neuen Philosophie sein, sondern sie kämpft dafür, daß der Aufbau einer Lehre ausschließlich der Naturwissenschaft überlassen bleibt. Obwohl diese Art des Philosophierens also keine Lehre aufbauen will, sondern gegen jeden Aufbau einer philosophischen Lehre kämpft, wäre es durchaus oberflächlich, sie als destruktiv oder dergleichen zu kennzeichnen: sie bekämpft keinen Standpunkt, sondern sie zeigt, daß ein solcher gar nicht vorhanden war. Und sie kämpft daher auch nicht für die Anerkennung eines neuen Standpunktes, sondern für den Aufbau einer neuen Gesinnung. Der Gesinnung, zu sagen, was man sagen kann; zu sagen, was ist und was nicht ist; und über das Unsagbare zu schweigen.

[VI.] PHILOSOPHIE

[Einleitung.] Gibt es eine philosophische Wissenschaft? Gibt es neben den empirischen Wissenschaften, der Logik und der Mathematik noch andere Wissenschaften, die einen spezifischen, und zwar einen „philosophischen" Charakter haben?

Ich glaube, die Frage zu stellen heißt bereits, sie zu beantworten. Indem man *über* die empirische Wissenschaft spricht, *über* die Logik, die Mathematik, die Beziehungen dieser Wissenschaften untereinander, indem man fragt, ob es eine „Wissenschaft" gibt, konstituiert man bereits ein System von Begriffen, die einem Gebiet angehören, das wir wohl mit der „Philosophie" identifizieren müssen. Der Begriff „empirische Wissenschaft" ist kein Begriff der empirischen Wissenschaft. Der Begriff „Logik" ist kein Begriff der Logik. Der Begriff „Mathematik" ist kein Begriff der Mathematik: Alle diese Begriffe sind Begriffe einer Wissenschaftslehre.

Der Gedanke ist naheliegend, zu erklären, daß auch der Begriff einer „Wissenschaftslehre" dann kein Begriff der Wissenschaftslehre sein kann. Und das ist auch ganz richtig. Wir kommen zu einer Art Typenhierarchie von einander übergeordneten Untersuchungen, von denen jede den Charakter der untergeordneten untersucht[*1]. Aber das hat keine Schwierigkeiten: Es liegt kein wie immer gearteter unendlicher Regreß vor, denn die Geltung der Sätze der untergeordneten Wissenschaft wird in keiner Weise aus der der übergeordneten Wissenschaften deduziert. Jede dieser Wissenschaften hat für sich selbst zu sorgen. (Vergleiche die Nelson Kritik[1].)

Unter dem Namen „Philosophie" kann man allerlei verstehen; unter anderem sicher auch metaphysische Spekulation. Unsere These ist nun folgende: Wir behaupten, daß es auch etwas wie eine philosophische Wissenschaft gibt; daß sie[a] Wissenschaftslehre ist und daß es ihre Hauptaufgabe ist, zu untersuchen, was Wissenschaft ist („Wissenschaft" hier im Sinne der ihr untergeordneten Wissenschaften): Kurz die „wissenschaftliche Philosophie" ist Abgrenzungswissenschaft[2].

[*1] Woran ich dachte, war offenbar eine Hierarchie von Metatheorien. Anscheinend schrieb ich diese Stelle, bevor ich die Ausdrücke „Metasprache" und „Metawissenschaft" kennen lernte.

[1] [Siehe Band I: Abschnitt *11*, Text zu Anm. 42 und 43. Hrsg.]

[2] [Vgl. Band II (Fragmente): *Entwurf einer Einführung*, Abschnitt 7. Hrsg.]

Daß aus diesem Gedanken folgt, daß die wissenschaftliche Philosophie *Methodologie* ist, das glauben wir durch unsere Untersuchung bereits nachgewiesen zu haben.

Ja, ich möchte noch weitergehen: Ich behaupte, daß fast alle jene Bestrebungen, die jemals als philosophisch und zwar wissenschaftlich-philosophisch gegolten haben, entweder methodologische Bestrebungen waren, oder metaphysische Hypostasierungen von methodologischen Überlegungen[3]. Ja, es erweist sich dieser Gedanke geradezu als ein überaus fruchtbares heuristisches Prinzip zur Auffindung sowohl methodologischer Überlegungen, als auch zur Aufhellung sogenannter philosophischer Probleme.

Indem wir hier über die Philosophie sprechen, nämlich über die Philosophie als Methodologie, als Abgrenzungswissenschaft, befinden wir uns gewissermaßen schon in einem höheren Stockwerk (und indem wir das konstatieren, wieder in einem höheren Stockwerk) usw. ad infinitum. Dieses Stockwerk haben wir schon früher erreicht, nämlich in unserer Untersuchung über den Charakter der Methodologie[4]. Die Philosophie als Methodologie ist insofern keine empirische Wissenschaft, als man über methodologische Fragen niemals zu einer Einigung zu kommen braucht; denn es ist ein praktisches Verhalten, ein praktisches Werten, das hinter der Philosophie, der Methodologie steht. Sie ist also keine empirische Wissenschaft und auch keine reine Logik; wenn man will könnte man sie als Metaphysik bezeichnen (wegen ihrer objektiven Unentscheidbarkeit), doch wenden wir diesen Ausdruck besser auf solche unentscheidbare Behauptungen an, die theoretischen Charakter haben, das heißt vorgeben, Tatsachen nachzubilden, nicht aber mit der klaren Einsicht auftreten, die Grenzen konventionell zu ziehen, willkürlich, allein geleitet von Werturteilen. (Auch die transzendentale Bewährung setzt ja Werturteile voraus über die Wissenschaften, die als Wissenschaften und als erfolgreich anerkannt werden; nur mit dem, was wir „dialektische Bewährung" nennen, steht es etwas anders: Diese bringt offene Probleme zum Verschwinden, wodurch sich zeigt, daß diese Probleme unter der Voraussetzung der gleichen Wertung entstanden waren. Denn auch bei gemeinsamer Wertungsbasis können Probleme entstehen, aber nur in diesem Falle lösbare, aufgrund gemeinsamer Wertung entscheidbarer Fragen.)

1. Induktionsproblem und Abgrenzungsproblem. Kant war wohl der Erste, der, wenn auch nicht in scharfer Formulierung und klarer Einsicht, so doch tatsächlich die Abgrenzung zwischen empirischer Wissenschaft und Metaphysik in den Mittelpunkt seiner philosophischen Überlegungen rück-

---

[3] [Vgl. KARL POPPER, Logik der Forschung (1934; 2. Aufl., 1966), Abschnitt *11*, Anm. 3; siehe auch *Nachwort des Herausgebers*. Hrsg.]
[4] [Siehe Band II (Fragmente): [III.] *Übergang zur Methodentheorie*. Hrsg.]

te. Wir wollen hier seinen Lösungsversuch nicht näher diskutieren, sondern nur *einen* Gedanken hervorheben: Die Antinomienlehre. Ihr Grundgedanke ist, wenn wir ihn von gewissen formalistischen und anderen Beschränkungen befreien, der, daß man über metaphysische Behauptungen ad infinitum diskutieren kann, ohne zu einer Entscheidung zu kommen. Kant geht zwar nicht so weit, zu erklären, man könne gegenüber *jeder beliebigen* Metaphysik immer eine entgegengesetzte konstruieren und zeigen, daß zwischen diesen beiden widersprechenden Metaphysiken eine Entscheidung nicht herbeizuführen ist; aber eine Erweiterung seiner Gedanken würde zu dieser Formel führen.

Wir können dieses uferlose Diskutieren zwischen metaphysischen Gegnern, die Möglichkeit, gegen jede These dauernd eine Antithese zu konstruieren und gegen diese wieder eine Replik, geradezu als Kennzeichen des metaphysischen Charakters einer Behauptung ansehen: Das Auftreten einer solchen Antinomie ist für uns kein Motiv, die Antinomie aufzulösen (wie es noch Kant versuchte), sondern ein Motiv, die ganze Fragestellung als metaphysisch zurückzuweisen: Wer Interesse hat mag sich beteiligen; vielleicht gelingt es ihm allein, der Frage eine nichtmetaphysische Wendung zu geben, die eine Entscheidung dieser neuen, veränderten Frage erlaubt.

Der antinomische Charakter der Metaphysik wird bei uns nicht unmittelbar zur Definition verwendet, er folgt vielmehr aus unserem Abgrenzungskriterium der Falsifizierbarkeit: Ist ein theoretischer, das heißt nicht verifizierbarer Satz auch nicht falsifizierbar, so muß es immer möglich sein, einen ihm widersprechenden Satz anzugeben, der gleichfalls nicht falsifizierbar ist. Wäre nämlich jener widersprechende Satz falsifiziert, so wäre damit der erste verifiziert: Hier liegt die Wurzel des antinomischen Charakters der Metaphysik[1].

Die Auffassung, daß die Philosophie Abgrenzungswissenschaft und ihr Hauptproblem das Abgrenzungsproblem ist, wird entscheidend dadurch gestützt, daß wir zeigen können, daß das Induktionsproblem auf das Abgrenzungsproblem zurückführbar ist: Das induktivistische Vorurteil entsteht ja nur dadurch, daß man Verifikation für die Theorien verlangt oder erhofft; und man erhofft Verifikation, wenn man glaubt, nur so dem uferlosen Streit der Metaphysik entrinnen zu können. Immer war es ein Motiv des Induktivismus, sich an die unmittelbare Erfahrung zu klammern, um nicht in die Metaphysik abzugleiten; aber gerade diese Bemühung müßte ihn in wildeste metaphysische Abenteuer stürzen: Induktion ohne synthetische Urteile a priori ist undenkbar.

Durch sein Bemühen, sich an Sicheres zu halten, an die subjektiven Überzeugungen anzuknüpfen, ist der Induktivismus in das andere Abenteuer, in den Subjektivismus gestürzt worden, schließlich sogar in einen, wenn auch

---

[1] [Vgl. Band I: Abschnitt *10*, Text zu Anm. 6; siehe auch *Nachwort des Herausgebers*. Hrsg.]

durch das Beiwort „methodisch" gemilderten, Solipsismus². Aber die Wissenschaft verlangt nicht Sicherheit, sondern nur erfolgreiche Prognosen und nicht Überzeugungen, sondern objektive Nachprüfbarkeit. So können wir zeigen, daß die beiden Hauptprobleme der „Kritik der reinen Vernunft", das Humesche Problem der Induktion und das Kantsche der Abgrenzung gegen die Metaphysik, nur *eines* sind, nämlich das Abgrenzungsproblem. Als solches hätte ja auch Hume das Induktionsproblem gesehen, zumindest sieht er die Aufgabe der Philosophie in der Abgrenzung³.

---

² [Siehe Hans Driesch, Ordnungslehre: Ein System des nichtmetaphysischen Teiles der Philosophie (2. Aufl., 1923), S. 23; Rudolf Carnap, Der logische Aufbau der Welt (1928), S. 86 f. Vgl. auch Karl Popper, Conjectures and Refutations (1963), S. 265 ff. Hrsg.]
³ [Siehe Karl Popper, Logik der Forschung (1934; 2. Aufl., 1966), Abschnitt *4*, Anm. 2 und Text zu dieser Anm. sowie die neue Anm. *3 und Text, in dem die letzte Seite von David Humes Enquiry concerning Human Understanding (1748) zitiert wird. Hrsg.]

[VII.] DAS PROBLEM DER METHODENLEHRE

1. Methodenlehre und Möglichkeit einer Falsifikation. Wir haben zuerst die theoretischen Sätze daraufhin untersucht, ob sie aufgrund ihrer logischen Form eine strenge Verifikation durch besondere Sätze gestatten. Wir sind dabei zu einem negativen Ergebnis gekommen. Statt zu versuchen, dieses negative Ergebnis gewissermaßen zu umgehen, und an Stelle einer strengen Verifikation eine unstrenge zu setzen, wodurch wir uns in die Schwierigkeiten des Induktionsproblems verstrickt hätten, haben wir auf eine Verifikation in jeder Form verzichtet und uns auf die Falsifikation zurückgezogen. Falsifikationsversuche scheinen uns die einzige Möglichkeit der[a] empirischen Überprüfung einer Theorie zu bieten.

Damit mußten wir uns einer logischen Untersuchung der Falsifizierbarkeit der Theorie zuwenden. Wir konnten die Falsifizierbarkeit einer Theorie als eine Beziehung einer Theorie zu den möglichen empirischen Basis-Sätzen entwickeln. Damit war die Frage logisch auf das Problem der Basis-Sätze verschoben.

Durch Einführung des Begriffes der „falsifizierenden Hypothese"[1] konnten wir die Falsifikation bis zu einem gewissen Grade von den Basis-Sätzen unabhängig machen. Aber im Hintergrund bleiben natürlich immer die Basis-Sätze und die mit ihnen zusammenhängenden Probleme bestehen.

Um diese Probleme zu bewältigen, mußten wir methodologische Regeln einführen, deren Aufgabe es war, der in gewissem Sinne unvermeidlichen Willkür bei der Beschlußfassung über die Basis-Sätze Grenzen zu setzen[2].

Es scheint schließlich die ganze Frage in letzter Linie auf die Frage dieser methodologischen Regeln verschoben zu sein. Welche Möglichkeit gibt es, diese Regeln zu rechtfertigen?

Noch auf einem etwas anderem Wege können wir zu derselben Frage gelangen.

Wir sind soeben von den logischen Voraussetzungen der Falsifizierbarkeit ausgegangen und haben gesehen, daß wir bei fortgesetzter Verfolgung bis

---

[1] [Vgl. KARL POPPER, Logik der Forschung (1934; 2. Aufl., 1966), Abschnitt 22; siehe auch *Nachwort des Herausgebers.* Hrsg.]
[2] [Vgl. Band I: Abschnitt *11* gegen Ende; siehe auch Anm. 6 und *Nachwort des Herausgebers.* Hrsg.]

auf methodologisches Gebiet gedrängt werden. Obwohl wir nun diesen Punkt für den Kernpunkt der ganzen Frage halten, so ist daran nicht zu zweifeln, daß die Frage neben der logischen auch ihre praktische Seite hat. Es ist oft hervorgehoben worden, wohl zuerst von Duhem[3], daß die Schwierigkeiten der empirischen Überprüfung einer Theorie nicht bloß die positive Seite der Frage, die Verifikation, sondern auch die Falsifikation mittreffen und zwar vor allem deshalb, weil die rückwirkende Falsifikation der theoretischen Voraussetzungen durch die Falsifikation der deduzierten Prognose, also der „modus tollens", ja immer sämtliche Voraussetzungen der Deduktion in gleicher Weise trifft, wodurch es immer weitgehend willkürlich bleibt, welche unter den Voraussetzungen man als falsifiziert betrachtet und welche man aufrechterhält[*1].

Ob nun diese Auffassung berechtigt ist oder nicht: auf jeden Fall muß betont werden, daß die von uns behauptete Asymmetrie zwischen Verifikation und Falsifikation durch derartige Überlegungen nicht berührt werden kann, gleichgültig, ob nun aus den betrachteten Gründen die Falsifikation vielleicht auf unüberwindliche Schwierigkeiten stößt oder nicht: Jedenfalls sind die Schwierigkeiten von ganz anderer Art als die bei der Verifikation. Die Verifikation ist logisch unmöglich, die Falsifikation stößt schlimmstenfalls auf praktische Unmöglichkeiten. Das sieht man schon daraus, daß es wohl den in induktivistischer Richtung (das heißt von den besonderen zu den allgemeinen Sätzen) aufsteigenden „modus tollens" als streng logischen Schluß gibt, jedoch keinen in dieser [Richtung] fortschreitenden „modus ponens"[b].

Aber auch dann, wenn man die von uns behauptete logische Asymmetrie zugibt, so könnte man doch immer [gegen uns] einwenden, daß diese Asymmetrie für die Praxis nicht besteht, daß die praktischen Verhältnisse die logischen Verhältnisse kompensieren. Bei jedem Experiment, das wir zur Überprüfung einer Theorie anstellen, spielen so viele theoretischen Voraussetzungen eine Rolle, daß es fast unmöglich ist, diese Voraussetzungen überhaupt zu analysieren. Bei jeder Zeigerablesung machen wir von den Hypothesen in der geometrischen Optik Gebrauch — von der Hypothese des

---

[3] [PIERRE DUHEM, Ziel und Struktur der physikalischen Theorien (deutsch von FRIEDRICH ADLER, 1908), S. 243 ff., 266 f. Hrsg.]

[*1] Die hier und in den beiden nächsten Absätzen besprochenen logischen Schwierigkeiten sind in der angelsächsischen wissenschaftstheoretischen Literatur unter dem Namen „Duhem-Quine-Thesis" bekannt. Sowohl QUINE wie ich haben die Schwierigkeiten unabhängig voneinander und von DUHEM entdeckt, und wir haben beide unabhängig voneinander DUHEMs Priorität festgestellt. Später (in Logik der Forschung, 1934) vergaß ich dann einiges, das ich hier über DUHEM herausgefunden hatte; oder es fiel vielleicht den radikalen Kürzungen zum Opfer, und ich vergaß es dann unter dem Einfluß dieser Kürzungen. [Vgl. Band I: Abschnitt *38*, Text zu Anm. 2. Siehe auch WILLARD VAN ORMAN QUINE, Two Dogmas of Empiricism, The Philosophical Review 60 (1951), S. 38 ff.; W. V. O. QUINE, From a Logical Point of View (1953; 2. Aufl., 1961), S. 41 ff. Hrsg.]

starren Körpers, von der Hypothese der Gültigkeit der euklidischen Theorie in kleinen Bereichen, von der „Ding-Hypothese" und von einer Unzahl anderer Hypothesen. Alle diese Voraussetzungen werden durch die Falsifikation der Prognose, logisch betrachtet, in gleicher Weise betroffen: nicht, daß jede einzelne durch die Falsifikation der deduzierten Prognose falsifiziert wird, aber ihre gleichzeitige Behauptung — ihre Konjunktion — wird falsifiziert. Das Schlimme ist nun, daß man wegen der grundsätzlichen Unmöglichkeit einer Verifikation nie wissen kann, welche von diesen Voraussetzungen das ist, so daß für jede die Möglichkeit bleibt, daß gerade *sie* es ist, auf welche wir die Falsifikation beziehen sollten.

Diese Verhältnisse werden nun zwar durch die „Quasi-Induktion"[4] gemildert — oder noch etwas allgemeiner gesprochen — durch die Möglichkeit, zu zeigen, daß eine Falsifikation nur gewisse zu einem Grundstock von Voraussetzungen hinzutretenden Voraussetzungen betrifft, da bei Weglassen der zusätzlichen Voraussetzung eine Falsifikation nicht auftritt. Obwohl nun dieser Umstand sicherlich nicht unwichtig ist, so vermag er doch an der grundsätzlichen Unbestimmtheit nicht allzuviel zu ändern; denn es ist kaum zu bezweifeln, daß es manchmal möglich ist, die zusätzliche Voraussetzung durch Abänderung jenes Grundstockes von Voraussetzungen zu retten. Die besprochene Situation würde es verständlich machen, daß manche die Auffassung vertreten, daß es mit der Möglichkeit einer Falsifikation schlecht genug bestellt ist und daß von einer eindeutigen, exakten Falsifikation einer Theorie nicht die Rede sein kann.

Hier setzen nun unsere methodologischen Überlegungen ein.

Um gleich der besprochenen Ansicht die unsrige mit aller Schärfe gegenüberzustellen: wir halten es für völlig verfehlt, die Verhältnisse bei der Überprüfung von Theorien und ähnliche Verhältnisse der Wissenschaft, praktisch von einem derartigen — wir möchten am liebsten sagen — naturwissenschaftlichen [naturalistischen[5]] Standpunkt zu betrachten und gewisse Schwierigkeiten oder Übelstände *so* zur Kenntnis zu nehmen, wie man etwa Naturgesetze zur Kenntnis nimmt. Es ist zwar, nach unserer Meinung, durchaus möglich, einen solchen Standpunkt der naturwissenschaftlichen Methodik gegenüber einzunehmen und es sich etwa zur Aufgabe zu stellen, die Verhältnisse rein beschreibend zu untersuchen und die Fakten zur Kenntnis zu nehmen. Eine solche Untersuchung wäre jedoch keine wissenschaftstheoretische. (Sie wäre[c] eher [als] eine wissenschaftssoziologische Untersuchung zu bezeichnen.)

Die Aufgabe der Wissenschaftslehre, der Methodologie, wie sie hier ver-

---

[4] [Vgl. Band I: Abschnitt *48*, Anm. 2 und Text zu dieser Anm.; siehe auch *Nachwort des Herausgebers.* Hrsg.]

[5] [Vgl. KARL POPPER, Logik der Forschung (1934; 2. Aufl., 1966), Abschnitt *10*; siehe auch Band II (Fragmente): [III.] *Übergang zur Methodentheorie*, Abschnitt *8*, Anm. 3 und Text zu dieser Anm. Hrsg.]

standen wird, besteht in etwas ganz anderem. Analytisch-deskriptiv gehen wir nur insoweit vor, als wir logische Verhältnisse untersuchen. Im übrigen nehmen wir an, daß es weitgehend in unserer Macht liegt, die Verhältnisse zu beeinflussen und die Wissenschaft nach einer solchen Methode zu betreiben, die wir für zweckmäßig halten.

In Anwendung auf unser Problem: die logische Asymmetrie zwischen Verifikation und Falsifikation ist für uns grundlegend. Sie besteht nur für allgemeine Sätze, aber nicht mehr im vollen Umfange für die Basis-Sätze, ja wir können von einer derartigen Asymmetrie überhaupt nur sprechen in Bezug auf Basis-Sätze", von denen wir annehmen, daß sie imstande sind, empirische Entscheidungen zu ermöglichen. Hier, bei den Basis-Sätzen, liegt es in unserer Macht *so* vorzugehen, das heißt solche methodologischen Regeln durch willkürlichen Beschluß festzulegen, daß die Sätze, wenn schon nicht verifizierbar, so doch wenigstens einseitig entscheidbar, nämlich falsifizierbar werden.

Und ähnlich, wie wir die Basis-Probleme gewissermaßen dadurch lösen, daß wir den gordischen Knoten mit Hilfe unserer methodologischen Entschlüsse durchhauen, ähnlich müssen wir auch gegenüber den Einwänden Duhems und anderer konventionalistischer Denker die Falsifizierbarkeit" durch unsere methodologischen Entschlüsse schützen.

Bei der Untersuchung der Basis-Probleme konnten wir die Einflüsse gewisser methodologischer Beschlüsse dadurch rechtfertigen, daß wir zeigten, daß die Einführung irgendwelcher Beschlüsse unabweisbar notwendig ist: da die Deduktion [weiterer Basis-Sätze] den unendlichen „Regreß" niemals zu einem *natürlichen* Abschluß bringt, so müßten wir einen willkürlichen Abschluß schaffen, schon deshalb, weil wir in der Wissenschaft auch etwas anderes zu tun haben als immer weiter Fragen zu untersuchen, die mit praktisch hinreichender Schärfe bereits beantwortet sind[6]. Ähnlich können wir auch gegenüber dem oben skizzierten konventionalistischen Einwand Duhems uns vorerst mit der Einsicht wappnen, daß wir ohne allgemeine methodologische Richtlinien, die unser Verfahren und unsere Behandlung der Naturgesetze regeln, überhaupt nicht vom Fleck kommen.

Ein besonders triviales Beispiel für die Notwendigkeit einer derartigen methodologischen Richtlinie wäre folgendes:

Wir pflegen als selbstverständlich anzunehmen, daß wir eine einmal vorgestellte Theorie, solange wir sie nicht verworfen haben, immer wieder von neuem überprüfen, insbesondere dann, wenn sich etwa durch Verschärfung der Meßgenauigkeit oder durch Erweiterung des Anwendungsgebietes neue Überprüfungsmöglichkeiten zeigen. In dieser wissenschaftlichen Gewohnheit, die der naturalistisch eingestellte Methodologe wahrscheinlich übersehen, bestenfalls aber konstatieren würde, liegt, wie in jedem praktischen

---

[6] [Vgl. Band I: Abschnitt *11* gegen Ende; Anhang: Abschnitt *IX*; KARL POPPER, op. cit., Abschnitte *29* und *30*. Siehe auch *Nachwort des Herausgebers*. Hrsg.]

Verhalten gegenüber der Wissenschaft, eine praktische methodologische Regel verborgen. Daß dem so ist, sieht man am leichtesten daran, daß wir ja auch so verfahren könnten, daß wir eine Theorie *einmal* überprüfen (oder auch gar nicht) und uns entschließen, uns damit zu begnügen. Ein solches Verfahren wäre freilich „nicht im Geiste der Wissenschaft", es wäre „unwissenschaftlich". Aber das sind nur Worte. Was wir hier zeigen wollen ist ja, daß dieser „Geist der Wissenschaft", logisch untersucht, in praktischen methodologischen Regeln für praktisches Verhalten gegenüber der Wissenschaft erfaßt werden kann.

So geben die methodologischen Regeln gewissermaßen an, was wissenschaftliches Verhalten ist. Aber geraten wir hier nicht wieder in naturalistische Betrachtungsweise zurück? Sind wir nicht gezwungen die methodologischen Regeln gerade aus den tatsächlichen beobachtbaren Verhalten der Wissenschaftler zu erschließen?

2. *Abgrenzungs-Kriterium und Methoden-Theorie.* Wir glauben, daß wir die naturalistische Betrachtungsweise der wissenschaftlichen Methoden tatsächlich vermeiden können. Wir wollen versuchen, die wissenschaftlichen Methoden deduktiv aus der Annahme abzuleiten, daß unsere Theorie richtig ist, das heißt im wesentlichen [aus der Annahme] des Abgrenzungs-Kriteriums.

Das Abgrenzungs-Kriterium ist ja eigentlich nichts anderes als eine Definition dessen, was wir „Wissenschaft" nennen wollen und was wir „Metaphysik" nennen wollen. Wenn die Methodologie gewissermaßen den wissenschaftlichen Geist naturalistisch beschreiben soll, so könnte sie ja dabei auch deduktiv vorgehen; das heißt aufgrund irgendeiner Hypothese versuchen, jene Beschreibung systematisch abzuleiten. Zu diesem Zwecke wäre vielleicht die Hypothese brauchbar, daß es Aufgabe der Wissenschaft ist, ein theoretisches Gebäude möglichst weit weg von der Metaphysik zu errichten. Diese naturalistische deduktive Methoden-Theorie hätte möglichst reiche Konsequenzen aus ihrer Hypothese abzuleiten und könnte diese Konsequenzen nun am tatsächlich methodologischen Verhalten des Wissenschaftlers, also gewissermaßen an der methodologischen Erfahrung überprüfen.

Nun lehnen wir aber eine derartige naturwissenschaftliche [oder naturalistische] Methode für die Methodologie ab. Um es kurz zu sagen: wir wollen uns nicht der empirischen Entscheidung unterwerfen, deren Basis das tatsächliche Verhalten des Wissenschaftlers ist, wir wollen nicht alles das ableiten, was der Wissenschaftler wirklich tut, sondern wir wollen jene Methoden ableiten, die ihn *zum Erfolg* führen.

Wir knüpfen also wohl eine deduktive Methoden-Theorie in der oben angedeuteten Weise an das Abgrenzungs-Kriterium an, aber wir fassen diese Theorie nicht empiristisch, nicht naturalistisch auf, sondern gewissermaßen als eine praktische Lehre, die sich dann bewährt, wenn sie praktisch erfolgreich ist.

Worin besteht nun wissenschaftlicher Erfolg? Wir sind weit davon entfernt zu glauben, daß eine derartige Frage theoretisch beantwortet werden kann. Wir behaupten vielmehr, daß die Antwort davon abhängt, was man für wissenschaftlich wertvoll hält. Die Methoden-Theorie wird also zu einer Lehre, die ausgeht von gewissen wissenschaftlichen Werten, oder wenn man ein nüchterneres Wort verwenden will, von gewissen wissenschaftlichen Zielsetzungen oder von wissenschaftlichen Zwecken. Solche wissenschaftliche Zwecke oder Zielsetzungen kann es sehr verschiedene geben. Eine rationale^a Entscheidung zwischen ihnen halte ich für unmöglich. So kann man etwa als das Ziel der Wissenschaft die Herstellung einer möglichst gesicherten Theorie sehen; ja, vielleicht sogar die Aufstellung einer absolut gesicherten Lehre. Wer derartige Ziele versucht, dem muß die Entwicklung der Physik seit der Jahrhundertwende als ein Zusammenbruch der Wissenschaft erscheinen. Gegen einen solchen Zusammenbruch kann man sich mit methodologischen Beschlüssen unschwer wehren, man beschließt, ein gewisses, als brauchbar und einfach ausgezeichnetes System unter allen Umständen festzuhalten und nur, wenn notwendig, durch Hilfs-Hypothesen lediglich zu ergänzen. Das ist ungefähr der Dinglersche Konventionalismus[1]. Wir wollen uns gegenüber einer derartigen Wertung nicht in naturalistischer Weise darauf berufen, daß die heutige Wissenschaft offenbar nicht so vorgeht. Im Gegenteil, gegenüber einem derartigen naturalistischen Einwand würden wir uns auf die Seite Dinglers schlagen und ihm recht geben, daß die Festsetzung der letzten Grundlage immer in unserer Macht steht und uns niemals in primitiver Weise durch Tatsachen aufgezwungen werden kann. Wenn wir dennoch für die moderne Naturwissenschaft plädieren, so tun wir es nicht darum, weil die Wissenschaft tatsächlich so ist, wie sie ist, sondern — grob gesprochen — weil uns die Wissenschaft so, wie sie ist, gefällt. Wir *werten* eben anders als Dingler. Unser Ziel ist nicht ein System sicher gegründeter Erkenntnisse, sondern unser Ziel ist, immer tiefer einzudringen in die ungeahnten Zusammenhänge der Natur; und nie^b sind wir so sicher, einen Schritt [in der Richtung] zu diesem Ziel zu machen, als wenn es uns gelingt, einen bisher für sicher gehaltenen Satz in überraschender Weise zu widerlegen.

Wir bejahen die Methoden der modernen Naturwissenschaft nicht deshalb, weil sie modern sind, sondern wir bejahen sie deshalb, weil sie uns durch ihre kühnen Theorien zu neuen empirischen Einsichten, zu unerwarteten, ja für undenkbar gehaltenen Basis-Sätzen führen, die wir ohne Hilfe

---

[1] [Vgl. Hugo Dingler, Die Grundlagen der Physik: Synthetische Prinzipien der mathematischen Naturphilosophie (2. Aufl., 1923); H. Dingler, Der Zusammenbruch der Wissenschaft und der Primat der Philosophie (1926). Hrsg.]

dieser grandiosen, einfachen, fast schon an die Paradoxie, an die Kontradiktion streifenden Theorie niemals gewonnen hätten.

Nichts können wir für unsere Wertung ins Treffen führen, als daß sie unserem gesamten Weltbild entspricht, daß sie der biologischen Rolle entspricht, die die Wissenschaft in unserem Weltbild hat: sie ist der am weitesten vorausgeschickte, der Pioniertrupp der Anpassung; darum muß sie sich der Selektion aussetzen. Und wenn die moderne Wissenschaft mit unserem methodologischen Ideal einer Wissenschaft weitgehend übereinstimmt (sie stimmt keineswegs ganz mit diesem Ideal überein, woran man schon deutlich unsere nicht-naturalistische Grundposition erkennt), so klärt sich das in unserem Weltbild zwanglos auf als Wirkung der Selektion.

Wir stehen also mit dem Konventionalismus gemeinsam auf dem Standpunkt, daß die letzten Grundlagen alles Erkennens in einem Akt freier Setzung das heißt in einer Zielsetzung, die ihrerseits nicht mehr rational begründet werden kann, zu suchen ist. Es ist in anderer Form Kants Gedanke vom Primat der praktischen Vernunft.

[VIII.] BEMERKUNGEN ZUM SOGENANNTEN PROBLEM
DER WILLENSFREIHEIT

[1. Einleitung.] Das sogenannte Problem der Willensfreiheit tritt mit voller Schärfe nur innerhalb eines „deterministischen" Weltbildes auf, also nur dann, wenn uns — grob gesprochen — die Physik ein Bild von der Welt entwirft, in dem die Welt einem Uhrwerk gleicht. Die moderne Quanten-Physik mit ihren „indeterministischen" Wahrscheinlichkeitssätzen scheint nicht so sehr dazu angetan, das Willensfreiheitsproblem zu lösen als vielmehr es zu verwischen. Genauer gesagt, diese Verwischung kommt natürlich nicht von der Physik selbst her, sondern von unzulässigen Interpretationen.

Ich glaube, daß wir in der Frage der Willensfreiheit viel klarer dann sehen werden, wenn wir von der gegenwärtigen Physik vollständig abstrahiert uns fragen, wie das Problem aussieht, wenn wir eine völlig deterministische Physik fingieren.

Um das Problem möglichst scharf, wenn auch nur „ad hominem" herauszustellen: Wenn wir es als eine Konsequenz eines deterministischen Weltbildes sehen, daß etwa die Schöpfungen Sebastian Bachs oder Michelangelos nichts anderes sein sollen als die Ergebnisse zwangsläufiger physikalischer Vorgänge, die Ergebnisse einer automatischen physikalischen Apparatur, so sträubt sich in uns etwas gegen die Anerkennung einer derartigen Konsequenz. Denken wir uns alle physikalischen Vorgänge in der Welt durch die Konstellation der Anfangsbedingungen und der Naturgesetze bestimmt, so müssen wir wohl oder übel annehmen, daß schon die Werke Sebastian Bachs und Michelangelos in nuce enthalten gewesen sind, das heißt wir geraten ziemlich unrettbar in eine Metaphysik der prästabilierten Harmonie.

Dies ist aber nur ein Zug des Problems: Wir selbst erleben in manchen Augenblicken Situationen, in denen wir das Gefühl haben, daß von unserem Entschluß etwas abhängig ist, während wir in den anderen Fällen deutlich fühlen, daß unsere Entschließungen und unsere Handlungen durch allerlei äußere Umstände bedingt sind. Das Gefühl für die Bedeutung unseres Entschlusses tritt vor allem in jenen Fällen auf, in denen wir, wie man zu sagen pflegt, uns „einer Verantwortung" deutlich bewußt werden. Obwohl dieses subjektive Gefühl meiner Meinung nach im Problem der Willensfreiheit bei nüchterner Betrachtung keine so große Rolle spielt wie die vorher angeregten Überlegungen, so wäre von einer befriedigenden Formulierung doch auch zu verlangen, daß sie das Problem „der Verantwortung" in entsprechender Weise berücksichtigt.

Es scheint uns möglich zu sein eine befriedigende Aufklärung der früher angedeuteten Probleme zu geben, ohne dabei eine indeterministische Physik vorauszusetzen; ja, im Gegenteil: setzt man eine indeterministische Physik voraus, so gerät man in die bedenkliche Situation, daß man leicht mehr „löst", als man will; hebt man den „Kausalzusammenhang" zwischen unseren Erlebnissen, Entschlüssen usw. auf, so gelangt man zu einer Theorie der „Willensfreiheit", aber nie zu einer Theorie der Verantwortung, denn jede Verantwortung setzt *Zurechnungsfähigkeit* voraus, und eine Durchbrechung der kausalen Erlebnis-Determination würde im allgemeinen nur Unzurechnungsfähigkeit bedeuten.

Der Weg zu dieser Behandlung des Problems erscheint mir durch die positivistische Kritik des Kausalbegriffes vorgezeichnet.[1]

Der historische, metaphysische Kausalbegriff hängt, wenn man ihn historisch betrachtet, mit dem Begriff der *Genese*, des Schaffens, des Erzeugens, des Entstehens *durch Jemanden* und *aus Etwas* eng zusammen. Das deutsche Wort „Ur-Sache", die jonische Urstoff-Spekulation und ähnliches weist auf diese Methode des „Erklärens" deutlich hin. Auch in unserer instinktiven Einstellung zu den Vorgängen der Natur ist deutlich noch ein animistisches Element enthalten. Dieser Kausal-Instinkt, wie man ihn nennen könnte, enthält eine Art Einfühlung in die Ursache: die Ursache wird als aktiv, als handelnde Person betrachtet, sie „bringt die Wirkung hervor".

Die Kritik dieser animistischen Kausalauffassung, die auch in der modernen Philosophie noch immer eine gewisse Rolle spielt, ist sehr alt. Von dem skeptischen Mediziner Sextus Empirikus (um 200 nach Chr.) an, und durch dessen Vorläufer zumindest vorbereitet, über den Araber Al-Gazzâlî (11. Jahrhundert nach Chr.), über Nicolaus von Autrecourt (14. Jahrhundert), Malebranche und Joseph Glanvill (17. Jahrhundert) bis zu Hume betonen die Kritiker des Kausalbegriffes, daß die Behauptung einer kausalen Notwendigkeit im Ablauf der Ereignisse sich weder logisch noch empirisch rechtfertigen läßt: Wir können niemals beobachten, daß ein Ereignis ein anderes verursacht, sondern nur, daß *auf einen Vorgang von dieser Art ein Vorgang von jener Art regelmäßig zu folgen pflegt*.

Im Anschluß an diesen durch die positivistischen Begriffe geläuterten Kausalbegriff haben wir uns in diesem Buche auch auf den Standpunkt gestellt, daß wir von „Kausalität" usw. nur dann und nur in dem Sinne sprechen wollen, wenn wir damit ausdrücken, daß wir ein Ereignis aufgrund von Naturgesetzen und Randbedingungen prognostizieren können. Wenn wir aufgrund dieser Auffassung davon sprechen wollen, daß zwei Ereignisse in einem „Kausalverhältnis" stehen, so kann das nur bedeuten, daß

---

[1] [Dieser Absatz beginnt im Manuskript mit „P. 18 ..."; der Herausgeber konnte diesen Hinweis nicht deuten. Hrsg.]

wir aufgrund eines Gesetzes und des ersten Ereignisses auf das zweite Ereignis schließen können*1.

Die Konsequenzen dieser Auffassung der Kausalität erscheinen mir das sogenannte Problem der Willensfreiheit gewissermaßen von selbst zu lösen, wir müssen nur alle Konsequenzen mit aller Entschiedenheit ziehen.

Innerhalb der geschilderten Auffassung kann die deterministische Hypothese etwa folgendermaßen charakterisiert werden: Wir nehmen an, daß jedes Ereignis mit beliebiger Genauigkeit prognostizierbar ist, wenn wir auch nicht alle dazu notwendigen Naturgesetze bereits kennen; vorausgesetzt natürlich, daß die Aussagen über das „verursachende Ereignis", über die substituierenden Randbedingungen, genügende Genauigkeit haben.

2. *Das „Ereignis" und das „Stück Wirklichkeit".* Die geschilderte Auffassung macht es klar, daß wir immer nur aus Sätzen (Naturgesetze, Sätze über Ereignisse) auf Sätze (Prognosen über Ereignisse) schließen können.

Jeder Satz läßt der „Wirklichkeit" einen gewissen Spielraum, was wir, wenn wir die metaphysisch-realistische Ausdrucksweise vermeiden wollen, auch in der formalen Redeweise ausdrücken können: jeder noch so ausführliche Existenzialsatz steht immer zu beliebig vielen möglichen Existenzialsätzen in einem solchen logischen Verhältnis, daß er mit ihnen vereinbar ist, und unter diesen gibt es wiederum beliebig [vielen] Existenzialsätze, die mit dem ersten Existenzialsatz in beliebig enger, raumzeitlicher nachbarschaftlicher Beziehung stehen.

Es gibt also keinen Existenzialsatz und keine Konjunktion von Existenzialsätzen, die uns irgendein noch so kleines „Stück Wirklichkeit" (Raum-Zeit-Gebiet) eindeutig beschreiben. Jeder solche Satz gibt vielmehr gewissermaßen nur Antwort auf Fragen, die uns eben gerade interessieren. Und während wir grundsätzlich immer nur [Antworten auf endlich viele Fragen geben können, so lassen sich doch immer] unendlich viele Fragen „denken", beziehungsweise Regeln, Schemata angeben, nach denen man unbegrenzt viele Fragen über irgendein Raum-Zeit-Gebiet konstruieren kann; so daß wir auch sagen können, daß immer nur ein verschwindend kleiner Teil der möglichen Fragen gestellt und beantwortet werden kann.

Das ist es, was wir anschaulich damit bezeichnen, wenn wir sagen, daß jede noch so genaue Beschreibung der Wirklichkeit einen Spielraum läßt; wir können hinzufügen, daß dieser Spielraum durch eine noch so genaue Beschreibung nie merklich verkleinert werden kann, weil, bildlich gesprochen, erst unendlich viele Sätze den Spielraum merklich einschränken können.

---
*1 Das ist eine Formulierung dessen, was heute das „deduktive Modell" (deductive model) der kausalen Erklärung genannt wird. Siehe auch Logik der Forschung (1934; 2. Aufl., 1966), Abschnitt *12.* Was dort „Randbedingung" (besser wäre „Anfangsbedingungen") genannt wird, scheint hier „erstes Ereignis" zu heißen.

[IX. DAS PROBLEM DER WILLENSFREIHEIT[1]]

5. Individualien und Universalien. Wenn wir somit niemals ein „Stück Wirklichkeit" auch nur einigermaßen vollständig beschreiben können, so können wir es doch immer benennen; durch Individualien bezeichnen. Hier stoßen wir wieder auf das Universalienproblem. Schon oben[2] haben wir festgestellt, daß es unmöglich ist, mit noch so vielen Universalien einen Individualbegriff[a] zu ersetzen, ein Individuum eindeutig zu kennzeichnen. In der Beziehung zwischen „Ereignis" und „Stück Wirklichkeit" tritt uns derselbe Gegensatz nochmals entgegen; denn wenn wir ein „Stück Wirklichkeit" beschreiben könnten, in eindeutiger Weise beschreiben, so könnten wir die Benennung durch eine Beschreibung ersetzen.

Jeder wissenschaftlich prognostizierbare Vorgang muß grundsätzlich wiederholbar, reproduzierbar sein: Das ist eine Grundforderung, die aus dem Grundsatz der Objektivität der Wissenschaft folgt. Ein Vorgang, als „Stück Wirklichkeit" betrachtet, ist grundsätzlich individuell, nur benennbar, und daher auch grundsätzlich unwiederholbar. Gegenüber den konkreten Individuen stellen unsere wissenschaftlichen Beschreibungen nichts anderes als abstrakte Auszüge dar.

Das Bild vom Theoriennetz, mit dem wir die Wirklichkeit zu fangen suchen[3], tritt uns hier zum letzten Mal, und in ganz anderer Form gegenüber: Das Netz hat Maschen, und der Raum zwischen den Maschen ist immer so groß, daß uns beliebig viel von der Wirklichkeit entschlüpft. Wie fein wir auch das Netz spinnen, die Wirklichkeit ist immer noch feiner. Nur das Gröbste bleibt im Netz zurück.

Wir wollen zeigen, daß in allen jenen Momenten, in denen uns das Problem der Willensfreiheit aktuell erscheint, es sich immer um individuelle Vorgänge in ihrer vollen Eigenart handelt.

---
[1] [Die Abschnitte *1–4* sind nicht mehr auffindbar und müssen als verloren angesehen werden; siehe *Nachwort des Herausgebers.* Hrsg.]
[2] [Siehe Band I: Abschnitt *33*; Band II (Fragmente): [III.] *Übergang zur Methodentheorie,* Abschnitt *7.* Hrsg.]
[3] [Vgl. NOVALIS: „Hypothesen sind Netze, nur der wird fangen der auswirft...", NOVALIS Schriften II. (hrsg. von FRIEDRICH SCHLEGEL und LUDWIG TIECK, 1802), Dialog 5, S. 429; KARL POPPER, Logik der Forschung (2. Aufl., 1966), S. XI. Siehe auch *Nachwort des Herausgebers.* Hrsg.] *Ich hatte das Bild vom Theoriennetz lange, bevor ich es in NOVALIS fand — zu meiner freudigen Überraschung. Aber es scheint, daß diese Stelle doch auf NOVALIS anspielt.

Erstens: Das Beispiel Bachs. Wir können ohne weiteres zugeben, daß jeder *beschreibbare Teilvorgang* während der Konzeption und Niederschrift [der Komposition] grundsätzlich wiederholbar ist. Aber niemand nimmt an, daß es zwei ganz gleiche Bach oder auch zwei ganz gleiche Kompositionen geben wird. Die Behauptung, die allein als deterministisch gelten könnte, ein genau gleiches Individuum in den gleichen Rahmen gestellt, würde in gleicher Weise reagieren, ist somit in jenen Punkten, um die es sich handelt, grundsätzlich nicht überprüfbar, ist Kausalmetaphysik. Zwei Vorgänge zu verschiedenen Zeiten können ja schon deshalb nicht genau gleich sein (wenigstens nach deterministischer Auffassung) weil der zweite durch den ersten beeinflußt ist. Und nehmen wir an, sie liegen außerhalb des Wirkungskegels, so wäre zwar eine Gleichheit im deterministischen Sinn denkbar, aber es bliebe doch immer der Einwand, daß die Gleichheit immer nur so weit reichen kann, wie unsere Beschreibung. Der deterministische Ansatz führt in seiner Konsequenz geradezu *dazu*, anzunehmen, es gäbe mehrere Wirkungskegel, die voneinander völlig getrennt und im übrigen absolut identisch sind; eine Annahme, die ihren metaphysischen Charakter deutlich genug verrät. Sind die Wirkungskegel nicht vollständig getrennt, so kann der Determinismus eine Identität auch nur als Hypothese niemals aufstellen, selbst dann nicht, wenn die Beschreibung auf Indifferenz führt.

Alles Individuelle erscheint somit, insofern als es individuell ist, als wissenschaftlich unbeschreibbar*¹.

Zwischen einer Auffassung, die durchgängige Prognostizierbarkeit für alles was beschreibbar ist annimmt, und einer Auffassung, die Nichtprognostizierbarkeit für alles Individuelle annimmt, besteht somit kein Gegensatz.

6. *Zweiweltenlehre.* Die Kantsche Lösung des Problems der Willensfreiheit, die sich ebenfalls bemüht, einen Determinismus des Naturgeschehens mit einem Indeterminismus, der Platz läßt für Verantwortung und für schöpferisches Handeln, zu vereinbaren, beruht auf seiner Zweiweltenlehre. Er unterscheidet die Welt der „Natur" von der Welt der „Dinge an sich". Die Natur ist geordnet durch die Tätigkeit des erkennenden Bewußtseins — durch die Wissenschaft, würden wir heute sagen — die Welt der Dinge an sich ist unerkennbar; aber als Bürger dieser Welt der Dinge an sich unterliegt das Individuum nicht den von der Wissenschaft anerkannten Gesetzen, sondern nur als Naturding. Überall, wo wir wissenschaftliche Betrachtungen anstellen, herrscht somit Gesetzmäßigkeit, die wir von der Welt der Dinge an sich nicht erkennen und daher auch nicht behaupten können.

---

*¹ Diese Ideen gehen auf meine erste Veröffentlichung vom Jahre 1925 zurück. [Vgl. KARL POPPER, Über die Stellung des Lehrers zu Schule und Schüler: Gesellschaftliche oder individualistische Erziehung?, Schulreform 4 (1925), S. 204 ff.; siehe auch Abschnitt 6, Anm *2 und Text zu dieser Anm. Hrsg.]

Diese oft kritisierte und sicherlich widerspruchsvolle Auffassung scheint doch einen sehr richtigen Kern zu haben. Man muß nur, soweit es sich um die gegenwärtige Frage handelt, für die Kantsche „Natur" jenen Extrakt einsetzen, der durch die Theoriennetze rational erfaßt wird. Und für die Welt der „Dinge an sich" nicht eine für unser Bewußtsein unzugängliche, für uns nicht nur niemals erkennbare, sondern auch niemals erlebbare Welt, sondern im Gegenteil die konkrete in unwiederholbaren Einzelerlebnissen von uns erlebte Welt.

Geht man von diesem Standpunkte aus an das Problem der Willensfreiheit heran, so stellt sich dies folgendermaßen dar: So weit wir Vorgänge wiederholen können (und zwar grundsätzlich beliebig oft wiederholen können, indem wir die gleichen Randbedingungen herstellen), so weit können wir Theorien aufstellen und sie überprüfen. Wir können dabei grundsätzlich immer genauer werden, immer speziellere Fragen stellen, immer eingehendere Analysen vornehmen, ohne in diesem Vorgehen grundsätzlich jemals an ein Ende zu gelangen: Die Wissenschaft hat kein Randgebiet (Kantsches Beispiel vom gekrümmten kugelartigen Wissenschaftsfeld[1]). Grundsätzlich kann die Wissenschaft auf alle theoretischen Fragen Antworten geben, die wir überhaupt über die Welt formulieren können; denn jede Frage läßt sich so formulieren, daß sie nur mehr mit Ja oder Nein beantwortet zu werden braucht. Indem wir aber eine theoretische Frage formulieren, konstruieren wir durch Universalien einen denkbaren wiederholbaren „Vorgang" und grundsätzlich ist jeder wiederholbare Vorgang erforschbar. (Hier wäre der Punkt, in dem auf die moderne Quantenphysik Rücksicht zu nehmen wäre. Sie hat grundsätzlich hier andere Verhältnisse geschaffen, aber wir fingieren ja für diese Untersuchung ein deterministisches [klassisches[*1]] Weltbild.)

Aber mit allen theoretischen Fragen kommen wir niemals an das Individuum heran. Nicht einmal an einen individuellen Stein: Wir können etwa den Stein beschreiben, können eine Wurfbahn des Steines vielleicht mit jeder beliebigen Genauigkeit prognostizieren; dennoch wird niemals ein Stein genau so wie dieser geworfen worden sein und alles was unwiederholbar ist, bleibt unprognostizierbar und kann auch gar nicht gefragt werden.

Daß wir Steine mehr im Sinne der Naturwissenschaft, Menschen mehr als Individuen zu betrachten pflegen, das hängt einfach damit zusammen, daß wir an den Steinen ein Interesse als Mittel, an den Individuen ein Interesse als Zweck haben. Alle unsere Handlungen haben Ziele, letzte Zwecke; die Wissenschaft hat nur etwas mit den Mitteln zu tun, die wir regelmäßig und rational anwenden können, um gewisse Zwecke zu erreichen.

---

[1] [Vgl. IMMANUEL KANT, Kritik der reinen Vernunft (2. Aufl., 1787), S. 790; siehe auch Band I: Abschnitt *44*, Text zu Anm. 1. Hrsg.]

[*1] Vgl. meine Arbeit „Indeterminism in Quantum Physics and in Classical Physics", The British Journal for the Philosophy of Science 1 (1950), S. 117 ff., 173 ff.

Natürlich können Menschen ebenso zum Gegenstand wissenschaftlicher Untersuchung werden, wie Steine. Aber hier wird es eben im Gegensatz zu den Steinen von Bedeutung, daß wir immer nur Typen*², durch Universalien beschreibbare wiederholbare typische Erscheinungen, niemals aber die Individuen, das schlechthin Individuelle wissenschaftlich erfassen können.

Hier löst sich die Frage der einmaligen großen Kunstwerke, hier klärt sich auf, was wir unter künstlerischer Ursprünglichkeit verstehen. Hier klärt sich auch das Problem der Verantwortung.

Überall wo wir von Verantwortung sprechen, denken wir an die Seite eines Vorganges, die nicht wissenschaftlich und nicht wiederholbar ist. Grundsätzlich ist ja jedes Einzelereignis unwiederholbar, aber das Typische an ihm ist wiederholbar. Interessieren wir uns nur für dieses, betrachten wir das Einzelereignis nicht als einmalig, so tritt niemals das auf, was wir Verantwortung nennen*³.

Ein Physiker fühlt sich verantwortlich für seine wissenschaftlichen Behauptungen. Aber er fühlt nicht für jedes leicht zu wiederholende Experiment eine Verantwortung. Vertraut man ihm etwa einen kostbaren Apparat an, so wird er sicher eine Verantwortung empfinden: Er weiß, daß der Apparat nicht ohne weiteres wieder beschafft, wieder hergestellt werden kann. Die Verantwortung wird noch größer, wenn es sich etwa um ein unersetzliches, einmaliges Kunstwerk handelt und sie wird am größten, wenn es sich um menschliche Individuen handelt. Man könnte sagen, daß das Maß der Verantwortung gewissermaßen ein Maß der Unwiederholbarkeit des betreffenden Vorganges ist; Unwiederholbarkeit in dem Sinn, daß es ein Maß dafür ist, woran wir an dem betreffenden Vorgang interessiert sind: an dem, was an ihm wiederholbar oder an dem, was an ihm nicht wiederholbar ist.

Zusammenfassend können wir sagen: Versteht man unter Kausalität Gesetzmäßigkeit, Prognostizierbarkeit, so können wir immer nur von der kausalen Determination wiederholbarer typischer Vorgänge sprechen, niemals aber dürfen wir den Gedanken der Gesetzmäßigkeit in naturwissenschaftlichem Sinn dort anwenden, wo wir Interesse für das Individuelle haben. Wenden wir den Gedanken auch dort an, so gehen wir weit über das hinaus, wozu wir aufgrund der Wissenschaft berechtigt sind: Wir wenden den alten animistischen genetischen Kausalbegriff an: Wir treiben Kausalmetaphysik.

Die metaphysikfreie*⁴ Auffassung des Kausalbegriffes muß dazu führen,

---

*² Hier kommt wieder der Standpunkt herein, den ich in meiner ersten Veröffentlichung eingenommen habe. Vgl. Abschnitt 5, Anm. *1.

*³ Diese Behauptung — daß „Verantwortung" *immer* mit Individualität verbunden ist — kommt mir nicht richtig vor. Ich hatte vielleicht meine Gründe, aber ich kann sie nicht mehr rekonstruieren.

*⁴ Diese Bemerkungen sind in einer etwas antimetaphysischen Stimmung geschrieben, die mit der viel weniger antimetaphysischen Einstellung meiner tatsächlich publizierten Arbeiten („Ein Kriterium des empirischen Charakters theoretischer

daß wir den Gedanken der Gesetzmäßigkeit dort, wo wir uns für das Individuelle interessieren, gar nicht anwenden, sondern nur dort, wo wir uns für das Typische interessieren und es zeigt sich, daß gerade diese falsche Verwendung, die Kausalmetaphysik es war, gegen die wir uns instinktiv sträuben, wenn wir die Anwendung deterministischer Überlegungen auf einmalige schöpferische Handlungen als unhaltbar empfinden.

Es ist typisch, daß Musiker oft aus Musikerfamilien stammen: Betrachten wir den Fall Bach in dieser Weise, so betrachten wir ihn mit wissenschaftlichem Interesse. Der Vorgang bei einer musikalischen Komposition ist sicherlich psychologisch erforschbar, ebenso wie der Vorgang der wissenschaftlichen Intuition. Aber der Vorgang: „Die Komposition der Matthäus-Passion" ist wissenschaftlich unerforschbar, weil er niemals reproduziert werden kann. Wir können ihn nicht beschreiben, sondern nur benennen. Beschreiben nur insofern, als er typisch und wiederholbar ist. Sagen wir von diesem Vorgang, er sei kausal determiniert, so können wir entweder (und mit Recht) meinen, daß alles, was wir von diesem Vorgang beschreiben können, vermutlich psychologisch erforschbar ist, gehen wir aber weiter, behaupten wir etwa, daß ein genau solches Individuum wie Bach in genau derselben Situation ebenfalls die Matthäus-Passion geschrieben hätte, so stellen wir unfalsifizierbare und deshalb metaphysische Behauptungen auf. Wir werden weder ein genau solches Individuum wie Bach mehr finden, noch eine genau solche Situation, wie die, in der Bach die Matthäus-Passion geschrieben hat.

Es soll hier in keiner Weise behauptet werden, daß die hier gegebene Analyse genau das trifft, was man mit dem Problem der Willensfreiheit gemeint hat. Hier steht es ebenso wie mit dem Einfachheitsproblem[2], man kann immer nachher behaupten, daß es eine ganz andere Frage sei, die hier gelöst wird[3]. Aber ebenso wie dort, können wir auch hier zeigen, daß zumindest unsere Fragestellung mit der unbestimmten, der Diskussion zugrunde liegenden zum Teil zusammenfällt: Die Anwendung auf das Problem der Verantwortung war seit jeher eine der Grundfragen, ebenso die Frage der einmaligen schöpferischen Handlung; und die Analogie zwischen unserer und der Kantschen Lösung (ohne daß wir darum die Metaphysik Kants

---

Systeme", Erkenntnis 3, 1933, S. 426 f.; und Logik der Forschung, 1934) aus ungefähr derselben Zeit nicht ganz übereinstimmt. Aber ich habe auch später (und auch noch heute) den Standpunkt vertreten, daß wir einen wesentlichen Fortschritt machen, wenn wir eine metaphysische Theorie falsifizierbar machen können, und damit wissenschaftlich. [Für eine frühere Fassung von „Ein Kriterium des empirischen Charakters theoretischer Systeme (Vorläufige Mitteilung)", siehe Anhang: Abschnitt V. Diese „Vorläufige Mitteilung", wurde wieder veröffentlicht in Logik der Forschung, 2. Aufl., 1966, Neuer Anhang *I. Hrsg.]

[2] [Siehe Band I: Abschnitt *15*; KARL POPPER, Logik der Forschung (1934), Kapitel *V* (2. Aufl., 1966, Kapitel *VII*). Hrsg.]

[3] [Vgl. Band I: Abschnitt *15*, Anm. *1 und Text zu dieser Anm. Hrsg.]

mitmachen), zeigt wohl, daß wir es mit einem zumindest sehr nahe verwandten Problem zu tun haben.

Auch diese Frage ist also auf dem Wege einer Abgrenzung zwischen Wissenschaft und Metaphysik zu lösen.

7. Änderung der Problemlage durch die Quantenphysik? Wir haben bisher eine deterministische Physik vorausgesetzt. Die Grundgedanken unserer Auffassung scheinen uns auch durch die moderne Quantenphysik nicht verändert werden zu können, der (zuerst wohl von Medicus[1], später auch andeutungsweise von Niels Bohr[2] vertretene) Gedanke, daß die Lösung des Willenfreiheitsproblems durch die Auflockerung der physikalischen Kausalität zu erwarten sei, scheint mir, wie schon angedeutet[3], den Kernpunkt der Frage überhaupt nicht zu treffen.

Als diskutabel erschiene mir nur eine umgekehrte Überlegung: Nicht ein Beitrag der physikalischen Einsichten zur Lösung des offenbar[*1] logisch erkenntnistheoretischen Problems der Willensfreiheit, sondern umgekehrt, ein Beitrag der erkenntnistheoretischen Überlegungen, die keineswegs nur für die Willensfreiheit, sondern, wie wir gesehen haben auf jeden beliebigen Vorgang anwendbar sind, auf solche physikalische Fragen, in denen es sich nicht so sehr um unmittelbare physikalische Probleme (Prognosendeduktion), sondern um [deren] Interpretation" handelt.

Selbst wenn, wie wir bisher fingiert haben, die Wissenschaft imstande wäre, jede beliebige theoretische Frage, also jede Frage, die sich auf gesetzmäßige Zusammenhänge und Prognostizierung von Vorgängen bezieht, grundsätzlich zu beantworten, selbst dann könnte sie uns keine Antwort geben auf nicht-theoretische Fragen, die von dem Interesse an Individuen bestimmt sind.

Nun, da es aufgrund der Quantenphysik so aussieht, als ob die Physik grundsätzlich auch auf gewisse theoretische Fragen keine Antwort geben könne [oder nur eine probabilistische Antwort, wie „die Wahrscheinlichkeit ist $1/2$"], könnten wir uns fragen, in welcher Weise diese Grenze der physikalischen Erkenntnis mit dem Auftreten von individuellen, nicht-wiederholbaren Ereignissen zusammenhängt. Man könnte versucht sein, etwa folgendermaßen zu argumentieren: Die Physik ist auf eine Grenze gestoßen, auf eine Grenze der theoretischen Fragestellung, und diese Grenze ist gewisser-

---

[1] FRITZ MEDICUS, Die Freiheit des Willens und ihre Grenzen (1926).

[2] NIELS BOHR, Light and Life, [IIe Congrès international de la lumière (1932), S. XLV]; deutsch von HERTHA KOPFERMANN: Licht und Leben, Naturwissenschaften 21 (1933), S. 249 f.

[3] [Siehe Band II (Fragmente): [VIII.] *Bemerkungen zum sogenannten Problem der Willensfreiheit*, Abschnitt [1]. Hrsg.]

[*1] Heute scheint mir das nicht so offenbar zu sein.

maßen das physikalisch nicht weiter analysierbare Individuum, das allen physikalischen Vorgängen zugrunde liegende Individuelle.

Man könnte sagen: Wenn wir eine Aussage über das Verhalten gewisser Persönlichkeitstypen in gewissen Situationen machen, so machen wir eine Aussage nicht über die einzelnen Individuen, sondern über gewisse bei allen auftretende Durchschnittswerte. Ähnlich kann auch die Physik nicht Aussagen über individuelle Partikel machen, sondern nur über Partikelklassen und deren Durchschnittswerte.

Man könnte diese Auffassung auch so ausdrücken: Der Unterschied zwischen Individualien und Universalien ist noch schärfer, als wir es ursprünglich gedacht haben.

Es ist zwar richtig, daß wir grundsätzlich immer wieder Fragen stellen können, die durch die Wissenschaft beantwortbar sind, daß die Anzahl dieser Fragen unbegrenzt ist und daß wir auf diese Weise doch niemals dem Individuum nahe kommen. Aber die andere Vorstellung, nämlich die, daß wir, wenn wir etwa zwei gleichartige Vorgänge oder gleichartige Körper betrachten, durch dauernde Weiterteilung immer wieder auf Unterschiede kommen werden, diese Auffassung hat zwei Fehler gehabt: Sie arbeitete erstens mit der falschen Annahme, daß wir unsere Beobachtungen grundsätzlich immer weiter verfeinern können. Da diese Annahme falsch ist, da es für die Verfeinerung unserer Beobachtungen absolute Schranken gibt, so hätte es gewissermaßen so sein können, daß wir von zwei Vorgängen oder Körpern sagen, sie seien innerhalb aller überhaupt erreichbaren Beobachtungsgrenzen vollkommen gleichartig. Daß eine derartige Aussage jedoch der fundamentalen Unterscheidung von Individualien und Universalien nicht gerecht werden würde, habe sich nun anderseits darin gezeigt, daß wir zwar zu Grenzen der Beobachtungsgenauigkeit gelangen können, dort aber niemals gleichartiges finden, sondern immer individuell Verschiedenes, so daß die Grenzen der Beobachtung gleichzeitig zu Grenzen der wissenschaftlichen Prognosenbildung werden.

Auch eine solche Auffassung halte ich für metaphysisch und zwar aus den schon früher (Abschnitt . . .[4]) angegebenen Gründen: Sie zieht zu weit gehende Schlüsse aus der gegenwärtigen Situation und zwar offenbar in Unkenntnis der logischen Situation von Wahrscheinlichkeitsaussagen. Dennoch möchte ich bemerken, daß mir eine derartige Auffassung bei weitem sympathischer erscheint, als ihre Umkehrung, nämlich als die Anwendung der Ergebnisse der Quantenphysik auf das Problem der Willensfreiheit. Und sie erscheint mir, wenn man eine „Erklärung" für den vielleicht dauernd indeterministischen Charakter der Quantenphysik sucht, auch viel sympathischer als jene Form des von Quantenphysikern vertretenen Indeterminis-

---

[4] [Dieser Abschnitt ist nicht mehr auffindbar und muß als verloren angesehen werden; siehe *Nachwort des Herausgebers*. Vgl. KARL POPPER, Logik der Forschung (1934; 2. Aufl., 1966), Abschnitte 76 und 78. Hrsg.]

mus, der mit einer kausalmetaphysischen Erklärung arbeitet, mit der Vorstellung der unberechenbaren Störung des Beobachtungsobjektes durch das beobachtende Subjekt[b]. Vielmehr kann sie diese „Erklärung" erst „erklären": Die Unberechenbarkeit der Störung erscheint als eine Folge der Einmaligkeit der Situation.

[X.] DAS REGELLOSIGKEITSPROBLEM DER WAHRSCHEINLICHKEITSAUSSAGEN

[Einleitung.] Erst dann[a], wenn man sich auf den Boden der Häufigkeitsdeutung[1] der Wahrscheinlichkeitsaussagen stellt, ist es möglich, die eigentümliche Paradoxie, die in allen Wahrscheinlichkeitsüberlegungen liegt, und die wohl derjenige Punkt des Wahrscheinlichkeitsproblems ist, der am meisten einer erkenntnistheoretischen Aufklärung bedarf, scharf zu formulieren.

Diese Paradoxie besteht im folgenden: Es gibt gewisse Klassen von Vorgängen, denen wir gegenüber eine eigentümliche und befremdliche Ausdrucksweise anzuwenden pflegen. Wenn nämlich bei gewissen Ereignisreihen[*1], die zu einer solchen Klasse von Vorgängen gehören, sich herausstellt, daß wir außerstande sind Prognosen für Einzelereignisse dieser Ereignisreihen aufzustellen, so schließen wir aus dieser Unmöglichkeit einer Prognose des Einzelereignisses auf die Möglichkeit für die ganze Reihe eine Prognose zu stellen, nämlich eine Häufigkeitsprognose.

So schließen wir etwa beim Würfelspiel gerade daraus, daß wir keine rationale Methode angeben können, um für einen bestimmten Wurf eine Prognose zu stellen (nur ein Seher wäre imstande den nächsten Würfelwurf zu prognostizieren, eine rationale theoretische Methode für eine solche Prognose kennen wir nicht), darauf, daß es möglich ist für eine ganze Serie von Würfelwürfen eine Prognose zu stellen, nämlich eine Häufigkeitsprognose. Ganz allgemein ist uns der Gedankengang naheliegend, bei gewissen Vorgängen (wo wir ebenso gut an die Atomtheorie denken können wie an eine Sterblichkeitsstatistik), wo Einzelprognosen versagen, anzunehmen, daß gerade deshalb hier die Statistik beziehungsweise die Anwendung der Wahrscheinlichkeitsrechnung nicht versagen wird.

Diese eigentümliche Paradoxie, die darin besteht, aus der Unmöglichkeit einer Prognose gewisse andere Prognosen abzuleiten, hat man schon immer gefühlt. Die subjektive Wahrscheinlichkeitstheorie[2] konnte in Ermangelung einer klaren Einsicht in die Häufigkeitsdeutung diese Paradoxie wohl nicht

---

[1] [Siehe KARL POPPER, Logik der Forschung (1934), Kapitel VI (2. Aufl., 1966, Kapitel VIII). Hrsg.]

[*1] Ich hätte hier und in den nächsten drei Abschnitten überall „Ereignisreihe" in „Ereignisfolge" ändern sollen.

[2] [Siehe KARL POPPER, op. cit., Abschnitt *48*. Hrsg.]

scharf formulieren. Dennoch war ihr klar, daß die Eigentümlichkeit der Wahrscheinlichkeitsaussagen darin besteht, gewissermaßen aus einem Nichtwissen ein Wissen zu erschließen (Indifferenzproblem[3]). Die Häufigkeitstheorie von [R. von] Mises[4] sieht in aller Schärfe den Zusammenhang zwischen Regellosigkeit der Einzelereignisse und Anwendbarkeit der Wahrscheinlichkeitsrechnung auf Ereignisreihen. Sie macht es deutlich, wie gewisse Sätze der Wahrscheinlichkeitsrechnung (das spezielle Multiplikationstheorem und die Sätze, die von diesem abhängen) von dieser Regellosigkeit der Einzelereignisse abhängen, daß also in der Tat eine gewisse Berechtigung in jenen paradoxen Schluß gelegen ist. Aber sie klärt die Paradoxie nicht auf, ja sie kann sie nicht einmal in aller Schärfe erfassen, weil sie von vornherein nur von solchen Ereignisreihen spricht, auf die definitionsgemäß die Wahrscheinlichkeitsrechnung anwendbar sein soll: von solchen Reihen, für die definitionsgemäß Häufigkeitsprognosen aufgestellt werden können.

Wollten wir das[b] in der Terminologie der von Misesschen Theorie ausdrücken, so läge unsere Paradoxie darin, daß wir unter gewissen Voraussetzungen, die aber nicht identisch sind mit der von Misesschen Forderung eines Grenzwertes der relativen Häufigkeit, aus dem Bestehen der Regellosigkeit auf die Existenz eines solchen Grenzwertes schließen können. Eine Aufklärung der Paradoxie wäre also, wenn wir uns weiter der von Misesschen Terminologie bedienen, nur dann möglich, wenn es gelingt zu zeigen, daß die Wahrscheinlichkeitsrechnung allein mit dem Regellosigkeitsaxiom, ohne ein Axiom, das einen Grenzwert der relativen Häufigkeit fordert, aufzubauen, — beziehungsweise mit Hilfe gewisser anderer aber weniger besagender Axiome, die das Grenzwertsaxiom zu ersetzen hätten.

Wir können diese Aufgabe auch so formulieren: Es gilt zu zeigen, wann und unter welchen Umständen wir berechtigt sind, aus dem Bestehen der Regellosigkeit, das heißt aus der Unmöglichkeit einer Einzelprognose, tautologisch auf die Möglichkeit einer Häufigkeitsprognose zu schließen.

---

[3] [Vgl. JOHN MAYNARD KEYNES, A Treatise on Probability (1921; Über Wahrscheinlichkeit, deutsch von FRIEDRICH M. URBAN, 1926), Kapitel IV; siehe auch KARL POPPER, op. cit., Abschnitt 57, Anm. 2 und Text zu dieser Anm. Hrsg.]

[4] [RICHARD VON MISES, [KARL] MARBES „Gleichförmigkeit in der Welt" und die Wahrscheinlichkeitsrechnung, Naturwissenschaften 7 (1919), S. 168 ff., 186 ff., 205 ff.; Fundamentalsätze der Wahrscheinlichkeitsrechnung, Mathematische Zeitschrift 4 (1919), S. 1 ff.; Grundlagen der Wahrscheinlichkeitsrechnung, Mathematische Zeitschrift 5 (1919), S. 52 ff. und 7 (1920), S. 323; Wahrscheinlichkeit, Statistik und Wahrheit (1. Aufl., 1928; 4. Aufl., durchgesehen von HILDA GEIRINGER, Library of Exact Philosophy 7, 1972); Über kausale und statistische Gesetzmäßigkeit in der Physik, Naturwissenschaften 18 (1930), S. 145 ff. (Erkenntnis 1, 1930, S. 189 ff.); Vorlesungen aus dem Gebiete der angewandten Mathematik I.: Wahrscheinlichkeitsrechnung und ihre Anwendung in der Statistik und theoretischen Physik (1931). Siehe auch KARL POPPER, op. cit., Abschnitt 50. Hrsg.]

6ª. *Kollektive erster Art für unbegrenzt verlängerbare Reihen.*[1] Wir wollen untersuchen, wie weit wir uns von der ausdrücklichen Beschränkung auf[b] endlichen Klassen[2] frei machen können ohne dabei aber den Limesbegriff in die Definition der Wahrscheinlichkeitsaussage aufnehmen zu müssen.

Um den Limesbegriff zu vermeiden, wollen wir uns vorerst noch einmal klar machen, welche Zwecke durch die Einführung des Limesbegriffes erreicht werden.

Wohl *einer* der wichtigsten Zwecke ist die Einführung eines eindeutigen festen Wertes zu erreichen, mit dem man rechnen kann, an Stelle der in jeder Versuchsreihe variierenden, empirischen, relativen Häufigkeiten. Dieser Zweck scheint uns auch auf anderem Wege erreichbar zu sein als durch Einführung des Grenzwertbegriffes. Wir müssen nur daran denken, daß der Limes von Wahrscheinlichkeitsfolgen niemals erreichbar ist, sondern immer [nur] hypothetisch eingeführt wird. Der Anlaß zur Einführung ist wohl im allgemeinen die Auffindung von empirischen Häufigkeitszahlen, die einigermaßen so aussehen als wollten sie zu einem gewissen Grenzwert hinkonvergieren, aber dieser Anlaß interessiert uns hier nicht; seine Diskussion gehört offenbar in den erkenntnistheoretischen Problemkreis[3]. Wichtig für uns ist nur das eine, daß der Limes hypothetisch eingeführt wird.

Wir wollen uns hier klar machen, daß wir auch bei endlichen Klassen die relative Häufigkeit hypothetisch ansetzen können (aufgrund irgendwelcher Voraussetzungen über diese endliche Klasse). Wir können dann durch Abzählung feststellen, ob unsere Hypothese beziehungsweise ihre Voraussetzungen richtig war oder ob wir uns geirrt haben und wie groß der Irrtum ist. Zu den Voraussetzungen, aus denen wir eine solche Hypothese aufstellen, kann man zum Beispiel bereits eine teilweise, ja sogar eine ganze empirische Auszählung der betreffenden Klasse [rechnen]; oder aber gewisse Voraussetzungen über die Zusammensetzung der Klasse, von der wir entweder theoretisch etwas wissen oder empirische Kenntnis haben. Wir wollen auch dort von einer hypothetischen relativen Häufigkeit sprechen, wo unser Häufigkeitsansatz durch empirische Gründe bestimmt wird, sobald wir eben nur einen solchen Ansatz machen und mit ihm rechnen; denn unsere Rechnung ist immer nur unter der Voraussetzung jenes Häufigkeitsansatzes gültig und es ist für sie gleichgültig woher wir den Häufigkeitsansatz beziehen. Wir werden also an Stelle des hypothetischen Limes einfach von der hypothetischen relativen Häufigkeit sprechen.

---

[1] [Die Abschnitte *1—5* sind nicht mehr auffindbar und müssen als verloren angesehen werden; siehe *Nachwort des Herausgebers*. Hrsg.]

[2] [Vgl. KARL POPPER, Logik der Forschung (1934; 2. Aufl., 1966), Abschnitte 52 ff.; siehe auch Anm. 1. Hrsg.]

[3] [Vgl. KARL POPPER, op. cit., Abschnitt 51, Text zu Anm. 2, und Abschnitt 66. Hrsg.]

Die *zweite* Funktion des Limesbegriffes ist offenbar eine Anwendung des Häufigkeitsbegriffes für unendliche Reihen zu ermöglichen. Wir müssen uns aber darüber klar sein, daß wir zwar unter Umständen mit Hilfe der Wahrscheinlichkeitsrechnung auch auf unendliche Reihen schließen können, nämlich dort, wo wir für einen exakten Grenzübergang die (Epsilon) Probe machen können. Im allgemeinen haben wir es aber bei der Wahrscheinlichkeitsrechnung nicht mit unendlichen Folgen, sondern mit endlichen Abschnitten von Folgen zu tun, die freilich unbegrenzt verlängerbar, also gewissermaßen Potenzierungen ähnlich sind. Werden wir gezwungen unseren Wahrscheinlichkeitsbegriff sofort für unendliche Folgen zu definieren, [so] kämen wir in der Tat um das Limesproblem nicht herum, denn die relative Häufigkeit einer unendlichen Folge wird im allgemeinen den Wert eines Bruches, unendlich durch unendlich, haben, also unbestimmt sein und nur dann einen bestimmten Wert haben, wenn man sich ihr durch Grenzübergang nähert. Da wir aber, wie gesagt, im allgemeinen immer nur mit endlichen Abschnitten zu tun haben, so kommen wir für diese endlichen Abschnitte mit unserem Begriff der hypothetischen relativen Häufigkeit aus. Wir werden also bei einer unbegrenzt verlängerbaren Reihe etwa sagen: daß wir Gründe haben (welche Gründe bleiben einstweilen dahingestellt) anzunehmen, daß in jedem endlichen Abschnitt dieser unbegrenzt verlängerbaren Reihe eine gewisse hypothetische relative Häufigkeit [annähernd] auftreten wird.

Der *dritte* Grund, der zur Einführung des Limesbegriffes führt, wird durch die letzte Formulierung deutlich. Es ist ja für die Wahrscheinlichkeitsrechnung eigentümlich, daß wir nicht in *jedem* endlichen Abschnitt die relative Häufigkeit entsprechend der hypothetischen relativen Häufigkeit erwarten, sondern nur in *großen* endlichen Abschnitten. Wir müssen also entweder unseren Begriff der hypothetischen relativen Häufigkeit modifizieren und sagen, daß wir gar nicht immer dieselbe hypothetisch relative Häufigkeit erwarten, sondern Abweichungen erwarten, die kleiner werden, wenn die Reihe größer wird. Oder wir müssen eigene zusätzliche Regeln für die Handhabung dieses Begriffes der hypothetisch relativen Häufigkeit geben. Diesen letzteren Weg wollen wir auch einschlagen: Es handelt sich offenbar nur darum, anzugeben, wann wir bei der empirischen Überprüfung der hypothetisch relativen Häufigkeit weniger genaue Werte und wann wir genauere Werte erwarten können.

Schließlich hat bei von Mises der Begriff des Raumes der relativen Häufigkeit noch eine ganz bestimmte formalistische[c] Bedeutung: seine Theorie ist so gebaut, daß man aus dem Bestehen des Limes der relativen Häufigkeit und des Regellosigkeitsprinzips auf das Bestehen eines solchen Limes und das Zutreffen des Regellosigkeitsprinzips bei den *abgeleiteten Kollektiven*[d] schließen kann; das heißt der Limes der relativen Häufigkeit hat die formalistische Funktion, auf Ableitungen übertragen zu werden (oder, um einen juristischen Ausdruck zu verwenden, [die Existenz eines] Limes^e der relativen Häufigkeit ist „erblich"). Für diese Funktion ist nun in der Tat, wie man zeigen kann, der Limesbegriff gleichgültig. Auch unsere hypothetische relative Häufigkeit kann (insbesondere in Verbindung mit gewissen Regellosigkeitsforderungen) dieselben formalistischen Dienste leisten.

Wir möchten feststellen, daß durch unseren Begriff der hypothetischen relativen Häufigkeit folgendes erreicht wird: die von Misessche Theorie schließt, wie wir schon oben gesehen haben, die Probleme des Wahrscheinlichkeits*ansatzes* aus der Wahrscheinlichkeitsrechnung aus: die Wahrscheinlichkeitsrechnung schließt von gewissen angenommenen Wahrscheinlichkeiten auf andere. Diese Auffassung können wir annehmen, ohne aber dabei, wie es unserer Meinung nach die von Misessche Theorie zumindest *nahelegt*, dogmatisch-empiristische Vorstellungen über das Zustandekommen des Wahrscheinlichkeitsansatzes zu entwickeln. Ihrer Genese nach ist die von Misessche Theorie nämlich ausgesprochen induktivistisch-empiristisch[4], und gewisse Anzeichen weisen auch heute noch auf diese Entstehungsgeschichte hin. Wenn auch die Ansatzprobleme aus der Wahrscheinlichkeitsrechnung ausgeschaltet sind, so deutet von Mises öfter an, daß es Versuchsserien sind und sein müssen, die uns zu dem Wahrscheinlichkeitsansatz verhelfen[5]. Wenn diese Andeutungen auch in späteren Schriften sehr stark zurücktreten und der hypothetische Charakter des Ansatzes stärker hervortritt, so hat doch gerade diese induktivistisch-empiristische Tendenz der von Misesschen Auffassung Schule gemacht (wir denken unter anderen an Reichenbach[6]).

Wir machen mit der von Misesschen Trennung der Ansatzprobleme von der Wahrscheinlichkeitsrechnung ernst. Die Wahrscheinlichkeits*rechnung* ist für uns in der Tat [wie bei von Mises] die Berechnung neuer Wahrscheinlichkeiten aus gewissen Ausgangsverteilungen, aber wir schließen die Ansatzprobleme nicht aus der Wahrscheinlichkeits*theorie* überhaupt aus. Gerade die klare Feststellung, daß die Wahrscheinlichkeitsansätze in die Wahrscheinlichkeitsrechnung als Hypothesen eingehen, ermöglicht uns die klare Fragestellung, welche Voraussetzungen wir beim Aufstellen dieser Hypothesen machen müssen. Wir sind damit weder auf eine empiristische noch auf

---

[4] [Vgl. RICHARD VON MISES, [KARL] MARBES „Gleichförmigkeit in der Welt" und die Wahrscheinlichkeitsrechnung, Naturwissenschaften 7 (1919), S. 172 ff.; Fundamentalsätze der Wahrscheinlichkeitsrechnung, Mathematische Zeitschrift 4 (1919), S. 76; Grundlagen der Wahrscheinlichkeitsrechnung, Mathematische Zeitschrift 5 (1919), S. 60 ff. Hrsg.]

[5] [Vgl. RICHARD VON MISES, Wahrscheinlichkeit, Statistik und Wahrheit (1. Aufl., 1928; 4. Aufl., durchgesehen von HILDA GEIRINGER, Library of Exact Philosophy 7, 1972). Hrsg.]

[6] [Vgl. HANS REICHENBACH, Kausalität und Wahrscheinlichkeit, Erkenntnis 1 (1930), S. 167 ff.; Axiomatik der Wahrscheinlichkeitsrechnung, Mathematische Zeitschrift 34 (1932), S. 613 ff. Hrsg.]

eine „aprioristische" Theorie festgelegt und lassen uns den Weg offen im Falle der sogenannten „aposteriorischen" Wahrscheinlichkeiten[7] die statistisch ermittelten Häufigkeiten als Hauptgrundlage unseres Ansatzes zu akzeptieren, — wobei wir freilich nicht verkennen, daß eine gewisse Konstanzhypothese diesen empirischen Daten an die Seite treten muß. (Diese Hypothese wird etwa die Form haben, daß wir annehmen, daß die Häufigkeiten so lange annähernd konstant bleiben als gewisse empirisch kontrollierbare „Rahmenbedingungen" sich nicht ändern.) Auf der andern Seite haben wir durchaus die Möglichkeit der sogenannten „a priori"-Wahrscheinlichkeit gerecht zu werden, das heißt gewisse relative Häufigkeiten nicht aufgrund empirischer Versuchsreihen, sondern aufgrund von Naturgesetzen sowie aufgrund eines geläuterten Indifferenzprinzips[8] hypothetisch anzusetzen. Damit entfällt unserer Auffassung gegenüber der Einwand, der die von Misessche Theorie, wie wir oben[9] erwähnten, für Waismann unannehmbar macht: Waismann wirft von Mises vor, daß seine Theorie nicht Rechenschaft darüber geben kann, warum wir auch, ohne Versuche anzustellen, von einem Würfel, dessen Schwerpunkt nicht im Mittelpunkt liegt, annehmen werden, daß die Häufigkeiten des Auftreffens seiner verschiedenen Seiten von denen eines richtigen Würfels abweichen[10].

Wir bemerken, daß auch der klassische Wahrscheinlichkeitsbegriff mit dem von Misesschen Limesbegriff darin übereinstimmt, daß die Wahrscheinlichkeit 1 ein fester Wert ist (im Gegensatz zu den empirischen Häufigkeiten bei konstanten Bedingungen) und zweitens die Eigenschaft der „Erblichkeit" hat.

Die oben besprochenen Ansatzprobleme sind zwar keine Aufgaben der Wahrscheinlichkeitsrechnung, die auch für uns ein Schließen von einer hypothetischen relativen Häufigkeit auf eine andere hypothetische relative Häufigkeit darstellt, immerhin aber Fragen der mathematisch-logischen Problemgruppe, die die Voraussetzungen des Ansatzes untersucht[f]. Wir wollen nun auf dieses Ansatzproblem näher eingehen und zuerst fragen, für welche Arten von „unbegrenzt verlängerbaren Ereignisreihen" oder „Ereignisklassen" wir überhaupt einen solchen Ansatz machen können beziehungsweise eine hypothetische relative Häufigkeit einführen[g] können.

Ergänzung. Eine konstante hypothetische relative Häufigkeit gestattet einen strengen Grenzübergang; dieser strenge Grenzübergang ergibt natürlich nur wiederum eine hypothetische relative Häufigkeit, diese aber für unend-

---

[7] [Siehe KARL POPPER, op. cit., Abschnitt 57, Anm. 3 und Text zu dieser Anm. Hrsg.]

[8] [Siehe [*Einleitung*], Anm. 3. Hrsg.]

[9] [Siehe Anm. 1 und *Nachwort des Herausgebers*. Hrsg.]

[10] [FRIEDRICH WAISMANN, Logische Analyse des Wahrscheinlichkeitsbegriffs, Erkenntnis 1 (1930), S. 230 f. Hrsg.]

liche Klassen. Das ist übrigens trivial. Wenn die hypothetische relative Häufigkeit für *alle* endlichen Teilklassen einer unendlichen Klasse konstant ist, so ist es nur eine andere Ausdrucksweise für diese Annahme, wenn wir den Grenzübergang machen und sagen, daß die hypothetische relative Häufigkeit auch für die unendliche Klasse denselben Wert hat.

7ª. *Bedingungen für unbegrenzt verlängerbare Kollektive erster Art.* Die *erste* Bedingung, die wir an eine Klasse von „Ereignissen" stellen müssen, wenn wir auf sie die Wahrscheinlichkeitsrechnung anwenden wollen, ist die, daß die Klasse eine abzählbar-unendliche Klasse ist; das hängt unmittelbar mit dem Begriff der relativen Häufigkeit zusammen: wir müssen hier die Ereignisse zählen können, sie müssen also diskontinuierlich sein. Die Merkmale können diskontinuierlich oder kontinuierlich sein. Im ersteren Falle spricht man von einem „arithmetischen", im zweiten Falle von einem „geometrischen" Kollektiv[1] (auf die Theorie der arithmetisch-geometrischen Kollektive werden wir noch später[2] zu sprechen kommen). Durch diese Forderung wird gewährleistet, daß wir die verschiedenen Ereignisse irgendeiner Teilklasse „nummerieren" können.

Die *zweite* Bedingung hängt mit dem Problem der *Konstanz* der relativen Häufigkeiten zusammen. Wir können nämlich oft, ohne Näheres über die Verteilung der relativen Häufigkeiten zu wissen, etwas über ihre Konstanz beziehungsweise über ihre Veränderung wissen beziehungsweise einen hypothetischen Ansatz über ihre Konstanz oder Veränderlichkeit machen. Ein Beispiel soll das erläutern: Wir denken uns einen Wasserstrahl, waagrecht gegen eine Wand gerichtet; wir stellen Überlegungen auf über die Häufigkeit des Auftreffens eines Wassertropfens auf ein bestimmtes Wandstück pro Minute. Es ist klar, daß wir, ohne jemals über jene Häufigkeit zu wissen, annehmen werden, daß die Häufigkeit mit zunehmendem Wasserdruck zunehmen wird (beziehungsweise mit zunehmender Menge der Wassertropfen pro Minute) und mit abnehmendem Druck abnehmen wird. Ferner werden wir annehmen können, daß bei gleichbleibendem Druck die Häufigkeit für ein bestimmtes Wandstück mit zunehmender Distanz der Wasserspritze von der Wand abnehmen wird. Derartige Überlegungen zeigen, daß wir von gewissen Bedingungen wissen können, ob und in welchem Sinne sie die Häufigkeit beeinflussen, — ohne daß wir wissen müssen, welche Werte die betreffende Häufigkeit unter diesen Bedingungen tatsächlich annimmt. Gerade unser Beispiel zeigt übrigens

---

[1] [Vgl. RICHARD VON MISES, Fundamentalsätze der Wahrscheinlichkeitsrechnung, Mathematische Zeitschrift 4 (1919), S. 72; Grundlagen der Wahrscheinlichkeitsrechnung, Mathematische Zeitschrift 5 (1919), S. 70 ff.; Vorlesungen aus dem Gebiete der angewandten Mathematik I.: Wahrscheinlichkeitsrechnung und ihre Anwendung in der Statistik und theoretischen Physik (1931), S. 28 f. Hrsg.]
[2] [Siehe *Nachwort des Herausgebers*. Hrsg.]

auch, daß wir keineswegs mit der Konstanz solcher Bedingungen rechnen müssen: Es ist ja eine nicht allzuschwierige Aufgabe der Wahrscheinlichkeitstheorie, unter gewissen Voraussetzungen den Verlauf der Wahrscheinlichkeitsfunktionen, etwa bei stetig sich ändernden Bedingungen, zu berechnen. Was wir aber auch in diesem Falle voraussetzen, ist, daß durch[b] Konstanzsetzen der betreffenden Bedingungen in irgend einer Phase ihrer Veränderung die Häufigkeit ebenfalls konstant wird. Dabei muß unter Konstanzhäufigkeit nicht eine absolut starre Konstanz verstanden werden. Gemeint ist vielmehr folgendes: Wir nehmen eine Beziehung zu jenen Bedingungen der Häufigkeit von der Art an, daß wir wissen, daß eine Änderung der Bedingungen die Häufigkeit in einem ganz bestimmten Sinne dauernd beeinflußt, und zwar in der Weise, daß der Spielraum der Schwankungen, die sich bei konstanten Bedingungen zeigen, eindeutig nach einer bestimmten Richtung hin überschritten wird. Bedingungen von der besprochenen Art wollen wir Rahmenbedingungen nennen. Was wir nun von einem Kollektiv voraussetzen müssen ist: Seine Rahmenbedingungen dürfen sich entweder nicht in unkontrollierbarer Weise verändern, das heißt wir müssen von ihnen wissen, ob sie konstant sind oder ob sie sich ändern und wie sie sich ändern, oder aber soweit sie sich in unkontrollierbarer Weise ändern beziehungsweise uns unbekannt sind, müssen wir wissen, daß ihre Veränderung keine gesetzmäßige, sondern eine „regellose" ist. Anders ausgedrückt: die Veränderung der unkontrollierten Rahmenbedingungen darf sich nicht dauernd nach einer bestimmten Richtung hin entwickeln, sondern sie muß im Laufe der Versuchsreihe alle möglichen Werte annehmen *können*; durch die Versuchsbedingungen darf nicht nur kein Wert ausgezeichnet sein beziehungsweise keine Entwicklungsrichtung, sondern die Versuchsbedingungen müssen geradezu so ausgebildet sein, daß die Auszeichnung eines Wertes verhindert wird.

Bemerkung. Die Terminologie muß etwas abgeändert werden, wir müssen statt Rahmenbedingungen relevante Bedingungen sagen, die sich nicht kompensierenden relevanten Bedingungen werden wir Rahmenbedingungen nennen, die übrigen werden wir „sich kompensierende Bedingungen" nennen.

Wichtig ist es, daß man sich darüber klar wird, daß wir natürlich nicht alle relevanten Bedingungen untersuchen können und daß wir eben hypothetisch ansetzen, daß alle jene Bedingungen, die wir nicht in die Rechnung einstellen, sich kompensieren. Entscheidend ist der *hypothetische Charakter* des ganzen Verfahrens. Waren die hypothetischen Ansätze unberechtigt, so zeigt sich das an der Nichtübereinstimmung der errechneten und der beobachteten Ergebnisse.

Wenn wir über eine Ereignisreihe diese beiden Voraussetzungen machen, so setzen wir damit bereits voraus, daß auf diese Ereignisreihe die oben[3] entwickelte Wahrscheinlichkeitsrechnung anwendbar ist.[4]

8ª. *Das Problem der regellosen Folgen.* Die beiden Voraussetzungen des hier vorhergehenden Abschnittes[b] sind nicht gleichwertig. Die [erste] Annahme der abzählbaren Klasse ist notwendig, um überhaupt offenbare hypothetische relative Häufigkeiten formulieren zu können. Die zweite Annahme bezieht sich bereits gewissermaßen auf den Erfolg dieser Überprüfung. Wir dürfen einen Erfolg einer Wahrscheinlichkeitsprognose, also einer Prognose über die relative Häufigkeit einer Ereignisreihe nur dann erwarten, wenn wir Grund zur Annahme haben, daß wir die Rahmenbedingungen kennen beziehungsweise daß sie konstant oder in bestimmter uns bekannter gesetzmäßiger Weise veränderlich sind. Erweist sich die Wahrscheinlichkeitsrechnung auf einem Gebiet, das der ersten Bedingung genügt, als nicht mit Erfolg anwendbar, so waren unsere Voraussetzungen bezüglich der zweiten Bedingung falsch, das heißt es lagen gesetzmäßige, von uns nicht in Rechnung gestellte Veränderungen der[c] Rahmenbedingungen vor.

Wir können für unsere beiden Überlegungen von dem Fall der gesetzmäßigen Änderungen der Rahmenbedingungen absehen und unsere Überlegungen auf konstante Wahrscheinlichkeiten, also auf eine Konstanz der Rahmenbedingungen, beschränken. Es liegt jedoch nur das im Begriff der Rahmenbedingungen, daß wenn diese konstant sind, auch die relative Häufigkeit in gewissen Grenzen eingeschlossen bleibt. Die Annahme der Konstanz der Rahmenbedingungen ist eine so allgemeine, daß Ereignisfolgen von den verschiedensten Charakter in dieser Annahme eingeschlossen werden. Sie beschränkt die Anwendung der Wahrscheinlichkeitsrechnung keineswegs auf Folgen, die den eigentümlichen anschaulichen Charakter der Regellosigkeit tragen, der oben besprochen wurde. Auch eine gesetzmäßige alterierende Folge — etwa die Folge: 0,1,0,1,0,1 oder 0,0,1,1, 0,0,1,1, 0,0,1,1 oder aber Folgen von lauter Einsern — kurz, gesetzmäßig gebildete Folgen von der verschiedensten Art sind der Berechnung ebenso zugänglich wie die regello-

---

[3] [Siehe *Nachwort des Herausgebers*; vgl. auch Abschnitt 6, Anm. 1. Hrsg.]
[4] [Hier folgt im Manuskript:]

Bemerkungen zu Abschnitt[c] 5. Diskussion der „nicht-leer" Voraussetzungen.

[In Hinblick auf KARL POPPER, Logik der Forschung (1934; 2. Aufl., 1966), Abschnitt *58*, Anm. 4 und Text zu Anm. 4 und *3, scheint es klar zu sein, daß der Ausdruck „nicht-leer" sich auf die Frage bezieht, ob der Kollektivbegriff „leer" (widerspruchsvoll) oder „nicht leer" (widerspruchsfrei) ist. Die hier angekündigten „Bemerkungen" und die „Diskussion" sind nicht mehr auffindbar und müssen als verloren angesehen werden. Siehe auch Abschnitt 6, Anm. 1, und *Nachwort des Herausgebers.* Hrsg.]

sen Folgen der Zufallsspiele. Das hängt damit zusammen, daß wir ja bisher nicht mehr getan haben als den Begriff der relativen Häufigkeit auf unbegrenzt verlängerbare Folgen anzuwenden. Dazu gebrauchten wir den Begriff der hypothetischen relativen Häufigkeit und als Grundlage zur Anwendung auf unbegrenzt verlängerbare Folgen den Begriff der konstanten Rahmenbedingungen. Gerade auf Folgen, deren gesetzmäßigen Charakter wir kennen, ist hier dieser Begriff ohne weitere Problematik anwendbar. Das Problem, dem wir uns zunächst hier zuwenden wollen, ist folgendes:

Die eigentümlichen *regellosen* Folgen, wie sie bei den Zufallsspielen auftreten, gestatten eine weitgehende Anwendung des speziellen Multiplikationstheorems, und zwar in folgender Weise: Wenn wir statt alle Glieder der Folge zu betrachten etwa alle zweiten Glieder oder alle dritten Glieder betrachten (in der Terminologie von [R. von] Mises[1] ist das die Operation der Auswahl), so ändert sich nicht die Verteilung der relativen Häufigkeiten, bezogen auf diese Auswahl als Bezugsklasse^d. Man sagt, das Kollektiv ist unempfindlich gegen Stellenauswahl. Noch gegen einen andern Typus der Stellenauswahl sind die empirisch gegebenen Kollektive der Zufallsspiele erfahrungsgemäß unempfindlich: es ist die Auswahl, die man dadurch bekommt, daß man die zu wählende Stelle von irgendeiner Eigenschaft der übrigen Reihe (insbesondere [von einer Eigenschaft] ihrer Nachbarschaft) gesetzmäßig abhängig macht. Wählen wir etwa jene Stellen aus, deren Nachfolger das Merkmal Null hat oder etwa [jene] deren beide Vorgänger das Merkmal Null haben und deren beide Nachfolger das Merkmal 1 haben, so erweist sich für die durch eine solche Stellenauswahl zustande gekommene Bezugsklasse das Kollektiv als unempfindlich, das heißt in der neuen Bezugsklasse treten (natürlich nur annähernd) dieselben relativen Häufigkeiten^e auf wie in dem ursprünglichen Kollektiv.

Ergänzung. Je genauer unsere Erkenntnis der relevanten Bedingungen, je mehr und je wichtiger relevante Bedingungen in die Rahmenbedingungen eingehen, umso geringer werden die Schwankungen der relativen Häufigkeit, umso geringer die Dispersion. Problem: Gibt es hier einen Übergang zur strengen Gesetzmäßigkeit?

Die sich kompensierenden Bedingungen spielen beim ersten Wahrscheinlichkeitsansatz noch überhaupt keine Rolle. Die Untersuchung der Streuung bezieht sich auf Wahrscheinlichkeit höherer Ordnung. Der erste Wahr-

---

[1] [Vgl. RICHARD VON MISES, [KARL] MARBES „Gleichförmigkeit in der Welt" und die Wahrscheinlichkeitsrechnung, Naturwissenschaften 7 (1919), S. 171 f.; Grundlagen der Wahrscheinlichkeitsrechnung, Mathematische Zeitschrift 5 (1919), S. 57 ff.; Wahrscheinlichkeit, Statistik und Wahrheit (1. Aufl., 1928), S. 38 f. (4. Aufl., durchgesehen von HILDA GEIRINGER, Library of Exact Philosophy 7, 1972, S. 45 f.); Vorlesungen aus dem Gebiete der angewandten Mathematik I.: Wahrscheinlichkeitsrechnung und ihre Anwendung in der Statistik und theoretischen Physik (1931), S. 74 f. Hrsg.]

scheinlichkeitsansatz beruht ausschließlich auf den Rahmenbedingungen. Das Bisherige genügt für die aposteriorischen Wahrscheinlichkeiten.

(Man hat von Mises vorgeworfen, daß sich sein Begriff der Stellenauswahl nicht mit hinreichender Schärfe fassen läßt[2]. Ich halte diesen Vorwurf für unangebracht[3].)

Wie hängt nun der eigentümlich anschauliche Regellosigkeitscharakter der zufallsartigen Folgen mit der Anwendbarkeit der Operation der Auswahl — beziehungsweise des speziellen Multiplikationstheorems — auf diese Operation miteinander zusammen?

Diese Frage führt uns eigentlich auf jene zurück, die wir eben als grundlegende Paradoxie der Wahrscheinlichkeitsrechnung bezeichnet haben. Wie können wir daraus, daß wir keine rationale Prognose für irgendein Glied der Folge aufstellen können, auf die Anwendbarkeit der Wahrscheinlichkeitsrechnung (in unserem Falle [auf die] des speziellen Multiplikationstheorems) schließen?

Folgende Antwort wäre naheliegend: Wenn wir aufgrund des bisherigen Verlaufes der Versuchsreihe eine Prognose aufstellen können, dann ist offenbar das Ergebnis (wenigstens unserer Hypothese nach) vom bisherigen Verlauf der Versuchsreihe abhängig; eine Auswahl, die diese Abhängigkeit berücksichtigt, müßte (wieder wenigstens der Hypothese nach) zu einer Folge führen, die den zufälligen Charakter der ursprünglichen Folge *nicht* mehr hat, sondern zum Beispiel aus lauter *Einsern* besteht. Aber diese Antwort ist unbefriedigend und zwar aus zwei Gründen.

Erstens deshalb, weil sie keine Antwort auf den Unempfindlichkeitscharakter der neuen relativen Häufigkeit gibt: sie erklärt wohl warum wir, wenn wir nicht prognostizieren können, durch Stellenauswahl zu keiner streng gesetzmäßigen Folge gelangen; warum aber die relativen Häufigkeiten dieselben waren wie vorher wird nicht erklärt.

Zweitens berücksichtigt diese Antwort nur den Aufbau der Reihe, die Abfolge der Glieder in der Reihe. Es wäre daher die Antwort auch anwendbar auf eine Reihe, deren Glieder in zufallsartiger Abfolge aufeinander folgen, die aber aus lauter Ereigniselementen besteht, die sämtlich prognostizierbar waren.

(Hier liegt ein wichtiger Punkt vor, denn in der Tat sind Wahrscheinlichkeitsüberlegungen nicht nur auf zufallsartige Ereignisreihen anwendbar das heißt solchen Ereignisreihen, bei denen wir kein Mittel in der Hand haben irgendein Element zu prognostizieren, sondern auch auf solche Ereignisrei-

---

[2] [Vgl. HERBERT FEIGL, Wahrscheinlichkeit und Erfahrung, Erkenntnis 1 (1930), Anm. 2 und *1 sowie den Text zu diesen Anmerkungen. Hrsg.]

[3] [Vgl. KARL POPPER, Logik der Forschung (1934; 2. Aufl., 1966), Abschnitt 58, S. 256. Hrsg.]

hen, die zwar lauter für sich prognostizierbare Elemente enthalten, bei denen nur zwischen diesen Elementen kein ihre Abfolge regelnder Zusammenhang besteht. Es ist wichtig, daß das der allgemeinere Fall ist. Die zufallsartigen Folgen sind nur ein wichtiger Spezialfall. Die Wahrscheinlichkeitsrechnung als Theorie der Folgen von zufallsartigen Aufbau ist viel allgemeiner als die Wahrscheinlichkeitstheorie als Theorie der Zufallsspiele.)

ANHANG

ZUSAMMENFASSENDER AUSZUG

(1932)

aus
Die beiden Grundprobleme der Erkenntnistheorie

VORBEMERKUNG

Die vorliegende kleine Schrift ist ein zusammenfassender Auszug aus meinem (für zwei Bände geplanten) Buchmanuskript: *„Die beiden Grundprobleme der Erkenntnistheorie"*, I. Band: Das Induktionsproblem (Erfahrung und Hypothese), II. Band: Das Abgrenzungsproblem (Erfahrung und Metaphysik).

Von der vorliegenden Note sind die Abschnitte *I* bis *V, VII, IX* und *X* inhaltlich dem bereits druckreif vorliegenden *I. Band* entnommen, zum Teil sogar wörtlich (zum Beispiel Abschnitt *I*), manchmal mit Ergänzungen. Der *Abschnitt V* erscheint unter dem Titel „Ein Kriterium des empirischen Charakters theoretischer Systeme" als „Vorläufige Mitteilung" im nächsten Heft der Zeitschrift *„Erkenntnis"*[1]. Er kann als die kürzeste *Zusammenfassung* der Grundgedanken gelten.

Die ausführlichen kritischen Untersuchungen, die dem Buch seinen Charakter geben, in den vorliegenden Auszug aber nicht aufgenommen werden konnten, soll der Tafelanhang einigermaßen ersetzen[2].

I. PROBLEMSTELLUNG

Induktionsproblem und Abgrenzungsproblem. Zwei Fragen sind die Brennpunkte dieser Untersuchung: Das Induktionsproblem und das Abgrenzungsproblem.

Das *Induktionsproblem*:

Wir können immer nur bestimmte Ereignisse beobachten, und immer nur eine beschränkte Anzahl von Ereignissen. Dennoch stellen die empirischen Wissenschaften *allgemeine Sätze* auf, zum Beispiel die Naturgesetze: Sätze also, die für eine unbeschränkte Anzahl von Ereignissen gelten sollen. Mit welchem Recht können solche Sätze aufgestellt werden? Was meint man ei-

---

[1] [Erkenntnis 3 (1933), S. 426 f.; KARL POPPER, Logik der Forschung (2. Aufl., 1966), Neuer Anhang *I. Abschnitt *V* ist eine *frühere* Fassung von dieser „Vorläufige Mitteilung". Hrsg.]

[2] [Dieser „Tafelanhang" ist hier ausgelassen, weil identisch mit Band I: *Anhang: Die Kritik des Induktionsproblems in schematischen Darstellungen*. Hrsg.]

gentlich mit diesen Sätzen? Diese Fragen deuten die Umrisse des Induktionsproblems an, das ich als die Frage nach der Geltung der allgemeinen Sätze der empirischen Wissenschaften formuliere. Anders ausgedrückt: Können Wirklichkeitsaussagen, die sich auf Erfahrung gründen, allgemeingültig sein? Oder beiläufig gesprochen: Kann man mehr wissen, als man weiß?

Das *Abgrenzungsproblem*:

Die empirischen Wissenschaften sind, wie ihre Geschichte zeigt, fast durchwegs aus dem Schoße der Metaphysik hervorgegangen: Ihre letzte vorwissenschaftliche Form war eine spekulativ-philosophische. Selbst die am höchsten entwickelte unter ihnen, die Physik, ist von den letzten Schlacken ihrer metaphysischen Vergangenheit vielleicht auch heute noch nicht restlos befreit. Gerade in jüngster Zeit ist sie einem stürmischen Reinigungsprozeß unterzogen worden: Metaphysische Gedankengänge (zum Beispiel Newtons absoluter Raum und absolute Zeit, der Lorentzsche ruhende Äther) wurden rücksichtslos ausgemerzt. — Die weniger hoch entwickelten Wissenschaften (zum Beispiel Biologie, Psychologie, Soziologie) waren schon immer von metaphysischen Elementen ungleich stärker durchsetzt als die Physik und sind es auch jetzt. Ja, selbst die Ansicht, daß die Metaphysik als „unwissenschaftlich" ausgeschaltet werden muß, wird von manchen Vertretern jener Wissenschaften ausdrücklich bestritten.

Besteht die Ablehnung der Metaphysik zu Recht oder nicht? Was meint man eigentlich mit den Bezeichnungen „Metaphysik" und „empirische Wissenschaft"? Lassen sich hier überhaupt strenge Unterscheidungen treffen, lassen sich bestimmte Grenzen festlegen? Diese Fragen — sie deuten die Umrisse des Abgrenzungsproblems an — sind von allgemeiner und einschneidender Bedeutung. Jede Form des Empirismus muß von der Erkenntnistheorie vor allem anderen die Sicherung der empirischen Wissenschaft gegenüber den Ansprüchen der Metaphysik verlangen:

Die Erkenntnistheorie muß ein strenges und allgemein verwendbares Kriterium aufstellen, das gestattet, Sätze der empirischen Wissenschaften von metaphysischen Behauptungen zu unterscheiden („Abgrenzungskriterium"). — „Abgrenzungsproblem" nenne ich die Frage nach dem Abgrenzungskriterium. Anders ausgedrückt: Wie kann man im Zweifelsfall entscheiden, ob man einen wissenschaftlichen Satz vor sich hat oder „nur" eine metaphysische Behauptung? Oder beiläufig gesprochen: Wann ist eine Wissenschaft keine Wissenschaft?

Diese beiden Fragen, das Induktionsproblem und das Abgrenzungsproblem, halte ich für die Grundprobleme der Erkenntnistheorie überhaupt. Das größere Interesse scheint mir das Abgrenzungsproblem zu verdienen. Es ist keineswegs nur von theoretisch-philosophischer Bedeutung, sondern für die Einzelwissenschaft, insbesondere für die Forschungspraxis der weniger hoch entwickelten Wissenschaften von größter Aktualität. Vom philosophischen Standpunkt betrachtet, erweist es sich als das eigentliche Grundproblem, auf das *alle anderen Fragen* der Erkenntnistheorie, auch das Induktionsproblem, zurückgeführt werden können.

Diese *erkenntnistheoretischen* Fragen sind von ganz anderer Art als etwa die *psychologische* Frage, wie unsere Erkenntnisse tatsächlich zustande kommen. Nicht nach der Art und Weise, wie wissenschaftliche Aussagen aufgefunden werden, wie sie entstehen, wird gefragt, sondern nach ihrer *Begründung*, nach ihrer *Rechtfertigung*, nach ihrer *Geltung*: Die erkenntnistheoretischen Fragen müssen als *Begründungs-* oder *Geltungsfragen* (Kant: „quid juris?") von den erkenntnis*psychologischen* (und historisch-genetischen) *Tatsachenfragen* („quid facti?"), also von den Fragen der Erkenntnis*findung* streng unterschieden werden.

Durch die Auffassung, daß sich die Erkenntnistheorie nur um Geltungsfragen zu kümmern hat, nicht aber um Tatsachenfragen, wird sie gewissermaßen zu einer allgemeinen Methodenlehre der empirischen Wissenschaft. Methode nämlich ist in der Wissenschaft nicht die Art und Weise, wie man etwas *endeckt*[1], sondern ein Verfahren, durch das man etwas *begründet*.

II. DIE TRANSZENDENTALE METHODE DER ERKENNTNISTHEORIE

Die Erkenntnistheorie ist eine allgemeine *Methodenlehre der empirischen Wissenschaft*. Sie stellt die Methoden der empirischen Wissenschaft nicht bloß deskriptiv fest, sondern sie versucht, die Methoden der empirischen Wissenschaften zu *erklären*, das heißt, aus einer kleinen Zahl von Grundsätzen, beziehungsweise Definitionen *deduktiv abzuleiten*. Sie ist also *Methodentheorie*.

Die wichtigste dieser Definitionen ist die des Begriffes „*empirische Wissenschaft*", die auf das „Abgrenzungskriterium" zurückgeht, das heißt auf das Kriterium der Unterscheidung empirisch-wissenschaftlicher und metaphysischer Systeme.

Andere wichtige Begriffe der Methodentheorie (die teils als Grundbegriffe eingeführt, teils definiert werden können) sind zum Beispiel die Begriffe „Theorie", „Prognose", „Deduktion", „empirische Falsifikation".

Die grundlegenden Sätze der Methodentheorie sind umstritten. Wie kann eine Entscheidung in diesem Streit erfolgen? Auf zwei Wegen:

1. Auf *logischem Wege* können widerspruchsvolle Lösungen ausgeschaltet werden.
2. Auf dem Wege der *transzendentalen Methode*: Die Ergebnisse der Me-

---
[1] [Siehe Band I: Abschnitt *1*, Anm. *1. Hrsg.]

thodentheorie werden mit den tatsächlich von den empirischen Wissenschaften mit Erfolg verwendeten Methoden verglichen. Erkenntnistheorien, denen es nicht gelingt, das tatsächliche methodische Verfahren in befriedigender Weise darzustellen, sind — und darin besteht die transzendentale Methode — als gescheitert zu betrachten.

Die verschiedenen Erkenntnistheorien müssen dabei in einen transzendentalen Wettbewerb treten. Denn manche Erkenntnistheorien erscheinen in sich geschlossen und befriedigend, versagen jedoch, wenn sie vor solche methodologische Probleme gestellt werden, die durch *andere* Erkenntnistheorien aufgerollt wurden. Dabei ist aber zu beachten, daß nur *transzendentales Versagen* entscheidet, das heißt, ein Widerspruch mit einem tatsächlich vorliegenden wissenschaftlichen Begründungsverfahren.

(Eine solche transzendentale Kritik kann als *immanente Kritik* an der betreffenden Erkenntnistheorie aufgefaßt werden, da diese ja, ihrem Begriff zufolge, die Methoden darzustellen hat. — Von diesem Verfahren ist die in der Erkenntnistheorie übliche, aber unberechtigte[1] *transzendente Kritik* zu unterscheiden, die darin besteht, daß eine Erkenntnistheorie vom Standpunkt einer anderen aus als widerspruchsvoll abgelehnt wird, weil sie mit den theoretischen Voraussetzungen einer fremden Auffassung in Widerspruch steht.)

Der Wettbewerb führt zur Aufdeckung von *Gegensätzen*, zwischen den Theorien, unter denen dann manchmal eine transzendentale Entscheidung möglich ist. (Diese Methode des Wettbewerbes kann man als „dialektische Methode" bezeichnen.)

Nach der hier angegebenen Auffassung ist die Erkenntnistheorie eine theoretische Wissenschaft, in der es zwar freie Festsetzungen (zum Beispiel Definitionen) gibt, die aber *nicht nur aus willkürlichen Konventionen* besteht, sondern auch aus Sätzen, die durch Vergleich mit dem tatsächlichen Begründungsverfahren der Wissenschaft widerlegbar sind.

Sie verhält sich zur Wissenschaft so, wie die Wissenschaft zur Erfahrungswirklichkeit; die transzendentale Methode ist ein Analogon zur empirischen Methode.

Die Erkenntnistheorie ist Wissenschaftswissenschaft, ist eine sekundäre Wissenschaft, eine Wissenschaft von höherem Typus.

Um an der hier vertretenen Auffassung des Begriffes „transzendental" keinen Zweifel zu lassen, sei im folgenden die Grundthese des Transzendentalismus formuliert:

Erkenntnistheoretische Behauptungen und Begriffsbildungen müssen an dem tatsächlichen Begründungsverfahren der empirischen Wissenschaften kritisch geprüft werden; und nur diese — transzendentale — Prüfung kann über das Schicksal solcher Behauptungen entscheiden.

---

[1] [Vgl. Band I: Abschnitt 9, Anm. *1 und Text zu dieser Anm. Hrsg.]

III. DEDUKTIVISMUS UND INDUKTIVISMUS

Erkenntnistheorien können nämlich *deduktivistisch*[a] oder *induktivistisch* orientiert sein, je nachdem, wie sie die Bedeutung der Deduktion (logische Ableitung) und der Induktion (Verallgemeinerung) einschätzen. So ist zum Beispiel der *klassische Rationalismus* (Descartes, Spinoza) streng *deduktivistisch* orientiert (sein Vorbild ist die geometrische Deduktion), der *klassische Empirismus* hingegen *induktivistisch*. Der radikale Induktivismus (zum Beispiel Mill) spricht der Deduktion jede Bedeutung ab; ein analoger *deduktivistischer* Standpunkt, der der Induktion jede Bedeutung abspricht, ist der Grundgedanke der hier vertretenen Auffassung.

Die These dieses *konsequenten Deduktivismus* kann folgendermaßen formuliert werden: Es gibt keine wie immer geartete Induktion; die weit verbreitete Auffassung, daß die Verallgemeinerung eine wissenschaftliche Methode ist, beruht auf einem *Irrtum*. Die einzigen in induktiver Richtung fortschreitenden zulässigen Schlüsse sind die deduktiven Schlüsse des modus tollens. (Deduktionen aller Art sind zulässig, ihre Prämissen jedoch immer hypothetisch.)

Dieser Gedanke einer streng „deduktivistischen" Erkenntnistheorie läßt sich widerspruchslos durchführen und führt, konsequent festgehalten, zu einfachen Lösungen aller bisher aufgetretenen erkenntnistheoretischen Probleme.

Die hier vertretene Auffassung verbindet den *Deduktivismus* mit einem *Empirismus*; das heißt sie steht auf dem Standpunkt der *empiristischen Grundthese*, daß nur Erfahrung über die Wahrheit oder Falschheit irgendwelcher Wirklichkeitsaussagen entscheiden kann.

([Die] „Erfahrung" ist demnach eine bestimmte *Methode* der Entscheidung über Sätze, beziehungsweise Satzsysteme.)

IV. DER THEORETISMUS. DIE WISSENSCHAFTLICHE OBJEKTIVITÄT

Als „Theoretismus" bezeichne ich den Standpunkt (der eine Konsequenz des Deduktivismus darstellt), daß die Aufgabe der Naturwissenschaft (ja der Wirklichkeitswissenschaft überhaupt) nicht die Darstellung einzelner Tatsachen, sondern die Aufstellung und Überprüfung von Theorien ist. (Dieser Standpunkt stimmt sachlich mit jenen überein, die in älterer Ausdrucksweise die Aufgabe der Wissenschaft in der *systematischen Erklärung* der Tatsachen sahen.) Der Theoretismus kann (nach Kant) durch den Begriff der wissenschaftlichen Objektivität gestützt werden.

Die *wissenschaftliche Objektivität* besteht darin, daß wissenschaftliche Ergebnisse grundsätzlich von jedermann (der über eine ausreichende *kriti-*

sche Schulung verfügt) nachgeprüft werden können *(intersubjektive Nachprüfbarkeit).* (Jeder Versuch, zu *erklären,* daß es solche intersubjektive nachprüfbare Erkenntnisse tatsächlich gibt, führt auf die unlösbare „Antinomie von der Erkennbarkeit der Welt", das heißt zur Metaphysik.)

Nachprüfung, und schon gar intersubjektive Nachprüfung setzt die Aufstellung von Theorien (Hypothesen) voraus. Denn nachprüfbar ist nur, was in irgend einem Sinn wiederholbar ist, das heißt, nachprüfbar ist nur eine vermutete Gesetzmäßigkeit.

Wissenschaftliche Objektivität setzt somit Theorienbildung und Überprüfung von Theorien voraus *(„Theoretismus").* Wissenschaftliche Erkenntnis ist (wie schon Kant wußte) nur möglich, wenn es gelingt, Gesetze aufzufinden, die sich bewähren.

Der *empiristische Theoretismus,* der hier vertreten wird, ist der Standpunkt, daß wirklichkeitswissenschaftliche Theorien immer den Charakter von Hypothesen, von vorläufigen Annahmen haben müssen.

V. KURZE ANGABE DER LÖSUNGEN DER BEIDEN ERKENNTNISTHEORETISCHEN GRUNDPROBLEME[1]

1. (Vorfrage.) Das (Humesche) „Problem der Induktion", die Frage nach der Geltung der Naturgesetze, entsteht durch den (anscheinenden) Widerspruch zwischen der *„Grundthese des Empirismus"* (nur „Erfahrung" kann über die Wahrheit oder Falschheit einer Wirklichkeitsaussage entscheiden) und der Humeschen Einsicht in die *Unzulässigkeit induktiver (verallgemeinernder) Beweisführungen.* — Angeregt durch Wittgenstein glaubt Schlick[2], diesen Widerspruch durch die Annahme lösen zu können, daß die Naturgesetze „gar keine echten Sätze sind", sondern „Anweisungen zur Bildung von Aussagen", — also eine bestimmte Art von „Scheinsätzen". Dieser (wie mir scheint, rein terminologische) Lösungsversuch hat mit allen älteren Versuchen (zum Beispiel mit dem „Apriorismus", dem „Konventionalismus" usw.) eine unbegründete Voraussetzung gemeinsam, nämlich die, daß alle *echten Sätze „vollentscheidbar"* (verifizierbar *und* falsifizierbar) sein müssen, das heißt, daß sowohl eine (endgültige) empirische Verifikation wie auch eine empirische Falsifikation bei allen echten Sätzen *logisch möglich* sein muß. — Hebt man diese Voraussetzung auf, so kann der Widerspruch des „Induktionsproblems" auf einfache Weise gelöst werden: Die Naturgesetze („Theorien") können widerspruchsfrei als *„teilentscheidbare"* (das

---

[1] Dieser Abschnitt ist (mit Ausnahme des letzten Satzes) gleichlautend mit der Note „Ein Kriterium des empirischen Charakters theoretischer Systeme" (siehe *Vorbemerkung).* [Abschnitt V ist eine *frühere* Fassung von dieser „Note"; siehe *Vorbemerkung,* Anm. 1. Hrsg.]

[2] MORITZ SCHLICK, Die Kausalität in der gegenwärtigen Physik, Naturwissenschaften 19 (1931), S. 156.

heißt aus logischen Gründen zwar nicht verifizierbare, wohl aber *einseitig falsifizierbare*) echte Wirklichkeitsaussagen angesehen werden, die durch Falsifikationsversuche methodisch überprüft werden.

Dieser Lösungsversuch hat den Vorzug, daß er auch eine Lösung des zweiten (und eigentlichen) Grundproblems der „Erkenntnistheorie" anbahnt:

2. (Hauptfrage.) Dieses, das „Abgrenzungsproblem" (Kants Frage nach den Grenzen der wissenschaftlichen Erkenntnis) kann definiert werden als die Frage nach einem Kriterium der *Unterscheidung von „empirisch-wissenschaftlichen" und „metaphysischen" Behauptungen* (Sätzen, Satzsystemen). — Nach Wittgensteins Lösungsversuch[3] leistet der „Sinnbegriff" die Abgrenzung: jeder „sinnvolle Satz" muß (als „Wahrheitsfunktion der Elementarsätze") logisch restlos auf (singuläre) Beobachtungssätze zurückführbar (aus diesen ableitbar) sein; erweist sich ein vermeintlicher Satz als unableitbar, so ist er „sinnlos", „metaphysisch", ist er ein „Scheinsatz": *Metaphysik ist sinnlos.* Durch dieses Abgrenzungskriterium schien dem Positivismus eine radikalere Überwindung der Metaphysik gelungen zu sein, als durch die ältere Antimetaphysik. Aber dieser Radikalismus vernichtet mit der Metaphysik auch die Naturwissenschaft: Auch Naturgesetze sind aus Beobachtungssätzen logisch nicht ableitbar (Induktionsproblem!); auch sie wären bei konsequenter Anwendung des Wittgensteinschen Sinnkriteriums nichts anderes als „sinnlose Scheinsätze", als „Metaphysik". Damit scheitert dieser Abgrenzungsversuch. — An Stelle des Sinndogmas und seiner Scheinprobleme kann als Abgrenzungskriterium das „*Kriterium der Falsifizierbarkeit*" (das heißt einer mindestens *einseitigen* Entscheidbarkeit) treten: Nur solche Sätze sagen etwas über die „Erfahrungswirklichkeit" aus, die an ihr scheitern können; das heißt von denen man angeben kann, unter welchen Bedingungen sie als empirisch widerlegt zu betrachten sind.

Die Annahme *teilentscheidbarer* Sätze löst somit nicht nur das „Induktionsproblem" (es gibt nur *einen* Typus von Schlüssen, die in induktiver Richtung fortschreiten, nämlich den — deduktiven — modus tollens), sondern auch das (so gut wie allen Fragen der „Erkenntnistheorie" zugrunde liegende) „Abgrenzungsproblem"; das „Kriterium der Falsifizierbarkeit" gestattet, die „Wirklichkeitswissenschaften", die empirisch-wissenschaftlichen Systeme gegen die metaphysischen (aber auch gegen die konventionalistisch-tautologischen) Systeme mit hinreichender Schärfe abzugrenzen, — ohne jedoch die Metaphysik (als deren Niederschläge ja — historisch gesehen — die erfahrungswissenschaftlichen Theorien auftreten) für „sinnlos" erklären zu müssen. — Man könnte somit (um eine bekannte Formel Einsteins[4] verallgemeinernd zu variieren) die „Wirklichkeitswissenschaften" etwa durch den Satz definieren: *Insofern sich die Sätze einer Wissenschaft*

---

[3] LUDWIG WITTGENSTEIN, Tractatus Logico-Philosophicus (1918/1922).
[4] ALBERT EINSTEIN, Geometrie und Erfahrung (1921), S. 3 f.

auf die Wirklichkeit beziehen, müssen sie falsifizierbar sein, und insofern sie nicht falsifizierbar sind, beziehen sie sich nicht auf die Wirklichkeit.

Die logische Analyse zeigt, daß für empirisch-wissenschaftliche Systeme die *(einseitige)* „*Falsifizierbarkeit*" als Kriterium eine formal genau analoge Rolle spielt, wie die „*Widerspruchslosigkeit*" für wissenschaftliche Systeme überhaupt: Ein *nicht-widerspruchsloses* System von Grundsätzen ist mit jedem beliebigen Satz (also auch mit jeder beliebigen Satzverbindung)[5] vereinbar, zeichnet also aus der Menge aller möglichen Sätze keine Sätze aus; ebenso ist ein *nicht-falsifizierbares* System mit jedem denkbaren „Erfahrungssatz" vereinbar, zeichnet also aus der Menge aller möglichen „empirischen" Sätze keine Sätze aus.

VI. VORAUSSETZUNGEN DER FALSIFIZIERBARKEIT. BAU DER THEORIEN

Falsifizierbar im strengen Sinn sind nur ganze theoretische Systeme, nicht einzelne Sätze. Es ist jedoch unter Umständen und unter bestimmten Voraussetzungen möglich, Teilsysteme von Theorien relativ isoliert zu überprüfen. Dieser Fall ist methodologisch von größter Wichtigkeit („Quasiinduktion", „stufenweise Sicherung").

Es ist ferner nur ein *abgeschlossenes* System falsifizierbar. Läßt man ad hoc eingeführte Hilfshypothesen zu, so kann die Theorie grundsätzlich gegen jede Falsifikation geschützt werden und wird empirisch nichtssagend, beziehungsweise konventionalistisch-tautologisch oder metaphysisch.

Wird die Bedingung der Falsifizierbarkeit verschärft, so nimmt auch die Bedingung der Abgeschlossenheit des Systems eine verschärfte Form an: Sie wird durch das Prinzip des sparsamsten Hypothesengebrauches verdrängt.

Die Grundsätze der Theorien (nichtempirischer wie empirischer) können als implizite Definitionen der auftretenden Grundbegriffe aufgefaßt werden. Das ist für nichtempirische Theorien anerkannt; bei empirischen Theorien ist man jedoch meist der Meinung, daß die Grundbegriffe als nichtlogische Konstanten oder dergleichen aufzufassen sind und daß ihnen irgend etwas in der Wirklichkeit zugeordnet ist. Diese Auffassung ist in dieser Form unhaltbar (insbesondere die angegebene Auffassung von den Zuordnungsdefinitionen). Denn daß ein Grundbegriff seinem Gegenstand in der Wirklichkeit zugeordnet werden kann, würde besagen, daß Allgemeinbegriffe aufweisbare Gegenstände bezeichnen (das heißt die These „universalia sunt realia" in primitivster Form).

Die Sache verhält sich so, daß auch die Grundbegriffe der *empirischen* Wissenschaften implizit definiert sind. Die Zuordnung zur Wirklichkeit ge-

---

[5] [Diese Parenthese K₁ eingetragen Juli 1933. Hrsg.]

schieht nicht für die Grundbegriffe, sondern für die *Theorie als Ganzes, mit allen ihren Begriffen* (dadurch, daß angegeben wird, unter welchen Umständen sie als widerlegt anzusehen ist). Anders ausgedrückt: Die Zuordnung geschieht durch die Methode der Entscheidung über die besonderen *Folgesätze* der Theorie, durch Entscheidung über die abgeleiteten Prognosen *in denen die Grundbegriffe gar nicht mehr auftreten.* (Die Zuordnung ist *Anwendung* der Theorie, ist *Praxis,* sie beruht auf praktischen Entschlüssen; — eine Bemerkung, die eine Auseinandersetzung des Unterschiedes der transzendentalen und der erkenntnispsychologischen Betrachtungsweise dringlich macht.)

VII. TRANSZENDENTALE UND PSYCHOLOGISCHE METHODE. DIE AUSSCHALTUNG DER SUBJEKTIV-PSYCHOLOGISCHEN BASIS

Fast sämtliche bisher bestehende Erkenntnistheorien (als einzige Ausnahme könnte wohl nur der Konventionalismus genannt werden und auch dieser nur mit großem Vorbehalt) vermengen bei der Frage nach der Basis unserer empirischen Erkenntnisse transzendentale und psychologische Momente. Der Grund dafür ist einfach genug (und am allerschärfsten wohl von Fries betont worden): Will man Sätze nicht *dogmatisch* einführen, so muß man sie begründen. Bei der Frage nach der Begründung von Sätzen gelangt man, wenn man psychologistische, das heißt subjektive Antworten vermeidet, ins Uferlose. Denn wenn man sich nicht auf seine Überzeugung, auf Wahrnehmung, auf Evidenz, auf unmittelbare Erkenntnis oder dergleichen berufen will (alles das ist subjektiv, psychologistisch), so kann man *Sätze nur wieder durch Sätze begründen,* die, wenn sie nicht dogmatisch eingeführt werden sollen, offenbar wieder begründungsbedürftig sind. (Fries baut auf diese Überlegung seine Lehre von der „unmittelbaren Erkenntnis" auf; die Wahrnehmung oder Anschauung zum Beispiel ist für ihn eine unmittelbare Erkenntnis, die einer weiteren Begründung nicht bedarf und auf die die empirische Sätze zurückgehen.) Ähnlich psychologistisch verfahren auch alle positivistischen Theorien selbst in ihren modernsten Formen (Wittgensteins Elementarsätze, Carnaps Protokollsätze, — gleichgültig ob diese „innerhalb" oder „außerhalb" der Systemsprache angenommen werden; also auch die Protokollsätze Neuraths).

Alle diese Auffassungen halten einer transzendentalen Kritik nicht stand. Denn diese zeigt, daß Wahrnehmungen und Beobachtungen (genauer: Wahrnehmungs- und Beobachtungsaussagen), wenn sie nicht intersubjektiv nachprüfbar sind, von der Wissenschaft niemals anerkennt, niemals ernst genommen werden — auch dann nicht, wenn hinter ihnen subjektiv die höchste Überzeugungskraft steht (man denke etwa an die Seeschlangenberichte!). Sie gehen auch nicht als vorläufiges Material in die Wissenschaft ein, sondern *im besten Fall* als Anregungen oder Problemstellungen.

In der Wissenschaft können also subjektive Überzeugungen, welcher Art sie auch immer sind, niemals von methodologischer sondern immer nur von historisch-genetischer Bedeutung sein; das ergibt sich bereits aus dem Begriff der wissenschaftlichen Objektivität (siehe *IV*): wissenschaftlich sind Sätze nur, wenn sie „objektiv" sind, das heißt intersubjektiv nachprüfbar sind. (Die Versuche mit Elementar- oder Protokollsätzen haben offenbar auch die Absicht, eine subjektiv psychologische Basis der Wissenschaft auszuschalten, wenn auch nicht aus transzendentalen, aus Objektivitätsgründen, sondern aus physikalistischen Tendenzen. Es gelingt ihnen jedoch nicht, diese Ausschaltung durchzuführen, vielmehr übersetzen sie bloß die psychologischen Wahrnehmungssätze in physiologische Berichte über Wahrnehmungsaussagen von physiologischen Personen; sie sind nichts anderes als eine physikalistische Nachkonstruktion der psychologistischen Lehre von der Wahrnehmungsbasis der Erfahrungswissenschaften.)

Die einzige mögliche Ausschaltung der subjektiv psychologistischen Basis aus der Wissenschaft besteht offenbar darin, daß gewisse Sätze *willkürlich, durch Konvention* als wahr angenommen werden; also ohne weitere wissenschaftliche Begründung. Auf diese Sätze beruft sich die Wissenschaft, wenn sie andere Sätze (theoretische Systeme) als bewährt oder als falsifiziert angeben will. Sie bilden also die Basis, sind die (willkürlichen) Endpunkte der deduktivistischen Ableitung, sie sind die Sätze, bei denen die Deduktion aus den Theorien haltmacht, sie sind die Obersätze für den modus tollens. (Sie müssen nicht *ausdrücklich* als wahr oder falsch angesetzt werden; dies geschieht vielmehr meist nur durch die Tatsache, daß die logischen Schlußregeln auf sie angewendet werden, vor allem die des modus tollens.)

Eine Auffassung wie die eben vertretene muß selbstverständlich stärksten Widerspruch erzeugen. Sie scheint auf den ersten Blick einer dogmatischen Festsetzung von Basissätzen Tür und Tor zu öffnen, oder (was offenbar auch nicht besser wäre) die empirische Wissenschaft in ein System von Konventionen zu verwandeln, und damit die Unterschiede von empirischen und nicht-empirischen Theoriesystemen, also von konventionalistisch-tautologischen Systemen (Beispiel: die Mathematik, die reine Geometrie) und Wirklichkeitswissenschaft (Beispiel: die mathematische Physik, die physische Geometrie) zu verwischen.

Auf diese Einwände muß mit einer Präzisierung (und mit einer Problemstellung) geantwortet werden: Die konventionelle Festsetzung der Basissätze ist nicht willkürlich in dem Sinn, daß jeder beliebige Satz als Basissatz angenommen werden kann; sie ist nur willkürlich in dem Sinn, in dem man Konventionen deshalb als willkürlich bezeichnet, weil sie Sätze sind, die nicht durch eine *Begründung,* sondern durch *Beschluß* als wahr festgestellt werden. Jene Beschlüsse, durch die die Basissätze der *empirischen* Wissenschaft festgestellt werden, sind nun keineswegs „willkürlich", sondern in ganz bestimmter Weise durch methodische Prinzipien geregelt. Entscheidend ist also nur, daß es sich nicht um *begründete* Sätze handelt, sondern um *beschlossene* Sätze, und daß die *methodische Regelung der Beschlußfassung* etwas ganz anderes ist als die *Begründung eines Satzes*.

Die entscheidende Frage ist also: durch welche methodische Regelung oder Festsetzung ihrer Basissätze ist die empirische Wissenschaft ausgezeichnet?

Wie[a] gelangt man zwischen Konventionalismus und Positivismus hindurch zu einer richtigen Auffassung der empirischen Wissenschaft? Denn offenbar bedeutet der entwickelte Standpunkt (vom Positivismus aus gesehen) eine erhebliche Konzession an den Konventionalismus. Da andererseits aber der Empirismus gewahrt bleiben soll, so muß auch — gesehen von der konventionalistischen Seite her — eine gewisse Annäherung an den Positivismus erfolgen, freilich nicht an seine Theorien, sondern an gewisse seiner Tendenzen, nämlich eben an die empiristischen.

Historische Anmerkung. (Die hier vertretene Auffassung steht dabei der Kant-Friesschen Auffassung noch immer weit näher als dem Positivismus. Denn jene Auffassung hat den Vorzug, anzuerkennen, daß es gewisse letzte, und zwar *objektive* Sätze der Wissenschaft geben muß — eben die Wahrnehmungssätze, auf die es hier, bei der Besprechung der Basis ankommt, aber auch andere —, die einer weiteren objektiven Herleitung nicht fähig sind. Die Kant-Friessche Methode anerkennt also den grundsätzlichen Gegensatz zwischen den letzten Basissätzen, die noch einen Bestandteil der objektiven wissenschaftlichen Untersuchung bilden, und jenem psychologischen Etwas, — die „unmittelbare Erkenntnis" — auf die sich diese Basissätze stützen. Ebenso erkennt die Auffassung diese Diskontinuität der Methode an, die bis zu jenen Sätzen in einem logischen Ableitungsvorgang besteht, während die Basissätze selbst auf irgend einer irrationalen Anschauung oder dergleichen beruhen; also ein Analogon zu dem hier vertretenen Standpunkt, daß die logisch ableitende Begründung eines Satzes etwas anderes ist als die methodische Regelung eines Beschlusses. — Der Positivismus hingegen subjektivisiert immer die Wissenschaft, denn seine Tendenz ist es, jenes psychologische Etwas, auf dem die Wahrnehmungssätze usw. beruhen sollen, selbst in den *Begründungszusammenhängen* einzuführen. Dabei erkennt der ältere Positivismus wenigstens noch den Gegensatz zwischen dem „Gegebenen", das irrational-subjektiv ist, und den Sätzen, die dieses Gegebene unmittelbar ausdrücken, die also rational sind, wenn auch immer noch *subjektiv*. Der moderne Positivismus jedoch hat die Tendenz, auch diese Gegensätze aufzuheben. Er setzt an Stelle des Gegebenen Elementarsätze oder Protokollsätze, beziehungsweise läßt das „Gegebene" einfach weg, sucht aber dafür den Charakter möglichster Unmittelbarkeit für seine

Protokollsätze usw. sicherzustellen, das heißt, er führt Sätze in die Wissenschaft als deren Basis ein, deren objektive Nachprüfung ganz unmöglich ist, deren subjektiver Charakter sogar möglichst betont und möglichst herausgearbeitet wird, kurz, er versucht die Wissenschaft auf subjektiver Basis zu errichten, die entweder solipsistisch ist — „eigenpsychische Basis" — oder aus den subjektiven Aussagen mehrerer Subjekte konstruiert wird. Er verrät damit deutlich seinen ursprünglichen *induktivistischen* Gedankengang. — Die Kant-Friessche Methode hat mit der unsern also die Ansicht gemeinsam, daß man mit der wissenschaftlich-objektiven Methode zu einem Ende kommt und dann etwas anderes anfängt — wenn sie auch dieses andere von der wissenschaftlich-objektiv begründeten Methode nicht hinreichend genug unterscheidet; der Positivismus jedoch nimmt die subjektiven Momente in die Wissenschaft auf, die dadurch ihren objektiven Charakter verliert. — Es wäre noch zu bemerken, daß er sich bemüht, durch behavioristische Übersetzung alles Psychologischen in die „physikalische Sprache" den Subjektivismus zu vermeiden. Da aber bei dieser Übersetzung noch immer die alte Konzeption von der psychologischen Basis zugrunde liegt, so ist durch die Änderung der Ausdrucksweise nicht viel gewonnen.)

VIII. DIE METHODE DER EMPIRISCHEN FALSIFIKATION

Die Frage nach dem „empirischen Charakter" der Wissenschaft wurde *(V)* durch das Kriterium der Falsifizierbarkeit beantwortet. Damit ist die Frage nach der *Erfahrungsgrundlage* der Erkenntnis durch die nach der *Methode der empirischen Falsifikation* ersetzbar.

A. Die Methode in erster Annäherung. Die Theorien gestatten deduktive Ableitungen auch ohne Substitution von singulären (das heißt in einem bestimmten Einzelfall vorliegenden) Bedingungen; also Ableitungen von Naturgesetzen von *niederer Stufe der Allgemeinheit* aus solchen von *höherer Allgemeinheitsstufe*. (So kann man beispielsweise aus den Grundsätzen der Mechanik das Naturgesetz ableiten: alle Wurfbahnen — im leeren homogenen Schwerefeld — sind Parabeln; daraus durch weitere Annahmen das Naturgesetz von niedrigerer Allgemeinheitsstufe: Schüsse von der und der Abschußgeschwindigkeit beschreiben in der Atmosphäre ballistische Kurven von dem und dem Typus.) Naturgesetze von genügend niedriger Allgemeinheitsstufe (zum Beispiel alle Schüsse, die aus einer so und so gebauten Kanone unter diesem bestimmten Winkel mit dieser bestimmten Ladung usw. abgeschossen werden, treffen — bei Windstille und ebenem Gelände — in dieser bestimmten Entfernung — zum Beispiel 2456 m — auf, wobei eine so und so große Fehlergrenze — zum Beispiel $\pm$ 15 m — anzunehmen ist) können als „unmittelbar nachprüfbare allgemeine Sätze" bezeichnet werden; sie sind (wie nach V selbstverständlich) *nicht verifizierbar*, sondern *nur falsifizierbar* (und vorläufig bewährbar). Die hier als „unmittelbar nachprüfbar" bezeichneten allgemeinen Sätze sind Naturgesetze, aber von so niedriger Allgemeinheitsstufe, daß ein *besonderer Einzelfall* für die Zwecke der Aufstellung einer *besonderen Prognose* bereits dadurch mit hinreichender Genauigkeit bestimmt ist, daß man sagt: hic et nunc ist ein Fall, der zu der Klasse der in dem Naturgesetz beschriebenen Fälle gehört; weitere besondere Bedingungen als die raumzeitliche Individualisierung des Falles müssen also nicht mehr substituiert werden; denn alle anderen Bedingungen können ja bereits vorher substituiert werden, ohne den Charakter des *allgemeinen* Satzes (des Naturgesetzes) zu vernichten. Die empirische Falsifikation solcher unmittelbar nachprüfbarer allgemeiner Sätze wirkt nach dem modus tollens auf das ganze System falsifizierend zurück. — Die Falsifikation *eines* unmittelbar nachprüfbaren allgemeinen Satzes falsifiziert das *ganze* System, obwohl aus dem System eine *unbegrenzte Menge* unmittelbar nachprüfbarer allgemeiner Sätze folgen können.

B. *Die Methode in zweiter Annäherung.* Wie geschieht nun die Überprüfung (die vorläufige Bewährung, beziehungsweise Falsifikation) solcher unmittelbar überprüfbarer allgemeiner Sätze?

Durch Substitution des hic et nunc (hier ist ein so beschriebener Schuß vor 10 Minuten tatsächlich abgegeben worden) kann ein besonderer Satz, und zwar eine *Prognose* abgeleitet werden; in unserm Beispiel: „Die Entfernung von der Einschußstelle zur Kanone wird mindestens 2441 m und höchstens 2471 m betragen."

Trifft die Prognose zu, so hat sich die Theorie vorläufig bewährt. Trifft die Prognose nicht zu, ist ein besonderer, *korrekt abgeleiteter* Satz falsch, so ist vorerst der „unmittelbar nachprüfbare allgemeine Satz", mit ihm aber das ganze theoretische System falsifiziert.

Dabei ist zu beachten, daß zur korrekten Ableitung der Prognose nicht nur die logisch-formal korrekte Deduktion gehört, sondern auch die Berechtigung der letzten Substitution, das heißt, die Wahrheit des besonderen Satzes: „Hier ist ein so beschriebener ... tatsächlich abgegeben worden." Während wir es also bis jetzt mit prinzipiell *nicht-verifizierbaren* (günstigsten Falls einseitig falsifizierbaren) *allgemeinen* Sätzen zu tun hatten, muß es, wie man sieht, vollentscheidbare *besondere* Sätze geben, wenn es überhaupt eine rückwirkende Falsifikation von Theorien geben soll.

C. *Die Methode in dritter Annäherung.* Wie steht es nun mit diesen „vollentscheidbaren" besonderen (singulären) Sätzen? (Besondere Sätze sind Aussagen über ein *bestimmtes* Raum-Zeit-Gebiet.)

Vorerst ist es klar, daß es, wenn es falsifizierbare *besondere* Sätze gibt, auch verifizierbare *besondere* Sätze geben muß (im Gegensatz zu den allgemeinen Sätzen). Beispiel: Durch die Falsifikation des Satzes: „Meine Uhr geht richtig" ist der Satz verifiziert: „Meine Uhr geht falsch." (Hingegen wird durch die Falsifikation des Satzes: „Alle Uhren gehen richtig" *nicht* der allgemeine Satz: „Alle Uhren gehen falsch" verifiziert, sondern nur der *nicht-allgemeine* Satz: „Nicht alle Uhren gehen richtig", oder „Es gibt Uhren, die falsch gehen" usw.)

Sind also besondere Sätze *überhaupt* entscheidbar, so muß es auch sowohl falsche besondere Sätze geben als auch wahre; dann besteht aber kein Hindernis mehr, daß Theorien (in der zuletzt unter B angegebenen Weise) rückwirkend falsifiziert werden.

(Um unser Beispiel nochmals heranzuziehen: Es muß sowohl die *Wahrheit* des Satzes feststellbar sein, daß die Kanone — innerhalb einer gewissen Fehlergrenze — in einem bestimmten Winkel zum Horizont steht, daß die Umgebung — annähernd — eben ist, usw., als auch die *Falschheit* des Satzes, daß das Geschoß innerhalb des Bereiches 2456 m $\pm$ 15 m aufgefallen ist.)

Es besteht nun kaum ein Zweifel, daß die Verifikation oder Falsifikation *derartiger* besonderer Sätze in der naturwissenschaftlichen Praxis kein *methodologisches Problem* darstellt.

Damit könnte man sich beruhigen; aber die erkenntnistheoretische Mißdeutung setzt gerade hier gern ein; insbesondere der Psychologismus aller Spielarten tritt gerade an diesem Punkt auf und behauptet, daß sich die Wahrheit oder Falschheit solcher besonderer Sätze auf „Wahrnehmungen" oder „Protokollsätze" gründet. (Was daran richtig ist, ist erkenntnis*psychologisch*, nicht erkenntnis*theoretisch*; vgl. dazu[a] aber noch *X*.)

D. Die Methode in vierter Annäherung. Die besonderen (singulären) Sätze, die in die Wissenschaft als wahr oder falsch eingehen (und damit die Theorien falsifizierbar machen), können grundsätzlich nur wieder durch wissenschaftliche (also objektive) besondere Sätze begründet werden. Daraus folgt, daß jene Sätze (vgl. *VII*), die durch Konvention, durch Beschluß als „wahr" oder „falsch" festgesetzt werden müssen, unter den besonderen Sätzen zu suchen sind.

Welche besonderen Sätze sind es aber? Und wie werden die Beschlüsse geregelt?

Auf diese Fragen werden wir am besten dann eine Antwort finden, wenn wir uns das tatsächliche Verfahren der Wissenschaft ansehen.

Da finden wir erstens, daß die besonderen Sätze nur die Rolle von Durchgangsstationen bilden, von kurzen Haltepunkten bei der Überprüfung *allgemeiner* Sätze. Zweitens, daß diese Stationen (wie schon oben erwähnt) meist zu keinen weiteren praktisch-methodologischen Problemen Anlaß geben.

Wenn wir die erkenntnistheoretische Analyse weiter treiben wollen, so werden wir uns also an jene (verhältnismäßig seltenen) Fälle halten müssen, bei denen im Wissenschaftsbetrieb dennoch praktisch-methodologische Fragen an dieser Stelle auftreten. Das sind offenbar die Fälle, in denen ZWEI-

VIII. Die Methode der empirischen Falsifikation

FEL auftreten, ob ein besonderer Satz als wahr (oder als falsch) festzusetzen ist; anders ausgedrückt: ob eine Tatsache besteht oder nicht.

Was tut der Nichtwissenschaftler, wenn er an einer Tatsache zweifelt? Was kann ich tun, wenn ich zweifle, ob das Tintenglas hier „wirklich" vor mir steht oder nicht? Ich kann es a) von allen Seiten betrachten, b) anfassen, c) andere Leute fragen, usw. — Wenn wir alles das *nicht psychologisch*, sondern *methodologisch* betrachten (zum Psychologischen vgl. X), so können wir feststellen, daß auch hier das *hypothetisch-deduktive Verfahren* der Nachprüfung in Anwendung kommt. *Wenn* das Tintenfaß hier wirklich steht, — so schließe ich — *dann* muß man es auch von anderen Seiten sehen können, muß man es tasten können, müssen es andere Leute auch sehen können, usw. — Man hat bei dieser Überlegung meist Wert auf das *Sehen, Tasten* usw. gelegt; dabei geht man nicht erkenntnistheoretisch, sondern psychologisch vor. Hier soll das Gewicht statt dessen auf die Worte „Wenn-dann" gelegt werden: *Die Methode der Nachprüfung eines besonderen Satzes* (der weiterer Sicherung bedarf) *besteht darin, daß wir aus dem besonderen Satz* (und dem theoretischen System) *weitere besondere Sätze (Prognosen) ableiten und überprüfen*.

Diese Methode wird nun dort, wo Zweifel auftreten, auch im praktischen Wissenschaftsbetrieb durchgeführt. Wenn wir beispielsweise Zweifel haben, ob ein bestimmter vorgelegter Körper — sagen wir — Gold ist (ein besonderer Satz wird geprüft) — so leiten wir aus dieser Annahme und chemischen Naturgesetzen (von ziemlich niederer Allgemeinheitsstufe) gewisse „unmittelbar überprüfbare allgemeine Sätze" ab, führen das Experiment durch (das heißt, stellen die in diesen allgemeinen Sätzen auftretenden Bedingungen her) und überprüfen die Prognosen.

Die *(objektiven)* besonderen Sätze verhalten sich also gegenüber gewissen anderen besonderen Sätzen ähnlich wie Hypothesen; jeder *objektive*, das heißt intersubjektiv nachprüfbare besondere Satz enthält theoretische, hypothetische, gesetzliche Elemente; behauptet einen bestimmten gesetzmäßigen Zusammenhang von anderen besonderen Sätzen[1] (sonst wäre er nicht *nach*prüfbar); man kann deshalb die *wissenschaftlichen*, also *objektiven*, also intersubjektiv *nachprüfbaren* besonderen Sätze als *Naturgesetze niedrigster Allgemeinheitsstufe* bezeichnen.

Da die objektiv-methodische Überprüfung solcher objektiver besonderer Sätze grundsätzlich nur wieder auf ebensolche Sätze führen kann, so sind die *Endpunkte* der Deduktion, die Sätze, bei denen man sich schließlich beruhigt, *willkürlich* und *grundsätzlich nicht weiter gestützt*.

---

[1] Und zwar grundsätzlich von unendlich vielen, so daß auch besondere objektive Sätze grundsätzlich nie restlos nachprüfbar sind; ich habe auf diesen Umstand in meiner „Kritik des strengen Positivismus" *(8)* und in meiner „Darstellung des Apriorismus" *(9)* in meinem Buche [Band I] ausführlich hingewiesen („Transzendenz der Darstellung überhaupt").

(Das gilt auch dann, wenn man etwa Beobachtungsaussagen, „Protokolle", oder dergleichen in der hypothetisch-deduktiven Nachprüfung verwendet. Denn auch beispielsweise meine Aussage, daß ich dieses Tintenfaß sehe, hat für die Wissenschaft bloß hypothetischen Wert: Sie ist, wissenschaftlich betrachtet, eine psychologische Hypothese — ein Naturgesetz niedrigster Stufe —, die durch weitere psychologische Versuche überprüft werden — etwa durch Fragen und weitere Aussagen — aber nie objektiv bewiesen werden kann; vgl. auch X. — Tatsächlich bleibt das objektive wissenschaftliche Deduktionsverfahren meist — oder fast immer? — bei physikalischen, selten bei psychologischen Hypothesen niedrigster Allgemeinheit stehen; gewählt werden nämlich Sätze, die *möglichst leicht intersubjektiv nachprüfbar* sind, bei denen also jedermann sich leicht seine subjektive Überzeugung selbst holen kann. Auf diese baut zwar die objektive Wissenschaft nicht auf; aber sie berücksichtigt sie bei der *willkürlichen Festlegung der Endpunkte*. Also nicht als *inhaltlich-logische Grundlage*, sondern nur für die *methodische Regelung der Beschlußfassung*.)²

Ihren *empiristischen* Charakter wahrt die Theorie also durch eine bestimmte methodische Regelung der Festsetzungen. Die wichtigste dieser Regelungen ist, daß nur *besondere* Sätze als wahr festgesetzt werden dürfen und im Zweifelsfall niemals der übergeordnete, der allgemeinere, der theoretische Satz entscheidet*¹, sondern die Überprüfung durch weitere Deduktion, die solange fortgetrieben wird, bis man sich für genügend gesichert hält.

Die empirische Basis der objektiven Wissenschaft ist also *nichts Absolutes* (Gegebenes); die Wissenschaft ist nicht auf Fels gebaut. Ihr Baugrund gleicht vielmehr einem Sumpf, ihr Fundament sind Pfeiler, die *von oben her* in den Sumpf getrieben werden, nicht bis zu einem natürlich „gegebenen" Grund, sondern so tief, als man sie braucht; so tief, bis man *beschließt*, daß man tief genug gekommen ist, da (nach den Berechnungen) die Pfeiler das Gebäude nun wohl tragen werden. Wenn das Gebäude aber doch zu schwer wird, so müssen die Pfeiler manchmal ausgewechselt, manchmal tiefer hinuntergetrieben werden.

Die Objektivität der Wissenschaft muß durch Relativität erkauft werden (und wer das Absolute will, muß im Subjektiven verbleiben)³.

---

² K₃ am Rande: persönliche Gleichung!
*¹ Daß der allgemeine Satz „niemals entscheidet" bedeutet nicht, daß wir einen wohlbewährten allgemeinen Satz nicht berücksichtigen werden.
³ Vgl. Max Born [Die Relativitätstheorie Einsteins und ihre physikalischen Grundlagen (1920), Einleitung] und Hermann Weyl [Philosophie der Mathematik und Naturwissenschaft (1927), S. 83], sowie Robert Reininger, Das Psycho-Physische Problem (1916), S. 290 f. [Siehe Band I: Abschnitt 11, Text zu den Anm. 15, 16 und 58. Hrsg.]

IX. DIE METHODISCHEN PRINZIPIEN DER KONVENTIONELLEN FESTSETZUNG GEWISSER BASISSÄTZE ALS „WAHR" ODER „FALSCH"

1. (Fundamentalsatz.) Nur „besondere", und nur intersubjektiv nachprüfbare Sätze dürfen als wahr oder falsch festgesetzt werden. (Empirismus = singularistische Basis.)

2. Die Festsetzung darf nur dann erfolgen, wenn kein methodisch zulässiger Zweifel vorliegt.

3. Ein solcher Zweifel liegt immer vor:

a) Wenn der besondere Satz einen gutbewährten „unmittelbar überprüfbaren allgemeinen Satz" falsifiziert.

b) Wenn die berechneten Fehlergrenzen ungünstig verlaufen.

c) Wenn die Bedingungen für die intersubjektive Nachprüfung objektiv ungünstig liegen, das heißt Beobachtungsschwierigkeiten vorliegen.

d) Wenn der („wissenschaftssoziologische") seinerseits intersubjektiv gut nachprüfbare Satz vorliegt, daß bei der intersubjektiven Nachprüfung sowohl (subjektive) Zustimmungen als auch (subjektive) Ablehnungen oder auch (subjektive) Zweifel aufgetreten sind; also daß keine intersubjektive Einigung erzielbar ist.

Anmerkung zu a): Der Widerspruch zwischen einem objektiven, *sonst gut nachgeprüften* besonderem Satz und den allgemeinen Sätzen der Theorie darf nicht als ein absolutes Hindernis für seine Festsetzung auftreten (sondern war nur Motiv für seine Nachprüfung), sonst gäbe es überhaupt keine Falsifikation.

4. Liegt ein methodisch zulässiger Zweifel vor, so darf der betreffende besondere Satz nicht als „wahr" oder „falsch" festgesetzt werden, sondern er muß wie eine zu überprüfende Hypothese, wie ein Naturgesetz (von niedrigster Allgemeinheitsstufe) weiter überprüft werden.

5. Insbesondere sind dabei die letzten Substitutionen zu überprüfen, die von dem unmittelbar überprüfbaren *allgemeinen* Satz zur Prognose überleiten.

6. Alle diese Überprüfungen geschehen durch Ableitung weiterer besonderer intersubjektiv nachprüfbarer Sätze, das heißt weiterer besonderer Prognosen, und zwar grundsätzlich nach denselben Prinzipien; nur daß Punkt 3a) als Grund zu einem methodisch zulässigen Zweifel wegfällt, sobald die anderen Gründe (b bis d) wegfallen *und* als falsifizierender Satz ein „jederzeit nachprüfbarer Satz" angegeben werden kann. Solche Sätze sind: (a) eine der ersten widersprechende, nachprüfbare Theorie (so daß zwischen beiden Theorien mindestens *ein* gut nachprüfbares experimentum crucis möglich ist); (b) ein Naturgesetz niedriger Allgemeinheitsstufe (ein unmittelbar nachprüfbarer allgemeiner Satz); (c) ein besonderer Satz, in dem also das hic et nunc angegeben wird, der aber mit Hilfe von „corpora de-

licti" (die auch durch besondere Sätze über Raum-Zeit-Gebiete beschrieben werden), etwa Archivdokumenten, Museumsstücken und dergleichen (und unter Zuhilfenahme gut bewährter Theorien) dauernd nachprüfbar ist. (So könnte etwa der Energiesatz allein schon durch ein in einem Museum aufgestelltes perpetuum mobile auch dann widerlegt werden, wenn eine Nachkonstruktion dieses Apparates — also die Angabe eines jederzeit und unmittelbar nachprüfbaren Experiments — nicht gelingen sollte.)

Diese methodischen Prinzipien können einheitlicher als *methodischer Realismus* zusammengefaßt werden; wenn nämlich in der Wissenschaft auch keine „realistische" These *explizit formuliert* auftreten kann (der Realismus scheitert an der „Antinomie von der Erkennbarkeit der Welt"), so ist ihr methodisches Verfahren durchwegs ein solches, als *ob es allgemeingültige Gesetze* (Gesetzmäßigkeiten, allgemeine Sachverhalte) gäbe und ihre Darstellung die Aufgabe der Wissenschaft wäre[1]. Die These *es gibt Naturgesetze* ist aber *erkenntnistheoretisch mit dem Realismus äquivalent.*[2]

X. BERECHTIGUNG DES PSYCHOLOGISMUS

Die psychologische Betrachtung der Erkenntnis ist keineswegs *schlechthin* unberechtigt, sondern nur in der *Erkenntnistheorie*. In der Erkenntnispsychologie ist sie sehr wohl am Platz. (*Diese* Frage ist von der psychologischen Methode, „*Behaviorismus* = Physikalismus" oder „Introspektion" usw. vollkommen unabhängig.) Die Erkenntnispsychologie wird unter anderem untersuchen, wie und wann die subjektiven Überzeugungserlebnisse zustandekommen, ob und wie sie von „Wahrnehmungen" abhängen, usw.

Die Ergebnisse dieser Untersuchungen, die erkenntnispsychologischen Behauptungen (insbesondere die allgemeinen Behauptungen und Theorien) *werden* — da sie wissenschaftliche, das heißt intersubjektiv nachprüfbare Behauptungen darstellen — *nach genau denselben Methoden überprüft*, wie alle anderen wissenschaftlichen Behauptungen:

Schon daraus, daß die erkenntnispsychologischen Behauptungen *wissenschaftliche* sind — also ihrerseits *methodisch überprüft* werden müssen — ergibt sich, daß die methodologische Betrachtung niemals auf die Erkenntnispsychologie als letzte Rechtfertigung führen kann.

Von den erkenntnispsychologischen Ergebnissen sei die Art erwähnt, wie sich die „Intersubjektivität" erkenntnispsychologisch darstellt: Nämlich so, daß die Subjekte, um überzeugt zu werden, selbst nachprüfen (das heißt nachmessen usw.), aber daß diese Nachprüfung meist keine absolute Überzeugungskraft besitzt, wenn sie nicht wiederholt oder auch mit fremden Er-

---

[1] [Siehe Band I: Abschnitt *10* und *46*. Hrsg.]
[2] K_3 am Rande: Bem[erkung]: intersensuale Nachpr[üfung] und „method[ologischer] Realismus".

gebnissen verglichen werden kann. Daß dies letztere für das Subjekt wieder durch „Wahrnehmungen" (von Sprachzeichen und anderen Reaktionen) usw. geschieht, daß also *für jedes Subjekt* das Überzeugungserlebnis aus anderen *eigenen* Erlebnissen resultiert und nicht aus fremden Erlebnissen — dieser erkenntnispsychologische Umstand ist wohl *zu trivial*[1], um als *„methodischer Solipsismus"*[2] oder dergleichen bezeichnet zu werden. Auch ist diese Bezeichnung irreführend, beziehungsweise falsch, da sie den erkenntnis*theoretischen* subjektiv-psychologischen Standpunkt deutlich verrät.

SCHLUSSBEMERKUNG

Von den übrigen Fragen, die mein in der „Vorbemerkung" erwähntes Buch behandelt, die jedoch in dieser Note keinen Platz mehr finden, erwähne ich *die deduktive Methodentheorie*[1], die unter anderem behandelt:

1. Die stufenweise Sicherung und die „Quasiinduktion".
2. Der Bewährungsbegriff und der Einfachheitsbegriff; das „Prinzip des sparsamsten Hypothesengebrauches", hergeleitet aus dem Begriff der größeren oder geringeren Falsifizierbarkeit (beziehungsweise Präzision oder Aussageinhalt).

---

[1] Das betone ich übrigens oft gegenüber CARNAP.[a]
[2] [Siehe Band II (Fragmente): [VI.] *Philosophie*, Abschnitt *1*, Anm. 2. Hrsg.]
[1] [Siehe *Nachwort des Herausgebers.* Hrsg.]

NACHWORT DES HERAUSGEBERS[1]

1. Einleitung. Die vorliegende Ausgabe der beiden Grundprobleme der Erkenntnistheorie enthält alles[2], was von den ursprünglichen Manuskriptkopien zu finden war. Trotz unermüdlichen Bestrebungen[3], die fehlenden Manuskriptteile aufzuspüren, ist es leider nicht möglich gewesen, eine vollständige Ausgabe dieses zweibändigen Werkes, das in den Jahren 1930–1933 geschrieben wurde, zu publizieren. Band I: *Das Induktionsproblem* scheint vollständig erhalten zu sein[4], während fast das ganze Manuskript zum Band II: *Das Abgrenzungsproblem* als verloren angesehen werden muß. Es gibt von diesem Band nur wenige Fragmente und die drastisch gekürzte Version, die in 1934 unter dem Titel Logik der Forschung[5] erschien. Dieses Buch und zwei kleine Mitteilungen (1933–1934) über *Induktion* und *Abgrenzung* in der Zeitschrift „*Erkenntnis*"[6] sind alles, was bis jetzt (Januar 1979) von dem Inhalt der beiden Grundprobleme der Erkenntnistheorie[7] veröffentlicht worden ist.

---

[1] In den Anmerkungen zu den beiden Grundproblemen kommen viele Hinweise auf das *Nachwort des Herausgebers* vor. Band II (Fragmente): [III.] *Übergang zur Methodentheorie*, Abschnitt *8*, Anm. 1 weist auf das *Nachwort*, Abschnitt *2*, Anm. 14 hin; [IX. *Das Problem der Willensfreiheit*], Abschnitt *5*, Anm. 3 weist auf das *Nachwort*, Abschnitt *5* und Abschnitt *6*, Anm. 30 sowie auf den Text zu dieser Anm. hin. – *alle anderen* Hinweise auf das *Nachwort des Herausgebers* weisen auf Abschnitt *6* dieses Nachwortes hin.

[2] Siehe Abschnitt 2, Anm. 7, 10 und 12, sowie den Abschnitt *5*.

[3] Siehe Abschnitt 6.

[4] Siehe Abschnitt 6, Anm. 31 und Text zu dieser Anm.

[5] KARL POPPER, Logik der Forschung: *Zur Erkenntnistheorie der modernen Naturwissenschaft*, Schriften zur wissenschaftlichen Weltauffassung (hrsg. von PHILIPP FRANK und MORITZ SCHLICK), Band 9, Wien: Verlag von Julius Springer, erschien im Herbst 1934 (mit der Jahresangabe 1935). Der Text ist enthalten in Logik der Forschung (2. Aufl., 1966; und spätere Auflagen), Die Einheit der Gesellschaftswissenschaften (hrsg. von ERIK BOETTCHER), Band 4, Tübingen: J. C. B. Mohr (Paul Siebeck).

[6] KARL POPPER, Ein Kriterium des empirischen Charakters theoretischer Systeme (Vorläufige Mitteilung), Erkenntnis 3 (1933), S. 426 f.; „Induktionslogik" und „Hypothesenwahrscheinlichkeit", Erkenntnis 5 (1935), S. 170 ff. Diese beiden Mitteilungen wurden wieder veröffentlicht in KARL POPPER, Logik der Forschung (2. Aufl., 1966; und spätere Auflagen), Neuer Anhang *I. Für eine frühere Fassung der „Vorläufigen Mitteilung" aus dem Jahre 1933, siehe hier oben den Anhang: Abschnitt V.
(KARL POPPER, Zur Kritik der Ungenauigkeitsrelationen, Naturwissenschaften 22, 1934, S. 807 f., ist eine Zusammenfassung von Logik der Forschung, Abschnitt 77.)

[7] Einige von POPPERS Resultate wurden bereits Ende des Jahres 1932 von RUDOLF

Es ist natürlich meine Absicht gewesen, dem ursprünglichen Text der erhaltenen Manuskriptkopien möglichst genau zu folgen. Um aber aus den vielen, nicht fertigredigierten und in einigen Fällen unvollständigen Manuskripten ein druckfertiges Manuskript zu gewinnen, war es notwendig, einige Änderungen vorzunehmen. In den folgenden vier Abschnitten dieses Nachwortes findet man eine genaue Beschreibung dieser Änderungen sowie eine Übersicht über die Manuskriptkopien, die dem Herausgeber zur Verfügung standen. Als eine Ergänzung zum II. Buch (Band II, Fragmente) wird hier in dem sechsten und letzten Abschnitt eine Übersicht über die vielen Hinweise auf den verlorenen Band II gegeben, welche sich in den erhaltenen Manuskriptkopien und in einer Anmerkung in der Logik der Forschung finden.

Die Arbeit an der Herausgabe von den beiden Grundproblemen, die ich im Jahre 1972 begann, wurde durch die Hilfe, welche ich von vielen Seiten empfangen habe, sehr erleichtert. Margit Hurup Nielsen, Jeremy Shearmur und Martin N. Hansen haben mir bei der Lösung von mancherlei Problemen geholfen. Robert Lammer, Paul K. Feyerabend und Arne Friemuth Petersen haben mir mit der Aufspürung von Manuskriptkopien beigestanden. Gunnar Andersen und Ernst A. Nielsen waren mir bei der Übersetzung meiner eigenen Beiträge behilflich. Ich bin ihnen allen sehr dankbar. Vor allem bin ich aber Karl Popper zu großem Dank verpflichtet, weil er mich mit dieser wichtigen Aufgabe betraute und weil er das von mir redigierte Manuskript durchgesehen und hier und da etwas verbessert hat. (Diese Änderungen sind immer angemerkt.)

2. Die ursprünglichen Manuskriptkopien und die Redigierung des Manuskripts. So wie das Manuskript Anfang 1934[1] vorlag, bestand es aus zwei ungefähr gleich großen Teilen: Band I *(Das Induktionsproblem)* und einem fast fertiggestellten Band II *(Das Abgrenzungsproblem)* und machte vermutlich mehr als 1200 maschinegeschriebene Seiten aus. Überdies lagen eine Reihe früherer Fassungen von Teilen des Bandes II sowie ein *Zusammenfassender Auszug (1932)* vor. Aus alten Briefen läßt sich feststellen, daß

Carnap referiert; siehe R. Carnap, Über Protokollsätze, Erkenntnis 3 (1932), S. 223 ff. Vgl. auch Karl Popper, Conjectures and Refutations (1963), S. 254; Karl Popper, Intellectual Autobiography, The Philosophy of Karl Popper I. (hrsg. von Paul Arthur Schilpp, 1974), S. 71 (= Karl Popper, Unended Quest: An Intellectual Autobiography, 1976, S. 89 f.; Ausgangspunkte: Meine intellektuelle Entwicklung, deutsch von Friedrich Griese und dem Autor, 1979); Karl Popper, Replies to My Critics, The Philosophy of Karl Popper II. (hrsg. von P. A. Schilpp, 1974), S. 969 f.; Karl Popper, Logik der Forschung (1934; 2. Aufl., 1966; und spätere Auflagen), Abschnitt 29, Anm. 1, und Neuer Anhang *I: 1., Anm. 3 (*Hinzufügung 1957).

[1] Dieses geht aus einem Brief des Verfassers vom 3. Februar 1934 hervor.

2. Die ursprünglichen Manuskriptkopien und die Redigierung

Band I in insgesamt 4 Exemplaren (K_1 und drei Durchschläge: K_2, K_3 und K_4[2]) hergestellt wurde. Ob Band II und der *Zusammenfassende Auszug (1932)* auf dieselbe Weise in 4 Exemplaren hergestellt worden sind, ist nicht bekannt; es muß aber als sehr wahrscheinlich angesehen werden. Von diesem sehr großen Manuskriptmaterial ist es nur gelungen, folgende Manuskriptkopien, welche sämtlich[3] bei der Ausarbeitung dieser Ausgabe von den beiden Grundproblemen benutzt worden sind, ausfindig zu machen:

Titelblatt: K_1.
Die Mottos[4]:
  NOVALIS: K_1; SCHLICK (1930) und KANT (1786): K_2 und K_3; KANT (1781): K_3.
Exposé [1932][5]: K_2; *Exposé [1933]*[6]: K_2.
Band I: *Das Induktionsproblem*[7]:
  Inhalt: K_1, K_2, K_3 und K_4; Abschnitte *1–33* und *36–47*: K_1, K_2, K_3 und K_4; Abschnitte *34, 35* und *48*: K_1, K_2 und K_3; Abschnitte *33–35* und *48*: „Inhaltsangaben"[8]: K_1, K_2, K_3 und K_4; Anhang: Die Kritik des Induktionsproblems in schematischen Darstellungen [„Tafelanhang"]: K_1, K_2, K_3 und K_4[9].
Band II (Fragmente): *Das Abgrenzungsproblem*[10]:
  Entwurf einer Einführung: K_2; I.: K_2; [II.]–[V.]: K_1 und K_2; [III.], Abschnitt *4*, Anm. 1 („Tafel der Sätze"): Entwurf in Handschrift; Orien-

---

[2] K_2, K_3 und K_4 bezeichnen immer einen Durchschlag; die Numerierung gibt aber nicht deren Reihenfolge an.
[3] Siehe die Anmerkungen 7, 10 und 12 sowie den Abschnitt 5.
[4] Siehe Abschnitt 5.
[5] Diese Fassung vom *Exposé*, die Band I (K_4) beigelegt war, kann aus *Exposé [1933]* mit Hilfe der *Textkritischen Anmerkungen* rekonstruiert werden.
Eine frühere Fassung des 2. Absatzes vom *Exposé [1932]*: Abschnitt *[1]* ist in einem Brief an EGON FRIEDELL vom 30. Juni 1932 enthalten. In diesem Brief findet man auch den folgenden interessanten Absatz:

„Mein Buch ist eine Erkenntnistheorie, genauer: eine Methodenlehre. Es ist ein Kind der Zeit, ein Kind der Krise, – wenn auch vor allem der Krise der *Physik*. Es behauptet die *Permanenz der Krise*; wenn es Recht hat, so ist die Krise der Normalzustand einer hochentwickelten rationalen Wissenschaft."

[6] *Exposé [1933]* war eine der drei Beilagen in einem Brief an JULIUS KRAFT vom 11. Juli 1933. Vgl. Abschnitt 6: D).
[7] Außer den hier genannten Manuskriptkopien ist eine Kopie einer früheren Fassung der Abschnitte *1* und *2* erhalten, zusammen mit einzelnen Seiten von früheren Fassungen der übrigen Abschnitte.
[8] Siehe Band I: Abschnitt *33*, Anm. 1; Abschnitt *34*, Anm. 1; Abschnitt *35*, Anm. 1; und Abschnitt *48*, Anm. 1.
[9] Tafel VII: K_1, K_2 und K_3.
[10] Fast alle Fragmente vom Band II wurden in einer Mappe mit der Aufschrift *Logik der Forschung: Ur-Version* gefunden. Außer diesen Fragmenten enthielt die Mappe eine Menge meistenteils unvollständiger Abschnitte aus früheren Fassungen

tierung: K_2; [VI.]: K_1 und K_2[11]; [VII.]: K_2; [VIII.]: K_1, K_2 und K_3; [IX.]: K_1 und K_2; [X.]: K_1.
Zusammenfassender Auszug (1932): K_1[12], K_2 (mit „Tafelanhang") und K_3[12].

Während der Ausarbeitung des Manuskripts zu den beiden Grundproblemen in den Jahren 1930–1933 hat Popper anscheinend in der Regel seine vielen handgeschriebenen Verbesserungen und Hinzufügungen in einem der Durchschläge (hier immer mit K_2 bezeichnet) eingetragen, wonach sie in die beiden anderen Durchschläge (K_3 und K_4) und in K_1 übertragen wurden. Der Text der vier Manuskriptkopien ist aber nicht ganz identisch, indem es verschiedentlich geschehen ist, daß Verbesserungen und Hinzufügungen in K_2 nicht in die restlichen drei Kopien oder nur in eine oder zwei von ihnen übertragen wurden. Auch gibt es in jeder der Kopien K_1, K_3 und K_4 Verbesserungen und Hinzufügungen, welche entweder gar nicht in die drei anderen Kopien übertragen wurden oder nur in eine oder zwei davon.

Aufgrund eines genauen Vergleichs der Manuskriptkopien hat der Herausgeber ein Manuskript (MS) hergestellt, das sämtliche Verbesserungen und Hinzufügungen enthält. In den relativ wenigen Fällen (ich fand 28 Fälle), wo es nicht ganz klar ist, welche von zwei möglichen Fassungen als die endgültige anzusehen wäre, habe ich die nicht benutzte Fassung in den *Textkritischen Anmerkungen* zitiert, auf welche im Text und in den Anmerkungen mit kleinen Buchstaben ([a, b, c, ...]) verwiesen wird. Während dieser Kompilationsarbeit sind alle Zitate und Hinweise auf benutzte Literatur sowie Hinweise auf andere Abschnitte kontrolliert worden, und die dabei gefundenen Fehler sind – ebenso wie Schreibfehler im übrigen Text – ohne weiteres korrigiert worden; außerdem wurde die Form der Literaturhinweise standardisiert.

In den ursprünglichen Manuskriptkopien gab es keine Fußnoten, und alle Hinweise auf andere Abschnitte und auf benutzte Literatur waren im Text in Klammern angebracht. Gemäß der Praxis in der Logik der Forschung sind die Hinweise auf andere Abschnitte des Buches im Text stehengeblieben, während die Hinweise auf benutzte Literatur als Fußnoten gesetzt sind. Die Zusätze des Herausgebers zu diesen Fußnoten sind durch eckige Klammern gekennzeichnet und in der Regel auch durch „Hrsg.". Während der Redaktion der ursprünglichen Manuskriptkopien habe ich viele Zitate entdeckt, zu denen Hinweise entweder ganz fehlen, oder zu denen nur der Name des zitierten Autors angegeben ist; in so gut wie all diesen Fällen sind die fehlenden Hinweise ermittelt und in Fußnoten hinzugefügt worden. Diese

---

der Logik der Forschung. Da diese aber nur wenig von der 1934 veröffentlichten Fassung abweichen, wurden sie in dieser Ausgabe von den beiden Grundproblemen nicht aufgenommen.

[11] Die ersten 4 Absätze finden sich nicht in K_2.
[12] In K_1 und K_3 gibt es eine frühere Fassung der *Vorbemerkung*.

Anmerkungen sind – wie die übrigen Anmerkungen des Herausgebers – durch eckige Klammern gekennzeichnet und in der Regel auch durch „Hrsg.".
Im Gegensatz zum Band I und zu dem *Zusammenfassenden Auszug (1932)*, wo die Reihenfolge der Abschnitte explizit in den ursprünglichen Manuskriptkopien angegeben sind, gibt es in den erhaltenen Fragmenten vom Band II – abgesehen von I. *Problemstellung* – keine unzweideutige Angabe, wo im Band II sie hingehören. Die Reihenfolge der Fragmente in dieser Ausgabe ist deshalb vom Herausgeber gewählt, unter Bezugnahme auf diejenigen Auskünfte über Band II, welche im Band I zu finden sind sowie in den erhaltenen Fragmenten vom Band II und im *Zusammenfassenden Auszug (1932)*[13].
Auch die Aufteilung vom Band II (Fragmente) in *Erster Teil: Fragmente 1932* und in *Zweiter Teil: Fragmente 1933* ist etwas unsicher. Freilich scheint es aus der Weise, wie die Fragmente maschinegeschrieben sind, sowie aus ihrem Inhalt hervorzugehen, daß die beiden Teile je zu einer Phase der Ausarbeitung des Bandes II gehören. Es kann aber nicht ausgeschlossen werden, daß einzelne der Fragmente im *Ersten Teil* aus dem Jahre 1933 stammen; ebenso ist es auch denkbar, daß einzelne der Fragmente im *Zweiten Teil* aus dem Jahre 1932 stammen. Da es sehr wahrscheinlich ist, daß jedenfalls einige der Fragmente im *Ersten Teil* 1932 geschrieben wurden[14], und ganz sicher, daß einige der Fragmente im *Zweiten Teil* 1933 geschrieben wurden[15], habe ich der Übersichtlichkeit wegen doch vorgezogen, von der Unsicherheit, die mit den Jahreszahlen 1932 und 1933 in den Bezeichnungen: *Erster Teil: Fragmente 1932* und *Zweiter Teil: Fragmente 1933* verknüpft ist, abzusehen.

3. Poppers Durchsicht vom MS im Jahre 1975. Das vom Herausgeber redigierte Manuskript (MS) wurde 1975[1] vom Verfasser durchgesehen, und

---

[13] Siehe Abschnitt 6.
[14] Vgl. KARL POPPER, Intellectual Autobiography, The Philosophy of KARL POPPER I., hrsg. von PAUL ARTHUR SCHILPP, 1974, S. 67 (= KARL POPPER, Unended Quest: An Intellectual Autobiography, 1976, S. 85; Ausgangspunkte: Meine intellektuelle Entwicklung, deutsch von FRIEDRICH GRIESE und dem Autor, 1979), woraus hervorgeht, daß POPPER die Arbeit an Band II 1932 angefangen haben muß. Siehe auch Band II (Fragmente): [III.] *Übergang zur Methodentheorie*, Abschnitt 8, Anm. 1 (nach der Drucklegung dieser Anmerkung habe ich einen Durchschlag eines Briefes vom 16. Januar 1933 von POPPER an CARNAP gefunden, woraus man ersieht, daß POPPER von CARNAP ein Manuskript, betitelt „Semantik", geliehen hat – dieses muß die frühere Fassung von RUDOLF CARNAPS Logische Syntax der Sprache (1934) sein, welche CARNAP am Ende seines Vorwortes vom Mai 1934 erwähnt).
[15] Vgl. Band II (Fragmente): [IX. *Das Problem der Willensfreiheit*], Abschnitt 7, Anm. 2.
[1] Band II (Fragmente): *Zweiter Teil: Fragmente 1933* wurde erst 1976/1977 hinzugefügt; die Arbeit an der Herausgabe dieser Fragmente ist aber auf genau die-

daraus ergaben sich viele neue Anmerkungen und Zusätze. Gemäß der Praxis in der Logik der Forschung (2. Aufl., 1966; und spätere Auflagen) sind Poppers neue Anmerkungen mit einem Sternchen (*) vor der Nummer selbständig numeriert, und seine Zusätze zu den übrigen Anmerkungen mit einem Sternchen eingeleitet; seine Zusätze zum Text – die entweder stilistische Verbesserungen oder Hinzufügungen sind, welche dazu beitragen, die Argumentation zu verdeutlichen und zu verbessern[2] – sind durch eckige Klammern gekennzeichnet. Vielen der neuen Anmerkungen des Verfassers und einzelnen seiner Zusätze zu den Anmerkungen im MS wurden vom Herausgeber bibliographische Erläuterungen und Verweisungen auf andere Abschnitte und Anmerkungen beigegeben; *diese* Hinzufügungen sind alle durch eckige Klammern sowie durch „Hrsg." gekennzeichnet.

Um den Stil noch zu verbessern hat der Verfasser hier und da ein Wort ausgelassen, ein Wort durch ein anderes ersetzt oder die Reihenfolge der Wörter des ursprünglichen Textes umgestellt. Diese Änderungen gehen aus den *Textkritischen Anmerkungen* hervor, auf welche die kleinen Buchstaben ([a, b, c, ...]) im Text und in den Anmerkungen verweisen.

Die stilistischen Verbesserungen umfassen auch viele Änderungen der Interpunktion sowie die Auslassung einer sehr großen Anzahl von Anführungszeichen, welche für das Verständnis des Textes ganz überflüssig sind, und die bei der Lektüre sehr stören würden. Ebenfalls wurde der Kursivdruck von Wörtern und die Aufteilung des Textes in Absätze hier und da geändert. *Solche* Änderungen des vom Herausgeber redigierten Manuskripts (MS) gehen *nicht* aus den *Textkritischen Anmerkungen* hervor, weil das sehr umständlich gewesen wäre und zu einer ungeheuer großen Anzahl von recht uninteressanten Anmerkungen Anlaß gegeben hätte.

4. Titel und Inhaltsverzeichnis. Nach dem ursprünglichen Plan hätten Die beiden Grundprobleme in zwei ungefähr gleich großen Bänden erscheinen sollen. Als gemeinsamen Titel der beiden Bände hat der Herausgeber denjenigen Titel gewählt, der auf dem Titelblatt zum Band I (K_1) steht, und als Titel der beiden Bände wurden diejenigen Titel gewählt, welche im *Zusammenfassenden Auszug (1932)* (K_2)[1] vorkommen. Da es leider nicht

---

selbe Weise wie die Arbeit an der Herausgabe der übrigen Manuskriptkopien verlaufen.

Einige dieser Fragmente wurden zur Zeit geschrieben, als POPPER einen Stenographen benutzte; das Erhaltene ist nur die unkorrigierte Reinschrift des Stenographen, die viele sonderbare Fehler enthält (zum Beispiel „Himmelsbegriff" statt „Limesbegriff"). Derartige Fehler sind natürlich ohne weiteres korrigiert worden.

[2] Siehe die *Einleitung 1978*, Abschnitt 2.

[1] Siehe Anhang: *Vorbemerkung.* In der früheren Fassung von *Vorbemerkung,* die im *Zusammenfassenden Auszug (1932)* (K_1 und K_3) steht, sind die entsprechenden Titel: Die beiden Grundprobleme der Erkenntnistheorie (Die philosophischen Vor-

gelungen ist, mehr als einige wenige Fragmente vom Band II zu finden, war es nicht möglich, den ursprünglichen Plan festzuhalten, und Die beiden Grundprobleme erscheinen jetzt in einem Band, weshalb der Herausgeber und der Verfasser es natürlicher gefunden haben, im *Inhaltsverzeichnis* und auf den Zwischenblättern (S. [1] und [339]) Band I als I. Buch und Band II (Fragmente) als II. Buch zu bezeichnen. Dem ursprünglichen Plan gemäß wird in den Anmerkungen auf Band I und auf Band II (Fragmente) verwiesen, und diese Bezeichnungen kommen deshalb auch im *Inhaltsverzeichnis* und auf den Zwischenblättern vor.

Ursprünglich war das Inhaltsverzeichnis im Band I (K_1, K_2, K_3 und K_4) auf folgende Weise eingeteilt:

I. PROBLEMSTELLUNG. Abschnitt *1*. II. DEDUKTIVISMUS UND INDUKTIVISMUS. Abschnitte *2–4*. III. DAS INDUKTIONSPROBLEM. Abschnitte *5–6*; *Die Normalsatzpositionen:* Abschnitte *7–11*; *Die Wahrscheinlichkeitspositionen:* Abschnitte *12–17*; *Die Scheinsatzpositionen:* Abschnitte *18–48*; *Anhang:* Die Kritik des Induktionsproblems in schematischen Darstellungen[2].

Um Die beiden Grundprobleme übersichtlicher zu machen, und um ihnen gleichzeitig ein Aussehen zu geben, das der Logik der Forschung möglichst ähnlich ist, hat der Verfasser während seiner Durchsicht (1975) des Manuskripts MS gemeinsam mit dem Herausgeber eine Aufteilung vom Band I (I. Buch) in Kapitel eingeführt[3]. Es wäre am konsequentesten gewesen, die Kapitelbezeichnungen und die meisten Titel dieser Kapitel in eckigen Klammern zu setzen, um es klarzumachen, daß diese nicht in den ursprünglichen Manuskriptkopien zu finden sind; da das aber sehr unschön gewesen wäre, wurde es aufgegeben[4].

5. Die Mottos. In dem vom Herausgeber redigierten Manuskript (MS) werden die beiden Grundprobleme mit 4 Mottos eingeleitet. Die 3 ersten Mottos sind:

---

aussetzungen der Naturwissenschaft); I. Band: Das Induktionsproblem (Das Problem der Naturgesetzlichkeit); II. Band: Das Abgrenzungsproblem (Erfahrung und Metaphysik).

[2] Im Unterschied zu dieser Ausgabe von den beiden Grundproblemen folgt in den ursprünglichen Manuskriptkopien *Analyse zu Tafel I* auf Tafel I.

[3] Kapitel VIII und Kapitel IX: siehe Band I, Abschnitt *36*, 7. Absatz.

[4] Wenn die Nummern der Fragmente vom Band II in eckigen Klammern gesetzt wurden, geschieht es, um klarzumachen, daß die Reihenfolge unsicher ist. Wie schon erwähnt, wurde diese vom Herausgeber gewählt; auch die Titel von [IX.] stammen vom Herausgeber.

> *Hypothesen sind Netze, nur der wird fangen, der auswirft ...*
>
> NOVALIS[1].

> *Der Hinweis ..., daß der Mensch schließlich die hartnäckigsten Probleme ... gelöst habe, gibt dem Kenner keinen Trost, denn was er fürchtet, ist gerade, daß die Philosophie es nie zu einem echten „Problem" bringen werde.*
>
> SCHLICK (1930)[2].

> *Ich bin hingegen einer ganz entgegengesetzten Meinung, und behaupte, daß in Dingen, worüber man, vornehmlich in der Philosophie, eine geraume Zeit hindurch gestritten hat, niemals eine Wortstreitigkeit zum Grunde gelegen habe, sondern immer eine wahrhafte Streitigkeit über Sachen.*
>
> KANT (1786)[3].

Diese Mottos sind in der Logik der Forschung[4] benützt worden, weshalb der Verfasser und der Herausgeber übereingekommen sind, in dieser Ausgabe von den beiden Grundproblemen nur das 4. Motto zu bringen: KANT (1781)[5] – und dies noch dazu in einer etwas kürzeren Fassung als diejenige, die man in K_3 findet.

6. Band II: Das Abgrenzungsproblem. Von den Entwürfen zum Band II, den Popper in den Jahren 1932–1933 geschrieben hat, ist es nur gelungen, einige wenige Abschnitte ausfindig zu machen; alle diese Fragmente wurden in der gegenwärtigen Ausgabe von den beiden Grundproblemen aufgenom-

---

[1] NOVALIS (FRIEDRICH VON HARDENBERG), NOVALIS Schriften II. (hrsg. von FRIEDRICH SCHLEGEL und LUDWIG TIECK, 1802), Dialog 5, S. 429. Vgl. auch Band II (Fragmente): [IX. *Das Problem der Willensfreiheit*], Abschnitt 5, Anm. 3 und Text zu dieser Anm.

[2] MORITZ SCHLICK, Die Wende der Philosophie, Erkenntnis 1 (1930), S. 5.

[3] IMMANUEL KANT, Einige Bemerkungen von Herrn Professor KANT, Prüfung der MENDELSSOHNSCHEN Morgenstunden oder aller spekulativen Beweise für das Daseyn Gottes in Vorlesungen von LUDWIG HEINRICH JAKOB (1786), S. LIII.

[4] NOVALIS: KARL POPPER, The Logic of Scientific Discovery (1959; und spätere Auflagen), S. [11]; KARL POPPER, Logik der Forschung (2. Aufl., 1966; und spätere Auflagen), S. [XI].

SCHLICK (1930) und KANT (1786): KARL POPPER, Logik der Forschung (1934), S. [III] (2. Aufl., 1966, und spätere Auflagen, S. [XIII]); KARL POPPER, The Logic of Scientific Discovery (1959; und spätere Auflagen), S. 13.

[5] IMMANUEL KANT, Kritik der reinen Vernunft (1. Aufl., 1781), S. XIII.

men. Die endgültige Fassung, von der man weiß, daß sie Anfang 1934[1] fast fertig vorlag, und daß sie von ungefähr demselben Umfang gewesen ist wie Band I, ist es aber nicht möglich gewesen, herbeizuschaffen. Was vom Schicksal dieses Bandes aufzuspüren war, ist nur, daß er – zusammen mit mehreren anderen von Poppers alten Manuskripten – zweifelsohne noch mehr als 10 Jahre nach dem zweiten Weltkrieg vollständig intakt erhalten war; leider muß es als wahrscheinlich angesehen werden, daß Band II jetzt als Folge von einer Reihe unglücklicher Mißverständnisse verlorengegangen ist.

Obwohl die Suche nach Band II das erwünschte Resultat nicht gegeben hat, ist dennoch die Arbeit mit der Aufspürung dieses Manuskripts für die Herausgabe von den beiden Grundproblemen sehr nützlich gewesen. Dank der großen Hilfe, die ich von Robert Lammer, Wien, empfangen habe, wurden 2 Kopien vom Band I (K_3 und K_4), *Exposé [1932]*, *Exposé [1933]* sowie verschiedene alte Briefe und kleinere Manuskripte zuwege gebracht. In diesem Zusammenhang bin ich ebenfalls Paul K. Feyerabend, Berkeley, California, hohen Dank schuldig.

Durch die stark gekürzte Version vom Band II, die im Herbst 1934 unter dem Titel Logik der Forschung[2] erschien, gewinnt man natürlich ein recht gutes Bild von großen Teilen des verlorenen Manuskripts. Es wurden aber bei der sehr drastischen Kürzung viele Abschnitte ausgelassen, von deren Inhalt Logik der Forschung nichts oder sehr wenig erzählt[3]. Als eine Ergänzung zum II. Buch (Band II, Fragmente) wird deshalb im folgenden eine Übersicht über die vielen – aber leider lange nicht erschöpfenden – Auskünfte über den Inhalt und den Aufbau des verschwundenen Bandes II gegeben, welche man als Hinweise in den erhaltenen Manuskriptkopien verstreut findet, und auf die sich eine einzelne Anmerkung in Logik der Forschung sowie eine Bemerkung in einem Anhang zu *Exposé [1933]* bezieht.

Aus Hinweisen im Band I[4] und in den erhaltenen Entwürfen zum Band II[5] scheint es hervorzugehen, daß Band II nach *Einführung* und I. *Problemstellung* die folgenden 3 Teile in der genannten Reihenfolge enthielt oder enthalten sollte:

> Untersuchungen über das Abgrenzungsproblem
> Übergang zur Methodentheorie[6]
> Grundzüge der allgemeinen Methodentheorie.

---

[1] Siehe Abschnitt *2*, Anm. 1.
[2] Siehe Abschnitt *1*, Anm. 5.
[3] Siehe Anm. 7.
[4] Siehe Band I: Abschnitt *47*, Text zu Anm. 2; Abschnitt *48*, Text zu Anm. 3.
[5] Siehe Band II (Fragmente): [III.] *Übergang zur Methodentheorie*, Abschnitt *1*, Text zu den Anmerkungen 2, 3 und 4; Abschnitt *4*, Text zu Anm. 1.
[6] Wie aus Band I: Abschnitt *30*, Anm. 1 hervorgeht, hat es POPPER in Erwägung gezogen, den *Übergang zur Methodentheorie* als einen Anhang zum Band I hinzuzufügen; das war aber nicht der ursprüngliche Plan (vgl. Anm. 5).

Untersuchungen über das Abgrenzungsproblem enthielt oder sollte enthalten unter anderem:

(1) einen Versuch „zu zeigen, daß die Probleme der klassischen und modernen Erkenntnistheorie (von Hume über Kant bis zu Russell und Wittgenstein) auf das ‚*Abgrenzungsproblem*‘, auf die Frage nach dem Kriterium der empirischen Wissenschaft, zurückgeführt werden können"[7];

(2) eine Besprechung der „... abgrenzenden Funktionen, die der induktivistische Sinnbegriff zu erfüllen hat"[8] – es wird gezeigt, „daß jede gewünschte Abgrenzung (der Wirklichkeitsaussagen, der Metaphysik und der Logik) möglich ist, ohne den Sinnbegriff oder einen ähnlich belasteten Begriff zu verwenden"[9];

(3) eine Untersuchung der „Frage, ob ... alle synthetischen Urteile Wirklichkeitsaussagen sind, sowie ... eine *nähere Analyse des Begriffes der Wirklichkeitsaussage*, der Erfahrungswirklichkeit usw."[10];

(4) eine „Tafel der Sätze"[11];

(5) einen Nachweis, daß Kant[12] recht hat, wenn er in seiner *Antinomienlehre* zu dem Schluß kommt, „daß in solchen Fällen, in denen eine unentscheidbare Antinomie besteht, beide Behauptungen unbegründbar und deshalb als *unwissenschaftlich* (dogmatisch-metaphysisch) abzulehnen sind"[13];

(6) eine Diskussion der „Antinomie von Realismus und Idealismus"[14];

(7) eine Begründung der Auffassung, daß „sowohl Thesis wie Antithesis der Antinomie von der Erkennbarkeit der Welt als unwissenschaftlich, als *metaphysisch* aus der Erkenntnistheorie auszuschalten sind"[15];

(8) einen Nachweis des „Bestehen einer genauen formalen Analogie zwischen dem *Kriterium der Widerspruchslosigkeit* und dem ‚Abgrenzungskriterium‘..."[16];

---

[7] Siehe KARL POPPER, Logik der Forschung (1934; 2. Aufl., 1966; und spätere Auflagen), Abschnitt *11*, Anm. 3. Vgl. auch Band II (Fragmente): I. *Problemstellung*, Abschnitt *1*; [VI.] *Philosophie, [Einleitung]*, Text zu Anm. 3.

[8] Siehe Band I: Abschnitt *46*, Text zu Anm. 2; Abschnitt *48*, Text zu Anm. 4.

[9] Siehe Band I: Abschnitt *46*, Text zu Anm. 1; vgl. auch Band II (Fragmente): [III.] *Übergang zur Methodentheorie*, Abschnitt *1*, Anm. 3 und Text zu dieser Anm.

[10] Siehe Band I: Abschnitt *3*, Text zu Anm. 3; Abschnitt *10*, Text zu Anm 12; Abschnitt *11*, Text zu Anm. 55.

[11] Siehe Band II (Fragmente): [III.] *Übergang zur Methodentheorie*, Abschnitt *4*, Anm. 1 und Text zu dieser Anm.

[12] Vgl. IMMANUEL KANT, Kritik der reinen Vernunft (2. Aufl., 1787), S. 448 ff.; siehe auch I. KANT, Prolegomena (1783), § 51 f.

[13] Siehe Band I: Abschnitt *10*, Text zu Anm. 6; vgl. auch Band II (Fragmente): [VI.] *Philosophie*, Abschnitt *1*, Text zu Anm. 1.

[14] Siehe Band I: Abschnitt *10*, Text zu Anm. 7.

[15] Siehe Band I: Abschnitt *10*, Text zu Anm. 13; Abschnitt *48*, Text zu Anm. 4.

[16] Siehe Band I: Abschnitt *31*, Text zu Anm. 5; vgl. auch Anhang: Abschnitt *V*, Text zu Anm. 5.

(9) eine Kritik des strengen Positivismus und des Apriorismus[17];

(10) sowie auch „eine grundsätzliche, abschließende Kritik des Konventionalismus"[18].

Übergang zur Methodentheorie scheint fast vollständig erhalten zu sein[19].

Grundzüge der allgemeinen Methodentheorie enthielt oder sollte enthalten unter anderem:

(1) die methodische Regelung der Festsetzung der Basissätze (abgeleitet „aus dem Prinzip des *methodischen Realismus*")[20];

(2) „*die deduktive Methodentheorie*[21], die unter anderem behandelt: 1. die stufenweise Sicherung und die ‚Quasiinduktion'[22]; 2. der Bewährungsbegriff[23] und der Einfachheitsbegriff; das ‚Prinzip des sparsamsten Hypothesengebrauches', hergeleitet aus dem Begriff der größeren oder geringeren Falsifizierbarkeit (beziehungsweise Präzision oder Aussageinhalt)".

Die restlichen Auskünfte über den Inhalt des verschwundenen Bandes II beruhen auf Hinweisen, woraus leider nicht explizit hervorgeht, wie sie in den obengenannten 3 Teilen einzuordnen sind. Diese Auskünfte werden im folgenden nach den Fundstellen geordnet.

A) Aus *Band I* geht hervor, daß Band II
einen Nachweis, daß die *transzendentale Definition der Erkenntnis* in ihren „letzten Konsequenzen geradewegs zum *Deduktivismus*" führt[24], enthielt oder enthalten sollte.

B) Und aus *Band II (Fragmente)* geht hervor, daß Band II auch

---

[17] Siehe Band I: Abschnitt *48*, Text zu Anm. 4. Vgl. auch Band II (Fragmente): [V.] *Grundriß einer Theorie der empirisch-wissenschaftlichen Methoden (Theorie der Erfahrung)*, Abschnitt 2.
[18] Siehe Band I: Abschnitt *24*, Text zu Anm. 1; Abschnitt *47*, Text zu Anm. 10. Vgl. auch Band II (Fragmente): [III.] *Übergang zur Methodentheorie;* [V.] *Grundriß einer Theorie der empirisch-wissenschaftlichen Methoden (Theorie der Erfahrung)*, Abschnitt 3 und 4.
[19] Siehe Band II (Fragmente): [III.] *Übergang zur Methodentheorie*, Abschnitt 2, Anm. 2 und Text zu dieser Anm.; Abschnitt 7, Anm. 1; Abschnitt 8, Textkritische Anmerkungen a und b.
[20] Siehe Band I: Abschnitt *11*, Text zu Anm. 56; Anhang: Abschnitt *IX*. Vgl. auch Band II (Fragmente): [VII.] *Das Problem der Methodenlehre*, Abschnitt *1*, Text zu Anm. 2 und 6.
[21] Siehe Anhang: *Schlußbemerkung*, Text zu Anm. 1.
[22] Vgl. auch Band I: Abschnitt *48*, Text zu Anm. 2; Band II (Fragmente): [VII.] *Das Problem der Methodenlehre*, Abschnitt *1*, Text zu Anm. 4.
[23] Vgl. auch Band I: Abschnitt *16*, Text zu Anm. 2.
[24] Siehe Band I: Abschnitt *10*, Text zu Anm. 15.

(1) eine „Einführung des Begriffes der ‚falsifizierenden Hypothese'..."[25] enthielt oder enthalten sollte, und ebenso
(2) eine Häufigkeitstheorie für endliche Klassen[26];
(3) eine „Theorie der arithmetisch-geometrischen Kollektive"[27];
(4) eine „Wahrscheinlichkeitsrechnung"[28];
(5) sowie eine „Diskussion der ‚nicht-leer' Voraussetzungen"[29, 30].

C) *Anhang: Zusammenfassender Auszug (1932)*:
Aus der *Vorbemerkung* scheint es hervorzugehen, daß die Abschnitte *VI* und *VIII* inhaltlich den verschwundenen Entwürfen zum Band II entnommen sind.

D) *Exposé [1933]*:
Diese Fassung vom *Exposé* war eine der drei Beilagen zu einem Brief an Julius Kraft vom 11. Juli, 1933. Die beiden anderen Beilagen, die nicht auffindbar waren, werden im folgenden Anhang zum *Exposé* beschrieben, worin zum Schluß auch einige Auskünfte über den Inhalt des verschwundenen Bandes II gegeben werden:
„*Bemerkungen zu den Beilagen*. Diesem Exposé sind zwei Heftchen beigelegt, das eine mit der Aufschrift: ‚Entwürfe zu einem *Vorwort* und zu einer *Einführung*[31] – *Inhaltsverzeichnis* des Buches' (usw.), das zweite mit der Aufschrift: ‚Auszug' (usw.)[32].
„Das Heftchen ‚Auszug' enthält eine orientierende Vorbemerkung.
„Zu diesen Beilagen ist zu bemerken, daß sie nur ein sehr unvollständiges Bild des Buches geben.

---

[25] Siehe Band II (Fragmente): [VII.] *Das Problem der Methodenlehre*, Abschnitt *1*, Text zu Anm. 1.
[26] Siehe Band II (Fragmente): [X.] *Das Regellosigkeitsproblem der Wahrscheinlichkeitsaussagen*, Abschnitt 6, Text zu Anm. 1 und 2.
[27] Siehe Band II (Fragmente): [X.] *Das Regellosigkeitsproblem der Wahrscheinlichkeitsaussagen*, Abschnitt 7, Text zu Anm. 2.
[28] Siehe Band II (Fragmente): [X.] *Das Regellosigkeitsproblem der Wahrscheinlichkeitsaussagen*, Abschnitt 7, Text zu Anm. 3.
[29] Siehe Band II (Fragmente): [X.] *Das Regellosigkeitsproblem der Wahrscheinlichkeitsaussagen*, Abschnitt 7, Text zu Anm. 4.
[30] Im *Band II* (Fragmente) gibt es 5 weitere Hinweise, die auch als Hinweise auf verschwundene Abschnitte des Bandes II gedeutet werden müssen; siehe [IX. *Das Problem der Willensfreiheit*], Abschnitt 5, Anm. 1 und Text zu den Anmerkungen 2 und 3; Abschnitt 7, Text zu Anm. 4; [X.] *Das Regellosigkeitsproblem der Wahrscheinlichkeitsaussagen*, Abschnitt 6, Text zu Anm. 9.
[31] Diese Entwürfe sind vielleicht mit Band II (Fragmente): *Entwurf einer Einführung* und *Orientierung*, identisch. Es ist aber auch möglich, daß hier die Rede ist von verschwundenen Abschnitten des Bandes I.
[32] Dieser „Auszug" ist zweifelsohne mit Anhang: *Zusammenfassender Auszug (1932)*, identisch.

„Insbesondere die ausführlichen kritischen Untersuchungen des Buches, die den Nachweis erbringen sollen, daß jene Probleme, die der Verfasser für die ‚Grundprobleme der Erkenntnistheorie' hält, tatsächlich den wichtigsten Fragen und Diskussionen der Erkenntnistheorie zugrundeliegen, sind nur in Form eines Tafelanhanges[33] wiedergegeben. Erwähnt sei von diesen kritischen Untersuchungen insbesondere die Auseinandersetzungen mit Hume, Kant, Fries, sowie mit den ‚Wahrscheinlichkeitstheoretikern' (Reichenbach, Kaila usw.). Auch die positiven Ergebnisse konnten in dem ‚Auszug' nur teilweise berücksichtigt werden. Unberücksichtigt blieb vor allem die Theorie des Gesetzmäßigkeitsgrades einer Hypothese, des Verhältnisses von Gesetz und Zufall, die Untersuchung über *Gesetze von ‚Kausalitätsform'* und der Form von *‚Wahrscheinlichkeitsaussagen'*, über das ‚Einfachheitsproblem' und das ‚Ökonomieprinzip'."

Roskilde, Dänemark, Januar 1979   Troels Eggers Hansen

---

[33] Siehe Anhang: *Vorbemerkung*, Anm. 2 und Text zu dieser Anm.

TEXTKRITISCHE ANMERKUNGEN

Die textkritischen Anmerkungen sind dreierlei Art: aus denen der *ersten* Art läßt sich der Text des nicht benutzten *Exposé [1932]* durch *Exposé [1933]* rekonstruieren; aus denen der *zweiten* Art lassen sich die nicht benutzten Fassungen des Textes der ursprünglichen Manuskriptkopien (K_1, K_2, K_3 und K_4) in jenen Fällen rekonstruieren, in denen es nicht ganz klar ist, welche von zwei möglichen Fassungen als die endgültige anzusehen war; und aus denen der *dritten* Art läßt sich der ursprüngliche Text in dem vom Herausgeber redigierten Manuskript (MS) in jenen Fällen rekonstruieren, in denen es nicht möglich gewesen ist, die Änderungen des Verfassers (1975) durch eckige Klammern zu kennzeichnen.

Wie die textkritischen Anmerkungen zu lesen sind, geht aus folgendem Beispiel (Band I: Abschnitt *4*, S. 27) hervor:

... So, wie überhaupt etwas Neues biologisch entsteht; so, wie Mutationen eben[b] überhaupt hervorgebracht werden.

Die Anmerkung:

[b] MS: wie eben „Mutationen"

zeigt, daß der Text im MS lautet:

... So, wie überhaupt etwas Neues biologisch entsteht; so, wie eben „Mutationen" überhaupt hervorgebracht werden.

Exposé [1933]

Abschnitt *[1]*:

S. XXXV: [a] Exposé [1932]: Erkenntnistheorie, es untersucht die Methoden der wissenschaftlichen Theorienbildung und der Überprüfung der Theorien
        [b] MS: Probleme ausschließlich
        [c] Exposé [1932]: hatten.

Räumlich nimmt die positive Lösung – *inhaltlich* das Wichtigste – nur einen kleinen Teil des Buches für sich in Anspruch. Ein weit größerer Raum ist den kritischen Auseinandersetzungen gewidmet, insbesondere der *Kritik des modernen Positivismus*.

Abschnitt *[2]*:

S. XXXV: a Exposé [1932]: Schlick, Carnap, Reichenbach, Wittgenstein
 b Exposé [1932]: und deckt den „Grundwiderspruch des Positivismus" auf
 c Exposé [1932]: Dingler) und der mathematische Intuitionismus Brouwers kritisch berücksichtigt. Ob das Buch der naturwissenschaftlichen oder der „philosophischen" Problematik näher steht, läßt sich schwer sagen.

Zu einer schnellen Orientierung wird empfohlen, die folgenden *kurzen Abschnitte* zu lesen:
Abschnitt *1*; Abschnitt *6* (mit diesem Abschnitt wäre dann das *Inhaltsverzeichnis* zu vergleichen); Abschnitt *15*; die *beiden letzten Seiten* [= die *10 letzten Absätze*] des Abschnittes *47*; eventuell die *ersten 11 Seiten* des Abschnittes *31* [= die *Besprechung des logistischen Begriffes der „Implikation"*].

Band I: *Das Induktionsproblem*

I. Kapitel, Abschnitt *1*:

S. 4: a K_1: haben. Die größere Beachtung
 b K_1: Wissenschaften, höchst aktuell

II. Kapitel, Abschnitt *2*:

S. 7: a K_1: dabei verzichtet
 b MS: was durch die „ursprüngliche"
S. 9: c K_1: „einseitigen Überprüfbarkeit"
 d K_1: sind. Allgemeinen

II. Kapitel, Abschnitt *3*:

S. 18: a MS: sind somit nicht
 b MS: Referat (im „Journal of Philosophy", May 1931) – halte

II. Kapitel, Abschnitt *4*:

S. 26: a MS: wie Bernard Shaw in seinem „metabiologischen Pentateuch" sagt
S. 27: b MS: wie eben „Mutationen"
S. 28: c MS: Entstehen ein „*zufälliges*"

III. Kapitel, Abschnitt *5*:

S. 38: a K_2: Es braucht

IV. Kapitel, Abschnitt *7*:

S. 42: a MS: sie.
 Gibt es aber auch allgemeine

IV. Kapitel, Abschnitt *9*:

S. 53: a MS: die der
S. 59: b MS: bezeichnet wird

S. 62: ^{c} K$_1$: Begründungsverfahrens, *der "transzendentalen Deduktion"*
S. 68: ^{d} MS: von wirklich entscheidender

IV. Kapitel, Abschnitt *10*:

S. 70: ^{a} MS: So wahr
          ^{b} MS: so wahr
S. 76: ^{c} MS: „metaphysisch" (oder auch als „sinnlos"; vgl. die Abschnitte 43 ff.) ab

V. Kapitel, Abschnitt *11*:

S. 86: ^{a} MS: kann, wieso
S. 87: ^{b} MS: werden, wieso
S. 88: ^{c} K$_1$: Daß subjektive
          ^{d} K$_4$: werden; will man eine Erklärung versuchen, so muß man eben andere Wege einschlagen, als die Berufung auf eine „Anpassungsleistung". Das Auftreten (die Genese) dieser Vorbedingungen aller Anpassungen kann also seinerseits nicht auf Anpassung zurückgeführt werden, es ist
S. 96: ^{e} MS: nichts und
S. 108: ^{f} MS: nennt derartige letzte erkenntnispsychologische Fakten wie etwa die Wahrnehmung *„unmittelbare Erkenntnisse"*
S. 109: ^{g} MS: tatsächlich viel Verwirrung
S. 114: ^{h} K$_1$ und K$_4$: Denn wenn zum Beispiel eine physikalische Theorie voraussetzt, daß der Energiesatz nicht gilt und daß es ein perpetuum mobile gibt, so wird der Existentialnachweis (die Konstruktion des perpetuum mobile) durch eine solche physikalisch-theoretische Voraussetzung offenbar nicht erleichtert
S. 116: ^{i} K$_1$ und K$_4$: Zirkelschluß wird
S. 120: ^{j} MS: sowohl der kritischen wie auch der
S. 122: ^{k} MS: *Überzeugungen* können – auch wenn sie noch so stark und unmittelbar erlebt werden – in
S. 126: ^{l} MS: Auch die
S. 132: ^{m} MS: *nachzuprüfen („Relativismus der Basissätze")*
S. 133: ^{n} MS: gehört aber
S. 134: ^{o} MS: für etwas

VI. Kapitel, Abschnitt *13*:

S. 140: ^{a} K$_1$, K$_2$ und K$_4$: falsch.
          Der Sinn jener
S. 142: ^{b} MS: würden, sogar daraus

VI. Kapitel, Abschnitt *16*:

S. 156: ^{a} K$_3$: falsch.
          Wir wären

VI. Kapitel, Abschnitt *17*:

S. 158: ^{a} MS: Regreß auch nur

VII. Kapitel, Abschnitt *19*:

S. 163: ^{a} MS: die „Ungenauigkeitsrelation"
          ^{b} MS: Heisenbergs „Ungenauigkeitsrelation" feststellt

S. 163:   ᶜ MS: der Heisenberg-Relation
S. 164:   ᵈ K₃: Trotzdem ist dieser Hinweis wertvoll

VII. Kapitel, Abschnitt 21:

S. 168:   ᵃ MS: positiv, als brauchbar gewertet

VII. Kapitel, Abschnitt 22:

S. 170:   ᵃ MS: Art „Ständer"

VII. Kapitel, Abschnitt 23:

S. 171:   ᵃ MS: etwa wieder

VIII. Kapitel, Abschnitt 24:

S. 179:   ᵃ MS: man auf diese Weise das raumzeitliche Maßsystem per definitionem

VIII. Kapitel, Abschnitt 25:

S. 185:   ᵃ MS: eine Strecke
             ᵇ MS: definieren will
S. 187:   ᶜ MS: „gebunden", sind ausschließlich für solche Argumentwerte implizit als Platzhalter *definiert*
             ᵈ MS: ohne (konkrete) Zuordnungsdefinition, mit „freier" oder mit „gebundener" Variabler

VIII. Kapitel, Abschnitt 26:

S. 188:   ᵃ MS: bestimmte Reihe
S. 189:   ᵇ MS: liegt ein großer

VIII. Kapitel, Abschnitt 27:

S. 194:   ᵃ MS: eben nicht mehr

VIII. Kapitel, Abschnitt 30:

S. 204:   ᵃ K₂, Umschlag zum Abschnitt 30: Formulierungen des *Abschnittes 3*
S. 208:   ᵇ K₁: sondern nur
S. 210:   ᶜ MS: der für den Ungeschulten etwas
S. 219:   ᵈ K₁, K₃ und K₄: Empirismus.

Eine angewandte Geometrie im Sinne des Konventionalismus gilt mit absoluter Genauigkeit, sie ist nicht weniger absolut gültig, als etwa eine reine Geometrie, denn sie gilt, wie diese, a priori. Für sie gibt es keinen Konflikt mit der Erfahrung, aber auch keine Prüfung durch die Erfahrung, und vor allem: kein Induktionsproblem.

Die Geometrie, angewendet im Sinne des Empirismus, ist ein Teil der empiristischen Wirklichkeitswissenschaft, der Physik. Ihre Sätze handeln von der Wirklichkeit: Sie werden durch Zuordnungsdefinitionen direkt auf die Wirklichkeit bezogen. Sie können von der Erfahrung widerlegt werden, für sie treten alle Schwierigkeiten des Induktionsproblems auf und *nur* für sie gilt das

IX. Kapitel, Abschnitt *31*:
S. 222: ᵃ MS: Zweck, um aus

IX. Kapitel, Abschnitt *32*:
S. 229: ᵃ K₂: nun bloß

IX. Kapitel, Abschnitt *33*:
S. 230: ᵃ MS: werden jedoch die
S. 235: ᵇ MS: führen, als
ᶜ MS: eines räumlichen und zeitlichen
S. 240: ᵈ MS: Hund Lux"

IX. Kapitel, Abschnitt *34*:
S. 241: ᵃ MS: selbst freilich betont

IX. Kapitel, Abschnitt *35*:
S. 246: ᵃ MS: betrachtet zerfallen
S. 249: ᵇ MS: stimmt aber diese

X. Kapitel, Abschnitt *36*:
S. 252: ᵃ K₁, K₂ und K₄: muß aber an

X. Kapitel, Abschnitt *38*:
S. 259: ᵃ K₄: wird, ist

X. Kapitel, Abschnitt *40*:
S. 267: ᵃ K₄: Imperativ würde

X. Kapitel, Abschnitt *41*:
S. 271: ᵃ MS: die Anwendbarkeit

XI. Kapitel, Abschnitt *43*:
S. 278: ᵃ K₄: bedenklich: denn diese
S. 280: ᵇ K₄: ja und
ᶜ MS: ja und
S. 281: ᵈ K₁, K₃ und K₄: ja und

XI. Kapitel, Abschnitt *44*:
S. 286: ᵃ MS: Naturgesetze tatsächlich sinnlose
S. 288: ᵇ MS: auch den Antiatomismus Machs!)
S. 289: ᶜ K₁ und K₄: Wittgensteins hervorragende

XI. Kapitel, Abschnitt *45*:
S. 291: ᵃ MS: oder verworren
S. 296: ᵇ MS: für solche

XI. Kapitel, Abschnitt *46*:
S. 306: ᵃ MS: Wegen ihres
ᵇ MS: Wirklichkeitsaussage ist ja immer auch gleichzeitig der

XII. Kapitel, Abschnitt 47:

S. 317:   ᵃ K₃: System, der
S. 324:   ᵇ MS: *Wahrscheinlichkeitspositionen* werden abgelehnt, insofern
            ᶜ MS: insbesondere wird die Ansicht abgelehnt
S. 325:   ᵈ MS: den Grundsätzen

Anhang:

S. 330:   ᵃ MS: ist von Leonard Nelson zuerst ausgebildet

Band II (Fragmente): *Das Abgrenzungsproblem*

[II.]:

S. 351:   ᵃ MS: sowohl ihre
S. 352:   ᵇ MS: sie sind nur eine Darstellung dessen

[III.], Abschnitt 1:

S. 354:   ᵃ MS: Einwand *besteht* nämlich

[III.], Abschnitt 2:

S. 356:   ᵃ MS: kommen, als
            ᵇ MS: *empirisch-wissenschaftlichen Methodik*

[III.], Abschnitt 3:

S. 357:   ᵃ MS: die ein gegebenes System von Beobachtungssätzen zu erklären (in deduktiven Zusammenhang zu bringen) gestatten
            ᵇ MS: praktischer, in seinem logischen Bau symmetrischer, eleganter ist, usw.
S. 358:   ᶜ MS: nicht „wahr" oder „falsch", sondern nur „praktisch" oder „unpraktisch" (beziehungsweise „einfach" und „kompliziert" oder dergleichen) sein

[III.], Abschnitt 4:

S. 362:   ᵃ MS: nicht durch logische Analyse bereits
            ᵇ MS: Bedingung für das, um ihn

[III.], Abschnitt 6:

S. 364:   ᵃ MS: n-dimensionalen usw.
S. 366:   ᵇ MS: Definitionen, nämlich, durch
S. 367:   ᶜ MS: Grundsätzen, den Axiomen einer Theorie auftreten

[III.], Abschnitt 8:

S. 372:   ᵃ MS: werden. Wittgenstein stellt (Tractatus Logico-Philosophicus, Sätze ... Seine sprachkritische
            ᵇ MS: bemerkt dort mit
            ᶜ MS: Abgrenzungsproblem (als „Sinnproblem")

[IV.]:

S. 376:   ᵃ MS: ist ein zweifellos wichtiger, wie

[V.], Abschnitt 4:

S. 381:   ᵃ MS: gelogen)" hat

Orientierung:

S. 383:   ᵃ MS: radikaler wie

[VI.], [Einleitung]:

S. 385:   ᵃ MS: gibt, und daß diese

[VII.], Abschnitt 1:

S. 389:   ᵃ MS: Möglichkeit einer
S. 390:   ᵇ MS: Unmöglichkeiten und das sieht man schon daraus, daß es wohl einen in induktivistischer Richtung das heißt von den besonderen zu den allgemeinen Sätzen aufsteigend eine „modus tollens" als streng logischen Schluß gibt, jedoch keinen in dieser fortschreitenden „modus tollens"
S. 391:   ᶜ MS: wissenschaftstheoretische (sondern
S. 392:   ᵈ MS: auf die Basis-Sätze
           ᵉ MS: Denker diese

[VII.], Abschnitt 2:

S. 394:   ᵃ MS: Eine rationalistische
           ᵇ MS: und in der

[VIII.], Abschnitt [1]:

S. 396:   ᵃ MS: Vorgänge, als

[IX.], Abschnitt 5:

S. 399:   ᵃ MS: Universalien ein Individuale

[IX.], Abschnitt 7:

S. 404:   ᵃ MS: um Interpretationen
S. 406:   ᵇ MS: Erklärung, mit der Vorstellung der unberechenbaren Störung des Beobachtungsobjektes durch das beobachtende Subjekt arbeitet

[X.], [Einleitung]:

S. 407:   ᵃ MS: Erst damit
S. 408:   ᵇ MS: wir uns

[X.], Abschnitt 6:

S. 409:   ᵃ MS: § 6
           ᵇ MS: Beschränkung der
S. 410:   ᶜ MS: bestimmte gewisse formalistische
           ᵈ MS: bei dem *abgeleiteten Kollektiv*
S. 411:   ᵉ MS: verwenden: der Limes
S. 412:   ᶠ MS: Problemgruppe, das ist die Voraussetzung des Ansatzes untersuchen
           ᵍ MS: Häufigkeit vorstellen

[X.], Abschnitt 7:

S. 413: ᵃ MS: § 7
S. 414: ᵇ MS: daß bei
S. 415: ᶜ MS: zu §

[X.], Abschnitt 8:

S. 415: ᵃ MS: § 7
ᵇ MS: des folgenden Paragraphes
ᶜ MS: gesetzmäßige Veränderungen, von uns nicht in Rechnung gestellte
S. 416: ᵈ MS: sich die Verteilung der relativen Häufigkeiten, bezogen auf diese Auswahl, als Bezugsklasse nicht
ᵉ MS: dieselben Relativhäufigkeiten

Anhang: *Zusammenfassender Auszug (1932)*

Abschnitt *III*:

S. 425: ᵃ K_1 und K_3: können „*deduktivistisch*"

Abschnitt *VII*:

S. 431: ᵃ K_2 und K_3: ausgezeichnet?
Man könnte sagen: wie

Abschnitt *VIII*:

S. 434: ᵃ MS: vgl. darüber

Abschnitt *X*:

S. 439: ᵃ MS: ¹ wie ich übrigens gegenüber CARNAP oft betonte

PERSONENREGISTER

verfaßt von Alfred Schramm

(Z. bedeutet „Zitat", Anm. „Anmerkung")

Adler, Alfred XXVIII
Adler, Friedrich 23 Anm., 50 Anm., 260 Anm., 390 Anm.
Albert, Hans XIV, XXX u. Anm.
Al-Gazzâlî, Abū Ḥāmid Muḥammad 103, 397
Anaximander XXVII
Andersen, Gunnar 442
Apelt, Ernst Friedrich 106, 114 Anm.
Aristoteles XVI, 20, 156, 309
Arkesilaos 91
Autrecourt, Nicolaus von 103, 397

Bach, Johann Sebastian 396, 400, 403
Bacon, Francis XXX, XXXI, 20, 26 Anm., 42, 264, 288, 323, 332
Bayes, Thomas XX Anm.
Bergson, Henri 323
Berkeley, George 247
Bloch, Werner XXV Anm.
Blumberg, Albert E. 18 u. Anm.
Boettcher, Erik 441 Anm.
Böhm-Bawerk, Eugen von 272 u. Anm.
Bohr, Niels 404 u. Anm.
Bonola, Roberto 208 Anm.
Born, Max 94 Anm., 136, 436 Anm.
Boscovic, Roger Joseph XVI
Brandes, Georg 254 Anm.
Brentano, Franz 320
Brewster, David XXI Anm.
Brouwer, Luitzen Egbertus Jan 309 u. Anm., 322, 455
Bühler, Axel XIV
Bühler, Karl 25 u. Anm., 30 u. Anm.

Carnap, Rudolf XIII u. Anm., XVIII u. Anm. Z., XXI u. Anm., XXXII u. Anm., XXXV, 18 Z. u. Anm. – 19 Z. u. Anm., 21, 26 u. Anm., 78, 95, 124 Anm., 144 Anm., 163 Z. u. Anm., 169 Anm., 173 Z. u. Anm., 184 u. Anm., 189 Anm., 190 u. Anm., 191 u. Anm., 193 Anm., 194 Anm., 198 Z. u. Anm., 199 Z. u. Anm., 222 Z. u. Anm. – 223 Z. u. Anm., 226, 230 Anm., 233 u. Anm., 234 Z. u. Anm., 235, 237 Z. u. Anm., 238 u. Anm., 239 Z. u. Anm. – 240 Z., 241 Z. u. Anm., 243, 253, 279 Z. u. Anm., 280 Z. u. Anm., 302 u. Anm., 315 Anm., 356, 358 u. Anm., 359 Z. u. Anm., 363 Z. u. Anm., 368 Anm., 370 u. Anm., 371 u. Anm., 372, 373 Z. u. Anm. – 374 Z., 388 Anm., 429, 439 Anm., 441 Anm. – 442 Anm., 445 Anm., 455, 461
Champeaux, Wilhelm von 247 u. Anm.
Clark, Ronald W. XXIX Anm.
Cohen, Hermann 58
Crusius, Christian August 84 Anm.

D'Alembert, Jean le Rond 104
Descartes, René 7, 84 Anm., 425
Diels, Hermann XV Anm., XVI Anm., XXII Anm., 101 Anm., 102 Anm.
Diesselhorst, Hermann 375 Anm.
Dingler, Hugo XXXV, 215 u. Anm., 358, 375 u. Anm., 394 u. Anm., 455
Dresden, Arnold 309 Anm.

Driesch, Hans 124 Anm., 388 Anm.
Drosdowski, Günther XXVII Anm.
Du Gard, Roger Martin 263 Z. u. Anm.
Duhem, Pierre 22, 23 u. Anm., 50 u. Anm., 181, 182, 260 u. Anm., 261, 318, 390 u. Anm., 392

Eddington, Arthur Stanley 375 Z. u. Anm.
Einstein, Albert XVIII, XIX u. Anm. - XX Z. u. Anm., XXI, XXVII, XXVIII, 9, 10 Z. u. Anm., 52 Anm., 94 Anm., 98 Anm., 210, 215, 219 Z. u. Anm., 262, 323 Z. u. Anm., 371, 427 u. Anm., 436 Anm.
Elias, Julius 254 Anm.
Euklid 7, 14, 16, 183, 184, 185, 205, 206–208 u. Anm., 209–212, 215–218, 358, 391

Feigl, Herbert XIII, 18 u. Anm., 22 Z. u. Anm., 23 Z. u. Anm., 78 Z. u. Anm., 79 Z. u. Anm., 149 Z. u. Anm., 150 u. Anm., 174, 203 Z. u. Anm., 417 Anm.
Feyerabend, Paul K. 442, 449
Flucher, Hans 121 Anm.
Föppl, August XVIII
Foucault, Léon 261
Frank, Philipp XXXV, 441 Anm.
Freud, Sigmund XXVIII
Friedell, Egon XIV, 443 Anm.
Fries, Jakob Friedrich 11 Anm., 56 Z. u. Anm., 69, 81, 82, 84 Anm., 94 Anm., 106 u. Anm., 107 u. Anm., 108 u. Anm., 109, 110, 112, 113 Z. u. Anm., 114 Z. u. Anm., 115–118, 119, 120, 121, 122, 124, 129, 130, 135, 136, 261 Anm., 321, 330 Anm., 429, 431, 432, 453

Galilei, Galileo XXI Z. u. Anm., 52 Anm., 104, 178
Galvani, Luigi 261
Geiringer, Hilda 408 Anm., 411 Anm., 416 Anm.
Gerstel, Adolf 208 Z. u. Anm.
Glanvill, Joseph 103, 397
Gödel, Kurt 169 Anm.
Gomperz, Heinrich XIII, 23 u. Anm., 103 u. Anm., 283 u. Anm., 316 Z. u. Anm., 322 Z. u. Anm., 356 Z. u. Anm., 376 u. Anm.
Griese, Friedrich XIII Anm., 442 Anm., 445 Anm.

Hahn, Hans 356 u. Anm.
Hansen, Martin N. 442
Hansen, Troels Eggers XIII, XIV, 296 Anm.
Hardenberg, Friedrich von, siehe: Novalis
Harré, Rom 25 Anm., 242 Anm.
Havas, Peter XX Anm.
Hegel, Georg Wilhelm Friedrich 11 Anm., 295, 296, 319 Z. u. Anm., 321
Heidegger, Martin 110 Anm., 119 Anm., 343
Heisenberg, Werner 38 Anm., 98 Anm., 163, 456, 457
Helmholtz, Hermann von XVIII, 30 u. Anm., 207
Herschel, John Frederick William 20
Hertz, Heinrich 36 Anm., 104
Hertz, Paul 96 Anm.
Heyting, Arend 309 Anm.
Hilbert, David 21, 185
Homer XXII u. Anm.
Hume, David XVI u. Anm., XVII, XXXV, 4, 11 Anm., 17, 28, 33 u. Anm., 34, 39, 42, 43, 44, 46, 47, 49, 53, 59–66, 68, 78, 103, 137, 138, 157, 227, 255, 289, 319, 323, 324, 326, 332, 333, 336, 388 u. Anm., 397, 426, 450, 453
Husserl, Edmund 58, 91 Z. u. Anm., 110 Anm., 119 u. Anm.
Huygens, Christiaan 261

Ibsen, Henrik 254 Anm.

Jakob, Ludwig Heinrich 448 Anm.
Jaspers, Karl 343 Z. u. Anm.
Jennings, Herbert Spencer 25 u. Anm.
Jevons, William Stanley 8
Jung, Carl Gustav XXVIII

Kaila, Eino 218 u. Anm., 453
Kant, Immanuel XII Z., XVI Z. u. Anm., XVII Z. u. Anm. Z., XVIII, XXI, XXXV, 4, 11 u. Anm., 12 Z. u. Anm., 14, 17 Z. u. Anm., 18 Z. u. Anm., 28 Z. u. Anm., 29, 30 u.

Personenregister

Anm., 31 Z. u. Anm., 33, 37 Anm., 38, 42 Z.–43 Z. u. Anm., 48 Z. u. Anm., 50 Z., 56–58, 59 Z. u. Anm. Z., 60 Z. u. Anm., 61 Z. u. Anm., 62 Z. u. Anm., 63, 64 Z. u. Anm., 65 Z. u. Anm., 66 u. Anm., 68 Z. u. Anm., 69 Z. u. Anm., 71 Z. u. Anm., 72 u. Anm., 73, 74 u. Anm., 75 Z. u. Anm., 77, 78, 81, 82 Z. u. Anm., 83 Z. u. Anm., 84 Z. u. Anm. Z., 85, 87 Z. u. Anm., 88 Z. u. Anm., 89 Z. u. Anm., 90, 93–94 u. Anm., 95–96, 97 Z. u. Anm., 98 Z. u. Anm., 99, 100, 104 Z. u. Anm., 105 Z., 106 Z. u. Anm., 107, 108, 109, 113, 117, 118, 119, 124, 129, 135, 136, 162, 176, 178 Z. u. Anm., 205, 206, 208, 229 u. Anm., 245, 248, 268, 281, 282 Z. u. Anm., 294–296, 310, 312, 314, 315, 319, 320 Z.–321 Z. u. Anm., 322, 325, 326, 329, 358 Anm., 372, 383 u. Anm., 386, 387, 388, 395, 400, 401 u. Anm., 403, 423, 425, 426, 427, 431, 432, 443, 448 Z. u. Anm., 450 u. Anm., 453
Karneades 106, 107
Keller, Helen XXV
Kepler, Johannes XXI, 23, 51, 52 Anm.
Keynes, John Maynard 408 Anm.
Kirchhoff, Gustav Robert 104, 325 u. Anm.
Koch, Robert 47 u. Anm.
Kopernikus, Nikolaus XXI Anm., 84
Kopfermann, Hertha 404 Anm.
Kraft, Julius 11 Anm., 110 u. Anm., 119 u. Anm., 120 Z. u. Anm., 443 Anm., 452
Kraft, Viktor 23 u. Anm., 49 Z.–50 Z. u. Anm., 135 Anm., 182 u. Anm., 318, 325, 326
Kranz, Walther XV Anm., XVI Anm., XXII Anm., 101 Anm., 102 Anm.
Kries, Friedrich 73 Anm.
Külpe, Oswald 30, 58 Z. u. Anm.

Lagrange, Joseph-Louis 104
Lambert, Johann Heinrich 17, 208
Lammer, Robert XIII, 442, 449
Lewin, Kurt 45 Anm.
Lichtenberg, Georg Christoph 73 Z. u. Anm.
Lichtenberg, Ludwig Christian 73 Anm.

Liebmann, Heinrich 208 Anm.
Lindemann, Ferdinand 207 Anm.
Lindemann, Lisbeth 207 Anm.
Locke, John 55
Lorentz, Hendrik Antoon 3, 422

Mach, Ernst XVIII, 22, 23 u. Anm., 24 Z. u. Anm., 27 Z., 65, 104, 105 Z. u. Anm., 106 Z. u. Anm., 272, 288, 318, 458
Malebranche, Nicolas de 103, 397
Mangold, Ernst 25 Anm.
Marbe, Karl 408 Anm., 411 Anm., 416 Anm.
Mauthner, Fritz 276 Anm. – 277 Anm.
Maxwell, James Clerk 86
Medicus, Fritz 404 u. Anm.
Mehra, Jagdish 77 Anm.
Mendelssohn, Moses 448 Anm.
Menger, Karl 309 u. Anm., 363 Z. u. Anm.
Mertens, Eva 263 Anm.
Messer, August 58 Anm.
Michelangelo Buonarroti 396
Michelet, Karl Ludwig 319 Anm.
Mill, John Stuart XVIII, 7, 20, 37, 42, 323, 332, 425
Mises, Richard von 408 u. Anm., 410, 411 u. Anm., 412, 413 Anm., 416 u. Anm., 417
Mohr, Jakob Christian Benjamin XIII, 441 Anm.
Mokre, Hans 21 Anm.
Möllers, Bernhard 47 Anm.
Morgenstern, Christian 254 Anm.
Müller, Johannes 30

Natkin, Marcel 148, 149 u. Anm.
Natorp, Paul 58
Nelson, Leonard 11 u. Anm., 106, 107 u. Anm., 108, 110–112, 113, 114, 330 u. Anm., 385, 459
Nestle, Wilhelm 101 u. Anm.
Neurath, Otto 320 Anm., 429
Newton, Isaac XVI u. Anm., XVII u. Anm., XVIII, XIX u. Anm., XX Anm., XXI u. Anm. Z.–XXII Anm. Z., XXVII, XXVIII, 3, 51, 52 Anm., 59 Anm., 104, 148, 178, 261, 422
Nielsen, Ernst A. 442
Nielsen, Margit Hurup 442

30 Popper, Erkenntnistheorie

Novalis (Friedrich von Hardenberg) 399 Anm. Z., 443, 448 Z. u. Anm.

Occam, Wilhelm von 245, 250 u. Anm.

Peirce, Charles Sanders XXI
Petersen, Arne Friemuth 442
Petzoldt, Joseph 105 Anm.
Planck, Max 323 Anm.
Platon XV, XVI, 248, 249
Poincaré, Henri XVIII, XX, XXXV, 179, 181, 207 Z. u. Anm., 210, 358
Prantl, Carl 247 Anm., 250 Anm.
Ptolemäus, Claudius XXI Anm., XXVII
Pyrrhon 91, 107

Quine, Willard Van Orman 390 Anm.

Rehmke, Johannes 58
Reichenbach, Hans XXXV, 40 Anm., 144 Z. u. Anm., 157 Z. u. Anm., 211 Z. u. Anm., 212 Z. u. Anm., 411 u. Anm., 453, 455
Reininger, Robert 94 Anm., 136, 436 Anm.
Riehl, Alois 58
Riemann, Bernhard XVIII, 210
Ritter, Joachim 296 Anm.
Russell, Bertrand XIII, XXV u. Anm., XXIX Anm. Z., XXXV, 18, 21 u. Anm., 33, 37 Anm., 96 Z. u. Anm., 169 Anm., 233, 243, 450

Scheler, Max 343
Schilpp, Paul Arthur XIII Anm., 29 Anm., 248 Anm., 323 Anm., 371 Anm., 442 Anm., 445 Anm.
Schlegel, Friedrich 399 Anm., 448 Anm.
Schlenther, Paul 254 Anm.
Schlick, Moritz XXXV, 18, 19, 36 u. Anm., 42 Z. u. Anm., 45 Z. u. Anm., 46 Z. u. Anm., 48 u. Anm., 49 Z. u. Anm., 50, 58 Z. u. Anm., 59, 68 u. Anm., 75 u. Anm., 78, 109 u. Anm., 110 u. Anm., 138 Z. u. Anm., 139 Z. u. Anm., 148 Z. u. Anm., 149 u. Anm., 150 u. Anm., 154 Z. u. Anm., 155 Z. u. Anm., 159 Z. u. Anm., 160 Z. u. Anm., 161 Z. u. Anm., 162 Z. u. Anm., 163 Z. u. Anm., 164 Z. u. Anm., 166 Z. u. Anm., 167 Z. u. Anm., 171, 173, 175, 177 Anm., 206 u. Anm., 217 u. Anm., 228 Z. u. Anm., 229, 249 Anm., 251 u. Anm., 253, 254 u. Anm., 255 Z. u. Anm., 257, 258 Z. u. Anm., 264 Z. u. Anm., 265 Z. u. Anm., 266 Z. u. Anm., 268 Z. u. Anm., 269, 271 Z. u. Anm., 272 u. Anm., 276, 279 Z. u. Anm., 285, 298 Z. u. Anm., 299 Z. u. Anm., 302 Z. u. Anm., 313 Z. u. Anm., 315 u. Anm., 324, 363, 364 Anm., 370, 373, 426 Z. u. Anm., 441 Anm., 443, 448 Z. u. Anm., 455
Schopenhauer, Arthur XIII u. Anm., 12 u. Anm., 300, 314
Schramm, Alfred XIV
Schuppe, Wilhelm 58
Selz, Otto 25 Z. u. Anm., 30 u. Anm., 58 Anm.
Sextus Empiricus 103, 397
Shaw, Bernard 26 Z. u. Anm. Z., 27 Z. u. Anm., 455
Shearmur, Jeremy XIV, 442
Siebeck, Oskar XIII
Siebeck, Paul 441 Anm.
Sokrates XV u. Anm., XVI, XXI, XXIX, 20, 91, 345
Spencer, Herbert 25 Anm., 242 Anm., 272
Spinoza, Baruch 7, 10, 295, 425
Springer, Julius 441 Anm.
Strauss, Emil XXI Anm.

Tarski, Alfred XXII u. Anm., XXIII, XXV, 91 Anm., 92 Anm., 169 Anm., 191 Anm.
Tegtmeier, Erwin XIV
Tertullian, Quintus Septimius Florens 296 Z. u. Anm.
Tieck, Ludwig 399 Anm., 448 Anm.
Traubenberg, Marie Freifrau Rausch von 375 Anm.
Trebitsch, Siegfried 26 Anm., 27 Anm.

Urban, Friedrich M. 408 Anm.

Vaihinger, Hans XXVI, 166 u. Anm., 241 Anm., 244 u. Anm., 245 u. Anm., 325, 326
Vetter, Hermann 29 Anm., 139 Anm., 151 Anm.

Volta, Alessandro 261

Waismann, Friedrich 138 u. Anm., 139 Z. u. Anm.–140 Z., 141 u. Anm., 142, 145 u. Anm., 275 Z. u. Anm., 278 Z. u. Anm., 293 Z. u. Anm., 305, 412 u. Anm.
Walentik, Leonhard XXXI Anm., 248 Anm., 343 Anm.
Weyl, Hermann 94 Z. u. Anm., 104 Z. u. Anm., 136, 436 Anm.
Wheeler, John Archibald 77 Anm.
Whewell, William XVIII
Whitehead, Alfred North 21 u. Anm., 169 Anm.
Wittgenstein, Ludwig XV Anm., XXIX Anm., XXXV u. Anm., 12 Anm., 15, 18, 19, 21, 33 Z. u. Anm., 36 Anm., 37 Anm., 58, 77, 78, 92 u. Anm.–93 Z., 99 u. Anm., 100 Z. u. Anm.–101 Z., 105 Z. u. Anm., 141 u. Anm., 147 u. Anm., 148 Z., 161 u. Anm. Z., 162, 163 Z. u. Anm., 173, 221 u. Anm., 224 Z. u. Anm., 246 u. Anm., 251, 253, 276 Z. u. Anm. Z., 277 Z. u. Anm., 278 Z. u. Anm., 279 Z. u. Anm., 280 Z. u. Anm., 281, 282 Z. u. Anm., 283 Z. u. Anm., 284 Z. u. Anm., 285 Z. u. Anm., 286 Z. u. Anm., 287, 289 Z. u. Anm., 290 Z.–291 Z. u. Anm., 292 Z. u. Anm., 293–295, 297 Z. u. Anm., 298, 299, 301, 308, 309, 310, 311 Z. u. Anm., 312 Z. u. Anm., 313, 315, 324, 327, 342 Z. u. Anm., 354, 362, 363, 370, 371, 372 u. Anm., 373, 383 Anm., 426, 427 u. Anm., 429, 450, 455, 458, 459

Woodger, Joseph Henry XXII Anm.
Wundt, Wilhelm 58

Xenophanes XV Anm., XVI, XXII u. Anm. Z., 101 u. Anm. Z., 102 Z. u. Anm. Z.

SACHREGISTER

verfaßt von Alfred Schramm

(Ein der Seitenzahl folgendes t verweist auf die Seite, auf der der betreffende Terminus erläutert wird. Kursivdruck verweist auf besonders wichtige Stellen.)

Abgrenzung, Abgrenzungsproblem 3–5, 347–348, 386–388, 422, 427;
– liegt dem Induktionsproblem zugrunde: 287–289; siehe auch: Induktionsproblem;
Lösungsweg des –: 9–10;
Unterscheidung von logischer und methodologischer –: 361–362; siehe auch: Abgrenzungskriterium;
verallgemeinertes –: 348;
Frage nach einer philosophischen Wissenschaft führt zum –: 346; siehe auch: Philosophie
Abgrenzungskriterium
XXVI–XXVIII, 9, 347;
– ist nicht-empirisch: XXVII;
– muß ein *methodologisches* Kriterium sein: *354*, 356, 359, *360;* siehe auch: Methode;
Falsifizierbarkeit als –, siehe: Falsifizierbarkeit
Ad-hoc-Hypothesen, siehe: Hypothesen
Allgemeinbegriff, siehe: Begriff; Universalbegriff; Universalienproblem
Allverschiedenheit 376; siehe auch: Universalbegriff; Individualbegriff
Als-Ob, siehe: Gesetzmäßigkeit, Als-Ob-
analytisch, siehe: Aussage
Anpassung, intellektuelle – ist ein Sonderfall der allgemeinen biologischen Anpassung: *87–89;* siehe auch: Anthropomorphismus
Anschauungsformen (Kant) 74–75

Anthropomorphismus 90–93, 95, 99–102; siehe auch: Erkenntnis, Relativität der
Antinomie,
– von der Erkennbarkeit der Welt: 76, 310–315;
– zwischen Realismus und Idealismus: 73, 74
Antinomienlehre (Kant) 73, 74, 387
Antizipation *26*, 28, 31; siehe auch: Methode von Versuch und Irrtum; Reaktionen, subjektiv präformierte intellektuelle
Apriori 11–13;
erkenntnistheoretisches- oder erkenntnispsychologisches-: 30–31, 95;
genetisches-: 105–106;
synthetisches-: 17–18, *97–99*; ist oft a posteriori falsch: 32; als Streitfrage zwischen Rationalismus und Empirismus: 14; logische Unmöglichkeit seines Beweises: 69–70; siehe auch: transzendentale Deduktion; in denkpsychologischer Deutung „vorläufige Antizipation": 30–31; siehe auch: Antizipation
Apriorismus 43 t, Abschnitte *9–11*, 324
– als Normalsatzposition: 43; siehe auch: Normalsatzposition
Asymmetrie zwischen Verifikation und Falsifikation XXIX, 256, 259–260, 378–379; siehe auch: Gesetze, Bewertung von; Falsifikation; Verifikation

Sachregister

Aussage, Satz, Urteil
  streng allgemeine und besondere –: Abschnitte 32–35, 301–304; siehe auch: Gesetze;
  analytische –: 11–13, 177–178;
  atomare – (Elementarsätze): 21
  besondere – als Naturgesetze niedrigster Allgemeinheitsstufe: 127; siehe auch: Transzendenz der Darstellung überhaupt;
  synthetische –: *11*, 12 t–13;
  synthetisch-apriorische –: 14; ihr Nachweis führt zu unendlichem Regreß (oder Zirkel) 69;
  Es-gibt –, universelle: 307–308, *361;*
  Voll- oder Teilentscheidbarkeit von –: 100, Abschnitt 46; siehe auch: Asymmetrie; Basissätze; Gesetze, Bewertung von
Aussagefunktion 171–173, 186–187;
  Naturgesetze als –, siehe: Scheinsatzposition
Aussagegleichung 190, 195
Axiomatik 21, Abschnitt 25;
  axiomatische Grundbedingungen: 184; siehe auch: Widerspruchsfreiheit;
  axiomatisches System: 182–184; Interpretation: 186–187; konventionalistische Deutung: 195; Deutung durch die erste Scheinsatzposition: Abschnitt 28; siehe auch: Scheinsatzposition, erste

Basis,
  empirische – der Wissenschaft: 124, 136, 436; siehe auch: Aussage, besondere; Basissätze
  Auschaltung der subjektiv psychologistischen –: 429–430
Basissätze (Prüfsätze) 122–127, 132
  methodischer Zweifel an –: 437
  Objektivität der –: 135
  objektives Verfahren (methodische Regelung) der Festsetzung von –: *127–135*, 389–392, 430–438; siehe auch: Festsetzung; Methodenlehre; Relativität der –: 132–135
Begriff, Unterscheidung von Allgemein- und Individualbegriff: Abschnitt 33; siehe auch: Individualbegriff; Universalbegriff

Begriffshierarchie 233–234
Begründung, Trilemma der –: *121*
Begründungsfrage („quid juris"), siehe: Geltungsfrage
Beschlußfassung, siehe: Festsetzung
Bewährung Abschnitt 16; siehe auch: Hypothesenwahrscheinlichkeit, objektive Deutung der sekundären;
  objektiver Begriff der –: 153–154;
  dialektische –: 316 t;
  transzendentale –: 317 t;
  – der deduktivistisch-empiristischen Erkenntnistheorie: Abschnitt 47

Deduktion, transzendentale, siehe: transzendentale Deduktion
Deduktivismus 6–32, 425
  – spricht der Induktion jede Bedeutung ab: 7–8;
  Abtrennung von – und klassischem Rationalismus: 15;
  Grundthese des –: *327*
deduktives System, siehe: Axiomatik; System
Definition 177, 178, 180, 358;
  Fruchtbarkeit einer –: 362–363;
  – im axiomatischen System: 185;
  implizite –: 178–181, 186, 187;
  implizite und explizite – im Konventionalismus: Abschnitt 26;
  konkrete oder empirische –: 179, 180;
  – ist niemals vollständig: 366–368;
  Zuordnungsdefinition: 179, 181, 186, Abschnitt 29
Determinismus 396, 397; siehe auch: Physik; Willensfreiheit
„Ding an sich" (Kant) 85, 314, 315
Dogma, geschütztes: 295–296 t;
  ungeschütztes –: 295 t
Duhem-Quine-These *390* u. Anm.–393; siehe auch: Falsifizierbarkeit, konventionalistischer Einwand gegen die

Einfachheit, von Naturgesetzen: 147–150, 176;
  – und primäre Unwahrscheinlichkeit: 147–150;
  – und Grad der Gesetzmäßigkeit: 148–150; siehe auch: Hypothesenwahrscheinlichkeit, primäre;

Einfachheit (Forts.)
empiristische Deutung der –: 216, 218;
konventionalistische Deutung der –: 216, 217
Emissionstheorie, des Lichtes (Newton) 261
Empirismus Abschnitt 3, 31, 46;
Grundthese des –: 8 t, 322, 426; siehe auch: Erfahrung;
klassischer –: 10–11;
Gegenüberstellung von Rationalismus und –: *11–15;*
Synthese von Rationalismus und –: Abschnitt 3
Ereignisfolge, Ereignisreihe, siehe: Folgen
Erfahrung, wissenschaftliche – ist durch Methode charakterisiert: XXXV;
Möglichkeit der –: 63;
Prinzip der Möglichkeit der Erfahrung kann nicht selbst auf – gründen: 62;
Voraussetzungen aller –: 63, 64, 83;
Nur – kann über Wahrheitswert einer Wirklichkeitsaussage entscheiden: 8; siehe auch: Empirismus, Grundthese des
Erfahrungswelt 75
Erkennen, als Form der Anpassung 105;
– ist anthropomorph: 90; siehe auch Anthropomorphismus;
– besteht im Suchen nach Gesetzmäßigkeiten 79
Erkenntnis *78* t;
Trilemma der Erkenntnisbegründung: 121, 124, 127;
Übereinstimmung einer – mit ihrem Gegenstand: *83–85;*
Relativität der –: 94; siehe auch: Anthropomorphismus;
subjektive – als intellektuelle Reaktionen: 24, 25; siehe auch: Reaktionen;
unmittelbare – (Fries): 108, 109, 114–115, 120;
siehe auch: Wirklichkeitserkenntnis
Erkenntnisgrund 81
Erkenntnislogik 20
Erkenntnispsychologie 19, 81, 82, 108, 123–124;
deduktivistische –: Abschnitt 4;
induktivistische –: 21;

– bei Kant: 29–32, Abschnitt 11;
– beschäftigt sich mit Tatsachenfrage: 4
Erkenntnistheorie *85–87*, 346 t;
Aufgabe der –: 4, 111; siehe auch transzendentale Methode;
– beschäftigt sich nur mit Geltungsfrage: 4–5;
induktivistische –: Abschnitt 6;
scheitert an Humes Argument, siehe: Humes Argument; Normalsatzpositionen;
Methode der –: Abschnitt 2, *7–10;*
siehe auch: transzendentale Methode;
– ist Methodenlehre der empirischen Wissenschaft, ist Wissenschaftswissenschaft: 6–7, 111–112, 353–354; siehe auch: Abgrenzungskriterium; Abgrenzungsproblem; Methode, transzendentale; Transzendentalismus;
Übertragung der deduktivistisch-empiristischen Erkenntnistheorie auf die deduktivistische Erkenntnispsychologie: 29
Unabhängigkeit der – von der Erkenntnispsychologie: 19–23, 423;
siehe auch: Tatsachenfrage („quid facti"), Unterscheidung von Tatsachenfrage und Geltungsfrage;
Unmöglichkeit der – (Nelson): 107–108, 112
Erklärung, wissenschaftliche 85;
kausale –: 103;
siehe auch: Erkenntnis; Gesetze; Gesetzmäßigkeit
Essentialismus 177 u. Anm.
Evidenz, ist kein Geltungsgrund 14;
siehe auch: Evidenzlehre
Evidenzlehre 14 t
Exhaustionsmethode 375–377

Fallibilismus XXI
Falsifikation 124–126, 261–262, 378–379; siehe auch: Asymmetrie zwischen Verifikation und Falsifikation; Gesetze, Bewertung von;
Methode der –: 432–436;
Objektivität der –: 381
Falsifikationsmöglichkeit XXVI–XXVIII
Falsifizierbarkeit 9, *301–302*, 428–429;
siehe auch: Abgrenzungskriterium;

Gesetze, Bewertung von;
Kriterium der –: 9, 427;
konventionalistischer Einwand gegen die –: 353–354, 357–362; Diskussion des konventionalistischen Einwandes: 355–357

Festsetzung, von Basissätzen: 430–431; siehe auch: Basissätze; Methodenlehre; methodische Regelung der Festsetzung von Basissätzen: 437–438; Vergleich mit Geschworenengericht: 128–132

Fiktionalismus 325

Folgen, Ereignisfolgen 141 u. Anm., 142, 407;
regellose –: 415–418; Limes in Wahrscheinlichkeitsaussagen: 409–411; siehe auch: Wahrscheinlichkeit

Fortschritt, wissenschaftlicher 134

Geometrie, rationalistische Deutung der angewandten –: 206;
Kants Deutung der angewandten –: 206;
Gegensatz zwischen konventionalistischer und empiristischer Deutung der angewandten –: Abschnitt 30;
Euklidische, nicht-Euklidische –: 184–185;
reine –: 204–205

Geltungsfrage („quid juris") 4, 11, 19, 61, 81–82; siehe auch: Erkenntnistheorie; Geltungsgrund; Tatsachenfrage

Geltungsgrund, Unterscheidung nach dem –: 11;
subjektiver Glaube ist kein –: 139; siehe auch: Apriori

Gesetze, Naturgesetze 47–50, 103–105, 160–164;
– niedrigster Allgemeinheitsstufe: 125; siehe auch: Aussage, besondere;
– als analytische Sätze: 187; siehe auch: –, konventionalistische Auffassung der;
– als Annäherungen: 262–263;
– als Anweisungen zur Bildung von Aussagen: Abschnitte 19–20; siehe auch: Pragmatismus, konsequenter; Scheinsatzposition;
– sind nicht a priori wahr (können an der Erfahrung scheitern) 304;
– als Aussagefunktionen: Abschnitt 23, 168, 186; siehe auch: Scheinsatzposition, erste;
– sind mehr als bloß zusammenfassende Berichte: 50, 51; siehe auch: Transzendenz der Verallgemeinerung; Positivismus, strenger;
Bewertung von –: 167–169, Abschnitt 37; asymmetrische Bewertung: 273, 274; siehe auch: Asymmetrie;
empiristische Auffassung der –: 181, 201–203, 337; siehe auch: Empirismus;
– als Fiktionen (im Sinne Vaihingers): 244–245; siehe auch: Gesetzmäßigkeit, Als-Ob-; Fiktionalismus;
Interpretation von –: 186, 187;
induktivistische Auffassung der –: 331;
instrumentalistische Auffassung der –: 169–174; siehe auch: Pragmatismus, konsequenter; Scheinsatzposition;
Keplersche –: 51;
konventionalistische Auffassung der –: 175–181, 335, 336;
streng positivistische Auffassung der –: 48; siehe auch: Positivismus, strenger;
Auffassung der – im konsequenten Pragmatismus: Abschnitt 22; siehe auch: Pragmatismus, konsequenter;
Auffassung der – in den Normalsatzpositionen: 332; siehe auch: Normalsatzposition;
– als streng allgemeiner Satz: 242, 244; siehe auch: Aussage, streng allgemeine;
– sind keine sinnlosen Scheinsätze: 286–287; siehe auch: Positivismus, logischer; Scheinsatzposition; Sinnbegriff;
Auffassung der – in den Scheinsatzpositionen: 334, 335; siehe auch: Scheinsatzposition;
– sind teilentscheidbar: 426;
Auffassung der – in der Wahrscheinlichkeitsposition: 333; siehe auch: Wahrscheinlichkeitsposition;
– als Wirklichkeitsaussagen: 35, 186, 303–306; siehe auch: –, empiristische Auffassung der

Gesetzmäßigkeit 82–83, 151

Gesetzmäßigkeit (Forts.)
Als-Ob-: 71, 72, 77;
– in Ereignisfolgen: 142; siehe auch: Folgen;
Grad der – bestimmt durch primäre Unwahrscheinlichkeit: 147, 152; siehe auch: Hypothesenwahrscheinlichkeit; Zufallsunwahrscheinlichkeit;
Kriterium der –: 49; siehe auch: Gesetze;
synthetisch-apriorische Behauptung der –: 69–71; siehe auch: Apriorismus;
Grenzwertaxiom (von Mises) 408; siehe auch: Folgen; Wahrscheinlichkeit;

Häufigkeit, siehe: relative Häufigkeit
Heisenberg-Relationen, siehe: Unbestimmtheitsrelationen
Hilfshypothesen, siehe: Hypothesen
Humes Argument Abschnitt 5, 39, 63, 332; siehe auch: Induktionsproblem
Konsequenzen aus –: 43–44
Humes Problem 59–60; siehe auch: Induktionsproblem;
Kants Auflösung von –: 68
Hypothesen XXXV
Ad-hoc-Hypothesen: 379–382; siehe auch: konventionalistische Wendung; Hilfshypothesen: 213–218
Hypothesenwahrscheinlichkeit Abschnitte 14–15; siehe auch: Wahrscheinlichkeit;
Unterscheidung von – und Ereigniswahrscheinlichkeit: 144, *152;*
primäre –: *146*–150, 152; Verhältnis zu Erfahrung: 146, 152; Verhältnis zu sekundärer –: 150–152, 154; siehe auch: Zufallsunwahrscheinlichkeit; Verhältnis zu Spielraum: 146; sekundäre –: 145, 150–152; objektive und subjektive Deutung: 153–156; siehe auch: Wahrscheinlichkeitsaussagen, Regreß der; Wahrscheinlichkeitsglaube;
– ist kein Geltungswert: 154
Hypothetismus, ist Konsequenz des Deduktivismus: 8 t

Idealismus 73; siehe auch: transzendental, Begründung des transzendentalen Idealismus (Kant)

Immanenz, Immanenzlehre 45, 46
Imperativ 162–163
Immunisierung, siehe: konventionalistische Wendung
Implikation, Unterscheidung zwischen – und genereller –: Abschnitt 31; generelle –: 193–194, 200–202, 225–226; Beziehung zu streng allgemeinen und besonderen Sätzen, siehe: Aussage, streng allgemeine und besondere
Individualbegriff, Individualien 368–370, 399–400; siehe auch: Begriff
Intuition 118–119
Induktion, ist logisch nicht zu rechtfertigen 39; siehe auch: Humes Argument;
– ist ohne synthetisches Apriori undenkbar: 387
induktive Verallgemeinerung durch Beobachtungsmaterial nicht gerechtfertigt: 34; muß einem Zirkelschluß (oder infiniten Regreß) erliegen: 33, *39*
Induktionsprinzip XXX–XXXI, 33, 36–37;
– müßte apriorisch gelten: 43; siehe auch: Apriorismus;
– erster Ordnung: 36;
– müßte ein synthetisches Urteil sein: 36;
synthetisch-apriorisches –: 46;
– kann nicht gerechtfertigt werden: 77
– ist nicht durch die Existenz der empirischen Wissenschaft (transzendental) begründbar: 61; siehe auch: transzendentale Methode;
unendlicher Regreß der Begründung eines –: *37–39;* siehe auch: Humes Argument;
– zweiter Ordnung: 38
Induktionsproblem 3, Abschnitt 5, 80, 222–223, 255–256, 326–329, *330–337,* 349, 421–422; siehe auch: Humes Argument;
– ist auf Abgrenzungsproblem zurückführbar: 387–388;
Lösungsweg des –: 9;
– kann auch entstehen beim Schluß von besonderen auf besondere Sätze: 270–271;

Sachregister

– und Universalienproblem, siehe: Universalienproblem;
induktivistische Versuche zur Lösung des –: 40
Induktivismus XXXI–XXXII, Abschnitt 3, Abschnitt 6;
Begründungsregreß des –: 157–158;
erkenntnispsychologischer – ist nicht denknotwendig: *19–20, 29*;
Abtrennung des – von der Grundthese des Empirismus: 15; siehe auch: Empirismus;
naiver –: *42* t;
induktivistische Grundthese: 288–289;
induktivistischer Grundwiderspruch: 255;
induktivistischer Sinnbegriff ist ein geschütztes Dogma: 295–297; siehe auch: Positivismus, logischer;
induktivistisches Vorurteil: 6; seine erkenntnispsychologische Wurzel: 20–23

Kants Problem XVII
Kausalität, Kausalproblem Abschnitt 3, Abschnitt 5, *102–105*, 396–398, 402; siehe auch: Gesetze
Kausalsatz 12, 36; siehe auch: Gesetze
Kennzeichnung 235; siehe auch: Individualbegriff
Kollektiv (von Mises), siehe: Folgen
Kontradiktion 11
Konvention 127–132;
– ist keine Begründung: 128–129
Konventionalismus 173, 174, Abschnitte 24–30, 175 t, 325, 357–360;
erste These gegen den –: 379;
zweite These gegen den –: 379–382
konventionalistische Wendung XXX, 215, 361; siehe auch: Hypothesen, Ad-hoc-; Falsifizierbarkeit, konventionalistischer Einwand gegen die
Kritik, kritische Einstellung XXX;
immanente – gegenüber transzendenter –: 53–55, 424;
– erkenntnistheoretischer Positionen, siehe: Methode, transzendentale

Metasprache XXIII
Methode, anthropologische – (Fries): 113–117; siehe auch: Vernunftkritik;

– der immanenten Kritik: 55
transzendentale –: 7, Abschnitt 9, *57* t, 423–424, 429; Analogie zur empirischen Methode: 57; Methode der erkenntnistheoretischen Kritik: 7, *55–56;* siehe auch: Transzendentalismus; transzendentale Grundthese;
– als Begründungsverfahren: 5; siehe auch: Geltungsfrage;
– von Versuch und Irrtum: 26–28, 134; siehe auch: Erkennen als Form der Anpassung; Erkenntnistheorie;
– charakterisiert die Wissenschaft: 133–134; siehe auch: Methodenlehre;
Verwechslung zwischen erkenntnistheoretischer und erkenntnispsychologischer – bei Kant: 81–82; siehe auch: transzendental, Begründung des transzendentalen Idealismus (Kant)
Methodenlehre, Methodologie 364–368, *378–382, 389–395;* siehe auch: Abgrenzungskriterium;
– ist von Heuristik zu unterscheiden: 5 u. Anm.;
Philosophie als –: 385–386; siehe auch: Philosophie;
sprachkritischer Einwand gegen die –: 370–374
Methodentheorie 362
Modell 180, 181
modus tollens 8, 328

Naturgesetze, siehe: Gesetze
Nichtwissen, sokratisches XV–XXI
Normalsatzposition *40* t; siehe auch: Apriorismus; naiver Induktivismus; Positivismus, strenger

Objektsprache XXIII
Objektivität, im Sinne der empirischen Wissenschaft: 66, 67 t, *93*, 94, 425, 426;
– muß durch Relativität erkauft werden: 136;
– von Wahrnehmungsberichten: 120–122, 124
Optimismus, erkenntnistheoretischer: 90, 93, 100

Parallelenaxiom 185; siehe auch: Geometrie

Pessimismus, erkenntnistheoretischer, siehe: Skeptizismus
Philosophie 341–346, 385–388; siehe auch: Methodenlehre
Physik, deterministische: 396; indeterministische: 397;
Quantenphysik: 163, 396, 401, 404–406; siehe auch: Unbestimmtheitsrelationen
Positivismus, logischer –: 18, Abschnitt 43; siehe auch: Sinnbegriff; positivistische Grundthese: 44; positivistischer Grundwiderspruch: *48*, 52 t, 59;
strenger –: Abschnitt 8, 43 t, 79, 323, 324;
Erkenntnistheorie des strengen –: 47, 48;
These gegen den strengen –: 378–379
Pragmatismus 155, 324;
konsequenter –: 164–166, Abschnitt 21
Prinzip des sparsamsten Hypothesengebrauchs 214–216, 218; siehe auch: Hypothesen
Probierbewegungen, siehe: Theorie der –
Problem, Humes –, siehe: Humes Problem;
Kants –, siehe: Kants Problem
Prognose, Prognosenbildung, siehe: Voraussage
Prüfung von Hypothesen 125–126; siehe auch: Hypothesen; Methode
Psychologismus 120–121, 350–352, 438–439; siehe auch: Erkenntnispsychologie;
Ausschaltung des –: 124;
psychologistisches Vorurteil: 6

Quantenphysik, siehe: Physik; Unbestimmtheitsrelationen
Quasiinduktion 328–329, 391

Rationalismus Abschnitt 3, Abschnitt 9, 322;
Synthese von – und Empirismus, siehe: Empirismus
Reaktionen, subjektiv präformierte intellektuelle –: 24–26, 28; siehe auch: Antizipation; Erkenntnis, subjektive; Erkenntnispsychologie

Realismus 73;
methodischer –: 438 t
Relativität der wissenschaftlichen Erkenntnis 94; siehe auch: Anthropomorphismus; Erkenntnis
Relativitätstheorie 51, 150–151, 210, 262
relative Häufigkeit, hypothetische: 409–411, 412;
– in unendlichen Klassen: 412–415;
Prognose der –: 407–408;
siehe auch: Wahrscheinlichkeit

Sachverhalt 35 t;
allgemeiner –: 278–279, 309–314;
siehe auch: Antinomie von der Erkennbarkeit der Welt
Satz, siehe: Aussage
Scheinsatzposition 40 t, 159 t, *160*–166, Abschnitte 36–42, 324, 426;
allgemeinste Formulierung der –: 253;
aprioristische –: 267;
erste –: 174 t, *186*, 196; siehe auch: Gesetze als Aussagefunktionen;
Schwierigkeiten der ersten –: Abschnitt 28;
immanente Kritik der –: Abschnitte 37–38;
Induktionsregreß der –: 270; infiniter Regreß: 266–267;
Analogie der – zu Normalsatzpositionen: Abschnitte 38–40, 267;
Wendung ins Pragmatische (letzte Scheinsatzposition): 272, 273, Abschnitt 42;
– stützt sich auf Sinnbegriff: 275;
siehe auch: Sinnbegriff; Sinndogma;
– mit asymmetrischer Wertung von Naturgesetzen: Abschnitt 39;
– mit symmetrischer Wertung von Naturgesetzen: Abschnitt 38; formale Identität mit strengem Positivismus: Abschnitt 41
Schema, logisches, als „Werkzeug": 170; siehe auch: Gesetze als Aussagefunktionen; Scheinsatzposition
Sinnbegriff, und Abgrenzungsproblem: Abschnitt 44; siehe auch: Induktivismus, induktivistische Grundthese;
– in der Rolle eines Abgrenzungskriteriums: 281–286;

– des logischen Positivismus: Abschnitte 43–46; siehe auch: Positivismus, logischer; Sinndogma
Sinndogma, positivistisches: Abschnitt 45
Skepsis 90–92;
eingeschränkte –: 100
Skeptizismus 90–92, 99
Solipsismus 95;
methodischer –: 124
Spielraum (logischer) 145–146, 148
Subjektivismus 350–352
Subjektivität 93, 94; siehe auch: Anthropomorphismus
Syllogistik 229
synthetisch, siehe: Aussage
System, deduktives 183–186; siehe auch: Axiomatik

Tatsache, Unterscheidung von – und Sachverhalt: 376–377; siehe auch: Sachverhalt
Tatsachenfrage („quid facti"), Unterscheidung von – und Geltungsfrage 4, 81–82; siehe auch: Erkenntnispsychologie
Tautologie 11
Theoretismus 425 t–426
Theorie, alle – ist hypothetisch: XXVI;
Kübeltheorie des menschlichen Geistes: XXXII;
– der Probierbewegungen: 24–25
transzendental, transzendentale Deduktion (Kant): 61–66, 74–77, 85; deren Kritik: Abschnitt 10, 70–71;
transzendentale Grundthese: 58; siehe auch: Transzendentalismus;
Begründung des transzendentalen Idealismus (Kant): 83–84; deren Kritik: 85–87;
transzendentales Verfahren der immanenten Kritik, siehe: Methode, transzendentale;
transzendentale Methode, siehe: Methode, transzendentale
Transzendentalismus 7 t; siehe auch: Methode, transzendentale;
Grundthese des –: 424
Transzendenz, der Darstellung überhaupt: 46 t, 64, 127; siehe auch: Aussage, besondere;

– der Verallgemeinerung: 47, 50–51; siehe auch: Gesetze; kann auf Transzendenz der Darstellung zurückgeführt werden: 68;
– aller Wirklichkeitsaussagen: 45–46
Trilemma der Erkenntnisbegründung, siehe: Erkenntnis
Typenhierarchie 232–234
Typentheorie 233

Unbestimmtheitsrelationen (Heisenberg) 98 Anm., 163; siehe auch: Physik, Quantenphysik
Universalbegriff, Universalien 368–370, 399–400;
fiktionalistische Deutung der –: 248–249;
nominalistische Deutung der –: 248–250;
realistische Deutung der –: 248–249;
Unterscheidung zwischen – und Individualien: 368–370; dient zur Klärung des Determinismus-Problems, siehe: Willensfreiheit; Physik, Quantenphysik
Universalienproblem Abschnitt 35;
universalistische Auffassung des –: 247;
individualistische Auffassung des –: 247;
Zusammenhang des – mit Induktionsproblem: Abschnitt 34; siehe auch: Aussage, streng allgemeine und besondere
Urteil, siehe: Aussage

Verifikation 124–125; siehe auch: Gesetze, Bewertung von; Asymmetrie;
– von Naturgesetzen nicht möglich: 305–306
Verifizierbarkeit 301–302
Vernunftkritik, anthropologische (Fries) 109–110, 114–117
Versuch und Irrtum, siehe: Methode von Versuch und Irrtum
Voraussage 140, 164–165;
– als Kriterium der Gesetzmäßigkeit: 49;
siehe auch: Prüfung von Hypothesen
Vorurteile, erkenntnistheoretische: induktivistisches Vorurteil: 6, 19, 20;

Vorurteile (Forts.)
logizistisches Vorurteil: 6; psychologistisches Vorurteil: 6; sprachkritisches Vorurteil: 6

Wahrheit, Korrespondenztheorie der –: XXII–XXV;
kein Kriterium für –: XXVI
Wahrheitstheorie XII–XXVI
Wahrnehmung, als Erkenntnisbasis: 121–123;
– als (erkenntnis-)psychologisches Faktum: 108–109;
Theorie der – (Fries): 120–121
Wahrscheinlichkeit, Deutungen der: *153 Anm.;*
objektive – von Ereignissen (Ereigniswahrscheinlichkeit): Abschnitt 13; siehe auch: Folgen;
Hypothesenwahrscheinlichkeit, siehe: Hypothesenwahrscheinlichkeit;
objektive –: 139;
subjektive –: 407–408;
– ist kein Geltungswert zwischen wahr und falsch: 137–138, 144, Abschnitte 14–15; siehe auch: Wahrscheinlichkeitsposition;
Häufigkeitsinterpretation der –: 407
Wahrscheinlichkeitsaussagen, sind abgeleitete Hypothesen über Ereignisfolgen: 140–142; siehe auch: Folgen;
Regreß der –: Abschnitt 17; ist identisch mit Induktionsregreß: 158
Wahrscheinlichkeitsglaube 155;
subjektiver –: Abschnitt 12
Wahrscheinlichkeitslogik 144, 155–156;
– scheitert an infinitem Regreß: Abschnitt 17
Wahrscheinlichkeitsposition 40 t, Abschnitte 12–17, 324
Wahrscheinlichkeitsrechnung, Trennung von Wahrscheinlichkeitsansatz 411–412
Widerspruchsfreiheit 223–224
Willensfreiheit 396–401; siehe auch: Determinismus
Wirklichkeit, ist nie eindeutig bestimmbar: *398;* siehe auch: Sachverhalt; Tatsache
Wirklichkeitsaussage, besondere – als „empirische Basis" der Wissenschaft: 124–126; siehe auch: Basissätze
Wirklichkeitserkenntnis, Annäherungscharakter der –: 100–102;
– setzt das Bestehen von Gesetzmäßigkeiten voraus: 63–*64*, 66, 68;
Unvollendbarkeit der –: 101, 102;
siehe auch: Erkenntnis; Gesetzmäßigkeit; Realismus
Wissenschaft, ist charakterisiert durch ihre Methode: 133–134; siehe auch: Methodenlehre;
philosophische –, siehe: Philosophie

Zufall 151; siehe auch: Zufallsunwahrscheinlichkeit
Zufallsunwahrscheinlichkeit 151–152; siehe auch: Hypothesenwahrscheinlichkeit, Verhältnis von primärer zu sekundärer
Zuordnungsdefinition, siehe: Definition
Zweifel, methodisch zulässiger 131
Zweiweltenlehre 400–404